共愛学園高等学校

〈収録内容〉

2024 年度 ………… 一　　般　　(数・英
　　　　　　　　　学業特別奨学生　(数・英・英・理・社・国)

※一般国語の大問二は、問題に使用された作品の著作権者が二次使用の許可を出していないため、問題を掲載しておりません。

2023 年度 ………… 一　　般　　(数・英・英・理・社・国)
　　　　　　　　　学業特別奨学生　(数・英・英・理・社・国)

2022 年度 ………… 一　　般　　(数・英・英・理・社・国)
　　　　　　　　　学業特別奨学生　(数・英・英・理・社・国)

2021 年度 ………… 一　　般　　(数・英・英・理・社・国)
　　　　　　　　　学業特別奨学生　(数・英・英・理・社・国)

便利な DL コンテンツは右の QR コードから

解答用紙

非対応
リスニング

⇒

※データのダウンロードは 2025 年 3 月末日まで。
※データへのアクセスには、右記のパスワードの入力が必要となります。 ⇒ 344736

〈合格最低点〉

※学校からの合格最低点の発表はありません。

本書の特長

実戦力がつく入試過去問題集

- ▶ 問題 …………… 実際の入試問題を見やすく再編集。
- ▶ 解答用紙 …… 実戦対応仕様で収録。
- ▶ 解答解説 …… 詳しくわかりやすい解説には、難易度の目安がわかる「基本・重要・やや難」の分類マークつき（下記参照）。各科末尾には合格へと導く「ワンポイントアドバイス」を配置。採点に便利な配点つき。

入試に役立つ分類マーク

基本 確実な得点源！
受験生の 90％以上が正解できるような基礎的、かつ平易な問題。
何度もくり返して学習し、ケアレスミスも防げるようにしておこう。

重要 受験生なら何としても正解したい！
入試では典型的な問題で、長年にわたり、多くの学校でよく出題される問題。
各単元の内容理解を深めるのにも役立てよう。

やや難 これが解ければ合格に近づく！
受験生にとっては、かなり手ごたえのある問題。
合格者の正解率が低い場合もあるので、あきらめずにじっくりと取り組んでみよう。

合格への対策、実力錬成のための内容が充実

- ▶ 各科目の出題傾向の分析、合否を分けた問題の確認で、入試対策を強化！
- ▶ その他、学校紹介、過去問の効果的な使い方など、学習意欲を高める要素が満載！

解答用紙ダウンロード 解答用紙はプリントアウトしてご利用いただけます。弊社ＨＰの商品詳細ページよりダウンロードしてください。トビラのＱＲコードからアクセス可。

UD FONT 見やすく読みまちがえにくいユニバーサルデザインフォントを採用しています。

共愛学園 高等学校

普通科　英語科
生徒数　1053名
〒379-2185
群馬県前橋市小屋原町1115-3
☎027-267-1000
両毛線駒形駅北口　徒歩10分
スクールバスあり

キリスト教に基づく人格教育と伝統の英語教育・国際理解教育個性尊重の指導で進学実績良好

URL	https://hs.kyoai.ac.jp

プロフィール　136年の歴史を持つキリスト教主義教育

1888（明治21）年、地域のキリスト教会有志により前橋英和女学校の名称で創設。後に上毛共愛女学校、共愛女学校と改称し、1951（昭和26）年に現校名となった。さらに1979年には、創立以来の英語教育の伝統を現代に生かすため、従来の普通科に加えて英語科を北関東で初めて設置。1999年には共愛学園前橋国際大学（男女共学）を開学し、2001年より中・高ともに男女共学となった。

「神を敬い、人を愛し、互いに仕え合う」という“共愛精神”を原点とし、知育・徳育・体育のバランスのとれた円満な人格の完成を目指す人格教育を実践している。また、国際社会に奉仕できる人間を養成するため、英語教育・国際理解教育を重視している。ＤＸハイスクールに向けてデジタル・情報教育が動き出す。

環境　赤城山を望む美しい新キャンパス

1998年に新しいキャンパスに全面移転し、豊かな自然に囲まれ学習に最適な環境の校地は、新築されたJR両毛線駒形駅より徒歩５分と通学にも便利だ。全館冷暖房完備で最新の設備が整った各施設のほか、学生寮もあり、生徒それぞれの夢の実現を応援する教育環境が整っている。

ハイレベルな英語教育で学習の楽しさを知る

カリキュラム　普通科・英語科とも特進・進学コース

個性を最大限に活かすため**英語科・普通科の２課程にそれぞれ特進・進学の２コース**を設置している。**英語科特進コース**は、少人数クラス編成で生きた英語力を獲得し、国際感覚・世界的視野を持ち、難関有名国公立私立大学受験に直結した授業を行う。**英語科進学コース**は、永年の実績に培われたノウハウを活かして英語の力を十分に伸ばすと共に、国際的な分野でも活躍できるような生徒を育てる。**普通科特進コース**は、主要５教科をまんべんなく学習し難関国公立私立大学現役合格を目指す生徒のためのコース。**普通科進学コース**は進級時の選択により理系から文系まで自分の個性を伸ばし、幅広い進路選択ができるように配慮したコースである。

学校生活　四季折々の宗教行事部活、留学制度も充実

毎朝の礼拝や聖書の授業のほか、イースター（復活祭）、修養会、感謝祭、クリスマスなど、キリスト教教育の特色ある行事も多数ある。また、様々な留学制度を利用して、毎年多くの生徒が留学している。

クラブは、全国大会出場の水泳・陸上・テニス・弓道・剣道部等の体育系クラブ15と、同じく全国大会出場の放送、弁論、美術や吹奏楽部等の文化系クラブ22がある。

水泳部

吹奏楽部

進路　きめ細かな進学指導で有名大学・短大へ

卒業生の主な進学先は、東北大、筑波大、東京外語大、群馬大、千葉大、お茶の水女子大、宇都宮大、信州大、新潟大、群馬県立県民健康科学大、群馬県立女子大、慶應、上智、明治、フェリス、ICU、立教、青山学院、中央、明治学院、東京女子、東京理科、東海、成城、獨協、法政、東洋、日本、武蔵、駒沢、同志社など。

2025年度入試要項

試験日　1/12（推薦Ⅰ）　1/13（学特）
2/1（推薦Ⅱ・一般）　3/11（推薦Ⅲ）

試験科目　作文＋面接（推薦）　国・数・英・理・社（学特・一般）　国・数・英＋面接（帰国生・学特・一般）

※英検推薦入試は面接（日本語・英語）のみ
※学特の英検２級以上合格者又はTOEIC480点以上の者は加点あり。一般全コースは面接あり

2024年度	募集定員	受験者数	合格者数	競争率
学特	230/130	808	773	1.0
推薦Ⅰ		161	161	1.0
推薦Ⅱ		1	1	1.0
一般		16	14	1.1

※人数はすべて普通科/英語科
※スライド合格含む

過去問の効果的な使い方

① **はじめに**　入学試験対策に的を絞った学習をする場合に効果的に活用したいのが「過去問」です。なぜならば，志望校別の出題傾向や出題構成，出題数などを知ることによって学習計画が立てやすくなるからです。入学試験に合格するという目的を達成するためには，各教科ともに「何を」「いつまでに」やるかを決めて計画的に学習することが必要です。目標を定めて効率よく学習を進めるために過去問を大いに活用してください。また，塾に通われていたり，家庭教師のもとで学習されていたりする場合は，それぞれのカリキュラムによって，どの段階で，どのように過去問を活用するのかが異なるので，その先生方の指示にしたがって「過去問」を活用してください。

② **目的**　過去問学習の目的は，言うまでもなく，志望校に合格することです。どのような分野の問題が出題されているか，どのレベルか，出題の数は多めか，といった概要をまず把握し，それを基に学習計画を立ててください。また，近年の出題傾向を把握することによって，入学試験に対する自分なりの感触をつかむこともできます。

　過去問に取り組むことで，実際の試験をイメージすることもできます。制限時間内にどの程度までできるか，今の段階でどのくらいの得点を得られるかということも確かめられます。それによって必要な学習量も見えてきますし，過去問に取り組む体験は試験当日の緊張を和らげることにも役立つでしょう。

③ **開始時期**　過去問への取り組みは，全分野の学習に目安のつく時期，つまり，9月以降に始めるのが一般的です。しかし，全体的な傾向をつかみたい場合や，学習進度が早くて，夏前におおよその学習を終えている場合には，7月，8月頃から始めてもかまいません。もちろん，受験間際に模擬テストのつもりでやってみるのもよいでしょう。ただ，どの時期に行うにせよ，取り組むときには，集中的に徹底して取り組むようにしましょう。

④ **活用法**　各年度の入試問題を全問マスターしようと思う必要はありません。できる限り多くの問題にあたって自信をつけることは必要ですが，重要なのは，志望校に合格するためには，どの問題が解けなければいけないのかを知ることです。問題を制限時間内にやってみる。解答で答え合わせをしてみる。間違えたりできなかったりしたところについては，解説をじっくり読んでみる。そうすることによって，本校の入試問題に取り組むことが今の自分にとって適当かどうかが，はっきりします。出題傾向を研究し，合否のポイントとなる重要な部分を見極めて，入学試験に必要な力を効率よく身につけてください。

数学

　各都道府県の公立高校の入学試験問題は，中学数学のすべての分野から幅広く出題されます。内容的にも，基本的・典型的なものから思考力・応用力を必要とするものまでバランスよく構成されています。私立・国立高校では，中学数学のすべての分野から出題されることには変わりはありませんが，出題形式，難易度などに差があり，また，年度によっての出題分野の偏りもあります。公立高校を含め，ほとんどの学校で，前半は広い範囲からの基本的な小問群，後半はあるテーマに沿っての数問の小問を集めた大問という形での出題となっています。

まずは，単年度の問題を制限時間内にやってみてください。その後で，解答の答え合わせ，解説での研究に時間をかけて取り組んでください。前半の小問群，後半の大問の一部を合わせて50％以上の正解が得られそうなら多年度のものにも順次挑戦してみるとよいでしょう。

英語

英語の志望校対策としては，まず志望校の出題形式をしっかり把握しておくことが重要です。英語の問題は，大きく分けて，リスニング，発音・アクセント，文法，読解，英作文の5種類に分けられます。リスニング問題の有無(出題されるならば，どのような形式で出題されるか)，発音・アクセント問題の形式，文法問題の形式(語句補充，語句整序，正誤問題など)，英作文の有無(出題されるならば，和文英訳か，条件作文か，自由作文か）など，細かく具体的につかみましょう。読解問題では，物語文，エッセイ，論理的な文章，会話文などのジャンルのほかに，文章の長さも知っておきましょう。また，読解問題でも，文法を問う問題が多いか，内容を問う問題が多く出題されるか，といった傾向をおさえておくことも重要です。志望校で出題される問題の形式に慣れておけば，本番ですんなり問題に対応することができますし，読解問題で出題される文章の内容や量をつかんでおけば，読解問題対策の勉強として，どのような読解問題を多くこなせばよいかの指針になります。

最後に，英語の入試問題では，なんと言っても読解問題でどれだけ得点できるかが最大のポイントとなります。初めて見る長い文章をすらすらと読み解くのはたいへんなことですが，そのような力を身につけるには，リスニングも含めて，総合的に英語に慣れていくことが必要です。「急がば回れ」ということわざの通り，志望校対策を進める一方で，英語という言語の基本的な学習を地道に続けることも忘れないでください。

国語

国語は，出題文の種類，解答形式をまず確認しましょう。論理的な文章と文学的な文章のどちらが中心となっているか，あるいは，どちらも同じ比重で出題されているか，韻文(和歌・短歌・俳句・詩・漢詩)は出題されているか，独立問題として古文の出題はあるか，といった，文章の種類を確認し，学習の方向性を決めましょう。また，解答形式は，記号選択のみか，記述解答はどの程度あるか，記述は書き抜き程度か，要約や説明はあるか，といった点を確認し，記述力重視の傾向にある場合は，文章力に磨きをかけることを意識するとよいでしょう。さらに，知識問題はどの程度出題されているか，語句(ことわざ・慣用句など)，文法，文学史など，特に出題頻度の高い分野はないか，といったことを確認しましょう。出題頻度の高い分野については，集中的に学習することが必要です。読解問題の出題傾向については，脱語補充問題が多い，書き抜きで解答する言い換えの問題が多い，自分の言葉で説明する問題が多い，選択肢がよく練られている，といった傾向を把握したうえで，これらを意識して取り組むと解答力を高めることができます。「漢字」「語句・文法」「文学史」「現代文の読解問題」「古文」「韻文」と，出題ジャンルを分類して取り組むとよいでしょう。毎年出題されているジャンルがあるとわかった場合は，必ず正解できる力をつけられるよう意識して取り組み，得点力を高めましょう。

数学

出題傾向の分析と 合格への対策

●出題傾向と内容

本年度の出題数は，一般，学業特別奨学生とも，大問が12題，小問数にして22題であり，例年通りであった。

形式，内容も過去数年変わっておらず，①が，数・式の計算，平方根の計算，因数分解，方程式の10題の小問，②～⑬が大問となっている。大問は，一般，学業特別奨学生それぞれに，方程式の応用が3題，3題，関数分野，図形分野は融合問題も含めて7題，6題，その他に，場合の数・確率，資料の活用，数の性質などに関するものが2題，3題出題されている。

基本を重視した問題が大半だが，思考力・応用力を必要とするものも含まれ，中学数学が身についているかを確かめる出題である。

✔学習のポイント

教科書レベルの問題に数多く取り組み，公式，定理の使い方に慣れておこう。また問題を手早く処理する練習をしよう。

●2025年度の予想と対策

来年度も量・レベルともに，本年度とほぼ同様の傾向が続くであろう。小問数にして数・式の計算，因数分解，方程式など数量分野の基礎的な計算問題が10題程度と，文章題，関数，確率，図形分野から基本～標準的な問題が10数題出題されるものと思われる。

まずは，教科書の例題，基本問題などに取り組んで，計算の仕方，方程式の解法，乗法公式と因数分解，関数とグラフなどをマスターしておこう。方程式の応用問題については，教科書だけでなく基本～標準レベルの問題集にも取り組んでおきたい。図形問題は，長さや面積，角度などを求めるものとして出題されるだろう。

▼年度別出題内容分類表 ……

※一般をA，学業特別奨学生をBとする。

出題内容			2020年	2021年	2022年	2023年	2024年
数と式		数の性質		A		A	AB
		数・式の計算	AB	AB	AB	AB	AB
		因数分解	AB	AB	AB	AB	AB
		平方根	AB	AB	AB	AB	AB
方程式・不等式		一次方程式	AB	AB	AB	AB	AB
		二次方程式	AB	AB	AB	AB	AB
		不等式					
		方程式・不等式の応用	AB	AB	AB	AB	AB
関数		一次関数	AB	AB	A	AB	AB
		二乗に比例する関数	AB	AB	AB	AB	AB
		比例関数			AB		A
		関数とグラフ	AB	AB	A	B	AB
		グラフの作成					
図形	平面図形	角度	A	AB	AB	AB	AB
		合同・相似	A		AB		
		三平方の定理					
		円の性質					
	空間図形	合同・相似				A	
		三平方の定理					
		切断					
	計量	長さ	AB	B	B	B	
		面積	AB	A	AB	B	B
		体積	AB			A	
		証明					
		作図					
		動点					
統計		場合の数		AB	B	A	AB
		確率	AB		A	B	
		統計・標本調査				AB	AB
融合問題		図形と関数・グラフ	AB	AB	B	AB	AB
		図形と確率					
		関数・グラフと確率					
		その他					
その他			A	B	A	B	AB

共愛学園高等学校

英語

出題傾向の分析と 合格への対策

●出題傾向と内容

本年度は一般がリスニング2題，長文，語句補充，会話文が共通問題で，英語科は語句補充と単語の問題，普通科は単語の問題2題がプラスされ，各々計7題だった。学業特別奨学生はリスニング2題，長文，語句補充，会話文が共通問題で，英語科は語句補充と単語の問題，普通科は語句整序と単語の問題がプラスされ，各々計7題の出題だった。

長文問題はいずれも総合問題形式で，標準的なレベルである。会話文や文法問題は標準的である。なお，英語科の問題は，ニュースで扱われた話題に関する語彙を問うものも含まれ，レベルが高いものになっている。

学習のポイント

一般は基本的な知識をくり返し確かめよう。特別奨学生は基本を大切にしながら，長めの長文や高度の文法・語彙にも取り組もう。

●2025年度の予想と対策

一般，学業特別奨学生ともに，リスニング問題が今後も出題されると予想される。

文法は広い範囲から出題されるので，どの分野もしっかりと身につけておきたい。標準的な問題集を一冊，確実にしあげておこう。また，全体的に語彙力を問う問題が多いので，単語の知識は特に増やしておくべきである。

長文読解問題は，はじめに設問にざっと目を通してから取りかかるようにし，細かな内容を正確に読み取りながらなるべく速く読みこなす練習を重ねておこう。その際，全体の内容理解もしっかりできているかを確認しよう。

▼年度別出題内容分類表 ……

※一般英語科をA，普通科をD，学業特別奨学生の英語科をB，普通科をCとする。

出題内容		2020年	2021年	2022年	2023年	2024年
話し方・聞き方	単語の発音	AD				
	アクセント					
	くぎり・強勢・抑揚					
	聞き取り・書き取り	ABCD	ABCD	ABCD	ABCD	ABCD
語い	単語・熟語・慣用句	ABCD	ABCD	ABCD	ABCD	ABCD
	同意語・反意語	ABCD	B	B		
	同音異義語				D	D
読解	英文和訳(記述・選択)					
	内容吟味	ABCD	ABCD	ABCD	ABCD	ABCD
	要旨把握	BC				ABCD
	語句解釈				AD	
	語句補充・選択	ABCD	ABCD	ABCD	ABCD	AD
	段落・文整序					
	指示語			AD	AD	AD
	会話文	ABCD	ABCD	ABCD	ABCD	ABCD
文法・作文	和文英訳					
	語句補充・選択	ABCD	ABCD		ABCD	ABCD
	語句整序	BC	C	ACD	ABCD	ABCD
	正誤問題					
	言い換え・書き換え				C	
	英問英答					
	自由・条件英作文					
文法事項	間接疑問文	BC			C	BC
	進行形		D	B	BC	
	助動詞	C	ABCD	ABCD	BC	C
	付加疑問文	ABCD				BC
	感嘆文				AD	
	不定詞	BC	ABCD	ABCD	ABCD	ABCD
	分詞・動名詞	ABCD	ABCD	BCD	ABCD	ABC
	比較	BC	ACD	BC	ABCD	ACD
	受動態	BC	DC	ABCD	ABCD	AD
	現在完了	ABCD	BC	BC	BC	AD
	前置詞	ABCD	BC	BCD	ACD	
	接続詞	BC	ACD	ABCD	C	
	関係代名詞	BC		ABCD	ACD	ACD

共愛学園高等学校

理科

出題傾向の分析と合格への対策

●出題傾向と内容

一般入試，学業特別奨学生入試ともに，大問数は5問程度，小問は35問程度である。

大問ではともに小問集合が1題出題され，あとは物理，化学，生物，地学の各領域からほぼ均等に出題されている。記号選択問題が多いが，用語や化学反応式を書くことも多く，計算が数問あり，描図の出題もある。どの分野も，実験，観察をもとにした内容が重視されている。また，実験器具の操作について問う問題が多い。

基本事項について，用語とともに，図を使い，そのしくみからていねいに問う設問が多い。

✔学習のポイント

生物・地学・物理・化学の4分野について基礎力を十分に固め，偏りのない学習を心がけよう。

●2025年度の予想と対策

来年度も，本年度までと同様に，物理分野，化学分野，生物分野，地学分野から幅広く出題されることが予想される。

基本的な問題が多いので，教科書を中心に基本を理解した上で，実験や観察に関する問題にも，十分慣れておく必要がある。また，実験の場では，それぞれの器具の使い方に注意しておこう。

読むだけ，覚えるだけの学習ではなく，必ず問題練習をして慣れておかなければならない。全体を見渡して，効率よく問題を解く練習もしておこう。

▼年度別出題内容分類表 ……

※一般をA，学業特別奨学生をBとする。

	出題内容	2020年	2021年	2022年	2023年	2024年
第一分野	物質とその変化		AB	AB		B
	気体の発生とその性質		A	AB	AB	
	光と音の性質		A	A	A	A
	熱と温度			B		B
	力・圧力	B	AB	A		
	化学変化と質量			A	A	B
	原子と分子		A	AB	A	
	電流と電圧	B	B	B	B	B
	電力と熱			B		
	溶液とその性質	B	B	AB	B	
	電気分解とイオン	B		B		AB
	酸とアルカリ・中和		A		B	
	仕事			A		
	磁界とその変化		A			AB
	運動とエネルギー			B	B	A
	その他					
第二分野	植物の種類とその生活	B	A	A		A
	動物の種類とその生活	B	A	A		B
	植物の体のしくみ		B		AB	AB
	動物の体のしくみ			A		B
	ヒトの体のしくみ	B	AB	B	AB	A
	生殖と遺伝		B	B	A	AB
	生物の類縁関係と進化					B
	生物どうしのつながり					
	地球と太陽系					
	天気の変化	B	AB	AB	AB	AB
	地層と岩石	B	B	B	B	B
	大地の動き・地震		A	A	A	A
	その他					

共愛学園高等学校

社会

出題傾向の分析と合格への対策

●出題傾向と内容

出題数は大問が例年5題前後で，歴史分野からの割合が高い。また，写真，図表，略地図，グラフ，雨温図，各種文章など資料活用能力を要する設問が目立った。解答形式は記号選択が半分ほどで，あとは語句記入で，記述式等の出題はなかった。

地理では，地形図や日本・世界地図をもとに諸地域の特色を問う問題が出題された。

歴史では，政治・外交史や文化史および社会・経済史などが，日本史・世界史とともに古代から近現代まで，各重要事項のつながりを重点に出題された。さらに，主要な日本史と世界史の関連も出題されている。

公民では，政治のしくみを中心に経済生活，憲法や時事問題などが出題された。

✔学習のポイント

地理：各種資料の読み取り問題に強くなろう！
歴史：時代の流れを問う問題に強くなろう！
公民：政治・経済のしくみに強くなろう！

●2025年度の予想と対策

設問の形式・数や解答の方法などの若干の変動はあるかもしれないが，難易度は変わらないであろう。各分野の基本的知識や重要事項を中心に正確に理解しておくことが大切である。

地理は，地図帳・資料集やネット資料をその都度活用する習慣を身につけ，国名・県名・地名など正確に把握し，地形・気候・人口，産業などの特色も資料をもとに理解することが大切である。

歴史は，日本史，世界史とともに，特定の時代に偏らず，通史をもとに，各時代の特色やできごとと重要人物との因果関係をつかもう。そして，資料や年表も考察して，日本史と世界史の関連もおさえておこう。

公民は，政治・経済のしくみの考察を中心に，憲法，国際政治なども，重要語句同士を関連させて確認しておくこと。

そして，内外の主な出来事にも関心を高め，インターネットの報道などをチェックし，三分野の学習内容と関連づけて考察し，自分の意見をまとめるなどして，時事問題に強くなろう。

▼年度別出題内容分類表 ……

※一般をA，学業特別奨学生をBとする。

出題内容			2020年	2021年	2022年	2023年	2024年
地理的分野	(日本)	地形図	AB	AB	AB	AB	B
		地形・気候・人口	A	B	AB	AB	AB
		諸地域の特色	AB	AB	AB	AB	AB
		産業	A	A	AB	AB	AB
		交通・貿易					
	(世界)	人々の生活と環境					
		地形・気候・人口	AB	A	AB	AB	AB
		諸地域の特色	AB	AB	AB	AB	AB
		産業	A	B	AB	AB	AB
		交通・貿易		A			
	地理総合						
歴史的分野	(日本史)	各時代の特色	AB	AB	AB	AB	AB
		政治・外交史	AB	AB	AB	AB	AB
		社会・経済史	AB	AB	AB	AB	AB
		文化史		A	AB	AB	AB
		日本史総合					
	(世界史)	政治・社会・経済史	B	AB	A		A
		文化史	B				
		世界史総合					
	日本史と世界史の関連		A	AB	AB	AB	AB
	歴史総合						
公民的分野	家族と社会生活						
	経済生活		AB		A	AB	A
	日本経済		B				
	憲法（日本）		B	AB	AB	AB	B
	政治のしくみ		A	AB	AB	B	AB
	国際経済						
	国際政治				B	A	B
	その他		B	AB	AB	AB	AB
	公民総合						
各分野総合問題							

国語

出題傾向の分析と合格への対策

●出題傾向と内容

一般入試・学業特別奨学生入試ともに，論説文が1題と小説が1題，大問二題の出題構成であった。

漢字の読み書きの問題，語句の意味を問う問題は，読解に組み込まれる形で出題されている。

読解問題は，言い換え表現や指示内容を問う出題など，確かな力が問われる内容であった。

解答形式は記号選択と記述の併用。記述は書き抜きがほとんどである。

✔学習のポイント

論説文や小説の読解問題はもちろんのこと，知識を問う問題がかなり出てくるので，集中的に勉強しておくことが必要である。

●2025年度の予想と対策

一般入試と学業特別奨学生入試のどちらを受験するにしても，本校の最大の特徴は国語知識問題の多様性であり，文学史，熟語，慣用句，文法，敬語など多岐にわたって，しっかりと勉強しておくこと。

読解問題は，文脈を追う力，指示内容や言い換え表現をとらえる力が試されるので，的確に把握する力をつけておこう。

また，漢字の読み書き，言葉の意味を問う問題も多数出題されているのも特徴なので，確実に得点できるよう備えておきたい。

古文は現代仮名遣いの問題が頻出なので，考え方を整理しておこう。漢詩・漢文も，詩の形式や返り点などの基礎は，しっかり身につけておくこと。

▼年度別出題内容分類表 ……

※一般をA，学業特別奨学生をBとする。

出題内容			2020年	2021年	2022年	2023年	2024年
内容の分類	読解	主題・表題					
		大意・要旨	AB	AB	AB	AB	AB
		情景・心情	AB	AB	AB	AB	AB
		内容吟味	AB	AB	AB	AB	AB
		文脈把握	AB	AB	AB	AB	AB
		段落・文章構成					
		指示語の問題	AB	AB	A	B	AB
		接続語の問題	AB	AB	AB	A	AB
		脱文・脱語補充	AB	AB	AB	AB	AB
	漢字・語句	漢字の読み書き	AB	AB	AB	AB	AB
		筆順・画数・部首					
		語句の意味	AB	AB	AB	AB	AB
		同義語・対義語					A
		熟語	B				A
		ことわざ・慣用句	A	AB	A		A
	表現	短文作成					
		作文(自由・課題)					
		その他					
	文法	文と文節		A			
		品詞・用法	A			A	B
		仮名遣い	AB	A	AB	AB	
		敬語・その他				AB	
	古文の口語訳						
	表現技法		AB	AB	AB	B	
	文学史		AB	B	B	B	
問題文の種類	散文	論説文・説明文	AB	AB	AB	AB	A
		記録文・報告文					
		小説・物語・伝記	AB	AB		AB	A
		随筆・紀行・日記			AB		
	韻文	詩					
		和歌(短歌)					
		俳句・川柳					
	古文		AB	AB		B	
	漢文・漢詩		B	B	AB	B	

共愛学園高等学校

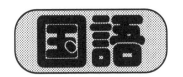

2024年度 合否の鍵はこの問題だ!!

(学業特別奨学生)

数 学 11

直線上の座標を直線の式に代入すること，三角形の1つの頂点を通る直線がその三角形の面積を2等分するとき，直線の通る頂点の対辺の中点を通ることが理解できているかがポイントである。

(1) 点P，Qはx軸上の点なので，y座標が0である。$y=2x+8$に$y=0$を代入すると，$0=2x+8$　$x=-4$
よって，P$(-4,\ 0)$である。線分PQの長さが12なので，点Qの座標はQ$(-4+12,\ 0)$=Q$(8,\ 0)$である。直線$y=-\frac{1}{2}x+a$は点Qを通るから，$y=-\frac{1}{2}x+a$にQ$(8,\ 0)$を代入して，$0=-\frac{1}{2}\times 8+a$　$a=4$
となる。

(2) $y=2x+8$と$y=-\frac{1}{2}x+4$を連立方程式として解くと，$2x+8=-\frac{1}{2}x+4$より，$x=-\frac{8}{5}$となるから，$y=2x+8$に$x=-\frac{8}{5}$を代入して，$y=2\times\left(-\frac{8}{5}\right)+8=\frac{24}{5}$　よって，R$\left(-\frac{8}{5},\ \frac{24}{5}\right)$である。交点Rを通り，△PQRの面積を2等分する直線は線分PQの中点を通る。線分PQの中点をSとすると座標は，S$\left(\frac{-4+8}{2},\ \frac{0+0}{2}\right)$=S$(2,\ 0)$である。よって，直線RSの$x$の増加量は$2-\left(-\frac{8}{5}\right)=\frac{18}{5}$，$y$の増加量は$0-\frac{24}{5}=-\frac{24}{5}$であり，変化の割合は$\frac{y\text{の増加量}}{x\text{の増加量}}=y$の増加量$\div x$の増加量$=-\frac{24}{5}\div\frac{18}{5}=-\frac{4}{3}$であるから，直線RSの傾きは$-\frac{4}{3}$である。直線RSの式を$y=-\frac{4}{3}x+b$とおいて，S$(2,\ 0)$を代入すると，$0=-\frac{4}{3}\times 2+b$　$b=\frac{8}{3}$　よって，求める直線の式は$y=-\frac{4}{3}x+\frac{8}{3}$である。

英 語 C

英文法の問題は比較的取り組みやすい問題が出題されているため，読解問題で確実に得点できるようにすることが，合格への近道である。Cの長文読解問題を素早く処理することで，その後の問題に十分に試験時間を割くことができるので，長文読解の方法をきちんと身につけておきたい。以下の点に注意をしながら長文読解に取り組もう。

① 設問に目を通し，下線部や空欄に関する問い以外の問題には事前に目を通しておく。この問題の場合には5の問題がこれに該当する。

② [注]に目を通し，どのような内容か把握する。

③ 日本語で書かれた設問や選択肢には目を通し，どのような内容か把握する。この問題の場合は1，3，4がこれに該当する。

④ 段落ごとに読み進める。読み進める際には，きちんと日本語訳をしながら内容を理解する。

⑤ その段落に問題となる部分があれば，その場で読んで解く。

以上のように読み進めれば，すばやく問題を処理できるだろう。また，英文を読むときには，頭の中で英文を音読するのではなく，きちんと日本語に訳しながら読むことが大切である。そのためには，教科書に出てくる例文はぜひ暗唱できるまで繰り返したい。そして，問題集や過去問を用いて数多くの問題に触れて，練習を積むことが大切である。

理 科　3.

1.で小問集合，2.で動物の進化に関して，3.で回路と抵抗に関して，4.で炭酸水素ナトリウムの分解に関して，5.で火成岩に関しての問題が出された。このように，本校においては，いろいろな分野から幅広く出題されるので，しっかりとした対策が必要である。

3.の問1では，抵抗器に電流を流すときに抵抗器が発熱することを理解する必要があった。また，手回し発電機のハンドルを回すとき，抵抗器の抵抗が小さいときは，大きな電流が流れることから手ごたえが大きくなり，抵抗器の抵抗が大きいときは，小さな電流が流れることから手ごたえが小さくなることを理解しておく必要があった。

問2・問3では，回路に流れる電流を最も大きくするために，抵抗が小さい方の電熱線を2つ並列につなぐ必要があることを理解する必要があった。

問4・問5では，回路の電力を最も大きくするために，抵抗が大きい方の電熱線を2つ直列につなぐ必要があることを理解する必要があった。

問6・問7では，与えられた実験結果から，3つの抵抗器が回路にどのようにつながっているのかを推測する問題であった。この場合は，AB間の抵抗器を求めた後に，AC間，BD間の抵抗について考えればよかった。

社 会　Ⅰ 問7，Ⅴ 問4(1)

Ⅰ　問7　地理の南アメリカ州の特色を考えさせる難問である。資料をもとに各地域の特色を思考する学習をしていないと解けない。特に，この地域を，バイオエタノール，森林伐採，焼畑などによる土地荒廃，持続可能な開発等の重要事項と時事的要素とを関連させて出題しているので，多角的に分析して解答する必要がある。日本と地球の反対側，ブラジルをはじめとするこの州では，現在，レギュラーガソリンより約4割りも安い価格でバイオエタノール燃料が手に入る。これは植物由来の燃料で，ブラジルではサトウキビを原料として生産している。原油価格の上昇を受けて，バイオエタノールを選ぶドライバーが急増しているのである。バイオエタノールは再生可能エネルギーの一種として世界的に注目されている。

Ⅴ　問4(1)　公民の頻出である集団的自衛権を問う設問である。まず，国連加盟国には，国連憲章により「自衛権」が認められていて，どこかの国から攻撃された際に自ら反撃すること，および同盟国と団結して反撃することは，どの国も，「自衛権」として認識しているが，日本だけが憲法9条との兼ね合いから，この「自衛権」を個別的自衛権と集団的自衛権とに分けて考え，そのうち「同盟国と団結して反撃すること＝集団的自衛権」は行使できないと解釈してきた。しかし，2014年7月安倍内閣の閣議決定で，集団的自衛権も，限定的に行使が可能になった。これによって日本は，どこかの国連加盟国が武力攻撃を受けた際には，その被害国の要請により，自衛隊を派遣して救援したりすることができるようになったのである。

国 語 二 問七

★なぜこの問題が合否を分けたのか

情景・心情を読み取る問題であるが，この場面の主人公の心情，退部届の提出を決心するまでの経緯，背景をしっかり読み取る力が求められている。本文を丁寧に読んで解答しよう！

★こう答えると「合格できない」！

アの「マウンドにあがる度に打ち込まれる」，イの「監督の悪意のない憐みの視線」，ウの「尖った感情を向ける矛先が，母しかいない」は，これより前に「初戦……，バッティングピッチャーのような打たれ方をした」「投げても無残に打たれるだけだ」「すまなかったと頭を下げる監督の配慮が苦しかった」「母が苦痛に唸るように，さらに顔を歪める。……理不尽な怒りを家族にぶつけていた。同じことをしている」とあることと合致するが，これらは，この場面での心情にはあてはまらないので，選ばないように注意しよう！

★これで「合格」！

直前に「もうやめよう。これ以上野球にしがみつくのは，もうおしまいにしょう」とこの時の心情が描かれていることに着目し，「未練を断ち切りたい」とするエを選ぼう。退部届を提出する決心に至る真郷の心情は，これより前に「自分の限界を自覚することの恐怖とみじめさ……。ああみじめだと，心底思った。こんな惨めさを味わうために，おれは野球にしがみついていたのかと，自己を嘲りたくなる。いっそ，やめてしまうかと，自棄の声がした。惨めな思い出ごと野球を棄ててしまえるなら，それが一番，楽じゃないか」と描かれていることを根拠にエを選ぼう！

MEMO

大切なことはメモしておこうネ！

2024年度

入 試 問 題

2024年度

共愛学園高等学校入試問題(一般)

【数　学】（45分）〈満点：100点〉

1

（1）次の計算をしなさい。

① $-42 \div 7 + 3 \times (5-7)$

② $(12a-18) \div \dfrac{6}{5}$

③ $(2x+7)(2x-7)$

④ $\sqrt{5}(\sqrt{10}-2\sqrt{5})$

（2）次の式を因数分解しなさい。

① x^2y-3xy^2+xy

② $x^2-8x+16$

（3）次の方程式を解きなさい。

① $\dfrac{3(x-1)}{2}=\dfrac{x+2}{3}+\dfrac{1}{6}$

② $x^2+8x-20=0$

③ $x^2-4x+2=0$

（4）次の連立方程式を解きなさい。

$$\begin{cases} 3x+5y=5 \\ 2x+7y=-4 \end{cases}$$

2　次の表は，あるクラスの生徒20人における通学時間について度数および相対度数をまとめたものです。ア～ウにあてはまる数をそれぞれ求めなさい。

通学時間(分)	度数(人)	相対度数
以上　　未満		
5 ～ 10	5	0.25
10 ～ 15	ア	0.35
15 ～ 20	イ	ウ
20 ～ 25	1	0.05
25 ～ 30	1	0.05
30 ～ 35	2	0.10
合計	20	1.00

3 歯の数が30である歯車Aと，歯の数がxである歯車Bがかみ合った状態で回転します。歯車Aが12回転すると，歯車Bはy回転するとき，yをxの式で表しなさい。

4 3つの直線$y=2x+1$，$y=5x-2$，$y=ax+\frac{7}{2}$が1点で交わるとき，定数aの値を求めなさい。

5 図において，四角形ABCDはひし形です。$\angle x$の大きさを求めなさい。

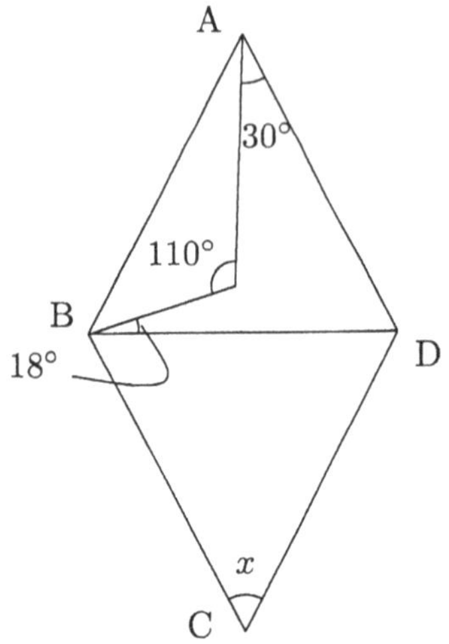

6 1，2，3，4の4個の数字から異なる3個を使ってできる3けたの整数のうち，3の倍数は何個あるか求めなさい。

7 ある正方形の縦の長さを2倍し，横の長さを2cm短くして長方形を作ったところ，面積がもとの正方形より12cm^{2}大きくなりました。もとの正方形の1辺の長さを求めなさい。

8 次の連立方程式の解x，yの比が2：1であるとき，定数aの値を求めなさい。

$$\begin{cases} x+y=4a+8 \\ 2x-3y=a+3 \end{cases}$$

9 あるトンネルに列車Aが秒速25mで入り始め，この5秒後に反対側から列車Bが秒速30mで入り始めました。その後，列車A，Bの先頭がトンネルの中間地点ですれ違いました。トンネルの長さを求めなさい。

10 図のように，底面の半径が4，母線の長さが12である円すいを平面上に置き，頂点Oを中心としてすべらないように転がします。この円すいが，1周して元の位置に戻るまでに何回転するか求めなさい。

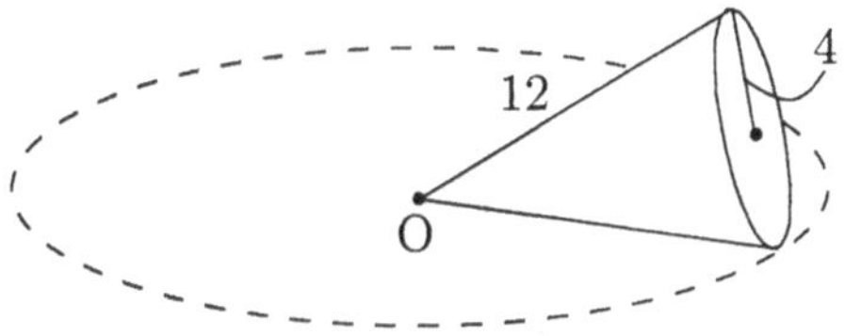

11 図のように，同じ大きさの立方体がすき間なく積み重ねられています。この立方体は全部で何個あるか答えなさい。

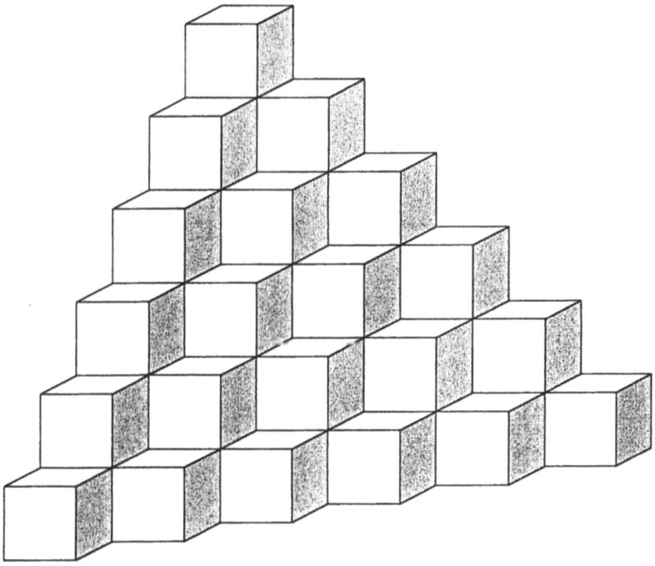

12 次のページの図のように，放物線$y=\frac{1}{2}x^2$上に2点A，Bがあり，それぞれのx座標は-2と4です。次の問いに答えなさい。

(1) 直線ABの式を求めなさい。

(2) 放物線上のAからBの間に点Pをとります。△OABと△PABの面積が等しくなるとき，点Pの座標を求めなさい。ただし，点Pと原点Oは異なる点とします。

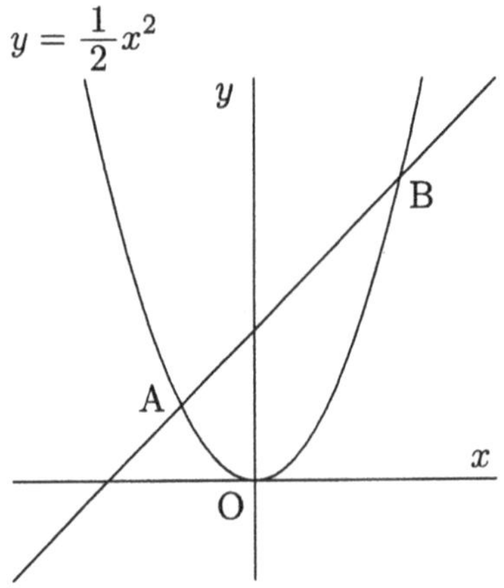
$y=\frac{1}{2}x^2$
y
B
A
x
O

【英　語】（50分）〈満点：100点〉〈普通科用〉

<リスニング問題>

A　これから放送される1～5の対話を聞いて，それに対する応答として最も適切なものをA～Dの選択肢から1つ選び，記号で答えなさい。英文と質問は1度だけ放送されます。対話も選択肢も問題用紙には記載されていません。

1．解答欄に答えを記入しなさい。

2．解答欄に答えを記入しなさい。

3．解答欄に答えを記入しなさい。

4．解答欄に答えを記入しなさい。

5．解答欄に答えを記入しなさい。

B　これから放送される長めの英文の内容に関する質問が5つあります。それに対する応答として最も適切なものをA～Dの選択肢から1つ選び，記号で答えなさい。英文と質問は1度だけ放送されます。

1．Where did Mamoru Mohri grow up?

2．What subject did Mr. Mohri study a lot?

3．When did Mr. Mohri go to space for the first time?

4．How did Mr. Mohri go into space?

5．The Medal of Honor with Purple Ribbon is given for important work in which subjects?

※リスニングテストの放送台本は非公表です。

C　次の英文を読み，各問いに答えなさい。

Charlie is an 11-year-old golden retriever who had to have both eyes removed because he had a ①(　　　) called glaucoma. But that hasn't slowed him down at all because Charlie has his own "Seeing Eye dog." Charlie has a good buddy. His name is Maverick, a 4-month-old puppy. Maverick helps Charlie get around now and the two have formed a very cute bond.

Charlie's owners, Adam and Chelsea Stipe, had Charlie's left eye removed in 2016 to stop the pain caused by glaucoma. A year later, his right eye had ②the same problem. The couple added Maverick to the family in 2018. The two dogs didn't like each other at first, but after some time, Maverick became the older dog's helper. "When Maverick and Charlie play, it's great to watch because Charlie turns into such a puppy," Chelsea Stipe said. "It's sweet to see them get along and enjoy each other." Maverick often walks closely with Charlie to help make sure the blind dog gets around without any problems. "When they play, Charlie sometimes loses a toy. So Maverick will pick ③it up and put it back in front of him to get him playing again," Stipe said.

They created an Instagram account showing the best buddies spending time and playing together at their home in Mooresville, North Carolina. "④We (ア the response / イ have been / ウ very / エ surprised / オ by), but it's such a good thing," Stipe said. "We love (ア) positive people online have been and (イ) happy the dogs are making everyone."

Dog lovers can't seem to get enough of their beautiful friendship, as the account has already gotten more than 32,000 followers since it was created. "They're both pretty and special," Stipe said. "They're our entertainment."

[注]

golden retriever　ゴールデンレトリバー	remove　～を取り除く	glaucoma　緑内障
buddy　仲間	puppy　子犬	bond　絆
pain　痛み	account　アカウント	response　反応
positive　前向きの	seem　～のように見える	gain　獲得する

1．下線部①の(　　)内に入る最も適切な語を，ア～エから1つ選び，記号で答えなさい。

ア．disease　　イ．disaster　　ウ．dinosaur　　エ．diary

2．下線部②が表す内容として最も適切なものを，ア～エから1つ選び，記号で答えなさい。

ア．2016年に両目が緑内障になり，摘出しなければならなかった。

イ．2016年に右目が緑内障になったが，摘出する必要がなかった。

ウ．2017年に右目が緑内障になり，摘出しなければならなかった。

エ．2017年に緑内障が完治し，摘出する必要がなくなった。

3．下線部③が表すものとして最も適切なものを，ア～エから1つ選び，記号で答えなさい。

ア．a puppy　　イ．a toy　　ウ．any problems　　エ．Instagram

4．下線部④が「私たちはその反応にとても驚いています」という日本語の意味になるように正しく並べ替え，(　　)内で2番目と4番目に来る語をそれぞれ記号で答えなさい。

5．(ア)と(イ)に共通して入る最も適切なものを，ア～エから1つ選び，記号で答えなさい。

ア．what　　イ．who　　ウ．which　　エ．how

6．本文の内容に合っているものには○，間違っているものには×で答えなさい。

ア．Charlie and Maverick built a wonderful friendship.

イ．Charlie didn't like Maverick at first, but he became Maverick's helper.

ウ．Maverick walks with Charlie to check for danger around Maverick.

エ．The owners made an Instagram account to show pictures of the dogs playing together.

オ．The account has over 32,000 followers.

D　次の英文の(　　)内に入る最も適切な語(句)を，ア～エから1つ選び，記号で答えなさい。

1．The book (　　) was too difficult for me.

ア．my mother chose　　イ．chose my mother

ウ．my mother chose it　　エ．which chose my mother

2．Tom helps his brothers with (　　) homework.

ア．his　　イ．her　　ウ．its　　エ．their

3．Who is the youngest (　　) the three?

ア．in　　イ．of　　ウ．for　　エ．at

4．One of my friends (　　) in India.

ア．live　　イ．lives　　ウ．are living　　エ．have lived

5．There is (　　) water in the bottle.
　ア．some　　イ．many　　ウ．few　　エ．a few

6．German is one of the languages (　　) in Switzerland.
　ア．speak　　イ．spoke　　ウ．spoken　　エ．speaking

7．Canada is (　　) in the world.
　ア．the second larger country　　イ．the second largest country
　ウ．the second larger countries　　エ．the second largest countries

8．My sister has lived in this city (　　) last year.
　ア．in　　イ．fer　　ウ．at　　エ．since

9．There is no chair (　　) in this room.
　ア．to sit　　イ．to sit on　　ウ．to sitting　　エ．sitting on

10. I wish I (　　) a car.
　ア．buy　　イ．will buy　　ウ．can buy　　エ．could buy

E　次の対話文を読み，(1)～(10)に入る最も適切な語を，選択肢ア～コから1つ選び，記号で答えなさい。ただし，文頭に来る語も小文字になっている。同じものは2度使えない。

A: Let's (1) out for dinner sometime this week.
B: (2) about on Saturday?
A: Sure! Where (3) you like to go?
B: Well, I was (4) of a French restaurant.
A: But it's (5) expensive! (6) don't we go to a Chinese restaurant instead?
B: All right.
A: I will(7) you up and (8) you to the restaurant.
B: (9) good. What time?
A: I'll see you (10) seven p.m.

選択肢
　ア．at　　イ．go　　ウ．pick　　エ．thinking　　オ．sounds
　カ．would　　キ．take　　ク．how　　ケ．why　　コ．so

F　次の表現が表すものを，それぞれ与えられた文字で始まる英語1語で答えなさい。

1．a very strong feeling of liking and caring for somebody　(l　　　)
2．a place where trains stop so that passengers can get on and off　(s　　　)
3．to come or go into something　(e　　　)
4．to say something in a loud voice　(s　　　)
5．small soft white pieces of frozen water that fall from the sky in cold weather　(s　　　)

G　各文の(　　)内に，下線部と同じ発音でつづりの異なる単語を答えなさい。

1．It takes an (　　) from our house to the closest post office.
2．No one (　　) the lottery.　　　＊lottery くじ

3. Where are the people who (　　) the kimono?

4. You can see their garden over (　　).

5. You cannot fix your weak point in a (　　) or so.

【英　語】（50分）〈満点：100点〉〈英語科用〉

＜リスニング問題＞

A　これから放送される1～5の対話を聞いて，それに対する応答として最も適切なものをA～Dの選択肢から1つ選び，記号で答えなさい。英文と質問は1度だけ放送されます。対話も選択肢も問題用紙には記載されていません。

1．解答欄に答えを記入しなさい。
2．解答欄に答えを記入しなさい。
3．解答欄に答えを記入しなさい。
4．解答欄に答えを記入しなさい。
5．解答欄に答えを記入しなさい。

B　これから放送される長めの英文の内容に関する質問が5つあります。それに対する応答として最も適切なものをA～Dの選択肢から1つ選び，記号で答えなさい。英文と質問は1度だけ放送されます。

1．Where did Mamoru Mohri grow up?
2．What subject did Mr. Mohri study a lot?
3．When did Mr. Mohri go to space for the first time?
4．How did Mr. Mohri go into space?
5．The Medal of Honor with Purple Ribbon is given for important work in which subjects?

※リスニングテストの放送台本は非公表です。

C　次の英文を読み，各問いに答えなさい。

Charlie is an 11-year-old golden retriever who had to have both eyes removed because he had a ①(　　) called glaucoma. But that hasn't slowed him down at all because Charlie has his own "Seeing Eye dog." Charlie has a good buddy. His name is Maverick, a 4-month-old puppy. Maverick helps Charlie get around now and the two have formed a very cute bond.

Charlie's owners, Adam and Chelsea Stipe, had Charlie's left eye removed in 2016 to stop the pain caused by glaucoma. A year later, his right eye had ②the same problem. The couple added Maverick to the family in 2018. The two dogs didn't like each other at first, but after some time, Maverick became the older dog's helper. "When Maverick and Charlie play, it's great to watch because Charlie turns into such a puppy," Chelsea Stipe said. "It's sweet to see them get along and enjoy each other." Maverick often walks closely with Charlie to help make sure the blind dog gets around without any problems. "When they play, Charlie sometimes loses a toy. So Maverick will pick ③it up and put it back in front of him to get him playing again," Stipe said.

They created an Instagram account showing the best buddies spending time and playing together at their home in Mooresville, North Carolina. "④We (ア the response / イ have been / ウ very / エ surprised / オ by), but it's such a good thing," Stipe said. "We love (ア) positive people online have been and (イ) happy the dogs are making everyone."

Dog lovers can't seem to get enough of their beautiful friendship, as the account has already gotten more than 32,000 followers since it was created. "They're both pretty and special," Stipe said. "They're our entertainment."

[注]

golden retriever　ゴールデンレトリバー	remove　～を取り除く	glaucoma　緑内障
buddy　仲間	puppy　子犬	bond　絆
pain　痛み	account　アカウント	response　反応
positive　前向きの	seem　～のように見える	gain　獲得する

1．下線部①の(　　)内に入る最も適切な語を，ア～エから1つ選び，記号で答えなさい。

ア．disease　　イ．disaster　　ウ．dinosaur　　エ．diary

2．下線部②が表す内容として最も適切なものを，ア～エから1つ選び，記号で答えなさい。

ア．2016年に両目が緑内障になり，摘出しなければならなかった。

イ．2016年に右目が緑内障になったが，摘出する必要がなかった。

ウ．2017年に右目が緑内障になり，摘出しなければならなかった。

エ．2017年に緑内障が完治し，摘出する必要がなくなった。

3．下線部③が表すものとして最も適切なものを，ア～エから1つ選び，記号で答えなさい。

ア．a puppy　　イ．a toy　　ウ．any problems　　エ．Instagram

4．下線部④が「私たちはその反応にとても驚いています」という日本語の意味になるように正しく並べ替え，(　　)内で2番目と4番目に来る語をそれぞれ記号で答えなさい。

5．(ア)と(イ)に共通して入る最も適切なものを，ア～エから1つ選び，記号で答えなさい。

ア．what　　イ．who　　ウ．which　　エ．how

6．本文の内容に合っているものには○，間違っているものには×で答えなさい。

ア．Charlie and Maverick built a wonderful friendship.

イ．Charlie didn't like Maverick at first, but he became Maverick's helper.

ウ．Maverick walks with Charlie to check for danger around Maverick.

エ．The owners made an Instagram account to show pictures of the dogs playing together.

オ．The account has over 32,000 followers.

D　次の英文の(　　)内に入る最も適切な語(句)を，ア～エから1つ選び，記号で答えなさい。

1．The book (　　) was too difficult for me.

ア．my mother chose　　イ．chose my mother

ウ．my mother chose it　　エ．which chose my mother

2．Tom helps his brothers with (　　) homework.

ア．his　　イ．her　　ウ．its　　エ．their

3．Who is the youngest (　　) the three?

ア．in　　イ．of　　ウ．for　　エ．at

4．One of my friends (　　) in India.

ア．live　　イ．lives　　ウ．are living　　エ．have lived

5．There is (　　) water in the bottle.

ア．some　　イ．many　　ウ．few　　エ．a few

6．German is one of the languages (　　) in Switzerland.

ア．speak　　イ．spoke　　ウ．spoken　　エ．speaking

7．Canada is (　　) in the world.

ア．the second larger country　　イ．the second largest country

ウ．the second larger countries　　エ．the second largest countries

8．My sister has lived in this city (　　) last year.

ア．in　　イ．fer　　ウ．at　　エ．since

9．There is no chair (　　) in this room.

ア．to sit　　イ．to sit on　　ウ．to sitting　　エ．sitting on

10．I wish I (　　) a car.

ア．buy　　イ．will buy　　ウ．can buy　　エ．could buy

E　次の対話文を読み，(1)～(10)に入る最も適切な語を，選択肢ア～コから1つ選び，記号で答えなさい。ただし，文頭に来る語も小文字になっている。同じものは2度使えない。

A: Let's (1) out for dinner sometime this week.

B: (2) about on Saturday?

A: Sure! Where (3) you like to go?

B: Well, I was (4) of a French restaurant.

A: But it's (5) expensive! (6) don't we go to a Chinese restaurant instead?

B: All right.

A: I will (7) you up and (8) you to the restaurant.

B: (9) good. What time?

A: I'll see you (10) seven p.m.

選択肢

ア．at　　イ．go　　ウ．pick　　エ．thinking　　オ．sounds

カ．would　　キ．take　　ク．how　　ケ．why　　コ．so

F　以下の下線部とほぼ同じ意味の1語を答えなさい。その際，与えられた文字で始めること。

1．It's so cold that even the river is going to become ice.　(f　　　)

2．Drinking too much coffee gives me a pain in my head.　(h　　　)

3．My dream is to be a person whose job is to take care of people's teeth.　(d　　　)

4．I don't like to speak in front of many people. Every time I feel afraid to say anything.　(n　　　)

5．In Los Angeles, the head of the government of the city is Ms. Karen Bass.　(m　　　)

G　以下の英文の(　　)内に入る最も適切な語(句)を，それぞれア～エから1つ選び，記号で答えなさい。　　＊人物・事象に関しては作成時のものとする。

1．Twitter owner (　　) replaced Twitter's iconic bird logo with X.

ア．Bill Gates　　イ．Sundar Pichai　　ウ．Elon Musk　　エ．Jeff Bezos

2．The UN secretary general, António Guterres, said, "The era of global (　　) has ended and the era of global boiling has arrived."

ア．warming　　イ．pollution　　ウ．peace　　エ．aging

3．North Korean leader Kim Jong Un met Russian President Vladimir Putin on September 13 in 2023. At the dinner, the two leaders (　　) one another and their countries.

ア．breaded　　イ．drank　　ウ．tasted　　エ．toasted

4．India did something big; they (　　) on the Moon. This was special because only the US, old Russia, and China did it before.

ア．went　　イ．landed　　ウ．reached　　エ．flew

5．Japan is worried about Mount Fuji. Too many (　　) are visiting. It is causing problems. The area is very dirty. Authorities are thinking about how to solve the problems.

ア．customers　　イ．tourists　　ウ．audiences　　エ．guests

【理　科】（45分）〈満点：100点〉

1．次の各問いに答えなさい。

問１　摩擦の無視できる水平な床の上を，小球が等速直線運動しています。この小球にはたらいている力を，解答欄の図に矢印で**すべて**記入しなさい。(矢印の大きさは任意の大きさで構いません。矢印の向きのみを採点の対象とします。)

問２　発電機のモーターを回転させると電流が流れます。この現象を何と言いますか。**漢字４文字**で答えなさい。

問３　地震が発生したときには，主に２種類の波が発生します。この波の速さの違いを利用して，大きなゆれが到達する前に情報を知らせるしくみの名称を**漢字で**答えなさい。

問４　ヘリウム，ネオン，アルゴンなどの気体をまとめて何と言いますか。

問５　水を電気分解すると，陰極で発生する気体の名称を答えなさい。

問６　遺伝のしくみをはじめて明らかにした人物の名前を答えなさい。

問７　1923(大正12)年９月１日，相模湾を震源とするマグニチュード7.9の大地震が発生しました。この地震の名称を次の**ア**～**エ**から選び，記号で答えなさい。

ア　東北地方太平洋沖地震　　**イ**　三陸沖地震
ウ　関東地震　　**エ**　東南海地震

問８　右の図は，ヒトの消化に関する器官を示したものです。口から摂取した食物を分解した栄養分は，どの器官で体内に吸収されますか。図の**A**～**F**から１つ選び，記号で答えなさい。また，その器官の名称も答えなさい。

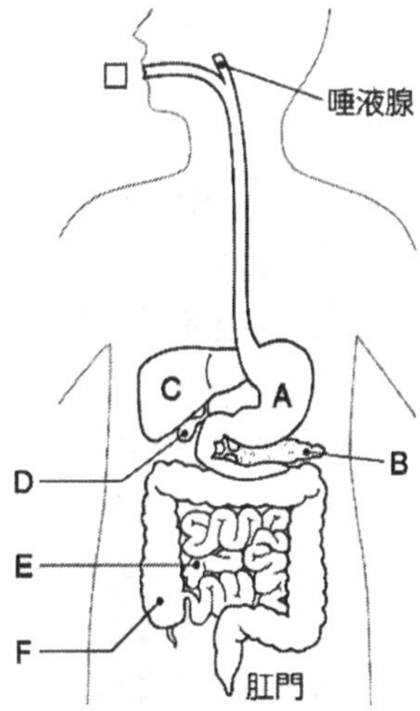

2. オオカナダモとタンポポの葉を用いて，次の〔実験1〕・〔実験2〕を行いました。これについて，あとの各問いに答えなさい。

〔実験1〕

オオカナダモの葉を1枚とり，葉の表側を上にしてスライドガラスにのせ，水を1滴落としてカバーガラスをかけてプレパラートをつくりました。このプレパラートを顕微鏡にのせ，調節ねじを回して対物レンズの先端をプレパラートにぎりぎりまで接近させました。次に接眼レンズをのぞきながら調節ねじを回して対物レンズをプレパラートから離していくと，①最初は像がぼやけて見えていたが，やがて，小さな細胞が視野一面に見える像にピントが合いました。さらに調節ねじを回して対物レンズをプレパラートから離していくと，次に大きな細胞が一面に見える像にピントが合いました。それからは，さらに同じ方向に調節ねじを回しても別の像にピントが合うことはありませんでした。

〔実験2〕

タンポポの葉と3本の試験管(それぞれA，B，Cとします)を用意し，そのうちのAとBの2本には，タンポポの葉をそれぞれ1枚ずつ入れ，ここにストローで息を吹き込んでからゴム栓をしました。さらに(　1　)実験として，Cの試験管には(　2　)からゴム栓をしました。次にAとCの試験管は30分間強い光に当て，Bの試験管は30分間暗室に入れました。その後，これら3本の試験管にそれぞれ石灰水を少し入れ，ゴム栓をしてよく振ったところ，②Aの試験管では石灰水はほとんどにごらなかったが，BとCの試験管では石灰水が白くにごりました。なお，このとき実験中の温度変化はありませんでした。

問1　オオカナダモが属するグループを，次の**ア**～**エ**から1つ，また，そのグループに属する植物を，次の**オ**～**ク**から1つ選び，それぞれ記号で答えなさい。

ア　被子植物　　**イ**　裸子植物　　**ウ**　コケ植物　　**エ**　シダ植物
オ　ミカヅキモ　　**カ**　ワカメ　　**キ**　マツ　　**ク**　アブラナ

問2　顕微鏡の倍率は接眼レンズの倍率と対物レンズの倍率の積で表します。この積を総合倍率と呼ぶことにします。総合倍率400倍で，あるプレパラートを観察したときの視野の中に細胞が108個観察できました。このとき，同じ視野のままで総合倍率を600倍に変えると，視野の中に何個の細胞が観察できると考えられますか。最も近いものを次の**ア**～**カ**から1つ選び，記号で答えなさい。ただし，細胞はプレパラート上に均等に存在しているものとします。

ア　27個　　**イ**　48個　　**ウ**　72個
エ　162個　　**オ**　243個　　**カ**　324個

問3　下線部①から，観察したオオカナダモの葉の構造についてどのようなことが分かりますか。最も適当なものを次の**ア**～**エ**から1つ選び，記号で答えなさい。

ア　葉は1層の細胞からなり，細胞の大きさはほぼ等しい。
イ　葉は1層の細胞からなり，大きな細胞と小さな細胞がある。
ウ　葉は2層の細胞からなり，葉の表側の細胞が裏側の細胞より小さい。
エ　葉は2層の細胞からなり，葉の表側の細胞が裏側の細胞より大きい。

問４　〔実験１〕で観察したオオカナダモの葉は，下の図のように見えました。図中のaの構造体の名称を**漢字で**答えなさい。

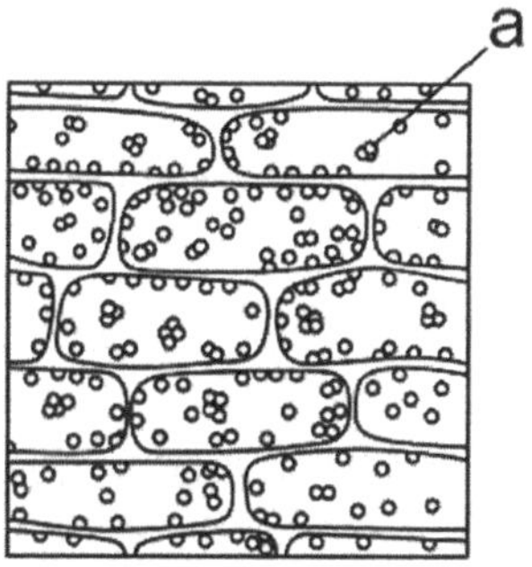

問５　文中の(　１　)に入る適当な語句を**漢字２文字**で答えなさい。

問６　文中の(　２　)に入る適当な文を「タンポポの葉」という語句で始まるようにして**25字以内**で答えなさい。

問７　下線部②の結果からわかることを次の**ア**～**カ**から**すべて選び**，記号で答えなさい。

ア　光合成では二酸化炭素が用いられる
イ　光合成では酸素が発生する
ウ　光合成ではデンプンが生じる
エ　光合成では水が用いられる
オ　光合成は問４の図のaで行われる
カ　光合成には光が必要である

3．マイクロプレート[※1]に図のように金属板と水溶液を入れ，変化を観察しました。これについて，あとの各問いに答えなさい。

※１　マイクロプレートとは，透明なプラスチック製の板に，ウェルと呼ばれる多数のくぼみがついており，そのくぼみを小さな試験管のようにして用いる実験器具です。

	銅板	亜鉛板	マグネシウム板	
硫酸銅水溶液[※2]	A 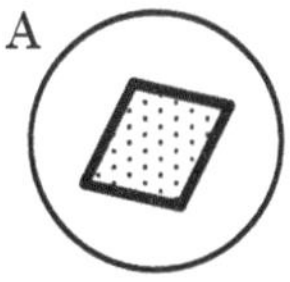	B 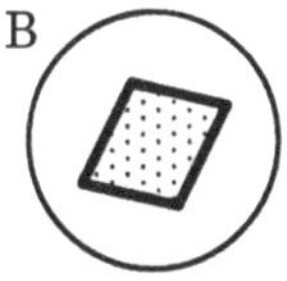	C 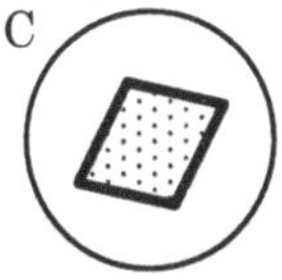	
硫酸亜鉛水溶液[※3]	D 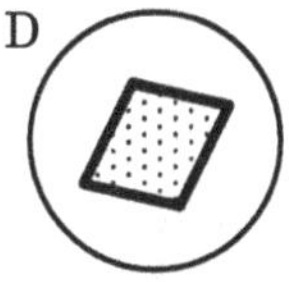	E 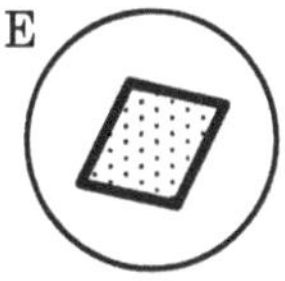	F 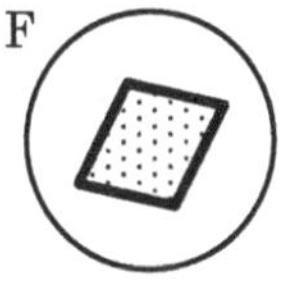	
硫酸マグネシウム水溶液[※4]	G 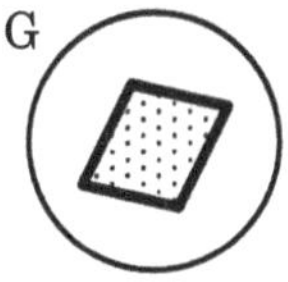	H 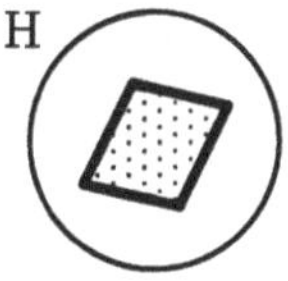	I 	

※２　硫酸銅水溶液＝銅イオンを含む水溶液

※３　硫酸亜鉛水溶液＝亜鉛イオンを含む水溶液
※４　硫酸マグネシウム水溶液＝マグネシウムイオンを含む水溶液

[観察されたこと]
・B，Cは，金属板がうすくなり，赤色の物質が付着した。
・A，D，E，G，H，Iは，変化がなかった。
・Fは，金属板がうすくなり，黒色の物質が付着した。

問１　この実験のように，ごく少量の薬品と小さな器具を使った実験をマイクロスケール実験(スモールスケール実験)と言います。このような，マイクロスケール実験のメリットを，通常の試験管などを用いて行う実験と比較して答えなさい。

問２　この実験で用いた３つの水溶液のうち，有色の水溶液が１つありました。有色の水溶液の名称とその色を答えなさい。

問３　Fで観察された黒色の物質は何であると考えられますか。物質名を答えなさい。

問４　これらの実験結果より，銅，亜鉛，マグネシウムをイオンになりやすい順に，**元素記号で**答えなさい。

問５　問４のように，金属のイオンへのなりやすさのことを何と言いますか。

問６　銅，亜鉛，マグネシウムそれぞれに，塩酸を加えたとき，２つの金属には同じような変化が見られ，１つには変化が見られませんでした。この変化のなかった１つの金属はどれですか。このマイクロプレートを用いた実験の結果から考えて，金属の名称を答えなさい。

問７　問６の実験で，２つの金属に見られた変化はどのようなものですか。簡単に説明しなさい。

4．音について，次のような実験を行いました。これについて，あとの各問いに答えなさい。
実験１：図１のような，真空にできる容器の中に鳴っているブザーを入れて，すべての空気を抜いた。
実験２：図２のような，モノコードの弦をはじいて，音の高さと大きさを調べた。
実験３：図３のように，おんさをたたいて，オシロスコープに表示される波形の違いを観察した。

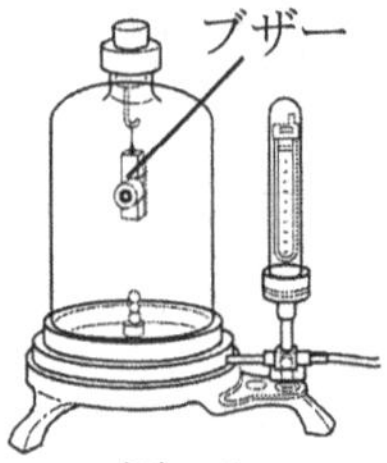

図　１

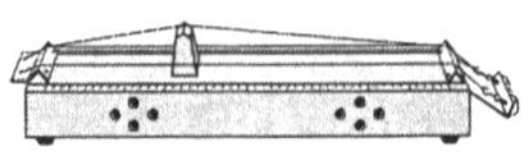
図　２

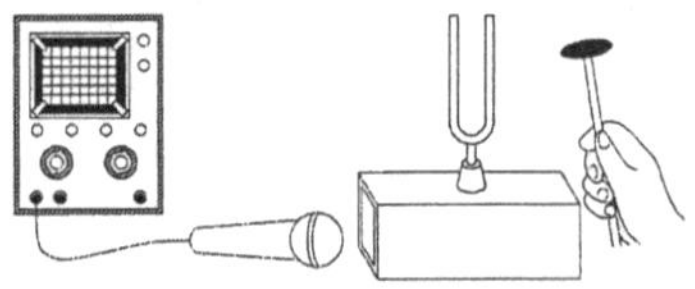
図　３

問１　実験１を行った結果，ブザーの音の大きさはどのようになりますか。最も適当なものを，次の**ア**～**ウ**から１つ選び，記号で答えなさい。

ア　小さくなる　　　**イ**　大きくなる　　　**ウ**　聞こえなくなる

問２　ブザーなどの，音を発している物体を何と言いますか。**漢字で**答えなさい。

問３　ブザーを水中に入れると聞こえる音の速さは変化します。空気中では340m/s，水中では1500m/sの速さで進むとき，３秒間に空気中と水中で音が進んだ距離の差は何mですか。

問４　実験２から，弦をはじくと音が１番高くなる条件について「弦の長さ」「弦を張る強さ」を含めて説明しなさい。

問５　次の空欄に当てはまる語句を**漢字で**答えなさい。

弦を強くはじくと弦の(　　)が大きくなり，大きな音となる。

問６　実験３を行った結果，オシロスコープで右図のような波形が確認されました。右図と同じ高さで，さらに強くたたいた波形を，次の**ア**～**ウ**から１つ選び，記号で答えなさい。なお，図の横軸は時間，縦軸は振幅を表します。

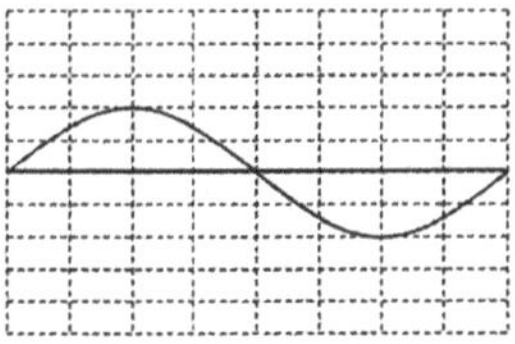

ア

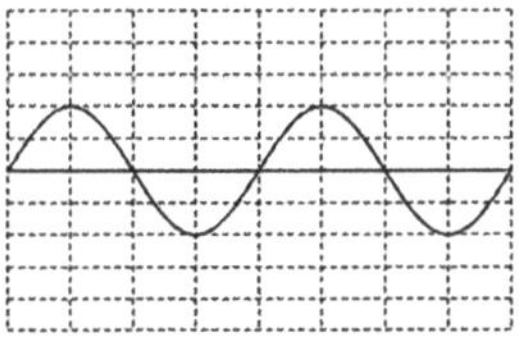

イ

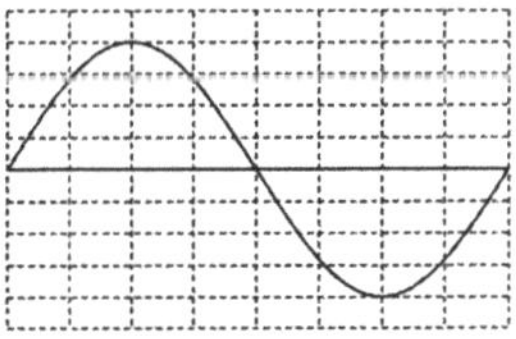

ウ

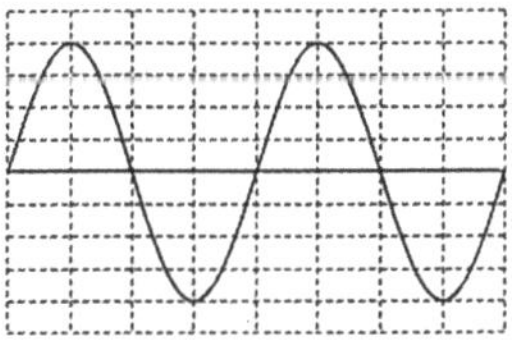

問７　振動数の違いだけを調べるためには，問６の**ア**～**ウ**のどれとどれを比べるのが適当ですか。

5．次の天気図は，2023(令和５)年８月７日と９日のものです。この天気図を見て，あとの各問いに答えなさい。

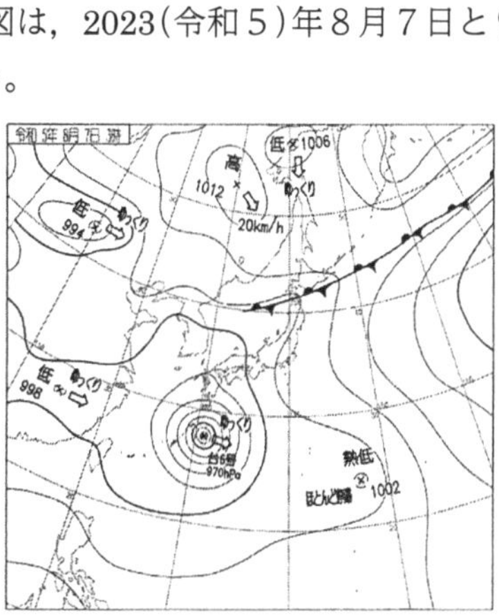

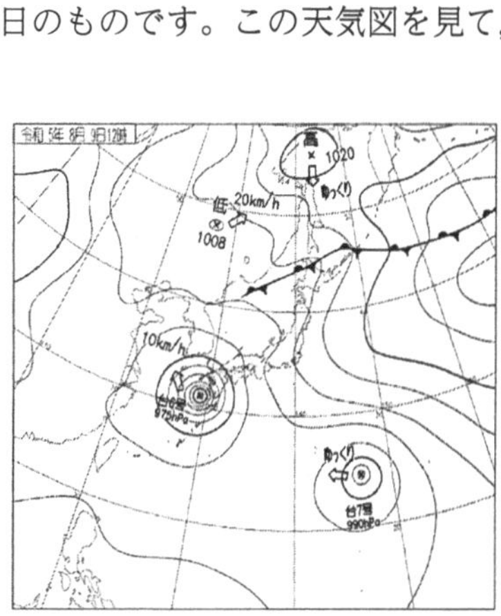

気象庁ホームページより転載

問1　7日に日本の南にあった熱帯低気圧が，9日に台風になりました。熱帯低気圧は，発達して中心付近の最大風速が基準値以上になると，台風になります。その最大風速の基準値を次の**ア**～**エ**から1つ選び，記号で答えなさい。

ア　15.2m/s　　**イ**　16.2m/s　　**ウ**　17.2m/s　　**エ**　18.2m/s

問2　7日に九州の南で東に進んでいた台風6号は，9日に九州の西を北上しています。この2日間の進路の変化について，次の文の空欄に適する語句を，あとの**ア**～**ク**から1つずつ選び，記号で答えなさい。

台風そのものには自ら動く力はなく，周囲の(　1　)に流されて動く。2つの天気図には見られないが，日本の東には(　2　)の気候をもたらす(　3　)高気圧があり，そのまわりでは(　4　)回りの風が吹いている。7日から9日にかけて(　3　)高気圧が強まったため，台風はその(　1　)に乗って北上したと考えられる。

ア　風　　**イ**　移動性　　**ウ**　秋　　**エ**　太平洋
オ　反時計　　**カ**　偏西風　　**キ**　時計　　**ク**　夏

問3　多くの低気圧には前線がありますが，台風には前線がありません。このことについて，台風が発生する場所「亜熱帯の海上」という言葉を用いて，簡単に説明しなさい。

問4　9月以降になると，台風は日本付近で進む向きを東向きに変え，速度を上げて通過することが多くなります。この動きをもたらす原因を**漢字で**答えなさい。

【社　会】（45分）〈満点：100点〉

I　オセアニア州に関する以下の各問いに答えなさい。

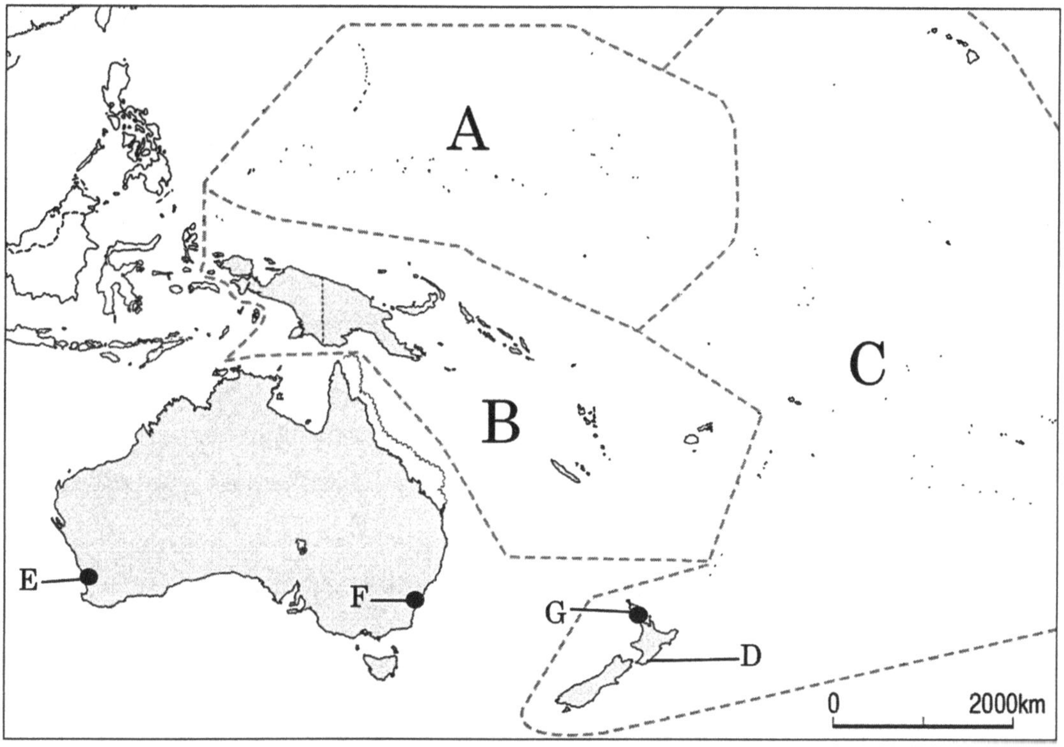

問１　地図中のＡ～Ｃに当てはまる地域名を答えなさい。

問２　地図中Ｄの国名を答えなさい。

問３　次の雨温図①～③は地図中Ｅ～Ｇのいずれかの都市のものである。都市と雨温図の組み合わせとして正しいものを選択肢(ア) ～ (エ)から１つ選び，記号で答えなさい。

①

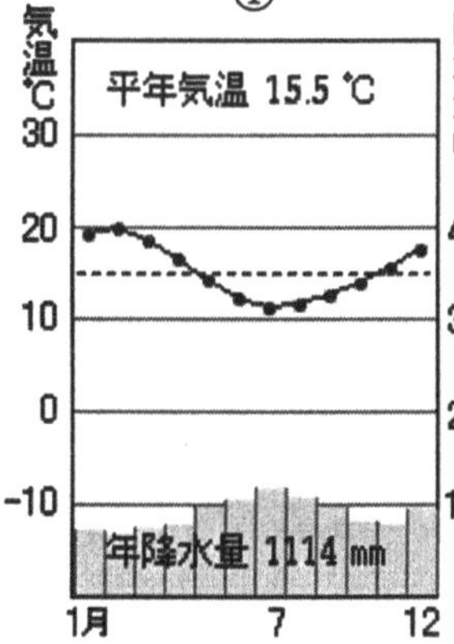

②

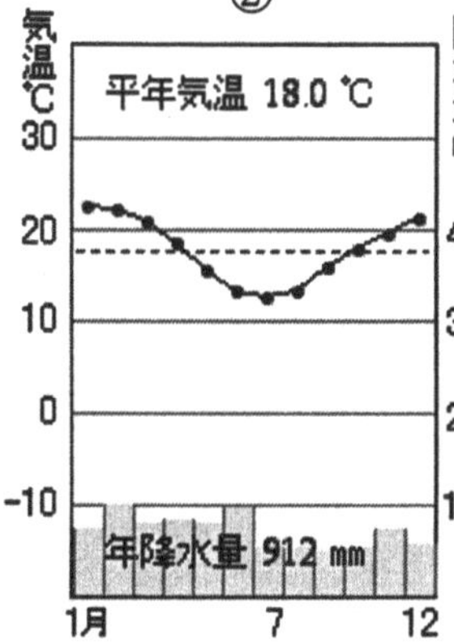

③

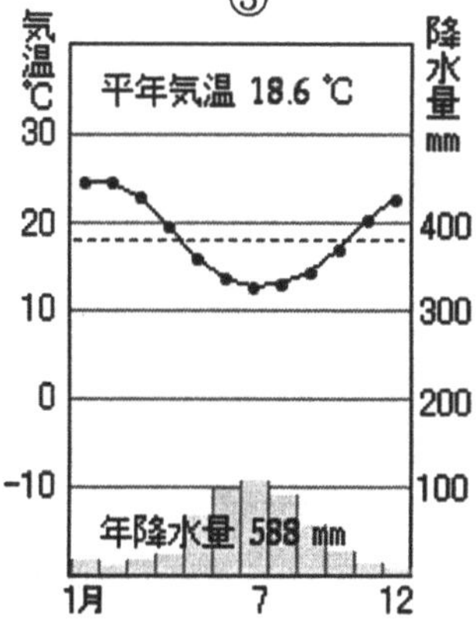

(ア)　①－Ｅ　②－Ｆ　③－Ｇ　　(イ)　①－Ｆ　②－Ｇ　③－Ｅ

(ウ)　①－Ｇ　②－Ｅ　③－Ｆ　　(エ)　①－Ｇ　②－Ｆ　③－Ｅ

問４　オセアニアの移民の歴史と社会について述べた次の文章中の(①) ～ (④)にあてはまる語句を答えなさい。

> 先住民の(①)が暮らしていたオーストラリアは，18世紀にイギリス領となった。19世紀後半のゴールドラッシュでアジア系労働者が多数流入したことを契機に，1901年の独立時から(②)政策を実施し，有色人種の移民を制限していたが，1970年代にはこれを廃止し，文化的な多様性を認める(③)をとるようになった。地図中Ｄ国もイギリスから独立したが，先住民の(④)の伝統的な文化を保存する取り組みが行われ，(④)語は英語とともに公用語とされている。

Ⅱ　中国・四国地方に関する以下の各問いに答えなさい。

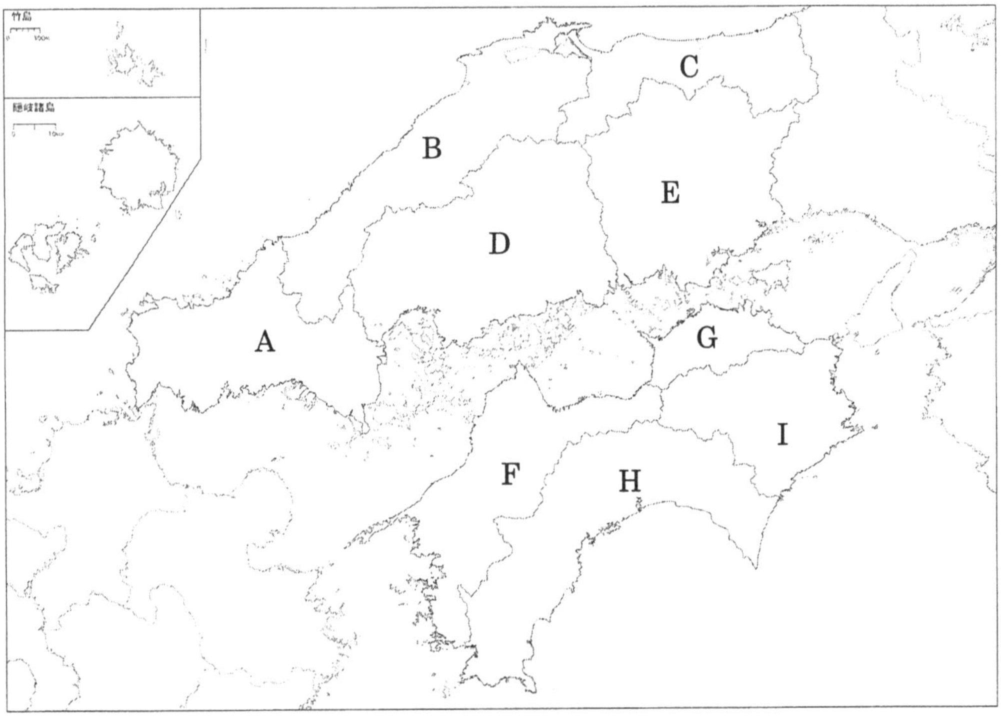

問１　次の(１) ～ (５)の文章は地図上のＡ～Ｉのどの県を説明したものか。それぞれＡ～Ｉの中から選び，記号で答えなさい。また，県名も答えなさい。

(１)　中国地方の西部，本州の最西端に位置する県。関門海峡を隔て，九州地方と隣接する。

(２)　中国地方で１番の面積を誇る県。世界最初の被爆地域であり，2023年はG7サミットが開催された。

(３)　日本で１番人口が少ない県。沿岸部には日本最大級の砂丘が広がる。

(４)　日本で１番面積が小さい県。瀬戸大橋は中国地方と四国地方を繋ぐ連絡橋となっている。

(５)　温暖で比較的降雨が少ない気候を利用して，柑橘類の栽培が盛んな県。沿岸部の地域には「石油化学コンビナート」が形成されている。

問２　下の資料は，2013年の広島県の「広島市」と高知県の「四万十町」の人口構成を表した資料である。両市町村の人口構成の特色を述べた文として適当なものを以下の(ア) ～ (エ)から１つ選び，記号で答えなさい。

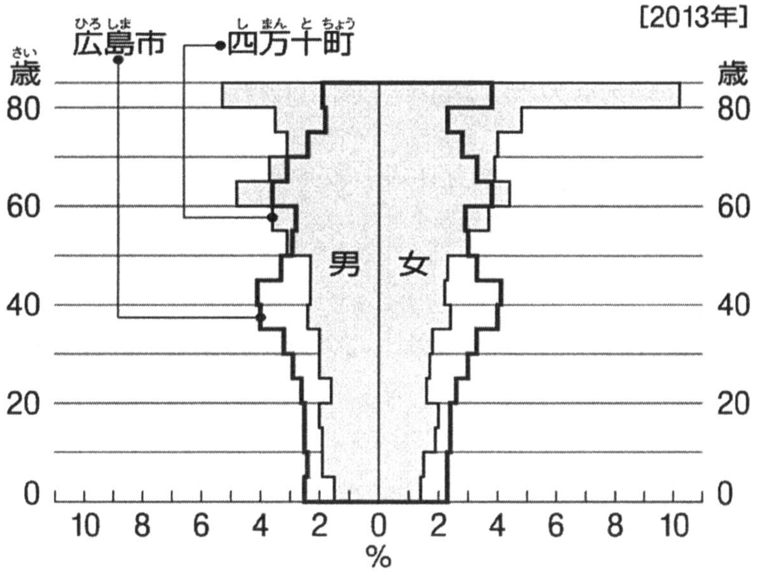

(ア)　四万十町は広島市に比べて，少子高齢化が進んでいる。

(イ)　広島市の80歳代の人口構成は女性より男性の割合が高い。

(ウ)　四万十町の人口ピラミッドは「富士山型」である。

(エ)　広島市は全人口に占める10歳代の割合が一番高い。

Ⅲ　次の年表を見て，各問に答えなさい。

世紀	出来事		
18世紀	江戸幕府将軍(　①　)が享保の改革をおこなう	……(a)	
	江戸幕府老中(　②　)が寛政の改革をおこなう	……(b)	
19世紀	江戸幕府が異国船打払令を出し，外国船の撃退を命じる	……(c)	④
	日米修好通商条約が締結される	……(d)	
	江戸幕府将軍(　③　)が朝廷に政権を返還し，江戸幕府は滅びる	……(e)	
	地租改正，徴兵令が定められる	……(f)	
	初の衆議院議員選挙が実施される	……(g)	
	日清戦争後，「下関条約」が締結される	……(h)	

問1　年表中の(　①　)～(　③　)に当てはまる人物名を，(ア)～(キ)からそれぞれ選び，記号で答えなさい。

(ア)松平定信　(イ)徳川綱吉　(ウ)新井白石　(エ)徳川吉宗
(オ)田沼意次　(カ)徳川慶喜　(キ)井伊直弼

問2　年表中の(a)について。

(1)　幕府は諸大名の参勤交代で江戸に住む期間を短縮するかわりに，1万石につき100石の米を幕府におさめさせた。このことを何というか。

(2)　民衆の意見を聞くために設置したものを何というか。

問3　年表中の(b)について。この改革を風刺した以下の狂歌の(　　)に当てはまる語句を答えなさい。

「　白河の　清きに魚のすみかねて　元のにごりの　(　　　)　こひしき　」

問4　年表中の(c)について。幕府を批判し，蛮社の獄で処罰された蘭学者を(ア)～(オ)から2人選び，記号で答えなさい。

(ア)大塩平八郎　(イ)渡辺崋山　(ウ)杉田玄白
(エ)本居宣長　(オ)高野長英

問5　年表中の(d)について。この条約は不平等な内容を持っていた。そのことについて説明した以下の文の【　A　】，【　B　】に当てはまる語句を答えなさい。

この条約は，アメリカに【　A　】(治外法権)を認め，日本に【　B　】がなかった。

問6　年表中の(e)について。この出来事を何というか。

問7　年表中の(f)について。

(1)　地租は何％と定められたか。

(2)　徴兵令で，兵役の義務を負ったのは満何歳になった男子か。

問8　年表中の(g)について。このとき，選挙権が与えられたのはどのような人々か，そのことについて説明した以下の文の【　A　】，【　B　】に当てはまる数字を答えなさい。

衆議院議員の選挙権が与えられたのは，直接国税【　A　】円以上を納める【　B　】歳以上の男子であった。

問9　年表中の(h)について。

(1)　この条約で日本が清国から得た遼東半島の位置を，次のページの地図の(ア)～(エ)から1つ選び，記号で答えなさい。

(2)　この後，遼東半島をロシア，ドイツ，フランスからの圧力で清国に返還したが，この出来事を何というか。

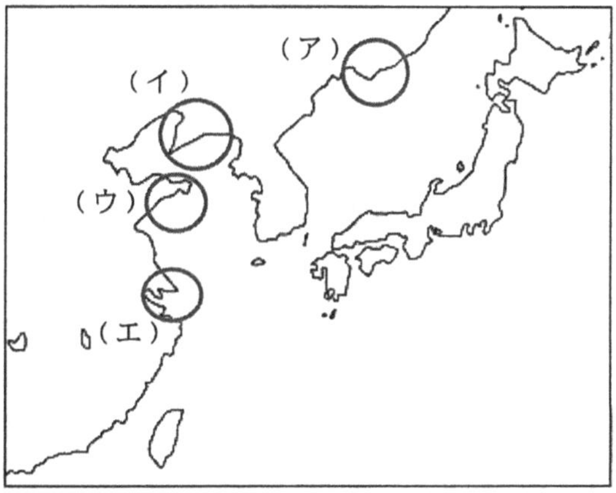

問10　年表中の，④の時期の文化について。

（1）この19世紀初めの頃にさかえた江戸時代の文化を何というか。

（2）(ア)(イ)(ウ)の絵の名称と，それを描いた人物の組み合わせとして正しいものを1つ選び，記号で答えなさい。

		絵の名称と作者の組み合わせ	
(ア)		富嶽三十六 (神奈川沖浪裏)	歌川広重
(イ)		ポッピンを吹く女	喜多川歌麿
(ウ)		三世大谷鬼次の奴 江戸兵衛	尾形光琳

（３）『南総里見八犬伝』の作者を(ア)～(エ)から１人選び，記号で答えなさい。

(ア)曲亭(滝沢)馬琴　(イ)十返舎一九　(ウ)小林一茶　(エ)近松門左衛門

Ⅳ　地方自治について，各問いに答えなさい。

問１　以下の文章の空欄にあてはまる語句を答えなさい。なお，Ａは漢字４文字，Ｂは漢字２文字である。

> イギリスの政治学者ジェームズ・ブライスは，その著書『近代民主政治』の中で，「地方自治は(　Ａ　)の(　Ｂ　)である」と述べている。これは，地方自治は住民の生活でもっとも身近に民主主義を行う場であり，その仕組みを学び実践する場であるということを示した言葉である。

問２　地方自治を行う地方公共団体の仕事として誤っているものを次の(ア)～(エ)から１つ選び，記号で答えなさい。

(ア)　消防活動　　(イ)　条約の承認

(ウ)　上下水道の管理　　(エ)　小・中学校の設置

問３　地方分権一括法の説明として正しいものを次の(ア)～(エ)から１つ選び，記号で答えなさい。

(ア)　地方公共団体が自立して活動ができるようになった。

(イ)　内閣総理大臣を県知事から選出することになった。

(ウ)　地方公共団体の仕事を国が肩代わりできるようになった。

(エ)　様々な地方公共団体の課題を一括処理できるようになった。

問４　以下の図は，地方自治の仕組みを図式化したものである。このように，住民が地方議員と首長という２種類の代表を選ぶ制度を何というか，答えなさい。また，図の空欄Ｃ～Ｆにあてはまる語句や数字を答えなさい。

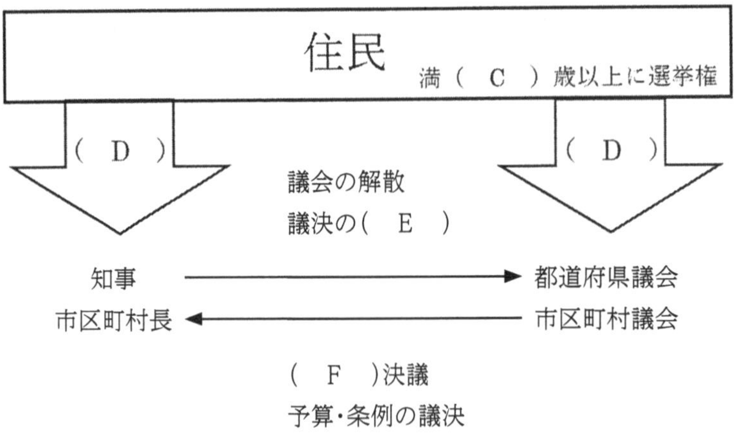

問5　以下の会話文を読み，各問いに答えなさい。

生徒G　今年，ある地方公共団体で首長のａリコールがあったそうだよ。
生徒H　選挙人名簿の不正持ち出しか。これはｂ選挙の法律違反になるよね。
生徒G　この首長は一度辞職したあと再選したそうだけど，その地方公共団体の職員がたくさん辞職するなど行政が混乱したらしい。
生徒H　ｃどうやってリコールしたのか，経緯を詳しく調べてみようよ。
生徒G　そうだね。選挙自体も住民がしっかりチェックしていかないといけないね。

（１）下線部ａについて，これを日本語で表現したときの言葉として適当なものを次の(ア)～(エ)から１つ選び，記号で答えなさい。
(ア)　条例の制定請求　　(イ)　条例の改廃請求
(ウ)　監査請求　　(エ)　解職・解散請求
（２）下線部ｂについて，この法律の名称を書きなさい。
（３）下線部ｃについて，有権者7500人の地方公共団体でリコールをする場合，何人以上の署名が必要か，答えなさい。

問6　以下の文章は，ある生徒が地方財政について調べたときに見つけたニュースの一部である。文章を読み，以下の問いに答えなさい。

2023年度，群馬県内の市町村に交付されるａ地方交付税交付金の総額は1141億円余りで昨年度より24億円余り増え，５年連続のｂ増加となりました。また，県への交付額は1486億7400万円で昨年度より2.5％増え，４年連続で前の年度をｂ上回りました。

（１）下線部ａに関連して，「地方交付税交付金」と「国庫支出金」の説明として適当なものを次の(ア)～(エ)から１つずつ選び，記号で答えなさい。
(ア)　教育や道路整備などの費用を国が一部負担する
(イ)　地方公共団体が抱える借金
(ウ)　地方公共団体の間の財政格差をおさえる
(エ)　地方公共団体へ住民が納める税金
（２）下線部ｂ「増加」，「上回り」に関して，今年度の地方交付税交付金が増額した理由として適当なものを，次の(ア)～(エ)から１つ選び，記号で答えなさい。
(ア)　市民税や県民税を大幅に増額したから。
(イ)　物価が上がり，国の税収が増えたから。
(ウ)　昨年度の繰越金が多かったから。
(エ)　住民からの寄付金が増額したから。

エ　電車に乗っている間は自分の好きなことが出来るので、本やマンガを読むだけでなくメールを打つこともできるから。

問四　傍線部②「だれかと『つながっていたい』と痛いくらいにおもうひとたちが、たがいに別の世界の住人であるかのように無関心で隣りあっている光景が、わたしたちの前には広がっている」についてあとの問いに答えなさい。

1　「つながっていたい」とはどういうことか。文中より六十五字以上、七十字以内で抜き出し、最初と最後の五字を解答欄に合うように答えなさい。

2　「つながっていたい」と思うその根底にある感情はどういうものか。文中より三字で抜き出し答えなさい。

問五　傍線部③「苛立ちの隠喩はついに身体から切り離された」とあるが、怒りを表す次の慣用句の空欄に当てはまる漢字を答えなさい。

・（　）を三角にする。

問六　傍線部④「社会的なコンテクストから自由な個人」とはどのような個人か。言い換えてある箇所を文中より二十五字で抜き出し答えなさい。

問七　傍線部⑤「個人は『社会』のなかを漂流するようになった」とはどういうことか。適当なものを次の中から選び、記号で答えなさい。

ア　何にも帰属しない自由な個人が、メディア化された社会をあてもなくさまよう、ということ。

イ　さまざまなくびきから解放された個人が自分を証明するためにたくましく生きていく、ということ。

ウ　寂しさを感じている個人が家族や親族と離れて暮らす社会で孤独に生きていく、ということ。

エ　色々なものから自由になった個人が近代化された社会を思い通りに生きていく、ということ。

問八　空欄に入る適切な語句を文中から五字で抜き出し答えなさい。

問九　傍線部⑥「肯定」の対義語を漢字で答えなさい。

問十　次のア～エについて本文の内容と合うものには○、そうでないものには×とそれぞれ答えなさい。

ア　近代の都市での生活は寂しく、その原因は家族や親族と離れて暮らすだけでなく、友人を作ることさえ難しいからである。

イ　都市の生活は組織化されており、その中で個人が生活するためには社会に合わせて生きていくしかない。

ウ　現代人にとって痛みを感じるのは人間関係において傷つく時であり、物理的な痛みを感じることは都市生活のなかでは少なくなっている。

エ　親が子どもの将来を考えて「条件」を出すことは子どものことを考えてのことかもしれないが、そういう指導はやめるべきである。

二、次の文章を読んで、あとの問いに答えなさい。（問題文には一部変更がある。）

※問題に使用された作品の著作権者が二次使用の許可を出していないため、問題を掲載しておりません。

（出典：加納朋子『カーテンコール！』より）

きれば」という条件の下で、じぶんの存在が認められたり認められなかったりするという経験を、子どもはこうしてくりかえしてゆくことになる。じぶんの存在はひとに認められるか認められないかで、あったりなかったりする、そういうものなのだ、という感情をツノらせてゆくのだ。これを言いかえれば、じぶんというものに「なる」途上にいる子どもたちにとっては、じぶんが「いる」にアタイするものであるか否かの問いを、ほとんどポジティヴな答えがないままに、*3恒常的にじぶんに向けるようになるということである。じぶんというものの「死」にそれとははっきり意識しないままにふれつづけるということである。

　このような*4鬱屈した気分のなかで、子どもたちは何もできなくてもじぶんの存在をそれとして受け容《い》れてくれるような、そういう愛情にひどく渇くようになるのだろう。つまり、なんの条件もつけないで「このままの」じぶんを認めてくれる他者の存在に渇くということだ。「できない」子どもだけではない。「できる」子どもも、あるいは「できる」子どものほうがと言ったほうがいいかもしれないが、上手に「条件」を満たすさなかに、もしこれを満たせなかったらという不安を感じ、かつそれを（かろうじて？）上手にコクフクしているじぶんを「偽の」じぶんとして否定する、そういう感情を内に深く抱え込んでいるはずだ。（　C　）、子どもたちや十代のひとたちは、じぶんをじぶんとして「このままで」肯定してくれる友だちや恋人を、これまでのどの時代よりも強く求めるようになっているらしい。だれかと「つながっていたい」という言葉もそこから出てきているようにおもわれてならない。じぶんを肯定できるかどうか、そのことじたいに大きな不安を感じているのが、いまの子どもたちではないか。大人たちが別の文脈から「つながり」の大切さを言うときには、いまの子どもたちの「つながっていたい」という気持ちの裏面にはこうした他者との遮断の認識が深くあることを見逃してはならないようにおもう。

（鷲田清一『感覚の幽い風景』より）

*1　くびき……自由を束縛するもの。
*2　コンテクスト…文脈。脈絡。取り巻いている状況。
*3　恒常……常に一定の状態を保っていること。
*4　鬱屈……気が晴れないでふさぎこむこと。

問一　傍線部a～eの語句のカタカナを漢字に直しなさい。

問二　文中の（　A　）～（　C　）に入る適切な語を次の中から選び、それぞれ記号で答えなさい。

ア　たとえば　　イ　だから
ウ　けれども　　エ　つまり

問三　傍線部①「もうだれも驚かなくなった」とあるが、それはなぜか。その理由として適当なものを次の中から選び、記号で答えなさい。

ア　現代社会の生活は忙しく、電車に乗っている間も携帯電話を使って休む暇なく仕事をしないと生きていけないから。
イ　現代の社会生活では人とのつながりが何よりも大事で、電車に乗っている間もメールに返信しなければならないから。
ウ　知らない他人と過ごす空間にいる時でさえも、誰かとつながるためにメールを打つ光景は珍しくないから。

社会的なコンテクストから自由な個人とは、裏返していえば、みずからコンテクストを選択しつつ自己を構成する個人ということである。じぶんがだれであるかをみずから決定もしくは証明しなければならないということである。言論の自由、職業の自由、婚姻の自由というスローガンがそのことを表している。（　A　）、そういう「自由な個人」が群れ集う都市生活は、いわゆるシステム化というかたちで大規模に、緻密《ちみつ》に組織されてゆかざるをえず、そして個人はそのなかに緊密に組み込まれてしか個人としての生存を維持できなくなっている。（　B　）、じぶんで選択しているつもりでじつは社会のほうから選択されているというかたちでしかじぶんを意識できないのだ。社会のなかにじぶんが意味のある場所を占めるということが、社会にとっての意味であってじぶんにとっての意味ではないらしいという感覚のなかでしか確認できなくなっているのだ。そこでひとは「じぶんの存在」を、すこし急《せ》いて、わたしをわたしとして名ざしする他者との関係のなかに求めるようになる。すでに述べたことだが、わたしの存在は［　　　　　］の宛先となっているというかたちで、もっともくっきり見えてくるものだからだ。こうして私的な、あるいは親密な個人的関係というものに、ひとはそれぞれの「わたし」を賭《か》けることになる。近代の都市生活とは、個人にとっては、社会的なもののリアリティがますます親密なものの圏内に縮められてゆく、そういう過程でもあるのだ。

　現代の都市生活者の存在感情の底にあまねく静かに浸透してきているようにおもわれる「寂しさ」、それが、いま、だれかと「つながっていたい」というひりひりとした疼《うず》きとなって現象しているのではないだろうか。ケータイはその意味できわめて現代的なツールだ。だれかとの関係のなかで傷つく痛みのほうが、身体のフィジカルな痛みよりも、よほどリアルだという、そういう〈魂〉の光景が、そこに映しだされているようにおもう。

　そのなかでひとがおそらく最初に求めるのは、じぶんが、あるいはその存在が⑥「肯定されて」あるという感情だろう。

　緊密に、そして大規模にシステム化された社会というのは、「資格」が問われる社会である。ひとびとの生活の細部まで支えているシステムを維持するために――食べるという、生きるうえでもっとも基礎的ないとなみですら、飼育・bサイバイ、製造・調理、流通・販売の複雑なシステムにそっくり組み込まれてしか成り立たなくなっているのが現代の生活だ、それにふさわしい行動の能力が求められる。システムが複雑化するというのは、そういう行動能力の育成に複雑なプロセスが要るということでもある。つまり、教育課程が長くなるということ。今日では幼稚園に通う前から教育は始まり、そこから最低でも十数年教育は続く。

「資格」が問われるというのは、もしこれができれば、次にこれができる……ということだ。そこでは何をするにしても条件が問われる。そして条件を満たしていなければ「不要」の烙印《らくいん》を押される。「あなたの存在は必要ない。」と。だから、じぶんの子どもが将来こういうみじめなことにならないように、親たちはずいぶん幼いころから教育を受けさせる。「これをちゃんとやったらこんどの日曜日に遊園地に連れていってあげますからね。」から「こんな点数をとるのはおれの子じゃない。」まで、いろんな脅迫の言葉を向けながら、だ。「もし〜で

【国　語】（四五分）〈満点：一〇〇点〉

【注意】 字数指定の問題は「、」や「。」、「」（カギカッコ）も字数として含めること。

一、次の文章を読んで、あとの問いに答えなさい。（問題文には一部変更がある）

電車のなかで半数以上のひとが、だれに眼を向けるでもなく、うつむいて携帯電話をチェックし、指を器用に動かしてメールを打つシーンに、①もうだれも驚かなくなった。②だれかと「つながっていたい」と痛いくらいにおもうひとたちが、たがいに別の世界の住人であるかのように無関心で隣りあっている光景が、わたしたちの前には広がっている。

いつごろからか、十代のひとたちが「キレる」という言葉を口にしはじめた。「腹が立つ」ではもちろんなく、「アタマにくる」でも「むかつく」でもなく、「キレる」。③苛立ちの隠喩はついに身体から切り離された？

このように、「つながっていたい」という想いが一方にあり、「切れる」という行動が他方にある。ひとはどうして、そこまで接続／遮断に拘泥するようになったのか。まるでそれが〈いのち〉のスイッチのオン／オフであるかのように……。

だれかとつながっていたいというのは、じぶんがそのひとに思いをはせるだけでなく、そのひともまたいまじぶんのことを思ってくれているという、そういう関係のなかに浸されていたいということだ。

寂しいから、とひとは言う。だが、寂しいのは、じぶんがここにいるという感覚がじぶんがここにいるという事実の確認だけでは足りないからだ。ひとがもっとも強くじぶんの存在をじぶんで感じることができるのは、褒《ほ》められるのであれ貶《けな》されるのであれ、愛されるのであれ憎まれるのであれ、まぎれもない他者の意識の宛先としてじぶんを感じることができるときだろう。「ムシられる」（無視される）ことでひとが深い傷を負うのは、じぶんの存在がまるでないかのように扱われるからであり、じぶんのこの存在がないことを望まれていると感じるから、そういう否定の感情に襲われるからだ。だれからも望まれていない生存ほど苦しいものはない。老幼を問わず。

唐突におもわれるかもしれないが、近代の都市生活というのは寂しいものだ。「近代化」というかたちで、ひとびとは社会のさまざまなくびき[*1]、「[a]ホウケン的」といわれたくびきから身をもぎはなして、じぶんがだれであるかをじぶんで証明できる、あるいは証明しなければならない社会をつくりあげてきた。すくなくとも理念としては、身分にも家業にも親族関係にも階級にも性にも民族にも囚《とら》われない「自由な個人」によって構成される④社会をめざして、である。「自由な個人」とは、彼／彼女が帰属する社会的なコンテクスト[*2]から自由な個人ということだ。そして都市への大量の人口流入とともに、それら血縁とか地縁といった生活上のコンテクストがしだいに弱体化し、家族生活も夫婦を中心とする核家族が基本となって世代のコンテクストが崩れていった。さらに社会のメディア化も急速に進行し、そうして個人はその神経をじかに「社会」というものに接続させるような社会になっていった。いわゆる中間世界というものが消失して、⑤個人は「社会」のなかを漂流するようになった。

MEMO

大切なことはメモしておこうネ！

2024年度

共愛学園高等学校入試問題(学業特別奨学生)

【数　学】（45分）〈満点：100点〉

1　次の問いに答えなさい。

（1）　次の式を計算しなさい。

①　$35 \div (-5) - (-2) \times (-4)$

②　$\dfrac{4x-1}{3} \times (-6)$

③　$(x-10)^2$

④　$\sqrt{27} - \sqrt{75} + \sqrt{48}$

（2）　次の式を因数分解しなさい。

①　$2a^2 + 8ab - 6a$

②　$9x^2 - 64$

（3）　次の方程式を解きなさい。

①　$2(3-x) + 1 = 6x - 9$

②　$x^2 - 7x - 18 = 0$

③　$x^2 + 6x - 2 = 0$

（4）　次の連立方程式を解きなさい。

$$\begin{cases} x + 3y = 2 \\ y = 3x + 4 \end{cases}$$

2　1，2，3，4，5の5つの数字から異なる2つを並べてできる2けたの奇数は全部で何通りあるか答えなさい。

3　図において，△ABCは正三角形とします。$\ell \parallel$ mのとき，$\angle x$の大きさを求めなさい。

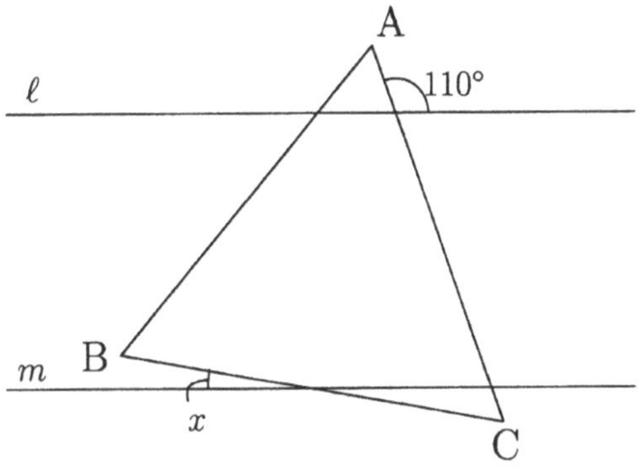

4 ある本を3日間で読み終えるように次の計画を立てました。

1日目は全体の $\frac{5}{12}$ を読む。

2日目は残った部分の $\frac{5}{14}$ を読む。

3日目は残った90ページを読む。

この本は全部で何ページか求めなさい。

5 連続する3つの正の整数があります。最も大きい整数と最も小さい整数の積が3つの整数の和より129大きいとき，最も小さい整数を求めなさい。

6 ある高校の昨年の入学者数は男女合わせて500名でした。今年の入学者数は昨年に比べて，男子は20％減少し，女子は10％増加して，男女合わせて5％の減少となりました。今年の男子，女子の入学者数をそれぞれ答えなさい。

7 3点A$(a,\ a^2)$，B(3, 3)，C(9, −3)が一直線上にあるとき，定数aの値を求めなさい。

8 次の箱ひげ図は，ある中学校の反復横跳びの測定結果をまとめたものです。クラスの人数が45人であるとき，箱ひげ図から読み取れることとして正しいものをすべて選び，記号で答えなさい。

ア　70回を超える記録を出した生徒は1人しかいない。

イ　53回の記録を出した生徒が必ず1人はいる。

ウ　54回の記録を出した生徒は，クラスの平均値を超えている。

エ　56回の記録を出した生徒のクラス順位は，クラスの上位半分に入っている。

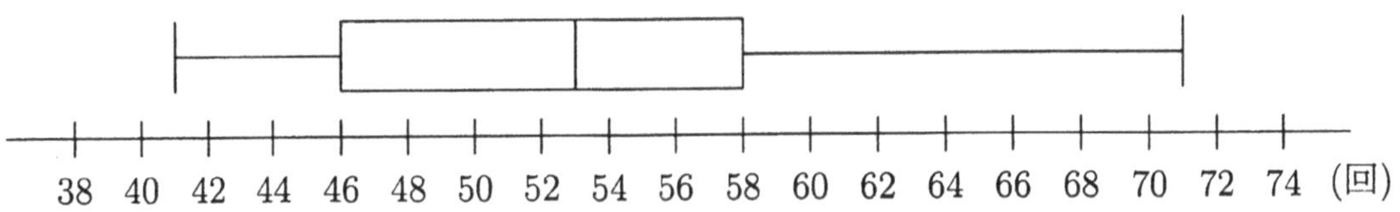

9 図のように，長方形ABCDの内部に点Pをとります。△PAB，△PBC，△PCDの面積をそれぞれ16，10，12とするとき，△PDAの面積を求めなさい。

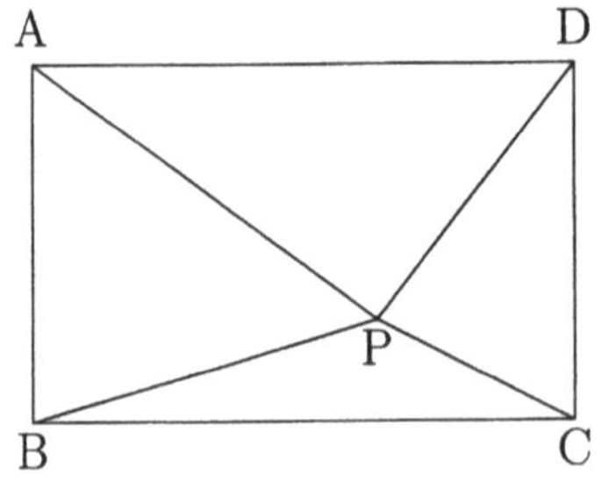

10 関数$y=-3x^2$について，xの変域が$t \leqq x \leqq t+3$であるとき，yの変域は$-12 \leqq y \leqq 0$です。このとき，定数tの値を求めなさい。

11 図のように，2直線$y=2x+8$，$y=-\frac{1}{2}x+a$と，x軸との交点をそれぞれP，Qとします。線分PQの長さが12のとき，次の問いに答えなさい。

（1） 定数aの値を求めなさい。

（2） 2直線の交点Rを通り，△PQRの面積を2等分する直線の式を求めなさい。

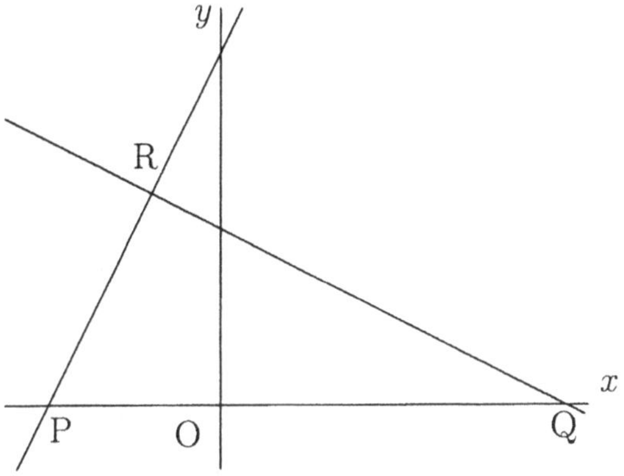

12 次の筆算が2けたどうしの足し算を表しているとき，Cに入る数字を求めなさい。ただし，A，Bに0は入りません。

$$
\begin{array}{r}
\mathrm{A\ C} \\
+\quad \mathrm{A\ B} \\
\hline
\mathrm{B\ C\ A}
\end{array}
$$

【英　語】（50分）〈満点：100点〉〈普通科用〉

＜リスニング問題＞

A　これから放送される１～５の英文を聞いて，それに対する応答として最も適切なものをＡ～Ｄの選択肢から選び，記号で答えなさい。英文と質問は１度だけ放送されます。なお，英文も選択肢も問題用紙には記載されていません。

1．解答欄に答えを記入しなさい。
2．解答欄に答えを記入しなさい。
3．解答欄に答えを記入しなさい。
4．解答欄に答えを記入しなさい。
5．解答欄に答えを記入しなさい。

B　これから放送される長めの英文に関する質問が５つあります。それに対する応答として最も適切なものをＡ～Ｄの選択肢から選び，記号で答えなさい。英文と質問は１度だけ放送されます。

1．What happened in 1977?
2．What was the first video game Miyamoto made?
3．Where did Nintendo want to become more popular in 1980?
4．What video game was not made by Shigeru Miyamoto?
5．What prize did Miyamoto receive in 2019?

※リスニングテストの放送台本は非公表です。

C　次の英文を読み，問いに答えなさい。

Lars Nootbaar is a baseball player who was born and raised in a Los Angeles suburb by an American father, Charlie, and Japanese mother, Kumiko, who is from Higashi-Matsuyama, Saitama Prefecture. He speaks little Japanese, but can use chopsticks well enough to eat the traditional Japanese dishes of natto and miso soup. Gyoza is one of his favorite foods.

His father and older brother both played baseball and nudged him into starting the sport ①when he was 5 years old. Every day after school, he would run into the backyard and practice his throws by batting with his mother, who played softball through her high school years. He would also endlessly throw a ball against a concrete wall.

While the World Baseball Classic (WBC) marks Nootbaar's first appearance in a Japanese uniform, he played on a regional all-star team in the U.S. when he was 10. At that time, ②he surprised his mother when he introduced himself by saying, "I am Japanese. I am here representing Japan."

His mother's ethnicity made Nootbaar eligible for selection to Japan's team at the WBC, and he pays homage on his glove to his roots:his middle name is Taylor-Tatsuji, in honor of his maternal grandfather Tatsuji Enokida, and Nootbaar has "Tatsuji" sewn onto his game glove.

That led to a nice surprise for Nootbaar. When he joined up with the Japanese team at the pre-tournament camp, his teammates welcomed him by wearing practice T-shirts with "Tacchan" written in Japanese. Nootbaar was overjoyed.

The 84-year-old Enokida, who still lives in Higashi-Matsuyama, says he will never forget the days when his grandson, then a child, would visit from the U.S., and would end up crying, “I don’t want to go home.”

③“I am proud [ア see / イ Lars / ウ the Japanese uniform / エ to / オ wearing].” Enokida said. “I hope he hits many home runs and ④he [ア win / イ Samurai Japan / ウ helps / エ the championship]. I will be very happy if he plays a role in strengthening the ties between Japan and the U.S. through baseball.”

[注]

suburb　郊外	nudged ~ into...　~に...を勧めた	
regional　地域の	representing　~を代表して	ethnicity　民族性
eligible for　~の候補となる	homage　敬意	in honor of　~に敬意を表して
maternal　母方の	sewn　縫われた	

1．幼少期のヌートバー選手はどのような様子だったか。最も適切なものをア~エから1つ選び，記号で答えなさい。

ア．日本語はほとんど話せず，はしも使えず，日本食も食べなかった。

イ．日本語はほとんど話せなかったが，はしを使うのは上手だった。

ウ．日本語を使いこなし，はしも上手に使えた。

エ．日本語は使いこなせるが，はしは上手に使えなかった。

2．下線部①と同じ意味になるように(　　)に適切な1語を入れなさい。

＝ at the (　　) of 5

3．下線部②の理由として最も適切なものをア~エから1つ選び，記号で答えなさい。

ア．ヌートバーがアメリカの地域のオールスターチームとして試合に出たから。

イ．ヌートバーの母の民族性に，選手たちが敬意を払ったから。

ウ．ヌートバーは自分がアメリカ人であり，アメリカ代表だと自己紹介したから。

エ．ヌートバーは自分が日本人であり，日本代表だと自己紹介したから。

4．下線部③と下線部④をそれぞれ下の意味になるように並べ替え，[　　]内で2番目と4番目にくる語(句)を，記号で答えなさい。

③「私はラーズが日本のユニフォームを着ているのを見ることを誇りに思う」

④「(彼が)サムライジャパンが大会で勝つ手助けをする(ことを望んでいます)」

5．本文の内容に合っているものには○，間違っているものには×で答えなさい。

ア．Nootbaar could throw a ball against a wall forever.

イ．Nootbaar s mother was also on a baseball team when she was in high school.

ウ．When he was 10, Nootbaar said that he was representing Japan.

エ．Nootbaar’s teammates in Japan welcomed him by wearing T-shirts that said “Tatsuji”.

オ．Tatsuji Enokida is Nootbaar’s father.

D　次の英文の(　　)内に入る最も適切な語(句)をア～エから選び，記号で答えなさい。

1．The G7 summit is scheduled to (　　) place in Hiroshima next month.
　ア．take　　イ．get　　ウ．have　　エ．make

2．Ukraine's President Zelenskyy (　　) a surprise appearance at the summit.
　ア．made　　イ．got　　ウ．had　　エ．took

3．The students, along with their teacher, (　　) going on a field trip next week.
　ア．is　　イ．was　　ウ．am　　エ．are

4．If I (　　) the answer, I would tell you.
　ア．knows　　イ．knew　　ウ．known　　エ．know

5．Shohei Ohtani said that he spends almost half of his day (　　).
　ア．sleep　　イ．sleeps　　ウ．slept　　エ．sleeping

6．Some social media companies are having trouble balancing free speech (　　) correct information.
　ア．on　　イ．to　　ウ．by　　エ．with

7．By the time the President arrived, the protesters already (　　) outside the building.
　ア．gathered　　イ．will gather　　ウ．were gathered　　エ．have gathered

8．Please tell me how many Pokemon cards (　　).
　ア．you have　　イ．have you　　ウ．do you have　　エ．you are having

9．She couldn't keep (　　) for her friend any longer.
　ア．wait　　イ．waits　　ウ．waiting　　エ．waited

10. They visited the aquarium last week, (　　) they?
　ア．doesn't　　イ．didn't　　ウ．weren't　　エ．aren't

E　次の対話文AとBを読み，(１)～(10)に入る最も適切な語をア～コから選び，記号で答えなさい。ただし，文頭にくる語も小文字になっている。

〈On the phone〉

A: Do you have (1) plans for this evening?

B: I was thinking about going to the theater.

A: Well, the West End is the (2) for that.

B: I was thinking of going to *Cats*.

A: Good choice. It is very (3). It has been playing for (4)17 years.

B: Really?

A: Yes, at least.

B: And (5) are easy to get, aren't they?

A: Ah, that is another matter.

〈In a room〉

A: would like to (6) you a personal question.

B: Go ahead.

A: (7) were you last night?

B: I was at home.
A: What about the night before last?
B: I was at (8) office till 8:30. I went straight home and went to bed.
A: And the night before that?
B: That was ...Tuesday night. That was the night of the shogi tournament. I played shogi.
A: And Monday night?
B: Monday night ... my wife and I went to the (9).
A: (10) did you watch?
B: We watched *Top Gun: Maverick.*

ア. what　イ. over　ウ. my　エ. ask　オ. any
カ. popular　キ. movies　ク. place　ケ. where　コ. tickets

F　次の表現が表すものを，それぞれ与えられた文字で始まる英語1語で答えなさい。

1. a performance given by musicians or singers　(c　　　)
2. the second month of the year　(F　　　)
3. a system of communication between people, usually using words　(l　　　)
4. a situation in which there is no war or fighting　(p　　　)
5. the conditions in the air above the earth such as wind, rain, or temperature　(w　　　)

G　日本語の意味に合うように英文を並べかえ，(　　)内で3番目と6番目にくる語(句)を選び，記号で答えなさい。ただし，文頭にくる語も小文字になっている。

1. 何か買ってきましょうか。
(ア. me　イ. anything　ウ. do you　エ. get　オ. want　カ. to　キ. you) ?
2. 次にしなければならないことを教えてください。
(ア. me　イ. what　ウ. to　エ. I　オ. tell　カ. do　キ. have) next.
3. オーストラリアではどんな動物を見ることができますか。
(ア. see　イ. in　ウ. we　エ. animals　オ. can　カ. what) Australia ?
4. 私は全ての季節の中で秋が一番好きだ。
I (ア. the seasons　イ. best　ウ. of　エ. like　オ. autumn　カ. all).
5. コーヒーを飲みすぎてはいけません。
(ア. must　イ. much　ウ. not　エ. you　オ. too　カ. drink) coffee.

【英　語】（50分）〈満点：100点〉〈英語科用〉

＜リスニング問題＞

A　これから放送される1～5の英文を聞いて，それに対する応答として最も適切なものをA～Dの選択肢から選び，記号で答えなさい。英文と質問は1度だけ放送されます。なお，英文も選択肢も問題用紙には記載されていません。

1．解答欄に答えを記入しなさい。
2．解答欄に答えを記入しなさい。
3．解答欄に答えを記入しなさい。
4．解答欄に答えを記入しなさい。
5．解答欄に答えを記入しなさい。

B　これから放送される長めの英文に関する質問が5つあります。それに対する応答として最も適切なものをA～Dの選択肢から選び，記号で答えなさい。英文と質問は1度だけ放送されます。

1．What happened in 1977?
2．What was the first video game Miyamoto made?
3．Where did Nintendo want to become more popular in 1980?
4．What video game was not made by Shigeru Miyamoto?
5．What prize did Miyamoto receive in 2019?

※リスニングテストの放送台本は非公表です。

C　次の英文を読み，問いに答えなさい。

Lars Nootbaar is a baseball player who was born and raised in a Los Angeles suburb by an American father, Charlie, and Japanese mother, Kumiko, who is from Higashi-Matsuyama, Saitama Prefecture. He speaks little Japanese, but can use chopsticks well enough to eat the traditional Japanese dishes of natto and miso soup. Gyoza is one of his favorite foods.

His father and older brother both played baseball and nudged him into starting the sport ①when he was 5 years old. Every day after school, he would run into the backyard and practice his throws by batting with his mother, who played softball through her high school years. He would also endlessly throw a ball against a concrete wall.

While the World Baseball Classic (WBC) marks Nootbaar's first appearance in a Japanese uniform, he played on a regional all-star team in the U.S. when he was 10. At that time, ②he surprised his mother when he introduced himself by saying, "I am Japanese. I am here representing Japan."

His mother's ethnicity made Nootbaar eligible for selection to Japan's team at the WBC, and he pays homage on his glove to his roots:his middle name is Taylor-Tatsuji, in honor of his maternal grandfather Tatsuji Enokida, and Nootbaar has "Tatsuji" sewn onto his game glove.

That led to a nice surprise for Nootbaar. When he joined up with the Japanese team at the pre-tournament camp, his teammates welcomed him by wearing practice T-shirts with "Tacchan" written in Japanese. Nootbaar was overjoyed.

The 84-year-old Enokida, who still lives in Higashi-Matsuyama, says he will never forget the days when his grandson, then a child, would visit from the U.S., and would end up crying, "I don't want to go home."

③"I am proud [ア see / イ Lars / ウ the Japanese uniform / エ to / オ wearing]." Enokida said. "I hope he hits many home runs and ④he [ア win / イ Samurai Japan / ウ helps / エ the championship]. I will be very happy if he plays a role in strengthening the ties between Japan and the U.S. through baseball."

[注]

suburb　郊外
nudged ~ into...　~に...を勧めた
regional　地域の
representing　~を代表して
ethnicity　民族性
eligible for　~の候補となる
homage　敬意
in honor of　~に敬意を表して
maternal　母方の
sewn　縫われた

1．幼少期のヌートバー選手はどのような様子だったか。最も適切なものをア～エから1つ選び，記号で答えなさい。

ア．日本語はほとんど話せず，はしも使えず，日本食も食べなかった。

イ．日本語はほとんど話せなかったが，はしを使うのは上手だった。

ウ．日本語を使いこなし，はしも上手に使えた。

エ．日本語は使いこなせるが，はしは上手に使えなかった。

2．下線部①と同じ意味になるように(　　)に適切な1語を入れなさい。

＝ at the (　　) of 5

3．下線部②の理由として最も適切なものをア～エから1つ選び，記号で答えなさい。

ア．ヌートバーがアメリカの地域のオールスターチームとして試合に出たから。

イ．ヌートバーの母の民族性に，選手たちが敬意を払ったから。

ウ．ヌートバーは自分がアメリカ人であり，アメリカ代表だと自己紹介したから。

エ．ヌートバーは自分が日本人であり，日本代表だと自己紹介したから。

4．下線部③と下線部④をそれぞれ下の意味になるように並べ替え，[　　]内で2番目と4番目にくる語(句)を，記号で答えなさい。

③「私はラーズが日本のユニフォームを着ているのを見ることを誇りに思う」

④「(彼が)サムライジャパンが大会で勝つ手助けをする(ことを望んでいます)」

5．本文の内容に合っているものには○，間違っているものには×で答えなさい。

ア．Nootbaar could throw a ball against a wall forever.

イ．Nootbaar's mother was also on a baseball team when she was in high school.

ウ．When he was 10, Nootbaar said that he was representing Japan.

エ．Nootbaar's teammates in Japan welcomed him by wearing T-shirts that said "Tatsuji".

オ．Tatsuji Enokida is Nootbaar's father.

D　次の英文の(　　)内に入る最も適切な語(句)をア～エから選び，記号で答えなさい。

1．The G7 summit is scheduled to (　　) place in Hiroshima next month.
ア．take　イ．get　ウ．have　エ．make

2．Ukraine's President Zelenskyy (　　) a surprise appearance at the summit.
ア．made　イ．got　ウ．had　エ．took

3．The students, along with their teacher, (　　) going on a field trip next week.
ア．is　イ．was　ウ．am　エ．are

4．If I (　　) the answer, I would tell you.
ア．knows　イ．knew　ウ．known　エ．know

5．Shohei Ohtani said that he spends almost half of his day (　　).
ア．sleep　イ．sleeps　ウ．slept　エ．sleeping

6．Some social media companies are having trouble balancing free speech (　　) correct information.
ア．on　イ．to　ウ．by　エ．with

7．By the time the President arrived, the protesters already (　　) outside the building.
ア．gathered　イ．will gather　ウ．were gathered　エ．have gathered

8．Please tell me how many Pokemon cards (　　).
ア．you have　イ．have you　ウ．do you have　エ．you are having

9．She couldn't keep (　　) for her friend any longer.
ア．wait　イ．waits　ウ．waiting　エ．waited

10．They visited the aquarium last week, (　　) they?
ア．doesn't　イ．didn't　ウ．weren't　エ．aren't

E　次の対話文AとBを読み，(1)～(10)に入る最も適切な語をア～コから選び，記号で答えなさい。ただし，文頭にくる語も小文字になっている。

〈On the phone〉

A: Do you have (1) plans for this evening?

B: I was thinking about going to the theater.

A: Well, the West End is the (2) for that.

B: I was thinking of going to *Cats*.

A: Good choice. It is very (3). It has been playing for (4) 17 years.

B: Really?

A: Yes, at least.

B: And (5) are easy to get, aren't they?

A: Ah, that is another matter.

〈In a room〉

A: would like to (6) you a personal question.

B: Go ahead.

A: (7) were you last night?

B: I was at home.

A: What about the night before last?

B: I was at (8) office till 8:30. I went straight home and went to bed.

A: And the night before that?

B: That was ...Tuesday night. That was the night of the shogi tournament. I played shogi.

A: And Monday night?

B: Monday night ... my wife and I went to the (9).

A: (10) did you watch?

B: We watched *Top Gun: Maverick.*

ア. what　イ. over　ウ. my　エ. ask　オ. any
カ. popular　キ. movies　ク. place　ケ. where　コ. tickets

F　次の英文の(　　)内に入る最も適切な語(句)をア～エから選び, 記号で答えなさい。

1. The Hawaiian Island of Maui suffered from a massive (　　) in 2023.
ア. typhoon　イ. wildfire　ウ. flood　エ. volcano

2. (　　) wrote poems, sonnets and plays and is known as the greatest English writer of all time.
ア. Leonardo da Vinci　イ. Mark Twain
ウ. William Shakespeare　エ. Matthew Perry

3. (　　) is a special day when people dress up in costumes.
ア. Christmas　イ. Easter
ウ. St. Valentine's Day　エ. Halloween

4. The first President of the United States was (　　).
ア. Thomas Jefferson　イ. Abraham Lincoln
ウ. George Washington　エ. Benjamin Franklin

5. A (　　), also called a twister, is a spinning tube of air that forms at the base of a thunderstorm and connects to the ground.
ア. tornado　イ. earthquake　ウ. squall　エ. volcano

G　次の表現が表すものを, それぞれ与えられた文字で始まる英語1語で答えなさい。

1. a large circle of flat bread baked with cheese, tomatoes, and sometimes meat and vegetables on top　(p　　　)

2. things that you wear to cover your body, like dresses, pants, shirts and so on　(c　　　)

3. the 11th month of the year, between October and December　(N　　　)

4. a long written story in which the characters and events are usually fiction　(n　　　)

5. a round thing like a ball filled with powder that burns or explodes to produce colored lights and noise in the sky　(f　　　)

【理　科】（45分）〈満点：100点〉

1. 次の各問いに答えなさい。

問１　次の気象要素を天気記号で答えなさい。
「北西の風，風力1，天気は快晴」

問２　接している物体の間で，温度が高いほうから低いほうへ熱が移動する現象を何と言いますか。**漢字で**答えなさい。

問３　図の  に方位磁針を置き，垂直に立てた導線に上向きの電流を流しました。正面の位置から方位磁針を見たとき，どのような向きとなりますか。次の**ア**～**エ**から１つ選び，記号で答えなさい。

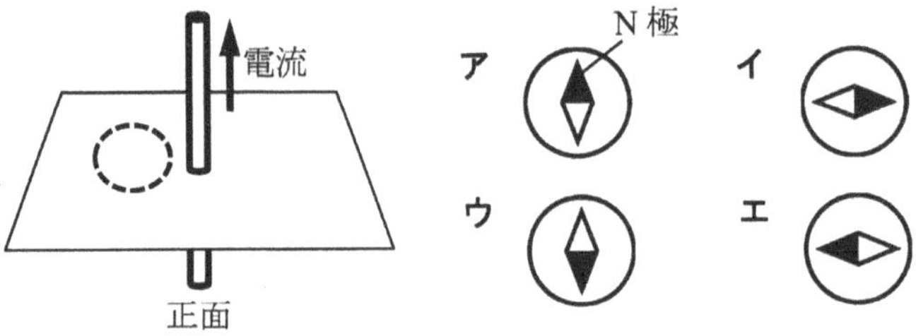

問４　金属の性質のうち，「引っ張ると伸びる性質」を何と言いますか。**漢字２文字**で答えなさい。

問５　水溶液にしたとき，電流が流れない物質を何と言いますか。**漢字で**答えなさい。

問６　植物のからだから，水が水蒸気として出される現象を何と言いますか。**漢字で**答えなさい。

問７　空気中で雲ができるためには，気温が下がって水蒸気が飽和に達するだけでなく，空気中にあるちりや物質の小さい結晶などが必要です。これらの名称を**漢字３文字**で答えなさい。

問８　図はカエルの雌の卵と雄の精子が受精して受精卵となるところを示しています。この受精卵には26本の染色体が含まれていました。カエルの精子１個に含まれる染色体は何本ですか。

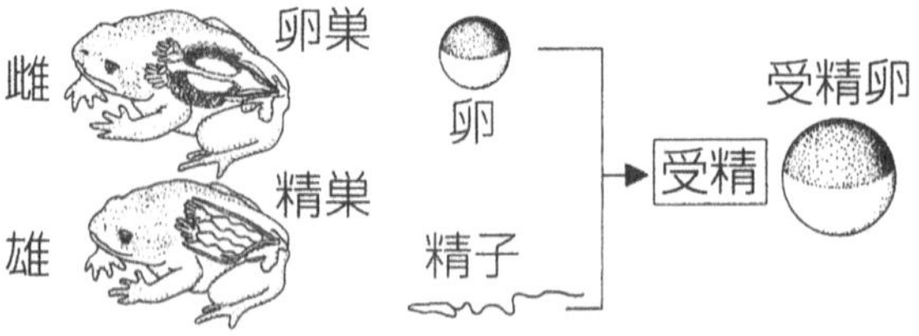

2. 次の文について，あとの問いに答えなさい。

魚類や哺乳類などの脊椎動物と①軟体動物や節足動物などの無脊椎動物は，動物の進化の過程で，はるか昔に共通祖先から分かれました。そのため，例えば脊椎動物であるフナと無脊椎動物であるイカのからだの構造には，背骨をもつ，もたないという大きなちがいがあります。しかし，筋肉を使って体を動かす，胃やえらなどをもつ のように，脊椎動物と無脊椎動物のどちらにも見られる器官が存在します。脊椎動物として最初に出現したのは(　1　)類であり，そこからほかの脊椎動物が進化しました。ヒトの腕やウマの前あし，鳥の翼は，②共通祖先ではもともと同じ器官であったものが環境に合わせて変化したものです。そのため，これらの器官は見た目やはたらきは大きくちがいますが，それをつくっている③骨格には共通する構造が見られます。

また，進化の過程を調べるのに化石を調べることも重要です。シソチョウは，(　2　)の地層から発見された化石で，④は虫類としての特徴と鳥類としての特徴をあわせもっています。

問1　下線部①について，軟体動物と節足動物の組み合わせとして最も適当なものはどれですか。次の**ア**～**エ**から1つ選び，記号で答えなさい。

	軟体動物	節足動物
ア	タコ	ウニ
イ	ミミズ	クモ
ウ	ハマグリ	トンボ
エ	クラゲ	カブトムシ

問2　文中の(　1　)にあてはまる語句を答えなさい。

問3　下線部②について，このような器官を何と言いますか。

問4　下線部③について，ヒトのひじから手首に相当するのは，鳥の翼ではどこですか。図の**ア**～**ウ**から1つ選び，記号で答えなさい。

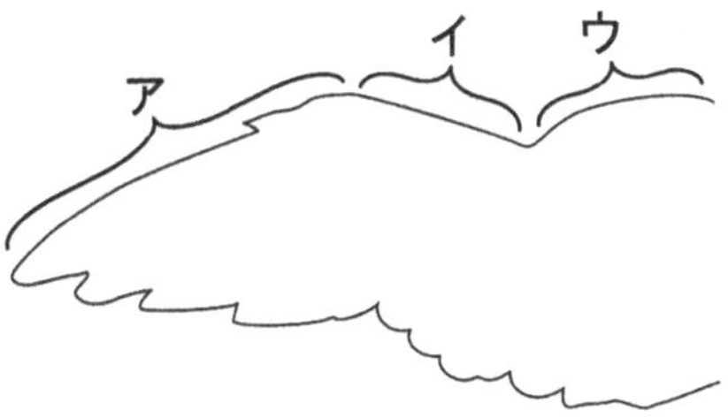

問5　文中の(　2　)に当てはまる語句を，次の**ア**～**エ**から1つ選び，記号で答えなさい。

ア　古生代よりも前　　**イ**　古生代　　**ウ**　中生代　　**エ**　新生代

問6　下線部④について，次の**ア**～**エ**を，は虫類としての特徴，鳥類としての特徴に分けて，それぞれ記号で答えなさい。

ア　歯や長い尾をもつ　　　　　**イ**　前あしが翼になっている

ウ　体全体が羽毛で覆われている　**エ**　翼の中ほどにつめがある

3. 哲也さんは，抵抗値が20Ω，30Ω，40Ωの3個の抵抗器を使って電気抵抗について調べました。まず，20Ωの抵抗器に手回し発電機をつないでハンドルを一定の速さで回転させ電流を流しました。また，30Ω，40Ωについても同様の操作を行いました。

問1　次の文章の空欄(1)，(2)にあてはまる語句を答えなさい。

抵抗器に電流を流すと電気エネルギーが(　1　)エネルギーに変換されるため，抵抗器の温度が上昇する。また，手回し発電機のハンドルを一定の速さで回転させたとき，流れる電流が大きいほどハンドルの手ごたえは大きくなることから，抵抗値が大きいほどハンドルの手ごたえは(　2　)なる。

次に，電源装置，電流計，電圧計を図1のようにつなぎ，端子XとYの間に，20Ω，30Ω，40Ωの抵抗器から2つ選び，直列つなぎか並列つなぎのいずれかでつないで電圧と電流の関係について調べました。

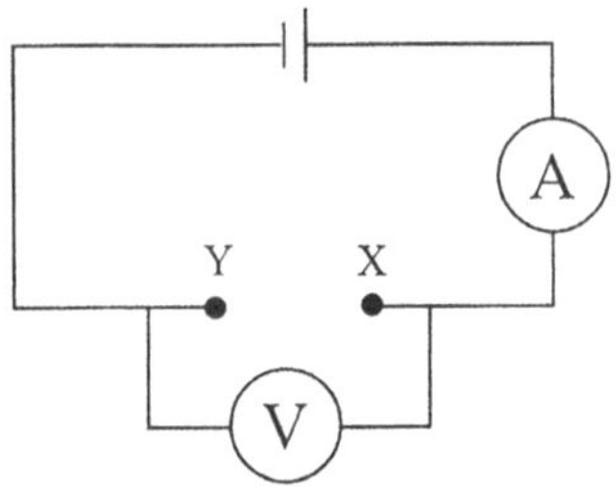

図　1

問2　次の文章の空欄(3)～(5)にあてはまるものを，あとの**ア**～**カ**から1つ選び，記号で答えなさい。

図1のXY間に5Vの電圧を加えると，電流計に流れる電流が最大になるのは，(　3　)の抵抗と(　4　)の抵抗を(　5　)つなぎでつないだときである。

	(3)	(4)	(5)		(3)	(4)	(5)
ア	20Ω	30Ω	直列	**イ**	20Ω	30Ω	並列
ウ	20Ω	40Ω	直列	**エ**	20Ω	40Ω	並列
オ	30Ω	40Ω	直列	**カ**	30Ω	40Ω	並列

問3　問2のときの回路全体の抵抗の大きさは何Ωですか。

問4　次の文章の空欄(6)～(8)にあてはまるものを，あとの**ア**～**カ**から1つ選び，記号で答えなさい。

電流計に0.4Aの電流が流れるようにすると，XY間で消費する電力が最大になるのは，(　6　)の抵抗と(　7　)の抵抗を(　8　)つなぎでつないだときである。

	(6)	(7)	(8)		(6)	(7)	(8)
ア	20Ω	30Ω	直列	**イ**	20Ω	30Ω	並列
ウ	20Ω	40Ω	直列	**エ**	20Ω	40Ω	並列
オ	30Ω	40Ω	直列	**カ**	30Ω	40Ω	並列

問5　問4のときの回路全体の抵抗の大きさは何Ωですか。

図2のように端子A～Dがついた箱の内側に，20Ω，30Ω，40Ωの抵抗器をAB間，BC間，CD間，AD間の4区間のうち3区間にそれぞれ1個ずつつなぎ，外側からは分からないようにした装置があります。哲也さんは，この装置について，電源装置，電流計，電圧計を使って，AB間，AC間，BD間の電流と電圧の関係をそれぞれ調べました。その結果が図3です。

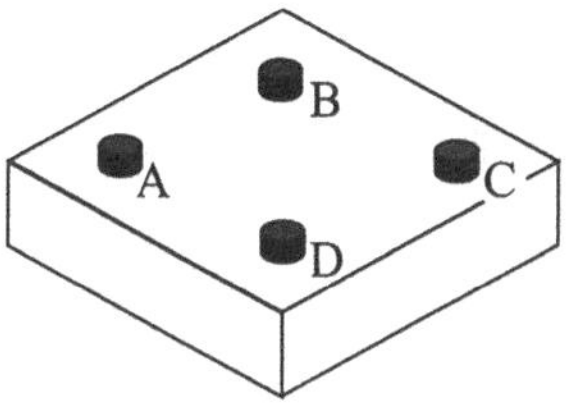

図　2

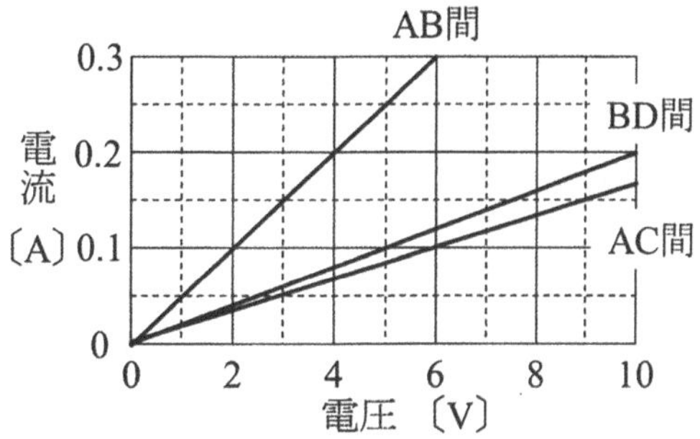

図　3

問6　図3から，20Ωの抵抗器はどの区間につながっていると考えられますか。最も適当なものを，次の**ア**～**エ**から1つ選び，記号で答えなさい。

ア　AB間　　**イ**　BC間　　**ウ**　CD間　　**エ**　AD間

問7　AD間における電圧と電流の関係を示すグラフを解答欄の図に描きなさい。

4. カルメ焼きは，砂糖と炭酸水素ナトリウム(重曹)をつかってできる菓子です。煮詰めた砂糖水に炭酸水素ナトリウムを加えると，膨らんでカルメ焼きができます。このカルメ焼きが膨らむのは，炭酸水素ナトリウムによるものです。この炭酸水素ナトリウムについて，次のような実験を行い，結果を得ました。これについて，あとの各問いに答えなさい。

[実験]

炭酸水素ナトリウムを少量取り，試験管に入れ，図のように加熱した。

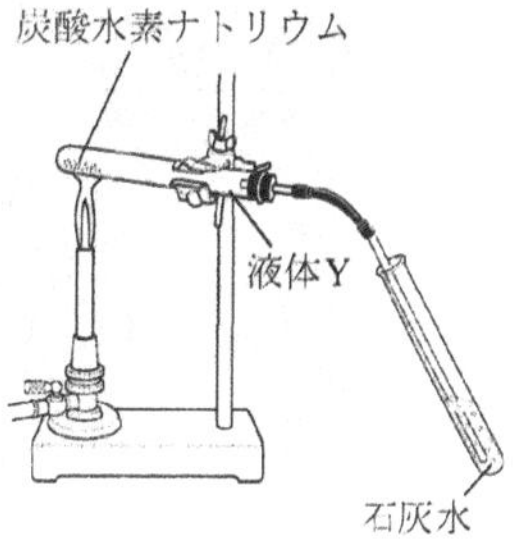

[結果]

・発生した気体Xを石灰水に通じたところ，白くにごった。
・試験管の口付近に液体Yがたまった。
・試験管の中には，白色の固体Zが残った。

問1　発生した気体Xは何であると考えられますか。気体Xの名称を答えなさい。

問2　気体Xの性質として最も適当なものを，次の**ア**～**エ**から1つ選び，記号で答えなさい。

ア　空気中で火をつけると爆発的に燃える
イ　水でぬらした赤色リトマス紙をかざすと青色になる
ウ　空気の約8割を占めている
エ　空気より重く，呼吸で吐く息にも含まれている

問3　気体Xと同じ気体が発生する方法を，次の**ア**～**エ**から1つ選び，記号で答えなさい。

ア　塩酸に石灰石を加える
イ　塩酸に銅を加える
ウ　塩酸に亜鉛を加える
エ　塩酸に硫化鉄を加える

問4　気体Xを石灰水に通じたときに白くにごったのは，気体Xが水に溶け，炭酸(H_2CO_3)となり，石灰(水酸化カルシウム)と反応したためです。この反応を化学反応式で表しなさい。

問5　試験管の口付近にたまった液体Yが水であることを確認するため，塩化コバルト紙を用いました。この塩化コバルト紙の色の変化を答えなさい。

問6　試験管の中に残った白色の固体Zについて述べたものとして，最も適当なものを，次の**ア**～**エ**から1つ選び，記号で答えなさい。

ア　水には少ししか溶けない
イ　水溶液にフェノールフタレインを加えると赤色に変化する
ウ　こすると，金属光沢が現れる
エ　火を近づけると炎を上げて燃える

問7　以上のことより，この実験における炭酸水素ナトリウムの変化を，化学反応式で表しなさい。

5. 次の2つの画像は，岩石や鉱物を観察するための顕微鏡で撮影した，安山岩と花崗岩の薄片です。これについて，あとの各問いに答えなさい。

画像A

画像B

問１　画像A，Bはそれぞれ安山岩，花崗岩のどちらですか。

問２　問１で安山岩を選んだ理由を，「結晶」という言葉を使って30字以内で答えなさい。

問３　画像AとBのように構造が異なるのは，岩石ができるしくみに**２つの点で**違いがあるためです。それぞれどのような点が違うのか，簡単に説明しなさい。

問４　画像Bに見られる大きな結晶の名称を，**漢字２文字で**答えなさい。

問５　浅間山や榛名山のような火山をつくっている岩石は，主に画像A，Bのどちらですか。記号で答えなさい。

【社　会】（45分）〈満点：100点〉

Ⅰ　南アメリカ州に関する以下の各問いに答えなさい。

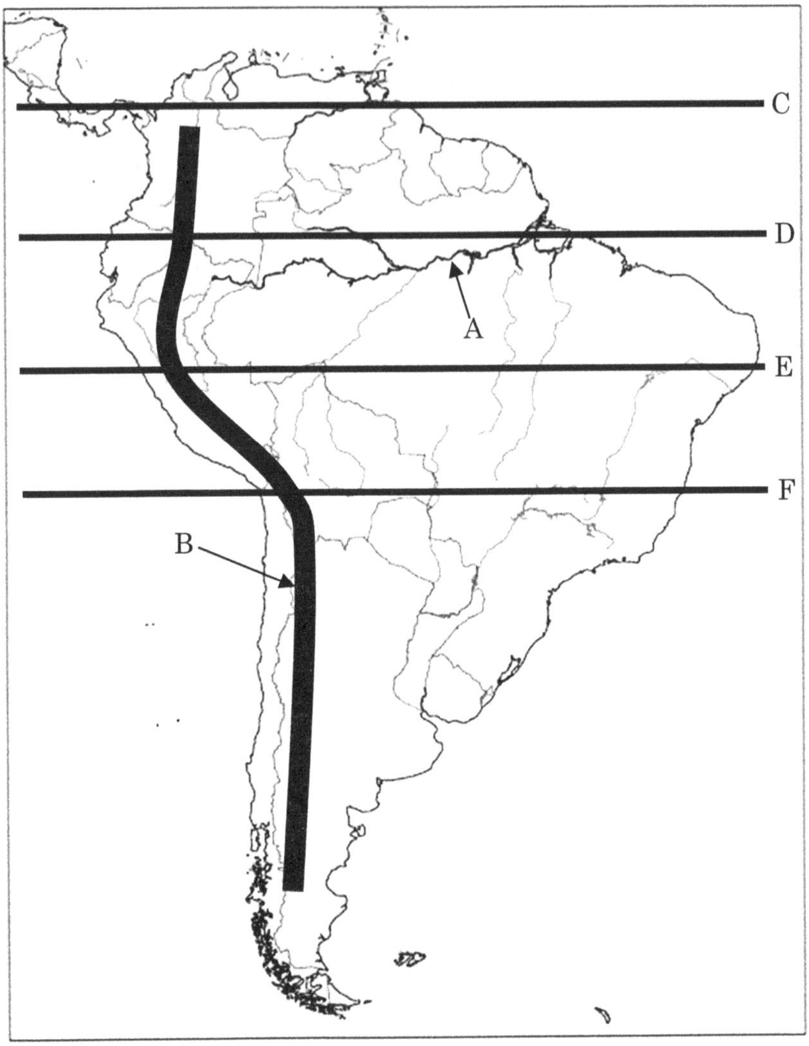

問１　　Aの河川を答えなさい。

問２　　Bの山脈を答えなさい。

問３　　赤道の位置として正しいものを地図中のC～Fから１つ選び，記号で答えなさい。

問４　　南アメリカ州の各国と首都名の組み合わせとして誤っているものを以下の(ア)～(エ)から１つ選び，記号で答えなさい。

(ア)　ブラジル　－　リオデジャネイロ　　　(イ)　ボリビア　－　ラパス

(ウ)　アルゼンチン　－　ブエノスアイレス　　(エ)　チリ　－　サンティアゴ

問５　　以下の帯グラフは，ある作物の生産量と輸出量の国別割合を表している。作物名を答えなさい。

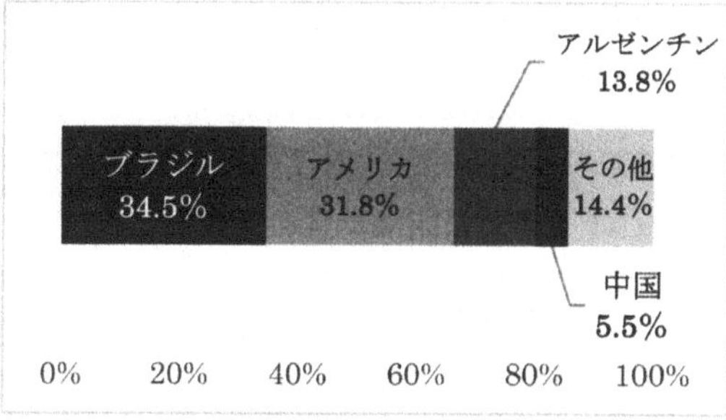

[生産量(2020年)]

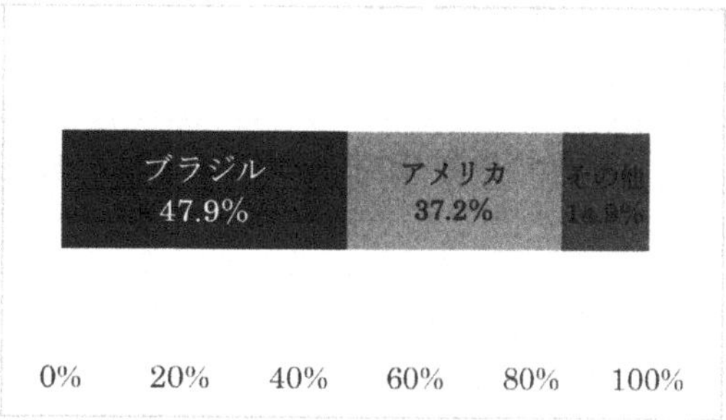

[輸出量(2020年)]

問６　Ａの河川流域における人々の暮らしについて書かれている以下の文を読み，空欄にあてはまる言葉を選択肢(ア) ～ (エ)から１つ選び，記号で答えなさい。

Ａの河川流域では，都市と都市とを結ぶ主な交通手段は(　　)です。 一方で，道路は建設や管理に資金や労力が必要なため，あまり発達していません。

(ア)　鉄道　　(イ)　バス　　(ウ)　航空機　　(エ)　船

問７　南アメリカ州における開発について書かれている以下の文を読み，内容として正しいものを以下の(ア) ～ (エ)から１つ選び，記号で答えなさい。

(ア)　広大な農地で様々な作物を栽培しているため，土地が荒れることは全くない。

(イ)　生産が盛んなバイオエタノールは再生可能エネルギーとして注目されている。

(ウ)　大規模な森林伐採が行われているが，動植物の多様性への影響は少ない。

(エ)　自然環境よりも経済発展を優先する持続不可能な開発が重要である。

Ⅱ　以下の中部地方に関する各問いに答えなさい。

問１　中部地方を流れる日本最長の河川を答えなさい。

問２　中央高地に広がる山脈として誤っているものを以下の(ア) ～ (エ)から１つ選び，記号で答えなさい。

(ア)　赤石山脈　　(イ)　木曽山脈　　(ウ)　鈴鹿山脈　　(エ)　飛彈山脈

問３　以下の雨温図(ア) ～ (ウ)は，松本，上越(高田)，浜松のいずれかのものである。浜松の雨温図を選び，記号で答えなさい。

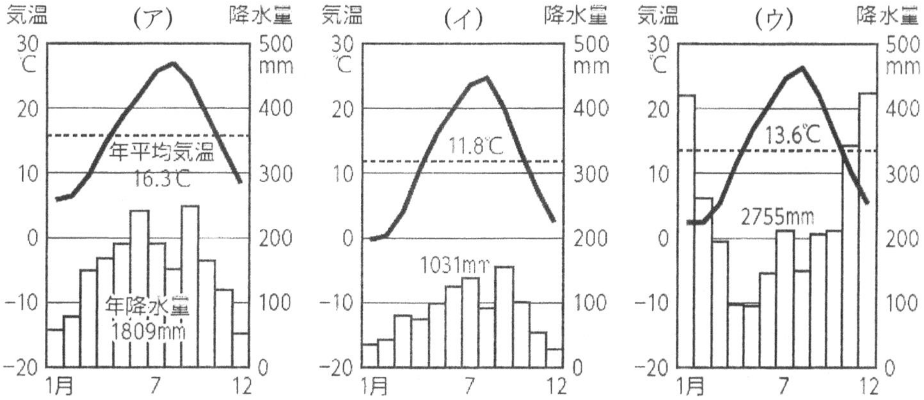

問４　中部地方の工業について書かれている以下の文を読み，空欄①，②にあてはまる言葉を選択肢(ア) ～ (カ)からそれぞれ選び，記号で答えなさい。

> 愛知県の豊田市周辺には多くの(　①　)関連工場が集まり，地域全体で(　①　)の生産が行われている。また，(　②　)では，オートバイや楽器の製造が盛んである。

(ア)　新幹線　　(イ)　自動車　　(ウ)　航空機
(エ)　京葉工業地域　　(オ)　東海工業地域　　(カ)　瀬戸内工業地域

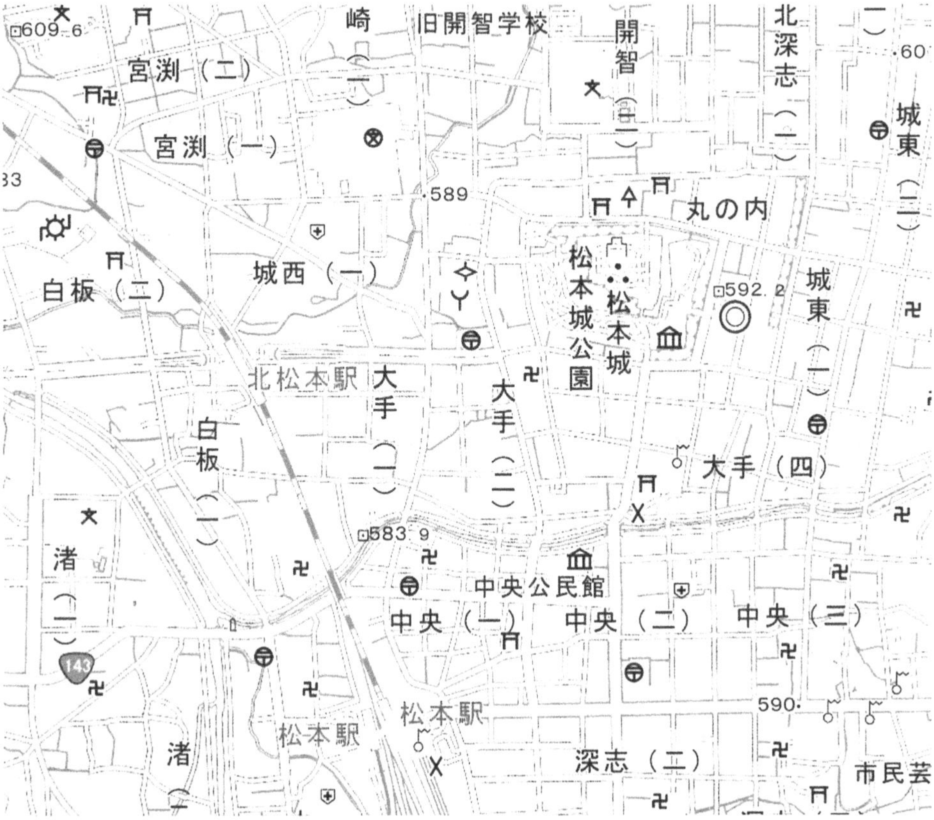

国土地理院発行　電子地形図　25000分の１「松本」(拡大)

問５　上の地形図中に一番多く記されている地図記号は何か，漢字で答えなさい。

問６　地形図中にある松本市役所から南西の松本駅までは，地形図上の直線距離で４cm離れている。実際の距離に直すと何km離れているか，答えなさい。

問７　地形図中に記されていない地図記号は何か，以下の(ア) ～ (エ)から１つ選び，記号で答えなさい。

(ア)　裁判所　　(イ)　税務署　　(ウ)　警察署　　(エ)　消防署

Ⅲ　古代の出来事について次の問いに答えなさい。

問１　人類の歴史の過程で，石を打ち欠いて作られる打製石器が使用されるようになった。この石器が使われ始めた頃の人類の生活について，当てはまるものを次の(ア) ～ (エ)から１つ選び，記号で答えなさい。

（ア）　弓と矢を使い小形で動きの素早い動物を捕らえていた。

（イ）　狩りや採集を行って移動しながら生活していた。

（ウ）　土器も併用して使い始め食物を煮て食べていた。

（エ）　農耕や牧畜も行い青銅器や鉄器も使い始めていた。

問２　以下の史料Ａ・Ｂ・Ｃは日本の様子を記した中国の歴史書の一部分である。それぞれの史料名を次の（ア）～（エ）から１つ選び，記号で答えなさい。また，史料Ｃ中の「邪馬台国」の女王とされた人物名も答えなさい。

Ａ

> 楽浪郡の海のかなたに倭人がいて，100以上の国に分かれている。その中には定期的に漢に朝貢する国もある。

Ｂ

> 建武中元２年に倭の奴国が漢に朝貢したので，光武帝は印綬を送った。…桓帝と霊帝のころ，倭は大いに乱れ，長い間代表者が定まらなかった。

Ｃ

> …南に進むと「邪馬台国」に着く。ここは女王が都を置いている所である。…倭にはもともと男の王がいたが，その後国内が乱れたので１人の女子を王とした。

（ア）　『後漢書』東夷伝　　　　（イ）　魏志倭人伝

（ウ）　『宋書』倭国伝　　　　（エ）　『漢書』地理誌

問３　701年，唐の制度を元に制定された全国を支配する仕組みを定めた法令を何というか，答えなさい。

問４　奈良時代，朝廷は不足する口分田を補うために人々に開墾を進めた。743年に出された，新しく開墾した土地は税を納めることと引き換えに永久に私有地として認められる法令を何というか，答えなさい。

問５　奈良時代の政治的混乱を立て直すために，784年に次いで794年に都が移された。この時の天皇は誰か，当てはまるものを次の（ア）～（エ）から１つ選び，記号で答えなさい。

（ア）　聖武天皇　　　　（イ）　天武天皇

（ウ）　桓武天皇　　　　（エ）　天智天皇

問６　写真Ｄ・Ｅの人物に関して，２人の人物名と２人が伝えた仏教の新しい宗派を答えなさい。

Ｄ

Ｅ

Ⅳ　中世・近世に関して次の問いに答えなさい。

年	出来事	
1156	保元の乱	
1159	平治の乱	
1167	(A)が太政大臣となる	
1185	壇ノ浦の戦いで平氏が滅ぶ　…B	
1221	承久の乱　幕府軍が朝廷軍を破る　…C	
1274	文永の役	D
1281	弘安の役	D
1333	鎌倉幕府滅亡	
1334	後醍醐天皇による政治　…E	
1338	足利尊氏が征夷大将軍となる　…F	

問１　年表中Aには人物名が当てはまる。この人物は保元・平治の乱に勝利し勢力を拡大し，太政大臣にまでに昇りつめた人物である。この人物は誰か，答えなさい。

問２　年表中Bの壇ノ浦の場所はどこであるか。当てはまるものを地図中の(ア)～(エ)から１つ選び，記号で答えなさい。

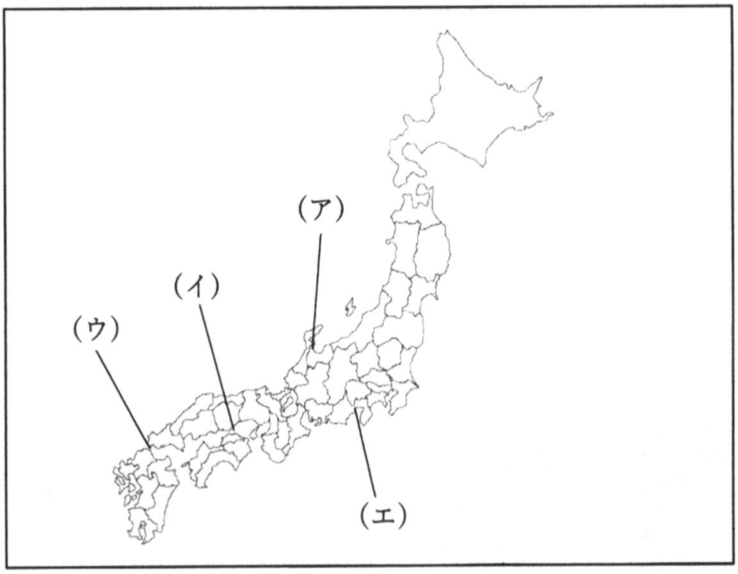

問３　年表中Ｃの承久の乱にて敗北し，隠岐に流された人物は誰か，当てはまる人物を（ア）～（エ）から１つ選び，記号で答えなさい。

（ア）　後鳥羽上皇　（イ）　後白河天皇　（ウ）　後三条天皇　（エ）　崇徳上皇

問４　年表中Ｄの出来事に関して，この時に鎌倉幕府の執権を務めていた人物は誰か，当てはまる人物を（ア）～（エ）から１つ選び，記号で答えなさい。

（ア）　北条政子　（イ）　北条泰時　（ウ）　北条時政　（エ）　北条時宗

問５　年表中Ｄの出来事に関して，この時に元軍が使用したとされる下の写真の武器を何というか，ひらがな４文字で答えなさい。

問６　年表中Ｅの出来事に関して，この時に後醍醐天皇が行った新しい政治を何というか，答えなさい。

問７　以下の史料は，年表中Ｅの時代に人々の混乱ぶりを風刺した詩である。この長詩を何というか，当てはまるものを（ア）～（エ）から１つ選び，記号で答えなさい。

此比都ニハヤル物　夜討強盗謀綸旨　召人　早馬虚騒動 生頸還俗自由出家　俄大名迷者

（ア）　御成敗式目　（イ）　二条河原落書　（ウ）　永仁の徳政令　（エ）　防人の歌

問８　年表中Ｆに関して，足利を中心とした室町幕府において将軍の補佐役として置かれた役職を何というか，当てはまるものを（ア）～（エ）から１つ選び，記号で答えなさい。

（ア）　管領　（イ）　侍所　（ウ）　摂政　（エ）　老中

Ⅴ　日本の平和主義に関連して，各問いに答えなさい。

問１　第二次世界大戦以前と以後の安全保障に関連する，各問いに答えなさい。

（１）（　　）に入る最も適切な語句を以下の（ア）～（エ）の中から１つ選び，記号で答えなさい。なお，この条文は天皇が陸海軍の最高指揮権を持つことを表している。

天皇ハ陸海軍ヲ（　　）ス（大日本帝国憲法第11条）

（ア）　輔弼　（イ）　統帥　（ウ）　協賛　（エ）　指揮

（２）　第二次世界大戦の反省から，平和主義が日本国憲法の基本原理の１つとなった。そこで特にこの平和主義をあらわした憲法は第何条か，答えなさい。

（３）（２）の条文の内容として，最も適当でないものを以下の（ア）～（エ）の中から１つ選び，記号で答えなさい。

(ア)　武力による威嚇は行ってはいけない

(イ)　交戦権を認めない

(ウ)　陸海軍その他の戦力を保有してはいけない

(エ)　国際紛争を解決するためなら武力の行使をしてもよい

(4)　1951年にサンフランシスコ平和条約と同時にアメリカと結んだ条約を漢字8文字で，答えなさい。

(5)　(4)の条約では，アメリカ軍が日本の領域に駐留することを認めている。特にアメリカ軍の基地が集中している最も適切な都道府県を以下の(ア) ～ (エ)の中から1つ選び，記号で答えなさい。

(ア)　東京都　　(イ)　北海道　　(ウ)　京都府　　(エ)　沖縄県

問2　自衛隊について，各問いに答えなさい。

(1)　自衛隊の最高指揮権を持つものはどれか，最も適切なものを以下の(ア) ～ (エ)の中から1つ選び，記号で答えなさい。

(ア)　天皇　　(イ)　防衛大臣　　(ウ)　内閣総理大臣　(エ)　衆議院議長

(2)　自衛隊の重要な任務として災害派遣がある。この災害派遣が行われた2011年3月11日に発生した震災を漢字6文字で，答えなさい。

(3)　自衛隊は国際貢献の1つとして，海外で国連の平和維持活動に参加してきた。この平和維持活動の略称をアルファベット3文字で，答えなさい。

問3　以下の会話文を読み，各問いに答えなさい。

X先生：皆さん，昨年の5月に広島でG7サミットが行われたことを覚えていますか。
Y生徒：確かG7は，アメリカや日本を含む7ヵ国の集まりでしたよね。
X先生：ええ，そこでは世界の色々な問題について話し合うことがあります。
Z生徒：そういえば，Aロシアによる(　　　)(国名)侵攻も話し合いに挙がっていました。
X先生：そしてそれに関わることでもありますが，特にB広島開催ということで，ある問題に関心が集まりました。
Y生徒：もしかしてC核兵器を巡る問題についてのことですか？
X先生：その通りです。
さて，それではその問題について授業で考えてみましょう。

(1)　(　　　)内に入る適切な語句を答えなさい。

(2)　傍線部Aの国の2023年5月時点での大統領は誰か。
最も適当な人物名を以下の(ア) ～ (エ)の中から1つ選び，記号で答えなさい。

(ア)　トランプ　　(イ)　バイデン　　(ウ)　ゼレンスキー　(エ)　プーチン

(3)　傍線部Bの県以外で，原子爆弾が投下された県はどこか，答えなさい。

(4)　傍線部Cについて，日本は「持たず，作らず，持ち込ませず」という方針を掲げてきた。これを何というか，答えなさい。

（5） 今回の文章にも関連する，以下の写真の世界遺産の名称を，答えなさい。

問4　以下の資料を読み，各問いに答えなさい。

自衛の措置としての武力の行使の新三要件
① 我が国に対する武力攻撃が発生したこと，又は我が国と密接な関係にある他国に対する武力攻撃が発生し，これにより我が国の存立が脅かされ，国民の生命，自由及び幸福追求の権利が根底から覆される明白な危険があること
② これを排除し，我が国の存立を全うし，国民を守るために他に適当な手段がないこと
③ 必要最小限度の実力行使にとどまるべきこと

（1） 上記の資料は，自国は攻撃を受けていなくても，攻撃を受けた同盟関係にある国の防衛活動に参加する権利を行使するための要件を指している。
この権利を漢字6文字で，答えなさい。

（2） 上記の資料の内容として，最も適当なものを以下の(ア)～(エ)の中から1つ選び，記号で答えなさい。

（ア） 攻撃してきた他国がもう攻撃できないように，徹底的な実力行使をしてもよい

（イ） 武力攻撃を受けた際に，実力行使以外の手段が存在していても国民を守るためにすぐさま実力行使を行ってもよい

（ウ） 国民の生命や自由などに明白な危険がなくても，安全のため実力行使が可能である

（エ） 自国と密接な関係にある他国が武力攻撃を受けた際に，実力行使をしてもよい場合がある

カ　生徒F――律の練習の誘いに応じるとき、真郷は、「どれもみな哀れなほどぼろぼろになっていた」練習球を見ているね。限界まで使い込んだボールを見て、「自分はここまで練習したのか？」という気持ちになったんだ。とにかくもう一度、今度は限界まで練習しよう。そんな決意が伝わってくるね。

問十　傍線部⑦「知らぬ間に、奥歯を噛み締めていた。」とあるが、このときの真郷の説明として適当なものを次の中から選び、記号で答えなさい。

ア　真郷の抱える苦悩も知らずに、甲子園という大それた目標を口にする律に対して怒りを感じている。

イ　本気で甲子園を目指す律とは異なり、自棄になっていた自分をふがいなく感じ、悔しい気持ちをこらえている。

ウ　甲子園を現実的な目標として見据えている律と野球を諦めかけていた自分の違いを痛感し、敗北を認めている。

エ　律の甲子園に対する思いを知ったことで、野球に対する闘志を完全に取り戻し、自分を奮い立たせている。

問十一　次の一文が入るところは、本文中の〔　ア　〕～〔　エ　〕のどこか。適当な箇所を選び、ア～エの記号で答えなさい。

真郷は大きく一つ息をつく。

問十二　次に示すのは、本文を読んだ後に、六人の生徒が本文についての意見を述べている場面である。本文の説明として適当なものを次のア～カの中から**二つ**選び、それぞれ記号で答えなさい。

（順不同）

ア　生徒A――話の冒頭で、真郷は「野球というものがどれほど広いか、深いか、惨いものか何一つ知らなかった」って言っているけど、「惨い」の前に、「広い」と「深い」という肯定的な表現を用いているのが印象的だよ。うまくいかない苦しさの中でも、その根底には無自覚ながらも無条件に野球を愛する気持ちが見られるね。

イ　生徒B――真郷が、野手への転向を監督から言い渡される場面は、「風が吹く度にざわざわと艶やかに揺れる花枝で、メジロが数羽、遊んでいた。」という明るい風景描写がなされているんだ。これは、一見すると辛い宣告も、実は真郷の明るい将来につながっていることの暗示だよ。

ウ　生徒C――私は真郷の母に注目したよ。「あんた、このごろ……」「いや……べつに」という母の言葉からは、真郷に伝えるべきかどうか、ためらう気持ちが読み取れるね。たった一人の肉親として、真郷の感情を受け止めるのは苦しいことだと思う。

エ　生徒D――真郷が律のことを「こいつ、ちゃんと捉えてやがる。」と思う場面があるよね。私はその前の甲子園の描写が印象的だった。読んでいて鮮やかにイメージされるような明確な描写が、律が甲子園出場という舞台を現実的に捉えているということを表現しているようだよ。

オ　生徒E――「投げてやろうか？」と顔をあげた律の口調は、「いつも通り」だとあるよね。これは、真郷が今日部活を辞める決意をしてきたことを、律が気づいていたということだよ。甲子園という共通の夢を語った後で、あえて「いつも通りの口調」で話すことで、暗に真郷を引き留めているんだ。

C　ア　肩を持つ　　イ　肩を伸ばす
　　ウ　肩を落とす　　エ　肩をすくめる

問三　傍線部Ⅰ～Ⅳの品詞として適当なものを次の中から選び、記号で答えなさい。
　ア　動詞　　イ　形容詞　　ウ　形容動詞
　エ　名詞　　オ　連体詞　　カ　副詞
　キ　助詞　　ク　助動詞

問四　傍線部①「それは……違うでしょう。」とあるが、真郷がこのように考えた理由として適当なものを次の中から選び、記号で答えなさい。
　ア　今まで圧勝していたチームに滅多打ちにされた責任を、自分だけが負わされるのは、納得ができないから。
　イ　肩を壊したからという、自分ではどうしようもないことを理由にされるのは、理不尽だと思ったから。
　ウ　投手から野手への転向の本当の原因は、肩の故障ではなく自分の実力不足だということがわかっているから。
　エ　すでに肩の怪我は治っており、投手として全く問題ないので、監督の真意がわからず戸惑っているから。

問五　傍線部②「おれは、マウンドに立ち続けられるほどのピッチャーではなかったんだ。」とあるが、このときの真郷の気持ちを表現している一文を、本文から抜き出し答えなさい。

問六　傍線部③「このごろ、お父さんに似てきたような気がする」とあるが、「お父さん」と「真郷」のどういった点が似ているのか、二十字以内で答えなさい。

問七　傍線部④「練習の始まる前に監督に手渡し、去る。決めていたのだ。」について、真郷の退部の理由として適当なものを次の中から選び、記号で答えなさい。
　ア　マウンドにあがる度に打ち込まれることに、耐えられないこと。
　イ　監督の悪意のない憐れみの視線が、辛くて仕方がなくなったこと。
　ウ　自分の重たく尖った感情を向ける矛先が、母しかいないこと。
　エ　野球についての息苦しさは止まず、その未練を断ち切りたいこと。

問八　傍線部⑤「律は、耳元まで赤くなりボールをポケットに押し込んだ。」について、「耳元まで赤くなった『律』」の気持ちの説明として適当なものを次の中から選び、記号で答えなさい。
　ア　甲子園に出場するという目標を話すことを、恥ずかしく思う気持ち。
　イ　自分の目標に対する真郷の呆れを感じ取り、恥ずかしく思う気持ち。
　ウ　こっそり行った悪戯を見つけられてしまい、恥ずかしく思う気持ち。
　エ　廃棄用ボールをあさるという行為を見られ、恥ずかしく思う気持ち。

問九　傍線部⑥「ぼろぼろになった練習球だって、一つぐらい連れて行ってやらんと、かわいそうやないか」で用いられている修辞法は何か。漢字三字で答えなさい。

Ⅳ「甲子園」

［　ウ　］口がぽかりと開いた。返す言葉が出てこない。⑤律は、耳元まで赤くなりボールをポケットに押し込んだ。

「だって、ほら目標は大きい方がええやないか。おれら、そのために練習してるんやし……ボールがこんなになるまで練習しとるわけやし……何が起こるかわからんのが野球やろ」

「うん、まあ……で、そのボール、持って行くわけか」

「そうや。⑥ぼろぼろになった練習球だって、一つぐらい連れて行ってやらんと、かわいそうやないか」

一息にそう言って、律が目を伏せる。

「おまえ……」

そんなこと考えてたのかと続く言葉を呑《の》み込んだ。伏せた目の端に、意思を秘めた光が宿っていたのだ。どこへと問われ、甲子園と答えた口調に、ｃ微塵《みじん》の躊躇《ためら》いもなかったではないか。律の視線の先には、あの甲子園がある。光を弾《ひ》く＊銀傘《ぎんさん》が、踏みしめる土が、真夏の青空が、蔦《つた》の青葉に埋まる外壁が、確かにある。

こいつ、ちゃんと捉《とら》えてやがる。

夢でも幻でもない。現実の射程内にあの場所を捉えているのだ。⑦知らぬ間に、奥歯を噛《か》み締めていた。

律が顔を上げ、いつも通りの口調で尋ねてきた。

「投げてやろうか？」

「うん？」

「トス、上げてやろうか。バッティングの練習するんやろ」

［　エ　］箱の中に転がる練習球は、どれもみな哀れなほどぼろぼろになっていた。律に視線を向け、ゆっくりと頷《うなず》く。

「ああ……頼むわ」

（あさのあつこ『晩夏のプレイボール』より）

＊　銀傘…甲子園球場の内野席全体を覆う屋根。

問一　傍線部ａ～ｃの語句の、ここでの意味を次の中から選び、それぞれ記号で答えなさい。

ａ　泥沼

ア　どん底で救いのない状況

イ　抜け出すことが困難な状況

ウ　激しく戦っている状況

エ　悪化を続けていく状況

ｂ　否応なく

ア　どうしようもなく　　イ　不幸なことに

ウ　当然のなりゆきで　　エ　思いやりがなく

ｃ　微塵の

ア　非常に細かい　　イ　ごくわずかな

ウ　やや珍しい　　エ　極めて小さい

問二　空欄［Ａ］～［Ｃ］にふさわしい言葉を次の中から選び、それぞれ記号で答えなさい。

Ａ　ア　口ごもる　　イ　口ばしる

　　ウ　口を封じる　　エ　口を慎む

Ｂ　ア　胸を打つ　　イ　胸に刻む

　　ウ　胸が塞がる　　エ　胸を焦がす

「いや……べつに」

「言えよ。途中でやめるんなら、最初から何も言うなや」

〔　ア　〕テーブルを叩いていた。尖《とが》った感情はb否応《いやおう》なくたった一人の肉親に向いてしまう。母は顔を歪《ゆが》め、一息に言葉を吐き出した。

③「このごろ、お父さんに似てきたような気がする」

茶碗《ちゃわん》を床に投げつけていた。瀬戸物の茶碗が白い飯ごと床に砕け散る。母が苦痛に唸るように、さらに顔を歪める。同じだ。父もこうやって、理不尽な怒りを家族にぶつけていた。同じことをしている。

その夜、鏡に、しみじみと自分の顔を映してみた。

親父……。

Ⅰあの人も胸に重く沈む思いを抱えていたのだろうか。息をする度に〔　B　〕ような息苦しさを味わっていたのだろうか。閉じた眼裏《まなうら》に浮かんだのは、初冬の風景でも父の顔でもなく、何層にも色分かれした夕焼けの空だった。

次の日、休日返上の練習があった。

もうやめよう。これ以上野球にしがみつくのは、もうおしまいにしよう。

決めて退部届を忍ばせてグラウンドに来た。④練習の始まる前に監督に手渡し、去る。決めていたのだ。

「律?」

〔　イ　〕何気なく部室を覗《のぞ》いたとき、律の背中が見えた。背番号のない練習用のユニフォームが部室の隅でもぞもぞと動いている。真郷の気配に気づき、振り向く。中学時代そのままの気弱な笑みが浮かんだ。

「何しとるんや?」

「うん……ちょっと」

律の手には薄汚れたボールが握らⅡれていた。

「なんや、練習球やないか」

「うん」

使い古された練習用のボールは、糸目もわからぬほど汚れ、表皮には無数の傷ができていた。新品のときあれほど鮮やかだった縫い目は色褪《あ》せ、解《ほつ》れ、もとが何色だったのか俄《にわか》には判別できない。部の予算は限られている。少しでも節約しようと部員たちは、一球一球解れを繕い、表皮を磨き、使い続けていた。それでも使用に耐えないほど傷んでしまったものは、捨てるしかない。律が屈《かが》みこんでいたのは、部員たちが昨日選《よ》り分けたばかりの廃棄用ボールを収めた段ボール箱だった。中身はゴミとして処分することになっている。

空になったペットボトルや紙くずも入っている。律はその中から、ボールを一つ選び出していたらしい。

「別に、盗もうとかしてたわけやないで……あの……一つぐらいもろうてもええよな?」

Ⅲわずかに目を伏せて、律が〔　C　〕。悪戯《いたずら》を見つけられた子どもの仕草だった。

「そりゃあ、かまわんやろ。どうせ捨ててしまうボールなんやから。けど、そんなぼろぼろになったのもう使えんやろ。そんなん、持って帰ってどうするんや?」

「一緒に連れて行ったろて思うて」

「どこへ?」

必要がある。

エ　「コミュ力」や「コミュ障」といった俗語が広まった現状は、気楽なつながりからいつ切り離されるかわからない人々の不安を表している。

二、次の文章を読んで、後の問いに答えなさい。（問題文には一部変更がある。）

野球というものがどれほど広いか、深いか、惨《むご》いものか何一つ知らなかった。思い知ったのは、高校二年の夏、地区予選のマウンドで滅《めっ》多《た》打ちにあったときだ。準決勝でも、決勝でもない。初戦、練習試合では圧勝していた相手チームに、バッティングピッチャーのような打たれ方をした。三回ももたず降板。それがa泥沼の始まりだった。以前から張りと鈍痛のあった肩はなかなか完治せず、焦る真郷《まさと》を嘲笑《あざわら》うように、季節だけが過ぎていく。

監督から野手への転向を言い渡されたのは、三年になって初めての練習日だった。校庭の桜はまだ満開にもなっていなくて、風が吹く度にざわざわと艶《つや》やかに揺れる花枝《かし》で、メジロが数羽、遊んでいた。

「おまえの肩のこと、早く見抜けなかった、おれの責任だ」

監督が苦渋の表情で呟《つぶや》く。

「すまんかったな、真郷」

そうではない。

違うでしょう、監督。肩を壊したからマウンドを諦めろと、①それは……違うでしょう。

労《いたわ》りだろうか、憐《あわ》れみだろうか、責任感だろうか。どれにしても、すまなかったと頭を下げる監督の配慮が苦しかった。自分の限界は自分が一番、よくわかっている。わかってしまうということは、時に痛覚を刺激する。生身に突き刺さる針だ。深く、容赦なく突き刺さる。生まれて初めて味わう残酷な痛みだ。

②おれは、マウンドに立ち続けられるほどのピッチャーではなかったんだ。

肩は治っている。だけど投げられない。投げても無残に打たれるだけだ。中学時代とは桁《けた》違いの力と技術を持った打者に通用するだけの球を……投げられない。

それが、おれの実力だ。

自分の限界を自覚することの恐怖と惨めさ。まだ、野球という世界のとば口に立っているだけなのに、その底知れなさに圧倒される。

ああ惨めだと、心底思った。こんな惨めさを味わうために、おれは野球にしがみついていたのかと、自己を嘲《あざけ》りたくなる。いっそ、やめてしまうかと、自棄の声がした。惨めな思い出ごと野球を棄ててしまえるなら、それが一番、楽じゃないか。

律がマウンドから投げる姿を見る度に、自棄の声は強くなる。

もういい。棄ててしまえ。

投げられない自分より、律に嫉妬《しっと》している自分が嫌だった。憎むほどに嫌いだった。羨み、嫉妬、嫌悪、焦り……どろりと重い感情だけが溜《た》まっていく。

「あんた、このごろ……」

夕食の席で、母が　A　。

「なんだよ」

の説明として適当なものを次の中から選び、記号で答えなさい。

ア　交友関係が狭くなり、集団が小さくなった社会。

イ　会社やクラスの懇親会に対して否定的な社会。

ウ　自分の選択したことが全て肯定される社会。

エ　好きな人とだけ付き合うことが許される社会。

問七　傍線部③「今の人びとが見ると、この映画に対してかなりの違和感を抱くでしょう」とあるが、以下はその理由を説明した文である。この文の空欄に示された字数で本文から抜き出し、文を完成させなさい。

今の人びとは、（　1　七字　）ているために、人情劇が（　2　九字　）と考えるが、『長屋紳士録』で（　3　十字　）く描かれており、そのへだたりに人々は違和感を抱くから。

問八　傍線部④「個々人の心理に規定される『よい』状況は、社会に共有される規範ほどには安定していません」とあるが、その理由としてふさわしいものを次の中から選び、記号で答えなさい。

ア　人の心は覗くことはできなく、目の前の人とのつながりをよくするための最適解はなかなか見つからないから。

イ　個人の感情は日によって変わる不安定なものであり、社会の規範のようになかなか変わらないものではないから。

ウ　社会の規範のように人の心を確固なものにすることは不可能であり、相手の心理に配慮しなければならないから。

エ　目の前の人とのつながりを安定させる最適解は、人間関係を円滑にする行動様式を身につけることであるから。

問九　次に示すのは、本文の内容について、四人の生徒が話し合っている場面である。会話文の空欄に示された字数で本文から抜き出し、文を完成させなさい。

生徒A――この説明文では、対人コミュニケーションついて、人の心の特性に言及しながら論を展開しているね。

生徒B――私たちはムラ社会の時代とは違い、人と人を結びつける材料を、生活維持の必要性に見出す必要がなくなった時代に生きているんだよね。

生徒C――筆者が具体例としてあげている『長屋紳士録』では、そこで描かれる人物の行動に触れながら、彼らの（　1　十字　）に着目し、人情劇に対する私たちの考えの違いに言及しているよ。

生徒D――私たちは（　2　七字　）ほどそれを失うことを恐れるけれども、人の心の内側は目に見えないからこそ、人とコミュニケーションをとるときには不安がつきまとうことになるんだね。

問十　本文の内容に合致するものを次の中から選び、記号で答えなさい。

ア　地域の自治会やサークルに加入するかしないかは「人それぞれ」で自由なため、私たちが生きる社会では衰退傾向にある。

イ　『長屋紳士録』に出てくる長屋の人びとは感情や気遣いが希薄であるが、作品は「昔ながらの温かなつながり」を主題として描いている。

ウ　その人にとって大事なつながりであればあるほど関係が解消されるリスクは高くなるので、「よい」感情を注ぎこみ続ける

拍子に、ふと、「悪い」に転じてしまうこともあるのです。つまり、人と無理に付き合わなくても良いつながりは、ふとしたことで解消されてしまう不安定なつながりとも言えるのです。

かといって、目の前のつながりを安定させる最適解は、そう簡単に見つかりません。人の心を覗くことはできませんから。

コミュニケーションの指南書が書店に並び、「コミュ力」や「コミュ障」といった俗語がe流フする現状は、コミュニケーションにまつわる人びとの不安を物語っています。私たちは、人間関係を円滑に進めてゆく行動様式がはっきり見えないまま、相手の心理に配慮しつつ、コミュニケーションを行う厄介な状況にさらされているのです。

（石田光規『「人それぞれ」がさみしい』より）

問一　傍線部a～eの語句のカタカナの部分と同じ漢字を使用する熟語を、次の中から選び、それぞれ番号で答えなさい。

a　シュ味
1　シュ記　2　シュ題　3　シュ人　4　シュ向

b　ヒョウ価
1　投ヒョウ　2　ヒョウ解　3　ヒョウ判　4　指ヒョウ

c　面ドウ
1　トウ立　2　起ドウ　3　系トウ　4　始ドウ

d　ホウ擁
1　ホウ法　2　ホウ腹　3　ホウ課　4　ホウ壊

e　流フ
1　政フ　2　フ快　3　夫フ　4　フ陣

問二　空欄 X に入る適当な語句を次の中から選び、記号で答えなさい。

ア　うっとうしく　イ　かわいらしく
ウ　たのもしく　エ　しらじらしく

問三　空欄 A ・ B に入る適当な語句を次の中から選び、それぞれ記号で答えなさい。

ア　たとえば　イ　つまり
ウ　だから　エ　しかし　オ　さて

問四　傍線部Ⅰ～Ⅲの語句の意味が最も近いものを、次の中から選び、それぞれ記号で答えなさい。

Ⅰ　任意
ア　得意　イ　随意　ウ　同意　エ　善意

Ⅱ　メディア
ア　基本情報　イ　仮想現実
ウ　伝達手段　エ　調査監視

Ⅲ　クライマックス
ア　山場　イ　終盤　ウ　展開　エ　緊張

問五　傍線部①「この傾向は人間関係にも当てはまります」とあるが、その理由を次の文の空欄に合うように本文から十三字で抜き出し答えなさい。

何かを「やる」「やらない」の判断は、（　　十三字　　）いるから。

問六　傍線部②「このような社会」とあるが、どのような社会か。そ

長屋の住人は、鍵もかけず、お互いの家にしょっちゅう行き来をし、何かにつけ雑談をします。親子のつながりや、長屋の住人どうしの密接な交流。こういった言葉からは、「昔ながらの温かなつながり」を想像することができます。

しかし、③今の人びとが見ると、この映画に対してかなりの違和感を抱くでしょう。その理由は、登場する人びととの感情的な交流の少なさにあります。

人情劇であるこの映画のなかで、スキンシップと言いうる場面は、少年が女性の肩をたたくシーン以外、いっさいありません。感情的な交流の少なさは、実の親と子どもの再会のシーンに集約されます。

Ⅲ物語のクライマックスである親子の再会、および、少年と女性との別れは、現在の感覚からすると、さぞ感動的に演出されるのではないかと思います。しかし、『長屋紳士録』において、そのような表現はまったくありません。

再会を果たした親子は、互いに駆け寄ることも、抱き合うこともありません。それどころか親は、近寄る子どもを手で押しのけ、女性にお詫《わ》びと御礼の挨拶をすることを優先させます。［B］、儀礼を優先しているわけです。

子どもと女性の別れのシーンでも、涙やdホウ擁はいっさい見られません。少年が「オバチャンサヨナラ」とぶっきらぼうに述べ、別れのシーンは終わります。ここから、「人情劇」と言われた映画でさえも、感情表現は非常に乏しいことがわかります。

この映画を見た学生は、「昔のつながりは濃密だけど感情や気遣いが薄く、今のつながりは希薄だけど、感情や気遣いが濃い」と述べていました。この言葉は、感情に満たされた今の人間関係をよく表しています。

しかし、感情に補強されたつながりは、それほど強いものにはなりません。私たちは、相手とのつながりを「よい」と思えば関係を継続させるし、「悪い」と思えば関係から退くこともできます。この特性のおかげで、私たちは、無理して人と付き合わなくてもよい気楽さを手にしました。理不尽な要求や差別的な待遇から逃れやすくなったのです。しかし、人と無理に付き合わなくてもよい気楽さは、つながりから切り離される不安も連れてきてしまいました。

お互いに「よい」と思うことで続いていくつながりは、どちらか、または、両方が「悪い」と思えば解消されるリスクがあります。放っておいても行き来がある長屋の住人とは違うのです。このような状況で関係を継続させるには、お互いに「よい」状況を更新してゆかねばなりません。つまり、つながりのなかに「よい」感情を注ぎ続けねばならないのです。

この特性は、その人にとって大事なつながりであればあるほど強く発揮されます。私たちは、大事なつながりほど「手放したくない」と考えます。しかし、あるつながりを手放さないためには、相手の感情を「よい」ままで維持しなければなりません。大事な相手とつながり続けるためには、関係からマイナスの要素を徹底して排除する必要があるのです。

とはいえ、④個々人の心理に規定される「よい」状況は、社会に共有される規範ほどには安定していません。社会のルールはなかなか変わりませんが、個人の感情は日によって変わることもあります。何かの

【国　語】（四五分）〈満点：一〇〇点〉

【注意】字数指定の問題は「、」や「。」、「」（カギカッコ）も字数として含めること。

一、次の文章を読んで、後の問いに答えなさい。（問題文には一部変更がある。）

「一人」になれる条件が整い、人びとの選択や決定が尊重されるようになった社会では、さまざまな物事を「やらない」で済ませられるようになります。ある行為を「やらねばならない」と迫る社会の規範は緩くなり、何かを「やる」「やらない」の判断は、個々人にゆだねられます。

①この傾向は人間関係にも当てはまります。私たちが生きる時代は、閉鎖的な集団に同化・埋没することで生活が維持されてきたムラ社会の時代と違います。生活の維持は、身近な人間関係のなかにではなく、お金を使って得られる商品やサービスと、行政の社会保障にゆだねられるようになったのです。

このような社会では、誰かと「付き合わなければならない」と強制される機会が、徐々に減っていきます。会社やクラスの懇親会への参加はもはや強制される時代ではありません。地域の自治会への加入もⅠ任意性が強くなりました。aシュ味のサークルを続けるか続けないかは、まさに「人それぞれ」でしょう。

誰と付き合うか、あるいは、付き合わないかは、個々人の判断にゆだねられています。俗っぽく言えば、私たちは、（嫌な）人と無理に付き合わなくてもよい気楽さを手に入れたのです。

今や、人と人を結びつける材料を、生活維持の必要性に見出すことは難しくなりました。人と人を結びつける接着剤は、着実に弱くなっているのです。

では、②このような社会で、つながりを維持するにはどうすればよいのでしょうか。生活維持の必要性という、人と人を強固に結びつけてきた接着剤は弱まっています。そうであるならば、私たちは、目の前の関係をつなぎ止める接着剤を新たに用意しなければなりません。そこで私たちは、弱まってきた関係をつなぎ止める新たな補強剤として、つながりに大量の「感情」を注ぎ込むようになりました。

このような傾向は、Ⅱメディアからも読み取ることができます。日本映画界の巨匠、小津安二郎《おづやすじろう》監督の作品に、『長屋紳士録』という短い映画があります。この映画は、終戦から二年後の一九四七年に公開されました。当時は、東京下町を舞台にした人情劇とbヒョウ価されていました。簡単にあらすじを紹介しましょう。

おもな登場人物は、長屋の住人と少年です。物語は、長屋に住む女性のところに、実の親とはぐれてしまった子どもが届けられるところから始まります。そのさい、長屋のその他の住人とひと悶着《もんちゃく》あるのですが、結局、女性が少年のc面ドウを見ることになります。最初は子どもの世話を嫌がっていた女性も、だんだんと情が移り、子どもを[X]思ってきます。[A]、その矢先に、子どもを探していた実の親が登場し、女性と子どもの間に別れが訪れます。子どもが去った後、女性はあらためて親子のつながりのよさに気づく、というのが大まかなあらすじです。

MEMO

大切なことはメモしておこうネ！

一般

2024年度

解　答　と　解　説

《2024年度の配点は解答欄に掲載してあります。》

＜数学解答＞

[1]　(1)　①　-12　②　$10a-15$　③　$4x^2-49$　④　$5\sqrt{2}-10$
(2)　①　$xy(x-3y+1)$　②　$(x-4)^2$　(3)　①　$x=2$　②　$x=-10,\ 2$
③　$x=2\pm\sqrt{2}$　(4)　$x=5,\ y=-2$

[2]　ア　7　イ　4　ウ　0.20　[3]　$y=\dfrac{360}{x}$　[4]　$a=-\dfrac{1}{2}$　[5]　56°

[6]　12　[7]　6　[8]　$a=1$　[9]　1500　[10]　3　[11]　56

[12]　(1)　$y=x+4$　(2)　(2, 2)

○推定配点○

[1]　各4点×10　他　各5点×12([2]完答)　計100点

＜数学解説＞

[1]　(数・式の計算，平方根，因数分解，方程式)

(1)　①　$-42\div7+3\times(5-7)=-6+3\times(-2)=-6-6=-12$

②　$(12a-18)\div\dfrac{6}{5}=(12a-18)\times\dfrac{5}{6}=10a-15$

③　乗法公式$(x+y)(x-y)=x^2-y^2$を使って，$(2x+7)(2x-7)=4x^2-49$

④　$\sqrt{5}(\sqrt{10}-2\sqrt{5})=\sqrt{50}-2\sqrt{25}=5\sqrt{2}-2\times5=5\sqrt{2}-10$

(2)　①　共通因数でくくって，$x^2y-3xy^2+xy=xy(x-3y+1)$

②　乗法公式$x^2-2ax+a^2=(x-a)^2$を使って，$x^2-8x+16=(x-4)^2$

(3)　①　$\dfrac{3(x-1)}{2}=\dfrac{x+2}{3}+\dfrac{1}{6}$の両辺を6倍して，$3\times3(x-1)=2(x+2)+1$　$9x-9=2x+4+1$
$7x=14$　$x=2$

②　$x^2+8x-20=0$より，$(x+10)(x-2)=0$　$x=-10,\ 2$

③　解の公式より，$x=\dfrac{-(-4)\pm\sqrt{(-4)^2-4\times1\times2}}{2\times1}=\dfrac{4\pm\sqrt{16-8}}{2}=\dfrac{4\pm\sqrt{8}}{2}=\dfrac{4\pm2\sqrt{2}}{2}=2\pm\sqrt{2}$

(4)　$3x+5y=5$…①，$2x+7y=-4$…②とする。①×2−②×3より，$-11y=22$　$y=-2$
②に$y=-2$を代入して，$2x-14=-4$　$2x=10$　$x=5$　よって，$x=5,\ y=-2$となる。

基本 [2]　(資料の活用)

ア　度数は合計人数×相対度数で求められるので，$20\times0.35=7$(人)である。　イ　合計人数は20人であるから，$20-(5+7+1+1+2)=20-16=4$(人)となる。　ウ　相対度数は度数÷合計人数で求められるので，$4\div20=0.20$となる。また，相対度数の合計は1.00になるので，$1.00-(0.25+0.35+0.05+0.05+0.10)=1.00-0.80=0.20$と求めてもよい。

基本 [3]　(反比例)

歯車A，Bのそれぞれの歯の数と回転数の積が一致するので，$30\times12=x\times y$　$360=xy$　$xy=360$　$y=\dfrac{360}{x}$となる。

基本 4 (直線の交点)

直線$y=2x+1$と$y=5x-2$の交点を求める。$y=2x+1$と$y=5x-2$を連立方程式として解くと，$2x+1=5x-2$　$-3x=-3$　$x=1$　$y=2x+1$に$x=1$を代入して，$y=2+1=3$　よって，直線$y=2x+1$と$y=5x-2$の交点の座標は(1，3)である。3つの直線が1点で交わるとき，直線$y=ax+\frac{7}{2}$は(1，3)で他の2つの直線と交わるから，$y=ax+\frac{7}{2}$に(1，3)を代入すると，$3=a+\frac{7}{2}$　$-a=\frac{7}{2}-3$　$-a=\frac{1}{2}$　$a=-\frac{1}{2}$となる。

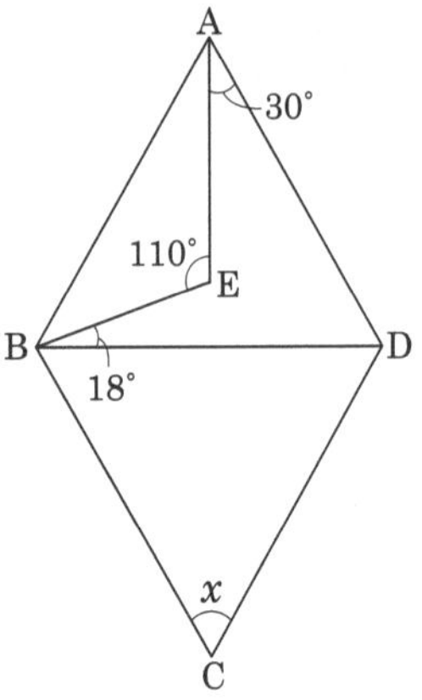

基本 5 (角度)

△ABEにおいて，∠BAE＋∠ABE＝180－110＝70°　△ABDにおいて，∠ADB＝180－(30＋70＋18)＝62°　四角形ABCDはひし形なので，∠CBD＝∠CDB＝∠ADB＝62°　よって，△BCDにおいて，∠x＝180－62×2＝180－124＝56°である。

6 (場合の数)

3の倍数となるとき，各位の数の和は3の倍数となる。3個の数字の和が3の倍数になる数字の組み合わせは(1，2，3)，(2，3，4)である。それぞれの組み合わせにおいて，3×2×1＝6(通り)のの並べ方があるから，求める個数は6×2＝12(個)である。

7 (方程式の利用)

もとの正方形の1辺の長さを$x$cmとする。縦の長さは2倍すると，$2x$cm，横の長さは2cm短くすると，$x-2$cmとなる。こうして作った長方形の面積がもとの正方形の面積より12cm^{2}大きくなったので，$2x\times(x-2)=x\times x+12$となるから，$2x^2-4x=x^2+12$　$x^2-4x-12=0$　$(x-6)(x+2)=0$　$x=6,\ -2$　$x>0$より，$x=6$　よって，もとの正方形の1辺の長さは6cmである。

基本 8 (方程式の利用)

連立方程式の解x，yの比が2：1であるから，$x:y=2:1$より，$x=2y$である。$x+y=4a+8$に$x=2y$を代入して，$2y+y=4a+8$　$3y-4a=8$…①　$2x-3y=a+3$に$x=2y$を代入して，$2\times2y-3y=a+3$　$4y-3y=a+3$　$y-a=3$…②　①－②×3より，$-a=-1$　$a=1$である。また，このとき，②に$a=1$を代入して，$y-1=3$　$y=4$となり，$x=2y$より，$x=8$となる。

重要 9 (方程式の利用)

トンネルの入り口から中間地点までの距離をxmとする。列車Aは秒速25mで進むので，トンネルに入り始めてから中間地点まで進むのに$x\div25=\frac{x}{25}$(秒)かかる。また，列車Bは秒速30mで進むので，トンネルに入り始めてから中間地点まで進むのに$x\div30=\frac{x}{30}$(秒)かかる。列車Aがトンネルに入り始めてから5秒後に列車Bがトンネルに入り始めるので，$\frac{x}{25}=\frac{x}{30}+5$　$6x=5x+750$　$x=750$　よって，トンネルの長さは750×2＝1500(m)である。

重要 10 (円錐)

円すいの側面の展開図のおうぎ形の中心角は$\frac{\text{底面の半径}}{\text{母線}}\times360°$で求められるので，$\frac{4}{12}\times360=120°$である。よって，円すいの側面のおうぎ形を360÷120＝3(枚)合わせると円になるので，円すいが3回転するともとの位置に戻ることがわかる。

11 (規則性)

一番上の段の立方体は1個である。上から2段目の立方体は一番上の立方体の個数に手前に見えている立方体の個数を足したものになるから，1＋2＝3(個)である。同様に上から3段目の立方体の個数は上から2段目の立方体の個数に手前に見えている立方体の個数を足したものになるから，3＋

$3=6$(個)となり，上から4段目，5段目，6段目は順に，$6+4=10$(個)，$10+5=15$(個)，$15+6=21$(個)である。よって，立方体の個数は全部で$1+3+6+10+15+21=56$(個)である。

[12] (図形と関数・グラフの融合問題)

基本 (1) $y=\frac{1}{2}x^2$に$x=-2$，4をそれぞれ代入すると，$y=\frac{1}{2}\times(-2)^2=\frac{1}{2}\times4=2$，$y=\frac{1}{2}\times4^2=\frac{1}{2}\times16=8$となるから，A$(-2,\ 2)$，B$(4,\ 8)$である。直線ABの傾きは$\frac{8-2}{4-(-2)}=\frac{6}{6}=1$である。よって，直線ABの式を$y=x+b$とおいて，A$(-2,\ 2)$を代入すると，$2=-2+b$　$-b=-4$　$b=4$　従って，直線ABの式は$y=x+4$となる。

重要 (2) 等積変形の考え方を用いて，直線ABとOPは平行となる。平行な直線の傾きは等しいので，直線OPの傾きは1である。よって，直線OPは$y=x$である。$y=\frac{1}{2}x^2$と$y=x$を連立方程式として解くと，$\frac{1}{2}x^2=x$　$x^2=2x$　$x^2-2x=0$　$x(x-2)=0$　$x=0,\ 2$　点Pは原点Oとは異なる点なので，$x=2$　$y=x$に$x=2$を代入して，$y=2$　よって，P$(2,\ 2)$となる。

★ワンポイントアドバイス★

基本的な問題を落とすことなく，標準レベルの問題で多く解答できるようにしておくことがポイントである。

<英語解答>

A・B　リスニング問題解答省略

C　1 ア　2 ウ　3 イ　4 (2番目，4番目) ウ，オ　5 エ
　6 ア ○　イ ×　ウ ×　エ ○　オ ○

D　1 ア　2 エ　3 イ　4 イ　5 ア　6 ウ　7 イ　8 エ　9 イ
　10 エ

E　1 イ　2 ク　3 カ　4 エ　5 コ　6 ケ　7 ウ　8 キ　9 オ
　10 ア

F　1 love　2 station　3 enter　4 shout [scream]　5 snow

G　1 hour　2 won　3 wear　4 there　5 week

○推定配点○

各2点×50　計100点

<英語解説> (普通科)

A・B　リスニング問題解説省略。

重要 **C (長文読解・物語文：語句補充，要旨把握，指示語，語句整序[受動態]，内容吟味)**

(大意)　チャーリーは，緑内障という①病気のために両目を取り除く必要があるゴールデンレトリバーだ。しかし，それが行動を遅らせることは全くなかった。なぜならチャーリーには「盲導犬」がいるからだ。その名前はマーベリックで，4ヶ月の子犬だ。マーベリックは，チャーリーが周りを移動するのを助けており，二匹はかわいい絆を築いている。

チャーリーの飼い主であるアダムとチェルシー・スタイプは，緑内障による痛みを止めるため

に2016年にチャーリーの左目を取り除いた。一年後，彼の右目にも②同じ問題が生じた。夫妻は2018年にマーベリックを家族に迎えた。二匹は最初お互いを好きではなかったが，時間が経つにつれてマーベリックは年長の犬の助けになった。「マーベリックとチャーリーが遊ぶとき，見るのは素晴らしいです。チャーリーが子犬のようになります」とチェルシー・スタイプは言った。「二匹が仲良く遊ぶのを見るのは心が温まります」マーベリックは，盲目の犬が周りを移動できるように助けるために，チャーリーと歩く。「二匹が遊ぶとき，チャーリーは時々おもちゃを失くしてしまいます。そんな時，マーベリックは③それを拾い上げて再びチャーリーの前に置いて，遊びを再開させます」とスタイプは述べた。

彼らは自宅で一緒に遊ぶ最高の友人を見せるInstagramアカウントを作成した。「④私たちはその反応にとても驚いていますが，それはとても良いことです」とスタイプは言った。「オンラインでの人々がどれだけ前向きかということと，どれだけ犬たちが皆を幸せにしているかということに私たちは喜んでいます」

アカウントは既に32,000人以上のフォロワーを獲得しているので，犬好きな人たちは彼らの美しい友情が大好きなようだ。「二匹ともとてもかわいく，特別です」とスタイプは述べた。「彼らは私たちの楽しみです」

1　緑内障は病気の一種なので，disease が適切である。

2　左目と「同じ問題」なので，右目が緑内障になり，摘出しなければならなかったということである。

3　直前で述べられているチャーリーがなくしたおもちゃを指している。

4　(We) have been very surprised by the response(,~)となる。現在完了の受動態は<have been +過去分詞>の語順になる。

5　空所のあとに形容詞があるため，<how +形容詞>の形になり，「どれだけ前向きか」「どれだけ幸せか」という意味になる。

6　ア 「チャーリーとマーベリックは素晴らしい友情を築いた」 第1段落最終文参照。二匹がとても親しい絆を築いたと記述されており，その関係が強くて愛らしいものだったことが示されているため適切。　イ 「チャーリーは最初マーベリックを好きではなかったが，彼はマーベリックの助けになった」第2段落第4文参照。マーベリックがチャーリーの助けになったと記述されており，逆の関係性が示されているため不適切。　ウ 「マーベリックは自分の周りの危険を確認するためにチャーリーと歩く」 第2段落第7文参照。マーベリックがチャーリーと密接に歩いて，盲目のチャーリーが問題なく移動できるように助けると述べられているため不適切。
エ 「飼い主たちは二匹が一緒に遊んでいる写真を見せるためにインスタグラムアカウントを作った」 第3段落第1文参照。彼らがノースカロライナ州ムーアズビルの自宅で一緒に遊ぶ最高の友人を示すInstagramアカウントを作成したことが記述されているため適切。　オ 「そのアカウントは32,000人以上のフォロワーを持っている」 第4段落第1文参照。本文にはアカウントが作成されてから既に32,000人以上のフォロワーを獲得していると記述されているため適切。

重要 D （語句選択問題：関係代名詞，比較，分詞，現在完了，不定詞，仮定法）

1　my mother chose は前の名詞を修飾する目的格の関係代名詞が省略された形である。

2　前に his brothers とあるため，複数を示す所有格 their が適切である。

3　<the +最上級+ of +複数>という形になる。

4　one of~「~の一つ(一人)」は単数として扱うので，一般動詞には三単現のsが必要である。

5　数えられない名詞である water には some が適切。残りは数えられる名詞に用いる。

6　spoken in Switzerland は前の名詞を修飾する分詞の形容詞的用法である。

7 <the +序数+最上級>「～番目に…」

8 since は特定の時点から今まで続いている行為を表しているので現在完了で用いる。

9 chair to sit on で「座るためのイス」という意味になり，不定詞の形容詞的用法を用いた形である。

10 <I wish +過去形>「～ならいいのに」

E (会話文)

A：今週どこかで夕食に(1)出かけましょう。

B：土曜日は(2)どう？

A：いいね！　どこに(3)行きたい？

B：フレンチレストランを(4)考えていたんだ。

A：でも，それは(5)かなり高いよ！　代わりに中華料理のレストランに行くのは(6)どうですか？

B：わかった。

A：君を(7)迎えに行って，レストランまで(8)連れて行くよ。

B：良さ(9)そうだね。何時？

A：(10)7時にね。

(1)「外出する」 go out

(2)「～はどうですか」 How about ~?

(3)「～したい」 would like to ~

(4)「～を考える」 think of ~

(5)「とても，かなり～」 <so +形容詞>

(6)「～するのはどうですか」 Why don't we ~ ?

(7)「人を迎えに行く」 <pick +人+ up>

(8)「人を～に連れて行く」 <take +人+ to ~>

(9)「いいね」 sounds good

(10)「～時に」 at ~

基本 F (単語)

1「ある人に対して抱く，非常に強い好意や愛情」=「愛」

2「列車が停車し，乗客が乗り降りする場所」=「駅」

3「何かの中に来たり行ったりすること」=「入る」

4「大声で何かを言う」=「叫ぶ」

5「寒い天気の時に空から降る，小さく柔らかい白い凍った水の粒」=「雪」

基本 G (単語)

1 hour「時間」

2 won「勝った」(win の過去形)

3 wear「着る」

4 there「そこに」

5 week「週」

★ワンポイントアドバイス★

比較的平易な英単語が問われる出題となっている。長文読解問題と語句選択問題できちんと得点できるように，過去問や問題集を繰り返し解こう。

＜英語解答＞

A・B　リスニング問題解答省略

C　1　ア　2　ウ　3　イ　4　(2番目，4番目)　ウ，オ　5　エ
6　ア　○　イ　×　ウ　×　エ　○　オ　○

D　1　ア　2　エ　3　イ　4　イ　5　ア　6　ウ　7　イ　8　エ　9　イ
10　エ

E　1　イ　2　ク　3　カ　4　エ　5　コ　6　ケ　7　ウ　8　キ　9　オ
10　ア

F　1　freeze　2　headache　3　dentist　4　nervous　5　mayor

G　1　ウ　2　ア　3　エ　4　イ　5　イ

○推定配点○

各2点×50　計100点

＜英語解説＞(英語科)

A・B　リスニング問題解説省略。

C　**(長文読解・物語文：語句補充，要旨把握，指示語，語句整序[受動態]，内容吟味)**

(大意)　チャーリーは，緑内障という①病気のために両目を取り除く必要があるゴールデンレトリバーだ。しかし，それが行動を遅らせることは全くなかった。なぜならチャーリーには「盲導犬」がいるからだ。その名前はマーベリックで，4ヶ月の子犬だ。マーベリックは，チャーリーが周りを移動するのを助けており，二匹はかわいい絆を築いている。

チャーリーの飼い主であるアダムとチェルシー・スタイプは，緑内障による痛みを止めるために2016年にチャーリーの左目を取り除いた。一年後，彼の右目にも②同じ問題が生じた。夫妻は2018年にマーベリックを家族に迎えた。二匹は最初お互いを好きではなかったが，時間が経つにつれてマーベリックは年長の犬の助けになった。「マーベリックとチャーリーが遊ぶとき，見るのは素晴らしいです。チャーリーが子犬のようになります」とチェルシー・スタイプは言った。「二匹が仲良く遊ぶのを見るのは心が温まります」マーベリックは，盲目の犬が周りを移動できるように助けるために，チャーリーと歩く。「二匹が遊ぶとき，チャーリーは時々おもちゃを失くしてしまいます。そんな時，マーベリックは③それを拾い上げて再びチャーリーの前に置いて，遊びを再開させます」とスタイプは述べた。

彼らは自宅で一緒に遊ぶ最高の友人を見せるInstagramアカウントを作成した。「④私たちはその反応にとても驚いていますが，それはとても良いことです」とスタイプは言った。「オンラインでの人々がどれだけ前向きかということと，どれだけ犬たちが皆を幸せにしているかということに私たちは喜んでいます」

アカウントは既に32,000人以上のフォロワーを獲得しているので，犬好きな人たちは彼らの美しい友情が大好きなようだ。「二匹ともとてもかわいく，特別です」とスタイプは述べた。「彼らは私たちの楽しみです」

1　緑内障は病気の一種なので，disease が適切である。

2　左目と「同じ問題」なので，右目が緑内障になり，摘出しなければならなかったということである。

3　直前で述べられているチャーリーがなくしたおもちゃを指している。

4　(We) have been very surprised by the response(,~)となる。現在完了の受動態は<have been +過去分詞>の語順になる。

5　空所のあとに形容詞があるため，<how +形容詞>の形になり，「どれだけ前向きか」「どれだけ幸せか」という意味になる。

6　ア 「チャーリーとマーベリックは素晴らしい友情を築いた」 第1段落最終文参照。二匹がとても親しい絆を築いたと記述されており，その関係が強くて愛らしいものだったことが示されているため適切。　イ 「チャーリーは最初マーベリックを好きではなかったが，彼はマーベリックの助けになった」第2段落第4文参照。マーベリックがチャーリーの助けになったと記述されており，逆の関係性が示されているため不適切。　ウ 「マーベリックは自分の周りの危険を確認するためにチャーリーと歩く」 第2段落第7文参照。マーベリックがチャーリーと密接に歩いて，盲目のチャーリーが問題なく移動できるように助けると述べられているため不適切。
エ 「飼い主たちは二匹が一緒に遊んでいる写真を見せるためにインスタグラムアカウントを作った」 第3段落第1文参照。彼らがノースカロライナ州ムーアズビルの自宅で一緒に遊ぶ最高の友人を示すInstagramアカウントを作成したことが記述されているため適切。　オ 「そのアカウントは32,000人以上のフォロワーを持っている」 第4段落第1文参照。本文にはアカウントが作成されてから既に32,000人以上のフォロワーを獲得していると記述されているため適切。

D　**(語句選択問題：関係代名詞，比較，分詞，現在完了，不定詞，仮定法)**

1　my mother chose は前の名詞を修飾する目的格の関係代名詞が省略された形である。

2　前に his brothers とあるため，複数を示す所有格 their が適切である。

3　<the +最上級+ of +複数>という形になる。

4　one of~「~の一つ(一人)」は単数として扱うので，一般動詞には三単現のsが必要である。

5　数えられない名詞である water には some が適切。残りは数えられる名詞に用いる。

6　spoken in Switzerland は前の名詞を修飾する分詞の形容詞的用法である。

7　<the +序数+最上級>「~番目に…」

8　since は特定の時点から今まで続いている行為を表しているので現在完了で用いる。

9　chair to sit on で「座るためのイス」という意味になり，不定詞の形容詞的用法を用いた形である。

10　<I wish +過去形>「~ならいいのに」

E　**(会話文)**

A：今週どこかで夕食に(1)出かけましょう。
B：土曜日は(2)どう？
A：いいね！　どこに(3)行きたい？
B：フレンチレストランを(4)考えていたんだ。
A：でも，それは(5)かなり高いよ！　代わりに中華料理のレストランに行くのは(6)どうですか？
B：わかった。
A：君を(7)迎えに行って，レストランまで(8)連れて行くよ。
B：良さ(9)そうだね。何時？
A：(10)7時にね。

(1)　「外出する」 go out
(2)　「~はどうですか」 How about ~?
(3)　「~したい」 would like to ~
(4)　「~を考える」 think of ~

(5) 「とても，かなり～」 <so +形容詞>
(6) 「～するのはどうですか」 Why don’t we ～?
(7) 「人を迎えに行く」 <pick +人+ up>
(8) 「人を～に連れて行く」 <take +人+ to ～>
(9) 「いいね」 sounds good
(10) 「～時に」 at ～

F (単語)

1 「とても寒いので，川さえも氷になりそうだ」= freeze
2 「コーヒーをたくさん飲むと頭が痛くなる」= headache
3 「私の夢は，人々の歯を世話する仕事をする人になることだ」= dentist
4 「多くの人の前で話すのが好きではない。毎回何かを言うのが怖く感じる」= nervous
5 「ロサンゼルスでは，市の長はカレン・バス氏だ」= mayor

G (単語)

1 Elon MuskがTwitterのオーナーであり，従来の鳥のロゴをXに置き換えた。
2 国連の事務総長アントニオ・グテーレスは「地球温暖化の時代が終わり，地球沸騰の時代が到来した」と述べた。
3 2023年9月13日，北朝鮮の指導者キム・ジョンウンはロシア大統領ウラジーミル・プーチンと会い，ディナーで，2人はお互いと互いの国のために祝杯をあげた。
4 インドは大きなことを成し遂げた。月面に着陸した。月面着陸は以前にアメリカ，ロシア，中国だけが成し遂げた。
5 富士山にあまりにも多くの観光客が訪れており，問題を引き起こしており，当局は問題の解決方法を考えている。

★ワンポイントアドバイス★

高い語彙知識が必要となる。特に，世界で話題となっていることについて英語でどのように表現するのかを調べるようにしたい。

<理科解答>

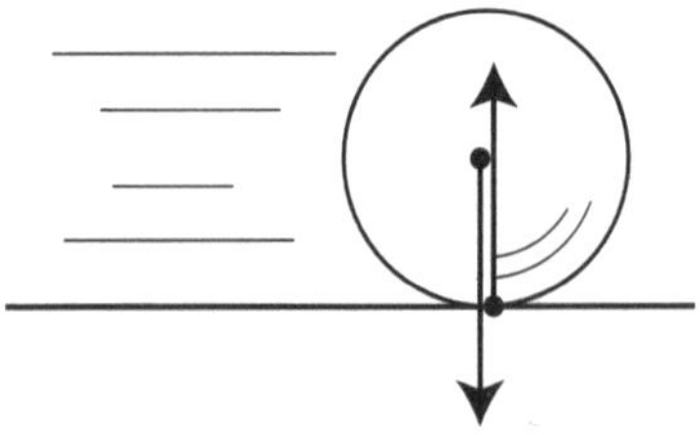

1 問1 右図 問2 電磁誘導 問3 緊急地震速報
問4 貴ガス 問5 水素 問6 メンデル 問7 ウ
問8 (記号) E (名称) 小腸

2 問1 (グループ) ア (属する植物) ク 問2 イ
問3 エ 問4 葉緑体 問5 対照 問6 (タンポポの葉)を入れずに，ストローで息を吹き込んで(から)
問7 ア，カ

3 問1 少量の試薬で実験ができるため，廃棄する試薬が少なくて済む。 問2 (名称) 硫酸銅水溶液 (色) 青色 問3 亜鉛 問4 Mg，Zn，Cu 問5 金属のイオン化傾向
問6 銅 問7 気体[水素]が発生する

4 問1　ウ　　問2　音源　　問3　3480(m)　　問4　弦の長さを短く，弦を張る強さを強くする。
問5　(弦を強くはじくと弦の)振幅(が大きくなり，大きな音となる。)　　問6　イ
問7　イ(と)ウ

5 問1　ウ　　問2　1　ア　　2　ク　　3　エ　　4　キ　　問3　亜熱帯の海上は暖かい空気のみで，冷たい空気がないため。　　問4　偏西風

○推定配点○

1　問1　4点　　他　各2点×8
2　問1・問3～問5　各2点×5　　他　各4点×3(問7完答)
3　問2・問3・問6　各2点×4　　他　各4点×4(問4完答)
4　問3・問4　各4点×2　　他　各2点×5(問7完答)
5　問3　4点　　他　各2点×6　　　計100点

＜理科解説＞

1　**(小問集合－力のつり合い，電磁誘導，緊急地震速報，貴ガス，電気分解，遺伝，関東地震，消化)**

重要　問1　小球が等速直線運動をしているので，運動方向には力がはたらかず，垂直方向には下向きに重力，上向きに抗力がはたらいていて，二力がつり合っている。

基本　問2　コイルの近くで磁界が変化すると，コイルに誘導電流が流れる。このような現象を電磁誘導という。

基本　問3　震源の近くでP波を観測した場合，その後，S波による大きなゆれが想定される地点に警報を発生するシステムのことを緊急地震速報という。

問4　空気中にわずかに含まれているヘリウム，ネオン，アルゴンなどの気体は反応性に乏しくて，貴ガスと呼ばれている。

基本　問5　水を電気分解するときは，水酸化ナトリウムや硫酸などを加えて，電気を流れやすくして行う。また，陰極には水素，陽極には酸素が発生する。

基本　問6　メンデルはエンドウの形質について調べた結果，遺伝の法則を発見した。

問7　1923年9月1日に関東地方で発生した大地震を関東地震という。またい，この地震によって大きな被害がもたらされた。

問8　消化された物質は最終的には小腸の壁にある柔毛から吸収される。

2　**(植物の体のしくみ－光合成)**

重要　問1　オオカナダモは，被子植物で単子葉類の仲間である。また，アブラナも同じ被子植物で双子葉類の仲間である。なお，ミカヅキモやワカメは藻類，マツは裸子植物の仲間である。

やや難　問2　顕微鏡の総合倍率が，$\frac{600(倍)}{400(倍)}=\frac{3}{2}$(倍)になるので，視野に見える細胞の数は，108(個)$\times\frac{2}{3}\times\frac{2}{3}=48$(個)になる。

問3　オオカナダモの葉は2層の細胞からできていて，表側の細胞は大きく，裏側の細胞は細長く小さい。

基本　問4　オオカナダモの細胞には緑色の粒である葉緑体が多数見られる。

重要　問5～問7　AとBにはタンポポの葉を入れたので，対照実験としてCにはタンポポを入れない。また，ストローで息を吹き込んでから，AとCには強い光を当て，Bは暗室に置くと，Aでは石灰水がほとんど濁らなかったことから，光合成によって，二酸化炭素が使われたことがわかる。ま

た，Bでは，石灰水が白くにごったことから，光合成には光が必要であることがわかる。

3 (電気分解とイオン－金属のイオン化傾向)

基本　問1　マイクロスケール実験では，試験管を使う実験と比べると，少量の試薬で実験ができる。

基本　問2　硫酸銅水溶液中で硫酸銅は次のように銅イオンと硫酸イオンに電離する。このとき，銅イオンは青色を示す。　$CuSO_4 \rightarrow Cu^{2+} + SO_4^{2-}$

問3～問5　Bでは，銅よりもイオン化傾向が大きい亜鉛が亜鉛イオンZn^{2+}になり溶け出す。一方，銅イオンCu^{2+}は銅になり亜鉛板の表面に付着する。Cでは，銅よりもイオン化傾向が大きいマグネシウムがマグネシウムイオンMg^{2+}になり溶け出す。一方，銅イオンは銅になりマグネシウム板の表面に付着する。Fでは，亜鉛よりもイオン化傾向が大きいマグネシウムがマグネシウムイオンになり溶け出す。一方，亜鉛イオンは亜鉛になりマグネシウム板の表面に付着する。以上より，イオン化傾向はマグネシウムが最も大きく，亜鉛，銅の順に小さくなる。

問6・問7　イオン化傾向が最も小さい銅は塩酸には溶けないが，イオン化傾向が大きい亜鉛やマグネシウムは塩酸に溶けて水素が発生する。

4 (光と音の性質－音)

基本　問1・問2　音は音源の振動が空気に伝わっていく現象なので，真空中では伝わらない。

問3　音が伝わる速さは，空気中と水中では，1500(m/秒)－340(m/秒)＝1160(m/秒)の差があるので，3秒間で音が進む距離の差は，1160(m/秒)×3(秒)＝3480(m)である。

重要　問4　弦は，短くて，張りが強く，細い方が高い音が出る。

問5　振幅が大きいほど，音は大きくなる。(図a参考)

問6・問7　問6のアとウは2回分の振動を表していて，イは本文と同じ1回分の振動を表している。また，イとウは振幅が同じなので，同じ大きさになる。

図a

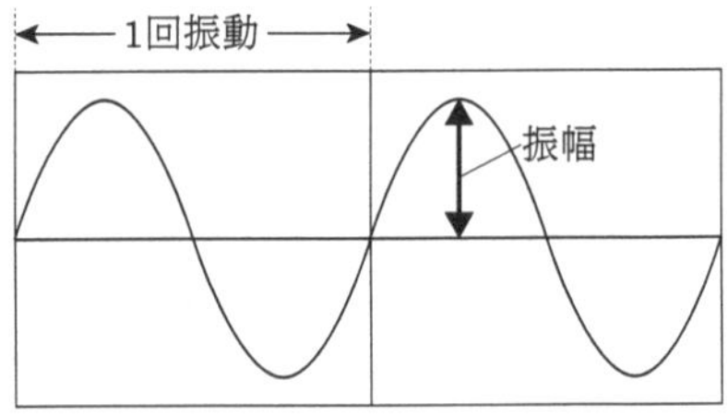

5 (天気の変化－台風と天気図)

基本　問1　台風は，熱帯低気圧が発達して，中心付近の最大風速が17.2m/秒以上になったものである。

問2　台風は太平洋高気圧の端に沿って，日本付近を北東に進む。

問3　亜熱帯の海上には暖かい空気しかなく，冷たい空気がないので前線ができないが，日本付近では，北側には冷たい空気，南側には暖かい空気があり，これらの空気が低気圧によって，引き寄せられてぶつかり合うことで前線ができる。

基本　問4　日本の上空には，一年中強い西風である偏西風が吹いている。

★ワンポイントアドバイス★

教科書に基づいた基本問題をすべての分野でしっかり練習しておくこと。その上で，計算問題や思考力を試す問題についてもしっかり練習しておこう。

<社会解答>

Ⅰ　問1　A　ミクロネシア　B　メラネシア　C　ポリネシア　問2　ニュージーランド

問3　(エ)　問4　①　アボリジニ　②　白豪主義　③　多文化社会　④　マオリ

Ⅱ　問1　(1)　(記号)　A　(県名)　山口県　(2)　(記号)　D　(県名)　広島県

(3) (記号) C (県名) 鳥取県 (4) (記号) G (県名) 香川県
(5) (記号) F (県名) 愛媛県 問2 (ア)

Ⅲ 問1 ① (エ) ② (ア) ③ (カ) 問2 (1) 上げ米 (2) 目安箱
問3 田沼 問4 (イ),(オ) 問5 A 領事裁判 B 関税 問6 大政奉還
問7 (1) 3 (2) 20 問8 A 15 B 25 問9 (1) (イ) (2) 三国干渉
問10 (1) 化政 (2) (イ) (3) (ア)

Ⅳ 問1 A 民主主義 B 学校 問2 (イ) 問3 (ア) 問4 二元代表制 C 18
D 選挙 E 拒否(権) F 不信任 問5 (1) (エ) (2) 公職選挙法
(3) 2500 問6 (1) 地方交付税交付金 (ウ) 国庫支出金 (ア) (2) (イ)

○推定配点○

各2点×50 計100点

＜社会解説＞

Ⅰ (地理―世界の地形・気候，産業，諸地域の特色：オセアニア)

問1 オセアニア州の中で，日本の南方にあるのがミクロネシア(小さい島々)で，日本人も観光に訪れるグアム島(アメリカ領)も含まれる。オーストラリアに近い所がメラネシア(黒い島々)，東太平洋とニュージーランドを含む島々がポリネシア(多くの島々)と呼ばれる。

問2 ニュージーランドは，オセアニア州ポリネシアに位置する。首都はウェリントンで，最大の都市はオークランドである。二つの主要な島と，多くの小さな島々からなる。

問3 ①はGのオークランドで西岸海洋性気候である。②はFのシドニーで温暖湿潤気候である。③はEのパーズで地中海性気候である。

問4 ① アボリジニは，オーストラリア大陸と周辺の島々の先住民である。イギリスを中心とするヨーロッパ人による植民地化以前からオーストラリア大陸やその周辺諸島に居住していた。
② 白豪主義とは，かつてオーストラリアがとっていた白色人種以外の移民を制限しようとする主義・政策である。今は撤廃されて行われていない。 ③ 1つの国家や社会の中の，複数の異なる人種や民族がもつそれぞれの文化を認め，共存して行こうとする考え方や政策のことを多文化社会という。 ④ マオリは，ニュージーランドの先住民族で，伝統的には，タロイモ・ヤムイモ・サツマイモを焼畑で栽培したり，漁労をしたりしている。

Ⅱ (地理―日本の地形・人口，諸地域の特色：中国四国地方)

問1 (1) 山口県は本州の西端に位置し，三方が海に開かれ，東西に中国山地が走り，大きくは，瀬戸内海沿岸地域，内陸山間地域，日本海沿岸地域の3つに分けられる。 (2) 広島県には，厳島神社や原爆ドームといった自然の景観が美しいスポットから歴史的な建造物まで，世界遺産が2つもある。 (3) 鳥取県は，日本海側にあり，山陰地方の東側を占める。面積は全国で7番目に小さく，人口はで最も少ない。 (4) 香川県は，四国北東部に位置し，北部には瀬戸内海に面して讃岐平野が広がる。南部は山がちで，讃岐山脈が連なる。全国で面積が1番小さい県である。 (5) 愛媛県は，四国地方では最も人口が多い県で，県庁所在地は松山である。瀬戸内の温暖な気候が育むみかんなどの柑橘類の産地として有名である。また，瀬戸内工業地域の一部である石油化学コンビナートが，周南市(徳山地区)を中心に沿岸部に形成されている。

やや難 問2 広島市はつぼ型であるが，四万十町はつりがね型で，広島市よりさらに少子高齢化が進んでいるといえる。

Ⅲ (日本と世界の歴史－政治・外交史，社会・経済史，各時代の特色，文化史，日本史と世界史の関連)

基本 問1 徳川吉宗は，1716年から1746年にかけて，享保の改革を実施した。吉宗は，紀州藩主として質素倹約を率先して行い，将軍に就任してからも，幕府の体制を見直し，大胆な改革を試みた。

問2 (1) 上げ米は，享保の改革の政策で，大名たちに石高1万石につき100石の米を納めさせる代わりに，参勤交代で江戸にいる期間を通常の1年から半年に短縮した。 (2) 吉宗は，目安箱という一種の投書箱をおいて町人や浪人たちの自由な意見を記名で投書させた。目安箱は鍵がしてあって，そのまま将軍へ持っていき，そこで開いてみた。

問3 この狂歌は，定信は田沼意次失脚後に清廉な政治を目指すという名分のもとに寛政の改革を行ったが，時代に逆行し厳しすぎる面もあり民衆には息苦しい部分もあった。田沼時代はわいろも横行したが幾分自由な雰囲気もありかえってそちらの方が住みよかった，という意味である。

基本 問4 蛮社の獄とは，1839年(天保10年)に起きた幕府による弾圧事件のことである。モリソン号事件や鎖国政策など幕府批判を行っていた蘭学者の高野長英，渡辺崋山などが処罰された。

重要 問5 不平等条約は一方が完全に不利な条約のことで，江戸時代に結ばれた日米修好通商条約がそれにあたる。不平等の内容は，「領事裁判権の承認」と「関税自主権の放棄」である。

問6 大政奉還とは，江戸時代末期の1867年に15代将軍の徳川慶喜が朝廷・明治天皇に政治をする権限をお返しした出来事である。大政奉還の大政とは「政治を行う権限」，奉還とは「お返しする」という意味である。

問7 (1) 地租改正の内容は，次の3点である。①課税の基準を地価とする。②地租を地価の3%にし，現金で納めさせる。③税を納めるのは地券を持っている人と決める。 (2) 1873年1月，太政官布告により徴兵令が発せらた。徴兵令では，男子は満20歳で徴兵検査を受け，検査合格者の中から抽選で「常備軍」の兵役に3年間服させることとした。

問8 帝国議会第1回衆議院議員選挙において，選挙権は，直接国税を15円以上納税する25歳以上の男性に与えられた。この人口比率は約1.1% (約45万人)だった。

問9 (1) 遼東半島は，中国遼寧省南部に位置する半島であり，遼河の東岸に位置している。したがって，イが正解となる。中国では山東半島に次いで第2の大きさを誇る半島で，黄海に面していて，当時は軍事上の重要拠点であった。 (2) 三国干渉とは，1895年にロシアがフランスとドイツをさそい，遼東半島を清に返せと日本に迫った干渉のことである。第2次伊藤博文内閣は，やもおえず三国干渉に応じ，賠償金5600万円を引き換えに，遼東半島を清に返還した。

問10 (1) 化政文化は，文化・文政時代を中心とする江戸の町人文化であり，元禄文化に比べ退廃的な傾向が濃い。 (2) (ア)は葛飾北斎の作，(ウ)は東洲斎写楽の作，したがって，(ア)，(ウ)は誤りである。 (3) 中国古典を熟読し内容にも詳しかった曲亭(滝沢)馬琴は，中国四大奇書のひとつ『水滸伝』や『三国志演義』を参考にして『南総里見八犬伝』を書いた。

Ⅳ (公民—政治のしくみ，経済生活，その他)

問1 地方自治は民主主義の基盤であり，また，地方自治への参加を通じて住民が民主主義の在り方を学ぶという「民主主義の学校」であると言われている。

問2 条約の承認は国会の仕事である。

問3 地方分権一括法とは，中央集権的な行政の在り方を見直し，国から地方へ権限や財源の移譲を進める法律の総称であり，(ア)が正解となる。

問4 二元代表制とは，住民の代表である首長，議員をいずれも直接選挙で選ぶ制度のことで地方公共団体で採用している。したがって，(D)は「選挙」がはいる。選挙権は国政選挙と同じ18歳以上である。また，議会は，首長の不信任議決ができそれに対し，首長は，議会の解散ができる。議会の解散が行われた場合には，選挙が行われ，その後招集された議会で，再び首長の不信任議決がされた場合には，首長は失職する。

問5 (1) 政治におけるリコールとは，議員の解職や議会の解散などを請求することで，住民・国民が持っている権利の1つである。 (2) 公職選挙法は国会議員や地方公共団体の首長・議員を選ぶための法律で，選挙の制度や立候補，選挙運動などについて定めている。 (3) リコールに必要な署名は有権者の3分の1以上であるから，7500÷3＝2500で，2500人以上が答えとなる。

問6 (1) 国庫支出金は，国が自治体に対して直接交付するお金で，使い道が決められている。地方交付税は，国が地方自治体に対して交付する税金の一部で，使い道は自由である。

やや難 (2) 地方交付税交付金は，何らかの理由で，国の税収が増加すればするほど，増額となる。したがって，(イ)が正解となる。

★ワンポイントアドバイス★

Ⅰ問3 雨温図を見て分かる通り3つの都市とも南半球にあるので，北半球にある日本とは季節が逆になる。 Ⅲ問2(2) 吉宗は，医者小川笙船の意見を用いて養生所をつくり，ここで貧しい人たちを無料で入院させたり手当をしたりした。

＜国語解答＞

一 問一 a 封建 b 栽培 c 募 d 値 e 克服 問二 A ウ B エ C イ 問三 ウ 問四 1 (最初)じぶんがそ (最後) れていたい(ということ) 2 寂しさ[寂しい] 問五 目 問六 みずからコンテクストを選択しつつ自己を構成する個人 問七 ア 問八 他者の意識 問九 否定
問十 ア × イ ○ ウ × エ ×

二 問一 a 主観 b 結果 問二 A ア B ウ C イ D エ E ア
問三 Ⅰ 髪 Ⅱ 喉 問四 自分から女の子に声などかけられるわけもない(から。)
問五 ア 問六 ウ 問七 「義足なの 問八 五感 問九 1 好意を持っている人間 2 本当に嫌われてしまう 問十 喜怒哀楽のはっきりした女の子
問十一 エ 問十二 イ 問十三 エ

○配点○

一 問一・問二・問五・問九 各2点×10 他 各3点×10(問四1完答)
二 問一～問三・問十一 各2点×10 他 各3点×10 計100点

＜国語解説＞

一 (論説文－漢字，脱語補充，接続語，文脈把握，内容吟味，心情，慣用句，対義語，要旨)

問一 a 「封建的」は，封建時代のように，上下の関係を重くみて，個人の自由を軽くみる様子。「封」の音読みはほかに「フウ」。熟語は「封鎖」「封書」など。 b 「栽」を使った熟語はほかに「盆栽」「前栽(せんざい)」など。 c 「募」の音読みは「ボ」。熟語は「募集」「募金」など。 d 「値」の訓読みはほかに「ね」。音読みは「チ」。熟語は「価値」「数値」など。 e 「克」を使った熟語はほかに「克明」「克己」など。訓読みは「か(つ)」。

問二　A　直後が，「そういう『自由な個人』が群れ集う都市生活は，……個人としての生存を維持できなくなっている」と否定表現になっているので，逆接を表す「けれども」が入る。　B　直前の「いわゆるシステム化というかたちで大規模に，ち密に組織されてゆかざるをえず，……維持できなくなっている」とあり，直後で「自分で選択しているつもりでじつは社会のほうから選択されているというかたちでしかじぶんを意識できないのだ」と言い換えられているので，言い換え・説明を表す「つまり」が入る。　C　同段落冒頭の「このような鬱屈した気分のなかで，子どもたちは何もできなくてもじぶんの存在をそれとして受け容れてくれるような，そういう愛情にひどく渇くようになるのだろう」と，直後の「子どもたちや十代のひとたちは，じぶんをじぶんとして『このままで』肯定してくれる友だちや恋人を，これまでのどの時代よりも強く求めるようになっているらしい」は，順当につながる内容なので，順接を表す「だから」が入る。

やや難　問三　次の段落に「いつごろからか」とあることから，このような状況が日常的になっているとわかる。続いて，携帯電話を離さないような状態について，「このように，『つながっていたい』という思いが一方にあり，……」とあるので，「誰かとつながるためにメールを打つ光景は珍しくないから」とするウが適切。

やや難　問四　1　「つながっていたい」という思いについては，「だれかと……」で始まる段落に「だれかとつながっていたいというのは……」と端的に説明されているので，説明部分の「じぶんがそのひとに思いをはせるだけでなく，そのひともまたいまじぶんのことを思ってくれているという，そういう関係のなかに浸されていたい(66字)」を抜き出す。　2　「その根底にある感情」については，「現代の……」で始まる段落に「現代の都市生活者の存在感情の底にあまねく静かに浸透してきているように思われる『寂しさ』，それが，いま，だれかと『つながっていたい』というひりひりとした疼きとなって現象しているのではないだろうか」と述べられているので，「寂しさ(3字)」が適切。

問五　「目を三角にする」は，怒った目つきをすることのたとえ。

問六　「社会的な……」で始まる段落に「社会的なコンテクストから自由な個人とは……」と端的に説明されているので，言い換え箇所として，直後の「みずからコンテクストを選択しつつ自己を構成する個人(25字)」を抜き出す。

やや難　問七　ここでいう「漂流」は，直前の「血縁とか地縁といった生活上のコンテクストがしだいに弱体化し，家族生活も夫婦を中心とする核家族が基体となって世代のコンテクストが崩れていった。さらに社会のメディア化も急速に進行し，そうして個人はその神経をじかに『社会』というものに接続させるような社会になっていった」を指すので，アが適切。

問八　「わたしの存在」については，「寂しいから……」で始まる段落に「ひとがもっとも強くじぶんの存在をじぶんで感じることができるのは，……，まぎれもない他者の意識の宛先としてじぶんを感じることができるときだろう」と表現されているので「他者の意識(の宛先)」とするのが適切。

問九　「肯定」は，ある物事や考え方などを，そのとおりであると認めること。対義語は，そうではないと打ち消す意味の「否定」。

やや難　問十　アは，「寂しいから……」で始まる段落に「寂しいのは，じぶんがここにいるという事実の確認だけでは足りないからだ」「だれからも望まれていない生存ほど苦しいものはない」とあることと合致しない。イは，「社会的な……」で始まる段落に「『自由な個人』が群れ集う都市生活は，いわゆるシステム化というかたちで大規模に，緻密に組織されてゆかざるをえず，そして個人はそのなかに緊密に組み込まれてしか個人としての生存を維持できなくなっている」とあることと合致する。ウは,「現代の……」で始まる段落に「現代の都市生活者の存在感情の底にあまねく浸透してきているようにおもわれる『寂しさ』,それが,いま,だれかと『つながっていたい』というひりひりとした疼きとなって現象しているのではないだろうか」とあることと合致しない。エは,「『資格』が……」で始まる段落に「『もし～できれば』という条件の下で,……ということである」とあることと合致しない。

二 (小説－対義語,語句の意味,慣用句,情景・心情,文脈把握,指示語,三字熟語,大意)

問一 a 「客観」は,物事を第三者の立場から観察したり考えたりすること。対義語は,自分だけに偏った考え,という意味の「主観」。 b 「原因」は,ある物事が起きる元になること,という意味。対義語は,ある原因によってもたらされた最終の状態,という意味の「結果」。

問二 A 「筋金入り」は,十分に鍛えられた,確固とした信念をもっている,という意味。 B 「くぐもる」は,声が口にこもって,はっきりしないこと。口ごもること。 C 「畏怖」は,おそれおののくこと。 D 「そばだてる」は,注意して何かをしようとすること。 E 「葛藤」は,心の中に二つ以上の欲求・感情が同時に起こり,いずれを選ぶか迷っていること。

問三 Ⅰ 「後ろ髪を引かれる」は,未練が残ってしまい,なかなか思い切ることができないこと。 Ⅱ 「喉から手が出る」は,何としても手に入れたいことのたとえ。

問四 「僕」については,「もちろん……」で始まる段落に「自分から女の子に声などかけられるわけもない(21字)」とある。女の子に声をかけることなど無理だから,きっと,何かしようとしているに違いない,声をかけるまでもない,と思おうとしているのである。

問五 「おんぶできればいいんだけど」という「僕」の申し出に対する反応である。男の子におんぶしてもらうことに対する反応としては,恥ずかしいという意味の「羞恥心」が適切。

問六 直前に「今はもうない足の痛みを抱えてて」「なのにどうしてあの子は,……愛想良くしていられるのだろう？僕には到底無理だ。にこにこなんてできない。世の中を恨み,憎み」とあるので,ウが適切。

問七 「ミエちゃん」が「僕」に打ち明けたことについては,前に「『義足なの』驚いている僕を気遣うように,ミエちゃんはにっこりと笑った。」とある。

問八 「レーダー」と同様の表現は,「ミエちゃんは……」で始まる段落に「五感のすべてをそばだてて」とあるので,「五感」が適切。

問九 直前の「そしてもっとも苦手なのは,こちらが好意を持っている人間なのだ」「嫌われることを恐れるあまり,ひどくぎこちなかったり,よそよそしかったりするらしい。結果,『なんだこいつ』となり,本当に嫌われてしまう」を指すので,Ⅰには「好意を持っている人間」,Ⅱには「本当に嫌われてしまう」が入る。

問十 直前に「感情が,ごく素直に表に出るタイプ」とあるが15字以内という条件にあてはまらない。他の部分を探すと,直前の段落に「喜怒哀楽のはっきりした女の子(14字)」と表現されている。

やや難 問十二 直前に「ミエちゃんと同じ高校に通いたい……それが僕の切なる願いであり,まさに希望だった」とあることから,強く願っているからこそ「何でもなさそうな風をよそおった」と考えられるので,「強い気持ちを前面に出したくない」とするイが適切。

問十三 エの「『僕』はそもそも『エミちゃんに会いたくて自習室に通っていた』は適切でない。本文には「自宅学習よりも集中できるので,塾の授業がない日でも,僕はよくそこで勉強していた」とある。

★ワンポイントアドバイス★

現代文の読解は，言い換え表現や指示内容をすばやく的確にとらえることを心がけよう！　漢字，語句の意味，慣用句などの国語知識は，確実に得点できる力をつけておこう！

学業特別奨学生

2024年度

解　答　と　解　説

《2024年度の配点は解答欄に掲載してあります。》

＜数学解答＞

[1] (1) ① -15　② $-8x+2$　③ $x^2-20x+100$　④ $2\sqrt{3}$
(2) ① $2a(a+4b-3)$　② $(3x+8)(3x-8)$　(3) ① $x=2$　② $x=9,\ -2$
③ $x=-3\pm\sqrt{11}$　(4) $x=-1,\ y=1$

[2] 12　[3] 10°　[4] 240　[5] 12　[6] 男子　200　女子　275

[7] $a=2,\ -3$　[8] イ，エ　[9] 18　[10] $t=-2,\ -1$

[11] (1) $a=4$　(2) $y=-\frac{4}{3}x+\frac{8}{3}$　[12] 8

○推定配点○

[1] 各4点×10　他　各5点×12　計100点

＜数学解説＞

[1] (数・式の計算，平方根，因数分解，方程式)

(1) ① $35\div(-5)-(-2)\times(-4)=-7-8=-15$

② $\frac{4x-1}{3}\times(-6)=(4x-1)\times(-2)=-8x+2$

③ 乗法公式$(x-y)^2=x^2-2xy+y^2$を使って，$(x-10)^2=x^2-20x+100$

④ $\sqrt{27}-\sqrt{75}+\sqrt{48}=3\sqrt{3}-5\sqrt{3}+4\sqrt{3}=2\sqrt{3}$

(2) ① 共通因数でくくって，$2a^2+8ab-6a=2a(a+4b-3)$

② 乗法公式$x^2-y^2=(x+y)(x-y)$を使って，$9x^2-64=(3x+8)(3x-8)$

(3) ① $2(3-x)+1=6x-9$より，$6-2x+1=6x-9$　$-8x=-16$　$x=2$

② $x^2-7x-18=0$より，$(x-9)(x+2)=0$　$x=9,\ -2$

③ 解の公式より，$x=\frac{-6\pm\sqrt{6^2-4\times1\times(-2)}}{2\times1}=\frac{-6\pm\sqrt{36+8}}{2}=\frac{-6\pm\sqrt{44}}{2}=\frac{-6\pm2\sqrt{11}}{2}=-3\pm\sqrt{11}$

(4) $x+3y=2\cdots$①，$y=3x+4\cdots$②とする。①に②を代入して，$x+3(3x+4)=2$　$x+9x+12=2$　$10x=-10$　$x=-1$　②に$x=-1$を代入して，$y=-3+4=1$　よって，$x=-1$，$y=1$である。

基本 [2] (場合の数)

1，2，3，4，5の5つの数字から異なる2つを並べてできる2けたの整数が奇数となるとき，一の位は1，3，5の3通りであり，十の位は一の位の数字以外の4通りあるから，求める場合の数は$3\times4=12$(通り)である。

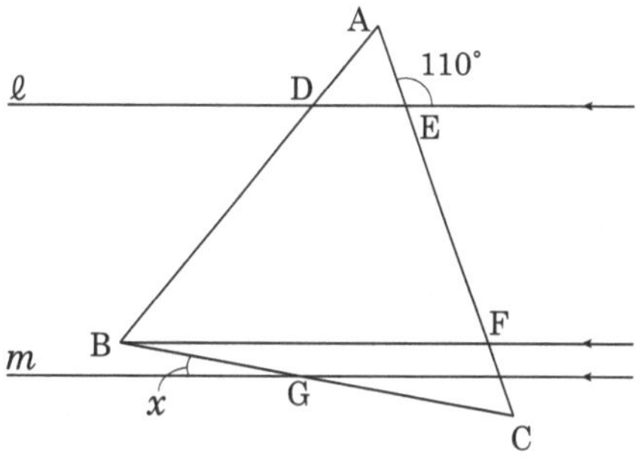

基本 [3] (角度)

△ABCは正三角形なので，∠DAE＝∠DBG＝60°

△ADEにおいて，内角と外角の関係より，∠ADE＝$110-60=50°$　平行線に対する同位角は等しいの

で，$\angle DBF=\angle ADE=50°$　　よって，$\angle FBG=60-50=10°$であり，平行線に対する錯角は等しいので，$\angle x=10°$である。

重要 4 (方程式の利用)

本が全部でxページあったとする。1日目は全体の$\frac{5}{12}$を読むので，$x\times\frac{5}{12}=\frac{5}{12}x$(ページ)読む。よって，1日目の残りのページは$x-\frac{5}{12}x=\frac{7}{12}x$(ページ)である。2日目は残った部分の$\frac{5}{14}$を読むので，$\frac{7}{12}x\times\frac{5}{14}=\frac{5}{24}x$(ページ)読む。3日目に残った90ページを読むので，$\frac{5}{12}x+\frac{5}{24}x+90=x$となるから，$10x+5x+2160=24x$　　$-9x=-2160$　　$x=240$　　よって，本は全部で240ページである。

重要 5 (方程式の利用)

連続する3つの正の整数の真ん中の整数をxとおくと，最も小さい整数は$x-1$，最も大きい整数は$x+1$と表せる。最も大きい整数と最も小さい整数の積が3つの整数の和より129大きいので，$(x+1)(x-1)=(x-1)+x+(x+1)+129$となるから，$x^2-1=x+1+x+x-1+129$　　$x^2-3x-130=0$　　$(x-13)(x+10)=0$　　$x=13,\ -10$　　$x>0$より，$x=13$　　よって，最も小さい整数は12である。

重要 6 (方程式の利用)

昨年の男子の入学者数をx名，女子の入学者数をy名とする。昨年は男女合わせて500名だったので，$x+y=500$…①　　今年の入学者数は男子は20%減少したので，$\left(1-\frac{20}{100}\right)x=\frac{80}{100}x=\frac{4}{5}x$(名)，女子は10%増加したので，$\left(1+\frac{10}{100}\right)y=\frac{110}{100}y=\frac{11}{10}y$(名)，男女合わせて5%減少したので，$\left(1-\frac{5}{100}\right)\times500=\frac{95}{100}\times500=475$(名)であるから，$\frac{4}{5}x+\frac{11}{10}y=475$より，$8x+11y=4750$…②　　②－①×8より，$3y=750$　　$y=250$　　①に$y=250$を代入すると，$x+250=500$　　$x=250$　　よって，昨年の入学者数は男女ともに250人であるから，今年の入学者数は男子が$\frac{4}{5}\times250=200$(名)，女子が$\frac{11}{10}\times250=275$(名)となる。

基本 7 (1次関数)

直線BCの傾きは$\frac{-3-3}{9-3}=\frac{-6}{6}=-1$であるから，直線BCの式を$y=-x+b$とおいて，B(3, 3)を代入すると，$3=-3+b$　　$b=6$　　よって，直線BCの式は$y=-x+6$である。3点A，B，Cが一直線上にあるとき，$A(a,\ a^2)$は直線BC上にあるので，$y=-x+6$に$A(a,\ a^2)$を代入すると，$a^2=-a+6$　　$a^2+a-6=0$　　$(a+3)(a-2)=0$　　$a=-3,\ 2$となる。

重要 8 (資料の活用)

クラスの人数が45人であるから，第2四分位数つまり中央値は記録が少ない方から23番目の生徒で53回である。また，第1四分位数は記録が少ない方から22人の中央値になるから，11番目と12番目の生徒の平均で46回，第3四分位数は記録が少ない方から24番目から45番目の生徒の中央値になるから，34番目と35番目の生徒の平均で58回である。　ア　最大値が71回であるから，70回を超える記録を出した生徒がいることはわかるが1人かどうかはわからない。　イ　53回は第2四分位数であるから，記録が少ない方から23番目の生徒が53回であるので，必ず1人はいる。　ウ　箱ひげ図から平均値を算出することはできないので，54回の記録を出した生徒が平均値を超えていたかはわからない。　エ　56回の記録は中央値の53回の記録よりも多いので，上位半分に入っていることがわかる。

重要 9 (平面図形の面積の計量)

点Pから辺ADに下した垂線の足をQとする。四角形ABCDは長方形なので，AB//QP//DC，AD//BCである。等積変形の考え方を用いて，△PAB＝△QAB，△PCD＝△QCD＝△QBDとなる。よって，△ABD＝△QAB＋△QBD＝△PAB＋△PCD＝16＋12＝28となる。よって，△PABと△PCDの和は四角形ABCDの$\frac{1}{2}$であり，面積は28なので，△PDAと△PBCの和も四角形ABCDの$\frac{1}{2}$で，面積は28となる。△PBCの面積は10であるから，△PDAの面積は28－10＝18である。

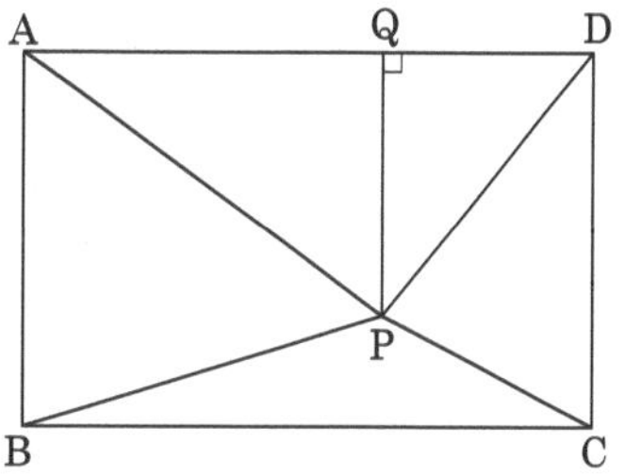

基本 10 **(2次関数の変域)**

yの変域の最大値が0であることから，xの変域に原点が含まれる。よって，$t \leqq 0$かつ$0 \leqq t+3$となるから，$-3 \leqq t \leqq 0$である。また，$x=t$または$x=t+3$のとき，$y=-12$となる。まず，$x=t$のとき$y=-12$となるとする。$y=-3x^2$に$x=t$，$y=-12$を代入すると，$-12=-3t^2$　$3t^2=12$　$t^2=4$　$t=\pm 2$　$-3 \leqq t \leqq 0$より，$t=-2$である。次に，$x=t+3$のとき$y=-12$となるとする。$y=-3x^2$に$x=t+3$，$y=-12$を代入すると，$-12=-3(t+3)^2$　$3(t+3)^2=12$　$(t+3)^2=4$　$t+3=\pm 2$　$t=-3\pm 2=-1,\ -5$　$-3 \leqq t \leqq 0$より，$t=-1$である。よって，定数tの値は$t=-2,\ -1$である。

11 **(図形と関数・グラフの融合問題)**

(1)　点P，Qはx軸上の点なので，y座標が0である。$y=2x+8$に$y=0$を代入すると，$0=2x+8$　$-2x=8$　$x=-4$　よって，P$(-4,\ 0)$である。線分PQの長さが12なので，点Qの座標はQ$(-4+12,\ 0)$＝Q$(8,\ 0)$である。直線$y=-\frac{1}{2}x+a$は点Qを通るから，$y=-\frac{1}{2}x+a$にQ$(8,\ 0)$を代入して，$0=-\frac{1}{2}\times 8+a$　$0=-4+a$　$-a=-4$　$a=4$となる。

重要 (2)　$y=2x+8$と$y=-\frac{1}{2}x+4$を連立方程式として解くと，$2x+8=-\frac{1}{2}x+4$　$4x+16=-x+8$　$5x=-8$　$x=-\frac{8}{5}$　$y=2x+8$に$x=-\frac{8}{5}$を代入して，$y=2\times\left(-\frac{8}{5}\right)+8=-\frac{16}{5}+8=\frac{24}{5}$　よって，R$\left(-\frac{8}{5},\ \frac{24}{5}\right)$である。交点Rを通り，△PQRの面積を2等分する直線は線分PQの中点を通る。線分PQの中点をSとすると座標はS$\left(\frac{-4+8}{2},\ \frac{0+0}{2}\right)$＝S$(2,\ 0)$である。よって，直線RSの$x$の増加量は$2-\left(-\frac{8}{5}\right)=2+\frac{8}{5}=\frac{18}{5}$，$y$の増加量は$0-\frac{24}{5}=-\frac{24}{5}$であり，変化の割合は$\frac{y\text{の増加量}}{x\text{の増加量}}$＝$y$の増加量÷$x$の増加量$=-\frac{24}{5}\div\frac{18}{5}=-\frac{24}{5}\times\frac{5}{18}=-\frac{4}{3}$であるから，直線RSの傾きは$-\frac{4}{3}$である。直線RSの式を$y=-\frac{4}{3}x+b$とおいて，S$(2,\ 0)$を代入すると，$0=-\frac{4}{3}\times 2+b$　$-b=-\frac{8}{3}$　$b=\frac{8}{3}$　よって，求める直線の式は$y=-\frac{4}{3}x+\frac{8}{3}$である。

重要 12 **(虫食い算)**

2けたの整数を足したとき，和の最小値は10＋10＝20，最大値は99＋99＝198であるから，2けたの整数の和が3けたになる場合，百の位は必ず1である。よって，Bは1である。次に，一の位の足し算に注目する。もし，CとBの和が2けたになるとすると，Bが1であることから，Cは9となる。しかし，C＋B＝9＋1＝10となってしまい，Aが0となるので不適。よって，Cには8以下の自然数が入るので，一の位の和C＋Bは繰り上がらない。従って，A＝C＋B＝C＋1である。さらに，十の位の足し算に注目すると，A＋A＝10B＋Cより，2A＝10＋Cであるから，A＝C＋1を代入して，2(C＋1)＝10＋C　2C＋2＝10＋C　C＝8となる。また，このとき，A＝8＋1＝9である。

★ワンポイントアドバイス★

標準レベルの解法が確実に身についているかが問われている。教科書レベルの問題を数多くこなしておきたい。

<英語解答>

A・B　リスニング問題解答省略

C　1　イ　　2　age　　3　エ　　4　③(2番目，4番目)　ア，オ　　④(2番目，4番目)　イ，エ
　5　ア　○　　イ　×　　ウ　○　　エ　×　　オ　×

D　1　ア　　2　ア　　3　エ　　4　イ　　5　エ　　6　エ　　7　ア　　8　ア　　9　ウ
　10　イ

E　1　オ　　2　ク　　3　カ　　4　イ　　5　コ　　6　エ　　7　ケ　　8　ウ　　9　キ
　10　ア

F　1　concert　　2　February　　3　language[letter]　　4　peace　　5　weather

G　1　(3番目，6番目)　ア，キ　　2　(3番目，6番目)　イ，ウ　　3　(3番目，6番目)　オ，イ
　4　(3番目，6番目)　イ，ア　　5　(3番目，6番目)　ウ，イ

○推定配点○

各2点×50　　計100点

<英語解説>(普通科)

A・B　リスニング問題解説省略。

重要 C　(長文読解・物語文：要旨把握，語句整序[不定詞]，内容吟味)

(大意)　ラーズ・ヌートバーはロサンゼルス郊外でアメリカ人の父チャーリーと埼玉県東松山市出身の日本人の母クミコによって育てられた野球選手だ。あまり日本語を話せないが，日本食を食べるために十分上手に箸を使うことができる。餃子はお気に入りの食べ物の一つだ。

父と兄も野球をしており，①彼が5歳の時にスポーツを始めるよう勧めた。彼は放課後，裏庭に走り出し，高校時代にソフトボールをしていた母と一緒にバッティングの練習をした。また，壁に向かって延々とボールを投げ続けていた。

WBCはヌートバーが日本代表として初めて出る大会であり，彼は10歳の時にアメリカの地域オールスターチームでプレーしていた。その時，「私は日本人です。日本を代表してここにいます」と自己紹介して②母を驚かせた。

母の民族性がヌートバーがWBCの日本代表に選ばれる資格を与え，彼はグラブに「タツジ」と縫い付けて母方の祖父榎田達治に敬意を表している。

それは，ヌードバーにすてきな驚きをもたらした。彼が日本の事前キャンプに合流した時、チームメイトたちは「たっちゃん」と書かれたTシャツを着て迎えた。ヌートバーは大喜びだった。

84歳の榎田は，幼い孫が「帰りたくない」と泣いた日々を決して忘れないと言っている。

③「私はラーズが日本のユニフォームを着ているのを見ることを誇りに思います」と榎田は言う。「ホームランをたくさん打って④サムライジャパンが優勝するのを助けることを望んでいます。彼

が野球で日本とアメリカの絆を強化する役割を果たすなら，とても嬉しいです」と語った。

1　第1段落第2文参照。ヌートバーが日本語はほとんど話せないが，箸の使い方が上手で，納豆や味噌汁などの日本食を食べることができると述べられている。

2　at the age of~「～歳のときに」

3　第3段落最終文参照。ヌートバーが「私は日本人です。日本を代表してここにいます」と述べたエピソードが述べられている。

4　③　(I am proud) to see Lars wearing the Japanese uniform(.)　<see ＋人＋ ~ing>「人が～しているのを見る」　④　(he) helps Samurai Japan win the championship(.)　<help ＋人＋原形>「人が～するのを助ける」

5　ア　「ヌートバーは永遠に壁に向かってボールを投げ続けることができた」 第2段落最終文参照。コンクリートの壁に向かって延々とボールを投げ続けていたと述べられているので適切。　イ　「ヌートバーの母親も高校時代に野球チームにいた」 第2段落第2文参照。ヌードバーの母親が高校時代にソフトボールをしていたと述べられているので，不適切。　ウ　「10歳の時，ヌートバーは自分が日本を代表していると述べた」 第3段落参照。ヌートバーが10歳の時にアメリカの地域オールスター・チームにいる際「私は日本人です。日本を代表してここにいます」と自己紹介したと述べられているので適切。　エ　「ヌートバーの日本のチームメイトは「タツジ」と書かれたTシャツを着て彼を歓迎した」 第5段落第2文参照。チームメイトは「たっちゃん」と書かれた練習用Tシャツを着て彼を迎えたと述べられているので不適切。　オ　「榎田達治はヌートバーの父親である」 第4段落参照。榎田達治はヌートバーの祖父であるので不適切。

重要 D　（語句選択問題：熟語，仮定法，動名詞，間接疑問文，付加疑問文）

1　take place　「開催される」

2　make an appearance　「登場する」

3　The students が主語であり複数形なので，are が適切である。

4　仮定法過去は<If ＋主語＋過去形～，主語＋ would/could ＋原形>の形になる。

5　spend time ＋ -ing　「～することに時間を費やす」

6　balance A with B　「AとBのバランスをとる」

7　by the time で過去の時点までの話を述べているので，過去形を用いるのが適切である。

8　間接疑問文の語順は<how many ＋名詞＋主語＋動詞>となる。

9　keep ~ing　「～し続ける」

10　一般動詞の過去形の肯定文の後では，didn't を使って付加疑問文を作る。

E　（会話文）

（電話中）

A：今夜は(1)何か予定はありますか？

B：劇場に行こうと思っています。

A：それならウェストエンドがその(2)場所ですね。

B：「キャッツ」に行こうと思っています。

A：いい選択ですね。とても(3)人気があります。17年(4)以上も上演されています。

B：本当ですか？

A：はい，少なくともです。

B：そして，(5)チケットは簡単に手に入りますよね？

A：ああ，それはまた別の問題です。

（部屋の中）

A：個人的な質問を(6)尋ねたいのですが。
B：どうぞ。
A：昨晩は(7)どこにいましたか？
B：家にいました。
A：一昨日の夜はどうですか？
B：8時半まで(8)私のオフィスにいました。その後，直接家に帰って寝ました。
A：その前の夜は？
B：それは火曜日の夜でした。その夜は将棋のトーナメントがありました。将棋をしました。
A：そして月曜日の夜は？
B：月曜日の夜...私と妻は(9)映画に行きました。
A：(10)何を観ましたか？
B：トップガン: マーベリックを観ました。

(1)　疑問文において「何か予定」と表現するときは any plans が適切である。
(2)　「そのための場所」 the place for that
(3)　「人気のある」 popular
(4)　「～以上」 over ~
(5)　「簡単に手に入りますよね？」という質問から tickets が適切である。
(6)　<ask +人+ ~>「人に～を尋ねる」
(7)　この後で場所を答えているので，where が適切である。
(8)　私がいた場所なので，my office が適切である。
(9)　go to the movies 「映画に行く」
(10)　この後で映画のタイトルを答えていることから，「何を見ましたか」が適切である。

基本 F (単語)

1 「音楽家や歌手によって行われる公演」＝「コンサート」
2 「一年の第二の月」＝「2月」
3 「通常，言葉を使用して人々の間で行われるコミュニケーションのシステム」＝「言語」
4 「戦争や闘争がない状態」＝「平和」
5 「地球上の空中の条件，例えば風，雨，または温度など」＝「天気」

G (語句整序問題：不定詞，関係代名詞，比較，助動詞)

1 Do you want me to get you anything(?)　<want +人+ to ~>「人に～してほしい」
2 Tell me what I have to do (next.)　whatは先行詞 the thing を含む関係代名詞である。
3 What animals can we see in (Australia?)　「どんな～」<What +名詞>を用いる。
4 (I) like autumn best of all the seasons(.)　like ~ the best「～が一番好きだ」
5 You must not drink too much (coffee.)　<You must not +原形>「～してはいけない」

★ワンポイントアドバイス★

語彙や英文法に関する問題の割合が大きくなっている。問題集や過去問を用いて，同じような難易度の問題を数多くといて慣れるようにしたい。

<英語解答>

A・B リスニング問題解答省略

C 1 イ 2 age 3 エ 4 ③(2番目，4番目) ア，オ ④(2番目，4番目) イ，エ
5 ア ○ イ × ウ ○ エ × オ ×

D 1 ア 2 ア 3 エ 4 イ 5 エ 6 エ 7 ア 8 ア 9 ウ
10 イ

E 1 オ 2 ク 3 カ 4 イ 5 コ 6 エ 7 ケ 8 ウ 9 キ
10 ア

F 1 イ 2 ウ 3 エ 4 ウ 5 ア

G 1 pizza 2 clothes [clothing] 3 November 4 novel [narrative]
5 firework(s)

○推定配点○

各2点×50 計100点

<英語解説>(英語科)

A・B リスニング問題解説省略。

重要 C (長文読解・物語文：要旨把握，語句整序[不定詞]，内容吟味)

(大意) ラーズ・ヌートバーはロサンゼルス郊外でアメリカ人の父チャーリーと埼玉県東松山市出身の日本人の母クミコによって育てられた野球選手だ。あまり日本語を話せないが，日本食を食べるために十分上手に箸を使うことができる。餃子はお気に入りの食べ物の一つだ。

父と兄も野球をしており，①彼が5歳の時にスポーツを始めるよう勧めた。彼は放課後，裏庭に走り出し，高校時代にソフトボールをしていた母と一緒にバッティングの練習をした。また，壁に向かって延々とボールを投げ続けていた。

WBCはヌートバーが日本代表として初めて出る大会であり，彼は10歳の時にアメリカの地域オールスターチームでプレーしていた。その時，「私は日本人です。日本を代表してここにいます」と自己紹介して②母を驚かせた。

母の民族性がヌートバーがWBCの日本代表に選ばれる資格を与え，彼はグラブに「タツジ」と縫い付けて母方の祖父榎田達治に敬意を表している。

それは，ヌードバーにすてきな驚きをもたらした。彼が日本の事前キャンプに合流した時、チームメイトたちは「たっちゃん」と書かれたTシャツを着て迎えた。ヌートバーは大喜びだった。

84歳の榎田は，幼い孫が「帰りたくない」と泣いた日々を決して忘れないと言っている。

③「私はラーズが日本のユニフォームを着ているのを見ることを誇りに思います」と榎田は言う。「ホームランをたくさん打って④サムライジャパンが優勝するのを助けることを望んでいます。彼が野球で日本とアメリカの絆を強化する役割を果たすなら，とても嬉しいです」と語った。

1 第1段落第2文参照。ヌートバーが日本語はほとんど話せないが，箸の使い方が上手で，納豆や味噌汁などの日本食を食べることができると述べられている。

2 at the age of~ 「~歳のときに」

3 第3段落最終文参照。ヌートバーが「私は日本人です。日本を代表してここにいます」と述べたエピソードが述べられている。

4 ③ (I am proud) to see Lars wearing the Japanese uniform(.) <see +

人+ ~ing> 「人が~しているのを見る」 ④ (he) helps Samurai Japan win the championship(.) <help +人+原形>「人が~するのを助ける」

5 ア 「ヌートバーは永遠に壁に向かってボールを投げ続けることができた」 第2段落最終文参照。コンクリートの壁に向かって延々とボールを投げ続けていたと述べられているので適切。 イ 「ヌートバーの母親も高校時代に野球チームにいた」 第2段落第2文参照。ヌードバーの母親が高校時代にソフトボールをしていたと述べられているので，不適切。 ウ 「10歳の時，ヌートバーは自分が日本を代表していると述べた」 第3段落参照。ヌートバーが10歳の時にアメリカの地域オールスター・チームにいる際「私は日本人です。日本を代表してここにいます」と自己紹介したと述べられているので適切。 エ 「ヌートバーの日本のチームメイトは「タツジ」と書かれたTシャツを着て彼を歓迎した」 第5段落第2文参照。チームメイトは「たっちゃん」と書かれた練習用Tシャツを着て彼を迎えたと述べられているので不適切。 オ 「榎田達治はヌートバーの父親である」 第4段落参照。榎田達治はヌートバーの祖父であるので不適切。

重要 **D (語句選択問題：熟語，仮定法，動名詞，間接疑問文，付加疑問文)**

1 take place 「開催される」

2 make an appearance 「登場する」

3 The students が主語であり複数形なので，are が適切である。

4 仮定法過去は<If +主語+過去形~，主語+ would/could +原形>の形になる。

5 spend time + −ing 「~することに時間を費やす」

6 balance A with B 「AとBのバランスをとる」

7 by the time で過去の時点までの話を述べているので，過去形を用いるのが適切である。

8 間接疑問文の語順は<how many +名詞+主語+動詞>となる。

9 keep ~ing 「~し続ける」

10 一般動詞の過去形の肯定文の後では，didn't を使って付加疑問文を作る。

E (会話文)

(電話中)

A：今夜は(1)何か予定はありますか？

B：劇場に行こうと思っています。

A：それならウェストエンドがその(2)場所ですね。

B：「キャッツ」に行こうと思っています。

A：いい選択ですね。とても(3)人気があります。17年(4)以上も上演されています。

B：本当ですか？

A：はい，少なくともです。

B：そして，(5)チケットは簡単に手に入りますよね？

A：ああ，それはまた別の問題です。

(部屋の中)

A：個人的な質問を(6)尋ねたいのですが。

B：どうぞ。

A：昨晩は(7)どこにいましたか？

B：家にいました。

A：一昨日の夜はどうですか？

B：8時半まで(8)私のオフィスにいました。その後，直接家に帰って寝ました。

A：その前の夜は？

B：それは火曜日の夜でした。その夜は将棋のトーナメントがありました。将棋をしました。
A：そして月曜日の夜は？
B：月曜日の夜...私と妻は(9)映画に行きました。
A：(10)何を観ましたか？
B：トップガン: マーベリックを観ました。

(1) 疑問文において「何か予定」と表現するときは any plans が適切である。
(2) 「そのための場所」 the place for that
(3) 「人気のある」 popular
(4) 「～以上」 over ～
(5) 「簡単に手に入りますよね？」という質問から tickets が適切である。
(6) ＜ask ＋人＋ ～＞「人に～を尋ねる」
(7) この後で場所を答えているので where が適切である。
(8) 私がいた場所なので，my office が適切である。
(9) go to the movies 「映画に行く」
(10) この後で映画のタイトルを答えていることから，「何を見ましたか」が適切である。

やや難 **F (単語)**

1 マウイ島は2023年に大規模な野火に見舞われた。
2 ウィリアム・シェイクスピアは詩，ソネット，劇を書いたことで知られ，史上最も偉大な英語の作家とされている。
3 ハロウィーンは人々がコスチュームを着て祝う特別な日であり，他の祝日は主にコスチュームをテーマにしたものではない。
4 ジョージ・ワシントンはアメリカ合衆国の初代大統領である。
5 竜巻は，雷雲の基部から地面に至るまでの空気の回転する管である。

G (単語)

1 「チーズ，トマト，時には肉や野菜をのせて焼いた大きな円形の平らなパン」＝「ピザ」
2 「ドレス，パンツ，シャツなど，体を覆うために着るもの」＝「服」
3 「10月と12月の間の年の11番目の月」＝「11月」
4 「登場人物や出来事が通常はフィクションである，長い書かれた物語」＝「小説／物語」
5 「空で色とりどりの光や音を生み出すために燃えたり爆発したりする粉末を詰めた球状のもの」＝「花火」

★ワンポイントアドバイス★

高いレベルの語彙知識が問われる出題となっている。日頃から英単語の学習を継続するとともに，英語の知識だけではなく，海外に関する幅広い知識も身につけたい。

<理科解答>

1 問1 右図　問2 熱伝導　問3 ウ　問4 延性
問5 非電解質　問6 蒸散　問7 凝結核　問8 13(本)

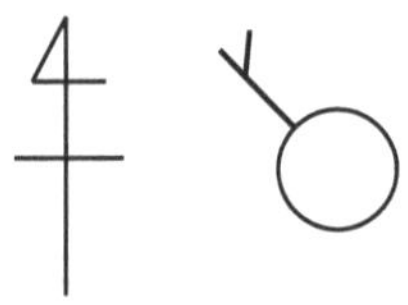

2 問1 ウ　問2 魚(類)　問3 相同器官　問4 イ　問5 ウ
問6 (は虫類) ア，エ　(鳥類) イ，ウ

3 問1 1 熱　2 小さく　問2 イ　問3 12(Ω)
問4 オ　問5 70(Ω)　問6 ア　問7 右図

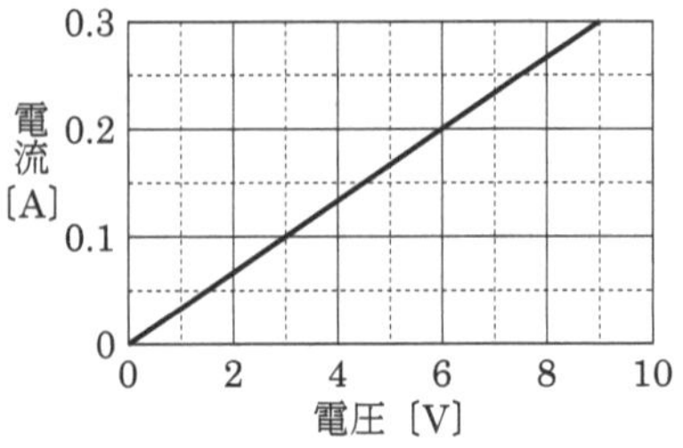

4 問1 二酸化炭素　問2 エ　問3 ア
問4 $H_2CO_3 + Ca(OH)_2 \rightarrow 2H_2O + CaCO_3$
問5 青(色→)赤(色)　問6 イ
問7 $2NaHCO_3 \rightarrow Na_2CO_3 + H_2O + CO_2$

5 問1 A 花崗岩　B 安山岩　問2 大きな結晶が小さな結晶の中に点在している。　問3 冷えた場所の深さ(が違う)，冷えるのにかかった時間の長さ(が違う)　問4 斑晶　問5 B

○推定配点○

1 問1・問8 各4点×2　他 各2点×6
2 問3 4点　他 各2点×6(問6各完答)
3 問1・問2・問4 各2点×4　他 各4点×4
4 問1～問3・問6 各2点×4　他 各4点×3
5 問1・問4・問5 各2点×4　他 各4点×3　計100点

<理科解説>

基本 **1** (小問集合－天気記号，熱伝導，磁力線，延性，非電解質，蒸散，凝結，染色体)

問1 矢羽根の向きは風向きであり，矢羽根の線の数は風力を表す。

問2 熱は温度の高い方から低い方に向かって移動する。このような現象を熱伝導という。

問3 図aのように，電流が進む方向に対して時計回りに磁力線ができる。

図a

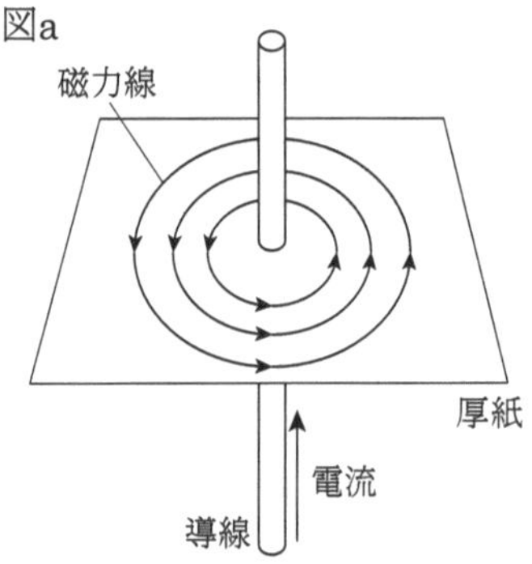

問4 金属を引っ張ると伸びる性質を延性といい，たたくと広がる性質を展性という。

問5 ブドウ糖などの非電解質は水に溶かしても，イオンに電離せずに，分子のままなので，電流が流れない。

問6 植物の葉の裏に多くある気孔から水が水蒸気になって出ていく現象を蒸散という。

問7 自然界では，水蒸気が水に凝結するとき，ちりやほこりが核になる。

問8 生殖細胞である精子に含まれている染色体の数は，26(本)÷2＝13(本)である。

重要 **2** (生物の類縁関係と進化－動物の進化)

問1 タコ・ハマグリは軟体動物，クモ・トンボ・カブトムシは節足動物の仲間である。

基本 問2 脊椎動物の場合，まず魚類が現れ，次に，両生類，ハ虫類の順に現れた。

問3・問4 鳥の翼とヒトの腕のように，形やはたらきは違っていても，つくりが同じ器官を相同器官という。

問5　シソチョウの化石は，およそ1億5000万年前の中生代のジュラ紀の地層から発見された。

問6　シソチョウには，口に歯があったり，前足が翼になっているので，は虫類と鳥類の両方の特徴を持っている。

3 (電流と電圧－回路と抵抗)

重要　問1　回路に電流を流すと，必ず発熱する。また，手回し発電機に抵抗の大きな抵抗器をつなぐと，回路に流れる電流が小さくなるので，ハンドルの手ごたえも小さくなる。

問2・問3　20Ωの抵抗器と30Ωの抵抗器を並列につなぐと，回路全体の抵抗が最も小さくなり，回路に流れる電流が最も大きくなる。このときの回路全体の抵抗をRΩとすると，$\frac{1}{R}=\frac{1}{20}+\frac{1}{30}$より，R＝12(Ω)である。

問4・問5　30Ωの抵抗器と40Ωの抵抗器を直列につなぐと，回路全体の抵抗が，30(Ω)＋40(Ω)＝70(Ω)となり，回路にかかる電圧が，70(Ω)×0.4(A)＝28(V)，消費する電力が，28(V)×0.4(A)＝11.2(W)となり，最大になる。

やや難　問6・問7　図3の結果から，AB間の抵抗の大きさは，$\frac{2(V)}{0.1(A)}$＝20(Ω)，BD間の抵抗の大きさは，$\frac{5(V)}{0.1(A)}$＝50(Ω)，AC間の抵抗の大きさは，$\frac{6(V)}{0.1(A)}$＝60(Ω)である。したがって，AB間には20Ωの抵抗器がつながり，BC間には40Ωの抵抗器がつながっているので，AC間の抵抗の大きさが，20(Ω)＋40(Ω)＝60(Ω)になる。また，AD間に30Ωの抵抗器がつながることで，BD間の抵抗の大きさが，20(Ω)＋30(Ω)＝50(Ω)になる。(右図b参考)

図b

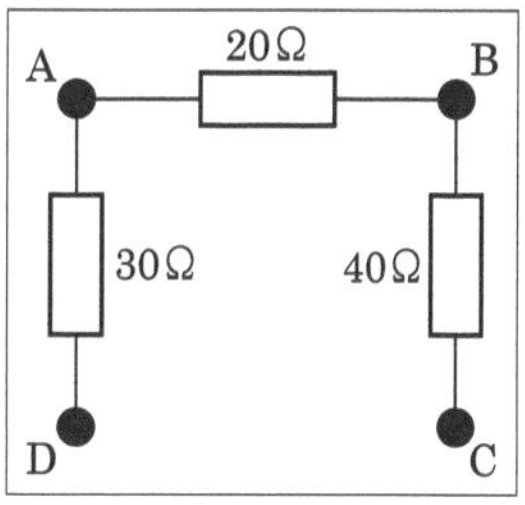

4 (化学変化と質量－炭酸水素ナトリウムの分解)

基本　問1　炭酸水素ナトリウムを加熱すると，分解して二酸化炭素が発生する。

基本　問2　二酸化炭素は空気の約1.5倍の重さである。また，水に溶けて炭酸水になり，青色リトマス紙を赤色にする。また，空気中に約0.04%含まれている。

重要　問3　石灰石の成分である炭酸カルシウムと塩酸が反応して二酸化炭素が発生する。このときに起きた化学変化を化学反応式で表すと次のようになる。$CaCO_3+2HCl \rightarrow CaCl_2+H_2O+CO_2$

また，銅は塩酸には溶けない。さらに，亜鉛は塩酸に溶けて水素が発生し，硫化鉄は塩酸に溶けて硫化水素が発生する。

問4　石灰水に二酸化炭素を通すと，炭酸カルシウムが生じて白く濁る。

基本　問5　乾いた青色の塩化コバルト紙が水に触れると，赤色になる。

重要　問6・問7　炭酸水素ナトリウムを加熱すると，炭酸ナトリウムと水と二酸化炭素に分解する。炭酸水素ナトリウムは水に少ししか溶けず，フェノールフタレイン液を加えても，うすい赤色になるが，加熱後に生じた炭酸ナトリウムは水によく溶け，フェノールフタレイン液を加えると濃い赤色に変化する。

5 (地層と岩石－火成岩)

重要　問1～問5　マグマが冷え固まってできた岩石はまとめて火成岩といい，火山岩と深成岩に分類される。　A　深成岩の花崗岩は，マグマが地下の深い所でゆっくり冷え固まってできたので，等粒状組織である。　B　火山岩の安山岩は，マグマが地上付近で急に冷え固まってできたので，斑状組織であり，大きな結晶の部分の斑晶と小さな結晶の部分やガラス質である石基でできている。また，浅間山などの火山をつくる岩石である。

★ワンポイントアドバイス★

各単元で出てくる基本的な計算問題は，単位や桁に注意しながら，充分に練習を積んでいこう。

＜社会解答＞

Ⅰ　問1　アマゾン　問2　アンデス　問3　D　問4　(ア)　問5　大豆　問6　(エ)
問7　(イ)

Ⅱ　問1　信濃　問2　(ウ)　問3　(ア)　問4　①　(イ)　②　(オ)　問5　寺院
問6　1　問7　(ウ)

Ⅲ　問1　イ　問2　A　エ　B　ア　C　イ　(Cの女王)　卑弥呼　問3　大宝律令
問4　墾田永年私財法　問5　ウ　問6　(D人物)　最澄　(D宗派)　天台
(E人物)　空海　(E宗派)　真言

Ⅳ　問1　平清盛　問2　ウ　問3　ア　問4　エ　問5　てつはう　問6　建武の新政
問7　イ　問8　ア

Ⅴ　問1　(1)　(イ)　(2)　9　(3)　(エ)　(4)　日米安全保障　(5)　(エ)
問2　(1)　(ウ)　(2)　東日本大震災　(3)　PKO　問3　(1)　ウクライナ
(2)　(エ)　(3)　長崎　(4)　非核三原則　(5)　原爆ドーム　問4　(1)　集団的自衛権　(2)　(エ)

○推定配点○

Ⅰ　各2点×7　Ⅱ　各2点×8　Ⅲ　問1・問4　各2点×7　他　各1点×21
Ⅳ　各1点×5　Ⅴ　各2点×15　計100点

＜社会解説＞

Ⅰ　**(地理―世界の地形，産業，諸地域の特色：南アメリカ州)**

問1　アマゾン川は，世界最長最大の川で，南アメリカの大部分を流れている。

問2　アンデス山脈は，南アメリカ大陸の西側を縦断し，7つの国にまたがる世界最長の山脈である。赤道付近から南にかけて，熱帯雨林や砂漠，さらには南極，グリーンランドに次ぐ規模の氷床が広がる。

重要　問3　正解であるDを通る南米の国にエクアドルがある。エクアドルとはスペイン語で赤道という意味である。

問4　ブラジルの首都ブラジリアは，ブラジル中部の高原地帯にある計画都市であり，1950年代・60年代に建設された。したがって，(ア)が誤りとなる。

問5　大豆の生産量と輸出量の国別割合が1番高いのはブラジルである。

問6　アマゾン川流域の熱帯雨林内には道路が引かれているが，川の流域の主な交通手段は船である。アマゾン河口都市ベレン，上流にあるマナウス，さらに上流の街イキトス(ペルー)を船がつないでいる。

問7　南アメリカ州ではバイオエタノールの生産が盛んで，特にブラジルでは，1930年代よりサトウキビを原料としたエタノールが国家主導により行われてきた。同国は世界最大のバイオエタノール輸出国である。(ア)は「土地が荒れることはまったくない。」，(ウ)は「動植物の多様性への影響は少ない。」，(エ)は「持続不可能」，それぞれの箇所が誤りである。

Ⅱ **(日本の地理ー地形・気候，産業，諸地域の特色：中部地方，地形図)**

問1　信濃川は長野県と新潟県を結ぶ日本一長さを持つ一級河川で，日本海に注ぐ河口までを信濃川下流と呼ぶ。信濃川下流は長野県と新潟県の地域との関係を持ち，水源地は長野県の甲武信ヶ岳である。

問2　中央高地にある飛騨山脈，木曽山脈，赤石山脈は日本アルプスとよばれ，日本の屋根ともいわれている。鈴鹿山脈は，岐阜県及び三重県と滋賀県との県境沿いに位置する山脈である。

基本　問3　浜松は太平洋岸の気候で(ア)，松本は内陸の気候で(イ)，上越(高田)は日本海側の気候で(ウ)，それぞれの雨温図が当てはまる。

問4　中京工業地帯は愛知県を中心に三重県や岐阜県に広がる日本の三大工業地帯の一つで，特に自動車工業の生産額の割合が高い。東海工業地域は，オートバイや楽器の製造が盛んで，「ホンダ」，「スズキ」，「ヤマハ」などそれぞれのメーカーが集まっている。

問5　寺院の地図記号は「卍」であり，1番多く12個確認できる。

問6　25000分の1の地図上の直線距離4cmは，実際には，25000×4＝100000(cm)＝1000(m)＝1(km)となる。

問7　警察署「⊗」であり，地図中のどこにも確認できない。

Ⅲ **(日本の歴史ー政治・外交史，社会・経済史，文化史，各時代の特色，日本史と世界史の関連)**

問1　打製石器が使われていた旧石器時代では，人々は狩りや採取で食物を得ていた。まだ，定住生活はしていなかった。

重要　問2　『漢書』地理志は，前漢の歴史を記述する歴史書で，倭人や楽浪郡などの地名や歴史が書かれている。『後漢書』東夷伝は，後漢の歴史を記述した歴史書で，倭国や宋の壮大な国家について書かれている。魏志倭人伝とは，3世紀末に書かれた中国の歴史書『三国志』のうち，倭人について書かれた部分であり，特に，邪馬台国のことが興味深く書かれている。それによると，邪馬台国の女王卑弥呼は，鬼道(きどう)と呼ばれる呪術によって，神のお告げを聞くことで国を治めていたようである。

問3　大宝律令は701年に文武天皇が制定した日本初の本格的な律令で，この制定を契機に，日本は中央集権国家へと道を歩み出した。

問4　墾田永年私財法とは，743年に聖武天皇によって発布された土地を開墾した分だけ自分の土地にできることが出来る法律である。この法律で公地公民制が崩壊して貴族や豪族たちが荘園を作り出すようになった。

問5　桓武天皇は，腐敗した平城京の宗教を改めることに加え，天皇の力を見せつけるため，784年に長岡京に遷都した。しかし，彼の腹心で長岡京遷都の責任者だった藤原種継が暗殺されると，長岡京を諦め，794年に平安京もう一回遷都した。

問6　平安初期に唐に送られた僧の中に最澄と空海がいた。帰国後，最澄は比叡山延暦寺に天台宗を，空海は高野山に金剛峯寺に真言宗を開いた。

Ⅳ **(日本の歴史ー政治・外交史，社会・経済史，文化史，日本史と世界史の関連)**

問1　平清盛は，保元の乱で後白河天皇の信頼を得て，平治の乱で最終的な勝利者となり，武士としては初めて太政大臣に任じられた。

問2　1185年壇ノ浦の戦いが行われた場所は，現在の山口県下関市にある関門海峡である。したがって，ウが正解となる。

問3　承久の乱に敗北した後鳥羽上皇は，荘園を没収され島根半島の北方にある隠岐に配流された。島にある真言宗の寺院源福寺で亡くなるまでおよそ20年間を過ごした。

問4　北条時宗は，世界帝国であったモンゴル帝国の圧力が高まるなかで鎌倉幕府第8代執権に就任した。内政にあっては得宗権力の強化を図る一方，元の2度にわたる侵攻を退けた

問5　てつはうは，元軍が鎌倉武士を苦しめた手榴弾で，鉄製の丸い容器に火薬をつめて導火線に火をつけて使用したと考えられている。

問6　1333年，鎌倉幕府を倒した後醍醐天皇は，天皇を中心とする新たな政治を始めた。この政治のことを，当時の年号「建武」に由来して建武の新政という。建武の新政は，公家と武家の区別ない，天皇中心の政治を理想にかかげていたが，実際は公家を重視した政治だった。そのため武士の間で不満が高まり，足利尊氏が挙兵すると，新政はわずか2年で失敗した。

問7　二条河原落書は，建武政権の新政当時の混乱する政治・社会を七五調で風刺した文書である。

問8　管領は室町時代に設置された将軍の政務をサポートする役職で，足利氏一族の三つの家から交代で選ばれた。

V　(公民—憲法，政治のしくみ，国際政治，その他)

問1　(1)　大日本帝国憲法では，天皇は陸海軍を統帥し，軍隊の最高指揮権を持っていた。

(2)　日本国憲法第9条は，平和主義を規定している。この条文は，憲法の第2章「戦争の放棄」を構成しており，以下の3つの要素から成り立っている。①戦争の放棄，②戦力の不保持，③交戦権の否認。　(3)　日本国憲法9条では，「——武力による威嚇又は武力の行使は，国際紛争を解決する手段としては，永久にこれを放棄する。」としているので，(エ)は適当でない。

(4)　日米安全保障条約は，1951年にアメリカ軍を日本国内に駐留させることを定めた条約で，

やや難　敗戦やGHQの占領政策，アメリカとソ連の冷戦などの背景で結ばれた。　(5)　米軍基地は沖縄県の総面積の約8%，また沖縄本島に限定すれば約15%の面積を占有している。

国土面積の約0.6%しかない沖縄県に，全国の米軍専用施設面積の約70%が集中している。

問2　(1)　自衛隊は文民統制(シビリアン・コントロール)の原則の下，文民で構成される内閣，立法府である国会の統制下に置かれる。そして，内閣総理大臣は内閣を代表して自衛隊の最高指揮監督権を有している。　(2)　東日本大震災に際し，自衛隊は災害派遣を行い，長期にわたり災害救援および復興支援活動を実施した。　(3)　国連平和維持活動(PKO)は，国連が紛争地域の平和の維持を図る手段として行う活動で，停戦や軍の撤退，人権，治安，選挙などの分野での支援や紛争解決を目的とする。

問3　(1)　2023年5月のG7広島サミットでは，ウクライナのゼレンスキー大統領も来日し，ロシアのウクライナ侵攻についても話し合いが行われていた。　(2)　ウクライナ侵攻を命じたのは，ロシアのプーチン大統領である。　(3)　太平洋戦争末期の1945年8月6日広島，8月9日長崎に，

基本　アメリカによって，原子爆弾が投下された。　(4)　非核三原則とは，核兵器を「持たず，作らず，持ち込ませず」の三原則を指すものである。1967年12月，内閣総理大臣佐藤栄作によって表明された。　(5)　原爆ドームは，1945年8月6日8時15分に広島市に投下された原子爆弾の悲惨さを今に伝える被爆建造物で，世界遺産として登録されている。

問4　(1)　集団的自衛権とは，自国が武力攻撃を受けていなくても，同盟国など密接な関係にある国が攻撃を受けたとき，自国への攻撃とみなして共に反撃する権利である。たとえば，欧米の国々が加盟する北大西洋条約機構(NATO)は，条約の中に集団的自衛権を明記している。

やや難　(2)　集団的自衛権は，どんな場合でも最大限行使するべきものではなく，実力行使をしてもよい場合がある，というのが基本的な考え方である。したがって，(エ)が正解となる。(ア)は「徹

底的な実力行使をしてもよい」，(イ)は「実力行使以外の手段が存在していても――すぐさま実力行使を行ってよい」，(ウ)は「国民の生命や自由などに明白な危険がなくても――実力行使が可能である」，それぞれのところが適当でないと考えられる。

★ワンポイントアドバイス★

Ⅲ問6　この2つの宗派が共通しているのは，山の中で厳しい修行を行い，祈りをとおして災いを取り除こうとしている点である。　Ⅳ問1　清盛は，日宋貿易によって財政基盤の開拓も行い，宋銭を日本国内で流通させ通貨経済も基礎を築いた。

＜国語解答＞

一　問一　a 4　b 3　c 1　d 2　e 4　問二　イ　問三　A エ　B イ
問四　Ⅰ イ　Ⅱ ウ　Ⅲ ア　問五　個々人の判断にゆだねられて　問六　エ
問七　1　感情に満たされ　2　感動的に演出される［感情や気遣いが濃い］　3　感情表現は非常に乏し　問八　イ　問九　1　感情的な交流の少なさ　2　大事なつながり
問十　ウ

二　問一　a イ　b ア　c イ　問二　A ア　B ウ　C エ　問三　Ⅰ オ
Ⅱ ク　Ⅲ ウ　Ⅳ エ　問四　ウ　問五　自分の限界を自覚することの恐怖と惨めさ。　問六　家族に理不尽な怒りをぶつける点。　問七　エ　問八　ア
問九　擬人法　問十　イ　問十一　エ　問十二　ウ・エ

○配点○

一　問一～問四　各2点×11　問十　4点　他　各3点×8
二　問一～問三　各2点×10　他　各3点×10　計100点

＜国語解説＞

一　(論説文－漢字，脱語補充，接続語，語句の意味，文脈把握，内容吟味，要旨)

問一　a　趣味　1　手記　2　主題　3　主人　4　趣向
b　評価　1　投票　2　氷解　3　評判　4　指標
c　面倒　1　倒立　2　起動　3　系統　4　始動
d　抱擁　1　方法　2　抱腹　3　放課　4　崩壊
e　流布　1　政府　2　不快　3　夫婦　4　布陣

問二　直前に「だんだんと情が移り」とあるので，「(子どもを)かわいらしく(思ってきます)」とするのが適切。最初は子どもの世話を嫌がっていた女性だが，次第に子どもに情が移り，子どもをかわいく感じるようになった，という文脈である。

問三　A　直前に「最初は子どもの世話を嫌がっていた女性も，だんだんと情が移り」とあり，直後には「女性と子どもの間に別れが訪れます」と，意外な展開が示されているので，逆接を表す「しかし」が入る。　B　直前に「お詫びと御礼の挨拶をすることを優先させます」とあり，直後で「儀礼を優先しているわけです」と言い換えているので，説明や言い換えを意味する「つまり」が入る。

問四　Ⅰ「任意」は，その人の思いのままにすること，自由に決めること，という意味なので，イの「随意」が適切。　Ⅱ「メディア」は，情報などの伝達手段，という意味なので，ウが適切。　Ⅲ「クライマックス」は，最も盛り上がり，緊張した場面，最高潮，という意味なので，アが適切。

問五　「この傾向」とは，直前の「何かを『やる』『やらない』の判断は，個々人にゆだねられます」を指し，同様のことは，「誰と付き合うか……」で始まる段落に「誰と付き合うか，あるいは，付き合わないかは，個々人の判断にゆだねられています」とあるので，空欄に合わせて「個々人の判断にゆだねられて(13字)」とするのが適切。

やや難　問六　直前に「誰と付き合うか，あるいは，誰と付き合わないかは，個々人の判断にゆだねられています。……私たちは(嫌な)人と無理に付き合わなくてもよい気楽さを手に入れたのです」「人と人を結び付ける接着剤は，着実に弱くなっているのです」とあるので，「好きな人とだけつき合うことが許される社会」とするエが適切。

やや難　問七　直前に「その理由は，登場する人びとの感情的な交流の少なさにあります」とあり，「今の人びと」が抱く「違和感」については，「『昔のつながりは濃密だけど感情や気遣いが薄く，今のつながりは希薄だけど，感情や気遣いが濃い』」とあり，「この言葉は，感情に満たされた今の人間関係をよく表しています」としているので，直前に「今の人びとは」とある1は「感情に満たされ(ているために)」とするのが適切。映画『長屋紳士録』については，「物語のクライマックスである親子の再会……さぞ感動的に演出されるのではないかと思います，しかし，『長屋紳士録』において，そのような表現はまったくありません」「『人情劇』と言われた映画でさえも，感情表現は非常に乏しいことがわかります」と説明されているので，2は「感動的に演出される(と考えるが)」，3は「感情表現は非常に乏し(く描かれている)」とするのが適切。

問八　直後に「社会のルールはなかなか変わりませんが，個人の感情は日によって変わることもあります。何かの拍子に，ふと『悪い』に転じてしまうこともあるのです。つまり，人と無理に付き合わなくても良いつながりは，ふとしたことで解消されてしまう不安定なつながりとも言えるのです」とあるので，これらの内容と合致するイが適切。

やや難　問九　1「人情劇に対する私たちの考えの違い」については，「人情劇である……」で始まる段落に「人情劇であるこの映画のなかで，……感情的な交流の少なさは，実の親と子どもの再会シーンに集約されます」とあるので，「感情的な交流の少なさ(に着目)」とするのが適切。　2　直後の「失うことを恐れる」については，「この特性は……」で始まる段落に「私たちは，大事なつながりほど，『手放したくない』と考えます」とあるので「大事なつながり(ほどそれを失うことを恐れる)」とするのが適切。

やや難　問十　ウは，「お互いに……」で始まる段落に「お互いに『よい』と思うことで続いていくつながりは，どちらかが，または両方が『悪い』と思えば解消されるリスクがあります。……このような状況で関係を継続させるには，お互いに『よい』状況を更新してゆかねばなりません。つまり，つながりのなかに『よい』感情を注ぎ続けなければならないのです」とあることと合致する。アは「衰退傾向にある」，イは「『昔ながらの温かなつながり』を主題としている」，エは「いつ切り離されるかわからない人々の不安」という部分が本文の内容と合致しない。

二　(小説－語句の意味，脱文・脱語補充，指示語，品詞，情景・心情，文脈把握，大意)

問一　a　直後に「以前から張りと鈍痛のあった肩はなかなか完治せず，……季節だけが過ぎていく」とある。「泥沼」には，いったん入り込むとなかなか抜けられない，という意味があるので，イが適切。　b「否応なく」は，承知，不承知に関わらず，強引に行う様子なので，アが適切。c「微塵」は，ごくわずか，少し，という意味なので，イが適切。

問二　A　直前に「『あんた，このごろ……』」とあることから，はっきり言わない様子を表す語が入るとわかるので，「口ごもる」が適切。　B　直後の「息苦しさ」にかかる表現として，「胸が塞がる(ような)」とするのが適切。　C　直後の「悪戯を見つけられた子どもの仕草」にあてはまる表現としては，「肩をすくめる」が適切。「肩をすくめる」は，身を縮めてしょんぼりする様子。

問三　Ⅰ「あの」は，直後の「人」を修飾する「連体詞」。　Ⅱ「握られて」の「れ」は，受け身を意味する「助動詞」。　Ⅲ「わずかに」は，終止形が「わずかだ」となる「形容動詞」。　Ⅳ「甲子園」は，固有の名称を表す「名詞」。

問四　直前に「肩を壊したからマウンドを諦めろと，」とある。マウンドを諦める(ピッチャーを諦める)理由については，「肩は……」で始まる段落以降に「肩は治っている。だけど投げられない。投げても無残に打たれるだけだ。中学時代とは桁違いの力と技術を持った打者に通用するだけの球を……投げられない」「それが，おれの実力だ」とあるので，「自分の実力不足だということがわかっているから」とするウが適切。

問五　この時の真郷の心情は，「自分の……」で始まる段落に「自分の限界を自覚することの恐怖と惨めさ。」と一文で表現されている

問六　直後に「同じだ。父もこうやって，理不尽な怒りを家族にぶつけていた」とある。設問には「どういった点が似ているか」とあるので，「理不尽な怒りを家族にぶつける点」とする。

やや難　問七　真郷の心情は，直前に「もうやめよう。これ以上野球にしがみつくのは，もうおしまいにしよう」とあり，その前には「あの人も胸に重く沈む思いを抱えていたのだろうか。……息苦しさを味わっていたのだろうか」とあるので，「野球についての息苦しさは止まず，その未練を断ち切りたい」とするエが適切。

問八「律」については，この前に「律が屈みこんでいたのは，部員たちが昨日選り分けたばかりの廃棄用ボールを収めた段ボール箱だった」「律はその中から，ボールを一つ選び出していたらしい」とあるので，アが適切。

問九「連れて行ってやる」は，ぼろぼろになった「練習用ボール」を人に見立てた表現なので，「擬人法」が適切。

問十　直前に「律の視線の先には，あの甲子園がある」「夢でも幻でもない，現実の射程内にあの場所を捉えているのだ」とあり，その前には「伏せた目の端に，意思を秘めた光が宿っていたのだ」とある。現実的な目標として「甲子園」を捉え，目に光を宿す律に対する思いにあてはまるものとしては，「自棄になっていた自分をふがいなく感じ，悔しく思っている」とするイが適切。甲子園を現実的な目標として目を輝かせる律に対し，「律に嫉妬している自分が嫌だった……重い感情だけが溜まっていく」という自分が情けなかったのである。

やや難　問十一　エの直後に「『ああ……頼むわ』」という「真郷」の言葉があるので，エに入れるのが適切。退部届を用意し，もう野球をやめようと思っていた気持ちを静かに切り替える場面である。大きく一つ息をつき，気持ちを落ち着かせ，野手としてもう一度野球をしようと思い直しているのである。

やや難　問十二　アは，「無条件に野球を愛する気持ち」，イは「明るい風景描写」，オは「甲子園という共通の夢」，カは「今度は限界まで練習しよう」という部分が本文の内容と合致しない。ウは，母親に当たってしまう真郷に対し，「苦痛に唸るように，さらに顔を歪める」と，真郷の気持ちを受け止めるつらさが描かれていることと合致する。エは，「そんなこと……」で始まる段落に「光を弾く銀傘が，踏みしめる土が，真夏の青空が，蔦の青葉が埋まる外壁が」と，「甲子園」の印象的な描写があることと合致する。

★ワンポイントアドバイス★

説明的文章の読解は，言い換え表現や説明部分，指示内容をすばやくとらえることを心がけよう！　小説の読解は，登場人物の心情表現に着目し，心情の移り変わりに注意して読み進めよう！

2023年度

★★★★★★★★★★★★★★★★★★★★★★★★★

入　試　問　題

2023年度

共愛学園高等学校入試問題(一般)

【数　学】 (45分) 〈満点：100点〉

1 次の問いに答えなさい。

(1) 次の式を計算しなさい。

① $-4^2 \div 8 + 5$

② $6a + 2 - (a - 4)$

③ $(x + 5)(x - 7)$

④ $\sqrt{20} - \sqrt{45} + \sqrt{80}$

(2) 次の式を因数分解しなさい。

① $2a^3 + 6a^2b - 4a^2$

② $x^2 - 36$

(3) 次の方程式を解きなさい。

① $0.2(x + 6) = x - 1.2$

② $x^2 + 3x - 28 = 0$

③ $x^2 + 4x - 2 = 0$

(4) 次の連立方程式を解きなさい。

$$\begin{cases} 3x + 5y = 1 \\ 2y = 3x - 8 \end{cases}$$

2 ある正の数を2乗して2引くところを，間違えて2倍して2を足してしまったので，正しい計算結果よりも11小さくなりました。ある正の数を求めなさい。

3 AからBを通ってCまで移動します。
AからBまで走り，BからCまで歩くと，90分かかります。
AからBまで歩き，BからCまで走ると，135分かかります。
歩く速さを時速4km，走る速さを時速8kmとするとAからCまでの道のりは何kmか求めなさい。

4 8%の食塩水1200gとx%の食塩水800gを混ぜた結果，7.2%の食塩水となりました。xの値を求めなさい。

5 関数$y = ax^2$と$y = -3x + b$について，xの変域が$1 \leqq x \leqq 2$のときyの変域が一致します。定数aとbの値を求めなさい。ただし，$a > 0$とします。

6　グラフが直線$y=\frac{1}{2}x+3$に平行で，直線$y=-\frac{1}{3}x+2$とx軸上で交わる直線の式を求めなさい。

7　2つのさいころを同時に投げるとき，出た目の数の和が素数になるのは何通りか求めなさい。

8　図のように，関数$y=ax^2$のグラフ上に2点A，Bがあります。A，Bのy座標はともに4です。△OABが直角三角形になるとき，定数aの値を求めなさい。

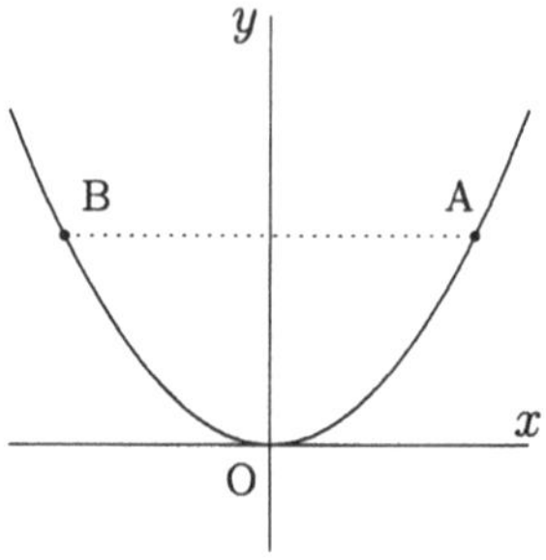

9　図のように，直線$y=-x+12$と$y=2x-6$があります。四角形OABCの面積を求めなさい。

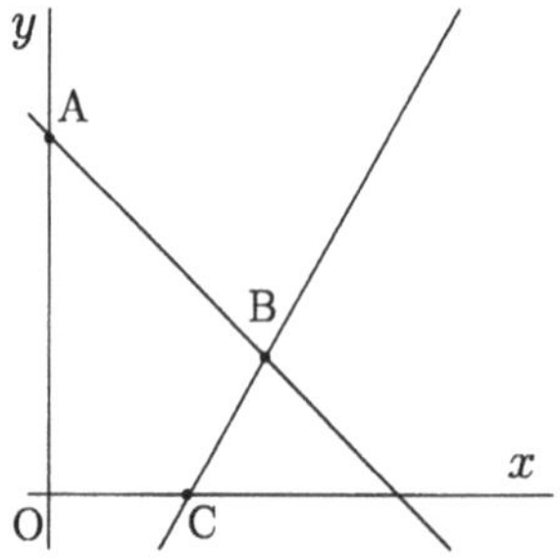

10　図のように，長方形の紙を折りました。$\angle x$の大きさを求めなさい。

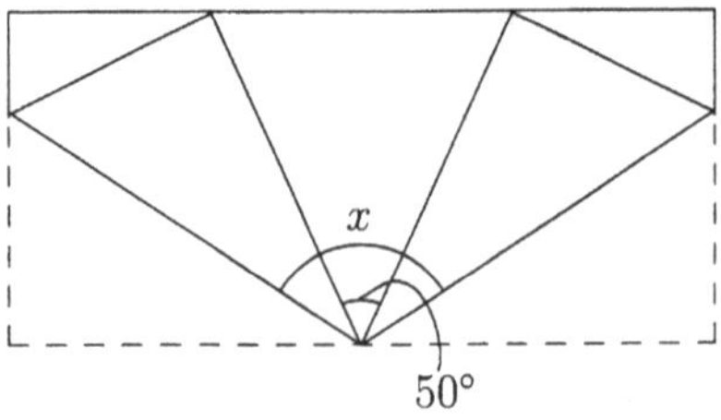

11 次の図を，直線ℓを軸として1回転してできる回転体の体積を求めなさい。

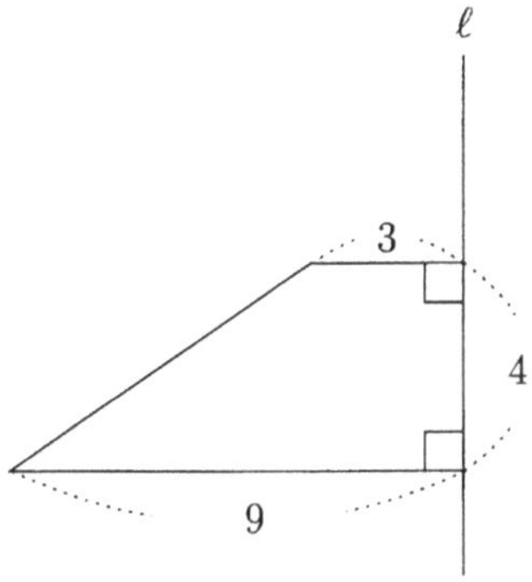

12 以下の資料はある中学校に通う14人の生徒の通学時間です。

17，8，6，5，15，8，a，2，19，$a+4$，15，17，15，8 （単位：分）

最頻値は15，中央値は13であるとき，aの値を求めなさい。

13 方程式$x^2-y^2=25$を満たす正の整数x，yの組を求めなさい。

【英　語】（50分）〈満点：100点〉〈普通科用〉

＜リスニング問題＞

A　これから放送される1～5の対話を聞いて、それに対する応答として最も適切なものをA～Dの選択肢から1つ選び、記号で答えなさい。英文と質問は1度だけ放送されます。対話も選択肢も問題用紙には記載されていません。

1. 解答欄に答えを記入しなさい。
2. 解答欄に答えを記入しなさい。
3. 解答欄に答えを記入しなさい。
4. 解答欄に答えを記入しなさい。
5. 解答欄に答えを記入しなさい。

B　これから放送される長めの英文の内容に関する質問が5つあります。それに対する応答として最も適切なものをA～Dの選択肢から1つ選び、記号で答えなさい。英文と質問は1度だけ放送されます。

1. How did Mary help her mother?
2. What was the chickens' favorite food?
3. Why did Mary's parents raise chickens?
4. How many eggs did Mary leave for the snake?
5. How did Mary feel about the snake?

※リスニングテストの放送台本は非公表です。

C　次の英文を読み、各問いに答えなさい。

Many people are now very interested in social media. They are always looking at their smartphones or tablets and updating their Twitter or Facebook accounts. They post pictures of their food and drinks or pictures of themselves—called ①"selfies". When people are not sharing such things online, they are often looking at posted information of friends and family members. Social media may become addicting.

Some people are saying that social media is damaging our lives. Twenty years ago, people talked to each other, but now they like to message someone instead of talk. Many people worry too much about other people's thinking. They post a photo and want everyone to like the photo and they get sad if people do not like ②it. Also, there are a lot of fake news stories and posts. This is a global problem. Maybe people should ③take a break from social media.

Research shows that most people spend about 4 hours a day on social networking sites. That is almost (④) a week. Some people need to use social media for work or to keep in touch with friends. Other people find that ⑤(ア.makes / イ.using / ウ.them / エ.worried / オ.social media) and stressed. People also often use social media as a way to waste time. (⑥) just as people try to eat no food or drinks for health reasons for a period of time, ⑦many people are fasting from social media. They are not updating their personal information, and they are also not reading other people's postings. They choose to stay away from social media for a while.

Ironically, the information about these fasts can be found on social networking sites all over the Internet. There are many reasons for people to start to fast. Some people want to connect personally with their families or friends again by stopping the use of their cell phones. Some people want to be more successful at work. What did some fasters do instead of using social media? Some decided to connect with friends by actually sitting down and having face-to-face conversations. If friends or family members were far away, they would call them on the telephone instead. Some wrote handwritten letters or postcards. The results were mixed. Some people felt that they were worried more when they didn't use social media. Others developed more positive habits like keeping a diary or meditating.

[注]
addicting (人を)中毒にさせる　fake 偽物の　Ironically 皮肉にも
habits 習慣　diary 日記　meditating 黙想

1. 下線部①の意味が最も適切なものをア～エから1つ選び、記号で答えなさい。
ア. myself in the mirror　イ. photos that people take of themselves
ウ. pictures of food and drinks　エ. smartphones or tablets
2. 下線部②が指すものをア～エから1つ選び、記号で答えなさい。
ア. talk　イ. news　ウ. the photo　エ. everyone
3. 下線部③とほぼ同じ意味で使われている語句を本文から2語で抜き出しなさい。
4. (④)に入る最も適切なものをア～エから1つ選び、記号で答えなさい。
ア. 20 hours　イ. 30 hours　ウ. 40 hours　エ. 50 hours
5. ⑤(　　)内の語(句)を並べかえ、記号で答えなさい。
6. (⑥)に入る最も適切なものをア～エから1つ選び、記号で答えなさい。
ア. So　イ. Because　ウ. If　エ. Though
7. 下線部⑦の意味として最も適切なものをア～エから1つ選び、記号で答えなさい。
ア. They are trying to send friends messages.
イ. They are using social media more quickly.
ウ. They are stopping the use of social media.
エ. They can get other people's information very fast.
8. 本文の内容に合っているものを3つ選び、記号で答えなさい。
ア. People have been talking about social media for twenty years.
イ. Social media has a lot of news stories and posts that are not true.
ウ. People want to use more time to play video games on social media.
エ. When people use social media, they don't eat any food and drinks.
オ. There are some social networking sites which show us how to write letters or postcards.
カ. Some people have face-to-face conversations instead of using social media.
キ. Some people were not happy when they stopped using social media.

D　次の英文の(　　　)内に入る最も適切な語(句)をア～エから選び、記号で答えなさい。

1. This movie is (　　　) than that one.
　ア. most interesting　　イ. so interesting
　ウ. more interesting　　エ. interesting

2. These pictures were (　　　) in Maebashi.
　ア. take　　イ. taken　　ウ. took　　エ. taking

3. You can take the bus (　　　) Takasaki Station.
　ア. that leaves from　　イ. that leave from
　ウ. who leaves from　　エ. who leave from

4. This is the camera (　　　) by a dog.
　ア. break　　イ. broke　　ウ. broken　　エ. breaking

5. (　　　) basketball on weekends?
　ア. Do Taro and Hanako play　　イ. Do Taro and Hanako plays
　ウ. Does Taro and Hanako play　　エ. Does Taro and Hanako plays

6. Did you see the movie? I want (　　　)it.
　ア. seeing　　イ. to see　　ウ. to seeing　　エ. see

7. Miki and Ken are my friends. I often go shopping with (　　　).
　ア. them　　イ. us　　ウ. they　　エ. their

8. I (　　　) dinner with my family last night.
　ア. enjoyed to eat　　イ. enjoy eating
　ウ. enjoy to eat　　エ. enjoyed eating

9. "(　　　) does she have?" "She has ten books."
　ア. How many books　　イ. What many books
　ウ. How many book　　エ. What many book

10. Look over there. (　　　) cat!
　ア. How a cute　　イ. What cute　　ウ. How cute　　エ. What a cute

E　次の対話文を読み、(1)～(10)に入る最も適切な語を選択肢ア～コから1つ選び、記号で答えなさい。ただし、文頭に来る語も小文字になっている。同じものは2度使えない。

A: (1) is your favorite movie star?
B: I (2) Chris Pratt.
A: (3) you seen the latest Jurassic World?
B: No, I haven't, but I am (4) to see it next Sunday.
A: Really? (5) theater are you going to?
B: I don't know yet, but I (6) probably go to World Cinema in Takasaki.
A: (7) I go with you?
B: Sure. How (8) having lunch (9) before the movie?
A: That (10) good.

選択肢

ア． like　　イ． sounds　　ウ． have　　エ． which　　オ． about
カ． will　　キ． who　　ク． together　　ケ． can　　コ． going

F　次の表現が表すものを、それぞれ与えられた文字で始まる英語1語で答えなさい。

1. a very large boat used for carrying people or goods　(s　　　)
2. a large important town　(c　　　)
3. an animal kept as a pet, for guarding buildings, or for hunting　(d　　　)
4. to use a pen to make words or numbers　(w　　　)
5. to use wings to move through the air　(f　　　)

G　各文の(　　　)内に、下線部と同じ発音でつづりの異なる単語を答えなさい。

1. I blew up the (　　　) balloon.
2. He walked (　　　) our house on the way to buy a pack of gum.
3. That she knows the rules of rugby is as plain as the (　　　) on your face.
4. I want you to (　　　) my new boss, who loves meat.
5. My (　　　) ran in the sun.

【英　語】（50分）〈満点：100点〉〈英語科用〉

＜リスニング問題＞

A　これから放送される1～5の対話を聞いて、それに対する応答として最も適切なものをA～Dの選択肢から1つ選び、記号で答えなさい。英文と質問は1度だけ放送されます。対話も選択肢も問題用紙には記載されていません。

1. 解答欄に答えを記入しなさい。
2. 解答欄に答えを記入しなさい。
3. 解答欄に答えを記入しなさい。
4. 解答欄に答えを記入しなさい。
5. 解答欄に答えを記入しなさい。

B　これから放送される長めの英文の内容に関する質問が5つあります。それに対する応答として最も適切なものをA～Dの選択肢から1つ選び、記号で答えなさい。英文と質問は1度だけ放送されます。

1. How did Mary help her mother?
2. What was the chickens' favorite food?
3. Why did Mary's parents raise chickens?
4. How many eggs did Mary leave for the snake?
5. How did Mary feel about the snake?

※リスニングテストの放送台本は非公表です。

C　次の英文を読み、各問いに答えなさい。

Many people are now very interested in social media. They are always looking at their smartphones or tablets and updating their Twitter or Facebook accounts. They post pictures of their food and drinks or pictures of themselves—called ①"selfies". When people are not sharing such things online, they are often looking at posted information of friends and family members. Social media may become addicting.

Some people are saying that social media is damaging our lives. Twenty years ago, people talked to each other, but now they like to message someone instead of talk. Many people worry too much about other people's thinking. They post a photo and want everyone to like the photo and they get sad if people do not like ②it. Also, there are a lot of fake news stories and posts. This is a global problem. Maybe people should ③take a break from social media.

Research shows that most people spend about 4 hours a day on social networking sites. That is almost (④) a week. Some people need to use social media for work or to keep in touch with friends. Other people find that ⑤(ア.makes / イ.using / ウ.them / エ.worried / オ.social media) and stressed. People also often use social media as a way to waste time. (⑥) just as people try to eat no food or drinks for health reasons for a period of time, ⑦many people are fasting from social media. They are not updating their personal information, and they are also not reading other people's postings. They choose to stay away from social media for a while.

Ironically, the information about these fasts can be found on social networking sites all over the Internet. There are many reasons for people to start to fast. Some people want to connect personally with their families or friends again by stopping the use of their cell phones. Some people want to be more successful at work. What did some fasters do instead of using social media? Some decided to connect with friends by actually sitting down and having face-to-face conversations. If friends or family members were far away, they would call them on the telephone instead. Some wrote handwritten letters or postcards. The results were mixed. Some people felt that they were worried more when they didn't use social media. Others developed more positive habits like keeping a diary or meditating.

[注]

addicting (人を)中毒にさせる　fake 偽物の　Ironically 皮肉にも
habits 習慣　diary 日記　meditating 黙想

1. 下線部①の意味が最も適切なものをア～エから1つ選び、記号で答えなさい。
ア. myself in the mirror　イ. photos that people take of themselves
ウ. pictures of food and drinks　エ. smartphones or tablets

2. 下線部②が指すものをア～エから1つ選び、記号で答えなさい。
ア. talk　イ. news　ウ. the photo　エ. everyone

3. 下線部③とほぼ同じ意味で使われている語句を本文から2語で抜き出しなさい。

4. (④)に入る最も適切なものをア～エから1つ選び、記号で答えなさい。
ア. 20 hours　イ. 30 hours　ウ. 40 hours　エ. 50 hours

5. ⑤(　　)内の語(句)を並べかえ、記号で答えなさい。

6. (⑥)に入る最も適切なものをア～エから1つ選び、記号で答えなさい。
ア. So　イ. Because　ウ. If　エ. Though

7. 下線部⑦の意味として最も適切なものをア～エから1つ選び、記号で答えなさい。
ア. They are trying to send friends messages.
イ. They are using social media more quickly.
ウ. They are stopping the use of social media.
エ. They can get other people's information very fast.

8. 本文の内容に合っているものを3つ選び、記号で答えなさい。
ア. People have been talking about social media for twenty years.
イ. Social media has a lot of news stories and posts that are not true.
ウ. People want to use more time to play video games on social media.
エ. When people use social media, they don't eat any food and drinks.
オ. There are some social networking sites which show us how to write letters or postcards.
カ. Some people have face-to-face conversations instead of using social media.
キ. Some people were not happy when they stopped using social media.

D　次の英文の(　　　)内に入る最も適切な語(句)をア～エから選び、記号で答えなさい。

1. This movie is (　　　) than that one.

ア. most interesting　　イ. so interesting
ウ. more interesting　　エ. interesting

2. These pictures were (　　　) in Maebashi.

ア. take　　イ. taken　　ウ. took　　エ. taking

3. You can take the bus (　　　) Takasaki Station.

ア. that leaves from　　イ. that leave from
ウ. who leaves from　　エ. who leave from

4. This is the camera (　　　) by a dog.

ア. break　　イ. broke　　ウ. broken　　エ. breaking

5. (　　　) basketball on weekends?

ア. Do Taro and Hanako play　　イ. Do Taro and Hanako plays
ウ. Does Taro and Hanako play　　エ. Does Taro and Hanako plays

6. Did you see the movie? I want (　　　) it.

ア. seeing　　イ. to see　　ウ. to seeing　　エ. see

7. Miki and Ken are my friends. I often go shopping with (　　　).

ア. them　　イ. us　　ウ. they　　エ. their

8. I (　　　) dinner with my family last night.

ア. enjoyed to eat　　イ. enjoy eating
ウ. enjoy to eat　　エ. enjoyed eating

9. "(　　　) does she have?" "She has ten books."

ア. How many books　　イ. What many books
ウ. How many book　　エ. What many book

10. Look over there. (　　　) cat!

ア. How a cute　　イ. What cute　　ウ. How cute　　エ. What a cute

E　次の対話文を読み、(1)～(10)に入る最も適切な語を選択肢ア～コから1つ選び、記号で答えなさい。ただし、文頭に来る語も小文字になっている。同じものは2度使えない。

A:　(1) is your favorite movie star?
B:　I (2) Chris Pratt.
A:　(3) you seen the latest Jurassic World?
B:　No, I haven't, but I am (4) to see it next Sunday.
A:　Really? (5) theater are you going to?
B:　I don't know yet, but I (6) probably go to World Cinema in Takasaki.
A:　(7) I go with you?
B:　Sure. How (8) having lunch (9) before the movie?
A:　That (10) good.

選択肢

ア. like　　イ. sounds　　ウ. have　　エ. which　　オ. about

カ. wil　　キ. who　　ク. together　　ケ. can　　コ. going

F　次の英文の(　　　)内に入る最も適切な語(句)をア～エから選び、記号で答えなさい。

1. (　　　)became the first President of the United States in 1789.

ア. Thomas Jefferson　　イ. Franklin Roosevelt

ウ. Abraham Lincoln　　エ. George Washington

2. Morocco is a country located in (　　　) Africa.

ア. North　　イ. South　　ウ. West　　エ. East

3. Ballet dancers use special (　　　) so that they can dance on tip-toe.

ア. eyeglasses　　イ. shoes　　ウ. heavy gloves　　エ. sandals

4. The colors of the national flag of Ukraine are (　　　).

ア. red and white　　イ. blue and yellow

ウ. yellow and green　　エ. white and blue

5. When one half of the earth is in sunlight, the other half is in (　　　).

ア. nature　　イ. place　　ウ. shadow　　エ. order

G　次の表現が表すものを、それぞれ与えられた文字で始まる英語1語で答えなさい。

1. to pay attention to a sound, or to try to hear a sound (l　　　)
2. a small piece of metal used for opening or locking a door (k　　　)
3. a person who is trained to look after ill or injured people, usually in a hospital (n　　　)
4. a public building or place where people sell goods (m　　　)
5. an object like a clock that you wear on your wrist (w　　　)

【理　科】（45分）〈満点：100点〉

1. 次の各問いに答えなさい。

問1 『物質はそれ以上分解できない小さい粒子からできている』という，原子説を提唱したイギリス人の名前を答えなさい。

問2 鉄と硫黄が化合してできた物質に塩酸を加えたときに発生する，卵が腐ったようなにおいのする気体の名称を答えなさい。

問3 次の気象要素を示す天気記号を答えなさい。
「北西の風，風力4，雪」

問4 植物の体の中の水が，水蒸気として出ていく現象を何といいますか。**漢字で**答えなさい。

問5 エンドウの子葉には，黄色と緑色があります。黄色が顕性形質で，緑色が潜性形質です。親として子葉が黄色のもの同士をかけ合わせたら，子には黄色と緑色のものが現れました。子にあたる種子が1200個できたとすると，そのうち子葉が緑色のものは約何個あると考えられますか。

問6 2000m離れた地点にある避雷針に稲妻が落ちてから5.9秒後に音が聞こえました。このときの音速は何m/秒ですか。四捨五入して整数で答えなさい。

問7 たまっていた電気が空間をへだてて一瞬で流れる現象を何といいますか。**漢字で**答えなさい。

問8 次の文の空欄に適する語句を**ア**～**エ**から選び，それぞれ記号で答えなさい。

台風のまわりでは，上空から見て(　A　)回りに吹いている。台風の進路が北向きの場合，中心の(　B　)側で風の速さに台風が動く速さが加わって風が強まる。このため(　B　)側は風による災害の危険度が高まる。

ア 時計　　**イ** 反時計　　**ウ** 東　　**エ** 西

2. 次の文は，2022(令和4)年7月24日に発生した桜島の噴火に関する新聞記事です。この記事を読んで，あとの各問いに答えなさい。

> 24日午後8時5分ごろ，桜島(鹿児島県)の南岳で爆発的な噴火が発生し，大きな①噴石が火口から約2.5キロに飛散した。気象庁は噴火警戒レベルを3(入山規制)から最も高い5(避難)に引き上げた。噴火警戒レベル5が出るのは，2015年5月の口永良部島の噴火以来，2度目。桜島が5に引き上げられるのは初めて。
>
> (中略)
>
> 福岡管区気象台などによると，桜島では18日から②山体膨張を示す地殻変動が起き，22日に1回，23日に4回の噴火を観測。今回の噴火で直前の山体膨張は解消されたものの，18日からの膨張は解消されておらず，今後も同規模の爆発的噴火が起きるおそれがあるという。
>
> (後略)
>
> ～朝日新聞7月25日付朝刊より抜粋～

問1　下線部①で，噴火によって遠くに飛んだ岩石を噴石といいます。これと同様に噴火で飛び散る砂 や小さい れき のようなものを何といいますか。名称を**漢字で**答えなさい。

問2　噴石や溶岩など，火山の噴火で噴き出すものをまとめて何といいますか。名称を答えなさい。

問3　火山は噴火の時などに多くの気体を出していて，これを火山ガスといいます。次の気体で火山ガス中に最も多く含まれているものを**ア**～**エ**から選び，記号で答えなさい。

ア　硫化水素　　**イ**　二酸化炭素　　**ウ**　二酸化硫黄　　**エ**　水蒸気

問4　日本の火山の多くでは，問2の物質と火山ガスが混ざりあったものが，火山の斜面を流れ下る「火砕流」という現象が起こります。「火砕流」は噴火の中で最も危険な現象と言われますが，その理由を述べた次の文の空欄に，適する語句を答えなさい。なお，(　C　)は**ア**～**エ**から選び，記号で答えなさい。

「火砕流」は温度が(　A　)，斜面を(　B　)で流れ下るため，極めて危険な現象である。群馬県内では1783(天明3)年の(　C　)の噴火のときにも発生している。

ア　榛名山　　**イ**　赤城山　　**ウ**　浅間山　　**エ**　草津白根山

問5　下線部②について，火山は噴火する前に山体(火山の地形)がふくらむという現象が起こることが知られていて，この現象を「山体膨張」といいます。この現象は，火山の下の地下深くに，ある物質がたまるために起こると考えられています。この物質の名称を答えなさい。

3. 図1は，ヒトの目の横断面を模式的に表したものです。目のつくりとはたらきについて，次の各問いに答えなさい。

問1　図1のB，C，E，Fの部分の名称を答え，そのはたらきを**ア**～**エ**からそれぞれ選び，記号で答えなさい。

ア　ここにある細胞が光の刺激を受けとる。
イ　光を屈折させる。
ウ　光の刺激の信号を脳に伝える。
エ　ひとみの大きさを調節している。

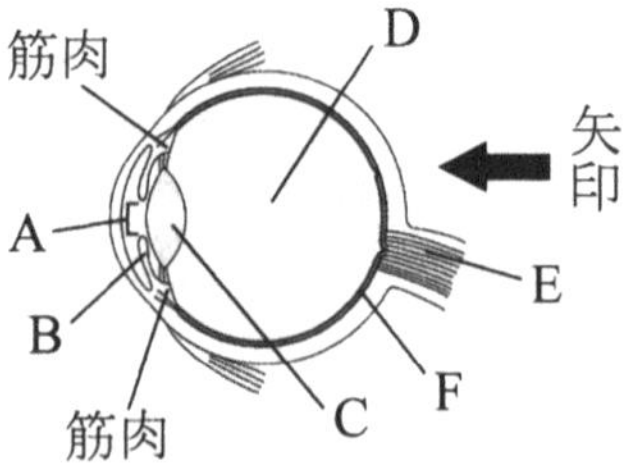

図1

問2　図1のB～Fで，光が通過できるように透明になっている部分はどこですか。**2つ選び**，記号で答えなさい。

問3　図1の筋肉のはたらきについて述べたものを，次の**ア**～**エ**から選び，記号で答えなさい。

ア　Aの部分に入る光の量を変える。
イ　Dの部分に入る光の量を変える。
ウ　Cの部分の厚さを変える。
エ　Fの厚さを変える。

問4　壁に描かれた模様(図2)を観察しました。網膜上に結ばれる模様の像を，図1の矢印の方向から見たら，どのように見えますか。次の**ア**～**エ**から選び，記号で答えなさい。

図2

ア　イ　ウ　エ

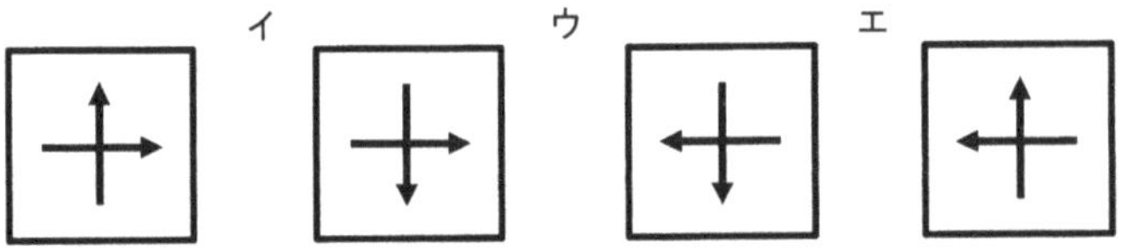

4. 炭酸水素ナトリウムと塩酸を反応させたときの質量の変化を調べた実験1･2について，あとの各問いに答えなさい。

【実験1】
(1)　炭酸水素ナトリウムに塩酸を加えると，気体が発生した。
(2)　(1)で発生した気体を石灰水に通じたところ，白く濁った。

問1　実験1(1)の反応を化学反応式で表しなさい。

問2　この実験で発生した気体は，少し水に溶けました。この水溶液に緑色のBTB溶液を数滴加えました。水溶液は何色に変化しましたか。

問3　この実験で発生した気体と同じ気体が発生するものを，次の**ア**～**オ**から1つ選び，記号で答えなさい。

ア　亜鉛に硫酸を加える。

イ　過酸化水素水に二酸化マンガンを加える。

ウ　石灰石に塩酸を加える。

エ　酸化銀を加熱する。

オ　水酸化カルシウムと塩化アンモニウムを混合し，加熱する。

【実験2】

（1）　炭酸水素ナトリウムを，表1①～⑦のように，測りとった。

（2）　塩酸は，溶質の塩化水素の質量が，炭酸水素ナトリウムとの合計が20.0gになるように，7本の試験管に測りとった。

（3）　右図のように，密閉できるプラスチックの容器にうすい塩酸と炭酸水素ナトリウムを入れ，質量を測定した。

（4）　塩酸と炭酸水素ナトリウムを十分に反応させた後，質量を測定した。

（5）　（4）の後，密閉容器のふたをゆっくり開けて，しばらくしてから，ふたを含めた容器全体の質量を測定した。

表1

	①	②	③	④	⑤	⑥	⑦
(1)炭酸水素ナトリウムの質量〔g〕	0.0	2.0	4.0	6.0	16.0	18.0	20.0
(3)反応させる前の質量〔g〕	336.0	310.0	285.0	259.0	128.0	99.0	70.0
(4)反応させたあとの質量〔g〕	336.0	310.0	285.0	259.0	128.0	99.0	70.0
(5)ふたを開けたあとの質量〔g〕	336.0	309.0	282.9	255.9	123.2	96.6	70.0
(5)−(4)の質量〔g〕	0.0	1.0	2.1	3.1	4.8	2.4	0.0

問4　この実験では，7.0%の塩酸を用いました。表中の③では，何gの塩酸を測りとりましたか。解答は，四捨五入して整数値で答えなさい。

問5　表のように，実験2(3)と(4)でそれぞれ測定した質量は，①～⑦のいずれの時も等しくなりました。これによって，化学変化の前後で全体の質量は変化しないことがわかりました。この法則を何といいますか。

問6　この実験条件の下で，最大量の気体を発生させるためには，炭酸水素ナトリウムを何g測りとればよいと考えられますか。整数値で答えなさい。なお，必要があれば，下のグラフ用紙を用いなさい。

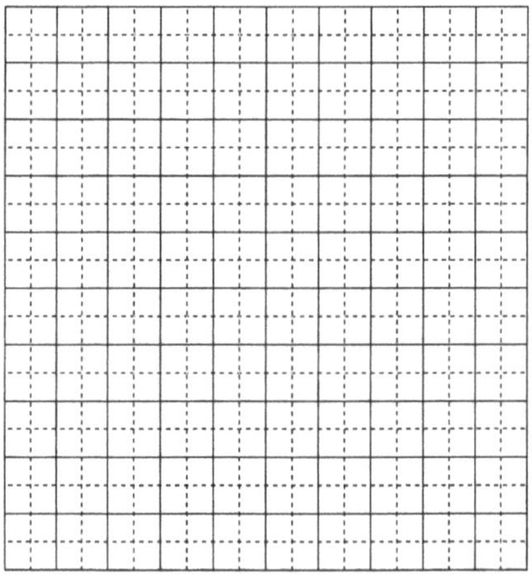

問7　実験2(4)の質量より(5)の質量が小さくなった理由を答えなさい。

5. 透明な物質中での光の進み方について調べた実験1～3について，あとの各問いに答えなさい。

【実験1】図1のように水中に光源を置き，水面に向けて光を当てた。水面と光の進む向きの作る角度が30度のとき，屈折する光は観察されなかった。

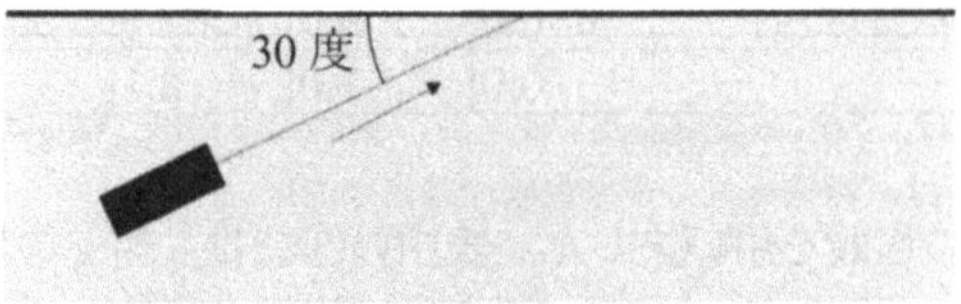

図1　水中から水面に向かう光

問1　次の文の空欄に，適する語句を答えなさい。

図1において，屈折する光はなく，反射角(　A　)度で反射する光だけが観察された。この現象は(　B　)と呼ばれる。

【実験2】図2のように机上に直方体の透明なガラスを置き，その後ろにチョークを立てた。図3は図2を真上から見たときの位置関係を示している。

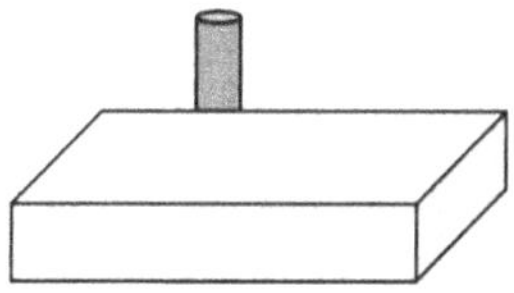

図2　直方体ガラスとチョーク

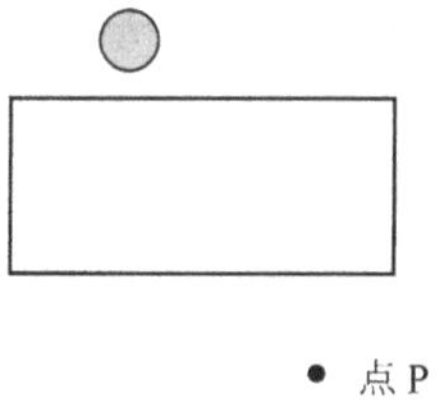

図3　配置と点Pの位置

問2　図3の点Pの位置からガラスを通してチョークを観察すると，どのように見えますか。次の**ア**～**エ**から選び，記号で答えなさい。

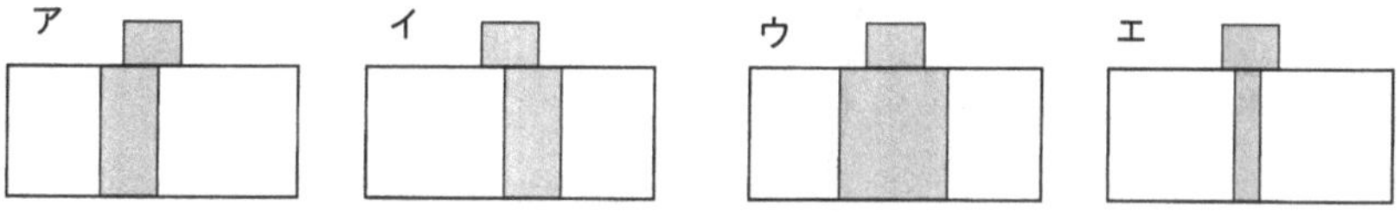

問3　図3の点Pに置いた光源からガラス越しにチョークへ光を当てることができました。**チョークの中心へ向かう**光の道筋を書き込みなさい。

【実験3】図4のように，壁に書かれた模様を床に置いてある鏡を通して見ている人がいる。

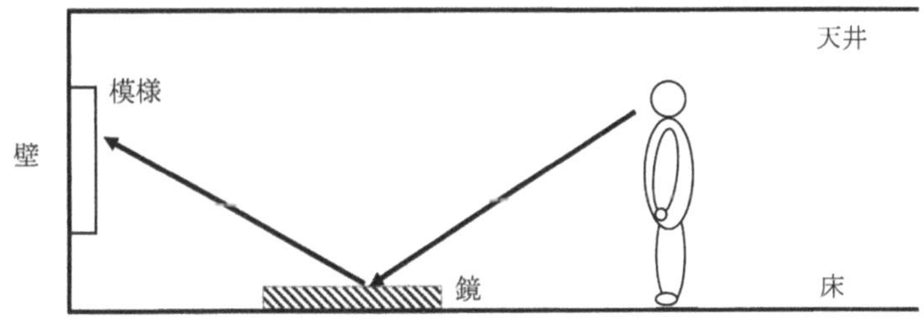

図4

問4　この人が鏡を見ると，右図のように映っていました。壁に書かれている模様はどうなっていますか。次の**ア**～**エ**から選び，記号で答えなさい。ただし，右図では上側が模様のある方向です。

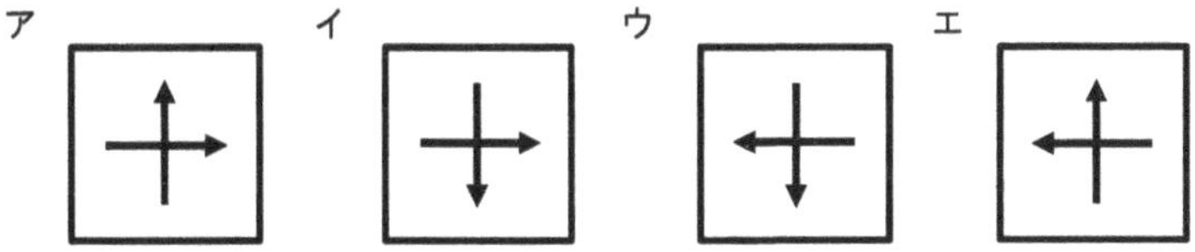

問5　この鏡を天井に移動させて，問4と同じように模様を観察すると，鏡に映る模様はどのように見えますか。問4の**ア**～**エ**から選び，記号で答えなさい。

問6　この鏡を壁にかけると，ちょうど体の半分が映りました。このとき，鏡の縦方向の長さが45cmとすると，この人の身長は何cmか答えなさい。

【社　会】（45分）〈満点：100点〉

Ⅰ　北アメリカ州に関する以下の各問いに答えなさい。

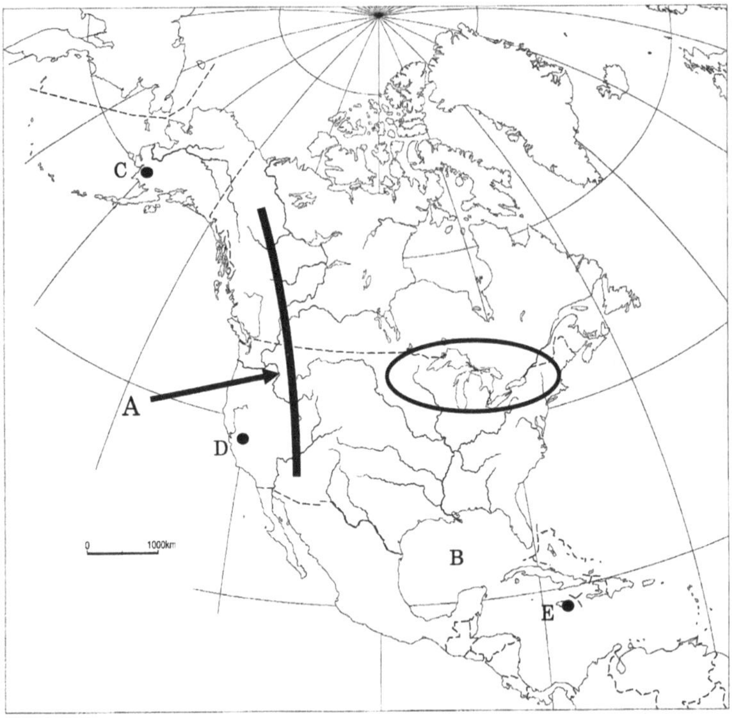

問1　地図中の〇で囲われている，アメリカ合衆国とカナダの国境にある5つの湖の総称を答えなさい。

問2　地図中のAで示された，北アメリカ大陸を北西から南東に走る山脈を答えなさい。

問3　地図中のBで示された，アメリカ合衆国とメキシコに囲まれた湾を答えなさい。

問4　次の雨温図①～③は地図中C～Eのいずれかの都市のものである。都市と雨温図の組み合わせとして正しいものを選択肢(ア)～(エ)から1つ選び，記号で答えなさい。

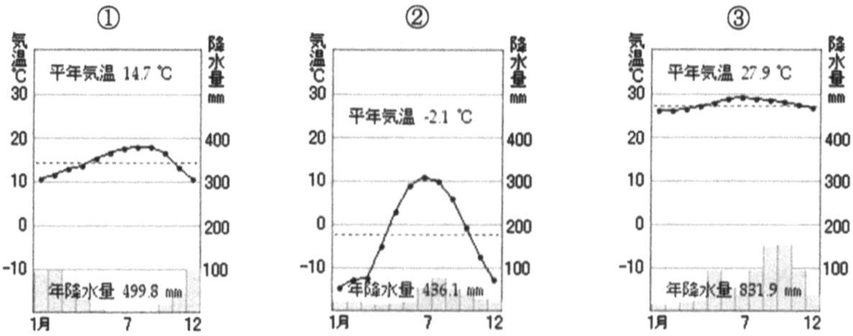

(ア)　①－D　②－C　③－E　　　　(イ)　①－C　②－D　③－E
(ウ)　①－C　②－E　③－D　　　　(エ)　①－E　②－D　③－C

問5　下のグラフは，アメリカ合衆国の人口構成を示したものである。①・②に当てはまる語句を答えなさい。また，②にはアメリカの先住民族の名称が当てはまる。

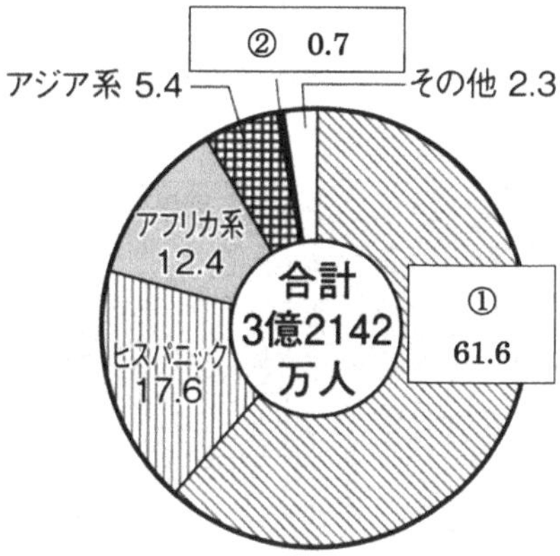

問6　アメリカのカリフォルニア州のサンフランシスコ郊外にある，コンピューターや半導体関連のハイテク産業が集中する地区の総称を何と呼ぶか答えなさい。

Ⅱ　近畿地方に関する以下の各問いに答えなさい。

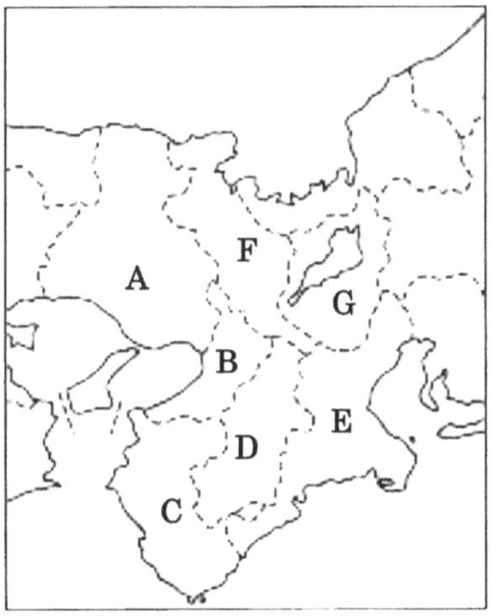

問1　地図上のA～Gの府県の説明として適当な文を下の(ア)～(キ)から1つずつ選び，それぞれ記号で答えなさい。

(ア)　平安京がつくられ，国指定の重要文化財(建造物)は約300点もあり，全国一の数を誇る。

(イ)　志摩半島・リアス海岸の入り江において，真珠の養殖が盛んである。

(ウ)　日本最大の湖があり，ここでの水資源は飲料水や工業用水だけでなく，人々のレジャーの場としても利用されている。

(エ)　温暖で降水量が多く，みかんや梅の栽培が盛んである。

(オ)　人口800万人を超える西日本最大の府。問屋街が形成され，卸売の中心となっている。

(カ)　北は日本海，南は瀬戸内海に面している。日本の標準時子午線(135°)が引かれている。

(キ)　紀伊半島の中央にある，海のない内陸県。8世紀には平城京が置かれていた。

問2　下の資料は，奈良市高野原駅周辺の5万分の1地形図である。この地形図から読み取れるものを，下の(ア)～(エ)から1つ選び，記号で答えなさい。

※編集で拡大しています。

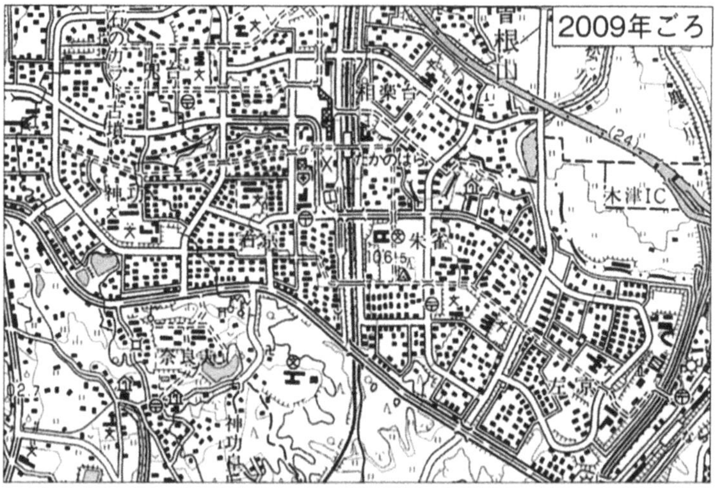

(ア)　一帯に広がる住宅地は，かつての湖を埋め立てて開発された。

(イ)　高野原駅から奈良大学まで約3cmである場合，実際の距離は約1.5kmである。

(ウ)　木津IC周辺には，多くの果樹園が広がる。

(エ)　この地形図上では，老人ホームは見られない。

Ⅲ　次の年表と資料1～4を見て，各問いに答えなさい。

年代	出来事
(①)	第一次世界大戦がはじまる
1918	第一次世界大戦が終結する
…	国際連盟が発足する
1929	世界恐慌がはじまる
1939	第二次世界大戦がはじまる
(②)	第二次世界大戦が終結する
…	国際連合が発足する
…	東西冷戦がはじまる

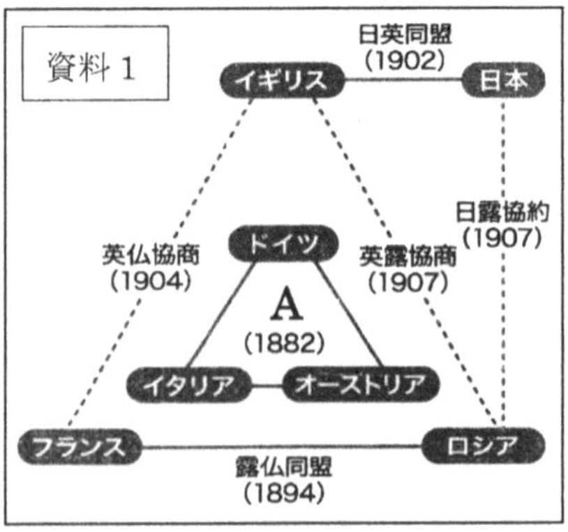

資料 2

資料 3

資料 4

問1　年表の空欄①・②に当てはまる年代を答えなさい。

問2　資料1 は第一次世界大戦直前の国際関係である。資料中Aに当てはまる同盟の名称を答えなさい。

問3　「ヨーロッパの火薬庫」と呼ばれた半島はどこか。資料2 を参考に答えなさい。

問4　第一次世界大戦前後の内容として適切でないものを次の(ア)～(エ)から1つ選び，記号で答えなさい。

(ア)　サラエボにてオーストリア皇位継承者夫妻が暗殺された

(イ)　新兵器として戦車や毒ガスが使用された

(ウ)　イギリスは日英同盟を理由として戦争に参加した

(エ)　総力戦体制となったことで女性の選挙権が認められるようになった

問5　資料3 について，第一次世界大戦後のインドではイギリスへの抵抗運動がおこった。この抵抗運動の名称を解答欄に当てはめて答えなさい。また，指導者である写真の人物の名前も答えなさい。

問6　第一次世界大戦前後の日本で活発となった，民主主義的風潮を総称して何というか，答えなさい。

問7　世界恐慌に対応するため，ローズベルト大統領のもとアメリカ合衆国で実施された政策を何というか。

問8　イギリスで成立した，ブロック経済とはどのような政策か，内容として当てはまるものを次の(ア)～(エ)から1つ選び，記号で答えなさい。

(ア)　国内の農地を囲い込み，その中で家畜を飼育し，集中的に利益を上げる政策

(イ)　関係の深い国や地域の中だけで貿易をおこない，経済を成り立たせる政策

(ウ)　農業や工業の生産量の調整や，公共事業をおこし失業者を減らす政策

(エ)　重工業の増強と農業の集団化を強行することで国力を伸ばす政策

問9　第二次世界大戦に関する以下の文の空欄に当てはまる語句を答えなさい。

> 指導者(①)に率いられたナチス・ドイツは，1939年9月に隣国の(②)に侵攻した。これによりイギリスやフランスが宣戦し，第二次世界大戦がはじまった。ドイツの占領下では多くの(③)人が差別され，各地に強制収容所が建設された。こうしたドイツの占領政策に対して武力で抵抗する運動である(④)が各地でおこなわれた。

問10　第一次世界大戦後のイタリアで起こり，ドイツなどに広まった独裁的な政治形態・思想を何というか，カタカナで答えなさい。

問11　資料4は大平洋戦争のきっかけとなった湾である。湾の名称を答えなさい。

問12　第二次世界大戦終結時に日本が受諾した宣言は何か，答えなさい。

問13　国際連合の説明として正しいものを次の(ア)～(エ)から全て選び，記号で答えなさい。

(ア)　表決は多数決制である
(イ)　常任理事国には日本が含まれている
(ウ)　本部はニューヨークに置かれている
(エ)　制裁措置は経済制裁まで行うことができる

問14　冷戦に関する出来事①～④を，年代が古い順に並び変えたものとして正しいものを，(ア)～(エ)から1つ選び，記号で答えなさい。

①　キューバ危機が起こる	(ア)　①－③－②－④
②　北大西洋条約機構(NATO)が結成される	(イ)　①－④－②－③
③　ベルリンの壁が取り壊される	(ウ)　③－④－①－②
④　ベトナム戦争が終結する	(エ)　②－①－④－③

問15　冷戦期に2つに分裂した国家として当てはまらないものを，次の(ア)～(エ)から1つ選び，記号で答えなさい。

(ア)　ドイツ　　(イ)　エジプト　　(ウ)　ベトナム　　(エ)　朝鮮

Ⅳ　現代社会に関連して，あとの問いに答えなさい。

問1　以下のグラフを参照し，あとの問いに答えなさい。

（1）　以下のグラフは日本の品目別自給率の推移を表している。そこから読み取れることと一致するものを以下の(ア)～(エ)の中から1つ選び，記号で答えなさい。

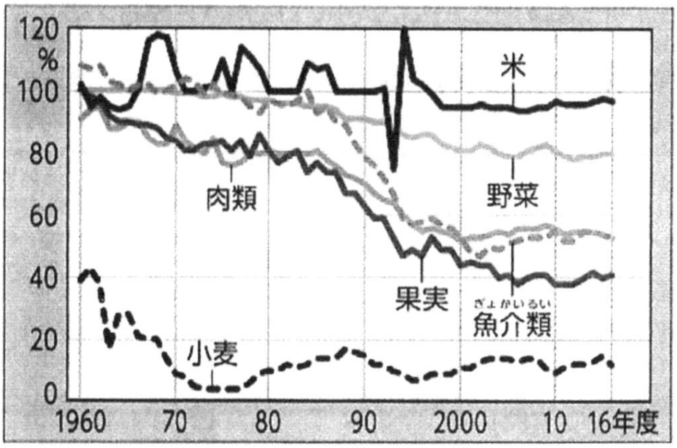

(ア)　米の食料自給率は，100％を超えたことがない。

(イ)　野菜の食料自給率は，60％を下回ったことがある。

(ウ)　魚介類の食料自給率を果実が上回ったことがある。

(エ)　1970年以降，小麦の食料自給率は20％を超えたことがない。

(２)　現代では食料だけでなく，人や物，お金や情報などの移動が，国境をこえて地球規模に広がっている。このことを何というか答えなさい。

問２　以下の会話文を読み，あとの問いに答えなさい。

教師Ｘ：現代の日本では，少子高齢化が問題となっているよ。
生徒Ｙ：やっぱり(Ａ)１人の女性が一生の間に出産する子どもの平均数の減少が理由ですか？
教師Ｘ：それも大きな理由の１つかな。あとは，祖父母と同居しない，(Ｂ)親と子ども，あるいは夫婦だけの世帯が増えて，子育ての手伝いを祖父母に頼りづらくなっているというのもある。
生徒Ｙ：それは，知りませんでした。私ももっと調べてみます。

(１)　傍線部(Ａ)を何というか，漢字７字で答えなさい。

(２)　傍線部(Ｂ)を何というか，解答欄に合わせて漢字５字以内で答えなさい。

問３　情報化社会について，あとの問いに答えなさい。

(１)　“AI”を日本語にした言葉を漢字で答えなさい。

(２)　情報を扱う技術によって生じる格差のことを何というか。カタカナで答えなさい。

問４　決定の方法について，適当でない説明を(ア)～(エ)の中から１つ選び，記号で答えなさい。

(ア)　多数決とは，より多くの人が賛成する意見を採用する方法だ。

(イ)　全会一致とは，全員の一致した意見を採用する方法だ。

(ウ)　多数決の短所は，意見の反映されない人が多くなりやすいことだ。

(エ)　全会一致の長所は，限られた時間の中で素早く結論を出しやすいことだ。

問5　以下の説明に一致する人物を(ア)～(エ)の中から1つ選び，記号で答えなさい。

ケニア出身の環境保護活動家で，2004年にノーベル平和賞を受賞した。この人物は，日本語の「もったいない」という言葉に感銘を受けた。そしてこの言葉にこめられた，物に感謝し，大切にし，無駄にしないという精神から，ごみを減らし，物を再利用し，さらにリサイクルしていかなければならないと説いた。

(ア)　マララ・ユスフザイ　　(イ)　ワンガリ・マータイ
(ウ)　ムハマド・ユヌス　　(エ)　マザー・テレサ

問6　以下の文章を読み，あとの問いに答えなさい。

人間はそれぞれ様々な個性や価値観を持ち，社会はこうした人々が集まり構成されるため，自分とは異なる考えの人も多い。そこで近年では，多様性を意味する(　a　)(カタカナ)が尊重されるようになってきた。この(　a　)を尊重する方法として，例えば(　b　)(カタカナ)が挙げられる。これは製品やサービスが，年齢や性別の違い，障害の有無などにかかわらず，誰でも使用できるように工夫し設計するものだ。そしてこのような取り組みは，異なる考えを持つ人々が，互いに　文化　の違いを認めた上で共生していく，(　c　)(漢字)を実現するために重要である。

(1)　空欄に当てはまる適切な語句を(ア)～(ク)の中から選び，記号で答えなさい。
(ア)　ユニバーサルデザイン　　(イ)　バリアフリー　　(ウ)　フェア・トレード
(エ)　インフォームド・コンセント　　(オ)　ダイバーシティ
(カ)　多文化共生　　(キ)　循環型社会　　(ク)　公的扶助

(2)　太線部に関連し，年中行事でないものを(ア)～(エ)の中から1つ選び，記号で答えなさい。
(ア)　節分　　(イ)　ひな祭り　　(ウ)　七夕　　(エ)　結婚式

(3)　太線部に関連し，日本には多様な伝統文化がある。
以下の空欄に当てはまる適切な文化を答えなさい。

(　d　)文化　：沖縄や奄美群島の人々が，(　d　)王国から受け継いだ文化
(　e　)文化　：北海道や樺太，千島列島の先住民族である(　e　)民族の文化

(4)　太線部に関連し，国や地方公共団体は有形，無形問わず文化財の保存に努めている。こうした文化財の保存を目的とする法律は何か答えなさい。

思いますか？

Bさん　うーん、たしかに高校を卒業してから海外留学をするのも遅くはないと思う。でも海外留学をすると日本との違いに気づけて、その意義は大きい[3]と感じたけど。

Aさん　そのような経験は高校生のうちにしたほうがいいという意見がありますよね。

Bさん　そうも言えるかな。それで、Aさんはどこに行ってみたいの？

Aさん　ポーランドです。宗教も街並みも日本と全然違うし、親日国だから留学もしやすいと大使館で聞きました。

Bさん　大使館にも行っ[4]てみたんだね。それで、言葉はどうなの？

Aさん　ポーランド語の入門書を買って、独学で勉強をしています。

Bさん　すごいね。それほど熱量があるなら応援したくなったよ。もう一度親と話をしてそういう熱意を具体的に示すといいんじゃないかな。

①　この会話文で、AさんとBさんの言葉づかいについての説明として最も適当なものを、次の中から選び記号で答えなさい。

ア　Aさんは質問をするときに同年齢の友人と話すような言葉づかいをしているが、Bさんはそれを全く気にせずに応じている。

イ　Aさんは率直な会話の中で、若者言葉的な略語をしばしば用いているが、Bさんはそれを理解して適切に応じている。

ウ　AさんはBさんに対して丁寧な言葉づかいを心掛けているが、Bさんは文末などにおいてくだけた話し言葉を用いている。

エ　AさんはBさんの前で緊張し堅い口調を崩さないため、Bさんの話し言葉も、Aさんに合わせて堅い口調となっている。

②　傍線部1～4の品詞の名前として適当なものを次の中から選び、記号で答えなさい。

ア　動詞　　イ　形容詞　　ウ　形容動詞
エ　名詞　　オ　副詞

問二　次の古語を現代仮名遣い、ひらがなに直しなさい。

①　かはづ　　②　ゐがほ　　③　あふぎ
④　くわかく　　⑤　てふてふ

れぞれ記号で答えなさい。

ア　もし　　イ　しかし　　ウ　むしろ
エ　つまり　　オ　たとえば

問三　傍線部①「音楽はかつて音楽家の地位が高く」とあるが、かつての音楽はどのようなものであったと述べられているか。本文から三十字で抜き出し答えなさい。

問四　傍線部②「このような近年の『音楽システムの変化』」を説明したものとして適当なものを次の中から選び、記号で答えなさい。

ア　ソニーの「ウォークマン」は、世界で初めてライフスタイルの携帯という文化を提示し、日本の発想力の豊かさを示した。
イ　フランスのシェフェールは、戦前より「ミュジーク・コンクレート」に取り組み、「現代音楽」的な作品の創作を行った。
ウ　「サンプラー」が「万能の楽器」と呼べるのは、さまざまな音を数値的に記憶・加工し新しい音を創造するからである。
エ　扱い可能な音源の質・量の劇的向上により、現代音楽では、従来音楽を作り出すために必要だとされた能力は全く不要である。

問五　次の文は、傍線部③「こういう感覚」を説明したものである。空欄[1]～[3]にあてはまる語を、字数指定に従って本文より抜き出し、説明文を完成させなさい。

[1]（十二字）よりも、インターネット上の知識やデータの集合体の中から[2]（二十字）技術そのものに重要性を見出す感覚。つまり、「オリジナリティ」とは、[3]（八字）のことを指すのである。

問六　空欄[A]に当てはまる語を次の中から選び、記号で答えなさい。

ア　加速　　イ　光速　　ウ　低速
エ　初速

問七　空欄[B]・[C]に当てはまる語の組み合わせを次の中から選び、記号で答えなさい。

ア　B…賛成　C…反対
イ　B…増加　C…減少
ウ　B…前進　C…後退
エ　B…需要　C…供給

三、後の問いに答えなさい。

問一　次の会話文は、高校一年生のAさんが海外留学をしたいことを、高校三年生のBさんに相談している場面である。この会話文を読み、後の問いに答えなさい。

Aさん　Bさんは海外留学をしたことがありますか？
Bさん　あるよ。去年の夏休みに留学したよ。
Aさん　どこに行ったのですか？
Bさん　[1]スイスに行ったよ。
Aさん　いいですね。私も留学したいです。
Bさん　そうなんだ。家族とは相談してみたの？
Aさん　留学したいと相談したのですが、まだ早いと言われました。多分、留学をしても高校生では[2]あまり成果が得られないからだと自分では考えているのですが、Bさんはどう

ことを研究するのが「プロ」なので、専門分野では結構優秀な人でも、幅広い知識が必要とされる総説的なものを書くのは苦手、というケースも案外多いのだ。

したがっておそらく、作曲家がDJに転身することがあまり多くないのと同様に、こういう学術の世界の「ポインタ」の役割を果たす人材は今後、学術の外か、あるいは辺境から出てくるのではないだろうか。［B］があるところには、いずれ［C］が出てくる。あとはそういう職業に対して具体的に「誰がギャラを払うか」という問題が解決されるかどうかが鍵になるだろう。

とはいえ「オリジナリティ」の件は、依然難問である。それは、音楽の世界でも同様だ。作曲家の権利と、二次使用のバランスの問題はまだ解決されているわけではない。ただ、長期的にはやはり、余っているものの価値は下がるだろう。

［Ⅱ］よく、ネット業界で「課金の難しさ」が言われるが、そもそも、これだけデータが環境化してしまっている中で、それを売って料金を取ろうというのはどだい無理な話だと思う。経済は[e]キショウなものに価値を許す。「今何に注目すべきか」という情報にこそ意味があるのであって、生のデータ自体は、どうしても価値を下げていく運命にあるのではないか。その流れに対して、たとえば現行の著作権制度で抗《あらが》おうとしても、長期的には徒労になるのではないか。

むしろ、「信頼ある知の証明書」を提供するような仕組みにこそ、人はお金を払うだろう。その意味で、知のアクセスの仕方を深く教える大学や、優れた書籍、有力なメディアなどは、[*9]「ポータル・メディア」としての価値をむしろ高めていくようにも思う。そしてそれは、「情報」というよりも「知識」の拠点でなければ評価されないはずだ。

（神里達博『文明探偵の冒険』より）

＊1　チル・アウト……chill out（英語）。「冷却」という意味から転じて「落ち着く、くつろぐ」の意。

＊2　ポインタ……pointer（英語）。指標、現在の位置を示すしるし。

＊3　コンピレーション・アルバム…compilation album（英語）。編集盤。別々のアルバムに入っていた曲を、一定の意図に基づいて集めて作る音楽アルバム。

＊4　ウォークマン……一九七九年から発売されたポータブルオーディオプレイヤーシリーズ。

＊5　コラージュ……collage（フランス語）。糊《のり》付けを意味する絵画の技法。ここでは素材を組み合わせて作品を作ること。

＊6　プロフェシー……prophecy（英語）。予言。お告げ。

＊7　クラウド……cloud（英語）。クラウドコンピューティングの略。データをインターネット上に保存する使い方、サービス。

＊8　査読……投稿論文を審査するために読むこと。

＊9　ポータル・メディア……portal media（英語）。創られた一次データを諸条件に基づき取捨選択し配信する媒体。

問一　傍線部a～eの語句のカタカナを漢字に直しなさい。

問二　空欄［Ⅰ］・［Ⅱ］に入る適切な語を次の中から選び、そ

しかしこの問題は、単に学生を「けしからん」と叱責するだけでは解決しそうにない、もっと構造的な問題が横たわっているように思えてならない。すなわち学生たちは、「なぜコピペしてはいけないのかが分からない」のである。

推測するに、その理由はこうだ。ネットが我々の社会に入って、かれこれ二十年が経《た》つ。生まれた時からネットに浸って育ってきた世代も、すでに大学生になっているのだ。この人たちは、成人してからネットに親しんだ「旧タイプ」とは違う感覚を持っていると考えられるだろう。なぜなら、彼ら／彼女らは、先ほど述べた「データ自体に価値はなく、ポインタにこそ意味がある」ということを、身体的に理解しているように見えるからだ。したがって彼ら／彼女らは、下手に自分で「独創」するよりも、世界中の知の*7クラウドから、ほどほどに適切な答えを短時間で導き出せることの方が、いやそのスキルそのものが、「知である」という「実感」を持っていると推察されるのである。

要するにそこでの「独創」とは、コラージュの様式のことであって、つまり、「どんな元ネタをどんな風につなぎ合わせてcoolに見せるか」というところに最大の価値があると、信じているのである。③こういう感覚だと、おそらくコピペに倫理的な疚《やま》しさを感じにくいのではないだろうか。

もちろん、こんな態度では教育は成り立たないし、そもそも「ならば誰がその一次データを創るのか。クリエイターに対する敬意や報酬《ほうしゅう》はどうするのか」という問題は残っている。この世代が知の「消費者」でしかなく、本当の意味での「生産者」になり損ねている、とすれば、事態は深刻だ。ただ、一次データが飽和すると―たとえば音楽はそういう傾向が強いのだが―、データの価値はどうしても下がっていくだろう(「下がっていくべきだ」、と主張しているのではない、誤解なきよう)。

では学術の領域はどうか。実は、学術論文の生産量も近年、[A]度的に増えており、論文は「*8査読者と著者しか読まない」などという皮肉が交わされるほどである。価値のある論文の数は(残念ながら)少ないし、読まれることも(遺憾《いかん》ながら)少ないのに、何故《なぜ》発行数が増えるのかといえば、それは「論文を書いた量が多い人が評価され、出世する」というアカデミズム業界内部のルールのためである。そこには逆に、「消費者」の視点が欠けている。

もちろん学術論文は、量だけではなく質も重要なのだが、[c]カッキテキな発見をする人はマイナーであって、たいていの研究者は質ではあまり差がつかない(たぶん)。いや、というよりも、客観的に計量できる「論文数」で評価した方が、色々と都合がよい、と言うべきか。この趨勢《すうせい》がよいと思っている研究者は多くはないだろうが、代替する仕組みを作るのは大変難しく、じりじりとこの傾向が強まっていると思われる。

だがもし、音楽の世界と同じことが学術の世界で起こるとすれば、作曲家のみならずDJの価値が、つまり「論文を書く人」のみならず「何が重要な論文であるかを教えてくれる人」＝「ポインタ」の価値が高まるだろう。実際、学術の外側の世界では、そういう総説的な仕事を求める声が大きい。だがまたまた皮肉なことに、そういう仕事は「専門家」としては[d]ギョウセキにならないし、そもそも先端的で狭い

役割を果たしているＤＪたちは、今や音楽文化の中心にあり、そこからたとえば[*3]コンピレーション・アルバムという形態も注目されるようになってきた。これはいわば「選曲リスト＝ポインタ」を販売しているともいえるだろう。

また作曲のシーンでも、別の意味で「ポインタ」の重要性が高まっている。それは音楽そのものの創られ方の変化が関係している。

かつて音楽は、一回きりの存在であり、同じ時と場所を共有した者たちだけの、交換可能でない濃密な経験であった。［Ⅰ］、ラジオ放送によって空間的な束縛から解放され、録音技術が開発されることで時間の制約からも自由になった音楽は、あらゆるアートのなかでもとりわけ、[b]ショウヒスタイルの多様性が大きいジャンルになった。おそらく最も重要な発明の一つは、ソニーの[*4]「ウォークマン」であろう。これは、自分のライフスタイルを「携帯する」という文化を世界で初めて示したという点で、あらゆるウェアラブル機器の祖なのである。その影響は計り知れない。

加えて、科学技術の発展は、「音楽を編集することで新たな音楽を創る」という可能性を後押しし、音楽シーンに大きな影響を与えた。そもそも音楽における[*5]コラージュは、フランスの電気技術者出身の作曲家、シェフェール（**Pierre H. M. Schaeffer**, 一九一〇～九五）が第二次大戦直後に始めた「ミュジーク・コンクレート（**musique concrète**）」に端を発する。彼は磁気テープに録音したさまざまな音をつなぎ合わせたり、速度を変えるなどして、いわゆる「現代音楽」的な作品を創り上げた。

その後、さまざまな試みがなされたが、特に重要なのはデジタル音声処理技術の進展によって実現した、「サンプラー」と呼ばれる楽器の出現であろう。これは、さまざまな楽器や自然の音などの波形をあらかじめ数値的に記憶させておき、それらを自由に取り出しながらリアルタイムで加工することで、新たな音を創り出す、理論的には「万能の楽器」である。一九八二年にリリースされた最初の実用的なサンプリング式キーボード「**Emulator**（競合者）」は、当時、高級車よりも高価だったが、多くのミュージシャンが競って導入したものだ。

その後、半導体素子の性能は、扱える音源の質も量も劇的に向上した。その結果、完成された音楽全体をサンプリングして、それを別の音楽における一つの楽器のノート（音）のように扱うといったことが可能になった。まさに「音楽を素材に音楽を創る」という方向性を加速させていったのである。そこでは、従来、音楽を創り出すために必要とされた、譜面を読む能力や和音の理論的知識、あるいはキーボードの熟練などではなく、「どんな音（楽）を組み合わせるか」という感性が最も重要になる。これは一種の「革命」であると言ってもよいかもしれない。

アートが「文明の[*6]プロフェシー」として時代の行く末を指し示すものならば、②このような近年の「音楽システムの変化」は、我々の他の分野での活動、たとえば「科学的知識の創られ方」の今後を占う上でも、きっと参考になるだろう。

まずは、「オリジナリティ」について。最近は大学におけるレポート提出等で、「コピペ（**copy & paste**）」が氾濫《はんらん》していることを嘆く声は、よく耳にする。「剽窃《ひょうせつ》」でないことを確認するための手間が増え続ける教員の苦悩には、大いに共感するところだ。

問六　傍線部③「友だちと会ったりするの、やだったな」とあるがそれはなぜか。適当なものを次の中から選び、記号で答えなさい。

ア　一番仲の良かった友達にも言っていなかったので、それ以外の友達に知られるのは気まずいから。

イ　自分が他の子とは違い家族の面倒を見ていることを知られたくなかったから。

ウ　友達に会った時に本当のことが言えず、そのたびに嘘をつくことが嫌になっていたから。

エ　両親に気を遣われることさえも嫌なのに、友達にも気を遣われたくないから。

問七　傍線部④「疎外感」とあるが、これを言い換えた表現を本文から九字で抜き出し答えなさい。

問八　傍線部⑤「今思うと、おふくろに悪かったなあ」とあるが、このような渉の感情を表した言葉を本文中から漢字二字で抜き出し答えなさい。

問九　傍線部⑥「そんなことしかいえない自分がなさけない」とあるが、このときの悠人の説明として、適当なものを次の中から選び、記号で答えなさい。

ア　面倒をみてもらっている立場でありながら、家族の悪口を言っていた渉のばあちゃんの態度にあきれてしまい、言葉も出ないでいる。

イ　悠人には介護の経験が無いため、認知症の家族を抱えていた渉の苦悩を全く理解することができず、気の利いたことが言えないでいる。

ウ　渉と会話をしているにもかかわらず、渉の一方的な話を聞いているばかりであまり口を挟むことができない自分自身を恥じている。

エ　認知症の深刻な症状を知り、渉にどんな言葉をかければよいかわからない自分をふがいなく思っている。

二、次の文章を読んで、後の問いに答えなさい。（問題文には一部変更がある。）

音楽の現在は、「知識社会の未来」を表していると考えられるかもしれない。①音楽はかつて作曲家の地位が高く、演奏する者や歌う者がそれに続いた。しかし近年、音楽そのものの量が増えていき、流通が加速していくと、次第に「音楽を選ぶ者」の価値も高まってきている。

ディスク・ジョッキー（DJ）とは元々、「ビニール（アナログ）レコードのプレイヤーをaソウサする人」という意味であるが、ラジオ局などで選曲をしつつおしゃべりをするラジオ・パーソナリティをそう呼ぶようになったのは、二十世紀初頭のアメリカである。そして近年、いわゆる「クラブ文化」の興隆《こうりゅう》以降、DJは音楽シーンの主役になっていく。それは無数の音楽のなかから、その場で最も適切な選曲をし、参加者を高揚させ、あるいは*1チル・アウトさせる「司祭」の役割を、彼ら／彼女らが一手に引き受けるようになったからである。

これをより一般化して言うならば、音楽という個々のデータそのものを創り出すことのみならず、データを「指し示すこと」に高い価値が置かれる時代になったのである。いわば「データの*2ポインタ」の

悠人にも経験がある。現に、こんな体験をしていた渉に対して、やさしい親に愛されて育った苦労なしだと思っていたし、もしかしたら、気楽でいいな、ぐらいのことをどこかでいってしまったかもしれない。

「だれも責めることなんて、ほんとは、できないだろ。病気なんだから。だけどさ、こっちも、それをかわいそうって思えるほど、おとなじゃなかったしな。なんでもっとやさしくしてやれなかったかな、って、今は思う」

　渉は、遠い目をして上空を見る。渉の後悔をにじませた言葉をききながら、まだ小学生だった渉が負い目を感じる必要はないのではないか、と思ったが、口にできなかった。無言のまま、つられるように、悠人も視線を追う。だいぶ葉の落ちた欅《けやき》の枝のむこうに、すっきりと晴れた青空が広がっていた。

（濱野京子『with　you』より）

＊朱音…悠人が思いを寄せる女の子。

問一　傍線部a～eのカタカナを漢字に直し、漢字の読みをひらがなで記しなさい。

問二　傍線部Ⅰ～Ⅲの言葉の意味として適当なものを次の中から選び、それぞれ記号で答えなさい

Ⅰ　頭をよぎった

ア　思い浮かんだ。　イ　胸に突き刺さった。

ウ　脳裏に焼き付いた。　エ　嫌な予感がした。

Ⅱ　おもむろに

ア　突然　イ　すぐに　ウ　ゆっくり

エ　無遠慮に

Ⅲ　負い目

ア　敗北感　イ　申し訳なさ　ウ　恥ずかしさ

エ　劣等感

問三　傍線部A・Bの「一高の秀才」「知り合いの子」とはそれぞれ誰のことか。本文から抜き出し答えなさい。

問四　傍線部①「まさか。ぴんぴんしてるよ」で使われている修辞法は何か。適当なものを次の中から選び、記号で答えなさい。

ア　直喩

イ　倒置法

ウ　反復法

エ　擬態語

問五　傍線部②「渉が怪訝そうな顔をむける」とあるが、この時の渉の気持ちとして適当なものを次の中から選び、記号で答えなさい。

ア　自分の話を聞いて驚いている悠人に対し、親友なのに気づかなかったのかと疑っている。

イ　悠人が怒っている様子を見て、自分のことをよく知らなかったことは気にしないで欲しいと思っている。

ウ　悠人が考え込む様子を見て、悠人の家庭に何か問題でもあるのかと心配している。

エ　悠人がくやしがる様子を見て、自分の話が悠人の気分を害したのかと心配している。

「結果だけは、押さえておくって感じ？」

「まあな。けど、おれ、こんな話したの、はじめてだよ。あのころは、なんか、まわりからとりのこされる感じがあってさ。もう、過去の話だけどな。だから、いえるんだけど」

「認知症とかは、なかったのか？」

　ずいぶん前のことだが、認知症の老人が線路内に立ちいって死亡し、高額のc賠償金を請求され、裁判になったという事件があった。そのことを、両親が話題にしていたのを、ふと思いだしたのだ。それに、高齢化社会が進み、認知症患者もますますふえているということは、敬老の日にもニュースになっていた。

「……あったよ。いつだったかな、ばあちゃん、いなくなっちゃって、おれもチャリでさがしまわってさ。そんとき、同級生にばったり会って。どこ行くんだ、ってきかれて、適当にごまかして。そのあと、一度、親にむかってブチキレた」

「キレた？」

「なんで、おれがばあちゃんの面倒みなきゃいけないんだよ、って。おれはまだガキだったからさ。キレたって、まあ、しょうがねえなって、親も思ったみたいだった。親の方が、あやまったりなだめたり、必死だった。⑤今思うと、おふくろに悪かったなあって。おふくろは、パートやめたし。それなりに、やりがい感じてた仕事だったみたいだけどな。今は、復活してはりきって働いてるからいいんだけどさ」

　悠人は、渉の母親を思いうかべる。明るく、さっぱりした印象の人だった。渉が自分にくらべて母との関係がよさそうなのは、ともに介護をになったからだろうか。考えこんでいると、また渉が口を開いた。

「うちのばあちゃんの認知症は、脳梗塞がひきおこしたらしくて、まだらに症状が出るっていうか、正直、それもきつかったな」

「まだら？」

「おもろいばあちゃんだったんだよ。けっこう長く、塾の先生やってたらしくて、勉強教えるのが上手で。そんなばあちゃんが、だんだん、こわれてくみたいで。汚れもの、かくそうとしたり。あと、ものがなくなったとか、盗まれたとかってさわいだり、あちこち電話して、おふくろの悪口いったり」

「それは……まわりもたいへんだったろうな」

　⑥そんなことしかいえない自分がなさけない。それにしても、病気は気の毒だが、面倒をみて悪者にされるなんて、つらすぎる。

「今思えばさ、やっぱりいちばんかわいそうだったのは、ばあちゃんだったかなって」

「えっ？」

　悠人は思わず渉の顔をdギョウシした。渉は、自分がつらい目にあっても、祖母をかわいそうだったといった。いつもどおりのどこかのん気そうな表情で。

「しゃんとしてるときもあってさ。そういうときは、自分を責めて落ちこんじゃって。いっそずっとぼけてた方が、ばあちゃんも楽だったんじゃないか、とかってあとになってから思った」

「……なるほど」

　自分をコントロールできない状態。想像もつかない。けれど、気づかないうちにへんなまちがいをして、あとで知ったときのe苦さなら、

られなくなるかもな」

　いつになく、まじめそうな表情で渉はいった。悠人がだまっていると、

「家に病人がいるって、きついよ」

と、渉はつぶやいた。

「手伝いとか、した?」

「手伝いっていうより、役割?　家の仕事の中で、おれの役割ってのがきっちりあった。あと、車《くるま》椅《い》子《す》、ちゃんと押せる自信あるよ」

　からっと渉は笑ったが、役割だといった言葉が、頭にこびりつく。朱音も似たようなことをいっていた。手伝いではない、と。

　渉の祖母のことは、ちょっとしたなりゆきできいてしまった話ではあったが、悠人は少なからずbショウゲキを受けていた。陽気でひょうきんで、なんの心配ごともないやつ……ずっとそう思って接してきた。だからある意味、気が楽でもあったのに、小学生のときにそんな体験をしていたとは。人は見かけによらない、というのはほんとうなのかもしれない。もっとも、渉にしたところで、悠人の家庭については何も知らない。だれだって、わざわざ暗い話などしたくないし、ききたくもないのだから。

　家に病人がいるというのは、どういう感じなのだろう。唇をかみしめた悠人を見て、②渉が怪訝《けげん》そうな顔をむける。

「悠人のじいちゃんかばあちゃん、どうかしたの?」

「あ、いや、そうじゃなくて。B知り合いの子が、親が病気らしくて」

「親か……たいへんだよなあ」

「車椅子、押せるって、いったろ。おれ、やったことねえし」

「おれ、ガキのわりには力あったし、けど、③友だちと会ったりするの、やだったな」

　そのとき、チャイムが鳴って、ふたりはそれぞれの席にむかった。

　その日の下校時、渉といっしょに学校を出た悠人は、

「朝の話だけど、渉がそんな思いしてたなんて、知らなかった」

と告げた。

「ばあちゃんのこと?」

　渉は悠人がうなずくのを見て、Ⅱおもむろに口を開く。

「中学に入ったのは、亡くなったあとだったし。でも、あのころの同級生には話してないよ。いちばん仲よかったやつにも、なんかいいづらくて、いえなかった」

　どんなに親しくても、いえないこともある。悠人が、父の不在を学校の友人のだれにも話してないように。そのことを知っているのは、朱音だけだ。

「クラスのやつらが、あたりまえにやってること、できなかったし」

「できなかったって?」

「サッカーの練習に行けなかったり、好きなテレビ、見られなかったり。Jリーグの結果とかは、朝、親父にきいてた。じゃないと、学校で話についてけねえし」

　テレビのことは、朱音もいっていた。今は受験前なので、悠人はほとんどテレビを見なくなったが、スポーツにしろ、お笑い番組にしろ、学校で話題になることはままある。そんなとき、たかがテレビネタとはいえ、話題にまったく加われなければ、④疎外感を覚えるかもしれない。

【国　語】（四五分）〈満点：一〇〇点〉

【注　意】字数指定の問題は「、」や「。」、「」（カギカッコ）も字数として含めること。

一、次の文章を読んで、後の問いに答えなさい。（問題文には一部変更がある）

　一日学校を休んだ悠人《ゆうと》が登校すると、渉《しょう》がすぐに歩みよってきた。

「風邪だって？　めずらしいな」

「油断した」

と笑いながら、教室内を見回す。始業時間まで間があったためか、まだ半分も登校していなかった。

「なんか、まだ鼻声じゃん。だいじょうぶか？」

「たるんでるってよ、兄貴が。こええの」

　どさっと鞄を机におきながら、冗談めかしていってみる。

「さすがきびしいなあ。A一高の秀才は」

「渉は、いいよな、ひとりっ子で」

「ひとりっ子はひとりっ子でたいへんなんだぞ」

「くらべられたりしないだろ」

「でも、全部背負わなくちゃいけねえし。親のこととか」

「そんな先のこと……まさか、親、病気とか？」

　ついそんな言葉が出てしまったのは、*朱音《あかね》のことがI頭をよぎったからだ。

「①まさか。ぴんぴんしてるよ。けど……ばあちゃんが、病気のときはな」

「ばあちゃんって、同居？」

「死んだ。三年前に、肺炎で」

「そうか」

　渉とはちがう小学校だったので、これまで、祖母の話をきいた記憶はなかった。

「親父の母親だったんだけど、うちの親って、結婚がおそくて、ばあちゃんも八十近くてさ」

「同居してたのか？」

「うん。じじいの方はおれがまだガキんときに、病気で亡くなってて、ばあちゃん、西多摩のマンションでひとり暮らしだったんだけど。脳梗塞《のうこうそく》でたおれて、うちにひきとった」

　悠人は、自分の祖父母を思いうかべる。母の両親は、秋田で伯父夫婦と同居しているが、二年ぐらい会っていない。小学生のころは、夏休みにおとずれたりしていたが、直人《なおと》が高校受験した年から、それもやめてしまった。父は東京生まれの東京育ちだったが、父の両親は退職後にaキョウリの岡山にもどった。今は祖母がひとりで暮らしているが、母と父が不和になってから、物理的な距離以上の距離を感じるようになっている。

「おれは、祖父母って、あんまり身近じゃなくて、よくわかんねえな」

「けど、いつどうなるか、わかんねえよ。今、すげえ高齢化社会だろ。哲矢《てつや》んとこなんか、ひいばあちゃんの世話、ばあちゃんがしてるらしい。認知症《にんちしょう》とかも、ふえるだろうし、だれにとっても無関係でい

2023年度

共愛学園高等学校入試問題(学業特別奨学生)

【数　学】（45分）〈満点：100点〉

1　次の問いに答えなさい。

(1)　次の式を計算しなさい。

①　$12\div(-6)+(-7)\times(-3)$

②　$(2a+6b)\div\frac{2}{3}$

③　$(2x-3)^2$

④　$\sqrt{3}(2\sqrt{15}-\sqrt{6})$

(2)　次の式を因数分解しなさい。

①　$28a^2b-14ab^2+21abc$

②　$x^2-12x+36$

(3)　次の方程式を解きなさい。

①　$5(3x-1)-4x=17$

②　$x^2-12x=64$

③　$x^2+3x-3=0$

(4)　次の連立方程式を解きなさい。

$$\begin{cases} 3x-5y=17 \\ x+3y=1 \end{cases}$$

2　関数$y=x^2$のxの変域が$-1\leqq x\leqq 2$のとき，yの変域を求めなさい。

3　2直線$y=-2x+5$，$y=5x-9$の交点を通り，点(7，11)を通る直線の式を求めなさい。

4　コインを3回投げたとき，表が1回，裏が2回となる確率を求めなさい。

5　12人に数学の小テストを実施した結果です。

4，5，5，6，6，6，7，8，9，9，9，10

平均値，中央値，四分位範囲の正しい組み合わせを①～⑤から1つ選びなさい。

	平均値	中央値	四分位範囲
①	7.0	7.0	3.5
②	7.0	6.5	3.5
③	7.0	6.5	4.0
④	6.5	6.5	3.5
⑤	6.5	7.0	4.0

6 次の図で，平行四辺形ABCDにおいて，点Pは∠Dの二等分線とBCの交点です。このとき，ADの長さを求めなさい。

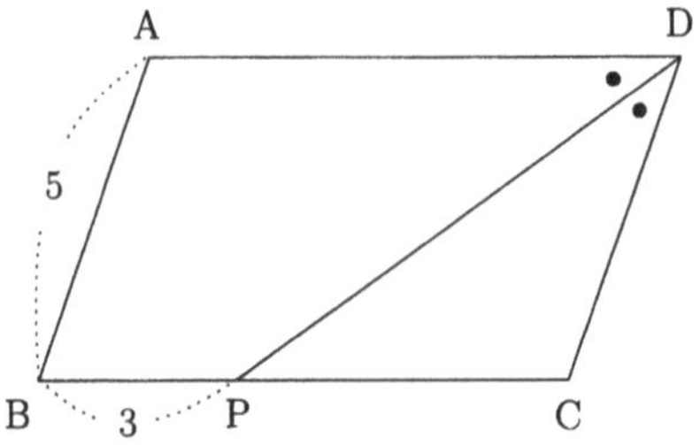

7 次の図で，∠xの大きさを求めなさい。

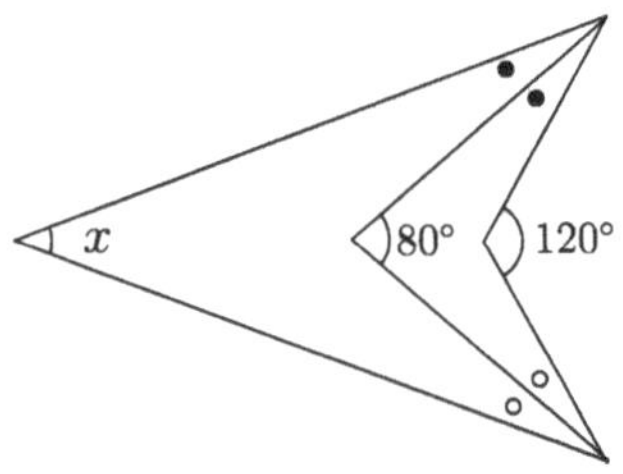

8 2次方程式$\frac{1}{4}x^2-ax+5a-4=0$が$x=2a$を解にもつとき，定数aの値を求めなさい。

9 高速道路と一般道路を使って，160kmの道のりを車で走ります。
高速道路を時速80km，一般道路を時速40kmで移動した結果，2時間45分かかって到着しました。高速道路を走った道のりは何kmか求めなさい。

10 十の位の数が3である3けたの自然数があります。各位の数の和は14で，百の位と一の位の数を入れかえた自然数は，もとの自然数より99小さいです。もとの3けたの自然数を求めなさい。

11 次の図は，4つの長方形を並べた図形です。xの値を求めなさい。

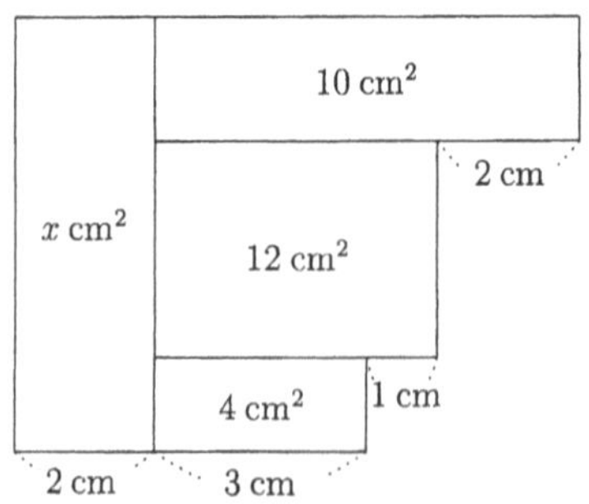

12 図のように，放物線$y=ax^2$と直線ABが交わっています。△OABの面積が24のとき，定数aの値を求めなさい。

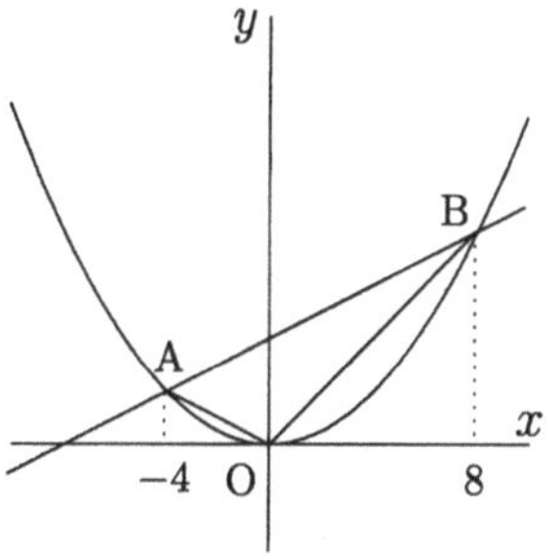

13 図のように，関数$y=x^2$のグラフ上に点A，Cがあります。点Aのx座標は2であり，点Aと点Cのy座標は等しいです。四角形OABCがひし形となるようにy軸上に点Bをとります。点(−4，0)を通り，ひし形OABCの面積を2等分する直線の式を求めなさい。

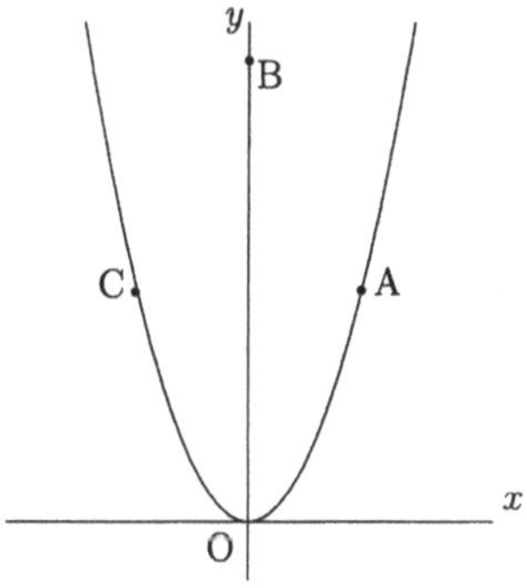

【英　語】（50分）〈満点：100点〉〈普通科用〉

＜リスニング問題＞

A　これから放送される1～5の英文を聞いて、それに対する応答として最も適切なものをA～Dの選択肢から選び、記号で答えなさい。英文と質問は1度だけ放送されます。なお、英文も選択肢も問題用紙には記載されていません。

1. 解答欄に答えを記入しなさい。
2. 解答欄に答えを記入しなさい。
3. 解答欄に答えを記入しなさい。
4. 解答欄に答えを記入しなさい。
5. 解答欄に答えを記入しなさい。

B　これから放送される長めの英文に関する質問が5つあります。それに対する応答として最も適切なものをA～Dの選択肢から選び、記号で答えなさい。英文と質問は1度だけ放送されます。

1. Who is telling the story?
2. What job did Camille's brother do each day?
3. Why did Camille go to the village every day?
4. What did Camille pass by on her way to the village?
5. How did the dandelion flower taste to Camille?

※リスニングテストの放送台本は非公表です。

C　以下の英文を読み、問いに答えなさい。

Once upon a time in a small Italian town, a daughter *complained to her father that her life was unhappy and that (あ)(ア make / イ how / ウ know / エ she / オ it / カ didn't / キ better/ ク to). She was tired of fighting all the time. It *seemed like life was one problem after another.

The next day her father, a chef, took her to the kitchen. He took some potatoes, eggs and coffee beans. He filled three pots with water and put each on the stove. Once the three pots began to boil, he put potatoes in one pot, eggs in the second pot, and ground coffee beans in the third pot. He then let them sit and boil without saying a word to his daughter. The daughter waited *impatiently and wondered what he was doing.

After twenty minutes he turned off the stove. He took the potatoes out of the pot and put them in a bowl. He pulled the eggs out and placed them in a bowl. Then he *ladled the coffee into a cup.

He turned to his daughter and asked. "What do you see?"

"Potatoes, eggs, and coffee," she answered.

"Look closer," he said, "and touch the potatoes." When she touched them, she found that they were soft. He asked her to take an egg and break it. When she pulled off the shell, she saw that it was hard.

(い)At last, he asked her to taste the coffee. Its rich smell brought a smile to her face.

"Father, what does this mean?" she asked. He *explained that the potatoes, the eggs, and the coffee beans each faced (う)the same trouble. However, each one reacted (え): The potatoes went in strong and hard, but the boiling water made them soft and weak.

The egg was easily broken, with only a *thin outer shell protecting the *liquid inside. But once put in boiling water, the inside of the egg became hard.

However, the ground coffee beans were unique. After they were put into the boiling water, they changed the water and created something new and wonderful.

"Which are you?" he asked his daughter. "When troubles knock on your door, how do you answer? (お)Are you a potato, an egg, or a coffee bean?"

*complain　不満を言う　　*seem　～のようだ　　*impatiently　いらいらして
*ladle　すくう　　*explain　説明する　　*thin　薄い
*liquid　液体

1. 下線部(あ)の語を意味が通るように並べ替え、(　　　)内で3番目と6番目にくる語を、記号で答えなさい。

2. 下線部(い)とほぼ同じ意味の語句を選択肢の中から1つ選び、記号で答えなさい。
　ア. After all　　イ. Finally　　ウ. In fact　　エ. At once

3. 下線部(う)とあるが具体的には何か。選択肢の中から1つ選び、記号で答えなさい。
　ア. the boiling water　　イ. the hot pot
　ウ. to be put in a bowl　　エ. to be put on a fire

4. 文脈から考えて、(え)に入る最も適切な語句を選択肢の中から1つ選び、記号で答えなさい。
　ア. the same　　イ. interestingly　　ウ. differently　　エ. seriously

5. 下線部(お)とあるが、父親がその質問の答えからどのようなことを伝えようとしているか。最も適切なものを1つ選び、記号で答えなさい。
　ア. 人生には楽しいことだけでなく、苦しい時もあるが、そのような時こそ人と触れ合い、新しいことを学ぶことで物を見る目を変えることができる。
　イ. かたい食材でもしっかり時間をかけて煮込めば柔らかくなり、逆に柔らかい食材は歯ごたえが良くなるなど、それぞれをおいしい食材に変えることができる。
　ウ. 料理人は大変な修行を積み一人前となるため、豊富な知識や人生経験を積んでいる。そんな彼らのアドバイスは私たちの人生に役立てることができる。
　エ. 良いことも悪いことも私たちの身の回りで起こるが、大事なのはそれらにどのように対応するのか、また何事も肯定的にとらえて、そこから学ぼうとする姿勢である。

6. 本文の内容と合っているものにはT、間違っているものにはFで答えなさい。
　① The daughter didn't like her life because even if one problem was solved, another one soon followed.
　② When her father was boiling water, he kept talking with his daughter.
　③ The shell of the boiled egg was so hard that she couldn't break it.
　④ The daughter smiled when she tasted the coffee because it smelled so good.
　⑤ The father asked his daughter which boiled food she liked the most.

D　次の英文の(　　　)内に入る最も適切な語(句)を選び、記号で答えなさい。ただし、文頭にくる語も小文字になっている。

1. Kaori went to France (　　　) French.
　ア. study　イ. studies　ウ. studied　エ. to study
2. (　　　) way do you think she went?
　ア. which　イ. what　ウ. who　エ. when
3. It is very (　　　) to walk under the cherry trees in Japan.
　ア. excited　イ. exciting　ウ. excite　エ. be exciting
4. My brother played badminton (　　　) the first time.
　ア. in　イ. of　ウ. to　エ. for
5. A: I'm home! What are you doing, Saya?
　B: Hi, mom. I've just (　　　) my homework!
　ア. finished　イ. been finished　ウ. finishing　エ. be finishing
6. My sister (　　　) be eighteen next month.
　ア. is　イ. will　ウ. going　エ. are
7. I'm looking forward to (　　　) you in America.
　ア. seeing　イ. see　ウ. be seeing　エ. being seen
8. He is one of the (　　　) pianists in the world.
　ア. most　イ. more　ウ. well　エ. best
9. I was (　　　) a shower when my friend called me last night.
　ア. take　イ. taking　ウ. to take　エ. taken
10. This singer is (　　　) to everybody in Japan.
　ア. know　イ. knew　ウ. known　エ. knowing

E　次の対話文AとBを読み、(1)〜(10)に入る最も適切なものをア〜コから選び、記号で答えなさい。ただし、文頭にくる語も小文字になっている。

A: Hi! Long time no see. How have you been? Oh, I really like your dress!
　(1) did you get it?
B: I bought it in the new store (2) my mom's house. They sell fashionable shoes and (3), and the prices weren't so high.
A: Really? I want to go there, too. How (4) is it from here? Did you go there by car?
B: Yes, it's about 10 minutes by car and maybe 20 minutes on (5). I can take you there today if you want to go. Are you (6) this afternoon?
A: Yes! I'd love to go! I really enjoy shopping with my friends.
B: Ok, I will pick you up at your house about 3 o'clock.
(at the store)
B: What (7) of clothes are you looking for today?
A: I am looking for a dress for my friend's (8).
B: Ok! How about this red dress? That black one is pretty, too. What color do you like?

A: My (9) color is red but this dress looks too small for me. Do they have a (10) size?
B: Let's go and ask someone for help.

ア. kind　イ. where　ウ. bigger　エ. near　オ. far
カ. favorite　キ. free　ク. wedding　ケ. clothes　コ. foot

F 日本語の意味に合うように英文を並べ替え、(　　)内で3番目と6番目に来る語(句)を記号で答えなさい。ただし、文頭にくる語も小文字になっている。

1. トムの買ったコンピュータは使いやすい。
(ア. bought　イ. computer　ウ. easy　エ. is　オ. Tom
カ. the　キ. to　ク. use).

2. 何か温かい飲み物をいただけませんか。
Would(ア. something　イ. you　ウ. give　エ. please　オ. to drink
カ. hot　キ. me)?

3. 父が書いたこの本に興味があります。
I (ア. am　イ. book　ウ. by　エ. my　オ. in　カ. interested
キ. this　ク. father　ケ. written).

4. 彼は大変正直なので、うそをつくことが出来ません。
(ア. is　イ. to　ウ. too　エ. tell　オ. honest　カ. he
キ. a lie).

5. 彼は午前9時からずっとゲームをしているのですか。
(ア. been　イ. playing　ウ. has　エ. games　オ. since
カ. he　キ. 9 a.m.)?

G 次の各組の英文がほぼ同じ内容になるように、(　　)内に入る適切な英語1語を答えなさい。

1. This school was built eighty years ago.
This school is eighty years (　　).

2. Mike is very good at speaking Japanese.
Mike speaks Japanese very (　　).

3. My car is near the big house.
The car near the big house is (　　).

4. I can't do it if you don't help me.
I can't do it (　　) your help.

5. I know the writer of this book.
I know (　　) wrote this book.

【英　語】（50分）〈満点：100点〉〈英語科用〉
<リスニング問題>

A　これから放送される1～5の英文を聞いて、それに対する応答として最も適切なものをA～Dの選択肢から選び、記号で答えなさい。英文と質問は1度だけ放送されます。なお、英文も選択肢も問題用紙には記載されていません。

1. 解答欄に答えを記入しなさい。
2. 解答欄に答えを記入しなさい。
3. 解答欄に答えを記入しなさい。
4. 解答欄に答えを記入しなさい。
5. 解答欄に答えを記入しなさい。

B　これから放送される長めの英文に関する質問が5つあります。それに対する応答として最も適切なものをA～Dの選択肢から選び、記号で答えなさい。英文と質問は1度だけ放送されます。

1. Who is telling the story?
2. What job did Camille's brother do each day?
3. Why did Camille go to the village every day?
4. What did Camille pass by on her way to the village?
5. How did the dandelion flower taste to Camille?

※リスニングテストの放送台本は非公表です。

C　以下の英文を読み、問いに答えなさい。

Once upon a time in a small Italian town, a daughter *complained to her father that her life was unhappy and that(あ)(ア make / イ how / ウ know / エ she / オ it / カ didn't / キ better/ ク to). She was tired of fighting all the time. It *seemed like life was one problem after another.

The next day her father, a chef, took her to the kitchen. He took some potatoes, eggs and coffee beans. He filled three pots with water and put each on the stove. Once the three pots began to boil, he put potatoes in one pot, eggs in the second pot, and ground coffee beans in the third pot. He then let them sit and boil without saying a word to his daughter. The daughter waited *impatiently and wondered what he was doing.

After twenty minutes he turned off the stove. He took the potatoes out of the pot and put them in a bowl. He pulled the eggs out and placed them in a bowl. Then he *ladled the coffee into a cup.

He turned to his daughter and asked. "What do you see?"

"Potatoes, eggs, and coffee," she answered.

"Look closer," he said, "and touch the potatoes." When she touched them, she found that they were soft. He asked her to take an egg and break it. When she pulled off the shell, she saw that it was hard.

(い)At last, he asked her to taste the coffee. Its rich smell brought a smile to her face.

"Father, what does this mean?" she asked. He *explained that the potatoes, the eggs, and the coffee beans each faced (う)the same trouble. However, each one reacted (え): The potatoes went in strong and hard, but the boiling water made them soft and weak.

The egg was easily broken, with only a *thin outer shell protecting the *liquid inside. But once put in boiling water, the inside of the egg became hard.

However, the ground coffee beans were unique. After they were put into the boiling water, they changed the water and created something new and wonderful.

"Which are you?" he asked his daughter. "When troubles knock on your door, how do you answer? (お)Are you a potato, an egg, or a coffee bean?"

*complain　不満を言う　*seem　～のようだ　*impatiently　いらいらして
*ladle　すくう　*explain　説明する　*thin　薄い
*liquid　液体

1. 下線部(あ)の語を意味が通るように並べ替え、(　　　)内で3番目と6番目にくる語を、記号で答えなさい。

2. 下線部(い)とほぼ同じ意味の語句を選択肢の中から1つ選び、記号で答えなさい。

　ア．After all　イ．Finally　ウ．In fact　エ．At once

3. 下線部(う)とあるが具体的には何か。選択肢の中から1つ選び、記号で答えなさい。

　ア．the boiling water　イ．the hot pot
　ウ．to be put in a bowl　エ．to be put on a fire

4. 文脈から考えて、(え)に入る最も適切な語句を選択肢の中から1つ選び、記号で答えなさい。

　ア．the same　イ．interestingly　ウ．differently　エ．seriously

5. 下線部(お)とあるが、父親がその質問の答えからどのようなことを伝えようとしているか。最も適切なものを1つ選び、記号で答えなさい。

　ア．人生には楽しいことだけでなく、苦しい時もあるが、そのような時こそ人と触れ合い、新しいことを学ぶことで物を見る目を変えることができる。
　イ．かたい食材でもしっかり時間をかけて煮込めば柔らかくなり、逆に柔らかい食材は歯ごたえが良くなるなど、それぞれをおいしい食材に変えることができる。
　ウ．料理人は大変な修行を積み一人前となるため、豊富な知識や人生経験を積んでいる。そんな彼らのアドバイスは私たちの人生に役立てることができる。
　エ．良いことも悪いことも私たちの身の回りで起こるが、大事なのはそれらにどのように対応するのか、また何事も肯定的にとらえて、そこから学ぼうとする姿勢である。

6. 本文の内容と合っているものにはT、間違っているものにはFで答えなさい。

　① The daughter didn't like her life because even if one problem was solved, another one soon followed.
　② When her father was boiling water, he kept talking with his daughter.
　③ The shell of the boiled egg was so hard that she couldn't break it.
　④ The daughter smiled when she tasted the coffee because it smelled so good.
　⑤ The father asked his daughter which boiled food she liked the most.

D　次の英文の(　　　)内に入る最も適切な語(句)を選び、記号で答えなさい。ただし、文頭にくる語も小文字になっている。

1. Kaori went to France (　　　) French.
ア. study　イ. studies　ウ. studied　エ. to study

2. (　　　) way do you think she went?
ア. which　イ. what　ウ. who　エ. when

3. It is very (　　　) to walk under the cherry trees in Japan.
ア. excited　イ. exciting　ウ. excite　エ. be exciting

4. My brother played badminton (　　　) the first time.
ア. in　イ. of　ウ. to　エ. for

5. A: I'm home! What are you doing, Saya?
B: Hi, mom. I've just (　　　) my homework!
ア. finished　イ. been finished　ウ. finishing　エ. be finishing

6. My sister (　　　) be eighteen next month.
ア. is　イ. will　ウ. going　エ. are

7. I'm looking forward to (　　　) you in America.
ア. seeing　イ. see　ウ. be seeing　エ. being seen

8. He is one of the (　　　) pianists in the world.
ア. most　イ. more　ウ. well　エ. best

9. I was (　　　) a shower when my friend called me last night.
ア. take　イ. taking　ウ. to take　エ. taken

10. This singer is (　　　) to everybody in Japan.
ア. know　イ. knew　ウ. known　エ. knowing

E　次の対話文AとBを読み、(1)～(10)に入る最も適切なものをア～コから選び、記号で答えなさい。ただし、文頭にくる語も小文字になっている。

A: Hi! Long time no see. How have you been? Oh, I really like your dress!
(1) did you get it?
B: I bought it in the new store (2) my mom's house. They sell fashionable shoes and (3), and the prices weren't so high.
A: Really? I want to go there, too. How (4) is it from here? Did you go there by car?
B: Yes, it's about 10 minutes by car and maybe 20 minutes on (5). I can take you there today if you want to go. Are you (6) this afternoon?
A: Yes! I'd love to go! I really enjoy shopping with my friends.
B: Ok, I will pick you up at your house about 3 o'clock.
(at the store)
B: What (7) of clothes are you looking for today?
A: I am looking for a dress for my friend's (8).
B: Ok! How about this red dress? That black one is pretty, too. What color do you like?

A: My (9) color is red but this dress looks too small for me. Do they have a (10) size?
B: Let's go and ask someone for help.

ア. kind　イ. where　ウ. bigger　エ. near　オ. far
カ. favorite　キ. free　ク. wedding　ケ. clothes　コ. foot

F　次の英文の(　　)内に入る最も適切な語(句)をア～エより選び、記号で答えなさい。

1. The age of adulthood in Japan was (　　) on April 1, 2022. Teenagers now become adults at age 18, not 20.
ア. lower　イ. lowering
ウ. lowered　エ. to lower

2. The third Monday in July is a national holiday called "(　　)."
ア. Mountain Day　イ. Marine Day
ウ. Greenery Day　エ. National Sports Day

3. (　　) is a famous landmark in Paris. It is nicknamed, "la Dame de Fer," meaning, "the iron lady."
ア. Elizabeth Tower　イ. Notre Dame Cathedral
ウ. The Statue of Liberty　エ. The Eiffel Tower

4. Liz Truss became the third woman to serve as Britain's (　　), following Margaret Thatcher and Theresa May.
ア. prime minister　イ. principal
ウ. president　エ. chairman

5. Queen Elizabeth last appeared in public for the final day of her 70-year celebrations. She smiled and waved to the crowds from the balcony of (　　).
ア. Palace of Westminster　イ. Buckingham Palace
ウ. Kensington Palace　エ. Caesars Palace

G　次の表現が表すものを、それぞれ与えられた文字で始まる英語1語で答えなさい。

1. a plan that lists all the work that you have to do and when you must do each thing
(s　　　)

2. a particular type of clothing worn by all the members of a group or organization such as the police, the army etc.
(u　　　)

3. the number of the house, name of the road, and name of the town that a person lives in
(a　　　)

4. clothes, sheets, etc. that need to be washed or have just been washed
(l　　　)

5. a building where important cultural, historical or scientific objects are kept and shown to the public
(m　　　)

【理　科】（45分）〈満点：100点〉

1. 次の各問いに答えなさい。

問1　動物のからだのつくりで，口から肛門までの1本の長い食物の通り道を何といいますか。

問2　10Ωの抵抗を3つ並列に並べた場合，全体の抵抗は何Ωになりますか。解答は四捨五入して小数第1位まで求めなさい。

問3　次の**ア**，**イ**のどちらの水溶液の濃度が大きいですか。記号で答えなさい。

ア　水75gに食塩25gを溶かした水溶液

イ　水120gに食塩30gを溶かした水溶液

問4　水に溶けやすく，空気より重い気体を捕集する方法を答えなさい。

問5　水の入った風船が吊り下げられています。この風船を針で素早く割るところをカメラで撮影したところ，一瞬だけ，吊り下げられた風船と同じ形になっている水を撮ることができました。このように撮れたのは，水に限らず物体のどのような性質によるものか答えなさい。

問6　動物の行動において，刺激に対して無意識に起こる反応を何といいますか。**漢字で**答えなさい。

問7　ある地点で気温と湿度を測定したら，20℃で45％でした。20℃での飽和水蒸気量を$17.2g/m^3$として，この地点の水蒸気量を求めなさい。解答は四捨五入して，小数第1位まで求めなさい。

問8　次の文の空欄に適する語句を**ア**～**エ**からそれぞれ1つ選び，記号で答えなさい。

高気圧の中心付近には(　①　)があるので，雲ができにくい。一方，低気圧の中心付近には(　②　)があるので，雲ができやすくて天気が悪くなることが多い。

ア　偏西風　　**イ**　季節風　　**ウ**　上昇気流　　**エ**　下降気流

2. 図1の装置で次の(a)～(c)の手順で実験を行いました。ただし，使用した記録タイマーは1秒間に50打点です。また，摩擦やおもりにはたらく空気の抵抗，記録テープの質量は考えないものとします。

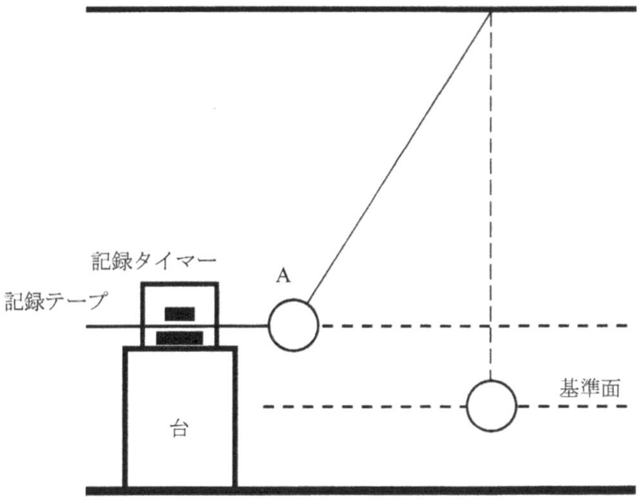

図1　実験装置

(a)　手で記録テープを引いて，おもりに結ばれている糸がたるまないように，おもりを基準面からA点まで持ち上げる。

(b)　記録タイマーのスイッチを入れると同時に静かに記録テープを離す。

(c)　図2のようにおもりがB点，C点，D点を通り，反対側の最高点であるE点に達したときに，基準面からの高さを読み取ると同時に記録タイマーのスイッチを切る。

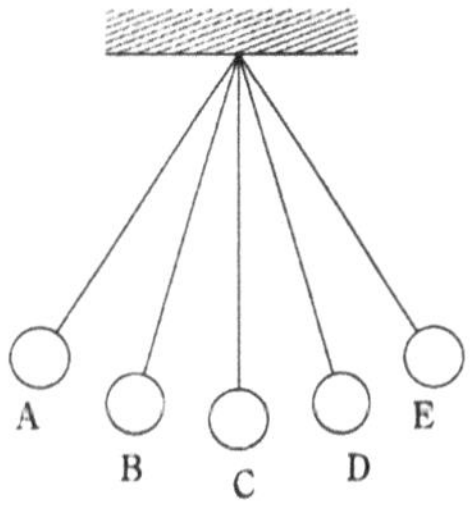

図2　おもりの動きの様子

図3は，記録テープを5打点ごとに切って，おもりに近い方を下側にして左から順に並べ，貼り付けたものです。

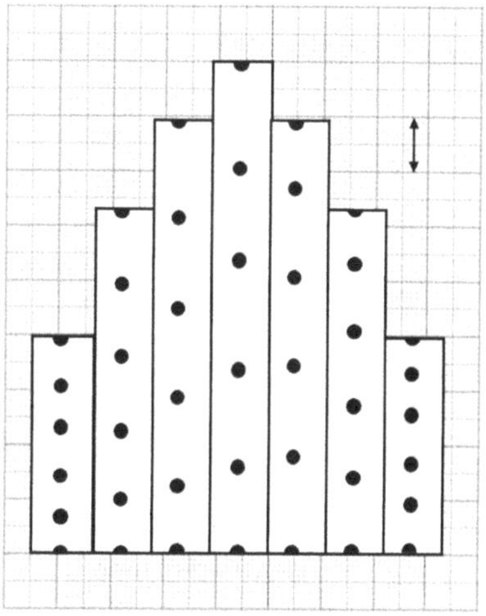

図3　記録テープの結果
(図中の矢印の長さは1cmとします)

問1　図3に関する次の文章の空欄を埋めなさい。なお，①～③は，必要であれば四捨五入して，小数第1位まで求めなさい。

図3を読み取ると，おもりがA点からE点に達するまでにかかった時間は(　①　)秒である。この時におもりが進んだ距離は(　②　)cmである。つまり，平均の速さは(　③　)m/秒と計算できる。また，点Cを通ったときのテープは図3の左から(　④　)番目のテープと考えられる。

問2　A点での記録テープを静かに離した瞬間のおもりにはたらく力とC点でのおもりにはたらく力を，解答欄の図中にすべて図示しなさい。ただし，記録テープにかかる力は考えないものとします。

問3　このおもりについて，「水平方向の位置」と「位置エネルギーの大きさ」の関係を模式的に表したものが図4です。太破線は位置エネルギーの大きさの変化を表しています。運動エネルギーの大きさがどのように変化するのかを**実線で**解答欄のグラフに書き込みなさい。

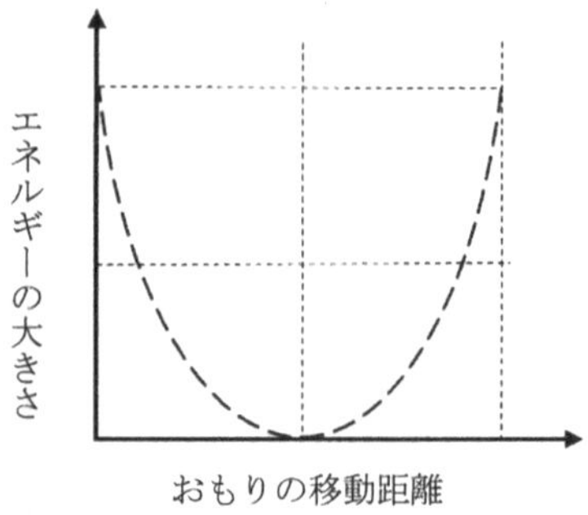

図4　位置エネルギーのグラフ

3.　ある地域の地層をくわしく調べるため，地点①およびその北に約1km離れた地点②でボーリング調査を行いました。その結果の柱状図と，調査からわかったことを以下に示しています。なお，この地域では断層や地層の上下関係の逆転などはありませんでした。以下の問いに答えなさい。

＜調査でわかったこと＞

・F層とJ層には，同じ時代に生きていたサバのなかまの化石が含まれていた。
・Xは安山岩で，N・O・P層を貫いているが，M層のところで突然切れていた。
・O層には，ハチノスサンゴの化石が含まれていた。

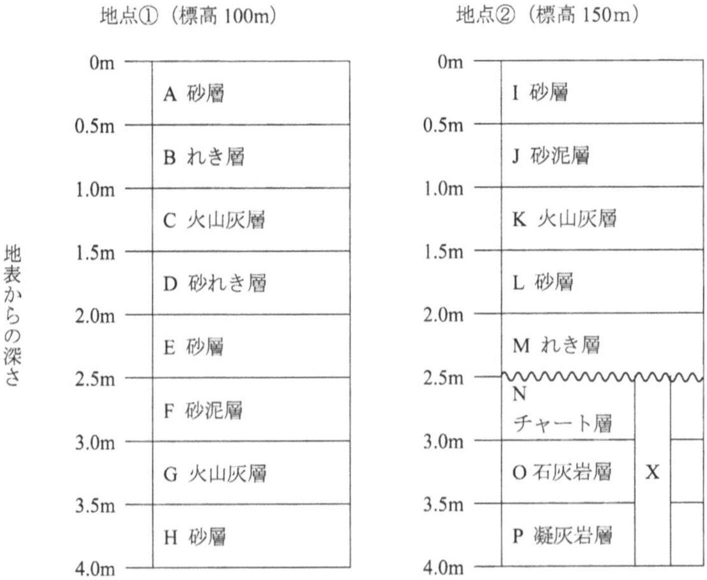

問1　地点②のK火山灰層は，地点①のどの層とつながっていますか。A ～ Hの記号で答えなさい。

問2　この地域付近では今までに火山活動が何回かあったことが，この柱状図からわかりました。Xはひとつの火山活動を示していますが，その他に何回の火山活動がありましたか。活動の回数を答えなさい。また，その中でもっとも古い火山活動を示す地層を選び，A～Pの記号(**Xは含みません**)で答えなさい。

問3　O層から見つかった化石からわかることを，**ア**～**カ**から1つ選び，記号で答えなさい。

ア　亜熱帯の浅い海だった。
イ　亜熱帯の深い海だった。
ウ　川の河口付近だった。
エ　寒帯の浅い海だった。
オ　寒帯の深い海だった。
カ　亜熱帯の陸上だった。

問4　問3のような「化石になった生物が生きていた環境」がわかる化石の名称を**漢字で**答えなさい。

問5　地点②の調査でとれたものを手でさわったら，I～Mは手でつぶせましたが，N～Pは硬くてつぶせませんでした。このことからわかることを，次の文から1つ選び，記号で答えなさい。

ア　N～P層はI～M層ができた時代より，ずっと古い時代にできた。
イ　N～P層はI～M層ができた時代と，ほぼ同じ時代にできた。
ウ　N～P層はI～M層ができた時代より，ずっと新しい時代にできた。

問6　N～P層のように地層からできた岩石の名称を**漢字で**答えなさい。

4.　次の実験1，2について，あとの各問いに答えなさい。

実験1　下の図のような装置(スライドガラスの上に，塩化ナトリウム水溶液をしみこませたろ紙を置き，両端を金属製のクリップで固定した。その上に，赤・青のリトマス紙と塩酸をしみこませたろ紙をのせた)を組み立て，電圧を加え，リトマス紙の色の変化を観察した。

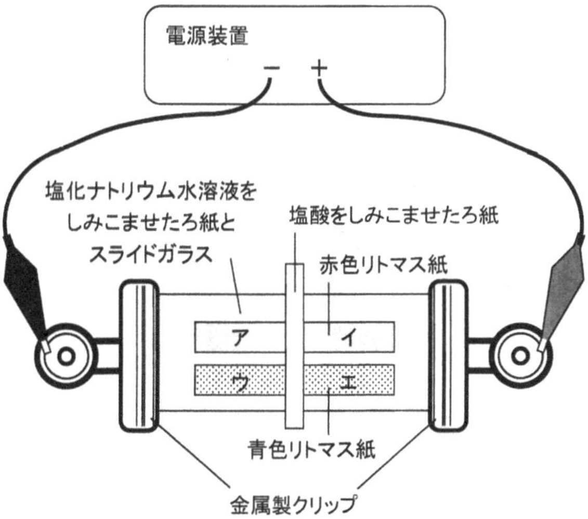

問1　図中のどこが変色しますか。**ア**～**エ**から1つ選び，記号で答えなさい。

問2　問1のように変化したのはどのようなイオンによるものですか。**化学式で**答えなさい。

問3　実験1の下線部に代わり，水酸化ナトリウム水溶液をしみこませたろ紙を用いて，同様に実験を行いました。

①　図中のどこが変色しますか。**ア**～**エ**から1つ選び，記号で答えなさい。

②　①のように変化したのはどのようなイオンによるものですか。イオンの名称を答えなさい。

実験2

(a)　塩酸を10mL，こまごめピペットでビーカーに測り取った。

(b)　BTB溶液を加え，溶液の色を観察した。

(c)　このビーカーに，水酸化ナトリウム水溶液を少しずつ加え，溶液を緑色にした。

(d)　(c)の溶液を少量，スライドガラスにとって加熱し，乾燥させた。

問4　こまごめピペットの使い方として，正しいものを，**ア**～**エ**から選び，記号で答えなさい。

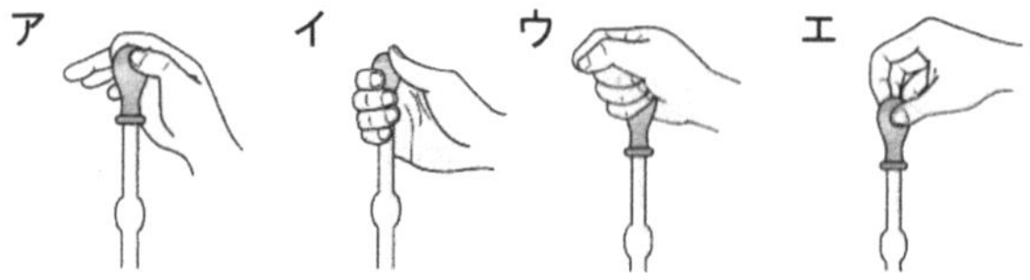

問5　実験2(d)でスライドガラスに残った白い固体は何ですか。物質名を答えなさい。

問6　実験2でおこった化学変化を化学反応式で答えなさい。

5.　次の先生と生徒の会話文を読んで，あとの各問いに答えなさい。

先　生：私たち動物は食事をして，生きていくためのエネルギーのもととなる栄養を体外から摂取しているけど，植物はどうしているのかな？

生徒A：根から吸い上げた水と養分でエネルギーをまかなっていると思います。

生徒B：それだけではなくて，□をして養分を作っているはずだよ。

先　生：では、植物は食事をしなくても，自分の体の中で栄養を作り出しているという事になるね。

生徒A：だから植物は食事をするための口が無くて，食べ物を得るために動き回らなくてもいいんだね。

生徒B：動かなくてもいいということは，「生き物」では無いのかな。

先　生：では，植物が生物である証拠を動物との共通点からいろいろ調べてみよう。

問1　下線部の物質が通る管を何といいますか。

問2　［　　　］に入る言葉を**漢字で**答えなさい。

問3　［　　　］の材料として使われる物質2つを**化学式で**答えなさい。

問4　［　　　］の行われる場所は，植物細胞の中の何という部分ですか。

問5　生物の共通点として，動物のからだも植物のからだも「細胞」からできています。植物の細胞がふえるときの体細胞分裂を顕微鏡で観察しました。右図のXの名称を**漢字で**答えなさい。

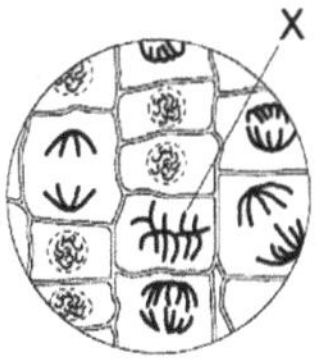

問6　動物も植物も，生殖により自分と同じ種類の新しい個体を作ります。植物の有性生殖において，動物の精子と同じ役割を持つ細胞を右図のP～Rから選びなさい。また，その名称を答えなさい。

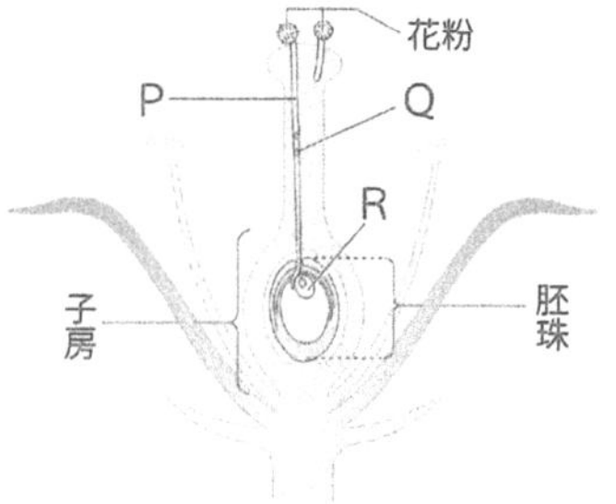

【社　会】（45分）〈満点：100点〉

I　ヨーロッパ州に関する以下の各問いに答えなさい。

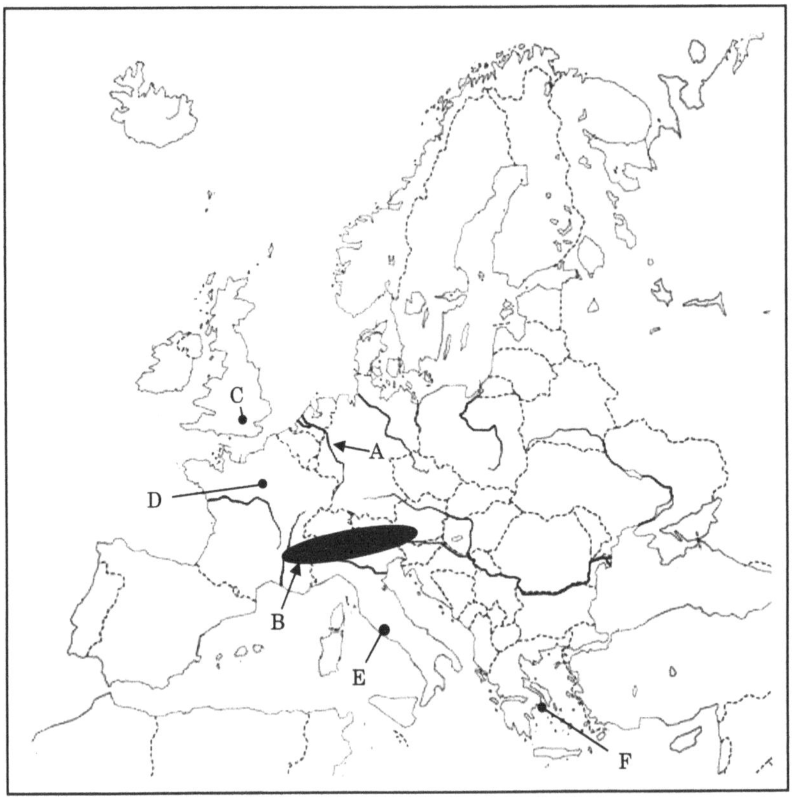

問1　Aの河川を答えなさい。

問2　Bの山脈を答えなさい。

問3　ヨーロッパ連合に2013年に加盟した国として正しいものを以下の(ア)～(エ)から1つ選び，記号で答えなさい。
(ア)　ルーマニア　　(イ)　クロアチア　　(ウ)　ブルガリア　　(エ)　リトアニア

問4　国連教育科学文化機関(UNESCO)の本部があるパリの位置として正しいものを地図中のC～Fから1つ選び，記号で答えなさい。

問5　持続可能な社会に向けてのヨーロッパの取り組みについて書かれている以下の文を読み，空欄①，②にあてはまる言葉を選択肢(ア)～(エ)から1つ選び，記号で答えなさい。

> ヨーロッパ連合の加盟国では，火力や原子力に代わって，風力などの(　①　)を利用した発電を積極的に進めています。
> また，観光においては，国立公園などで自然を学習しながら楽しむ(　②　)も，環境に配慮した持続可能な観光として人気があります。

(ア)　①－自然エネルギー　　②－ツアー型観光
(イ)　①－代替エネルギー　　②－保養型観光
(ウ)　①－再生可能エネルギー　　②－エコツーリズム
(エ)　①－新エネルギー　　②－ルーラルツーリズム

問6　以下のグラフは「人口」，「面積」，「GDP」について，アメリカ合衆国・日本・ヨーロッパ連合を比較したものである。グラフ中のa～cのうち，ヨーロッパ連合のものを選び，記号で答えなさい。

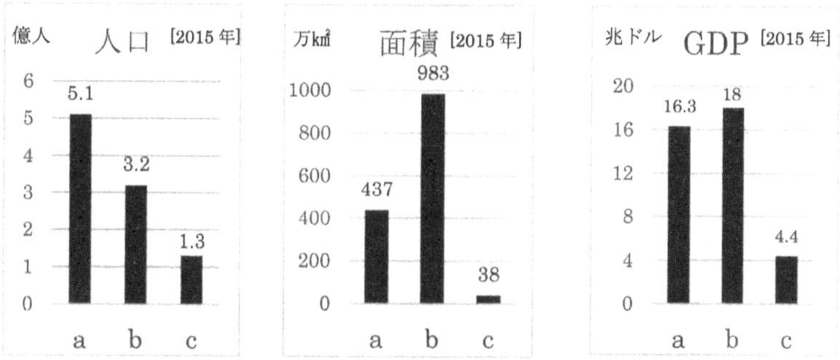

問7　ヨーロッパ連合の抱える課題としてあてはまるものを以下の(ア)～(エ)から1つ選び，記号で答えなさい。
(ア)　加盟国が年々減少し，発言力のある一部の国の意見しか反映されていない。
(イ)　東ヨーロッパ諸国の方が，西ヨーロッパ諸国よりも所得がはるかに高い。
(ウ)　アメリカや日本に比べて，ハイテク産業が全く成長していない。
(エ)　外国人労働者が増加しているが，安い賃金で働いている人が多い。

Ⅱ　関東地方に関する以下の各問いに答えなさい。
問1　関東地方を流れる流域面積が日本最大の川を答えなさい。

問2　関東地方の内陸部で冬の時期に吹く北西の季節風を何というか，答えなさい。

問3　関東地方の臨海部に広がる工業地帯，工業地域の名称として正しいものを以下の(ア)～(カ)からすべて選び，記号で答えなさい。
(ア)　京浜工業地帯　　(イ)　中京工業地帯　　(ウ)　阪神工業地帯
(エ)　瀬戸内工業地域　　(オ)　京葉工業地域　　(カ)　東海工業地域

問4　東京に集中しているさまざまな機能を分散するために，周辺の地方公共団体に開発されたものと，県名の組み合わせとしてふさわしくないものを以下の(ア)～(エ)から1つ選び，記号で答えなさい。

(ア)　栃木県　－　筑波研究学園都市　　　(イ)　埼玉県　－　さいたま新都心
(ウ)　神奈川県　－　横浜みなとみらい21　　(エ)　千葉県　－　幕張新都心

問5　以下の帯グラフは，ある作物の生産量の県別割合を表している。群馬県の嬬恋村が代表的な生産地である。この作物を答えなさい。

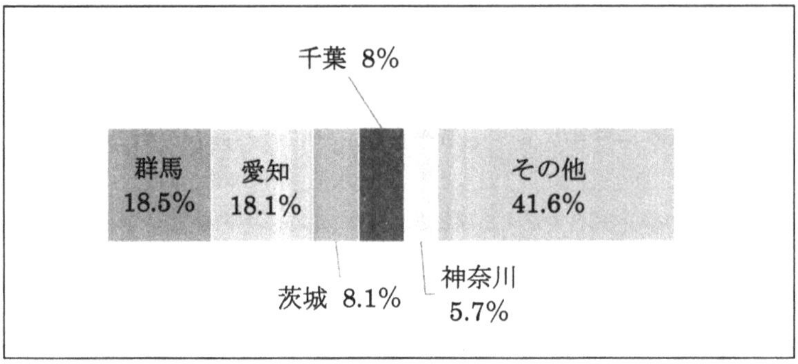

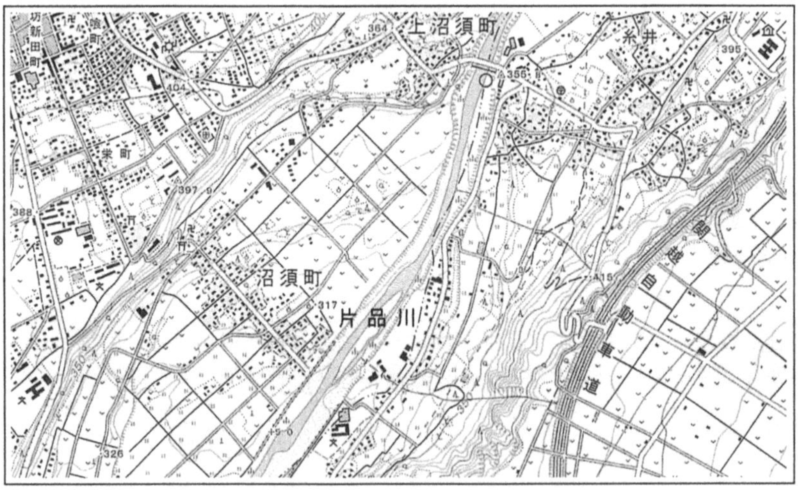

国土地理院発行　2011年更新　25000分の1「沼田」(拡大)

問6　上の地形図は，群馬県沼田市片品川流域の様子である。地形図中の関越自動車道の上り線で高崎市へ向かうと，栃木県や茨城県へ繋がる高速道路にのりかえることができる。この高速道路の名称を答えなさい。

問7　上の地形図において，片品川に架かる橋から川沿いの中学校までの直線距離は約6cmである。この二地点間の実際の直線距離を答えなさい。

問8　上の地形図に記されていない地図記号を以下の(ア)～(オ)から1つ選び，記号で答えなさい。

(ア)　村役場　　(イ)　老人ホーム　　(ウ)　警察署

(エ)　高等学校　　(オ)　神社

Ⅲ　古代から近現代に至るまで，日本だけでなく世界中で多くの指導者・支配者が誕生した。各問いに答えなさい。

A

私は，6～7世紀に生きた人物です。家柄にとらわれず，能力や功績のある個人を取り立てる(①)という制度を制定しました。また，役人の心構えを示した(②)という決まりを制定したことで知られています。当時中国の進んだ制度や文化を取り入れるため，(③)を派遣しました。

B

私は，16世紀の日本の戦国大名として知られています。土地と農民を直接支配し，年貢を確実に取り上げるために全国の田畑の広さや収穫量などを調べる(④)を行いました。また，一揆を防ぐために農民から武器を取りあげる(⑤)という政策も実施しています。16世紀末に朝鮮出兵しましたが，(⑥)という2度目の出兵で私が死んだ後に，引き上げることとなりました。

C

私は，19世紀のアメリカ合衆国の大統領です。自由貿易などをめぐる国内対立から，1861年に(⑦)戦争が始まりました。この戦争中に私は(⑧)宣言を発布し，1865年には戦争が終結しました。ちょうどその頃，私は暗殺されました。

D

私は，1867年に(⑨)を行なって政権を朝廷に返した，江戸幕府第15代将軍です。日本の開国後は政治や経済が混乱したため，各地で「⑩」と唱えて集団で踊る騒ぎが起こりました。

E

私は，20世紀の東アジアで発生した(⑪)革命の主導者です。(⑪)革命は1911年に発生し，漢民族の独立などを求めて起きました。私は(⑫)主義を唱えて，翌年には(⑬国名)の建国に成功したのです。

F

私は，20世紀末に旧ソ連における共産党書記長を務めました。経済が停滞していたソ連を立て直すために政治や経済の見直しを進め，1989年に(⑭)島での米ソ首脳会談によって冷戦の終結を宣言しました。その翌年に東西(⑮)が統一し，1991年にソ連は解体します。

問1　A～Fの人物名を答えなさい。

問2　A～Fの人物が語っている吹き出しの空欄に当てはまる語句を選択肢(ア)～(ニ)から選び，記号で答えなさい。

(ア)　文禄の役　(イ)　慶長の役　(ウ)　冠位十二階　(エ)　もったいない
(オ)ええじゃないか　(カ)　中華民国　(キ)　中華人民共和国　(ク)　刀狩
(ケ)　遣隋使　(コ)　遣唐使　(サ)　太閤検地　(シ)　大政奉還
(ス)　独立　(セ)　南北　(ソ)　辛亥　(タ)　奴隷解放　(チ)　ポツダム
(ツ)　マルタ　(テ)　ドイツ　(ト)　十七条の憲法　(ナ)　三民　(ニ)　国民

問3　A～Fの人物と関わりのある写真や絵を，選択肢①～⑥からそれぞれ選び，記号で答えなさい。

①

②

③

④

⑤
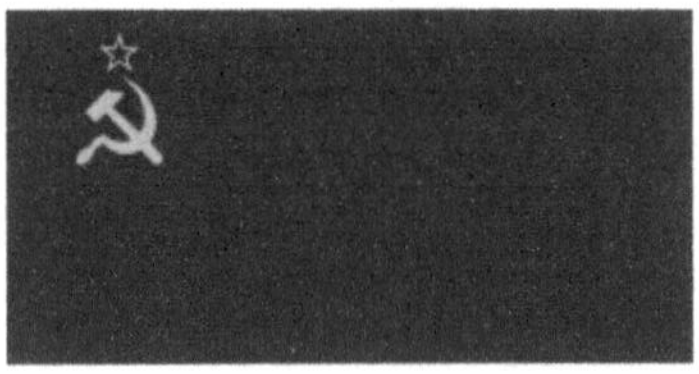

⑥

問4　紀元前を表わすアルファベットを解答欄に合うように2文字で答えなさい。

Ⅳ　2023年は関東大震災から100周年を迎える。空欄に当てはまる語句を選択肢(ア)～(サ)から選び，記号で答えなさい。

1923年当時，日本の元号は(①)であり，自由主義的な運動が唱えられるようになった。この時代は都市を中心に全国民が共有する大衆文化が発達した。例えば(②)を観る，蓄音機から流れる歌謡曲を聴く，そして1925年には(③)放送が始まっていることなどが挙げられる。またバスガールや(④)などの職業が登場し女性の社会進出が著しい時代に入る。この社会進出と地位向上のために背後で活躍した(⑤人名)の存在を忘れてはならない。これらの出来事は，21世紀に生きる私たちの生活に大きな影響を与えていることは間違いない。今から100年後の2123年は，どのような世界が広がっているのだろうか。

(ア)　明治　　(イ)　大正　　(ウ)　昭和　　(エ)　テレビ　　(オ)　映画
(カ)　ラジオ　　(キ)　医者　　(ク)　電話交換手　　(ケ)　地上デジタル
(コ)　犬養道子　　(サ)　平塚らいてう

V　花子さんは，「憲法と人権」について調べたことをまとめ，発表することにした。以下の資料は，調べた時に集めたものである。各問いに答えなさい。

資料1

大日本帝国憲法		日本国憲法
（ A ）	主権	国民
法律によって制限できる（臣民ノ権利）	人権	侵すことのできない（ B ）の権利

資料2

日本国憲法の人権
・a 自由権
・b 法の下の平等
・c 社会権
・d 参政権
※近年はe 新しい人権の登場も。

資料3

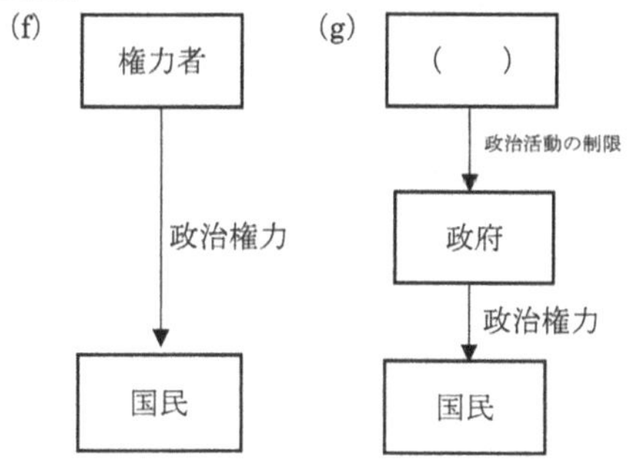

資料4 (1983年4月9日読売新聞)

"隣人訴訟"への嫌がらせ
「　　　権利侵害」
国民は慎重行動を
法務省が異例の見解

問1　資料1の空欄A，Bにあてはまる語句を書きなさい。(いずれも2字)

問2　資料2の下線部aについて，自由権にあたる権利を，次の(ア)～(エ)から1つ選び，記号で答えなさい。
(ア)　生存権　　(イ)　請願権　　(ウ)　財産権　　(エ)　日照権

問3　資料2の下線部bについて，以下の空欄に当てはまる語句を書きなさい。

すべて国民は，法の下に平等であつて，(　あ　)，(　い　)，(　う　)，社会的身分又は(　え　)により，政治的，経済的又は社会的関係において，差別されない。

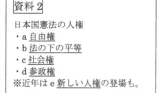

問4　資料2の下線部cについて，以下の文章を読み，空欄に当てはまる語句をカタカナで書きなさい。

> 2015年，広告代理店に勤めていた社員が過労に耐えられず自ら命を絶った。この社員は，通常の労働時間に加えて月の残業時間が105時間にも及んでいた。この事件をきっかけに「働き方改革」の考えが生まれた。私たちが健康で文化的な生活を送るためには，「　　　」(仕事と生活の調和を図ること)が重要である。

問5　資料2の下線部dについて，以下は日本の参政権に関する資料である。空欄に当てはまる簡潔な説明および数字を書きなさい。

西暦年	法	選挙権がある人	備考
1889年	衆議院議員選挙法	直接国税15円を納める25歳以上の男子	日本初の選挙権
1925年	普通選挙法	(　　お　　)	選挙人資格の緩和
(　か　)年	改正衆議院議員選挙法	20歳以上の者	普通選挙の実現
2015年	改正公職選挙法	(　き　)歳以上の者	選挙権年齢の引き下げ

問6　資料2の下線部eについて，新しい人権にあたらない権利を次の(ア)～(エ)から1つ選び，記号で答えなさい。

(ア)　勤労権　　(イ)　知る権利　　(ウ)　環境権　　(エ)　自己決定権

問7　資料3について，以下の各問いに答えなさい。

①　(f)の体制をなんというか。4字で書きなさい。

②　(g)の空欄に当てはまる語句を漢字1字で書きなさい。

問8　資料4は，以下の文章で経緯が説明されている「隣人訴訟」に関する新聞記事である。この事件でC・Dさん夫婦双方が侵害された国民の権利とは何か，解答欄に合うように6文字で書きなさい。

> 1977年に，Cさん夫妻が隣に住むDさん夫妻に幼い子どもを預け外出したところ，Dさん夫妻が目を離したすきに子どもが池に落ち，死亡した。Cさん夫妻はDさん夫妻を訴え，裁判所は1983年にDさん夫妻に賠償金を支払う命令を出した。これが新聞で報道されると，Cさん・Dさん夫妻双方に全国から非難や嫌がらせの電話や手紙などが相次いだため，Cさん夫妻は訴訟を取り下げる事態となった。

たことで、自分で話さなくても済んだことに胸をなで下ろしている。

エ　仕方なく転校を受け入れようとしていたことが母さんから先生に伝わっており、先生が同情してくれていることをありがたく思っている。

三、次の問いにそれぞれ答えなさい。

問一　次の傍線部の敬語について、使い方が正しければ○、誤っていれば×と答えなさい。

① お客様が、私たちのクラスの文化祭企画をご覧になることになった。

② 先生に「今度、私の家にいらっしゃってください」とお願いになった。

③ 区長が本日開催するパレードにご参加するそうです。

④ 始業式のはじめに、校長先生がお話しになる。

⑤ 先生が、「大事なことだから覚えておきなさい」とおっしゃられる。

問二　次の①～⑤の文について、書き下し文を参考にして返り点を施しなさい。

	文	書き下し文
①	王 好 戦 。	王戦ひを好む。
②	見 南 山 。	南山を見る。
③	読 書 万 倍 利 。	書を読めば万倍の利あり。
④	有 備 無 患 。	備へ有れば患ひ無し。
⑤	低 頭 思 故 郷 。	頭を低れて故郷を思ふ。

問三　次の文章は『土佐日記』の一節「亡児」である。この文章を読んで、後の問いに答えなさい。

二十七日。大津より浦戸《うらど》をさして漕《こ》ぎ出《い》づ。かくあるうちに、京にて生まれたりし女子、国にてⅠにはかに失せにしかば、このごろの出で立ちいそぎを見れど、何ごとも言はず、京へ帰るに女子のなきのみぞ、悲しび恋ふる。ある人々もえ堪へず。この間に、ある人の書きて出せる歌、

都へと思ふをものの悲しきはⅡ帰らぬ人のあればなりけり

また、あるときには、

あるものと忘れつつⅢなほなき人をいづらと問ふ

［Ⅳ］悲しかりける

（紀貫之『土佐日記』より）

① 傍線部Ⅰ「にはかに」、Ⅲ「なほ」の読みを現代仮名遣い、ひらがなで答えなさい。

② 傍線部Ⅱ「帰らぬ人」とは誰のことを指しているか、次の中から選び記号で答えなさい。

ア 女子　イ ある人々　ウ ある人　エ 作者

③ 空欄［Ⅳ］には係助詞が入る。その係助詞としてふさわしいものを、次の中から選び記号で答えなさい。

ア こそ　イ ぞ　ウ に　エ は

④ この作品は『竹取物語』や『枕草子』と同じ時代に成立したと言われている。その時代を答えなさい。

問二　空欄［A］～［C］にふさわしい言葉を次の中から選び、それぞれ記号で答えなさい。

A　ア　はらはらと　　イ　そろそろと　　ウ　おたおたと
　　エ　ごうごうと

B　ア　とつとつと　　イ　ぴりぴりと　　ウ　ほくほくと
　　エ　しんしんと

C　ア　穏やかに　　イ　冷ややかに　　ウ　やみくもに
　　エ　したたかに

問三　傍線部①「べつになにも変わらないんだから、大丈夫だ」とあるが、なぜ「大丈夫だ」と思うのか。解答欄に合うように本文から三十五字以内で抜き出し、最初と最後の三字を答えなさい。

問四　傍線部②「まるでいたずらがばれたときみたいに」で使われている修辞法を何というか答えなさい。

問五　傍線部③「本当の口からは、まったく言葉が出てこなかった」とあるが、それはなぜか。適当な箇所を本文から十八字で抜き出し答えなさい。

問六　傍線部④「ぼくは期待した」とあるが、何を「期待した」のか。次の中から選び、記号で答えなさい。

ア　母さんがより良い案を提案してくれること。
イ　母さんが新しい仕事を始めるのを諦めてくれること。
ウ　母さんが昔の母さんに戻ってくれること。
エ　母さんが転校しなくてもよいと言ってくれること。

問七　傍線部⑤「ぼくはごくんと音をたてて牛乳を飲んだ」ときの「ぼく」の状態として適当なものを次の中から選び、記号で答えなさい。

ア　母さんを困らせたくないと思って、自分の言いたいことを無理矢理飲み込んでいる。
イ　自分の思い通りにならないことが分かって、母さんとはもう話したくないと思っている。
ウ　自分が母さんの負担になっていることを知って、投げやりな気持ちになっている。
エ　母さんにうまく気持ちを伝えられなかったと感じて、他の言葉を探している。

問八　傍線部⑥「少し前のぼく」を表した箇所を本文から二十字以内で抜き出し答えなさい。

問九　空欄［⑦］、［⑧］にふさわしい語の組み合わせを次の中から選び、記号で答えなさい。

ア　⑦素早さ　⑧頑固さ　　イ　⑦偏屈さ　⑧図々しさ
ウ　⑦純粋さ　⑧単純さ　　エ　⑦不純さ　⑧複雑さ

問十　傍線部⑨「もっともっと涙がこぼれた」から分かる「ぼく」の気持ちを次の中から選び、記号で答えなさい。

ア　先生に強い言葉で問われたことに驚いたが、すでに先生が母さんに転校しなくてよいように話したと悟り、嬉しく思っている。
イ　先生が、相談しようと思ってもできないでいた自分の気持ちを分かってくれていることを知り、諦めようとしていた思いがあふれている。
ウ　自分がうまく伝えられずにいることを先生が言葉にしてくれ

押野以外の友達は、ぼくを避けるようになった。あたりまえだ。ぼくが口をきかないからだ。ぼくはやっと覚えたクラスメイトの顔と名前を記憶から全部消したかった。押野は、辛抱強くぼくに話しかけてくれた。毎日のように三丁目に誘ってくれた。ぼくはｃ唇をかんで、首を横に振り続けた。バットとひび割れたグローブは、押し入れの奥にしまった。

「枝田くん。ちょっといいかしら」

ある日、椎野先生に呼ばれた。教室から職員室までのリノリウムの廊下は、おそろしく無機質で、ひどく冷たかった。

「お母さんから聞いたわ」

椎野先生の言葉は、まったくぼくとは関係なかった。ぼくは椎野先生の「えがお顔」をじっと見た。仕方がないことを、大人は容赦なく聞いてくるのだ。

「枝田くんが五年生になって、とても男の子らしくなって、立派になったのを、先生は大変うれしく誇らしく思っています」

ぼくは椎野先生の顔を見つめるばかりだった。先生もぼくの顔をじっと見つめていた。

「転校するのがいやなのね」

ぼくは先生の顔をにらんだ。椎野先生の顔から「えがお顔」が消えた。

「自分の思っていることを、きちんと口に出して伝えなさい」

先生は、ぼくの目をまっすぐに見ていた。ぼくは怒りたいのか、泣きたいのか、叫びたいのかわからなかったけど、言葉を口に出す前に勝手に涙がこぼれ落ちた。ぼくはあわてて目をこすった。でも、涙は次から次へと流れてきて、ぜんぜん追いつけなかった。声を出そうとしても、ぼくののどからは、ひっくひっくという音しか出なかった。

「転校するのがいやなのね？」

ぼくはしゃくりあげながら、小さくうなずいた。それから先生は、あっという間にぼくを引き寄せて、ぎゅうっと抱きしめた。思いがけず力強くて、ぼくはびっくりして、そして安心して、それから、⑨もっともっと涙がこぼれた。

（椰月美智子『しずかな日々』より）

問一　傍線部ａ～ｃの語句の、ここでの意味を次の中から選び、それぞれ記号で答えなさい。

ａ　しらじらしい

ア　こちらを信用していない。

イ　空虚な感じを与える。

ウ　冷たくあしらわれている。

エ　もったいぶっている。

ｂ　呆けた

ア　不意を突かれた。　　　イ　ぼんやりした。

ウ　一生懸命な。　　　　　エ　無造作な。

ｃ　唇をかんで

ア　秘密を明かさないようにして。

イ　発言したい気持ちを飲み込んで。

ウ　意識して他のことを考えて。

エ　悔しさやいきどおりをこらえて。

えるから」

　母さんは軽くうなずいて、なにかを考えるような顔をしたあと、「でもね」と声に出した。ぼくはものすごく緊張してしまった。数秒の間にいろんないやな予感がうずまいた。

「でもね、光輝。それはやっぱり無理だわ。小学校っていうのは、学区があるから一時間以上も通学にかかるところから通うのは無理なのよ」

　学区？　無理？　ううん、椎野先生に相談すれば大丈夫だよ。[b]呆けた顔でぐるぐると考えていたぼくに、母さんは続けた。

「仕事も忙しくなると思うし、なるべく心配事は増やしたくないのよ」

　ズキンときた。心配事っていうのはぼくのことだろうか。

「ごめんね、光輝。本当に光輝には悪いと思ってる。野球もはじめたばかりでたのしいのも、よくわかるわ。だけど、もうどうしようもないことなの。母さん、がんばるから、光輝にも協力してほしいの。ごめんね、光輝」

　母さんは今にも泣き出しそうに見えた。本当はそうじゃないかもしれないけど、ぼくにはそう見えてしまった。だから、ぼくはもうなんにも言えなかった。

「よろしくね。頼りにしてるわ、光輝」

　⑤ぼくはごくんと音をたてて牛乳を飲んだ。

　引っ越しと転校の話は、椎野先生の耳にも入った。ぼくがここにいられるのは、夏休みがはじまるまでということだった。あと少ししかないから、思いきり後悔しないようにたのしもう、という考えには、どうしても至らなかった。逆に、あと少ししかないから、もういいんだ、と思ってしまった。

　⑥少し前のぼくに戻ったと思えばいいんだ。えだいちというあだ名や草野球や飼育委員なんて、全部うそだったんだ。ぼくはしょせん、だれからも気付かれない幽霊みたいな子どもで、それが本来の自分だったんだから、また元に戻るだけなんだと考えるようにした。

　ぼくは三丁目の空き地に行かなくなった。これからはもう二度と行けなくなるんだから、早いうちに慣れておこうと思った。ぼくは、子どもらしい［⑦］と［⑧］で、自分が少しでも傷つかないほうを選んでいた。

「えだいち、どうしたんだよ。元気ねえなあ」

　押野は陽気に接してくれたけど、ぼくは頑なだった。押野とのたのしい思い出を、もうこれ以上ひとつも増やしたくなかった。押野のお姉さんが、新しいデザートを作ってぼくを誘ってくれたけど、ぼくは首を振った。

　この短かったたのしいときを、早く忘れてしまいたかった。グッピーは子どもを産んだけど、あとのことは亀山さんと二人組に任せた。親とべつにするのが遅くなって赤ちゃんのうちの何匹かは、親に食べられてしまった。飼育委員はもちろんだったけど、クラスメイトみんなが悔しがって悲しんだ。でもぼくは、親に食べられてしまった赤ちゃんグッピーのことをいい気味だと思ったし、理由はわからないけど、うらやましくも感じた。そして、ぼくは最低な人間なんだな、と自分のことをどこか［C］眺めていた。

なのとてもじゃないけどできなかった。休み時間がくるたびに、ぼくは相談するのをあきらめ、授業がはじまるたびに、次の休み時間こそ相談しようと思うのだった。

「飼育委員の仕事はどう？」

椎野先生に声をかけられて、ぼくは［A］、②まるでいたずらがばれたときみたいにあせってしまった。椎野先生は「なんでもお見通し」みたいな顔をするから、心の中のほんのひとかけの「悪いこと」や「悩み事」もみんな見透かされているような気がしてしまうのだ。

「……おもしろいです」

と、ぼくは答えた。実際、飼育委員の仕事はおもしろかった。間近で見るグッピーはかわいかったし、エサもよく食べてくれるし、二匹のメスはお腹が大きくなっている。

「そう、それはよかったわ」

椎野先生は、「えがお顔」でそう言った。ぼくは、今がチャンスだと思った。引っ越しの話をして、転校しなくてもすむように先生に先にお願いするんだ。ほら、早く言えったら。心の中では、すぐにでも言葉が飛び出そうだったけど、③本当の口からは、まったく言葉が出てこなかった。

先生は待っていてくれてるのだ。ぼくがなにか言いたいのを察知して、こうして声をかけて待っていてくれてるじゃないか。椎野先生は、少し顔をかしげてぼくを見ている。

でも、ぼくは結局なんにも言えなかった。だってそれを口に出したら、現実になってしまいそうな気がしたから。引っ越し。転校。母さんがいなくなる。そのどれもこれもがぼくにとっては大問題で、世の中で最悪のことだった。

「今日は行くのか？　三丁目」

押野に声をかけられたけど、ぼくは首を振った。押野はぼくの顔を見て、「そのほうがいいな」と言った。ここでまた押野に相談したかったけど、やっぱりぼくの口からは言葉が出てこなかった。

家に帰ると母さんがめずらしくクッキーを焼いていた。何年ぶりかのことだ。クッキーなんかにだまされないぞ、とぼくは思った。ちゃんと話を聞いてもらおうと思った。

ぼくは絶対に転校したくない。野球も学校もたのしいし、飼育委員になったからグッピーにエサをやらなきゃならないし。だから引っ越すのはいいけど、転校しなくてすむように、引っ越し先から今の五年二組に通いたいんだ。

ぼくはだいたいそんなようなことを、クッキーを五枚食べるうちに、［B］しゃべった。母さんはうなずきながら聞いていたけど、やっぱりいつもの昔からぼくが知っている母さんではなかった。なんていうのか、すごくaしらじらしい。

「うんうん、それで？　うんうん」と調子よくぼくの話を聞くけど、実際は頭に入ってないみたいに適当な感じがした。母さんの頭の中は、新しい仕事のことでいっぱいみたいだった。

「光輝の言いたいことはよくわかったわ」

母さんはぼくの目を見て、真剣にそう言ってくれた。だから④ぼくは期待した。口の中に残ったクッキーのかけらを牛乳で押し流してから、ぼくは言った。

「うん。だから、転校だけはしたくないんだ。遠くからでもぼく、通

ヒントはどこから始まるか、本文から最初の五字を抜き出し答えなさい。

問五　傍線部③「有用な情報を選別する『目』を持つこと」とあるが、筆者の主張と合う行動を次の中から選び、記号で答えなさい。

ア　複数のサイトから情報を少しずつ集めてまとめる。

イ　複数の通販サイトから一番安い値段の商品を購入する。

ウ　同じ考えを持つ人をSNSで見つけ、積極的に交流を行う。

エ　データが引用された参考文献を調べ、真偽を確かめる。

問六　傍線部④「それ」が指している内容を本文から二十字以内で抜き出し答えなさい。

問七　傍線部⑤「知識ベースの勉強」が役に立つのはどのようなものに対してか、本文から十字で抜き出し答えなさい。

問八　傍線部⑥「単純な考え方」とあるが、どのような考え方か。解答欄に合うように、本文から十五字以内で抜き出し答えなさい。

問九　次の段落は本文中のどこに入るか。文中の［A］～［E］の中から選び、記号で答えなさい。

> おそろしいのは、自分の能力以上の自由を与えられた時、人はそのストレスに疲れて、自由を手放してもいいから、上の偉い人に物事を決めてほしい、と投げ出してしまいたくなることです。そうならないために、自由という道具を使いこなす能力を、自分で少しずつみがいていかなくてはなりません。

問十　本文の内容に合致するものを次の中から選び、記号で答えなさい。

ア　会社の経営者も主張するように、長い時間軸で物事を考えれば、いざというときに対応ができる。

イ　非常事態に対処するには、想像力を働かせ、まず日本独自の新しいアイデアを形にすることが重要である。

ウ　個人が自由に能力を生かして集団で協力し、より良い答えを見つけていくことが非常事態では有効である。

エ　非常事態における最良の形態は、集団の中で上の偉い人に反抗し、自らのアイデアを出していくことにある。

二、次の文章を読んで、後の問いに答えなさい。（問題文には一部変更がある。）

―主人公の「ぼく」（枝田光輝）は、母と二人暮らしである。五年生になり同じクラスになった押野と仲良くなったが、そんなとき、母が離れた土地で新しい仕事をすることが決まった。―

「おっす、えだいち」

押野が下駄箱のところでぼくの背中を叩いた。

「あ、ああ。おはよ」

ぼくはいつもどおりにしてみせた。①べつになにも変わらないんだから、大丈夫だ。

「なんだよ、暗いな。えだいちくん」

すぐに押野にばれた。押野ってすごいと改めて思ったけど、そのあと教室でほかのクラスメイトにも言われたから、きっとだれが見ても、ぼくの顔はひどかったんだろう。

昨日の晩は、押野に相談しようと決めていたけど、実際には、そん

心の中でそれに「反抗」する気持ちを持っておくことです。偉いとされる上の人に従順に服従するのでなく、心の中で反抗しながら「今回は服従してやる」という意識を持つことです。

　こういう考え方を習慣にできると、上の偉い人の横暴な態度がエスカレートした時に、「今までは服従してやったけど、これ以上は従えない、もう限界だ」と自分の頭で判断して、心の中でなく実際の言葉と行動で、上の偉い人に反抗できます。

　世界の歴史は、こうした反抗の積み重ねで進歩してきました。一人一人は弱い力しか持たなくても、反抗という考え方が心の中にあれば、それをみんなでつなぎ合わせて大きな力に変え、王様などの「支配者」による d理不ジンな横暴を打ち砕くことができます。かつては地球上のあちこちで制度化されていた「奴隷」が、今では姿を消し、国際社会の常識は、一人一人が持つ人間としてのいろいろな権利＝人権を大切にする方向へと変わってきました。

　もちろん、中には「この人なら服従してもかまわない」と思える、頼りになるリーダーも存在します。信頼できるリーダーの条件とは、例えば「他人に責任を押し付けない」とか「うそをつかない」、あるいは「自分だけ良い e境グウになろうとしない」などが考えられますが、どんなリーダーなら自分が「服従してやってもいい」と思えるか、皆さんもそれぞれの基準を考えてみてください。

（山崎雅弘「図太く、しぶとく、生きてゆけ」より）

問一　傍線部a～eの語句のカタカナの部分と同じ漢字を使用する熟語を次の中から選び、それぞれ記号で答えなさい。

a　根キョ　1　キョ大　2　キョ点　3　キョ手　4　キョ可

b　シ勢　1　シ柱　2　シ族　3　シ定　4　容シ

c　我マン　1　緩マン　2　マン画　3　マン足　4　巨マン

d　理不ジン　1　ジン大　2　大ジン　3　ジン常　4　一網打ジン

e　境グウ　1　グウ意　2　優グウ　3　グウ数　4　神グウ

問二　空欄［Ⅰ］・［Ⅱ］に入る適当な漢字一字を答えなさい。

問三　傍線部①「現実」が指している内容を次の中から選び、記号で答えなさい。

ア　生徒に軽蔑されないように、正しい答えを追い求め続ける先生が多いこと。

イ　誰も答えを知らない問題に対して知っているフリをする先生が多いこと。

ウ　まだ誰も答えを知らない問題に対する対処の仕方を教えてくれる先生がいないこと。

エ　自らが無知であることを認められる先生が少なく、出会うことが幸運であること。

問四　傍線部②「学校では教えてくれない『能力』を、どうやって高めるか」とあるが、筆者があげた三つのヒントのうち、二つめの

［　B　］

情報の真贋《しんがん》（本当とうそ）や信憑性を自分で判断・選別する「目」を持ち、あらかじめ用意された「正解」の知識に頼りすぎず、長い時間軸で物事を考える習慣が身に付くと、日々の生活においても、少しずつ「精神の自由」を獲得できるはずです。

　自由というのは、上の偉い人が、いくつかの条件の範囲内で、下の者に与えてくれるものだ、という風に理解している人がいるかもしれませんが、そうではありません。

　人間は本来、自由に考え、自由に行動する権利を持っています。社会のルールは、各人の自由と自由が衝突した時に、弱い方の人が痛みを感じたり、c我マンを強いられたりしないように作られたものですが、先にあるのは自由であって、ルールではありません。

［　C　］

　ただし、自由の度合いが大きければ大きいほど、すべての人にとって良いかと言えば、それもまた正しくありません。一人一人にとっての最適な「自由の大きさ」は、その人が持っている「自由を使いこなす能力」に対応しています。

　旅慣れた人なら、旅行先で「一日、自由に過ごして下さい」と言われたら、自分で情報を集めて計画を立て、満足できる時間を過ごせるでしょう。けれども、あまり旅慣れていない人なら、自分で内容を自由に決めるという意味での「自由度」が少なくてもいいから、失敗しない計画を誰かに決めてもらえたら、と思うでしょう。

［　D　］

　では、自由という道具を使いこなす能力を、自分で高めていくには、どうすればいいのでしょうか。

　その答えを知るには、自由の「反対語」は何だろう、と考えてみることが必要です。

　国語的には「不自由」というのが正解になるのでしょうが、概念、つまり考え方の意味から考えると、例えば「服従」や「隷属」などの言葉が思い浮かびます。

　上の偉い人に服従すれば、自由がない反面、自分で物事を決めたり責任を取ったりしなくて済む、という「楽な面」もあります。そのため、ボクは自由がなくてもいいや、上の偉い人に服従して、強い集団の一員になるよ、という道を選ぶ人もいるでしょう。

［　E　］

　けれども、今回の非常事態が教えているのは、もし集団の全員が従うリーダーが、的確な判断を下す能力のない「無能」なら、集団全体はどうなるのか、ということです。

　それを考えれば、集団が非常事態を生き延びるために最良の形態は、一人一人が独立した個人として自由に物事を考え、それぞれの持つ能力を活かしてアイデアを出し合い、みんなで対等に「いちばんましな答え」を探し出すことだろうと思います。

　実際の生活では、学校や社会のいろいろな集団の中で、服従という態度をとらざるを得ない場合は多いでしょう。それによって保たれる、秩序や安定も大事です。しかし、子どもの頃からずっと、親や教師などの「上の偉い人」に服従した経験しかなければ、大人になってからも「誰かに服従することしかできない人間」になってしまいます。

　そうならないためには何が必要か。上の偉い人に服従するたびに、どう対処しているのかという点にも、視線を向けることが有用です。

新型コロナウイルスへの対応では、韓国や台湾、中国などで「安全に素早く行える新しい検査方法」や「マスク不足にならないようにする販売システム」、「無人で消毒や料理の提供を行える機械」などが次々と発案・発明されました。そんな光景を見て、日本人が韓国や台湾、中国の人々から学ぶべきことは、上の偉い人の許可を待ってから何かを作るのでなく、まず自分が「よいアイデアだ」と思うことを具体的な形にするシ勢(b)です。

④それが「正解」かどうかは、作って具体的な形にしてから、評価を待つのです。

あらかじめ用意された「正解」を、たくさん覚えることが「優秀」だというのは、いわば⑤「知識ベースの勉強」です。しかし非常事態に対処するには、そんな勉強だけでは限界があります。そこで力を発揮するのが、物事をいろいろな角度から観察し、今までに知った事実と組み合わせて、全体の構造を考えるという「知性ベースの学び」です。

非常事態に「いちばんましな答え」を探し出し、それを実現するために、今までなかったものを発案・発明する。そのためには、「知 Ⅰ 」だけでなく「知 Ⅱ 」を高め、上の偉い人に怒られることを恐れずに、人が本来持つ想像力を羽ばたかせる必要があります。

そしてもう一つ、大切なことは、長い時間軸で物事を考える習慣をつけることです。

最近の日本では「無駄を省く」や「合理化」など、無駄に思える部分を切り捨てるのが「正しい態度」であるかのような思い込みが、いろんな分野で常識になっています。

けれども、一見すると賢いように見える、そんな⑥単純な考え方は、非常事態にはまったく逆効果になってしまう場合があると、今ではあちこちで判明しています。

例えば、都道府県と市町村で、同じような仕事をする保健所や医療機関がだぶっているのは「無駄だ」と決めつけて、統合や廃止を進めてきた地域では、感染の拡大という予想外の展開に対処できず、医療体制が危機的な状況に陥っています。

A

この事例が教えるのは、浅い考えで「無駄だ」と見なされてきた部分が、実は「予想外のこと」が起きたときに対処できる「余白」や「伸びしろ」だったという事実です。

物事を、昨日、今日、明日、という短い時間軸で考えてしまうと、今すぐに役に立たないものは「無駄だから捨てよう」という早まった結論になりがちです。けれども、3ヵ月後、1年後、5年後、10年後という長い時間軸で考えてみれば、今すぐに役に立たないものでも、いざという時に何かの役に立つかもしれない、という事実に目が向きます。

会社の経営者などが口にする「選択と集中」という言葉も、短い時間軸で物事を考えるパターンのひとつです。

いま好成績を上げている分野に、人やお金を集中して注ぎ込む、という考え方は、短期的な業績の向上には結びつくでしょう。けれども、長い時間軸で見れば、集中されずに捨てられた分野の重要度が急に上がったりすると、社会の変化や予期せぬ非常事態に対応できず、結果としてマイナスの効果をもたらす可能性もあります。

【国　語】（四五分）〈満点：一〇〇点〉

【注　意】字数指定の問題は「、」や「。」、「」（カギカッコ）も字数として含めること。

一、次の文章を読んで、後の問いに答えなさい。（問題文には一部変更がある。）

感染症の拡大という非常事態において、明らかになったことは他にもあります。

それは「誰も正解を知らない問題で、どんな風にして答えを探すか」ということの重要性です。

学校のテストと違い、予期せぬ非常事態には、あらかじめ用意された「正解」はありません。みんなで意見を交換しながら、いちばんましな答えを探していきます。

学校の先生は、すでに正解がある問題については効率よく教えてくれますが、答えのない問題、まだ誰も答えを知らない問題への「対処の仕方」や「対処するために必要な能力の高め方」を教えてくれる先生は、あまりいないと思います。

それどころか、自分が「答えを知らない」という事実を生徒の前で正直に認める先生に巡り会えれば、かなり幸運だと言えるでしょう。自分が生徒になめられることを恐れて、「本当はどうしていいかわからないのに、それを知っているようなフリをする」という態度をとる先生が多いのが①現実です。

しかし、まだ答えがない問題への対処については、先生と生徒の立場は対等です。生徒の方が、先生よりも先に、現時点でいちばん良い答えを見つけられる可能性があります。そのためには、「誰も正解を知らない問題で、どんな風にして答えを探すか」という能力を、自分で高めておかなくてはなりません。

そんな、②学校では教えてくれない「能力」を、どうやって高めるか。

ここでは、私の経験に基づいて、いくつかヒントを提示します。

まず、世の中を飛び交う情報の中から、③有用な情報を選別する「目」を持つこと。

ネット上を眺めると、ある問題について、一見すると専門的に見える、ディテール（細部）の情報をすぐに見つけることができます。しかし、ここで注意しなくてはならないのは「細かい情報ほど正しい」というわけではない、という事実です。

細々とした情報がたくさん並んでいれば、それをそのまま鵜呑《うの》みにして信じそうになりますが、そこでいったん立ち止まって「どこからどこに向けて発せられた情報なのか」や「事実の裏付けはバランスよくなされているか（特定の結論に誘導するために都合のいい事実だけをa根キョにしていないか）」、「全体の一部分だけを切り取った情報ではないか」などの「信憑性《しんぴょうせい》（どの程度信用できるか）」を、確認する必要があります。

それは、食べ物を口に入れる前に「どこで作られた食品か」や「どんな原料が含まれているか」、「腐ったり有害物質が混じったりしていないか」を確認するのと同じです。

また、日本国内だけに目を向けるのでなく、よその国がその問題に

一般

2023年度

解答と解説

《2023年度の配点は解答欄に掲載してあります。》

＜数学解答＞《学校からの正答の発表はありません。》

[1] (1) ① 3 ② $5a+6$ ③ $x^2-2x-35$ ④ $3\sqrt{5}$ (2) ① $2a^2(a+3b-2)$
② $(x+6)(x-6)$ (3) ① $x=3$ ② $x=-7,\ 4$ ③ $x=-2\pm\sqrt{6}$
(4) $x=2,\ y=-1$

[2] 5 [3] 10km [4] 6% [5] $a=1,\ b=7$ [6] $y=\frac{1}{2}x-3$ [7] 15

[8] $a=\frac{1}{4}$ [9] 45 [10] $115°$ [11] 156π [12] $a=11$ [13] $x=13,\ y=12$

○推定配点○

[1] 各4点×10 他 各5点×12 計100点

＜数学解説＞

基本 [1] (数・式の計算，平方根，因数分解，方程式)

(1) ① $-4^2\div8+5=-16\div8+5=-2+5=3$ ② $6a+2-(a-4)=6a+2-a+4=5a+6$
③ $(x+5)(x-7)=x^2+(5-7)x+5\times(-7)=x^2-2x-35$ ④ $\sqrt{20}-\sqrt{45}+\sqrt{80}=2\sqrt{5}-3\sqrt{5}+4\sqrt{5}=3\sqrt{5}$

(2) ① 共通因数$2a^2$でくくると，$2a^3+6a^2b-4a^2=2a^2(a+3b-2)$ ② $x^2-36=x^2-6^2=(x+6)(x-6)$

(3) ① $0.2(x+6)=x-1.2$ 両辺を10倍して，$2(x+6)=10x-12$ $2x+12=10x-12$ $-8x=-24$ $x=3$ ② $x^2+3x-28=0$ $(x+7)(x-4)=0$ $x=-7,\ 4$ ③ 解の公式を使って，$x=\frac{-4\pm\sqrt{4^2-4\times1\times(-2)}}{2\times1}=\frac{-4\pm\sqrt{16+8}}{2}=\frac{-4\pm\sqrt{24}}{2}=\frac{-4\pm2\sqrt{6}}{2}=-2\pm\sqrt{6}$

(4) $3x+5y=1$…① $2y=3x-8$…② ②より，$-3x+2y=-8$…③ ①＋③より，$7y=-7$ $y=-1$ ①に$y=-1$を代入して，$3x+5\times(-1)=1$ $3x-5=1$ $3x=6$ $x=2$

基本 [2] (方程式の利用)

求める正の数をxとすると，正しい計算結果はxを2乗して2を引くので，x^2-2，間違った計算結果はxを2倍して2を足すので，$2x+2$と表せる。間違った計算結果は正しい計算結果よりも11小さくなるので，$2x+2=x^2-2-11$ $-x^2+2x+15=0$ $x^2-2x-15=0$ $(x-5)(x+3)=0$ $x=5,\ -3$ $x>0$より，$x=5$

重要 [3] (方程式の利用)

AからBまでを$x$km，BからCまでを$y$kmとする。AからBまで走ると，$\frac{x}{8}$時間，BからCまで歩くと，$\frac{y}{4}$時間，合計で，90(分)$=\frac{90}{60}$(時間)$=\frac{3}{2}$(時間)かかるので，$\frac{x}{8}+\frac{y}{4}=\frac{3}{2}$ $x+2y=12$…①
AからBまで歩くと，$\frac{x}{4}$時間，BからCまで走ると，$\frac{y}{8}$時間，合計で，135(分)$=\frac{135}{60}$(時間)$=\frac{9}{4}$(時間)かかるので，$\frac{x}{4}+\frac{y}{8}=\frac{9}{4}$ $2x+y=18$…② ①×2－②より，$3y=6$ $y=2$ ①に$y=2$を代入して，$x+2\times2=12$ $x+4=12$ $x=8$ よって，AからCまでの道のりは，$8+2=10$(km)

重要 4　(方程式の利用)

8%の食塩水1200gの中に溶けている食塩は$\frac{8}{100}\times1200=96$(g)，$x$%の食塩水800gの中に溶けている食塩は$\frac{x}{100}\times800=8x$(g)であり，これらを混ぜたときにできる7.2%の食塩水は$1200+800=2000$(g)なので，この食塩水の中に溶けている食塩は，$\frac{7.2}{100}\times2000=144$(g)である。よって，食塩の量について方程式を作ると，$96+8x=144$　$8x=48$　$x=6$

重要 5　(1次関数・2次関数の変域)

$y=ax^2$に$x=1$，2をそれぞれ代入すると，$y=a\times1^2=a\times1=a$，$y=a\times2^2=a\times4=4a$　よって，関数$y=ax^2$において，xの変域が$1\leqq x\leqq2$のときyの変域は$a\leqq x\leqq4a$となる。また，$y=-3x+b$に$x=1$，2をそれぞれ代入すると，$y=-3\times1+b=-3+b$，$y=-3\times2+b=-6+b$　よって，$y=-3x+b$において，傾きが負であることに注意すると，xの変域が$1\leqq x\leqq2$のときyの変域は，$-6+b\leqq x\leqq-3+b$となる。2つのyの変域が一致するので，$a=-6+b$　$a-b=-6$…①
$4a=-3+b$　$4a-b=-3$…②　②－①より，$3a=3$　$a=1$　①に$a=1$を代入すると，$1-b=-6$　$-b=-7$　$b=7$

基本 6　(2直線の交点と直線の式)

求める直線は直線$y=\frac{1}{2}x+3$に平行であり，平行な直線の傾きは等しいので，求める直線の傾きは$\frac{1}{2}$である。また，$y=-\frac{1}{3}x+2$に$y=0$を代入すると，$0=-\frac{1}{3}x+2$　$\frac{1}{3}x=2$　$x=6$　よって，直線$y=-\frac{1}{3}x+2$はx軸上の(6, 0)を通り，この点で求める直線と交わる。したがって，求める直線を$y=\frac{1}{2}x+b$とおいて(6, 0)を代入すると，$0=\frac{1}{2}\times6+b$　$0=3+b$　$b=-3$　求める直線の式は，$y=\frac{1}{2}x-3$

7　(場合の数)

2つのさいころの出る目をa，bとすると，出た目の和が素数になるaとbの組み合わせは，$(a, b)=$(1, 1)，(1, 2)，(1, 4)，(1, 6)，(2, 1)，(2, 3)，(2, 5)，(3, 2)，(3, 4)，(4, 1)，(4, 3)，(5, 2)，(5, 6)，(6, 1)，(6, 5)の15通り。

基本 8　(図形と関数・グラフの融合問題)

線分ABとy軸との交点をDとする。点A，Bのy座標はともに4であり，放物線はy軸について対称なので，D(0, 4)，OA＝OBである。よって，△OABが直角三角形であるとき，∠AOB＝90°の直角二等辺三角形となる。また，AD＝BDであり，△OADと△OBDは合同な直角二等辺三角形である。したがって，AD＝BD＝OD＝4となるので，A(4, 4)，B(−4, 4)　$y=ax^2$にA(4, 4)を代入すると，$4=a\times4^2$　$4=16a$　$a=\frac{1}{4}$

基本 9　(図形と関数・グラフの融合問題，面積の計量)

点Aは$y=-x+12$の切片であるから，A(0, 12)　$y=-x+12$と$y=2x-6$を連立方程式として解くと，$2x-6=-x+12$　$3x=18$　$x=6$　$y=-x+12$に$x=6$を代入すると，$y=-6+12=6$　よって，B(6, 6)　$y=2x-6$に$y=0$を代入すると，$0=2x-6$　$-2x=-6$　$x=3$　よって，C(3, 0)　四角形OABC＝△OAB＋△OBC＝$\frac{1}{2}\times12\times6+\frac{1}{2}\times3\times6=36+9=45$

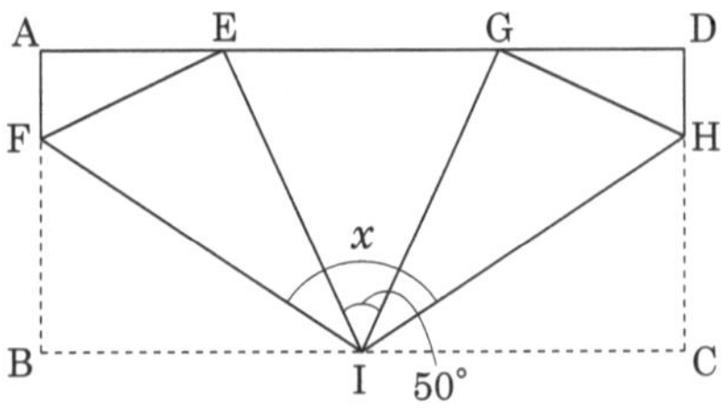

重要 10　(長方形の折り返し，角度)

右図のように，点A～Iを定める。長方形の紙を折り返しているので，△IBF≡△IEFであり，合同な図形の対応する角は等しいので，$\angle BIF=\angle EIF=a$とおく。同様に，$\triangle ICH\equiv\triangle IGH$であり，$\angle CIH=\angle GIH=b$とおく。点Iにおいて，$50^\circ+2a+2b=180^\circ$　$2a+2b=130^\circ$　$a+b=65^\circ$…①　また，$\angle x+a+b=180^\circ$となるので，①を代入すると，$\angle x+65^\circ=180^\circ$　$\angle x=115^\circ$

重要 11 (台形の回転体，体積の計量)

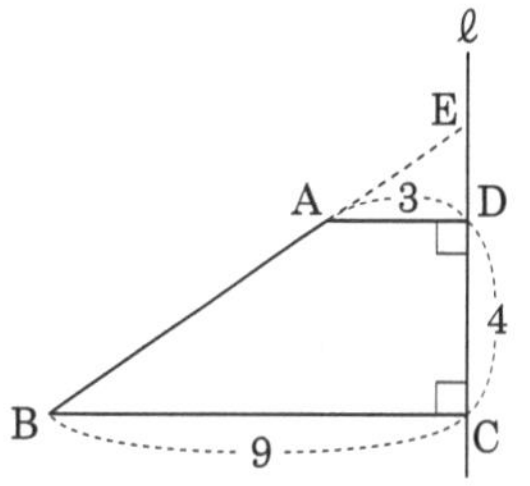

右図のように，点A～Dを定め，直線ABとℓとの交点をEとする。$\triangle EAD$と$\triangle EBC$において，$\angle AED=\angle BEC$，$\angle EDA=\angle ECB=90^\circ$より，2組の角がそれぞれ等しいので，$\triangle EAD\backsim\triangle EBC$，相似な図形の対応する辺の比は等しいので，$ED:EC=AD:BC$　$ED:(ED+4)=3:9=1:3$　$3ED=ED+4$　$2ED=4$　$ED=2$　求める体積は，$\triangle EBC$を直線lを軸として1回転させてできた円錐から$\triangle EAD$を直線lを軸として1回転させてできた円錐をひいたものになるから，$\frac{1}{3}\times9\times9\times\pi\times6-\frac{1}{3}\times3\times3\times\pi\times2=162\pi-6\pi=156\pi$

重要 12 (資料の活用)

資料の中に，8と15が3つずつあるので，最頻値が15となるためには，$a=15$もしくは$a+4=15$　よって，$a=15$もしくは11である。$a=15$であるとき，資料を小さい順に並べ替えると，2，5，6，8，8，8，15，15，15，15，17，17，19，19であり，7人目と8人目の平均が中央値となるので，中央値は$(15+15)\div2=30\div2=15$となり，中央値が13にならないので不適。また，$a=11$であるとき，資料を小さい順に並べ替えると，2，5，6，8，8，8，11，15，15，15，15，17，17，19であり，7人目と8人目の平均が中央値となるので，中央値は$(11+15)\div2=26\div2=13$となり，中央値が13になる。

重要 13 (2次方程式，数の性質)

$x^2-y^2=25$より，$(x+y)(x-y)=25$　掛けて25となる2つの整数の組み合わせは，1×25，5×5，$(-1)\times(-25)$，$(-5)\times(-5)$であるが，x，yは正の整数なので，$x+y>0$であり，$(x+y)(x-y)=25>0$となるためには，$x-y>0$である。また，$x+y>x-y$であるから，$x+y=25$，$x-y=1$となる。これを満たす正の整数x，yは，$x=13$，$y=12$

★ワンポイントアドバイス★

基本的なレベルの問題が多いため，教科書の内容は確実に解けるようにしておきたい。

＜英語解答＞《学校からの正答の発表はありません。》

A・B　リスニング問題解答省略

C　1 イ　2 ウ　3 stay away　4 イ　5 イ→オ→ア→ウ→エ　6 ア　7 ウ　8 イ，カ，キ

D　1 ウ　2 イ　3 ア　4 ウ　5 ア　6 イ　7 ア　8 エ　9 ア　10 エ

E　1 キ　2 ア　3 ウ　4 コ　5 エ　6 カ　7 ケ　8 オ　9 ク　10 イ

F　1　(s)hip　2　(c)ity[(c)apital]　3　(d)og　4　(w)rite　5　(f)ly
G　1　blue　2　by　3　nose　4　meet　5　son
○推定配点○
各2点×50　　計100点

＜英語解説＞(普通科)

A・B　リスニング問題解説省略。

C　(読解問題・説明文：語句解釈，指示語，語句選択補充，語句整序，内容吟味)

(大意)　今，多くの人々がソーシャル・メディアに関心を持っていて，いつもスマートフォンやタブレットを見たり，食べ物や飲み物の写真や「自撮り」と呼ばれる自分自身の写真を投稿したりしている。ソーシャル・メディアは人を中毒にさせるかもしれない。ソーシャル・メディアは私たちの生活を損なっていると言う人もいる。人は話すよりもメッセージを送ることを好み，他人の考えを心配しすぎたり，自分が投稿した写真が気に入られないと悲しんだりする人が多い。偽物の話や投稿も多い。多くの人はソーシャル・メディアから離れるべきかもしれない。調査によると，ほとんどの人が1日に4時間ほどをソーシャル・ネットワークのサイトに使っている。仕事や友人との付き合いでソーシャル・メディアを使う必要がある人もいれば，ソーシャル・メディアを使うことで不安になったりストレスを感じる人もいる。健康上の理由で飲食をやめようとするのと同じように，多くの人がしばらくの間ソーシャル・メディアを断って，ソーシャル・メディアから離れることを選んでいる。皮肉にも，こうしてソーシャル・メディアをやめることについての情報はインターネット上で見つけることができる。ソーシャル・メディアをやめる理由は様々で，携帯電話を使うのをやめて家族や友人と個人的につながることを望む人や，もっと仕事で成果をあげたいと思う人がいる。ソーシャル・メディアを使うのをやめた人は実際に面と向き合って会話をして友人とつながりを持ったり，遠くにいる場合は電話で話をしたり，手書きの手紙やはがきを書いたりしている。ソーシャル・メディアを使わないとより不安を感じる人もいる。また，日記をつけたり黙想をするなどもっと積極的な習慣を持つようになった人もいる。

1　called "selfies"「『自撮り』と呼ばれる」の called は直前の名詞を後ろから修飾する過去分詞。ここでは pictures of themselves「自分自身の写真」を言いかえて説明している。この前に書かれている pictures of their food and drinks「自分たちの食べ物や飲み物」とは or でつながれているので，pictures of themselves と pictures of their food and drinks は別のものであることになるので，"selfies" には食べ物や飲み物の写真は含まれないことに注意。イ「人が自分自身を撮った写真」が正解。アは「鏡に映った自分の姿」，ウは「食べ物や飲み物の写真」，エは「スマートフォンやタブレット」という意味。

2　下線部を含む文は，「彼らは写真を投稿してみんなにその写真を気に入ってもらいたいと思い，人々がそれを気に入らないと悲しくなる」という意味。下線部を「(自分が投稿した)写真」を指すと考えると文意が成り立つので，ウ「写真」が正解。

3　take a break は「休憩する，距離を置く」などの意味があり，ここでは前後の内容から，「ソーシャル・メディアから離れる」ことを表している。第3段落の後半ではソーシャル・メディアを使うのをやめる人々について述べられており，最後から2文目では，そうした人たちが自分の個人情報を更新しなかったり，他人の投稿を読まなかったりしていることを述べ，こうしたことを最終文で They choose to stay away from social media for a while「彼らはしばらくの間ソーシャル・メディアから離れることを選ぶ」とまとめている。この第3段落最終文の

stay away が，下線部とほぼ同じ意味を表している。この場合の stay は「(ある状態)でいる」，away は「離れている」という意味。

4　空所を含む文の直前の文に，調査結果としてほとんどの人が1日におよそ4時間をソーシャル・ネットワークのサイトを見て過ごしていることが述べられている。空所を含む文は，これを1週間あたりの時間にして述べているので，4時間の7倍に近いイが正解。

5　(Other people find that) using social media makes them worried (and stressed.)「他の人々は，ソーシャル・メディアを使うことは自分たちを不安にさせ，ストレスを感じさせると思っている」 find that ～「～であるとわかる[思う]」の形の文。that 以下に＜主語＋動詞＞を含む文の形を続ける。that 以下は，動名詞 using を使って using social media「ソーシャル・メディアを使うことは」を主語にして，「～を…(の状態)にする」の意味の makes を動詞にする。makes 以下は＜人＋状態を表す語＞の語順。

6　空所を含む文の直前の文は，「人々はまた，暇つぶしの方法としてしばしばソーシャル・メディアを使う」という意味。空所を含む文の just 以下は「人々が健康上の理由のために食べ物や飲み物をとらないようにするのとちょうど同じように，多くの人々がソーシャル・メディアを断っている」という意味。空所を含む文の直前の2文では，ソーシャル・メディアを使うことで不安になったりストレスを感じたりすることと，ソーシャル・メディアを使うことが単なる暇つぶしにしかならないことがあることを述べており，空所を含む文の「ソーシャル・メディアを使うのをやめる」という内容の理由になっているので，ア「だから」でつなぐのが適切。

7　下線部の直後では，多くの人々が個人情報を更新したり，他人の投稿を読まなかったりしていることが述べられ，続く文ではさらに，「彼らはしばらくの間ソーシャル・メディアから離れていることを選ぶ」と述べていることから考える。下線部の fast は「断食する」という意味だが，ここではソーシャル・メディアを断つことを表している。したがって，ウ「彼らはソーシャル・メディアの利用をやめている」が適切。ア「彼らは友人たちにメッセージを送ろうとしている」，イ「彼らはさらに速くソーシャル・メディアを使っている」，エ「彼らはとても速く他人の情報を得る」はいずれもソーシャル・メディアを使う状況でのことなので，「ソーシャル・メディアを断つ」という内容と合わない。

8　ア　「人々は20年間ソーシャル・メディアについて話し続けている」(×)　第2段落第2文に Twenty years ago とあるが，ここでは20年前には人々が(ソーシャル・メディアを使わずに直接)話をしていたことを述べているので一致しない。　イ　「ソーシャル・メディアには真実ではないニュースの話と投稿がたくさんある」(○)　第2段落第5文に，「また，多くの偽物のニュースの話や投稿がある」とあるので一致する。　ウ　「人々はソーシャル・メディアでビデオゲームをするのにもっと時間を使いたがっている」(×)　ソーシャル・メディアでのビデオゲームについては本文中で述べられていない。　エ　「ソーシャル・メディアを使うとき，彼らは食べたり飲んだりしない」(×)　ソーシャル・メディアを使っている間に食べたり飲んだりすることについては本文中で述べられていない。　オ　「手紙やはがきの書き方を教えるソーシャル・ネットワークのサイトがいくつかある」(×)　最終段落第8文に，ソーシャル・メディアをやめた人が代わりに手書きの手紙やはがきを書いていることが述べられているが，手紙やはがきの書き方を教えるサイトについては本文中で述べられていない。　カ　「中にはソーシャル・メディアを使わずに対面で会話をする人もいる」(○)　最終段落第6文に，ソーシャル・メディアをやめて人と直接面と向かって会話をするようにした人がいると述べられているので一致する。

キ　「ソーシャル・メディアを使うのをやめてうれしく思わなかった人もいる」(○)　最終段落最後から2文目に，ソーシャル・メディアを使わなかったときにさらに不安になった人もいたことが述べられているので一致する。

基本 **D (語句選択補充問題：比較，受動態，関係代名詞，分詞，不定詞，前置詞，動名詞，感嘆文)**

1 「この映画はあの映画よりもおもしろい」 後に than that one(＝movie)「あの映画よりも」とあるので空所には比較級 more interesting が入る。

2 「これらの写真は前橋で撮られた」 主語が These pictures で空所の前にbe動詞 were があることから受動態<be動詞＋過去分詞>の文。過去分詞 taken が入る。

3 「あなたは高崎駅から出るバスに乗ることができます」 関係代名詞を使って「高崎駅から出る」が直前の「バス」を修飾する文。関係代名詞は先行詞 the bus を指し，その後の動詞 leave (s) の主語になる。先行詞が「もの」なので関係代名詞は that が適切。the bus は3人称単数なので動詞には s が必要。したがって，アが正解。

4 「これはイヌによって壊されたカメラです」 空所の直前の a camera と動詞 break「壊す」とのつながりを考える。break を過去分詞にして空所の後の by a dog と合わせると「イヌによって壊された」となり，a camera を修飾する意味になって文意が成り立つ。

5 「タロウとハナコは週末にバスケットボールをしますか」 一般動詞を使う疑問文。<Do[Does]＋主語＋動詞の原形>の語順になるが，主語が Taro and Hanako で複数なので Do を使う。アが正解。

6 「あなたはその映画を見ましたか。私はそれを見たいです」 want の後に動詞 see が続き，「見ることを望む(＝見たい)」とすると文意が成り立つ。want の後に「～すること」の意味を続けるときは不定詞を使うのでイが正解。

7 「ミキとケンは私の友達です。私は彼女たちとよく買い物に行きます」 空所には Miki and Kenを受ける代名詞が入る。Miki and Ken は3人称で複数。また，前置詞(with)に続くので目的格になる。3人称複数で目的格の代名詞は them。

8 「私は昨夜家族と一緒に夕食を食べて楽しみました」 enjoy の後に「～すること」の意味を続けると「夕食を食べることを楽しんだ[夕食を食べて楽しんだ]」となって文意が成り立つ。enjoy の後に「～すること」の意味を続けるときは動名詞を使う。また，「昨夜」と過去のことを述べているので enjoy は過去形にする。エが正解。

9 「彼女は何冊の本を持っていますか。／彼女は10冊の本を持っています」「10冊の本」と本の数を答えているので，「彼女」が持っている本の数を尋ねる疑問文にする。数を尋ねるときは< How many ＋名詞の複数形>の形を使うのでアが正解。

10 「あそこを見て！　なんてかわいいネコなんだろう！」「なんて～な…なのでしょう」と強調するときは<What ＋(a[an])＋形容詞＋名詞>で表す。エが正解。

やや難 **E (会話文問題：語句選択補充)**

(大意) AがBにいちばん好きな映画スターを尋ね，Bがクリス・プラットと答える。Aが最新の『ジュラシック・ワールド』を見たかと尋ねたのに対して，Bはまだ見ていないが今度の日曜日に見るつもりだと答え，Aはどの映画館に行くのか尋ねる。Bがたぶんワールド・シネマに行くだろうと答えると，Aは一緒に行ってもよいか尋ね，Bは同意して映画を見る前に昼食を食べようと提案し，Aも同意する。

(1) Aの your favorite movie star「あなたのいちばん好きな映画スター」と，Bが Chris Pratt と人名を答えていることから，AはBがいちばん好きな映画スターが誰なのかを尋ねたとわかる。「人」を尋ねているので who を入れる。

(2) 「あなたのいちばん好きな映画スターは誰ですか」という問いに対する返答。I の後に動詞が必要なので，問いの内容に合わせて like「～が好きだ」を入れる。

(3)　Aの発言に過去分詞 seen があること，Bが No, I haven't と答えていることから，空所に have を入れて現在完了の疑問文にする。

(4)　Bはまだ最新の『ジュラシック・ワールド』を見ていないと答えた後，but「でも」と続けているので，be going to ～ の文にして「今度の日曜日にそれを見るつもりだ」とすると文意が成り立つ。

(5)・(6)　AはBが『ジュラシック・ワールド』を見る予定の映画館について尋ねている。Bが「たぶん高崎のワールド・シネマに行く」という内容を答えているので，which を入れて「どの映画館へ行くつもりですか」という内容の疑問文にすると会話が成り立つ。また，Aが be going to ～ を使って未来のことを尋ねているので，それに合わせて(6)に will を入れて「ワールド・シネマに行くつもりだ」という文にすると会話が成り立つ。

(7)　Aの問いにBが Sure.「いいですよ」と言っていることから，can を入れて Can I ～?「～してもいいですか」と許可を求める文にする。

(8)・(9)　空所の前後に How と having があることから，about を入れて「昼食を食べることについてはどうですか[昼食を食べるのはどうですか]」と提案する文にする。(9)には together「一緒に」を入れると自然な文意になる。

(10)　Bの提案に「いいですね」と同意する文にする。空所の直後の good とつながるのは sounds「～のように聞こえる」。

重要 **F**　**(語彙問題：英語の説明に合う語を書く問題)**

1 「人や商品を運ぶために使われるとても大きな船」＝ ship「(大型の遠洋航路用の)船」

2 「大きな重要な町」＝ city「都市」または，capital「首都」でも可。

3 「建物の番をしたり，狩りのためにペットとして飼われる動物」＝ dog「イヌ」

4 「言葉や数字を作るためにペンを使うこと」＝ write「書く」

5 「空中を移動するために翼を使うこと」＝ fly「飛ぶ」

G　**(語彙問題：同音異義語)**

1 「私は青い風船を吹き飛ばした」 blew(blow「吹く，吹き飛ばす」の過去形)と blue(青い)は同じ発音。

2 「彼はガムを1つ買う途中で私の家を通り過ぎた」 buy(買う)と by(～のそばを)は同じ発音。walk by ～「～を通り過ぎる」。

3 「彼女がラグビーのルールを知っていることはあなたの顔の鼻と同じくらい明らかなことだ」 knows(know の3人称単数現在形)と nose(鼻)は同じ発音。as plain as the nose on your face で「とても明白だ」という意味の慣用表現。

4 「私はあなたに私の新しい，肉が大好きな上司に会ってほしい」 meat(肉)と meet(会う)は同じ発音。

5 「私の息子は日の当たるところを走った」 sun(太陽)と son(息子)は同じ発音。

★ワンポイントアドバイス★

G の同音異義語の問題では，下線部の発音がわからないと正解するのが難しいが，発音が同じ単語はつづりが似ている場合が多い。下線部の単語と同じ文字で始まる別の単語を考えてみるのも1つの手である。

＜英語解答＞《学校からの正答の発表はありません。》

A・B　リスニング問題解答省略

C　1　イ　2　ウ　3　stay away　4　イ　5　イ→オ→ア→ウ→エ　6　ア　7　ウ
8　イ，カ，キ

D　1　ウ　2　イ　3　ア　4　ウ　5　ア　6　イ　7　ア　8　エ　9　ア
10　エ

E　1　キ　2　ア　3　ウ　4　コ　5　エ　6　カ　7　ケ　8　オ　9　ク
10　イ

F　1　エ　2　ア　3　イ　4　イ　5　ウ

G　1　(l)isten　2　(k)ey　3　(n)urse　4　(m)arket　5　(w)atch

○推定配点○

各2点×50　　計100点

＜英語解説＞(英語科)

A・B　リスニング問題解説省略。

C　(読解問題・説明文：語句解釈，指示語，語句選択補充，語句整序，内容吟味)

(大意)　今，多くの人々がソーシャル・メディアに関心を持っていて，いつもスマートフォンやタブレットを見たり，食べ物や飲み物の写真や「自撮り」と呼ばれる自分自身の写真を投稿したりしている。ソーシャル・メディアは人を中毒にさせるかもしれない。ソーシャル・メディアは私たちの生活を損なっていると言う人もいる。人は話すよりもメッセージを送ることを好み，他人の考えを心配しすぎたり，自分が投稿した写真が気に入られないと悲しんだりする人が多い。偽物の話や投稿も多い。多くの人はソーシャル・メディアから離れるべきかもしれない。調査によると，ほとんどの人が1日に4時間ほどをソーシャル・ネットワークのサイトに使っている。仕事や友人との付き合いでソーシャル・メディアを使う必要がある人もいれば，ソーシャル・メディアを使うことで不安になったりストレスを感じる人もいる。健康上の理由で飲食をやめようとするのと同じように，多くの人がしばらくの間ソーシャル・メディアを断って，ソーシャル・メディアから離れることを選んでいる。皮肉にも，こうしてソーシャル・メディアをやめることについての情報はインターネット上で見つけることができる。ソーシャル・メディアをやめる理由は様々で，携帯電話を使うのをやめて家族や友人と個人的につながることを望む人や，もっと仕事で成果をあげたいと思う人がいる。ソーシャル・メディアを使うのをやめた人は実際に面と向き合って会話をして友人とつながりを持ったり，遠くにいる場合は電話で話をしたり，手書きの手紙やはがきを書いたりしている。ソーシャル・メディアを使わないとより不安を感じる人もいる。また，日記をつけたり黙想をするなどもっと積極的な習慣を持つようになった人もいる。

1　called “selfies”「『自撮り』と呼ばれる」の called は直前の名詞を後ろから修飾する過去分詞。ここでは pictures of themselves「自分自身の写真」を言いかえて説明している。この前に書かれている pictures of their food and drinks「自分たちの食べ物や飲み物」とは or でつながれているので，pictures of themselves と pictures of their food and drinks は別のものであることになるので，“selfies” には食べ物や飲み物の写真は含まれないことに注意。イ「人が自分自身を撮った写真」が正解。アは「鏡に映った自分の姿」，ウは「食べ物や飲み物の写真」，エは「スマートフォンやタブレット」という意味。

2　下線部を含む文は，「彼らは写真を投稿してみんなにその写真を気に入ってもらいたいと思い，人々がそれを気に入らないと悲しくなる」という意味。下線部を「(自分が投稿した)写真」を指すと考えると文意が成り立つので，ウ「写真」が正解。

3　take a break は「休憩する，距離を置く」などの意味があり，ここでは前後の内容から，「ソーシャル・メディアから離れる」ことを表している。第3段落の後半ではソーシャル・メディアを使うのをやめる人々について述べられており，最後から2文目では，そうした人たちが自分の個人情報を更新しなかったり，他人の投稿を読まなかったりしていることを述べ，こうしたことを最終文で They choose to stay away from social media for a while「彼らはしばらくの間ソーシャル・メディアから離れることを選ぶ」とまとめている。この第3段落最終文の stay away が，下線部とほぼ同じ意味を表している。この場合の stay は「(ある状態)でいる」，away は「離れている」という意味。

4　空所を含む文の直前の文に，調査結果としてほとんどの人が1日におよそ4時間をソーシャル・ネットワークのサイトを見て過ごしていることが述べられている。空所を含む文は，これを1週間あたりの時間にして述べているので，4時間の7倍に近いイが正解。

5　(Other people find that) using social media makes them worried (and stressed.)「他の人々は，ソーシャル・メディアを使うことは自分たちを不安にさせ，ストレスを感じさせると思っている」 find that ～「～であるとわかる[思う]」の形の文。that 以下に＜主語＋動詞＞を含む文の形を続ける。that 以下は，動名詞 using を使って using social media「ソーシャル・メディアを使うことは」を主語にして，「～を…(の状態)にする」の意味の makes を動詞にする。makes 以下は＜人＋状態を表す語＞の語順。

6　空所を含む文の直前の文は，「人々はまた，暇つぶしの方法としてしばしばソーシャル・メディアを使う」という意味。空所を含む文の just 以下は「人々が健康上の理由のために食べ物や飲み物をとらないようにするのとちょうど同じように，多くの人々がソーシャル・メディアを断っている」という意味。空所を含む文の直前の2文では，ソーシャル・メディアを使うことで不安になったりストレスを感じたりすることと，ソーシャル・メディアを使うことが単なる暇つぶしにしかならないことがあることを述べており，空所を含む文の「ソーシャル・メディアを使うのをやめる」という内容の理由になっているので，ア「だから」でつなぐのが適切。

7　下線部の直後では，多くの人々が個人情報を更新したり，他人の投稿を読まなかったりしていることが述べられ，続く文ではさらに，「彼らはしばらくの間ソーシャル・メディアから離れていることを選ぶ」と述べていることから考える。下線部の fast は「断食する」という意味だが，ここではソーシャル・メディアを断つことを表している。したがって，ウ「彼らはソーシャル・メディアの利用をやめている」が適切。ア「彼らは友人たちにメッセージを送ろうとしている」，イ「彼らはさらに速くソーシャル・メディアを使っている」，エ「彼らはとても速く他人の情報を得る」はいずれもソーシャル・メディアを使う状況でのことなので，「ソーシャル・メディアを断つ」という内容と合わない。

8　ア　「人々は20年間ソーシャル・メディアについて話し続けている」(×)　第2段落第2文に Twenty years ago とあるが，ここでは20年前には人々が(ソーシャル・メディアを使わずに直接)話をしていたことを述べているので一致しない。　イ　「ソーシャル・メディアには真実ではないニュースの話と投稿がたくさんある」(○)　第2段落第5文に，「また，多くの偽物のニュースの話や投稿がある」とあるので一致する。　ウ　「人々はソーシャル・メディアでビデオゲームをするのにもっと時間を使いたがっている」(×)　ソーシャル・メディアでのビデオゲームについては本文中で述べられていない。　エ　「ソーシャル・メディアを使うとき，彼らは食べたり飲んだりしない」(×)　ソーシャル・メディアを使っている間に食べたり飲んだりすることについては本文中で述べられていない。　オ 「手紙やはがきの書き方を教えるソーシャル・ネットワークのサイトがいくつかある」(×)　最終段落第8文に，ソーシャル・メディアをやめた人が代わりに手書きの手紙やはがきを書いていることが述べられているが，手紙やはがきの書き方を教えるサイトについては本文中で述べられていない。　カ 「中にはソーシャル・メディアを使わずに対面で会話をする人もいる」(○)　最終段落第6文に，ソーシャル・メディアをやめて人と直接面と向かって会話をするようにした人がいると述べられているので一致する。
キ 「ソーシャル・メディアを使うのをやめてうれしく思わなかった人もいる」(○)　最終段落最後から2文目に，ソーシャル・メディアを使わなかったときにさらに不安になった人もいたことが述べられているので一致する。

基本 D　(語句選択補充問題：比較，受動態，関係代名詞，分詞，不定詞，前置詞，動名詞，感嘆文)

1 「この映画はあの映画よりもおもしろい」 後に than that one(＝ movie)「あの映画よりも」とあるので空所には比較級 more interesting が入る。

2 「これらの写真は前橋で撮られた」 主語が These pictures で空所の前にbe動詞 were があることから受動態<be動詞＋過去分詞>の文。過去分詞 taken が入る。

3 「あなたは高崎駅から出るバスに乗ることができます」 関係代名詞を使って「高崎駅から出る」が直前の「バス」を修飾する文。関係代名詞は先行詞 the bus を指し，その後の動詞 leave(s) の主語になる。先行詞が「もの」なので関係代名詞は that が適切。the bus は3人称単数なので動詞には s が必要。したがって，アが正解。

4 「これはイヌによって壊されたカメラです」 空所の直前の a camera と動詞 break「壊す」とのつながりを考える。break を過去分詞にして空所の後の by a dog と合わせると「イヌによって壊された」となり，a camera を修飾する意味になって文意が成り立つ。

5 「タロウとハナコは週末にバスケットボールをしますか」 一般動詞を使う疑問文。<Do[Does]＋主語＋動詞の原形>の語順になるが，主語が Taro and Hanako で複数なので Do を使う。アが正解。

6 「あなたはその映画を見ましたか。私はそれを見たいです」 want の後に動詞 see が続き，「見ることを望む(＝見たい)」とすると文意が成り立つ。want の後に「～すること」の意味を続けるときは不定詞を使うのでイが正解。

7 「ミキとケンは私の友達です。私は彼女たちとよく買い物に行きます」 空所には Miki and Kenを受ける代名詞が入る。Miki and Ken は3人称で複数。また，前置詞(with)に続くので目的格になる。3人称複数で目的格の代名詞は them。

8 「私は昨夜家族と一緒に夕食を食べて楽しみました」 enjoy の後に「～すること」の意味を続けると「夕食を食べることを楽しんだ[夕食を食べて楽しんだ]」となって文意が成り立つ。enjoy の後に「～すること」の意味を続けるときは動名詞を使う。また，「昨夜」と過去のことを述べているので enjoy は過去形にする。エが正解。

9 「彼女は何冊の本を持っていますか。／彼女は10冊の本を持っています」「10冊の本」と本の数を答えているので，「彼女」が持っている本の数を尋ねる疑問文にする。数を尋ねるときは<How many ＋名詞の複数形>の形を使うのでアが正解。

10 「あそこを見て！　なんてかわいいネコなんだろう！」「なんて～な…なのでしょう」と強調するときは< What ＋(a[an])＋形容詞＋名詞>で表す。エが正解。

やや難 E　(会話文問題：語句選択補充)

(大意)　A が B にいちばん好きな映画スターを尋ね，B がクリス・プラットと答える。A が最新の『ジュラシック・ワールド』を見たかと尋ねたのに対して，Bはまだ見ていないが今度の日曜日に見るつもりだと答え，A はどの映画館に行くのか尋ねる。Bがたぶんワールド・シネマに行くだろうと答えると，A は一緒に行ってもよいか尋ね，Bは同意して映画を見る前に昼食を食べようと提案し，Aも同意する。

(1) Aの your favorite movie star「あなたのいちばん好きな映画スター」と，Bが Chris Pratt と人名を答えていることから，AはBがいちばん好きな映画スターが誰なのかを尋ねたとわかる。「人」を尋ねているので who を入れる。

(2) 「あなたのいちばん好きな映画スターは誰ですか」という問いに対する返答。I の後に動詞が必要なので，問いの内容に合わせて like「～が好きだ」を入れる。

(3) Aの発言に過去分詞 seen があること，Bが No, I haven't と答えていることから，空所に have を入れて現在完了の疑問文にする。

(4) Bはまだ最新の『ジュラシック・ワールド』を見ていないと答えた後，but「でも」と続けているので，be going to ～ の文にして「今度の日曜日にそれを見るつもりだ」とすると文意が成り立つ。

(5)・(6) AはBが『ジュラシック・ワールド』を見る予定の映画館について尋ねている。Bが「たぶん高崎のワールド・シネマに行く」という内容を答えているので，which を入れて「どの映画館へ行くつもりですか」という内容の疑問文にすると会話が成り立つ。また，Aが be going to ～ を使って未来のことを尋ねているので，それに合わせて(6)に will を入れて「ワールド・シネマに行くつもりだ」という文にすると会話が成り立つ。

(7) Aの問いにBが Sure.「いいですよ」と言っていることから，can を入れて Can I ～?「～してもいいですか」と許可を求める文にする。

(8)・(9) 空所の前後に How と having があることから，about を入れて「昼食を食べることについてはどうですか[昼食を食べるのはどうですか]」と提案する文にする。(9)には together「一緒に」を入れると自然な文意になる。

(10) Bの提案に「いいですね」と同意する文にする。空所の直後の good とつながるのは sounds「～のように聞こえる」。

F (語句選択補充問題：語彙)

1 「ジョージ・ワシントンは1789年に合衆国の初代大統領になった」 President は「大統領」の意味。

2 「モロッコは北アフリカにある国だ」 be located で「ある，位置している」という意味を表す。

3 「バレエダンサーはつま先で踊れるように特殊な靴を使う」 so that ～ can … は「～が…できるように」という意味。

4 「ウクライナの国旗の色は青と黄色だ」 national flag は「国旗」の意味。

5 「地球の半分が太陽の光を浴びているとき，もう半分は陰になっている」 地球の半分が暗い状態になっていることを説明している。nature「自然」，place「場所」，order「順番，命令」。

重要 G (語彙問題：英語の説明に合う語を書く問題)

1 「音に注意を払う，あるいは音を聞こうとする」＝ listen「聞く」。listen は聞き取ろうとして注意を傾けることを表すのに対して，hear は「(聞こうといていなくても自然と)聞こえる」という意味で用いる。

2 「ドアを開けたり閉じたりするために使われる小さな金属」＝ key「鍵」。

3 「普通は病院で，病気やけがをした人の世話をする訓練を受けた人」＝ nurse「看護師」。

4 「人が品物を売る公共の建物や場所」＝ market「市場」。

5 「手首につける置時計のようなもの」＝watch「腕時計」。

★ワンポイントアドバイス★

Gの語い問題は，必ずしも英語の説明を細かいところまで理解できる必要はない。英語の説明全体がわからなくても，説明の中にある単語からどんな単語の説明であるかを推測しよう。

＜理科解答＞《学校からの正答の発表はありません。》

1 問1 ドルトン 問2 硫化水素 問3 右図 問4 蒸散
問5 約300個 問6 339m/秒 問7 放電 問8 A イ B ウ

2 問1 火山灰 問2 火山噴出物 問3 エ
問4 A 高く B 高速 C ウ 問5 マグマ

3 問1 B 虹彩，エ C レンズ，イ E 視神経，ウ F 網膜，ア
問2 C，D 問3 ウ 問4 ウ

4 問1 $NaHCO_3+HCl \rightarrow NaCl+H_2O+CO_2$ 問2 黄色
問3 ウ 問4 229g 問5 質量保存の法則 問6 14g
問7 発生した二酸化炭素が空気中に逃げたから。

5 問1 A 60 B 全反射 問2 ア 問3 右図
問4 イ 問5 ア 問6 180cm

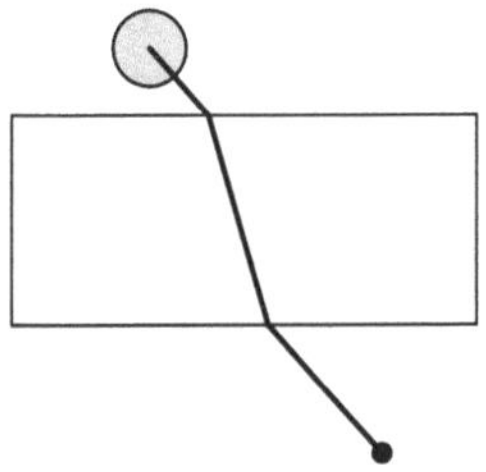

○推定配点○
1 各2点×8 2 各3点×7 3 各3点×7(問1・問2各完答) 4 各3点×7
5 各3点×7 計100点

＜理科解説＞

1 (小問集合－各分野の要点)

問1 原子説は，今から200年ほど前に，イギリスのドルトンによって提唱された。

重要 問2 鉄と硫黄が化合すると，硫化鉄ができる。硫化鉄に塩酸を加えると，硫化水素が発生する。硫化水素は空気よりも重く，卵が腐ったにおいがあり，有毒な気体である。

問3 風向は風の吹いてくる向きであり，天気記号では吹いてくる向きに矢羽根を伸ばす。

問4 植物が体内の水を水蒸気として体外に出すことを，蒸散という。

問5 黄色の遺伝子をA，緑色の遺伝子をaとする。親は子葉が黄色だが，その親の遺伝子がAAなら，子に緑色の子葉のものは現れないので，親の遺伝子はAaだとわかる。Aaどうしのかけ合わせのとき，子の遺伝子は，AA：Aa：aa＝1：2：1の数比でできるので，子葉が黄色のものと緑色のものの数比は3：1である。よって，1200個の子では900：300となる。

問6 稲妻の音が2000mの距離を5.9秒で伝わるので，音の速さは2000÷5.9＝338.9…で，四捨五入により339m/秒である。

問7 電気が空間を流れる現象を放電という。

問8 台風は低気圧の一種であり，上から見て反時計回りに空気が吹き込んでいる。そのため，進路の右側では，風速に台風じたいの速さが足し算され，風速がより強まって危険である。台風が北向きに進む場合は，東側が危険半円とよばれる。

2 **(火山と火成岩－火山の噴出物)**

問1・問2　火山から噴出する火山噴出物のうち，気体は火山ガスである。また，上空に飛ばされるものは，2mm以下のものが火山灰，2mmをこえると火山レキといい，他に噴石や軽石，火山弾などがある。また，マグマが流れ出たものが溶岩である。

基本　問3　火山ガスの主成分は水蒸気で，90％以上を占める。次に数％の二酸化炭素，その他，少量の二酸化硫黄や硫化水素などが含まれる

問4　高温の火山ガスが，火山灰などを巻き込みながら斜面を高速で流下する現象を火砕流という。温度は700℃を超え，速さは100km/時を超えることもある。1783年の浅間山の噴火は，鬼押し出しの形成などで有名で，現在の嬬恋村鎌原地域は，火砕流の被害が特に大きかった。なお，榛名山の噴火は1500年ほど前，赤城山は800年ほど前である。草津白根山は現在も時々活動しているが，問題文とは合わない。

問5　火山の地下にある，岩石が融けた液体をマグマという。マグマが上昇してくると，山体膨張が起こり，火山の周囲に設置されている傾斜計で知ることができる。

3 **(ヒトのからだ－目のつくりとはたらき)**

重要　問1・問2　Bは虹彩であり，虹彩の真ん中にある穴のAがひとみ(瞳孔)である。虹彩BはひとみAの大きさを調節し，明るいところでは小さく，暗いところでは大きくする。Cはレンズ(水晶体)で，目に入った光が屈折する。その光はDのガラス体を通ってFの網膜に当たる。網膜Fには光を感じる細胞が並んでいる。受け取った光の刺激は信号となって，Eの視細胞から脳に送られる。

問3　図の筋肉は毛様体とよばれる。近くを見るときはCのレンズが厚い方がよいが，遠くを見るときはレンズを薄くする必要があるため，毛様体を使ってまわりからレンズを引っ張る。アやイは虹彩Bのはたらきである。エは網膜Fの厚さを変えることはない。

問4　レンズを通った光が網膜に当たってできるのは，倒立の実像である。実物と像では，上下左右が反対である。

4 **(気体－炭酸水素ナトリウムと塩酸の反応)**

問1　炭酸水素ナトリウムの化学式は$NaHCO_3$である。これに塩酸HClを加えると，二酸化炭素CO_2が発生する。まず，化学式を並べると，$NaHCO_3 + HCl \rightarrow NaCl + H_2O + CO_2$である。左辺と右辺の原子の数を確認すると，Na，H，C，O，Clともに，このままで左右ちょうど合っているので，これ以上係数合わせをする必要がなく完成である。

問2　二酸化炭素は水に少し溶けて酸性を示す。BTB溶液は，酸性で黄色，中性で緑色，アルカリ性で青色になる。

問3　アは水素，イは酸素，ウは二酸化炭素，エは酸素，オはアンモニアが発生する。

やや難　問4　実験2の(2)にあるように，溶質の塩化水素の質量と，炭酸水素ナトリウムの質量の合計が20.0gである。表中の③では，炭酸水素ナトリウムの質量が4.0gだから，塩化水素の質量は$20.0-4.0=16.0$(g)である。これが7.0％の塩酸に含まれているので，塩酸の質量をx[g]とすると，$x \times 0.07 = 16.0$であり，$x = 228.5\cdots$で，四捨五入して229gである。

問5　ふたを開ける前の状態の測定では，化学変化の前後で，反応に関わる物質の質量の合計は変わらない。これを，質量保存の法則という。

やや難　問6・問7　実験2の(5)では，発生した二酸化炭素がふたを開けたときに逃げていくため，そのぶん質量が減少する。表1では(5)－(4)の質量が，発生した二酸化炭素の質量である。そこで，表1の(1)の炭酸水素ナトリウムの質量と，(5)－(4)の二酸化炭素の質量をグラフにする。次ペー

ジのグラフの●のように点を取り，それを結ぶと最大量がわかる。二酸化炭素が最大量になるのは，炭酸水素ナトリウムの質量が14gのときである。

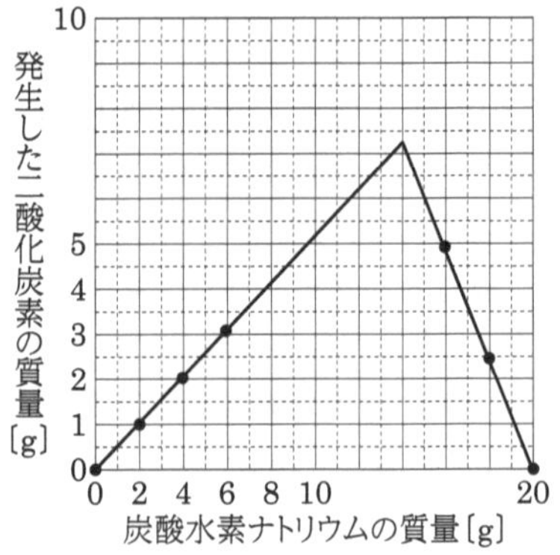

5　(光－光の屈折と反射)

問1　光の入射角や反射角は，水面に垂直な線を引いて，そこから測る。図1では入射角も反射角も，90－30＝60°である。また，光が水から空気へ進むとき，屈折して外に出ていかず，すべて反射して水中に戻ることを，全反射という。

問2・問3　光が空気から水へ入るときは，より内側へ屈折する。そのため，ガラスを通っていない光に比べ，ガラスを通って屈折してきた光は左側に見える。

重要　問4・問5　人が鏡を通して模様をみたとき，左右方向は変わらない。上下方向は床の鏡に上向きに映っているので，下図のように壁には下向きの模様があり，天井の鏡には上向きに映る。

図1

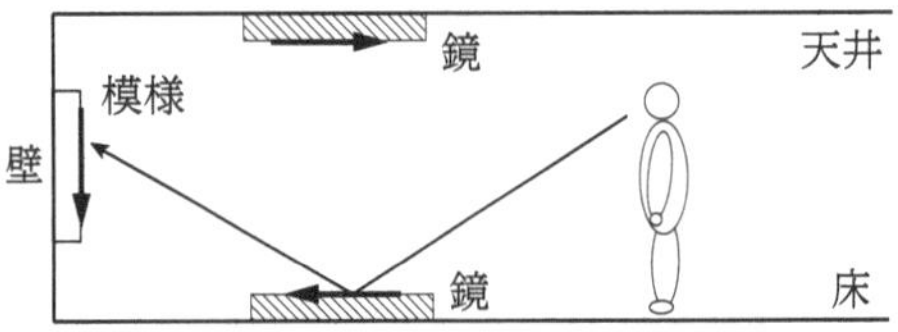

図2

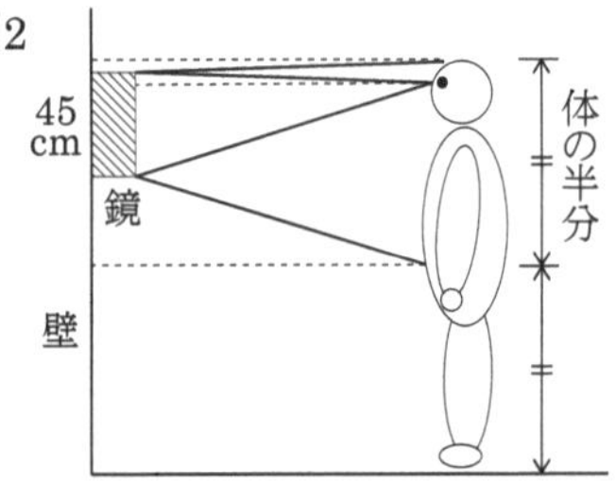

問6　縦方向の長さが45cmの鏡に映っているのは，図2のように45×2＝90(cm)ぶんである。これが体の半分なので，体の長さつまり身長は，90×2＝180(cm)である。

★ワンポイントアドバイス★

いくつか難しい問題があるが，基礎的な問題をしっかり取れば合格点に達する。取りこぼしをしないよう，ていねいに解こう。

＜社会解答＞《学校からの正答の発表はありません。》

Ⅰ　問1　五大湖　　問2　ロッキー山脈　　問3　メキシコ湾　　問4　ア　　問5　①　ヨーロッパ系　　②　ネイティブアメリカン[インディアン]　　問6　シリコンバレー

Ⅱ　問1　(A)　カ　　(B)　オ　　(C)　エ　　(D)　キ　　(E)　イ　　(F)　ア　　(G)　ウ
問2　イ

Ⅲ　問1　①　1914年　　②　1945　　問2　三国同盟　　問3　バルカン　　問4　ウ
問5　非暴力，ガンディー　　問6　大正デモクラシー　　問7　ニューディール　　問8　イ
問9　①　ヒトラー　　②　ポーランド　　③　ユダヤ　　④　レジスタンス
問10　ファシズム　　問11　真珠　　問12　ポツダム　　問13　ア，ウ　　問14　エ
問15　イ

Ⅳ　問1　(1)　エ　　(2)　グローバル化[ボーダーレス化]　　問2　(1)　合計特殊出生率

(2) 核家族　問3 (1) 人工知能　(2) デジタル・デバイド　問4 エ　問5 イ
問6 (1) (a) オ　(b) ア　(c) カ　(2) エ　(3) (d) 琉球　(e) アイヌ
(4) 文化財保護法

○推定配点○

Ⅰ 各2点×7　Ⅱ 各2点×8　Ⅲ 各2点×20　Ⅳ 各2点×15　計100点

＜社会解説＞

Ⅰ (地理―世界の地形・気候，産業，諸地域の特色：北アメリカ)

問1 五大湖の水系は接続しており，上流から順にスペリオル湖，ミシガン湖，ヒューロン湖，エリー湖，オンタリオ湖の5つの湖からなる。

問2 ロッキー山脈は，北アメリカ大陸の西部をカナダからアメリカ合衆国にかけて走る山脈であり，アメリカ合衆国では一つの地方となっている。

問3 メキシコ湾は，北アメリカ大陸南東部とメキシコ北東部に挟まれた湾である。広くは大西洋，カリブ海(アメリカ地中海)の一部として分類される。

問4 ①はDのロサンゼルスで地中海性気候である。②はCのアンカレッジで冷帯である。③はEのハバナでサバナ気候である。

問5 アメリカは移民の国であり，一番多い①はヨーロッパ系である。②のネイティブ・アメリカンは，アメリカ合衆国の先住民族のことで，1492年にヨーロッパ系白人が現在の北米地域に到達する以前に，現地に居住していた民族の総称である。

問6 シリコンバレーは，カリフォルニア州北部のサンフランシスコ・ベイエリアの南部に位置しているサンタクララバレーおよびその周辺地域の名称である。特定の一箇所を公的に指す地名ではなく，ある程度広い地域一帯の通称として使用される。

Ⅱ (日本の地理―産業，諸地域の特色：近畿地方，地形図)

問1 Aは日本標準時子午線が通る明石市がある兵庫県である。Bは西日本最大の人口を持つ大阪府である。Cはみかんの生産量が多い和歌山県である。Dは奈良時代に平城京がおかれていた奈良県である。Eは真珠の養殖が盛んな志摩半島が属する三重県である。Fはかつて平安京がおかれた京都府である。Gは日本最大の湖・琵琶湖がある滋賀県である。

問2 5万分の1の地形図上の3㎝は，実際には50000×3＝150000㎝＝1500m＝1.5㎞となり，(イ)が正しい。

Ⅲ (日本と世界の歴史－政治・外交史，社会・経済史，各時代の特色，文化史，日本史と世界史の関連)

問1 第一次世界大戦は，1914年7月28日から1918年11月11日にかけて，協商国と同盟国の間で戦われた世界規模の戦争である。

問2 1882年から1915年まで存続したドイツ，オーストリア，イタリア間の軍事同盟を三国同盟という。英仏露三国協商と対立し，第1次世界大戦の一方の陣営を形成した。

基本 問3 20世紀初頭，バルカン半島は「ヨーロッパの火薬庫」と呼ばれるほど「危険」な状態であった。各地の民族運動や列強の利害対立が複雑に絡まり，一触即発の状態だった。

問4 日英同盟を理由に参戦したのは日本である。

問5 ガンディーが指導したインドの反英闘争が非暴力非服従運動である。それは，暴力的な手段を用いず，イギリスの植民地支配に服従しないことで抵抗し，自治，さらに独立を目指した。

問6 大正デモクラシーとは，日本で1910年代から1920年代(第一次世界大戦前後)にかけて起こった，政治・社会・文化の各方面における民本主義の発展，自由主義的な運動，風潮，思潮の総称である。

問7　ニューディール政策とは，1933年，ローズヴェルト大統領が世界恐慌克服のために示した新政策である。経済復興への一定の見通しを示し国民の支持を受けた。しかし議会の反対によって修正を迫られ，その成果は限定的であった。

問8　ブロック経済とは，特定の関係国との間で閉鎖的な経済圏を築き，その他の国を経済的に締め出す形をとる経済体制のことである。

問9　ヒトラーは，第一次世界大戦後のドイツでヴェルサイユ体制打破，ユダヤ人排斥，反共産主義主義を掲げてナチス党を指導，国民的支持を受けて政権を獲得した。以後，ファシズム態勢を固め，生存圏の拡張を掲げて近隣への侵略を開始し，1939年ポーランドに侵攻して第二次世界大戦の要因を作った。

問10　ファシズムとは，20世紀前半の帝国主義時代に現れた国家体制の一類型で，独裁権力のもとで議会制民主主義が否定され，強力な軍事警察力によって国民の権利や自由が抑圧される国家体制をいう。

問11　1941年12月8日(日本時間)，日本軍はハワイにあるアメリカ太平洋艦隊の拠点を突如空襲した。これが「真珠湾攻撃」である。そのおよそ1時間前には，イギリス領だったマレー半島(現在のマレーシア)にも上陸，日本はアメリカ・イギリスという大国との戦争に踏み込んでいった。

基本　問12　1945年7月，ポツダム会談の合意を受け，アメリカ・イギリス・中国の三国首脳名で日本に無条件降伏を勧告した。日本政府は8月14日にその受諾を決定し15日に国民に発表，9月2日に降伏文書に署名し戦争が終結した。

問13　国連安全保障理事会の常任理事国は，アメリカ，イギリス，フランス，ロシア，中国であり，日本は含まれていない。国連の制裁処置は，軍事制裁も可能である。

問14　②NATO結成(1949年)→①キューバ危機(1962年)→④ベトナム戦争終結(1975年)→③ベルリンの壁崩壊(1989年)。

問15　エジプト以外はすべて分断国家である。

Ⅳ　(公民―経済生活，国際政治，その他)

重要　問1　(1)　グラフを注意深く考察すると，小麦の自給率は，1970年以後は，20%を一度でも超えていないのがわかる。　(2)　グローバル化とは，資本や労働力の国境を越えた移動が活発化するとともに，貿易を通じた商品・サービスの取引や，海外への投資が増大することによって世界における経済的な結びつきが深まることを意味する。

問2　(1)　合計特殊出生率とは出生力，つまり，人口に対して生まれた子供の数を表す指標の一つである。その年次の15歳から49歳までの女子の年齢別出生率を合計したもので，1人の女子が仮にその年次の年齢別出生率で一生の間に子供を生むとしたときの子供の数に相当し，人口動態の出生の傾向をみるときの主要な指標となっている。　(2)　核家族世帯とは，①世帯主とその配偶者のみで構成する世帯，②夫婦と未婚の子のみで構成する世帯，③父親又は母親と未婚の子のみで構成する世帯，などである。

やや難　問3　(1)　AIとは，Artificial Intelligence (人工知能)の略である。コンピュータがデータを分析し，推論(知識を基に，新しい結論を得ること)や判断，最適化提案，課題定義や解決，学習(情報から将来使えそうな知識を見つけること)などを行う，人間の知的能力を模倣する技術を意味する。　(2)　デジタルデバイドとは「インターネットやコンピュータを使える人と使えない人との間に生じる格差」のこと，つまり「情報格差」のことである。

問4　全会一致では限られた時間内では結論は出にくい。

重要 問5 ワンガリ・マータイは，ケニア出身の女性環境保護活動家，政治家である。2004年12月10日，「持続可能な開発，民主主義と平和への貢献」により，環境分野の活動家およびアフリカ人女性として史上初のノーベル平和賞を受賞した。

やや難 問6 (1) ダイバーシティの意味は，多様性，相違点などである。つまり「個人や集団の間に存在しているさまざまな違い」といったことである。ユニバーサルデザインは，「普遍的な」という意味を持つ"ユニバーサル"が示しているように，身体能力の違いや年齢，性別，国籍に関わらず，すべての人が利用しやすいようにつくられたデザインである。多文化共生とは，「国籍や民族などの異なる人々が，文化的な違いを認め合い，対等な関係を築こうとしながら，共に生きていくこと」である。 (2) 結婚式はあくまで儀式であり，決められた期間に行われる年中行事とは別のものである。 (3) 琉球文化の源は，1429年から450年にわたって存在した琉球王国にある。アイヌ文化は，北海道などの先住民族であるアイヌが13世紀(鎌倉時代後半)ころから現在までに至る歴史の中で生み出してきた文化である。 (4) 文化財保護法は，文化財の保存・活用と，国民の文化的向上を目的とする法律である。

★ワンポイントアドバイス★

Ⅲ問10 ファシズムは，イタリアのムッソリーニが率いた国家ファシスト党が提唱した思想やイデオロギーでもある。

＜国語解答＞《学校からの正答の発表はありません。》

一 問一 a 郷里 b 衝撃 c ばいしょう d 凝視 e にが(さ)
問二 Ⅰ ア Ⅱ ウ Ⅲ イ 問三 A 兄貴[直人] B 朱音 問四 エ
問五 ウ 問六 イ 問七 とりのこされる感じ 問八 後悔 問九 エ

二 問一 a 操作 b 消費 c 画期的 d 業績 e 希少 問二 Ⅰ イ
Ⅱ オ 問三 同じ時と場所を共有した者たちだけの，交換可能でない濃密な経験
問四 ウ 問五 1 下手に自分で「独創」する 2 ほどほどに適切な答えを短時間で導き出せる 3 コラージュの様式 問六 ア 問七 エ

三 問一 ① ウ ② 1 エ 2 オ 3 イ 4 ア 問二 ① かわず
② えがお ③ おうぎ ④ かかく ⑤ ちょうちょう

○推定配点○

一 問一・問二 各2点×8 他 各3点×8
二 問一・問二 各2点×7 問六・問七 各3点×2 他 各4点×5
三 各2点×10 計100点

＜国語解説＞

一 (小説－漢字，語句の意味，文脈把握，情景・心情，内容吟味，表現技法，大意)

問一 a 「郷」を使った熟語はほかに「郷愁」「郷土」。音読みはほかに「ゴウ」。熟語は「水郷」「在郷」など。訓読みは「さと」。 b 「衝」を使った熟語はほかに「衝動」「衝突」など。訓読みは

「つ(く)」。　c 「償」を使った熟語はほかに「弁償」「無償」など。訓読みは「つぐな(う)」。
d 「凝」を使った熟語はほかに「凝固」「凝縮」など。訓読みは「こ(らす)」「こ(る)」。　e 「苦」の訓読みは「くる(しい)」「くる(しむ)」「くる(しめる)」「にが(い)」「にが(る)」。音読みは「ク」。熟語は「苦境」「苦難」など。

問二　Ⅰ 「よぎる」は，通りすぎる，という意味。「頭をよぎる」は，頭を通り過ぎる，思い浮かぶ。という意味。　Ⅱ 「おもむろに」は，動作や物の動きなどがゆっくりしている，という意味。　Ⅲ 「負い目」は，そのことを負担に思う気持ち，引け目，という意味。

問三　A　直前に「さすがきびしいなあ」とあり，その前の「たるんでるってよ，兄貴が」を受けているので，「一高の秀才」は「兄貴」を指す。　B　直後に「親が病気らしくて」とあることに着目する。少し前に「役割だと言った言葉が，頭にこびりつく。朱音も似たようなことをいっていた」とあることから，親が病気らしい「知り合いの子」とは，「朱音」を指すとわかる。

問四　「ぴんぴん」は，健康で元気な様子を音で表現した「擬態語」。

問五　直前に「家に病人がいるというのは，どういう感じなのだろう」とあり，直後には「『悠人のじいちゃんかばあちゃん，どうかしたの』」とある。「唇をかみしめた悠人」を見て心配する渉の言葉である。渉が，「じいちゃんかばあちゃん」のことで心配事があるのではないかと悠人を気遣う様子が読み取れるので，「悠人の家庭に何か問題でもあるのかと心配している」とするウが適切。

やや難　問六　渉の言葉である。後に「『クラスのやつらが，あたりまえにやってること，できなかったし』」「『……いつだったかな，ばあちゃん，いなくなっちゃって，……そんとき，同級生にばったり会って。どこ行くんだ，ってきかれて，適当にごまかして……』」とあることから，クラスのみんなが当然のようにしていることができなかったり，認知症の「ばあちゃん」の世話をしていることを知られたくないと思っていたりしたことが読み取れるので，イが適切。

問七　「疎外感」とは，周囲からのけ者にされていると感じる感じ方のこと。似た意味の表現は，「『まあな……』」で始まる渉の言葉の中の「とりのこされる感じ(9字)」が適切。

問八　「今思うと，おふくろに悪かったなあ」は，過去を思い返して，すまなかったと思う気持ちの表現である。この言葉については，最終段落に「後悔をにじませた言葉」と表現されているので，「後悔」を抜き出す。

やや難　問九　直後に「それにしても，病気は気の毒だが，面倒をみて悪者にされるなんて，つらすぎる」と，この時の悠人の心情が表現されている。渉の話を聞き，「つらすぎる」と感じているにもかかわらず「まわりもたいへんだったろうなあ」と，あたり障りのない言葉しか出てこないことを「なさけない」と感じているので，「どんな言葉をかければよいかわからない自分をふがいなく思っている」とするエが適切。

二　(論説文－漢字，脱語補充，接続語，文脈把握，内容吟味，要旨)

問一　a 「操」を使った熟語はほかに「操縦」「体操」など。訓読みは「あやつ(る)」「みさお」。
b 「消」を使った熟語はほかに「消去」「消耗」など。訓読みは「き(える)」「け(す)」。　c 「画期的」は，新しい時代を作るほど意味があること。「画」を使った熟語はほかに「計画」「参画」など。音読みはほかに「ガ」。　d 「績」を使った熟語はほかに「実績」「成績」など。　e 「希」を使った熟語はほかに「希薄」「希望」など。

問二　Ⅰ　直前に「交換可能でない濃密な時間があった」とあるのに対し，直後には「ショウヒスタイルの多様性が大きいジャンルになった」と変化が示されているので，逆接を表す「しかし」が入る。　Ⅱ　直前に「余っているものの価値は下がる」とあり，直後で，具体例として「『課金の難しさ』」を挙げているので，例示を表す「たとえば」が入る。

問三　「かつて音楽は……」で始まる段落に「かつて音楽は，一回きりの存在であり，同じ時と場所を共有した者たちだけの，交換可能でない濃密な経験であった」と説明されているので，「同じ時と場所を共有した者たちだけの，交換可能でない濃密な経験(30字)」を抜き出す。

やや難　問四　「音楽システムの変化」については，「加えて……」で始まる段落以降に「科学技術の発展は，『音楽を編集することで新たな音楽を創る』という可能性を後押しし，音楽シーンに大きな影響を与えた」「特に重要なのはデジタル音声処理技術の進展によって実現した『サンプラー』と呼ばれる楽器の出現である。これは，さまざまな楽器や自然の音などの波形をあらかじめ数値的に記憶させておき，それらを自由に取り出しながらリアルタイムで加工することで新たな音楽を音を創り出す，理論的には『万能の楽器』である」と説明されているので，これらの内容と合致するウが適切。

やや難　問五　「こういう」とは，直前の「そこでの『独創』とはコラージュの様式のこと」を指すので，3には「コラージュの様式(8字)」が入る。「独創」の説明は，その前に「彼／彼女らは，下手に自分で『独創』するよりも，世界中の知のクラウドから，ほどほどに適切な答えを短時間で導き出せることの方が，……『知である』という『実感』を持っていると推察される」と説明されているので，1には「下手に自分で『独創』する(12字)」，2には「ほどほどに適切な答えを短時間で導き出せる(20字)」が入る。

問六　直後の「増えて」を修飾する語としては，「加速(度的に)」とするのが適切。「加速度的」とは，物事の変化する速度が次第に増してゆくように，という意味。

問七　Bの直後に「あるところに」，Cの直後に「出てくる」とあることから，Bは「需要」，Cは「供給」とするのが適切。求めに応じて与えられる，という文脈である。

三　(会話文－敬語，品詞，仮名遣い)

問一　①　会話の中で，Aさんは「～ありますか？」「～したいです」と，丁寧な言葉遣いをしているが，Bさんは「～したよ」「相談してみたの？」と，親しみが感じられる，ややくだけた話し方をしているので，Aさんを「丁寧な言葉づかい」，Bさんを「くだけた話し言葉」とするウが適切。　②　1　「スイス」は，国名を表す「名詞」。　2　「あまり」は，後の「得られない」を修飾する活用のない自立語なので「副詞」。それほど，という意味。　3　「大きい」は，語幹は「大き」，語尾が「かろ/かっ・く/い/い/けれ」と活用する形容詞。　4　「行っ」は，終止形が「行く」となる「動詞」。「か/き・っ/く/く/け/け」と活用する。

問二　①　語頭以外の「はひふへほ」は，現代仮名遣いでは「わいうえお」となるので，「は」は「わ」に直して「かわづ」となる。「づ」は，現代仮名遣いでは「ず」となるので，「かわず」となる。　②　「ゑ」は，現代仮名遣いでは「え」となり，「ほ」は「お」に直すので，「えがお」となる。　③　「ふ」は「う」に直して「あうぎ」とする。「あう」は「おー」と発音し，現代仮名遣いではでは「おう」と表記するので「おうぎ」となる。　④　「くわ」は「か」と発音するので，「かかく」となる。　⑤　「てふ」は「てう」に直す。「teu(てう)」の「eu(えう)」は「yo(よー)」と発音するので，「teu(てう)」は「tyo(ちょー)」となり，現代仮名遣いでは「ちょう」と表記するので，「てふてふ」は「ちょうちょう」となる。

★ワンポイントアドバイス★

文脈を丁寧に追って，言いかえ表現や指示内容を的確にとらえる練習をしよう！
出題は多岐に渡るので，さまざまな出題に対応できるよう，国語知識を充実させておこう！

学業特別奨学生

2023年度

解　答　と　解　説

《2023年度の配点は解答欄に掲載してあります。》

＜数学解答＞《学校からの正答の発表はありません。》

[1] (1) ① 19　② $3a+9b$　③ $4x^2-12x+9$　④ $6\sqrt{5}-3\sqrt{2}$
(2) ① $7ab(4a-2b+3c)$　② $(x-6)^2$　(3) ① $x=2$　② $x=16,\ -4$
③ $x=\frac{-3\pm\sqrt{21}}{2}$　(4) $x=4,\ y=-1$

[2] $0\leqq y\leqq 4$　[3] $y=2x-3$　[4] $\frac{3}{8}$　[5] ②　[6] 8　[7] 40°

[8] $a=1,\ 4$　[9] 100km　[10] 635　[11] 12　[12] $a=\frac{1}{8}$　[13] $y=x+4$

○推定配点○

[1] 各4点×10　他 各5点×12　計100点

＜数学解説＞

基本 [1] (数・式の計算，平方根，因数分解，方程式)

(1) ① $12\div(-6)+(-7)\times(-3)=-2+21=19$　② $(2a+6b)\div\frac{2}{3}=(2a+6b)\times\frac{3}{2}=3a+9b$　③ $(2x-3)^2=(2x)^2-2\times2x\times3+3^2=4x^2-12x+9$　④ $\sqrt{3}(2\sqrt{15}-\sqrt{6})=\sqrt{3}\times2\sqrt{15}-\sqrt{3}\times\sqrt{6}=2\sqrt{45}-\sqrt{18}=2\times3\sqrt{5}-3\sqrt{2}=6\sqrt{5}-3\sqrt{2}$

(2) ① 共通因数$7ab$でくくると，$28a^2b-14ab^2+21abc=7ab(4a-2b+3c)$　② $x^2-12x+36=x^2-2\times6\times x+6^2=(x-6)^2$

(3) ① $5(3x-1)-4x=17$　$15x-5-4x=17$　$11x=22$　$x=2$　② $x^2-12x=64$　$x^2-12x-64=0$　$(x-16)(x+4)=0$　$x=16,\ -4$　③ 解の公式を使って，$x=\frac{-3\pm\sqrt{3^2-4\times1\times(-3)}}{2\times1}=\frac{-3\pm\sqrt{9+12}}{2}=\frac{-3\pm\sqrt{21}}{2}$

(4) $3x-5y=17\cdots$①　$x+3y=1\cdots$②　①－②×3より，$-14y=14$　$y=-1$　②に$y=-1$を代入して，$x+3\times(-1)=1$　$x-3=1$　$x=4$

基本 [2] (2次関数の変域)

関数$y=x^2$のグラフは下に凸の放物線であり，xの変域$-1\leqq x\leqq2$に原点を含むので，最小値は0　$x=2$のときyの値は最大値となり，$y=x^2$に$x=2$を代入すると，$y=2^2=4$

基本 [3] (2直線の交点と直線の式)

$y=-2x+5$と$y=5x-9$を連立方程式として解くと，$5x-9=-2x+5$　$7x=14$　$x=2$　$y=-2x+5$に$x=2$を代入すると，$y=-2\times2+5=-4+5=1$　よって，2直線の交点は(2，1)
(2，1)と(7，11)を通る直線の傾きは，$\frac{11-1}{7-2}=\frac{10}{5}=2$　求める直線を$y=2x+b$とおいて，(2，1)を代入すると，$1=2\times2+b$　$1=4+b$　$b=-3$　よって，求める直線は，$y=2x-3$

基本 [4] (確率)

コインは表裏の2通りなので，3回投げたときの場合の数は，$2\times2\times2=8$(通り)　表が1回，裏が2回となるのは，(表，裏，裏)，(裏，表，裏)，(裏，裏，表)の3通りなので，求める確率は，$\frac{3}{8}$

重要 **5** **(資料の活用)**

平均値は，$(4+5+5+6+6+6+7+8+9+9+9+10)\div12=84\div12=7.0$　中央値は6人目と7人目の平均になるので，$(6+7)\div2=13\div2=6.5$　第2四分位数(中央値)が6.5なので，第1四分位数は4，5，5，6，6，6の中央値になるから，3人目と4人目の平均となり，$(5+6)\div2=11\div2=5.5$　第3四分位数は7，8，9，9，9，10の中央値になるから，9人目と10人目の平均となり，$(9+9)\div2=18\div2=9.0$　よって，四分位範囲は，第3四分位数－第1四分位数＝$9.0-5.5=3.5$

基本 **6** **(平行四辺形)**

四角形ABCDは平行四辺形なので，AD//BC　平行な直線に対する錯角は等しいので，∠ADP＝∠CPD　点Pは∠Dの二等分線と辺BCとの交点なので，∠ADP＝∠CDP　よって，∠CPD＝∠CDPとなり，△CDPはCD＝CPの二等辺三角形となる。平行四辺形ABCDより，CP＝CD＝AB＝5，AD＝BC＝BP＋CP＝3＋5＝8

重要 **7** **(角度)**

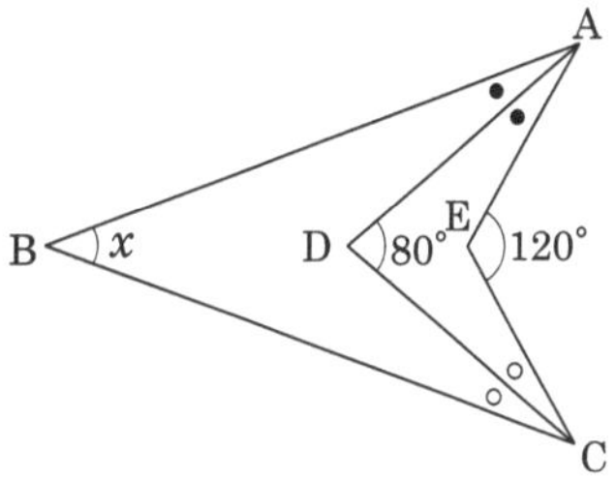

右図のように，点A，B，C，D，Eを定める。四角形ABCDにおいて，$\angle x$＋●＋○＝80°　●＋○＝80°－$\angle x$…①　四角形ABCEにおいて，$\angle x$＋2●＋2○＝120°　$\angle x$＋2(●＋○)＝120°　①を代入して，$\angle x+2(80^\circ-\angle x)=120^\circ$　$\angle x+160^\circ-2\angle x=120^\circ$　$-\angle x=-40^\circ$　$\angle x=40^\circ$

基本 **8** **(2次方程式の解)**

$\frac{1}{4}x^2-ax+5a-4=0$に$x=2a$を代入すると，$\frac{1}{4}\times(2a)^2-a\times2a+5a-4=0$　$\frac{1}{4}\times4a^2-2a^2+5a-4=0$　$a^2-2a^2+5a-4=0$　$-a^2+5a-4=0$　$a^2-5a+4=0$　$(a-1)(a-4)=0$　$a=1,\ 4$

重要 **9** **(方程式の利用)**

高速道路を走った道のりを$x$kmとすると，高速道路を走った時間は，$\frac{x}{80}$時間，一般道路を走った道のりは，$(160-x)$km，一般道路を走った時間は，$\frac{160-x}{40}$時間　また，2時間45分＝$2\frac{45}{60}$(時間)＝$2\frac{3}{4}$(時間)＝$\frac{11}{4}$(時間)であるから，$\frac{x}{80}+\frac{160-x}{40}=\frac{11}{4}$　$x+2(160-x)=11\times20$　$x+320-2x=220$　$-x=-100$　$x=100$(km)

重要 **10** **(方程式の利用)**

もとの3けたの自然数の百の位の数をx，一の位の数をyとすると，もとの3けたの自然数は，$100x+30+y$，百の位の数と一の位の数を入れかえた自然数は，$100y+30+x$と表せる。各位の数の和は14であるから，$x+3+y=14$　$x+y=11$…①　百の位の数と一の位の数を入れかえた自然数は，もとの自然数より99小さいので，$100y+30+x=100x+30+y-99$　$-99x+99y=-99$　$x-y=1$…②　①＋②より，$2x=12$　$x=6$　①に$x=6$を代入して，$6+y=11$　$y=5$　よって，もとの3けたの自然数は，635

11 **(長方形の面積)**

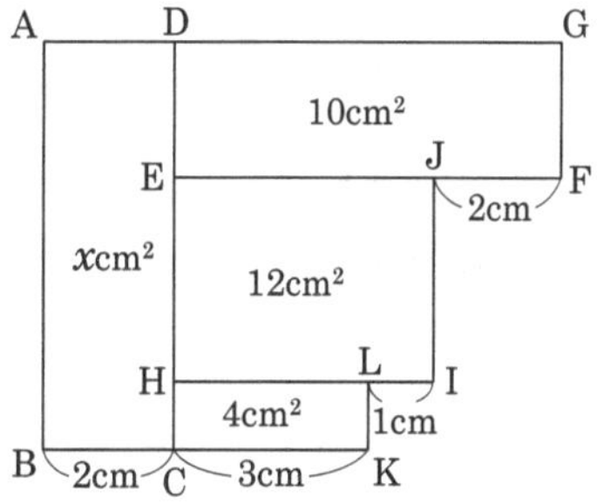

右図のように，点A～Lを定める。四角形CKLHにおいて，HC×CK＝4より，HC×3＝4　HC＝$\frac{4}{3}$(cm)　また，HI＝HL＋LI＝CK＋LI＝3＋1＝4(cm)なので，四角形EHIJにおいて，EH×HI＝12より，EH×4＝12　EH＝3(cm)　さらに，EF＝EJ＋JF＝HI＋JF＝4＋2＝6(cm)なので，四角形DEFGにおいて，DE×EF＝10より，DE×6＝10　DE＝$\frac{10}{6}=\frac{5}{3}$

(cm)　よって，$DC=DE+EH+HC=\frac{5}{3}+3+\frac{4}{3}=\frac{9}{3}+3=3+3=6$(cm)であるから，$x=DC\times BC=6\times2=12$

重要 12 (図形と関数・グラフの融合問題)

$y=ax^2$に$x=-4$，8をそれぞれ代入すると，$y=a\times(-4)^2=16a$，$y=a\times8^2=64a$　よって，A$(-4,\ 16a)$，B$(8,\ 64a)$　直線ABの傾きは，$\frac{64a-16a}{8-(-4)}=\frac{48a}{8+4}=\frac{48a}{12}=4a$　直線ABの式を$y=4ax+b$とおいて，A$(-4,\ 16a)$を代入すると，$16a=4a\times(-4)+b$　$16a=-16a+b$　$b=32a$　よって，直線ABの式は$y=4ax+32a$であり，直線ABとy軸との交点をDとすると，D$(0,\ 32a)$　したがって，$\triangle OAB=\triangle OAD+\triangle OBD=\frac{1}{2}\times32a\times4+\frac{1}{2}\times32a\times8=64a+128a=192a$となるから，$192a=24$　$a=\frac{1}{8}$

重要 13 (図形と関数・グラフの融合問題，ひし形の面積2等分)

$y=x^2$に$x=2$を代入すると，$y=2^2=4$となるから，A$(2,\ 4)$　点A，Cのy座標が等しく，2次関数のグラフはy軸について対称であることから，C$(-2,\ 4)$　よって，線分ACの中点は，$\left(\frac{2-2}{2},\ \frac{4+4}{2}\right)=\left(\frac{0}{2},\ \frac{8}{2}\right)=(0,\ 4)$　ひし形は平行四辺形のすべての辺の長さが等しくなった形であり，対角線はそれぞれの中点で交わる。また，平行四辺形の面積を2等分する直線は，平行四辺形の中心(対角線の交点)を通ることから，求める直線は$(0,\ 4)$を通る。$(-4,\ 0)$と$(0,\ 4)$を通る直線の傾きは，$\frac{4-0}{0-(-4)}=\frac{4}{0+4}=\frac{4}{4}=1$　よって，求める直線は，$y=x+4$

★ワンポイントアドバイス★

基本的なレベルの問題が多く，問題も一問一答形式で解きやすい。教科書の内容は確実にした上で思考力を養っておきたい。

＜英語解答＞《学校からの正答の発表はありません。》

A・B　リスニング問題解答省略

C　1　3番目　ウ　6番目　ア　2　イ　3　ア　4　ウ　5　エ　6　①　T　②　F　③　F　④　T　⑤　F

D　1　エ　2　ア　3　イ　4　エ　5　ア　6　イ　7　ア　8　エ　9　イ　10　ウ

E　1　イ　2　エ　3　ケ　4　オ　5　コ　6　キ　7　ア　8　ク　9　カ　10　ウ

F　1　3番目　オ　6番目　ウ　2　3番目　ウ　6番目　カ　3　3番目　オ　6番目　ケ　4　3番目　ウ　6番目　エ　5　3番目　ア　6番目　オ

G　1　old　2　well　3　mine　4　without　5　who

○推定配点○

各2点×50(C1，F各完答)　計100点

＜英語解説＞(普通科)

A・B　リスニング問題解説省略。

C　(読解問題・物語文：語句整序，語彙，内容吟味，語句選択補充)

(大意)　昔，ある娘が自分の人生は不幸でどう良くすればわからず，常に戦うことにうんざりしていると父親に不平を言った。翌日，父親は娘を台所に連れて行き，何も言わずに3つの鍋に水を入れて沸騰させ，それぞれにジャガイモと卵とひいたコーヒー豆を入れた。娘は彼が何をしているのだろうかと思った。20分後，彼は火を止めてジャガイモと卵を出してボウルに入れ，コーヒーをカップに入れた。彼が娘に何が見えるか尋ねると，娘は「ジャガイモと卵とコーヒー」と答えた。父親にジャガイモに触るよう言われて触ると，それは柔らかかった。卵を割るように言われて割ると，卵は硬かった。コーヒーを飲むと豊かな香りに娘はほほえんだ。娘がそれがどういうことなのか尋ねると，父親は，ジャガイモも卵もコーヒーもそれぞれに同じ困難に直面したと説明した。しかし，それぞれが違う反応を示した。ジャガイモは強くて硬かったが，お湯のためにそれは柔らかくて弱くなった。卵はお湯のために内部が硬くなった。しかし，ひいたコーヒー豆は独特で，お湯のために新しくすばらしいものになった。父親は，「お前はどれだ？　困難なことが起こったとき，お前はどう答える？　お前はジャガイモか，卵か，それともコーヒー豆か？」と尋ねた。

1　(… and that) she didn't know how to make it better.「彼女はそれをどうやって良くすればよいかわからなかった」 didn't know の目的語として＜ how to ＋動詞の原形＞「どうやって～するか」を続ける。make A B で「AをBにする」という意味。it は her life を指し，娘が自分の人生をどうやってより良いものにすればよいのかわからなかった，という内容の文にする。

2　at last は「ついに，とうとう」という意味で，finally がほぼ同じ意味を表す。after all「結局は」，in fact「実際に」，at once「すぐに」。

3　下線部の直前の face は「～に直面する」という意味で，ジャガイモ，卵，コーヒー豆が同じ困難に直面したと述べている。これら3つのものはすべて沸騰したお湯に入れられたので，ここでの trouble「困難」とはア「沸騰したお湯」を指す。イ「熱い鍋」，ウ「ボウルに入れられること」，エ「火にかけられること」。

4　空所を含む文の直前で，父親はジャガイモと卵とコーヒー豆は同じ困難に直面したと述べている。これと However「しかし」でつながれているので，「同じ」と反対の意味のウ「異なって」を入れる。空所の直前の react は「反応する」という意味で，reacted differently は「異なる反応をした」ということ。ゆでられた後，硬かったジャガイモは柔らかくなり，卵の中身の液体は硬くなり，コーヒー豆は良い香りのものに変わったことを表している。

5　父親は，ジャガイモ，卵，コーヒー豆をそれぞれ同じように沸騰したお湯に入れて，それぞれ違う結果になることを娘に示した。同じ困難にあいながらそれぞれが異なる反応を示したことを人生に置きかえると，どんなことにもどう対応するかが大切だというエが適切。

6　①「娘は1つの問題が解決されてもまた別の問題が続くので，自分の人生が気に入らなかった」(T)　第1段落を参照。第1文から，娘は自分の人生は不幸だと思っていたことがわかる。また，最終文に，「人生は次から次へと起こる問題であるようだ」とある。　②「父親が水を沸騰させているとき，彼は娘と話し続けた」(F)　第2段落最後から2文目に，父親が娘には何も言わずに料理をしていたことが述べられている。　③「ゆでたまごのからはとても硬かったので，彼女はそれを割ることができなかった」(F)　3つのものがゆでられた後，父親に言われて娘は卵を割って中身が硬くなっていることを確認している。　④「娘はコーヒーを飲んでみたときにとても良い香りがしたので，ほほえんだ」(T)　ゆでたジャガイモと卵の状態を確認した後，父親にコーヒーを味わってみるように言われたとき，娘はその豊かな香りにほほえんでいる。

⑤ 「父親は娘にゆでた食べ物のどれがいちばん好きか尋ねた」(F) 最終段落で，父親は娘に自分はジャガイモ，卵，コーヒー豆のどれかと問いかけている。これは，困難に直面したときに自分はどう対応するべきかが大切であることを娘に教えるための問いかけで，3つのうちのどれがいちばん気に入ったかを尋ねているのではない。

基本 D (語句選択補充問題：不定詞，語彙，現在完了，助動詞，動名詞，比較，進行形，受動態)

1 「カオリはフランス語を勉強するためにフランスへ行きました」 文の動詞は went「行った」で，空所に原形，現在形，過去形は文法的に入れられない。to study は「～を勉強するために」の意味で動詞を修飾する副詞的用法の不定詞。

2 「あなたは彼女がどちらの方へ行ったと思いますか」 空所の直後に名詞 way「道，方向」があることに着目。選択肢の中で後に名詞を続けることができる疑問詞は which「どちらの」と what「どんな」だが，文意から which が適切。

3 「日本で桜の木々の下を歩くことはとてもわくわくする」 <It is ~ to +動詞の原形.>「…することは～だ」の文。意味の上での主語は to walk 以下「本で桜の木々の下を歩くこと」なので，「(もの・ことが人を)わくわくさせる」の意味のイが適切。

4 「私の兄[弟]は初めてバドミントンをしました」 for the first time で「初めて」の意味を表す。

5 「A：ただいま！ 何をしているの，サヤ？／B：あら，お母さん。ちょうど宿題を終わらせたところよ」 現在完了<have[has]+過去分詞>の文。過去分詞 finished を入れる。just があるので完了を表す文。

6 「私の姉[妹]は来月18歳になります」 空所の後が原形 be で，「来月」という未来のことを述べているので助動詞 will を入れる。

7 「私はアメリカであなたに会うことを楽しみにしています」 look forward to ～「～を楽しみにする」の後に動詞を続けて「～することを楽しみにする」というときは動詞を～ing形(動名詞)にする。この場合の to は不定詞を作る to ではないことに注意。

8 「彼は世界で最高のピアニストの1人です」 <one of + the +形容詞の最上級+名詞の複数形>で「最も～な中の1人[1つ]」という意味を表す。

9 「私の友達が昨夜私に電話をかけてきたとき，私はシャワーを浴びていました」 take a shower で「シャワーを浴びる」という意味を表す。「友達が昨夜私に電話をかけてきたとき」と過去のある時にしていた動作なので，過去進行形<was[were]+～ing形>にする。

10 「この歌手は日本のみんなに知られています」 主語が「歌手」で空所の直前に is があることから，「～されている」という受動態<be動詞+過去分詞>の文にする。

重要 E (会話文問題：語句選択補充)

(大意) 久しぶりに再会した2人の会話。AがBが着ているドレスをどこで手に入れたのか尋ねると，Bは母親の家の近くの新しい店で買ったと答え，そこではおしゃれな靴などをあまり高くない値段で売っていると言う。Aがそこに行きたいと今いる場所からどれくらい距離があるか尋ねると，Bは車で10分くらいと答え，今日行きたいのなら連れて行くと言う。Aはぜひ行きたいと言って，友達と買い物に行くのが大好きだと言う。Bは3時ころに車で迎えに行くと言う。 (店で) BがAにどんな服を探しているか尋ねると，Aが友達の結婚式に着ていくドレスを探していると言うので，Bは赤いドレスと黒いドレスを指してどちらの色が好きか尋ねる。Aは赤が好きだがサイズが小さいので，Bが店の人に聞いてみようと提案する。

(1) 直後に did you ～? と続くので疑問詞が入る。Bがドレスを買った場所を答えているので

where を入れて「あなたはそれをどこで手に入れたのですか」とする。

(2) 空所の前後の the new store「新しい店」と直後の my mother's house「母の家」をつなぐ語を考える。Bがドレスを買った場所を説明しているので，near を入れて「私はそれを母の家の近くの新しい店で買いました」という文にすると文意が成り立つ。

(3) shoes「靴」と and でつながれているので，靴と同様に店で売られているものとして clothes「服」を入れる。

(4) 直前に How があることと文末に from here「ここから」とあること，また，Aが続いて「車でそこへ行ったのですか」と尋ねていることから，far を入れて距離を尋ねる文にする。

(5) Bは店まで行くのにかかる時間として，「車で10分くらい」と言って，さらに「20分」と加えているので，20 minutes 以下では車以外の手段で行く場合の時間を言っていると考えられる。on とつながるのは foot。on foot で「歩いて，徒歩で」という意味を表す。

(6) 空所を含む文の前で，BはAに今日その店に行きたければ連れて行くと言っているので，free を入れて午後は暇かどうかを尋ねる文にすると会話が成り立つ。

(7) Bの問いにAはドレスを探していると，服の種類を答えているので，kind「種類」を入れて，「あなたは今日，どんな種類の服を探しているのですか」という文にする。

(8) my friend's「私の友達の」に続く名詞が入る。for my friend's ～ が直前の a dress を説明するので，wedding「結婚式」を入れると文脈に合う文になる。

(9) Bが赤と黒のどちらの色が好きかと尋ねたのに対するAの返答。「私の～色は赤だ」という文に合うのは favorite「大好きな」。

(10) 直前で店にある赤いドレスが小さすぎると言っているので，bigger を入れてもっと大きなサイズはあるかという内容の疑問文にする。空所を含む文の they は店員など，店の人たちを指している。

やや難 **F (語句整序問題：関係代名詞，不定詞，分詞，現在完了)**

1 The computer Tom bought is easy to use. Tom bought「トムが買った」が後ろから The computer を修飾している。computer と Tom の間に目的格の関係代名詞が省略されている。to use は「使うのが」の意味で形容詞 easy を修飾する副詞的用法の不定詞。

2 (Would) you please give me something hot to drink? Would you please ～? はていねいに依頼する表現。「私に飲み物を与える」ということなので，<give ＋人＋もの> の語順にする。「何か温かい飲み物」は something hot「何か温かいもの」の後に形容詞的用法の不定詞を続けて表す。

3 (I) am interested in this book written by my father. 「～に興味がある」は be interested in～ で表す。「父が書いたこの本」は，written by my father「父によって書かれた」という過去分詞で始まるまとまりを this book の後に続けて表す。

4 He is too honest to tell a lie. 「彼はあまりに正直なのでうそをつくことができない」と考えて，< too ～ to ＋動詞の原形>「あまりに～なので…できない」を使って表す。

5 Has he been playing games since 9 a.m.? 動作が継続していることを表す現在完了進行形<have[has] been ＋～ing形>の文。疑問文なので，主語の前に Has が出ている。

G (同意文書き換え問題：受動態，動名詞，前置詞，接続詞，間接疑問文)

1 上の英文は，「この学校は80年前に建てられた」という意味の受動態の文。～ years old で建物などの古さを表すこともできる。下の英文は，「この学校は80年の古さだ(＝建てられてから80年になる)」という意味。

2 上の英文は，「マイクは日本語を話すことがとても上手だ」という意味。be good at ～ で

「～が上手[得意]だ」という意味を表す。下の英文は，動詞が speaks なので，空所に well を入れて，「マイクはとても上手に日本語を話す」という意味の文にする。

3　上の英文は，「私の車はその大きな家の近くにあります」という意味。下の英文では near the big house が The car を修飾して「その大きな家の近くにある車は」が主語になっているので，空所に mine を入れて「その大きな家の近くにある車は私のものです」という意味の文にする。

4　上の英文は，「あなたが私を助けてくれなければ，私はそれをすることができません」という意味。下の英文では，「あなたが私を助けてくれなければ」を「あなたの助けなしでは」と考えて空所に前置詞 without を補う。上の文の help は一般動詞，下の英文の help は「助け」という意味の名詞。

5　上の英文は，「私はこの本の筆者を知っています」という意味。writer は「筆者」という意味の名詞。下の英文では，「私は誰がこの本を書いたのか知っています」と考えて，空所に who を入れて間接疑問文にする。間接疑問文は，文の目的語として＜疑問詞＋主語＋動詞＞が入る形。ここでは疑問詞 who が wrote の主語なので，＜主語(＝疑問詞)＋動詞＞の語順になる。

★ワンポイントアドバイス★

Eの語句選択補充問題は，対話文を読み進めながらどんどん空所をうめていこう。判断がつかないものを後回しにすれば，選択肢が減って正しい語を選べる可能性が高まる。

＜英語解答＞《学校からの正答の発表はありません。》

A・B　リスニング問題解答省略

C　1　3番目　ウ　6番目　ア　2　イ　3　ア　4　ウ　5　エ　6　①　T　②　F　③　F　④　T　⑤　F

D　1　エ　2　ア　3　イ　4　エ　5　ア　6　イ　7　ア　8　エ　9　イ　10　ウ

E　1　イ　2　エ　3　ケ　4　オ　5　コ　6　キ　7　ア　8　ク　9　カ　10　ウ

F　1　ウ　2　イ　3　エ　4　ア　5　イ

G　1　(s)chedule　2　(u)niform　3　(a)ddress　4　(l)aundry　5　(m)useum

○推定配点○

各2点×50(C1完答)　計100点

＜英語解説＞(英語科)

A・B　リスニング問題解説省略。

C　(読解問題・物語文：語句整序，語彙，内容吟味，語句選択補充)

(大意)　昔，ある娘が自分の人生は不幸でどう良くすればわからず，常に戦うことにうんざりしていると父親に不平を言った。翌日，父親は娘を台所に連れて行き，何も言わずに3つの鍋に水を入れて沸騰させ，それぞれにジャガイモと卵とひいたコーヒー豆を入れた。娘は彼が何をしているのだろうかと思った。20分後，彼は火を止めてジャガイモと卵を出してボウルに入れ，コーヒーをカップに入れた。彼が娘に何が見えるか尋ねると，娘は「ジャガイモと卵とコーヒー」と答えた。父親にジャガイモに触るよう言われて触ると，それは柔らかかった。卵を割るように言われて割ると，卵は硬かった。コーヒーを飲むと豊かな香りに娘はほほえんだ。娘がそれがどういうことなのか尋ねると，父親は，ジャガイモも卵もコーヒーもそれぞれに同じ困難に直面したと説明した。しかし，それぞれが違う反応を示した。ジャガイモは強くて硬かったが，お湯のためにそれは柔らかくて弱くなった。卵はお湯のために内部が硬くなった。しかし，ひいたコーヒー豆は独特で，お湯のために新しくすばらしいものになった。父親は，「お前はどれだ？　困難なことが起こったとき，お前はどう答える？　お前はジャガイモか，卵か，それともコーヒー豆か？」と尋ねた。

1　(… and that) she didn't know how to make it better.「彼女はそれをどうやって良くすればよいかわからなかった」 didn't know の目的語として<how to ＋動詞の原形>「どうやって～するか」を続ける。make A B で「AをBにする」という意味。it は her life を指し，娘が自分の人生をどうやってより良いものにすればよいのかわからなかった，という内容の文にする。

2　at last は「ついに，とうとう」という意味で，finally がほぼ同じ意味を表す。after all「結局は」，in fact「実際に」，at once「すぐに」。

3　下線部の直前の face は「～に直面する」という意味で，ジャガイモ，卵，コーヒー豆が同じ困難に直面したと述べている。これら3つのものはすべて沸騰したお湯に入れられたので，ここでの trouble「困難」とはア「沸騰したお湯」を指す。イ「熱い鍋」，ウ「ボウルに入れられること」，エ「火にかけられること」。

4　空所を含む文の直前で，父親はジャガイモと卵とコーヒー豆は同じ困難に直面したと述べている。これと However「しかし」でつながれているので，「同じ」と反対の意味のウ「異なって」を入れる。空所の直前の react は「反応する」という意味で，reacted differently は「異なる反応をした」ということ。ゆでられた後，硬かったジャガイモは柔らかくなり，卵の中身の液体は硬くなり，コーヒー豆は良い香りのものに変わったことを表している。

5　父親は，ジャガイモ，卵，コーヒー豆をそれぞれ同じように沸騰したお湯に入れて，それぞれ違う結果になることを娘に示した。同じ困難にあいながらそれぞれが異なる反応を示したことを人生に置きかえると，どんなことにもどう対応するかが大切だというエが適切。

6　①「娘は1つの問題が解決されてもまた別の問題が続くので，自分の人生が気に入らなかった」(T)　第1段落を参照。第1文から，娘は自分の人生は不幸だと思っていたことがわかる。また，最終文に，「人生は次から次へと起こる問題であるようだ」とある。　②「父親が水を沸騰させているとき，彼は娘と話し続けた」(F)　第2段落最後から2文目に，父親が娘には何も言わずに料理をしていたことが述べられている。　③「ゆでたまごのからはとても硬かったので，彼女はそれを割ることができなかった」(F)　3つのものがゆでられた後，父親に言われて娘は卵を割って中身が硬くなっていることを確認している。　④「娘はコーヒーを飲んでみたときにとても良い香りがしたので，ほほえんだ」(T)　ゆでたジャガイモと卵の状態を確認した後，父親にコーヒーを味わってみるように言われたとき，娘はその豊かな香りにほほえんでいる。
⑤「父親は娘にゆでた食べ物のどれがいちばん好きか尋ねた」(F)　最終段落で，父親は娘に自分はジャガイモ，卵，コーヒー豆のどれかと問いかけている。これは，困難に直面したときに自分はどう対応するべきかが大切であることを娘に教えるための問いかけで，3つのうちのどれが

いちばん気に入ったかを尋ねているのではない。

基本 **D** **(語句選択補充問題：不定詞，語彙，現在完了，助動詞，動名詞，比較，進行形，受動態)**

1 「カオリはフランス語を勉強するためにフランスへ行きました」 文の動詞は went「行った」で，空所に原形，現在形，過去形は文法的に入れられない。to study は「～を勉強するために」の意味で動詞を修飾する副詞的用法の不定詞。

2 「あなたは彼女がどちらの方へ行ったと思いますか」 空所の直後に名詞 way「道，方向」があることに着目。選択肢の中で後に名詞を続けることができる疑問詞は which「どちらの」と what「どんな」だが，文意から which が適切。

3 「日本で桜の木々の下を歩くことはとてもわくわくする」 <It is ～ to ＋動詞の原形.>「…することは～だ」の文。意味の上での主語は to walk 以下「本で桜の木々の下を歩くこと」なので，「(もの・ことが人を)わくわくさせる」の意味のイが適切。

4 「私の兄[弟]は初めてバドミントンをしました」 for the first time で「初めて」の意味を表す。

5 「A：ただいま！ 何をしているの，サヤ？／B：あら，お母さん。ちょうど宿題を終わらせたところよ」 現在完了<have[has]＋過去分詞>の文。過去分詞 finished を入れる。just があるので完了を表す文。

6 「私の姉[妹]は来月18歳になります」 空所の後が原形 be で，「来月」という未来のことを述べているので助動詞 will を入れる。

7 「私はアメリカであなたに会うことを楽しみにしています」 look forward to ～「～を楽しみにする」の後に動詞を続けて「～することを楽しみにする」というときは動詞を～ing形(動名詞)にする。この場合の to は不定詞を作る to ではないことに注意。

8 「彼は世界で最高のピアニストの1人です」 <one of ＋ the ＋形容詞の最上級＋名詞の複数形>で「最も～な中の1人[1つ]」という意味を表す。

9 「私の友達が昨夜私に電話をかけてきたとき，私はシャワーを浴びていました」 take a shower で「シャワーを浴びる」という意味を表す。「友達が昨夜私に電話をかけてきたとき」と過去のある時にしていた動作なので，過去進行形<was[were]＋～ing形>にする。

10 「この歌手は日本のみんなに知られています」 主語が「歌手」で空所の直前に is があることから，「～されている」という受動態<be動詞＋過去分詞>の文にする。

重要 **E** **(会話文問題：語句選択補充)**

(大意) 久しぶりに再会した2人の会話。AがBが着ているドレスをどこで手に入れたのか尋ねると，Bは母親の家の近くの新しい店で買ったと答え，そこではおしゃれな靴などをあまり高くない値段で売っていると言う。Aがそこに行きたいと今いる場所からどれくらい距離があるか尋ねると，Bは車で10分くらいと答え，今日行きたいのなら連れて行くと言う。Aはぜひ行きたいと言って，友達と買い物に行くのが大好きだと言う。Bは3時ころに車で迎えに行くと言う。 (店で) BがAにどんな服を探しているか尋ねると，Aが友達の結婚式に着ていくドレスを探していると言うので，Bは赤いドレスと黒いドレスを指してどちらの色が好きか尋ねる。Aは赤が好きだがサイズが小さいので，Bが店の人に聞いてみようと提案する。

(1) 直後に did you ～? と続くので疑問詞が入る。Bがドレスを買った場所を答えているので where を入れて「あなたはそれをどこで手に入れたのですか」とする。

(2) 空所の前後の the new store「新しい店」と直後の my mother's house「母の家」をつなぐ語を考える。Bがドレスを買った場所を説明しているので，near を入れて「私はそれを母の家の近くの新しい店で買いました」という文にすると文意が成り立つ。

(3) shoes「靴」と and でつながれているので，靴と同様に店で売られているものとして clothes「服」を入れる。

(4) 直前に How があることと文末に from here「ここから」とあること，また，Aが続いて「車でそこへ行ったのですか」と尋ねていることから，far を入れて距離を尋ねる文にする。

(5) Bは店まで行くのにかかる時間として，「車で10分くらい」と言って，さらに「20分」と加えているので，20 minutes 以下では車以外の手段で行く場合の時間を言っていると考えられる。on とつながるのは foot。on foot で「歩いて，徒歩で」という意味を表す。

(6) 空所を含む文の前で，BはAに今日その店に行きたければ連れて行くと言っているので，free を入れて午後は暇かどうかを尋ねる文にすると会話が成り立つ。

(7) Bの問いにAはドレスを探していると，服の種類を答えているので，kind「種類」を入れて，「あなたは今日，どんな種類の服を探しているのですか」という文にする。

(8) my friend's「私の友達の」に続く名詞が入る。for my friend's ~ が直前の a dress を説明するので，wedding「結婚式」を入れると文脈に合う文になる。

(9) Bが赤と黒のどちらの色が好きかと尋ねたのに対するAの返答。「私の～色は赤だ」という文に合うのは favorite「大好きな」。

(10) 直前で店にある赤いドレスが小さすぎると言っているので，bigger を入れてもっと大きなサイズはあるかという内容の疑問文にする。空所を含む文の they は店員など，店の人たちを指している。

F (語句選択補充問題：受動態，語彙)

1 「日本の成人年齢は2022年4月1日に下げられた。今の10代の若者は20歳ではなく18歳で成人になる」 成人年齢(the age of adulthood)が20歳から18歳になったので，成人年齢は下がったという文意にする。lower は「下げる」という意味の動詞で，主語が The age of adulthood，空所の直前に was があるので過去分詞 lowered を入れて受動態の文にする。

2 「7月の第3月曜日は『海の日』という国の休日だ」「7月の第3月曜日」の休日の名称が入る。ア「山の日」，ウ「みどりの日」，エ「体育の日」。

3 「エッフェル塔はパリの有名な歴史的建造物だ。それは『鉄の貴婦人』という意味の“la Dame de Fer”という愛称がある」「鉄の貴婦人」とも呼ばれるフランスのパリにある建造物が入る。ア「エリザベス・タワー(通称ビッグ・ベン)」，イ「ノートルダム寺院」，ウ「自由の女神像」。

4 「リズ・トラスは，マーガレット・サッチャー，テレサ・メイに続いてイギリスの首相として勤める3番目の女性になった」 イギリスの首相になった女性を説明している。「首相，総理大臣」は prime minister で表す。イ「校長，社長」，ウ「大統領」，エ「議長」。

5 「エリザベス女王は70周年記念の最終日に公衆の前に最後に姿を見せた。彼女はほほえんでバッキンガム宮殿のバルコニーから群衆に手を振った」 エリザベス女王の居城の名称が入る。ア「ウェストミンスター宮殿」，ウ「ケンジントン宮殿」，エ「シーザーズ・パレス」。

G (語彙問題：英語の説明に合う語を書く問題)

1 「しなくてはならないすべての仕事とそれぞれのことをいつしなくてはならないかを一覧に記入した計画」 する仕事とそれをする時間をまとめた一覧のことで，schedule「予定表」の説明。

2 「警察や軍隊などの団体や組織のすべてのメンバーが着るある決まった型の服」 団体や組織に属する人々が着る決まった型の服で，uniform「制服」の説明。

3 「家の番号，道路の名称，人が住んでいる町の名称」 家の番号とは番地のこと。道路や町の名称と合わせたもので，address「住所」の説明。

4 「洗う必要があったりちょうど洗われた服やシーツなど」 これから洗う，あるいは洗ったばかりの服やシーツのことで，laundry「洗濯物」の説明。

5 「重要な文化的，歴史的，科学的なものが保管されて一般に見せられる建物」 文化，歴史，科学の分野で重要なものを保管し公開する建物のことで，museum「博物館」の説明。

★ワンポイントアドバイス★

Fの語句選択補充問題は，事実を知らないと解答不可能なものが多いが，2のような国内に関する問題では，The third Monday in July「7月の第3月曜日」と選択肢のMountain，Marineなどの語から推測して対応しよう。

＜理科解答＞《学校からの正答の発表はありません。》

1 問1 消化管　問2 3.3　問3 ア　問4 下方置換　問5 慣性　問6 反射
問7 7.7　問8 ① エ　② ウ

2 問1 ① 0.7秒　② 45.4cm　③ 0.6m/秒
④ 4番目　問2 図1　問3 図2

3 問1 G　問2 3回，P　問3 ア　問4 示相化石
問5 ア　問6 堆積岩

4 問1 ウ　問2 H^+　問3 ① イ
② 水酸化物イオン　問4 イ　問5 塩化ナトリウム
問6 $HCl+NaOH \rightarrow NaCl+H_2O$

5 問1 道管　問2 光合成　問3 CO_2，H_2O　問4 葉緑体
問5 染色体　問6 Q，精細胞

図1

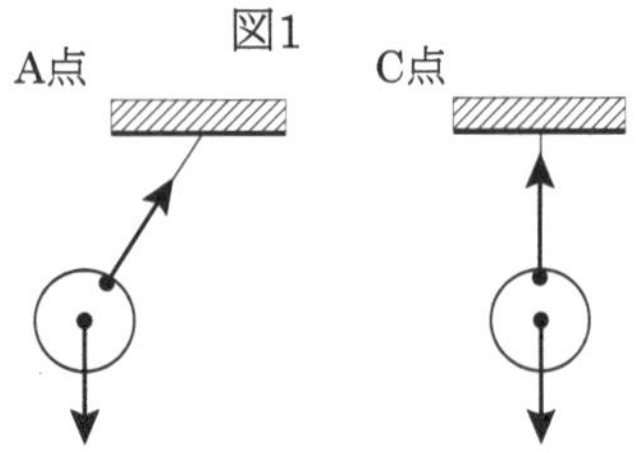

図2

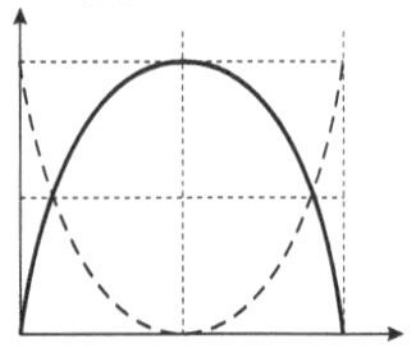

○推定配点○

1 各2点×8(問8完答)　2 各3点×7　3 各3点×7
4 各3点×7　5 各3点×7　計100点

＜理科解説＞

1 (小問集合－各分野の要点)

問1 ヒトの消化管は，口・食道・胃・小腸・大腸・直腸・肛門と続き，消化と吸収を行う。

問2 同じ抵抗を2本並列にすると合成抵抗は2分の1になり，3本並列にすると合成抵抗は3分の1になる。よって，10÷3＝3.33…で，四捨五入により3.3Ωとなる。あるいは，合成抵抗の公式で，$\frac{1}{10}+\frac{1}{10}+\frac{1}{10}=\frac{3}{10}$より，$\frac{3}{10}$＝3.33…で，四捨五入により3.3Ωとなる。

重要 問3 アは水：食塩＝3：1で，イは水：食塩＝4：1だから，アの方が濃い。あるいは，各々の濃度を計算し，アは25÷100×100＝25(％)，イは30÷150×100＝20(％)で比べもよい。

問4 水に溶けやすい気体の捕集では，水上置換は使えない。この場合，空気よりも重い気体なので，下方置換で集める。塩化水素などがあてはまる。

問5 静止している物体は静止し続けようとする性質を，慣性という。

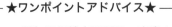

問6　反射は，大脳の命令ではなく，せきずいなどの命令によって短時間に起こる。

問7　17.2×0.45＝7.74で，四捨五入により7.7g/m^{3}である。

基本　問8　高気圧では下降気流の空気が時計まわりに吹き出す。低気圧では反時計回りに吹き込んできた空気が上昇気流となって，雲ができやすい。

2　**(物体の運動－振り子の運動)**

問1　①　記録タイマーは1秒間に50回の点を打つ。だから，1打点は$\frac{1}{50}$秒を表す。図3では5打点ごとに切っているので，1本のテープは$\frac{5}{50}=\frac{1}{10}$＝0.1(秒)を表す。そのテープが7本あるので，全体の時間は，0.1×7＝0.7(秒)である。　②　図3でテープの長さを調べると，左から4.0cm，6.3cm，7.9cm，9.0cm，7.9cm，6.3cm，4.0cmである。合計は45.4cmである。　③　平均の速さは，45.4÷0.7＝64.85…で，単位をm/秒に変え，四捨五入して0.6m/秒となる。　④　点Cではおもりが最も速いので，テープが最も長い4番目のときに通過している。

問2　A点にあるおもりに接しているのは，記録テープのほかは糸だけである。よって，はたらく力は，重力と，糸がおもりを引く力の2つである。重力はおもりの真ん中から，糸がおもりを引く力は糸の付け根から矢印を描く。

重要　問3　位置エネルギーと運動エネルギーの合計である力学的エネルギーは保存する。よって，位置エネルギーと運動エネルギーは増減が逆になる。

3　**(地層と地史－地質柱状図)**

問1　F層とJ層に同じ化石が含まれている。これを目印にすると，それぞれすぐ下のG層とK層の火山灰層がつながっている。

問2　火山灰層は，C層とG層(＝K層)の2枚である。また，Pの凝灰岩層は火山灰が固まったものである。よって，X以外に少なくとも3回の火山活動があり，最も古いのはPである。

問3　ハチノスサンゴは，古生代の初期のサンゴである。サンゴのなかまは，亜熱帯のような温暖で，濁りがなく澄んでおり，太陽光が充分に差し込む浅海に生息する。

問4　地層ができた当時の環境のわかる化石を示相化石という。時代がわかる化石は示準化石である。

問5　I～Mは固結しておらず，N～Pは固結して硬い。これは，N～Pが古い時代にできた地層だからである。ハチノスサンゴが古生代の化石であることからもわかる。

問6　海底などに堆積したものが固結してできた岩石のなかまを堆積岩という。

4　**(酸・アルカリ・中和－塩酸と水酸化ナトリウム水溶液)**

重要　問1・問2　塩酸は酸性の水溶液である。酸性を示すのは水素イオンH^+であり，＋の電気を持つので，図の実験では－極側に移動する。よって，－極側の青色リトマス紙が赤色に変わる。

重要　問3　水酸化ナトリウム水溶液はアルカリ性の水溶液である。アルカリ性を示すのは水酸化物イオンOH^-であり，－の電気を持つので，図の実験では＋極側に移動する。よって，＋極側の赤色リトマス紙が青色に変わる。

問4　こまごめピペットは，先から液が飛び散らないように，ガラス部分を横からしっかり持って，ゴムの部分を親指で押さえて使う。

問5・問6　酸性の塩酸と，アルカリ性の水酸化ナトリウム水溶液は，混ぜあわせると中和反応が起こる。化学反応式は$HCl+NaOH \rightarrow NaCl+H_2O$であり，水のほかに塩化ナトリウム(食塩)ができる。

5　**(植物のからだ－植物のつくりとはたらき)**

問1　根から吸い上げた水や養分は，道管を通って全身に運ばれる。

基本　問2～問4　植物は，細胞の中にある葉緑体で光エネルギーを吸収し，二酸化炭素CO_2と水H_2Oからデンプン$C_6H_{12}O_6$をつくる。このはたらきが光合成である。

重要 問5 細胞分裂のときは，細胞の中に染色体がよく観察される。染色体には遺伝子が含まれている。細胞分裂をしていないときは，染色体は核の中にあるが観察しにくい。

問6 精細胞はおしべでつくられ，花粉の中に入って運ばれる。花粉管Pの中にあるQが精細胞の核である。Qが，胚珠の中の卵細胞Rの核と合体するのが受精である。

★ワンポイントアドバイス★

各単元で出てくる基本的な計算問題は，単位や桁に注意しながら，充分に練習を積んでいこう。

＜社会解答＞《学校からの正答の発表はありません。》

Ⅰ 問1 ライン 問2 アルプス 問3 (イ) 問4 D 問5 (ウ) 問6 a
問7 (エ)

Ⅱ 問1 利根 問2 からっ風 問3 (ア)・(オ) 問4 (ア) 問5 キャベツ
問6 北関東 問7 1.5 問8 (ウ)

Ⅲ 問1 A 聖徳太子[厩戸皇子] B 豊臣秀吉 C リンカン[リンカーン]
D 徳川慶喜 E 孫文 F ゴルバチョフ 問2 ① ウ ② ト ③ ケ
④ サ ⑤ ク ⑥ イ ⑦ セ ⑧ タ ⑨ シ ⑩ オ ⑪ ソ
⑫ ナ ⑬ カ ⑭ ツ ⑮ テ 問3 A ② B ③ C ① D ④
E ⑥ F ⑤ 問4 (B)，(C)

Ⅳ ① イ ② オ ③ カ ④ ク ⑤ サ

Ⅴ 問1 A 天皇 B 永久 問2 ウ 問3 (あ) 人種 (い) 信条 (う) 性別
(え) 門地 問4 ワーク・ライフ・バランス 問5 (お) 25歳以上の男子 (か) 1945
(き) 18 問6 ア 問7 ① 人の支配 ② 法 問8 裁判を受ける

○推定配点○

Ⅰ 各2点×7 Ⅱ 各2点×8 Ⅲ 問1・問4 各2点×7 他 各1点×21
Ⅳ 各1点×5 Ⅴ 各2点×15 計100点

＜社会解説＞

Ⅰ (地理―世界の地形，産業，諸地域の特色：ヨーロッパ州)

問1 ライン川は，スイスのトーマ湖に端を発し，ドイツ・フランスの国境を北に向かい，オランダ国内へと入ったあと2分岐し，ロッテルダム付近で北海に注いでいる。

問2 アルプス山脈はアルプス・ヒマラヤ造山帯に属する，中央ヨーロッパに位置する山脈である。東西に長く総延長1,200kmにも及ぶため，フランスを西端として，スイス，イタリア，リヒテンシュタイン，ドイツ，オーストリア，スロベニアまで伸びている。

やや難 問3 EUに2013年(第6次拡大)に加盟した国はクロアチアである。

問4 パリはフランスの首都である。

問5　再生可能エネルギーとは，石油や石炭，天然ガスといった有限な資源である化石エネルギーとは違い，太陽光や風力，地熱といった地球資源の一部など自然界に常に存在するエネルギーのことである。エコツーリズムとは，地域の環境や文化の保全のため，旅行者にその素晴らしさに触れたり体験したりしてもらう観光形態のことである。

問6　aがヨーロッパ連合(EU)，bがアメリカ合衆国，cが日本である。

問7　ヨーロッパ連合(EU)の大きな課題の一つが，産業や生活の域内格差であり，そこから発生することとして，多くの外国人労働者が安い賃金で働いている実態がある。その結果，本国の人が職を失うなどの問題が発生している。

Ⅱ　(日本の地理―地形・気候，産業，諸地域の特色：関東地方，地形図)

問1　利根川は，新潟県と群馬県の県境にある大水上山に水源を発し，大小の支川を合わせながら，関東平野を北西から南東へ貫き，千葉県銚子市で太平洋へと注いでいる。流域内には約1,309万人もの人口を擁し，流域面積は1万6,840平方キロメートルで日本一で，面積でみると埼玉県の約4倍にもなる。

問2　からっ風は，冬から春先にかけて，乾燥した北西からの強風のことで，山を越えて太平洋側に吹き付ける下降気流のことである。

問3　京浜工業地帯は，東京を中心とする日本最大の工業地帯である。東京都大田区，神奈川県川崎市，横浜市を中心に，東京都，神奈川県，埼玉県南部，千葉県東葛6市に広がる。京葉工業地域は，千葉県の東京湾岸に広がる工業地域である。そこには，千葉港，木更津港などの港湾施設がある。

問4　筑波研究学園都市は茨城県にあるので，(ア)は誤りである。

問5　群馬県の嬬恋村では，高原のすずしい気候を利用して夏にキャベツを大量に生産している。

問6　高崎市から栃木県や茨城県へ繋がる高速道路は北関東自動車道である。

問7　25000分の1の地図上の直線距離6cmは，実際には，25000×6＝150000cm＝1500m＝1.5kmとなる。

問8　警察署の地図記号である⊗は，この地形図には見られない。

Ⅲ　(日本と世界の歴史－政治・外交史，社会・経済史，文化史，各時代の特色)

問1　A　聖徳太子は女性の推古天皇の摂政となり，蘇我馬子と協力しながら，中国や朝鮮に学んで，天皇中心の政治を整えようとした。　B　明智光秀をたおした豊臣秀吉は，信長の後継者争いに勝利し，大坂城を築いて根拠地とした。　C　南北戦争では，リンカン大統領の指導のもとに，合衆国の統一と奴隷の解放を図る北部が勝利した。　D　江戸幕府第15代将軍徳川慶喜は，幕末に，朝廷を中心とする，幕府にかわる新政権の中で主導権をにぎるため，1867年10月に大政奉還を行った。　E　中国で，帝国主義に対抗して，列強が獲得した利権などを取りもどそうという動きが強まり，清をたおして民族の独立と近代国家の建設を目指す革命運動がもりあがった。その中心となったのが三民主義を唱えた孫文である。　F　1985年に成立したソ連のゴルバチョフ政権は，アメリカをはじめ西側諸国との関係改善をする一方，共産党の独裁体制や計画経済の見直しを進めたが，成功しなかった。

問2　聖徳太子の主な政策は冠位十二階，十七条の憲法，遣隋使派遣である。豊臣秀吉の主な政策は太閤検地，刀狩，朝鮮出兵である。リンカンは南北戦争で北部が勝利するために奴隷解放宣言を行った。幕末の徳川慶喜が将軍の頃，各地で「ええじゃないか」と踊る世直しの騒ぎが起こった。孫文は中華民国を建国した。ソ連のゴルバチョフとアメリカのブッシュはマルタ会談で冷戦終結を宣言した。

やや難　問3　聖徳太子が建てたのは②の法隆寺である。秀吉は③の大坂城を根拠地とした。リンカンは①

のラシュモア山の露頭に彫られている。④は徳川慶喜が大政奉還をしているところである。⑥は孫文の後継者の蔣介石である。⑤はゴルバチョフの国であるソ連の国旗である。

問4　紀元前は，英語で示したbefore Christ(B.C.)で表す。

重要 Ⅳ　**(日本の歴史—社会・経済史，文化史)**

関東大震災が起きた1923年頃は，大正時代であった。その特徴のひとつは，工業の発展を背景にして都市化と社会の大衆化が進んだこと。つまり，文化の担い手が普通に暮らしている一般的庶民だった時代である。その結果，サラリーマンが増え，女性であってもタイピストなど，社会に出て働く職業婦人も増えていった。また，新聞や雑誌，ラジオなどのメディアも発展していき，手に入れられる情報が増えていった。

Ⅴ　**(公民—憲法，政治のしくみ，経済生活，その他)**

基本 問1　大日本帝国憲法は天皇主権である。日本国憲法においては，基本的人権は永久の権利として定められている。

問2　選択肢の中では，財産権が自由権の経済活動の自由に属する権利である。生存権は社会権，請願権は参政権，日照権は新しい人権，それぞれに属している。

基本 問3　日本国憲法に見る法の下の平等は，人種，信条，性別，社会的身分または門地によって，差別されることはないと規定されている。

重要 問4「仕事にやりがいを見出しながら社会の一員として働く時間」と，「子育てや介護，自身を高めるために必要なプライベートな時間」のどちらも充実した生き方を実現することが,「ワーク・ライフ・バランス」の意味であり目的となる。

問5　初めて普通選挙法ができたのが1925年の加藤高明内閣の時であり，その時の選挙権は満25歳以上の男子と定められていた。20歳以上の男女に普通選挙があたえられたのは1945年の戦後間もない頃であった。18歳以上に選挙権が拡大したのは2015年である。

問6　勤労権は社会権に属する。それ以外の選択肢は，全て，現代社会の中で問われるようになった新しい人権である。

問7　(f)は権力者によって国民が支配されている体制を表しているので人の支配にあたる。(g)は法の支配を表している。

問8　非難や嫌がらせが相次いで行われたことが原因で，訴訟を取り下げているので，裁判を受ける権利を侵害されたことになる。

★ワンポイントアドバイス★

Ⅰ問1　ライン川やドナウ川は，複数の国を流れるため国際河川と呼ばれている。

Ⅲ問3　ラッシュモア山に彫られている他の大統領は，ジョージ・ワシントン，トーマス・ジェファーソン，セオドア・ルーズベルトである。

＜国語解答＞《学校からの正答の発表はありません。》

一　問一　a 2　b 4　c 1　d 4　e 2　問二　Ⅰ 識　Ⅱ 性　問三　イ

問四　そしてもう　問五　エ　問六　[まず]自分が『よいアイデアだ』と思うこと

問七　すでに正解がある問題　問八　無駄に思える部分を切り捨てる(という考え方)

問九　D　問十　ウ

二　問一　a　イ　b　イ　c　エ　問二　A　ウ　B　ア　C　イ　問三　引っ越～いする(つもりだから。)　問四　直喩　問五　現実になってしまいそうな気がしたから　問六　エ　問七　ア　問八　だれからも気付かれない幽霊みたいな子ども　問九　ウ　問十　イ

三　問一　①　○　②　×　③　×　④　○　⑤　×　問二　①　王好レ戦。　②　見二南山一。　③　読レ書万倍利。　④　有レ備無レ患。　⑤　低レ頭思二故郷一。
問三　①　Ⅰ　にわかに　Ⅲ　なお　②　ア　③　イ　④　平安(時代)

○推定配点○

一　問一・問二　各2点×7　問九・問十　各4点×2　他　各3点×6
二　問一・問二　各2点×6　問三～問六　各3点×4　他　各4点×4
三　問二　各2点×5　他　各1点×10　計100点

＜国語解説＞

一　(論説文－漢字，脱文・脱語補充，文脈把握，内容吟味，指示語，要旨)

問一　a　根拠　1　巨大　2　拠点　3　挙手　4　許可
b　姿勢　1　支柱　2　士族　3　指定　4　容姿
c　我慢　1　緩慢　2　漫画　3　満足　4　巨万
d　理不尽　1　甚大　2　大臣　3　尋常　4　一網打尽
e　境遇　1　寓意　2　優遇　3　偶数　4　神宮

問二　直前の段落に「『知識ベースの勉強』」「『知性ベースの学び』」とある。非常事態に対処するためには「知識ベースの勉強」だけでは限界があり，そこで力を発揮するのは「知性ベースの学び」だ，と述べられているので，Ⅰには「識」，Ⅱには「性」が入る。

問三　直前の「自分が生徒になめられるのを恐れて，『本当はどうしていいかわからないのに，それを知っているようなフリをする』という態度をとる先生が多い」を指すのでイが適切。

やや難　問四　この後で，「まず，世の中を飛び交う情報の中から，有用な情報を選別する『目』を持つこと」，「そしてもう一つ，大切なことは，長い時間軸で物事を考える習慣をつけること」，「人間は本来，自由に考え，自由に行動する権利を持っています。……先にあるのは自由であって，ルールではありません」と三つのヒントが示されているので，二番目に該当する「そしてもう一つ……」の最初の5字にあたる「そしてもう」を抜き出す。

問五　直後に「ここで注意しなくてはいけないのは『細かいほど正しい』というわけではないということです」「そこでいったん立ち止まって……などの『信憑性(どの程度信用できるか)』を確認する必要があります」とあるので，「真偽を確かめる」とするエが適切。

問六　直前に「上の偉い人の許可を待ってから何かを作るのでなく，まず自分が『よいアイデアだ』と思うことを具体的な形にする」とあるので，「それ」は，「自分が『よいアイデアだ』と思うこと」を指す。

やや難　問七　「知識ベースの勉強」については，直前に「あらかじめ用意された『正解』をたくさん覚えること」と説明されており，同様の表現は，「学校の……」で始まる段落に「学校の先生は，すでに正解がある問題については効率よく教えてくれますが……」とあるので，「すでに正解がある問題(10字)」が適切。

問八　「そんな」は，直前の段落に「最近の日本では，『無駄を省く』や『合理化』など，無駄に思

える部分を切り捨てるのが『正しい態度』であるかのような思い込みが，いろんな分野で常識になっています」とあることを指すので，解答欄に合わせて，「無駄に思える部分を切り捨てる(という考え方。)」とするのが適切。

問九　脱落文の最後に「自由という道具を使いこなす能力を，自分で少しずつみがいていかなくてはなりません」とあり，Dの直後の「自由という道具を使いこなす能力を，自分で高めていくには，どうすればいいのでしょうか」という問いにつながるので，Dに補うのが適切。

やや難　問十　ウは，「それを考えれば……」で始まる段落に「集団が非常事態を生き延びるために最良の形態は，一人一人が独立した個人として自由に物事を考え，それぞれの持つ能力を活かしてアイデアを出し合い，みんなで対等に『いちばんましな答え』を探し出すことだろうと思います」とあることと合致する。アは，「会社の経営者などが口にする『選択と集中』という言葉も，短い時間軸で物事を考えるパターンです」とあることと合致しない。イは，「日本独自の新しいアイデアを形にする」という内容は本文にないので合致しない。エは，「集団の中で上の偉い人に反抗し」という部分が適切でない。

二　(小説－語句の意味，脱語補充，情景・心情，表現技法，文脈把握，内容吟味，大意)

問一　a　直前の「いつもの昔から知っている母さんではなかった」という様子で，「調子よくぼくの話を聞くけど，実際は頭に入ってないみたいに適当な感じがした。母さんの頭の中は新しい仕事のことでいっぱいみたいだった」とあるので，「空虚な感じ」とするイが適切。「ぼく」の話が頭に入っていないような様子である。　b　「呆けた」は，ぼんやりする，という意味。

c　「唇をかむ」は，くやしさ我慢する様子なので，エが適切。

問二　A　後の「あせってしまった」を修飾する語なので，あわてるだけで何もできない様子を表す「おたおたと」が入る。　B　直後の「しゃべった」を修飾する語なので，口ごもりながら話す様子を表す「とつとつと」が入る。　C　直後の「眺めていた」を修飾し，「僕は最低の人間なんだな」という心情を表すので，「冷ややかに」が適切。自分自身を突き放すように冷淡に見つめているのである。

やや難　問三　直前に「ぼくはいつもどおりにしてみせた」とある。ここでいう「いつもどおり」「なにも変わらない」とは何かを考える。「椎野先生は……」で始まる段落に「引っ越しの話をして，転校しなくてもすむように先生に先にお願いするんだ」とあることから，転校せずに今のまま通い続けることを「いつもどおり」「なにも変わらない」と表現しているとわかる。解答形式に合わせると「引っ越しの話をして，転校しなくてもすむように先生に先にお願いする(つもりだから。)」とするのが適切である。

問四　「まるで」「みたいに」と，比喩であることを示す語を用いているたとえなので「直喩」。

問五　同様のことは，「でも……」で始まる段落に「でも，ぼくは結局なんにも言えなかった」とあり，続いて「だってそれを口に出したら，現実になってしまいそうな気がしたから」と理由が示されているので，「現実になってしまいそうな気がしたから(18字)」を抜き出す。

問六　直後に「『うん，だから，転校だけはしたくないんだ。……』」とあることから，「転校したくない」という希望がかなうことを「期待した」のだとわかるので，「転校しなくてもよいと言ってくれること」とするエが適切。

やや難　問七　直前に「『よろしくね。頼りにしてるわ，光輝』」とあり，その前には「母さんは今にも泣きだしそうに見えた。本当はそうじゃないかもしれないけど，ぼくにはそう見えてしまった。だから，ぼくはもうなんにも言えなかった」とある。転校したくないという願いがかなわないことがわかり落胆しているが，母さんの「今にも泣き出しそう」な様子を見て，「転校したくない」という言葉を飲み込んだことを「ごくんと音をたてて牛乳を飲んだ」と表現していると考えられるのでアが適切。

問八　「少し前のぼく」については，後に「ぼくはしょせん，だれからも気付かれない幽霊みたいな子どもで，それが本来の自分だったんだから」とあるので，「だれからも気付かれない幽霊みたいな子ども(20字)」を抜き出す。

問九　直前の「子どもらしい」にあてはまるものとして，⑦は「純粋さ」，⑧は「単純さ」とするウが適切。引っ越して三丁目の空き地には行けなくなることに慣れるために，自分が少しでも傷つかないように，単純に「行かない」ことを選んだというのである。

やや難　問十　直前に「『転校するのがいやなのね？』」とある。椎野先生に転校しないですむようにお願いしたいと思いながら言えずにいたのだが，この言葉を聞いて，抑えていた感情があふれ出したのである。転校したくないという気持ちと，椎野先生はそれをわかってくれていた，といううれしさが混ざり合った涙なので，「思いがあふれている」とするイが適切。

三　(知識問題－敬語，返り点，古文，現代仮名遣い，文脈把握，係り結び，文学史)

問一　①　主語「お客様」に対する尊敬表現として，「ご覧になる」とするのは適切。　②「先生」に対する尊敬表現として，こちら側の謙譲表現で「お願いした」とするのが適切。　③　主語は「区長」なので，尊敬表現として「参加される」とするのが適切。　④　主語の「校長先生」に対する尊敬表現として「お話しになる」とするのは適切。　⑤　主語の「先生」に対する尊敬表現としては，「おっしゃる」とするのが適切。

問二　①「王→戦→好」の順に読むためには，「好」にレ点をつけて「戦」を先に読む。　②「南→山→見」の順に読むためには，「南山」を先に読むので，「見」に二点，最後の「山」に一点をつける。　③「書→読→万→倍→利」の順に読むためには，「読」にレ点をつければよい。　④「備→有→患→無」の順に読むためには，「有」と「無」にレ点をつければよい。　⑤「頭→低→故→郷→思」の順に読むためには，「低」にレ点，「思」に二点，「郷」に一点をつければよい。

問三　〈口語訳〉　二十七日，大津より浦戸を目指して漕ぎ出す。そのようにしているうちに，都で生まれた女の子が，任地で急に亡くなってしまったので，近頃の出立の準備を見ても，何も言わず，都へ帰るにつけても，子の不在だけが悲しく，恋しい。ある人たちも悲しみに堪えられない。この間に，ある人が書き出した歌(に次のようなものがある。)

　都へ帰ろうと思うけれど，悲しいのは，帰らぬ子がいるからである

また，あるときは，(次のように詠んだ)

　わが子が亡くなったことを忘れて，どこ，と聞いてしまうのは悲しいことだ

①　語頭以外の「はひふへほ」は，現代仮名遣いでは「わいうえお」となるので，Ⅰの「は」は「わ」，Ⅲの「ほ」は「お」に直して，Ⅰは「にわかに」，Ⅲは「なお」とする。　②　前に「京にて生まれたりし女子，国にてにはかに失せにしかば」とあるので，「帰らぬ人」は，都で生まれて任地で亡くなった「女子」を指す。　③　文末が「ける」と連体形になっているので，係り結びの法則により，強意を表す係助詞の「ぞ」が入る。　④『土佐日記』は，平安時代に成立したとされる日記文学。

★ワンポイントアドバイス★

現代文は，本文を精読し，文脈を丁寧に追う練習をしよう！　知識問題として出題されるので，古文・漢詩の基礎知識も充実させよう！

MEMO

大切なことはメモしておこうネ！

2022年度

★★★★★★★★★★★★★★★★★★★★★★★

入　試　問　題

2022年度

共愛学園高等学校入試問題（一般）

【数　学】（45分）〈満点：100点〉

1　（1）　次の計算をしなさい。

①　$4^2 \div \frac{8}{3} \times (-3)$

②　$\frac{a-2}{2} - \frac{2a+1}{5}$

③　$(5a-b)^2 - (5a+b)^2$

④　$\sqrt{8}(\sqrt{2}-3) + \sqrt{18}$

（2）　次の式を因数分解しなさい。

①　$\frac{1}{3}x^2 - 2x + 3$

②　$x(2x-1) - y(2x-1)$

（3）　次の方程式を解きなさい。

①　$2x - 0.3 = 0.5x + 1.2$

②　$25x^2 = 4$

③　$x^2 - x - 3 = 0$

（4）　次の連立方程式を解きなさい。

$$\begin{cases} 4x = 7y + 9 \\ x + 5y = 9 \end{cases}$$

2　yはxに反比例し，$x=6$のとき$y=-4$です。$x=-2$のとき，yの値を求めなさい。

3　ある水族館の入館料の合計は，大人3人と子ども4人で4940円，大人1人と子ども2人で1980円です。子ども1人の入館料を求めなさい。

4　図のように，正五角形ABCDEにおいて，対角線ADの延長線上にAE∥CFとなるような点Fをとります。∠AFCの大きさを求めなさい。

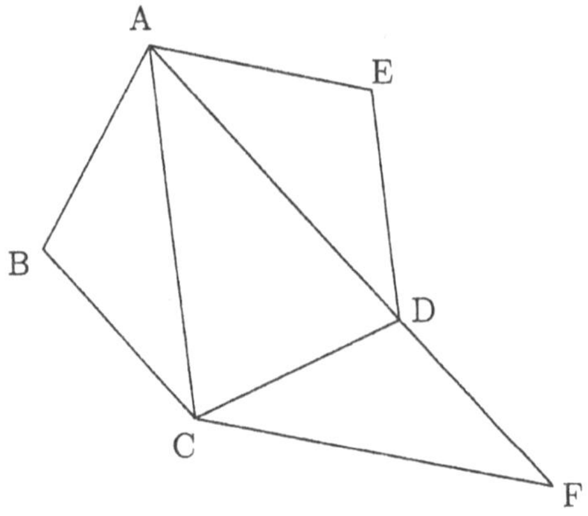

5　次の図で，AB∥FEのとき，∠xの大きさを求めなさい。

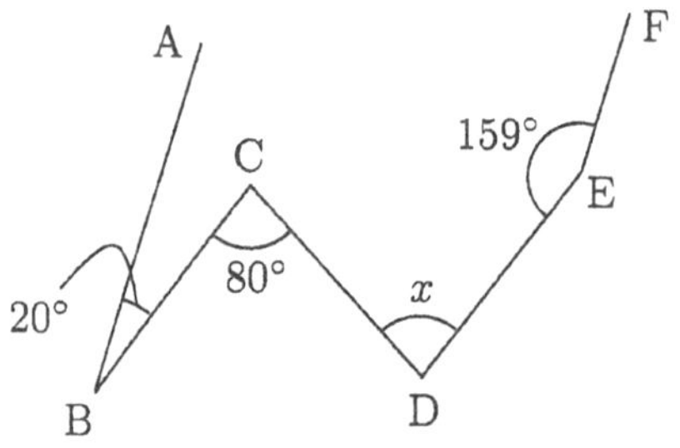

6　ある携帯会社の1ヶ月の料金プランは以下のようになっています。
プランA：基本料金4000円　通話料金1分10円
プランB：基本料金3500円　通話料金60分まで無料で，
60分を越えた分は1分40円
1ヶ月に120分通話をした場合，どちらの料金プランの方がいくら安いか求めなさい。

7　袋の中に0，2，3，5の番号が書かれた球が1個ずつ入っています。この袋の中から1個取り出し，取り出した球の番号を確認した後に袋に戻し，よく混ぜてからもう一度球を1個取り出します。最初に取り出した球の番号と2回目に取り出した球の番号の合計が5となる確率を求めなさい。

8　A，B，C，Dの4人で公園のゴミ拾いをしました。拾ったゴミの重さの比は，AとBは2：3，BとCは4：5，CとDは5：3でした。Aが800 g拾ったとき，Dは何g拾ったか求めなさい。

9 図のように，関数$y=2x+c$，$y=-\frac{1}{2}x+c$のグラフが，それぞれx軸と点A，Bで交わっています。線分ABの長さが10のとき，定数cの値を求めなさい。

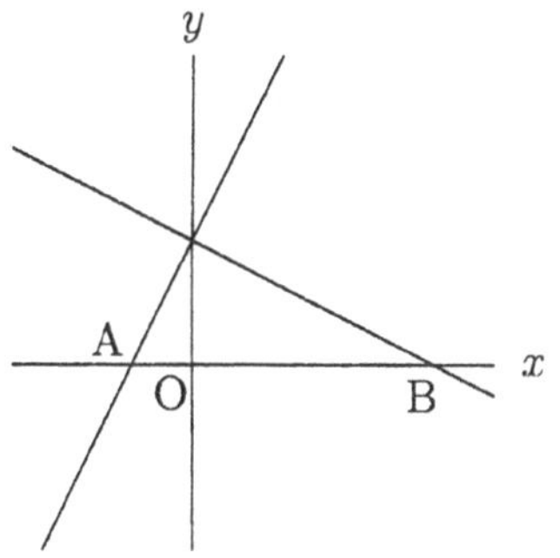

10 関数$y=\frac{1}{2}x^2$と$y=x+4$のグラフの2つの交点をA，Bとします。線分ABの中点の座標を求めなさい。

11 2次方程式$x^2-2x-2=0$の2つの解をa，bとするとき，$a^2+b^2-2a-2b$の値を求めなさい。

12 正方形ABCDにおいて，DE：EC＝2：3となるように点Eをとります。AEとBDの交点をFとするとき，四角形BCEFと三角形DEFの面積比を求めなさい。

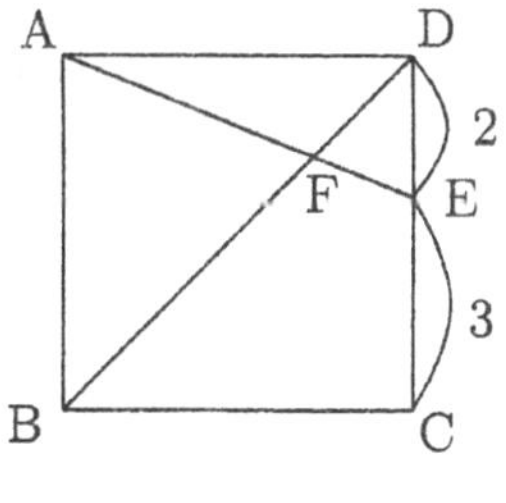

13 ○，○，×と書かれた3枚のカードがあります。裏向きにして花子さんと太郎くんが1枚ずつ選びました。花子さんは自分のカードを見ても太郎くんのカードはわかりませんでした。次に，太郎くんは自分自身のカードを見て「花子さんのカードはわからない」と言いました。その言葉を聞いて，花子さんは太郎くんのカードがわかりました。花子さんと太郎くんが選んだカードの組み合わせとして正しいものを，ア～ウの中から選びなさい。

ア　花子さん　○　太郎くん　○
イ　花子さん　○　太郎くん　×
ウ　花子さん　×　太郎くん　○

【英　語】（50分）〈満点：100点〉〈普通科用〉

〈リスニング問題〉

A　これから放送される1～5の対話を聞いて，それに対する応答として最も適切なものをA～Dの選択肢から1つ選び，記号で答えなさい。英文と質問は1度だけ放送されます。対話も選択肢も問題用紙には記載されていません。

1．解答欄に答えを記入しなさい。

2．解答欄に答えを記入しなさい。

3．解答欄に答えを記入しなさい。

4．解答欄に答えを記入しなさい。

5．解答欄に答えを記入しなさい。

B　これから放送される長めの英文の内容に関する質問が5つあります。それに対する応答として最も適切なものをA～Dの選択肢から1つ選び，記号で答えなさい。英文と質問は1度だけ放送されます。

1．Where did the speaker's family go for vacation every year?

2．What did the family do on vacation?

3．Who went to rescue the young man in the sailboat?

4．Which boat did they use for the rescue?

5．What did the speaker think about the people who did the rescue?

※リスニングテストの放送台本は非公表です。

C　次の英文を読み，各問いに答えなさい。

Have you ever (ア)hear of "The Big Apple"? It's the nickname of New York City, the most populous city in the United States. It is often called "New York, New York" because New York City is in the state of New York. New York City is also called "The city that never sleeps" because of its fast pace and endless activity. New York City is the cultural, financial and media capital of the world. Many popular movies are filmed there, so (イ)(1. people / 2. visited / 3. the city / 4. never / 5. who / 6. have) can recognize its many tall buildings and historical landmarks. Every year, over 60,000,000 people visit New York City and its famous sites like the Statue of Liberty, the Empire State Building, Central Park and Times Square. The Statue of Liberty was a gift from the people of France to the people of the United States. This statue is a symbol of freedom for new immigrants to America and is known around the world. The Twin Towers, or the World Trade Center, were the tallest buildings in New York City. However, on September 11, 2001, terrorists crashed two airplanes into the towers, and the towers collapsed. Almost 3,000 people died in that terrorist attack, and it had a strong impact on New York. Also it changed airline security around the world.

The first people to live in the area of New York City were Native Americans who came about 5,000 years ago. In the early 1600s, Dutch colonists took control of the city and called it New Amsterdam. In 1664, the English took over the city and renamed (ウ)it New York after the Duke of York. It became an American city in 1776 after the American Revolutionary War. New York City grew quickly as a trade center, and by 1790 (エ)it was the largest city in the United States. The U.S. is known as a country with many cultures and New York City is the best example of this because it is the home of people from many different cultures. Ellis Island, which is part of New York City, was the biggest immigration port in the country from 1892 to 1954. About 25% of New Yorkers were born abroad and over 800 different languages are (オ)speak throughout the city!

［注］

recognize　～とわかる	the Statue of Liberty　自由の女神
immigrant　移民	collapse　崩れる
security　安全	Native American　アメリカ先住民
Dutch colonist　オランダの入植者	Duke of York　ヨーク公
immigration port　移民局	destroy　破壊する

1．下線部(ア)(オ)を適切な形に直しなさい。

2．下線部(イ)の語(句)を「その街を訪れたことがない人」という意味になるよう，正しい語順に並べ替え，(　　)内で2番目と5番目に来る語(句)を番号で答えなさい。

3．下線部(ウ)は何を指すか，1～3から選び，番号で答えなさい。

　1．the city　　2．the English　　3．the Duke of York

4．下線部(エ)とほぼ同じ意味になるように適切な文を1～3から選び，番号で答えなさい。

　1．it was large than any other city
　2．it was larger than any other city
　3．it was more larger than any other cities

5．本文の内容と合うように，次の①～③の下線部に入るものをア～ウから選び，記号で答えなさい。

　① The Statue of Liberty was a gift from ＿＿＿＿＿＿.
　　ア．England　　イ．Holland　　ウ．France

　② The first people to live in the area of New York City were ＿＿＿＿＿＿.
　　ア．the Dutch　　イ．Native Americans　　ウ．the English

　③ About 25% of New Yorkers ＿＿＿＿＿＿.
　　ア．were born in foreign countries
　　イ．speak several languages
　　ウ．were colonists

6．本文の内容に合っているものを2つ選び，記号で答えなさい。

　ア．The Statue of Liberty is a symbol of security.
　イ．The Empire State building was destroyed by terrorists on September 11, 2001.
　ウ．English is the only language that is used by New Yorkers.
　エ．Many movies are filmed in New York City.
　オ．New York City has many tall buildings and historical landmarks.
　カ．New York City is the cleanest city in the world.
　キ．About 25% of New Yorkers live on Ellis Island.

D　次の英文の(　　)内に入る最も適切な語(句)をア～エから選び，記号で答えなさい。

1．When I was a child, I (　　　) in Osaka for five years.
　ア．live　イ．lived　ウ．have lived　エ．have been living

2．If it were sunny today, I (　　　) shopping.
　ア．go　イ．will go　ウ．went　エ．could go

3．My mother always (　　　) my room.
　ア．told me clean　イ．told me to clean
　ウ．told to me clean　エ．told to me to clean

4．“Who (　　　) you English at your school?” “Mr. Smith does.”
　ア．teach　イ．teaches　ウ．is teaching　エ．are teaching

5．There aren't (　　　) hospitals in this town.
　ア．no　イ．some　ウ．any　エ．much

6．She missed the train, (　　　) she was late for school.
　ア．as　イ．so　ウ．but　エ．though

7．This T-shirt is too small (　　　) wear.
　ア．for me to　イ．of me to　ウ．to me to　エ．with me to

8．(　　　) Italian dishes?
　ア．Do your sisters like　イ．Do your sisters likes
　ウ．Does your sisters like　エ．Does your sisters likes

9．Maebashi is a city (　　　) its water, greenery, and poetry.
　ア．which have famous for　イ．which is famous for
　ウ．who has famous for　エ．who is famous for

10．Please don't sit on the bench. It was just (　　　).
　ア．painting　イ．been painting　ウ．painted　エ．paint

E　次の対話文を読み，(1)～(10)に入る最も適切な語を選択肢ア～コから1つ選び，記号で答えなさい。ただし，文頭に来る語も小文字になっている。同じものは2度使えない。

A：(　1　) are you from?
B：I'm from Los Angeles, but now I live in San Francisco.
A：So, (　2　) often do you go home?
B：Well, I try to fly home three times every year. Flying is (　3　) and the airports are always (　4　), but it's important to me.
A：(　5　) don't you drive home? I think it (　6　) only six hours to drive (　7　) the two cities, and the highways are not busy.
B：Only six hours! You may not (　8　) driving six hours, but I don't (　9　) like driving so long. It's very (　10　).

選択肢
　ア．crowded　イ．how　ウ．between　エ．takes　オ．mind
　カ．feel　キ．why　ク．where　ケ．tiring　コ．expensive

F　次の表現が表すものを，それぞれ与えられた文字で始まる英語1語で答えなさい。

1．the father of your father or mother
　（ g　　　）
2．a bright yellow fruit with very sour juice
　（ l　　　）
3．a large musical instrument with a row of black and white keys
　（ p　　　）
4．the day after today
　（ t　　　）
5．a creature that lives in water and has a tail and fins
　（ f　　　）

G　日本語の意味に合うように英語を並べ替え，（　　）内で2番目と4番目に来る語(句)を記号で答えなさい。ただし，文頭に来る語(句)も小文字になっている。

1．父が昨夜遅く帰宅したものだから，母は機嫌が悪いに違いない。
（ア．angry　イ．be　ウ．because　エ．came home　オ．must　カ．my father　キ．my mother）late last night.
2．スタジアムにいる少年たちはみんなサッカーに興味があります。
（ア．the boys　イ．all　ウ．in　エ．are　オ．of　カ．in the stadium　キ．interested）soccer.
3．私たちのコーヒーメーカーは故障しています。
（ア．order　イ．our　ウ．out　エ．coffee maker　オ．is　カ．of）.
4．ホストファミリーに早く会いたいです。
（ア．meet　イ．can't　ウ．I　エ．my　オ．wait　カ．host family　キ．to）.
5．私は毎日走ることによって健康を維持しています。
I（ア．stay　イ．every day　ウ．running　エ．healthy　オ．by）.

【英　語】（50分）〈満点：100点〉〈英語科用〉

〈リスニング問題〉

A　これから放送される1～5の対話を聞いて，それに対する応答として最も適切なものをA～Dの選択肢から1つ選び，記号で答えなさい。英文と質問は1度だけ放送されます。対話も選択肢も問題用紙には記載されていません。

1．解答欄に答えを記入しなさい。

2．解答欄に答えを記入しなさい。

3．解答欄に答えを記入しなさい。

4．解答欄に答えを記入しなさい。

5．解答欄に答えを記入しなさい。

B　これから放送される長めの英文の内容に関する質問が5つあります。それに対する応答として最も適切なものをA～Dの選択肢から1つ選び，記号で答えなさい。英文と質問は1度だけ放送されます。

1．Where did the speaker's family go for vacation every year?

2．What did the family do on vacation?

3．Who went to rescue the young man in the sailboat?

4．Which boat did they use for the rescue?

5．What did the speaker think about the people who did the rescue?

※リスニングテストの放送台本は非公表です。

C　次の英文を読み，各問いに答えなさい。

Have you ever (ア)hear of "The Big Apple"? It's the nickname of New York City, the most populous city in the United States. It is often called "New York, New York" because New York City is in the state of New York. New York City is also called "The city that never sleeps" because of its fast pace and endless activity. New York City is the cultural, financial and media capital of the world. Many popular movies are filmed there, so (イ)(1. people / 2. visited / 3. the city / 4. never / 5. who / 6. have) can recognize its many tall buildings and historical landmarks. Every year, over 60,000,000 people visit New York City and its famous sites like the Statue of Liberty, the Empire State Building, Central Park and Times Square. The Statue of Liberty was a gift from the people of France to the people of the United States. This statue is a symbol of freedom for new immigrants to America and is known around the world. The Twin Towers, or the World Trade Center, were the tallest buildings in New York City. However, on September 11, 2001, terrorists crashed two airplanes into the towers, and the towers collapsed. Almost 3,000 people died in that terrorist attack, and it had a strong impact on New York. Also it changed airline security around the world.

The first people to live in the area of New York City were Native Americans who came about 5,000 years ago. In the early 1600s, Dutch colonists took control of the city and called it New Amsterdam. In 1664, the English took over the city and renamed (ウ)it New York after the Duke of York. It became an American city in 1776 after the American Revolutionary War. New York

City grew quickly as a trade center, and by 1790 (エ)it was the largest city in the United States. The U.S. is known as a country with many cultures and New York City is the best example of this because it is the home of people from many different cultures. Ellis Island, which is part of New York City, was the biggest immigration port in the country from 1892 to 1954. About 25% of New Yorkers were born abroad and over 800 different languages are (オ)speak throughout the city!

［注］

recognize　〜とわかる	the Statue of Liberty　自由の女神
immigrant　移民	collapse　崩れる
security　安全	Native American　アメリカ先住民
Dutch colonist　オランダの入植者	Duke of York　ヨーク公
immigration port　移民局	destroy　破壊する

1．下線部(ア)(オ)を適切な形に直しなさい。

2．下線部(イ)の語(句)を「その街を訪れたことがない人」という意味になるよう，正しい語順に並べ替え，(　　)内で2番目と5番目に来る語(句)を番号で答えなさい。

3．下線部(ウ)は何を指すか，1〜3から選び，番号で答えなさい。

1．the city　　2．the English　　3．the Duke of York

4．下線部(エ)とほぼ同じ意味になるように適切な文を1〜3から選び，番号で答えなさい。

1．it was large than any other city

2．it was larger than any other city

3．it was more larger than any other cities

5．本文の内容と合うように，次の①〜③の下線部に入るものをア〜ウから選び，記号で答えなさい。

① The Statue of Liberty was a gift from ＿＿＿＿＿.

ア．England　　イ．Holland　　ウ．France

② The first people to live in the area of New York City were ＿＿＿＿＿.

ア．the Dutch　　イ．Native Americans　　ウ．the English

③ About 25% of New Yorkers ＿＿＿＿＿.

ア．were born in foreign countries

イ．speak several languages

ウ．were colonists

6．本文の内容に合っているものを2つ選び，記号で答えなさい。

ア．The Statue of Liberty is a symbol of security.

イ．The Empire State building was destroyed by terrorists on September 11, 2001.

ウ．English is the only language that is used by New Yorkers.

エ．Many movies are filmed in New York City.

オ．New York City has many tall buildings and historical landmarks.

カ．New York City is the cleanest city in the world.

キ．About 25% of New Yorkers live on Ellis Island.

D　次の英文の(　　)内に入る最も適切な語(句)をア～エから選び，記号で答えなさい。

1．When I was a child, I (　　　) in Osaka for five years.
　ア．live　イ．lived　ウ．have lived　エ．have been living

2．If it were sunny today, I (　　　) shopping.
　ア．go　イ．will go　ウ．went　エ．could go

3．My mother always (　　　) my room.
　ア．told me clean　イ．told me to clean
　ウ．told to me clean　エ．told to me to clean

4．“Who (　　　) you English at your school?” “Mr. Smith does.”
　ア．teach　イ．teaches　ウ．is teaching　エ．are teaching

5．There aren't (　　　) hospitals in this town.
　ア．no　イ．some　ウ．any　エ．much

6．She missed the train, (　　　) she was late for school.
　ア．as　イ．so　ウ．but　エ．though

7．This T-shirt is too small (　　　) wear.
　ア．for me to　イ．of me to　ウ．to me to　エ．with me to

8．(　　　) Italian dishes?
　ア．Do your sisters like　イ．Do your sisters likes
　ウ．Does your sisters like　エ．Does your sisters likes

9．Maebashi is a city (　　　) its water, greenery, and poetry.
　ア．which have famous for　イ．which is famous for
　ウ．who has famous for　エ．who is famous for

10．Please don't sit on the bench. It was just (　　　).
　ア．painting　イ．been painting　ウ．painted　エ．paint

E　次の対話文を読み，(1)～(10)に入る最も適切な語を選択肢ア～コから1つ選び，記号で答えなさい。ただし，文頭に来る語も小文字になっている。同じものは2度使えない。

A：(　1　) are you from?

B：I'm from Los Angeles, but now I live in San Francisco.

A：So, (　2　) often do you go home?

B：Well, I try to fly home three times every year. Flying is (　3　) and the airports are always (　4　), but it's important to me.

A：(　5　) don't you drive home? I think it (　6　) only six hours to drive (　7　) the two cities, and the highways are not busy.

B：Only six hours! You may not (　8　) driving six hours, but I don't (　9　) like driving so long. It's very (　10　).

選択肢
　ア．crowded　イ．how　ウ．between　エ．takes　オ．mind
　カ．feel　キ．why　ク．where　ケ．tiring　コ．expensive

F　次の英文の(　　)内に入る最も適切な語(句)をア～エから選び，記号で答えなさい。

1．Four space tourists safely ended their trip to orbit on September 18, 2021. They are the (　　　) crew to circle the earth without a professional astronaut on board.

ア．first　　イ．second　　ウ．third　　エ．last

2．Sota Fujii won his fourth major shogi title on November 13, 2021. At 19 years and three months old, he became the (　　　) player to hold four of the traditional board game's eight major titles.

ア．good　　イ．best　　ウ．young　　エ．youngest

3．K-pop group BTS made a special speech at the SDG Moment opening ceremony at the UN General Assembly. This is the third time the band has given a speech at the (　　　).

ア．Unite Nation　　イ．Unite Nations　　ウ．United Nation　　エ．United Nations

4．Demon Slayer, an (　　　) movie based on a manga, has become the fastest film in Japan to reach \10 billion at the box office.

ア．animate　　イ．animating　　ウ．animated　　エ．animator

5．IOC President Thomas Bach declared the Tokyo Olympics closed. The next Summer Games will be held in (　　　) in 2024.

ア．Beijing　　イ．Paris　　ウ．Milano　　エ．Los Angeles

G　次の表現が表すものを，それぞれ与えられた文字で始まる英語1語で答えなさい。

1．a pain you feel inside your head

(h　　　)

2．a plant or part of a plant that is eaten as food

(v　　　)

3．a person's ability to remember things, places, experiences, etc.

(m　　　)

4．a white or gray mass in the sky that forms from very small drops of water

(c　　　)

5．a cushion which you rest your head on when you are in bed

(p　　　)

【理　科】（45 分）〈満点：100 点〉

1.　次の各問いに答えなさい。

問 1　次の地震の震度について説明した文の空欄に，適する語句をそれぞれ答えなさい。

震度とは，ある地点で観測した（　1　）の強弱の程度を示す。現在は「震度計」という計測器を用いて，自動的に測定している。一般的に，震度は地震が発生した震源からの距離が（　2　）ほど小さくなるが，震源が深い地震ではこの原則が当てはまらない場合がある。

問 2　同じ元素で，中性子の数が異なる原子を何というか答えなさい。

問 3　虫眼鏡で太陽光を 1 点に集めることができます。このような点をレンズの何といいますか。漢字で答えなさい。

問 4　水泳のターンでは，壁と足の間で作用・反作用の力がはたらいている。ターン後に向かう方向の力は「（　ア　）が（　イ　）を押す力」である。アとイに当てはまる言葉を，それぞれ，「壁」「足」のどちらかで答えなさい。

問 5　化学エネルギーを電気エネルギーに変化する装置を何というか答えなさい。

問 6　顕微鏡にレンズをとりつけるとき，先にとりつけるのは接眼レンズ，対物レンズのどちらですか。

問 7　双子葉類の根の特徴について，次のア～オのうち，あてはまるものを，すべて選びなさい。

ア　ひげ根　　**イ**　主根　　**ウ**　仮根　　**エ**　毛根　　**オ**　側根

2.　次のグラフは，2021 年 8 月 20 日に前橋気象台で観測された気温と湿度の 1 時間ごとのデータです。このグラフについて，あとの各問いに答えなさい。

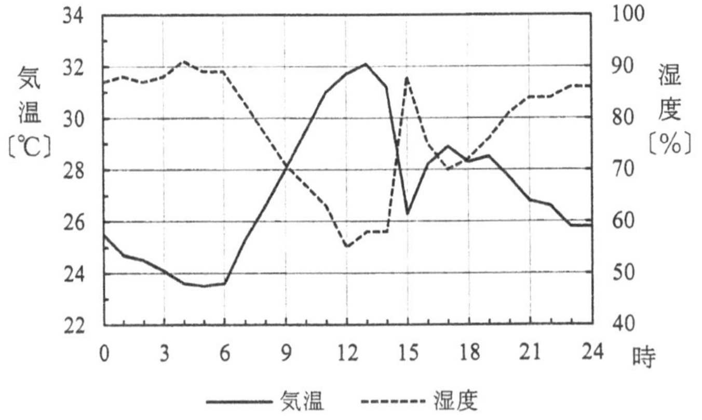

問 1　この日，前橋では一時的に雨が降りました。雨が降ったと考えられるのは，何時頃ですか。

問 2　問 1 の時間を答えた理由を 15 字以内で説明しなさい。ただし「気温」と「湿度」という言葉は，必ずしも両方使うとは限りません。

問３　次の**ア**～**ウ**の天気図のうち，この日のものとしてもっとも適当なものをひとつ選び，記号で答えなさい。

ア

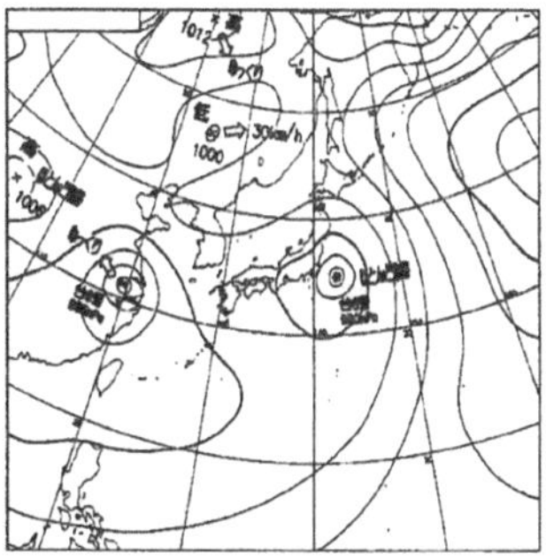

イ

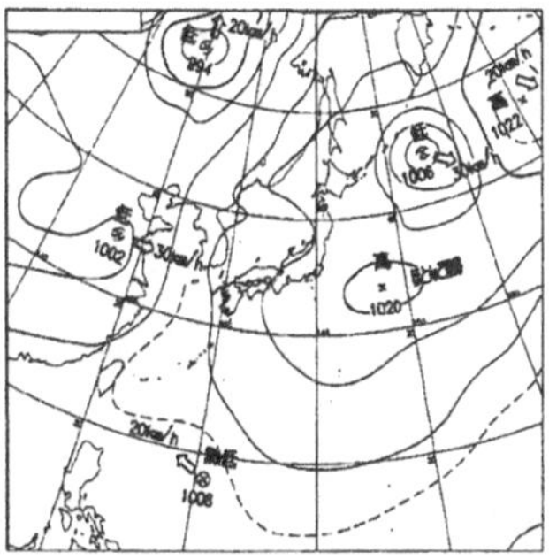

ウ

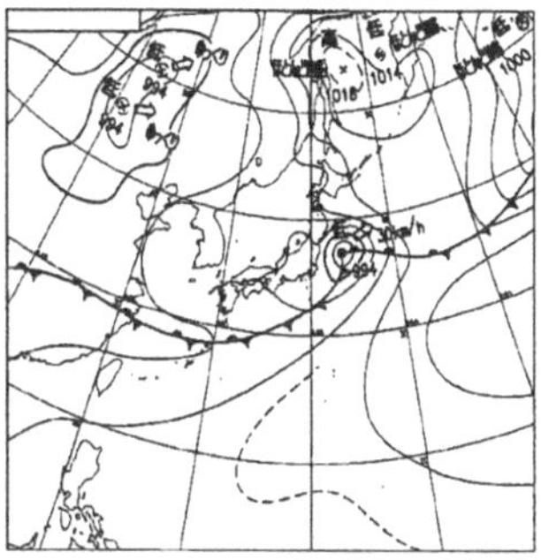

問**４**　次の文は，夏の日本によく見られる気候について述べたものです。文中の空欄に適する語句をあとの**ア**～**キ**からそれぞれ選び，記号で答えなさい。

日本付近では，夏になると（　１　）高気圧がはり出して，南の海上から暖かくて（　２　）空気におおわれ，蒸し暑い天気が続く。強い日差しで暖められた空気が上昇気流をつくって（　３　）が発達すると，場所によって激しい（　４　）が起こることがある。

ア　太平洋　　**イ**　積乱雲　　**ウ**　乾いた　　**エ**　オホーツク海
オ　湿った　　**カ**　雷雨　　**キ**　乱層雲

３．　次の表は，セキツイ動物と無セキツイ動物のなかまの特徴を，それぞれまとめたものです。これについて，あとの各問いに答えなさい。

	セキツイ動物					無セキツイ動物	
	A	B	C	D	E	F	G
体表	毛	うろこ	湿った皮膚	うろこ	羽毛	②	外とう膜など
呼吸	肺	肺	子：えら・皮膚 親：肺・皮膚	えら	肺	気門やえら	えらや肺
ふえ方	①	卵生	卵生	卵生	卵生	卵生	卵生

問１　表の①に当てはまる言葉を答えなさい。

問２　表の②にあてはまる，からだをおおうかたい殻を何といいますか。

問３　表のA，Cのなかまをそれぞれ何類といいますか。また，Gのなかまを何動物といいますか。

問４　A～Eのなかまの中で，最も産卵数が多いものを選び，記号で答えなさい。

問５　Fのなかまを，次の**ア**～**カ**から，すべて選びなさい。

ア　ザリガニ　　**イ**　マイマイ　　**ウ**　ヤリイカ　　**エ**　イシガメ
オ　ミジンコ　　**カ**　バッタ

4. 仕事についてあとの各問いに答えなさい。ただし，100 gの物体にはたらく重力の大きさを1 Nとし，滑車とロープの質量や摩擦は考えないものとします。

問1 図1のように，5.0 kgの荷物を真上に1.5 m持ち上げたときの仕事は何Jですか。ただし，引き上げる力と物体にはたらく重力の大きさはつり合っているものとします。

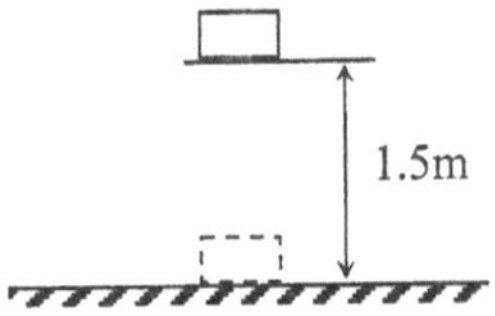

図1 真上に持ち上げた様子

次に，図2のように，斜面を使って図1と同じ荷物を，同じ高さ（1.5 m）の場所まで持ち上げることを考えます。このとき，荷物を動かした距離は3.0 mでした。

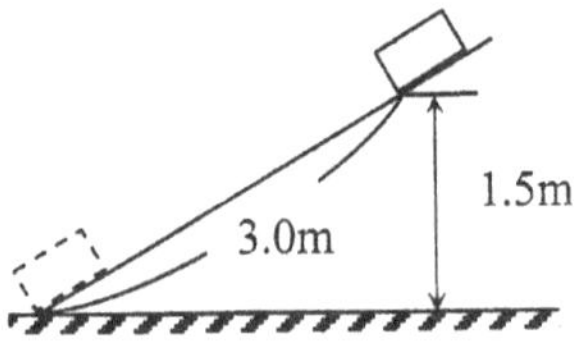

図2 斜面を使って持ち上げた様子

問2 このときの仕事は何Jですか。

問3 問2の仕事をするのに5分かかりました。このときの仕事率は何Wですか。

問4 問1で荷物に加えた力の大きさは問2で荷物に加えた力の大きさの何倍ですか。

問5 図2よりもさらに傾斜のゆるやかな坂を使って同じ高さ（1.5 m）の場所まで荷物を持ち上げたとき，動かした距離は2倍になりました。このときの仕事は何Jになりますか。

問6 動滑車，定滑車とロープを用いて，問1で荷物に加えた力の半分の力で持ち上げることを試みました。動滑車，定滑車とロープをどのようにつなぎますか。解答欄に「**動滑車**」「**定滑車**」「**ロープ**」を書き込みなさい。ただし，**ロープの一端は天井に固定**し，荷物はすでに解答欄に書かれているものを用いなさい。

問7 次の文の空欄に当てはまる語句を答えなさい。

定滑車を用いると，力の（　　　　　　）を変えることができる

5. 次の実験1，2について，あとの各問いに答えなさい。

〈実験1〉

右図のような装置で銅の粉末を加熱し，その前後での質量を比較しました。

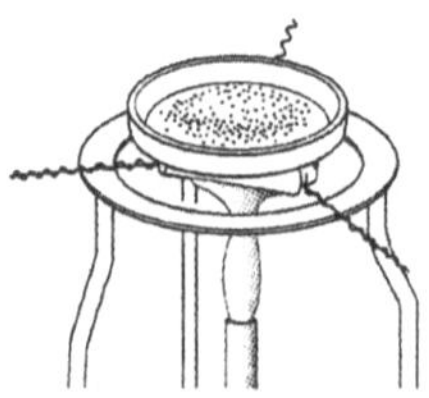

問1 銅の粉末の色はどのように変化しましたか。次の例にならって，答えなさい。

例　　黄色 → 緑色

問２　実験後の粉末の質量は，はじめの銅の質量と比べ，どのように変化をしたと考えられますか。次の**ア**～**オ**から最も適当なものをひとつ選び，記号で答えなさい。

ア　４倍以上に増加した　　**イ**　1.2 倍程度に増加した

ウ　変化がなかった　　**エ**　わずかに減少した

オ　４分の１程度に減少した

問３　この実験１で起こった反応を化学反応式で表しなさい。

〈実験２〉

実験１で得られた粉末と炭素の粉末を混合し，図のような装置で加熱しました。そのとき，$_{A}$気体が発生し，石灰水が白くにごりました。加熱をやめた後，石灰水からガラス管を取り出し，$_{B}$ピンチコックで閉じました。

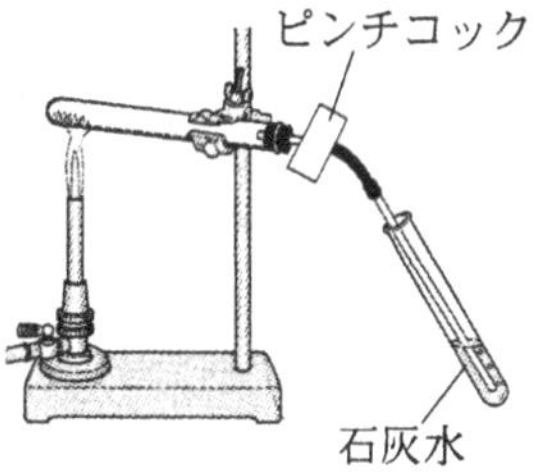

問４　下線部Ａのことから，発生した気体を**化学式で**答えなさい。

問５　下線部Ｂについて，次の各問いに答えなさい。

(1)　ピンチコックはどれですか。次の**ア**～**エ**から選び，記号で答えなさい。なお，図のサイズと実際の器具のサイズは必ずしも同じではありません。それぞれの器具の材質は，一般的に，**ア**は木製，**イ**・**ウ**・**エ**は金属製で，**エ**の先端は耐熱ビニールでおおわれています。

ア

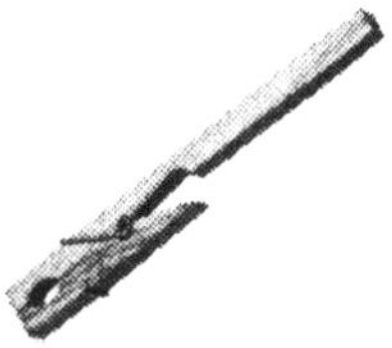

イ

ウ

エ

(2)　ピンチコックでとじた理由は，次のように表すことができます。空欄にあてはまる語句を答えなさい。

加熱をやめた後，(　　　　)が試験管に入るのを防ぐため。

問６　酸化鉄（Fe_2O_3）の粉末にアルミニウムの粉末を混ぜたものを『テルミット』といいます。このテルミットに火をつけると，高温で反応し，アルミニウムは，酸化アルミニウム（Al_2O_3）になり，酸化鉄は還元されて鉄になります。このように，酸化物を還元できる物質は，炭素に限りません。このテルミットに火をつけたときの反応を化学反応式で表しなさい。

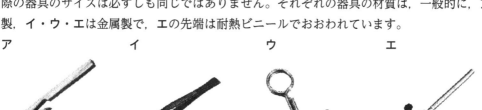

【社　会】（45 分）〈満点：100 点〉

Ⅰ　アフリカ州に関する以下の各問いに答えなさい。

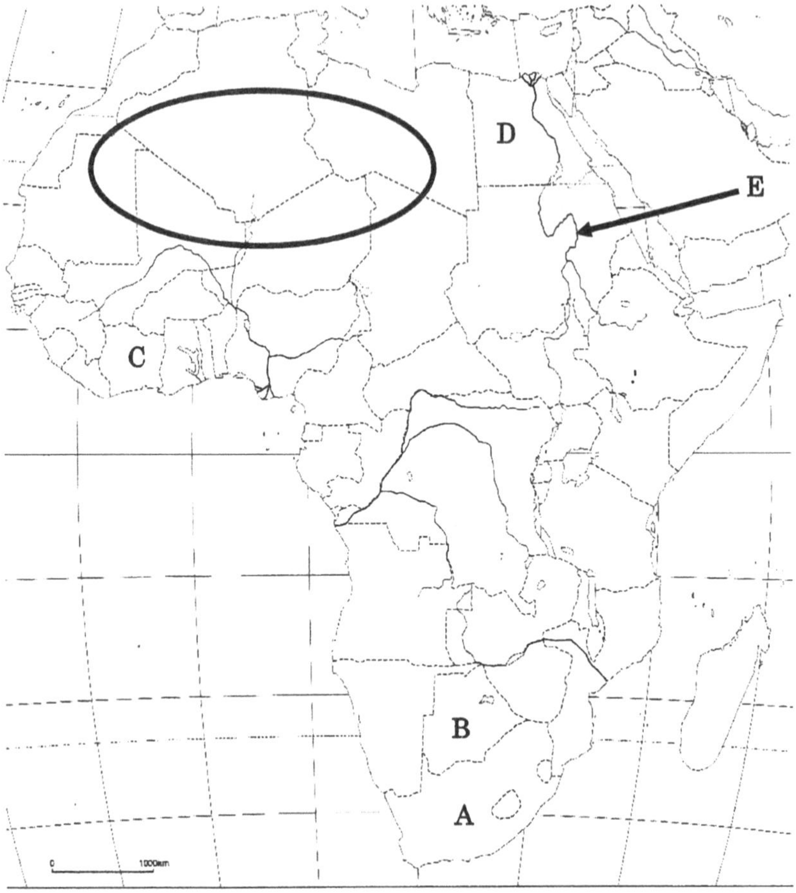

問１　　地図中の◯で囲われている，アフリカ大陸北部に広がる世界最大の砂漠を答えなさい。

問２　　地図中のＡ国は経済発展著しい BRICS に数えられる国の一つである。Ａの国名を答えなさい。またＡ国でかつて行われていた，人種隔離政策を答えなさい。

問３　　次の雨温図**ア**～**ウ**は地図中Ｂ～Ｄのいずれかの都市のものである。都市と雨温図の組み合わせとして正しいものを選択肢①～④の中から選んで答えなさい。

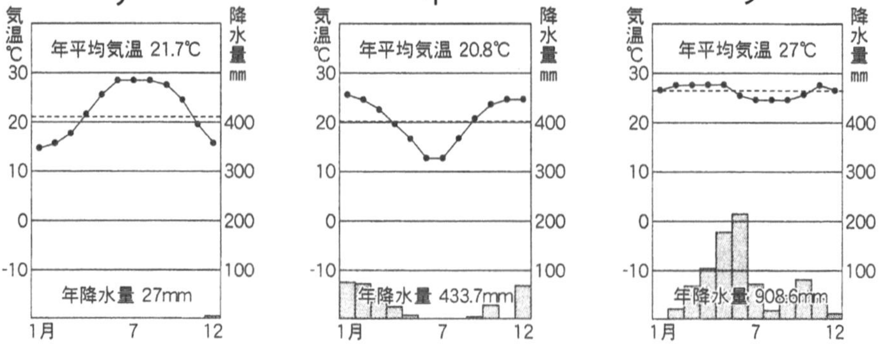

① B－ア C－イ D－ウ　② B－イ C－ア D－ウ
③ B－ウ C－ア D－イ　④ B－イ C－ウ D－ア

問４　地図中の矢印で示された，Eの河川を答えなさい。

問５　下のグラフは，世界のカカオ豆の生産量を示したものである。生産量第１位である①の国名を答えなさい。

また，①のカカオ豆生産のように，少ない種類の農産物の輸出に依存している経済状態を何というか，答えなさい。

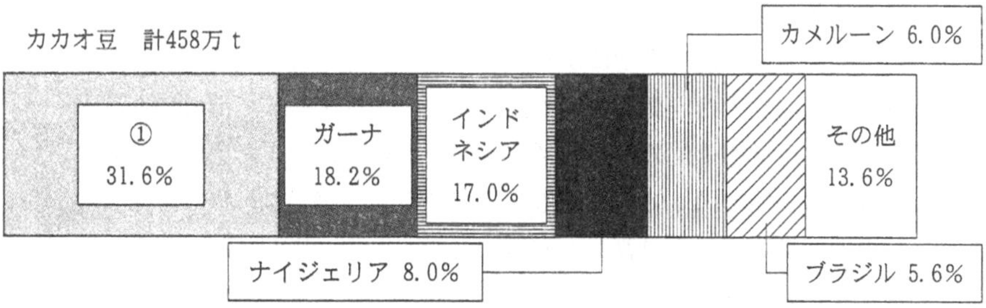

問６　アフリカ州では，緯線や経線をもとに国境が定められた国が存在する。この事柄に関して，述べた以下の文で適切でないものを（ア）～（エ）の中から選んで答えなさい。

（ア）　経線や緯線を基準に引かれた国境を「自然的国境」と呼ぶ。
（イ）　アフリカの国境はかつて支配していたヨーロッパの国々によって引かれた。
（ウ）　民族同士の対立により内戦が起こり「難民問題」が発生している。
（エ）　アフリカでは，植民地支配した国の言語を公用語として使用する国が多い。

Ⅱ　**東北地方に関する各問いに答えなさい。**

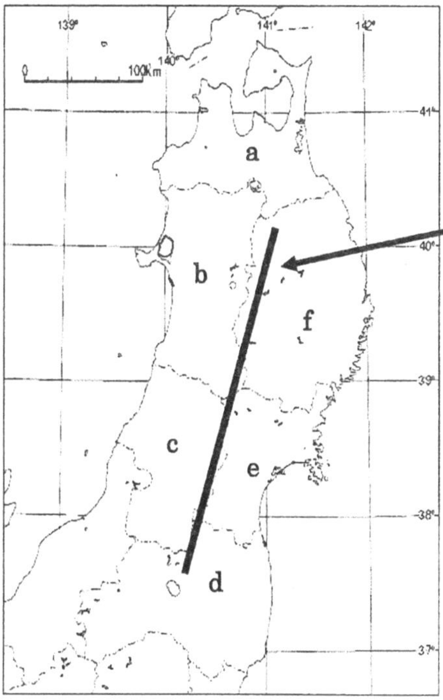

問１　地図中の南北に連なるＡの山脈を答えなさい。

問２　東北地方には様々な伝統工芸品が見られるが，東北地方の伝統工芸品としてあてはまらないものを以下の（ア）～（エ）から１つ選び，記号で答えなさい。

（ア）　南部鉄器　（イ）　津軽塗　（ウ）　天童将棋駒　（エ）　加賀友禅

問３　東北地方の気候は，地図中Ａの山脈を境にして，日本海側と太平洋側とで気候の特徴が異なる。東北地方の気候について説明した文（ア）～（ウ）のうち，内容として正しいものを１つ選び，記号で答えなさい。

（ア）　日本海側の冬は，北西の季節風と対馬海流の影響を受け，晴天の日が多い。

（イ）　太平洋側の夏は，やませにより気温が上がらない日が続くことが多い。

（ウ）　日本海側は北大西洋海流と偏西風により，一年を通して温暖である。

問４　さくらんぼの生産量第１位の県を地図中ａ～ｆから選び，また県名も答えなさい。

問５　下の25000分の１地形図「陸前高田市」に関する問い（１）～（３）を答えなさい。

（１）　この地域は災害により甚大な被害をもたらした。2011年３月11日に発生した災害名を答えなさい。

（２）　地図中の○で囲われている，「市役所」から「氷上神社」まで４cmであるが，実際の距離は何kmになるか，答えなさい。

（３）　地図上に表されていない地図記号を以下の（ア）～（エ）から１つ選び，記号で答えなさい。

（ア）　老人ホーム　（イ）　郵便局　（ウ）　博物館　（エ）　発電所

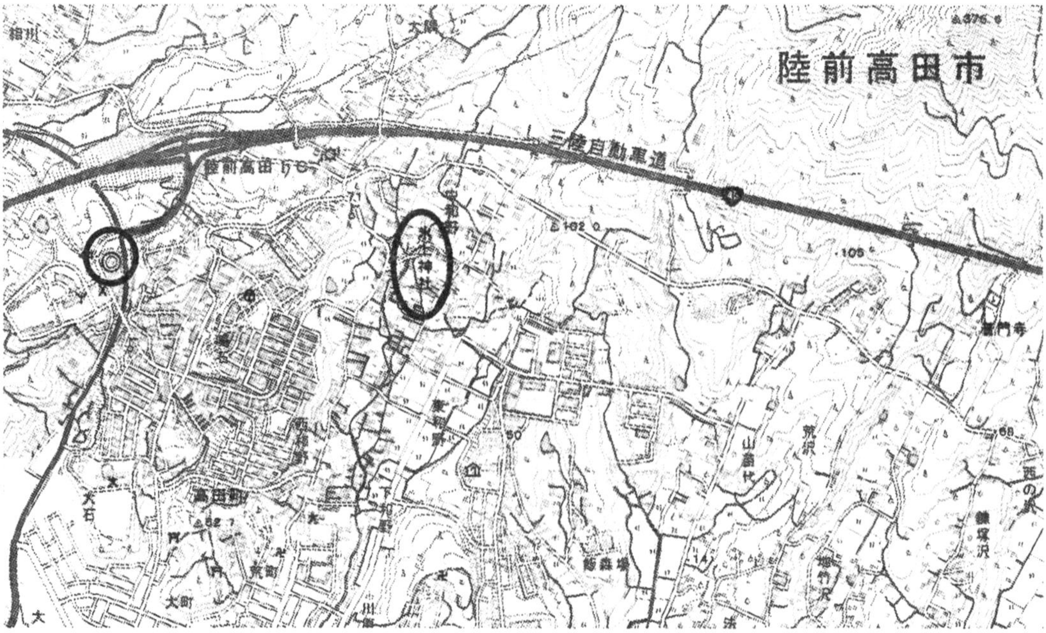

国土地理院発行　25000分の１「唐桑」　※編集で拡大しています。

Ⅲ　あるクラスでは，2021 年におきた世界の出来事から気になる事柄をまとめ，それぞれに関係する歴史について授業で発表することになった。各班が集めた資料をよく読み，各問いに答えなさい。

資料 1《2021 年のできごと》

1.1　イギリスの<u>① EU</u> 離脱移行期間完了
1.20　バイデンが<u>②アメリカ大統領</u>就任
3.12　<u>③香港</u>で選挙制変更
4.30　アフガニスタンから米軍撤退開始
5.26　ガザ地区，停戦で合意
6.29　カナダで記録的熱波
7.15　ドイツ西部・ベルギーで大規模洪水
7.24　<u>④東京オリンピック</u>開幕
9.7　EU，<u>⑤車の CO_2 排出量を 2035 年までにゼロにする規制案提出</u>

（以下略）

資料 2《アメリカの大統領》

（ア）

（イ）

（ウ）

資料 3
《アジアについて》

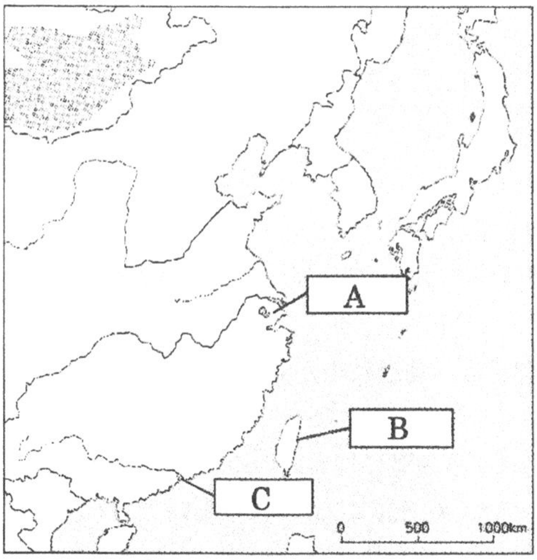

資料 4
《1964 年東京五輪と高度経済成長》

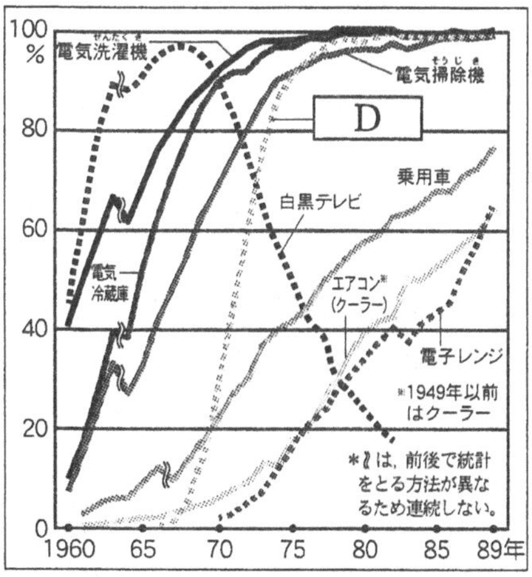

出典：内閣府資料

資料5《世界のエネルギー使用量の変化 》

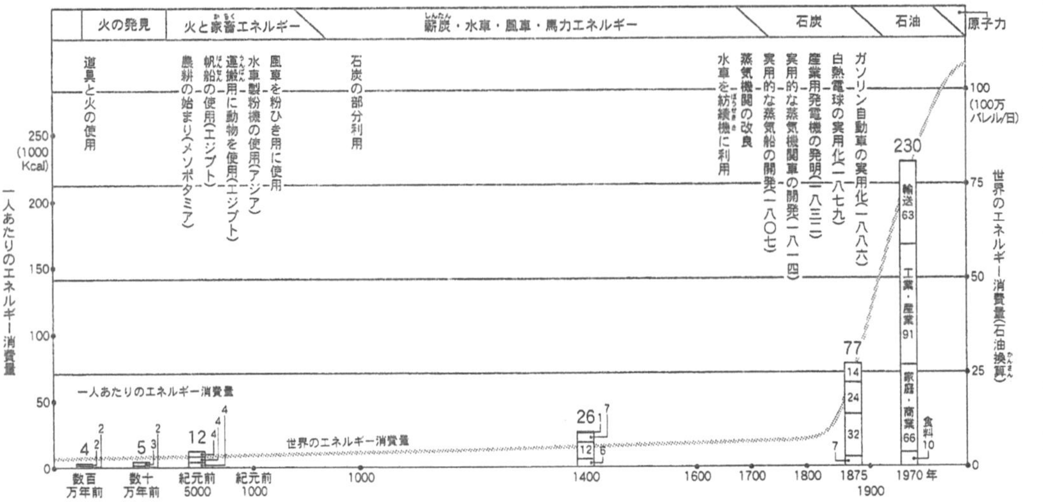

問１　下線部①について，次の問いに答えなさい。

（１）　1993 年 EC は EU に発展した。選択肢 **(ア)** ～ **(エ)** から，EU が発足した年に最も近い出来事として適切なものを１つ選び，記号で答えなさい。

(ア)　石油危機　　**(イ)**　国際連合発足

(ウ)　第二次世界大戦勃発　　**(エ)**　ソ連解体

（２）　EU で使用されている共通通貨を何というか，答えなさい。

問２　下線部②について，第 16 代大統領は，アメリカ南北戦争中にゲティスバーグでの演説で「人民の，人民による，人民のための政治」を訴えた。この人物の名前を答えなさい。また，彼の肖像画・写真を**資料２**の選択肢 **(ア)** ～ **(ウ)** から１つ選び，記号で答えなさい。

問３　下線部③について，**資料３**の地図の選択肢［ A ］～［ C ］から香港を選び，記号で答えなさい。

問４　下線部④と**資料４**について，1964 年に行われた東京オリンピック前後，日本は高度経済成長期にあった。**資料４**の［ D ］に当てはまる電化製品を答えなさい。

問５　下線部⑤と**資料５**について述べた次の文 **(ア)** ～ **(エ)** のうち，誤っているものを１つ選び，記号で答えなさい。

(ア)　1970 年の一人あたりのエネルギー消費量は，輸送技術が発展したことで，輸送分野の割合が一番多い。

(イ)　世界のエネルギー消費量は，19 世紀半ばから急激に増えている。

(ウ)　エジプトで運搬用に動物を使い始めたのは，紀元前 1000 年よりも前である。

(エ)　1970 年の一人あたりのエネルギー消費量は，紀元前 5000 年の約 20 倍である。

問６　**資料５**について，日本は1880年代後半に産業革命の時代を迎えた。明治時代について以下の文章（ⅰ）・（ⅱ）をよく読み，各問いに答えなさい。

（ⅰ）　ペリー来航後，日本社会は大きく変化し始め，新政府は欧米諸国をモデルにして様々な改革を行った。また，国内の改革をする一方で，諸外国との国交を結ぶために交渉を進めた。

（ⅱ）　近代化を進めるうえで，その土台になる欧米の文化も盛んに取り入れられ，都市を中心に伝統的な生活が変化し始めた。これを（　a　）とよぶ。（　a　）は，開港して海外との交通の窓口になった，（　b　）や（　c　）などの外国人居留地から広がった。

（１）　1871年に新政府が藩を廃止して県を置いたことを何というか答えなさい。

（２）　新政府内では，武力で朝鮮に開国を迫る主張が高まった。このことを何論というか，答えなさい。

（３）　（２）の論争をきっかけに政府を去った板垣退助は，国民が政治に参加する権利の確立を求め，運動を開始した。運動名を答えなさい。

（４）　学校制度が改められ，教育の広がりの中で，多くの優れた研究者たちが現れた。人物と関係のある出来事の組み合わせとして正しいものを，以下の選択肢**（ア）**～**（エ）**から１つ選び，記号で答えなさい。

（ア）　野口 英世　………　エクアドルでデング熱の病原体を研究
（イ）　北里 柴三郎　……　破傷風の血清療法を発見
（ウ）　樋口 一葉　………　緯度の変化の研究
（エ）　黒田 清輝　………　赤痢菌を発見

（５）　伊藤博文が中心となって草案を作成し，1889年２月に，天皇が国民にあたえるという形で発布された憲法の名称を答えなさい。

（６）　衆議院の選挙権があたえられた有権者は総人口の1.1％に過ぎなかった。その要因となった制限について，以下の文中のＥ・Ｆに当てはまる数字を答えなさい。

直接国税を（　Ｅ　）円以上納税すること　・　満（　Ｆ　）歳以上の男子であること

（７）　欧米諸国との不平等条約を改正するために岩倉使節団は欧米に派遣された。使節団に同行した５人の女子留学生のうち，７歳で参加した右図 Ｇ の人物名を答えなさい。

（８）　1911年に関税自主権は完全に回復した。交渉を行った外相の名を答えなさい。

（9） 次の図は，日露戦争の各国の関係図である。 H に当てはまる国を答えなさい。

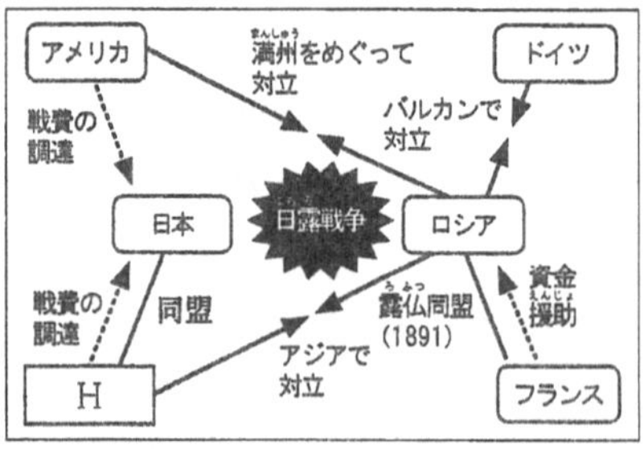

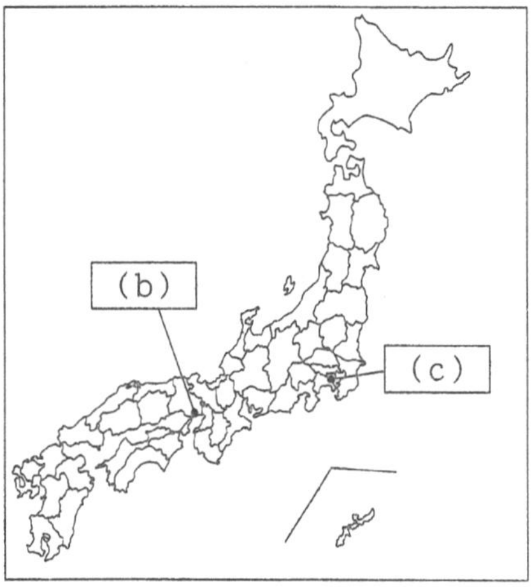

(10) （ⅱ）の文中の（ a ）に入る適語を漢字四文字で答えなさい。

(11) （ⅱ）の文中の（ b ）（ c ）に入る都市名を右の地図を参考にしてそれぞれ答えなさい。

(12) 明治時代に取り入れられた欧米文化を，以下の選択肢 **（ア）**～**（オ）** からすべて選び，記号で答えなさい。

（ア） 地球儀　　**（イ）** 人力車　　**（ウ）** ガス灯
（エ） カステラ　　**（オ）** 太陽暦

(13) 欧米の近代化の背景にある自由や平等などの思想も次々と紹介され，それらを説く人物も現れた。次の言葉で社会に強い影響を与えた人物とその著書を答えなさい。

「天は人の上に人をつくらず，人の下に人をつくらず」

(14) 重化学工業発展の基礎となった，日清戦争後に賠償金の一部を使って建設された製鉄所は何か，答えなさい。

Ⅳ 消費生活について，以下の問いに答えなさい。

問1 次の文章中の（ ）に共通する適語を入れなさい。

> 商品のうち，目に見え，形をもつものを（ ）という。形のない商品をサービスという。人々はお金を払って（ ）やサービスを買い，消費して生活している。

問2 次の文章を読み、Aさんがサービスに支払った金額を答えなさい。

> Aさんは，午前中，目の治療を受けて治療費として500円を支払った。午後は買い物に出かけ，600円の雑誌と4000円のセーター，120円の中華まんと200円の焼きそばを買った。帰りは電車に乗り，運賃300円を支払った。

問3 求める量に対して財やサービスの量が不足した状態を何というか，答えなさい。

問4 1962年に「安全を求める権利」「知らされる権利」「選択する権利」「意見を反映させる権利」の四つの消費者の権利を主張したアメリカ大統領はだれか，答えなさい。

問5 製品の欠陥によって消費者が被害を受けた場合，企業に過失がなくても被害者の救済を企業に義務付ける法律の正式名称を漢字で答えなさい。

問6 クーリング・オフ制度を使い，消費者側から無条件で契約を解除できるのは，購入後何日以内か，数字で答えなさい。

問７　次の会話文から，考えられる販売方法を次の①～④より１つ選び，記号で答えなさい。

セールスマン：エステの０円キャンペーンです。 主婦Ｂさん：あら，お願いしようかしら。 セールスマン：もっときれいになるために，ぜひ契約しませんか。 主婦Ｂさん：どうしようかな・・・契約するわ。

①　無料商法　　②　マルチ商法　　③　送りつけ商法　　④　アポイントメント商法

Ⅴ　消費生活を支える流通について，以下の問に答えなさい。

問１　野菜が消費者に届くまでの流通経路を表したものである。（①～④）を正しく並べ変えなさい。

生産農家→集荷団体→（①せり　②仲卸売業者　③小売業者　④卸売業者）→消費者

問２　卸売業や小売業など，流通を専門的に行い，商品の売買で利益を上げる業種を何というか，答えなさい。

問３　下のグラフは百貨店，大型スーパーマーケット，コンビニエンスストアの販売額推移を示したものである。コンビニエンスストアの販売額を示すグラフをＡ～Ｃより１つ選び，記号で答えなさい。

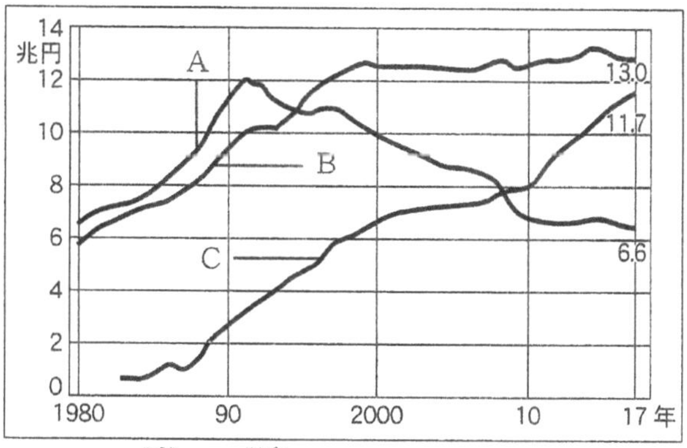

さまざまな小売《こうり》業での販売《はんばい》額の推移（「商業動態統計調査」ほか）

問４　流通の合理化について，文中の（　）に適当な語句を書きなさい。

流通の合理化とは大規模小売店の（　１　）仕入れや，フランチャイズ店やチェーン店の（　２　）仕入れによって経費を削減することである。また，（　３　）システムはコンピュータや（　４　）（下図）で在庫（　５　）を行うことである。

問二　次の①～④の読みを、現代仮名遣い、ひらがなで答えなさい。

①　いみじう　②　あうむ　③　ゐなか　④　ゑし

問三　次の文を書き下し文に直しなさい。

但ダ聞ク二人語ノ響キヲ一。

問四　次の文は故事成語である。この故事成語の意味を次の中から選び、記号で答えなさい。

覆水不レ返ラレ盆ニ。

ア　一度してしまったことは取り返しがつかない。
イ　失敗しないように前もって十分用意しておく。
ウ　人は付き合う相手によって、良くも悪くもなる。
エ　なんとかしたくても無いものはどうしようもない。

ウ　ぎこちなく。　　エ　よそよそしく。

問三　傍線部①「ピョコピョコ」のような修辞法を何というか。漢字で答えなさい。

問四　傍線部②「わたしは幾度涙ぐんだことだろう」とあるが、その理由として適切ではないものを次の中から選び、記号で答えなさい。

ア　熱心に教えても生徒たちはわたしよりも母親のそばがいいから。

イ　わたしは内心子供たちの親が羨ましくてしょうがないから。

ウ　わたしの受け持つ生徒たちのことが無性にかわいかったから。

エ　熱心に頑張っているわたしの悪口を言う母親たちがいるから。

問五　傍線部③「目をかける」とあるが、ここではどのような行為のことを言っているか。本文から三十字以内で抜き出し、解答欄に合うように答えなさい。

問六　傍線部④「頭をかいてすわった」からわかる「人志」の気持ちを次の中から選び、記号で答えなさい。

ア　いきなり「気をつけ！」と言ってしまって気まずく思っている。

イ　なんでこんなことをしたのか自分でも不思議に思っている。

ウ　我慢できず授業とは関係のないことをして恥ずかしく思っている。

エ　他のことに気を取られ国語の授業を止めてしまい反省している。

問七　傍線部⑤「芳子ちゃんと一緒に遊んでいた人たちは、なぜ加ててと人が言った時、加ててあげなかったのですか」とあるが、その時「芳子ちゃんと一緒に遊んでいた人たち」はどのような様子であったか。本文から十四字で抜き出しなさい。

問八　傍線部⑥「今身に沁みて覚えなければならないこと」とは何か。本文から十七字で抜き出しなさい。

問九　傍線部⑦「そんな罰」とは「わたし」は具体的にどのような罰を与えたのか。本文の言葉を用いて、二十字以内で答えなさい。

問十　傍線部⑧「わたしは決して教師にはならなかったにちがいない」からわかる「わたし」の気持ちを次の中から選び、記号で答えなさい。

ア　教師として年齢もまだ若く人生経験も豊富とは言えない自分を懐かしく振り返っている。

イ　熱心ではあったが、もっと生徒のことを信用する教師であれば良かったと顧みている。

ウ　教師として教育だけでなく異性や保護者にも興味を持つ必要があったと後悔している。

エ　真剣なつもりとはいえ、行き過ぎた指導を生徒にしてしまった自分に怒りを感じている。

三、次の問いにそれぞれ答えなさい。

問一　次の①～④の意味としてふさわしいものを次の中からそれぞれ選び、記号で答えなさい。

①　腹を割る　　②　腹をくくる

③　腹が黒い　　④　腹をさぐる

ア　それとなく相手の心中をうかがう。

イ　真意を包み隠さずに明かす。

ウ　覚悟を決める。決心する。

エ　心に悪だくみを抱えている。

たちは、いわば女王に仕える侍女のような態度で、何の口出しもしない。

「芳子ちゃん、一緒に遊んであげなさい」

　わたしが言うと、芳子はだまってうつむいたまま答えない。その時、第三時間目の始業のベルが鳴った。

　教室に入ったわたしは、教科書を開かずに、先ず芳子の名を呼んだ。

「芳子ちゃん、一緒に遊ぶことができないのなら、一緒に勉強しなくてもいいんですよ」

　わたしのきびしい言葉に、芳子はハッとしたようにうなだれた。

「お立ちなさい。芳子ちゃんは勉強しなくてもよろしい」

　芳子は泣きだした。

「⑤芳子ちゃんと一緒に遊んでいた人たちは、なぜ加ててと人が言った時、加ててあげなかったのですか」

　そうは叱ったが、その子供たちはそのまま机にすわらせておいた。芳子は泣いて謝《あやま》ったが、わたしは決して許そうとしなかった。このeカシコい子が、⑥今身に沁みて覚えなければならないことを、わたしは叩《たた》きこんでおきたかった。とうとうその日は、芳子を教室の隅《すみ》にすわらせたまま自分の席には戻さなかった。

　翌日、翌々日と三日間遂に芳子は自分の席に戻ることができなかった。

　わたしは、心ひそかに芳子に期待していたのである。貧しいとか、成績が悪いとかいうことで、人間を差別してはいけないということを、少女のうちにしっかりと胸に刻みこんで欲しかったのである。

　考えてみると、芳子には三日間も⑦そんな罰を加える必要はなかったのだ。利口なだけにすぐに芳子はわたしの気持をわかってくれたはずであった。だが、わたしも若かった。芳子に期待する余り、三日間もその席にすわらせなかったのは、行き過ぎであった。

　けれども、わたしは真剣であったのである。そして恐らく、遊びに加えてもらえなかった子供が、余りにもかわいそうで、わたしは心から憤《いきどお》っていたのかもしれない。

　自分は真剣なつもりで教育をしていたが、しかし、本当のところ、まだ教育とは何かということを、よくわかってはいなかったのではないかと思う。もし、教育ということが、どんなものであるかを知っていたならば、⑧わたしは決して教師にはならなかったにちがいない。

（三浦綾子『道ありき』より）

＊1　受持教師……担任教師のこと。

＊2　一課……一時間のこと。

問一　傍線部a～eのカタカナを漢字に直し、漢字の読みをひらがなで記しなさい。

問二　傍線部Ⅰ～Ⅲの言葉の意味として適当なものを次の中から選び、それぞれ記号で答えなさい。

Ⅰ　無性に

ア　問題なく。　　イ　性別に関係なく。

ウ　思いやりがないさま。　　エ　むやみに。

Ⅱ　甚だ

ア　逆に。　　イ　腹が立つ。

ウ　たいそう。　　エ　本音では。

Ⅲ　そっけなく

ア　冷たく。　　イ　力強く。

教室で、山と積み重ねた日記帳の一冊一冊にわたしは日記を書きつづっていった。

「国語の時間に、突然立ち上がって、気をつけ！　と号令をかけた人志君。びっくりして人志君を見つめると、④頭をかいてすわった。わたしはニヤリとした。きょうは秋晴れのよい天気で、さっきから運動場で古川先生が四年生に号令をかけていられた。その号令に気をとられた人志君、たまらなくなって、自分も号令をかけてみたくなったのだろう。将来どんな青年になるか楽しみである」とか、

「図画の時間、飛行機を上手《じょうず》に書いていた守君。机間《きかん》巡視をしながら、うまいねと声をかける。鼻をすすり上げながら得意そうにほめられた飛行機を隣や後の友だちに見せている。やがて図画の時間も終わる頃、守君の絵は真黒にぬりつぶされていた。いったいどうしたのと尋ねると、守君ニコニコして、あのね先生、飛んでいるうちにすごい嵐《あらし》にあったんだよ。わたしは心打たれて、黙って守君の頭をなでた」

というような、日記が夕ぐれ近くまでのわたしの仕事となる。

ひとクラス五十五、六名の生徒のうち、毎日三人か四人はどうしても印象に残らない子供がでてくる。そんなときには、翌日第一時間目にわたしはその記憶になかった子供たちに、質問をしたり本を読ませたりする。これがわたしの、受持教師としての心ひそかなおわびであったのだ。

わたし自身はかなり熱心な教師のつもりであったし、生徒をふかく愛しているつもりでもあった。だが、一課[*2]終わるまでに必ず、国語なら、クラス全員にc朗読させるとか、算数なら、問題のわからない子を必ず残して、放課後教えこむとかした。これは、生徒たちにとってⅡ甚《はなは》だ迷惑な教師ではなかったかと思う。

彼らにはただ無暗にきびしいだけの先生に思われたかもしれない。

そんなことのひとつに、こういうことがあった。

クラスに土井芳子という生徒がいた。その時芳子は四年生であったが、各課目とも、成績がよく、特に綴《つづ》り方が上手であった。かなり大人《おとな》な感情を持っているのを、受持教師として、わたしはたのもしく思っていた。

ある日の遊び時間のことであった。その子を中心に、四、五人の子供が石けりをして遊んでいた。すると、ひとりの生徒がやってきて、

「わたしも加てて」

と頼んだ。加ててとは、仲間に加えてちょうだいということである。その子は家も貧しく、成績もよくはなかった。

「知らないもん」

と、土井芳子はⅢそっけなく答えた。

そばでわたしは他の生徒たちと、縄《なわ》とびをしていたが、二人のようすに注意を払ってみていた。

「加てて芳子ちゃん」

ことわられたその子は、なおもdタンガンした。しかし今度は、芳子は何も答えずにその子の顔をみているだけであった。

「加てて、ねえ、加てて」

その子は余程石けり遊びをしたかったのであろう。三度四度とタンガンするが、芳子は、

「知らんもん」

と言ったまま、もうその子の方をみようともしなかった。他の子供

からの観賞体験を強く否定してしまう人たちもいる。

ウ　作者の意図に即した観賞体験を求めながらも、言葉によって観賞体験を限定することは避けるべきだとする人もいる。

エ　タイトルを知らずに藝術観賞を行うことを不安だと感じる人もいれば、知ることで結晶作用が生じるという人もいる。

問九　本文の特徴を述べた文としてふさわしくないものを次の中から選び、記号で答えなさい。

ア　作品を観賞するときの態度を二つに分け、それぞれの立場から意見を述べている。

イ　《　》でアンケートの意見を提示しながら、筆者の論に取り込んでいる。

ウ　経験に基づいた考えをより確かなものとするために複数の証言を登場させている。

エ　二つの立場を「〇〇派」と名付け、片方の立場の正しさを強調させている。

二、次の文章を読んで、後の問いに答えなさい。（問題文には一部変更がある）

わたしは、小学校教員生活七年目に敗戦にあった。

わずかこの一行で語ることのできるこの事実が、どんなに日本人全体にとっては、勿論、わたしのaショウガイにとっても、大きな出来事であったことだろう。

七年間の教員生活は、わたしの過去の中で、最も純粋な、そして最も熱心な生活であった。わたしには異性よりも、生徒の方がより魅力的であった。

授業が終って、生徒たちを玄関まで見送る。すると生徒たちは、①「先生さようなら」「先生さようなら」と、わたしの前にピョコピョコと頭を下げて、一目散に散って行く。ランドセルをカタカタさせながら、走って帰っていく生徒たちの後姿をながめながら、②わたしは幾度涙ぐんだことだろう。

（どんなに熱心に、どんなにかわいがって教えても、あの子たちにはどこよりも母親のそばがいいのだ）

わたしは、内心子供たちの親が羨《うらや》ましくてならなかった。わたしは、ずいぶんきびしい教師であったけれども、子供たちはI無性《むしょう》にかわいかった。

あるいは、こんな受持教師*1の愛情を、母親たちは、知らないのではないだろうか。よく勉強のできる子をかわいがるとか、美しい子をひいきにするとか言って、受持の教師の悪口をいう母親たちが今もいる。

しかし、一度でも生徒を受け持ってみたらわかることと思う。たしかに、最初の一週間ほどは、眉目《みめ》かたちの美しい子や、積極的に質問する生徒は目につく。それは、目につくということであって特に③目をかけるということとはちがう。

だが、一週間も過ぎると、できる子もできない子も、美しい子も目立たない子も、b一様にかわいくなってくるのだから不思議である。それはちょうど、結婚したら顔のことなど、それほど気にならないような、夫と妻との関係に似ている。

わたしは生徒一人一人について、毎日日記を書いた。つまり、生徒の数だけ日記帳を持っていたことになる。生徒の帰ったガランとした

美学的な問題点を、余すことなく映しだしているからである。このとき出席していた一〇〇人以上の学生諸君の大半は美学美術史学専攻で、その殆《ほとん》どは二～三年生だった。つまり、右のように答えてくれた人たちは、特に藝術に対して強い関心をもち、いわゆる「藝術的感性」においても人並み以上のものに恵まれていた、とは言えよう。加えて、この年代の若者は知的な好奇心も旺盛で、かなりの量の本を読んでいる。しかし、通例かれらの読書傾向は相当にd偏っていて、ここで問題となるような美学理論については殆ど知らないのではないか、とわたくしは見ている。右に紹介したかれらの意見は、知識ではなく経験を背景として提起されたものだろう。そのようにして披瀝《ひれき》*2された意見のなかに、ある美学説が反映しているとすれば、それは、かれら／彼女らの経験のなかに、言い換えればわれわれの社会生活のなかにその美学が浸透していた、ということにほかならない。

（佐々木健一『タイトルの魔力　作品・人名・商品のなまえ学』より）

＊1　いまわの際……最期の時。死にぎわ。

＊2　披瀝……心の中を隠さず打ち明けること。

問一　傍線部a～dのカタカナを漢字に直し、漢字の読みをひらがなで記しなさい。

問二　空欄［A］～［C］に入る適当な語句を次の中から選び、それぞれ記号で答えなさい。

ア　そして　　イ　あるいは　　ウ　ところで

エ　すなわち　　オ　しかし

問三　傍線部①「身近な経験」とあるが、作者が挙げている「身近な経験」とはどのようなことか。三十字以内で説明しなさい。

問四　傍線部②「そこ」が指しているものとしてふさわしいものを次の中から選び、記号で答えなさい。

ア　真先にプレートをのぞき込みタイトルを知ろうとする姿勢。

イ　プレートに目もくれず絵を見つめ続ける禁欲的な姿勢。

ウ　作者やタイトルは既に知っているという依怙地な態度。

エ　たれをたっぷりつけて蕎麦を食べることをしないという態度。

問五　傍線部③「審美派（タイトル拒絶派）」の考え方とはどのようなものか。傍線部より後ろの部分からそれが書かれた一文を探し、最初の六字を答えなさい。

問六　空欄［④］に入る言葉としてふさわしいものを次の中から選び、記号で答えなさい。

ア　作者の考えには触れたくない

イ　作者の情報について知っている

ウ　作者との一致を確認したい

エ　作者はタイトルを書くべきだ

問七　傍線部⑤「美学の標準的な通念」が述べられている部分を六十字以上七十字以内で抜き出し、最初と最後の五字をそれぞれ答えなさい。

問八　傍線部⑥「この結果」の内容としてふさわしいものを次の中から選び、記号で答えなさい。

ア　タイトルを知ることは作者への礼儀だと捉える人たちもいる一方で、その聴き方を不純だと考える人たちもいる。

イ　藝術作品に「作者との一致」を確認したがるあまりに、他者

者に対する礼儀である》というものもあった。この決然とした考えのおおもとは、「作者との一致」を求める気持ちと通じているように思われる。作者との一致とは、作者の表現意図に沿って作品を観賞するということであろう。《タイトルを知ることによって、観賞体験がより深いものになる》という意見もまた、おそらく、作者の意図に即して観賞したときに得られる効果を言っているのであろう。その作者との一致を「確認したい」というのは、自分の観賞体験が「間違っていない」という安心を得たいからに相違ない。こうした「一致」が「作者に対する礼儀である」というのは面白い。⑤美学の標準的な通念に反しているからである。近年の美学上の常識的な教えによれば、作品を観賞するときに作者の制作意図は考えなくてよろしい、作品だけが問題である、それを感ずるままに味わい、細心にしかし虚心に解釈するのが正しい、と言われている。これは作者の不在の主張だ。それに対して、礼儀は人間関係に関わることである。藝術《げいじゅつ》観賞において「作者に対する礼儀」を重んずるというのは、作者の現前を認めることにほかならない。そのとき藝術観賞は、作者と観賞者の間の、ひととひととのコミュニケーション行為と考えられている。観賞者たるもの、相手の意図を確認しておくのは当然の態度ということになる。

《タイトルを知らないと不安になる》というのは、消極的肯定と呼ぶべき意見だが、これも作者の意図との一致を語っているのかもしれない。しかし、あるいは、およそなまえというものにまつわる不思議な魔力を言い当てているのかもしれない。藝術作品に限らない。ひとでも、花でも、動物でも、強く関心をひくものに出会うと、われわれはどうしてもその名を知りたくなる。名を知るまでは、わたくしを魅了したそのものを本当につかまえたと思うことができない。そこにある「不安」が生まれる。青春の日々、ｃ見初めた異性が、どこの誰なのか分からなければ、その名を知りたいという欲求は切実であろう。［A］、その名を知ったとき、その名は魔力を喪《うしな》うどころか、ますます輝いてくるのではないか。平凡な名であってもかまわない。彼女あるいはかれについて認めた美点のすべてが、その名に響き合う。スタンダールは恋愛感情に「結晶作用」を認めたが、恋人の名は結晶の核となる。もちろん、藝術作品のタイトルにこのような結晶作用はないだろう。［B］、なまえの一つである以上、ある魔力をもっていることは、間違いない。どれほどよく知っている作品でも、そのタイトルを知らない限り、どことなく落ち着かないものなのである。

しかし、《タイトルを知らない不安》とは逆の不安を洩《も》らすひともいる。［C］、タイトルを知って音楽を聴く方が作品の理解が深まると認めつつ、しかし、そのとき言葉に従って音楽を聴いているのではないか、という不安がよぎる。不安なのは、それが音楽の聴き方として《不純》なものと思えるからである。一方には、そう思いつつ、それでもタイトルは絶対必要だと言うひともいる。しかし他方には、決然として審美派を宣言するひともいる。《タイトルは言葉であり、この言葉は観賞体験を方向づけ、限定してしまう》からだ。タイトルを無視して、《自由な空想》を展開することこそ、真の、そして純粋な作品観賞だ、というのである。

以上が、わたくしの試みた実験つきアンケートの成果のあらましである。⑥この結果に、わたくしは本当に感心した。タイトルにまつわる

【国　語】（四五分）〈満点：一〇〇点〉

一、次の文章を読んで、後の問いに答えなさい。（問題文には一部変更がある）

　タイトルに関する考察を始めるにあたって、①身近な経験に注目しよう。美術館に行って絵を見ていると、周りの人びとのふるまいのなかに、顕著な行動パターンが二つあることに気づく。誰しもお目当ては絵である。だがその絵の傍らの壁には、作者名と作品のタイトルその他の書かれた小さなプレートが貼られている。名詞を羅列しただけのaブアイソウな表示なのだが、これがなかなか気になるb代物で、このプレートに対する態度で、観衆たちは二群に分かれるように見える。この二群の人びとを仮に、教養派と審美派と名づけることにしよう。

　教養派とは、絵を見るよりも早く、真先にプレートをのぞき込み、誰が画いた何という絵なのかを確かめる。うるさい観客ならば、更に制作年代にも注目するだろう。教養派の人びとは、これらを頭に入れた上で、おもむろに絵に取りかかる。プレートから得られるこれらの知識が、その絵を理解し観賞する上で不可欠のものと考えているからに相違ない。教養派と名づける所以《ゆえん》である。

　それに対して、審美派は次のようにふるまう。かれ／彼女はプレートには目もくれない。静かに絵だけを見つめ続ける。そして次の絵に移ってゆく。作者やタイトルは既に知っていたのかもしれない。しかし、どの絵の前でもその態度は変わらない。つまり、明確な意志なのだ。教養派の姿を目にしたあとでは、かれ／彼女の禁欲的な姿勢は依《い》怙地《こじ》とさえ見える。落語に出てくる蕎麦《そば》通、いつもつゆを僅《わず》かにつけて蕎麦をすすってきたかれが、*1いまわの際に、「ああたっぷりたれをつけて蕎麦が食いてえ」と言ったあの蕎麦通のやせ我慢に、どことなく似ていないこともない。少なくとも、②そこにはっきりとしたこだわりが垣間見える。

　タイトルに対する態度についてのこの観察は、別の証言からも裏づけられる。わたくしがこの問題に取り組んだ最初は、一九九三年度の慶應義塾大学における美学概論の授業の際のことだった。その最初に、わたくしは聴講生たちを対象として、ある実験めいたことを試みた。誰も聴いたことがないと思われる音楽を二曲聴かせて、それにタイトルをつけてもらう。またその経験に則して、どのようにしてタイトルをつけたのか、タイトルをつけることにどのような意味があると思うか、また逆に観賞者の立場においてタイトルをどのように受け止めているか、などを書いてもらった。二つの楽曲に対して与えられたタイトルや、そのタイトルづけの原理などについても、興味深い結果が得られたが、ここでは、右の美術館の観客と同じく、作品を観賞する立場から見たタイトルに関する証言を取り上げよう。学生たちのなかにも、教養派（タイトル肯定派）と③審美派（タイトル拒絶派）の対立がはっきりと見られた。

　まず観賞体験においてタイトルという情報を肯定的に受け止める意見としては、

《タイトルを知らないと不安になる》、

《　④　》、

などがあり、最も過激な意見としては

《タイトルはもとより、作品の解説をも読んでおくべきだ。それは作

MEMO

大切なことはメモしておこうネ！

2022年度

共愛学園高等学校入試問題(学業特別奨学生)

【数　学】（45分）〈満点：100点〉

1　次の問いに答えなさい。

（1）　次の式を計算しなさい。

① $-4\times3-2^2$

② $12a^2b\div(2ab)^3\times(-2b)^2$

③ $\sqrt{48}-\dfrac{9}{\sqrt{3}}+7\sqrt{3}$

④ $(2\sqrt{5}-3)(3+2\sqrt{5})$

（2）　次の式を因数分解しなさい。

① $6a^3b-2ab^2+14ab$

② $x^2-8x-48$

（3）　次の方程式を解きなさい。

① $x-\dfrac{5-x}{2}=5$

② $3x^2-24x+45=0$

③ $4x^2-5x-1=0$

（4）　次の連立方程式を解きなさい。

$$\begin{cases}4x-3y=-14\\3x+7y=8\end{cases}$$

2　あめを何人かの生徒に配ります。1人4個ずつあめを配ると2個余り，6個ずつ配ると8個足りません。このときの，あめの個数を求めなさい。

3　重さのわからないおもりA，Bと，1個70 gのおもりCがあります。重さのつり合いを調べたところ，次のことが分かりました。

・A5個，B5個とC1個がつりあった

・A6個，B13個とC2個がつりあった

おもりA1個の重さを求めなさい。

4　$x=\sqrt{2}+1$，$y=\sqrt{2}-1$のとき，x^2-y^2の値を求めなさい。

5　関数$y=-3x^2$において，xの変域が$-2\leqq x\leqq a$のとき，yの変域が$-48\leqq y\leqq0$です。定数aの値を求めなさい。

6 AD//BCとなる四角形ABCDがあります。
AD＝3，BC＝8，AE：EB＝DF：FC＝3：2のとき，EFの長さを求めなさい。

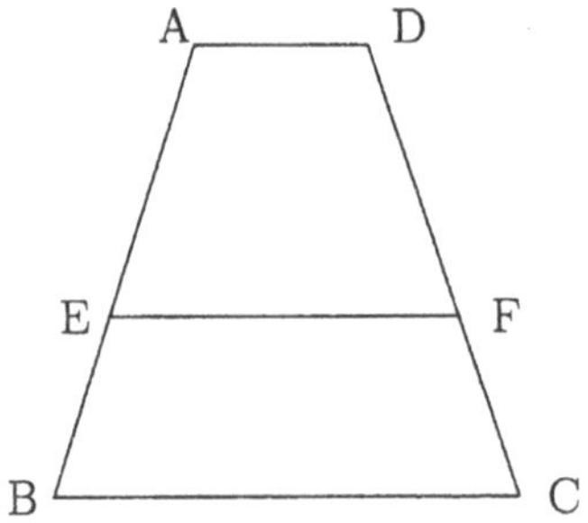

7 図のような，ある月のカレンダーがあります。斜線部分の7つの数字の和は105でした。この週の木曜日は何日か求めなさい。

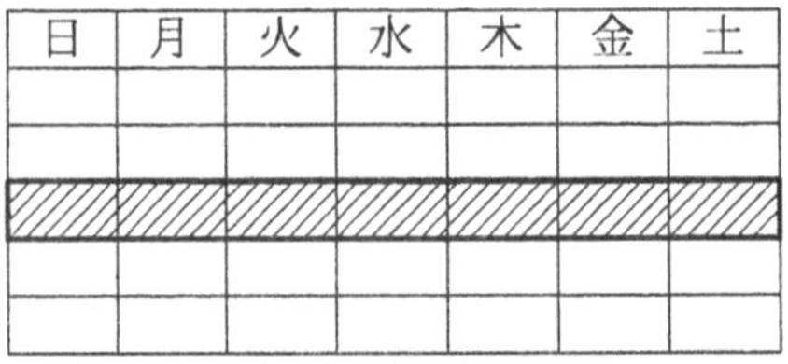

8 次の図は，点P(－8，－9)を通る反比例のグラフです。このグラフ上にあって，x座標，y座標がともに自然数である点は全部で何個あるか求めなさい。

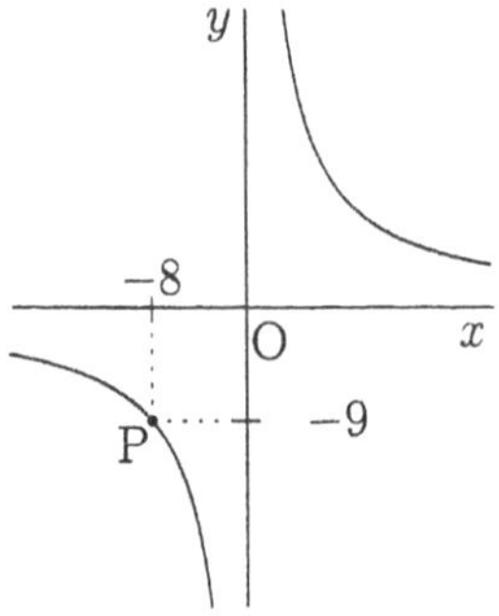

9 りんご，なし，ももを合わせて6個買います。買い方は全部で何通りあるか求めなさい。ただし，どの果物も少なくとも1個は買うものとします。

10 平行四辺形ABCDにおいて，点Mは辺ADの中点です。
△BCNの面積が48であるとき，四角形ABNMの面積を求めなさい。

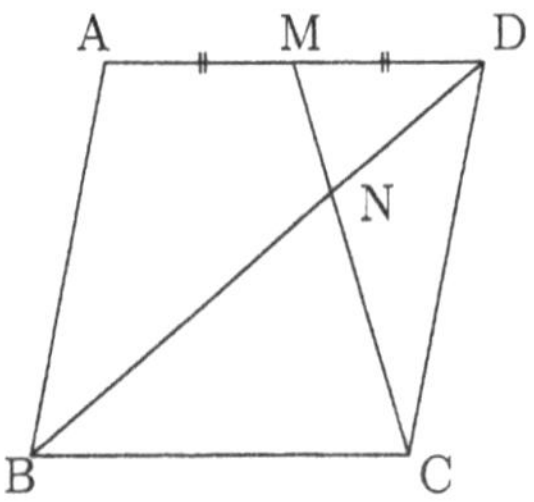

11 図のように正五角形ABCDEに直線ℓが交わっています。BD$/\!/\ell$のとき，$\angle x$の大きさを求めなさい。

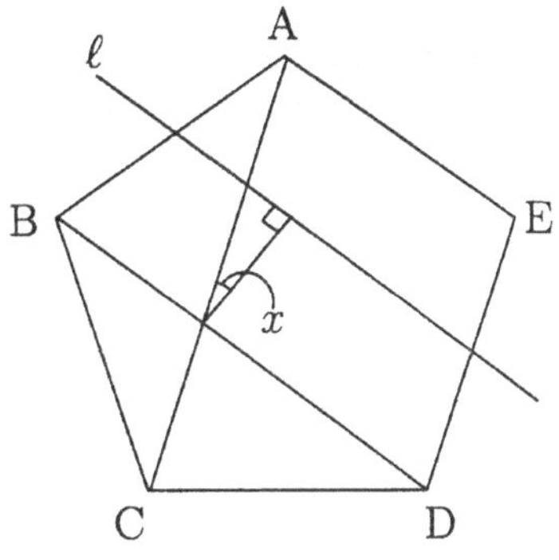

12 次の図で，点Aを通り△ABCの面積を2等分する直線の式を求めなさい。

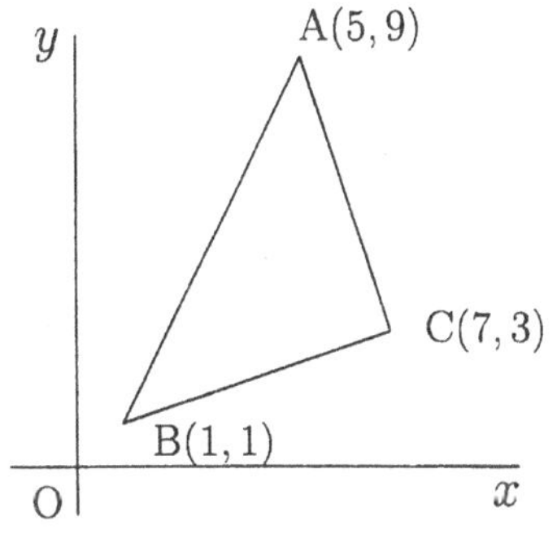

13 図のように放物線$y=\dfrac{4}{3}x^2$上に点A，B，放物線$y=\dfrac{1}{3}x^2$上に点C，Dがあります。四角形ABCDが正方形になるとき，点Dの座標を求めなさい。

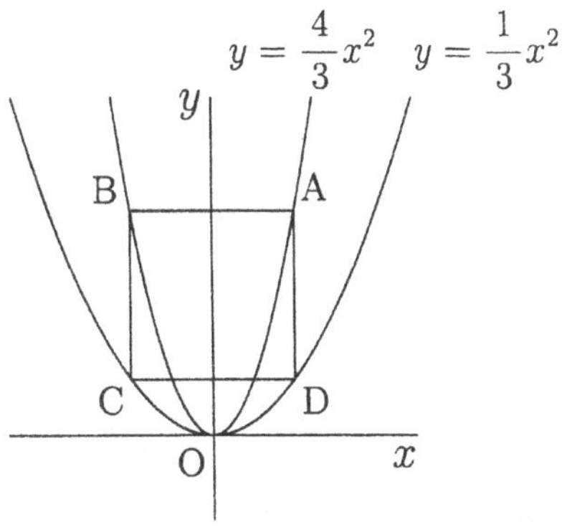

【英　語】（50分）〈満点：100点〉〈普通科用〉

〈リスニング問題〉

A　これから放送される1～5の対話を聞いて，それに対する応答として最も適切なものをA～Dの選択肢から1つ選び，記号で答えなさい。英文と質問は1度だけ放送されます。対話も選択肢も問題用紙には記載されていません。

1．解答欄に答えを記入しなさい。
2．解答欄に答えを記入しなさい。
3．解答欄に答えを記入しなさい。
4．解答欄に答えを記入しなさい。
5．解答欄に答えを記入しなさい。

B　これから放送される長めの英文の内容に関する質問が5つあります。それに対する応答として最も適切なものをA～Dの選択肢から1つ選び，記号で答えなさい。英文と質問は1度だけ放送されます。

1．Where did Ichiro give his one English speech?
2．What month did Ichiro give his English speech?
3．What was the first thing Ichiro said when he began his speech?
4．Why did Ichiro say thank you to the fans?
5．After talking to the fans, who did Ichiro speak to next?

※リスニングテストの放送台本は非公表です。

C　次の英文を読み，各問いに答えなさい。

Queen Elizabeth the Second was born in London on April 21, 1926. At the time of her birth, most people did not think that Elizabeth ①(will) someday become the queen of Great Britain. Elizabeth, nicknamed Lilibet, enjoyed the first ten years of her life (　ア　) all the special advantages of being a member of the royal family. Elizabeth and her younger sister Margaret were educated at home by several teachers.

As a child, Queen Elizabeth seemed the perfect little princess. She really was a very good girl, and ②(～のうちの1つ[2語]) the few bad things she ever did was to throw her teddy bear down the stairs. People gathered to see her every time she stood ③(～の前に[3語]) them and they were interested in everything she did. Lists of her birthday presents were even printed in the newspaper.

Elizabeth was ten when her father, George, became king. Because she was next in line to be queen, she had to be at formal lunches and dinners to meet a lot of people, sit through uninteresting speeches and be kind to everyone she met. She also had to learn foreign languages and lots of history. (　イ　), her advisors didn't want her to feel too important, so she was taught how to cook, clean and polish as well. In 1952, she became the queen of Great Britain.

For much of her life, Elizabeth had dogs. She is especially known for her love of corgis, raising more than 30 descendants of the first corgi she received as a teenager, until the death of the final one, Willow, in 2018. Other than dogs, she loves horses and riding, and has been to horse racing events for many years. Elizabeth also likes quiet time. She enjoys reading mysteries, working on crossword puzzles and even watching wrestling on television.

For many years, Queen Elizabeth has done everything just as she was taught when she was a little girl. Since becoming the queen, she has visited many countries. She was the first monarch in British history to visit China in 1986 and Russia in 1994.

［注］

advisor：側近　polish：磨く　corgi：コーギー犬　descendant：子孫　monarch：君主(王・女王)

1．下線部①の語を適切な形にしなさい。

2．（　ア　）に入る適切な語を1つ選び，番号で答えなさい。

　1．in　　2．with　　3．for

3．下線部②，③をそれぞれ（　　）内の日本語の意味になるように，［　　］内に指定された語数の英語で答えなさい。

4．文脈から考えて，（　イ　）に入る最も適切な語を1つ選び，番号で答えなさい。

　1．Lastly　　2．And　　3．However　　4．Again

5．本文の内容に合っているものにはT，違うものにはFを書きなさい。

　ア．Elizabeth has been the queen of Great Britain for about seventy years.

　イ．George, Elizabeth's father, became king at the age of ten.

　ウ．Willow was the name of the first corgi Elizabeth had.

　エ．Elizabeth goes to horse racing events, though she doesn't like horses.

　オ．Elizabeth never visited Russia as queen.

D　次の英文の（　　）内に入る最も適切な語(句)をア～エから選び，記号で答えなさい。

1．A：（　　　）you help me, please?

　B：Sorry, I can't. I am very busy right now.

　ア．Shall　　イ．Do　　ウ．Could　　エ．Are

2．A：What time did you go to bed last night?

　B：（　　　）11 p.m.

　ア．At　　イ．On　　ウ．In　　エ．For

3．Please call me when you（　　　）at the hotel.

　ア．arriving　　イ．arrives　　ウ．will arrive　　エ．arrive

4．We are very happy（　　　）Susan to our home.

　ア．welcome　　イ．to welcome　　ウ．welcomed　　エ．to welcoming

5．This is the book he（　　　）about.

　ア．have told me　　イ．tell me　　ウ．telling me　　エ．told me

6．Tom can dance（　　　）of the three.

　ア．more better　　イ．well　　ウ．better　　エ．the best

7．My father cooked（　　　）eggs for breakfast.

　ア．boiling　　イ．boiled　　ウ．boil　　エ．boils

8．This desk (　　　) by children. It is too heavy.

ア．cannot move　　イ．may move

ウ．can be moved　　エ．cannot be moved

9．How many times (　　　) do you practice tennis?

ア．weeks　　イ．a week　　ウ．the week　　エ．week

10．You are late. I (　　　) for an hour.

ア．am waiting　　イ．wait

ウ．waiting　　エ．have been waiting

E　次の対話文1と2を読み，(1)～(10)に入る最も適切なものをア～カから選び，記号で答えなさい。なお，文頭に来る語も小文字になっている。

1．On the phone

A：Hello. May I speak to Satoshi, please?

B：Yes, Satoshi (1).

A：Hi, Satoshi. This is Ken. Are you going to Ema's birthday party tomorrow?

B：Yes, I am. But I don't know (2) to give her.

A：Actually, I'm going shopping for a (3) after lunch today. Do you want to come with me?

B：Thanks, Satoshi. But I'm working on my homework now. Do you mind going shopping (4) five?

A：Not at all. Then, let's meet at the bookshop (5) to the station.

B：All right. I'll see you then.

ア．present　　イ．next　　ウ．speaking

エ．how　　オ．around　　カ．what

2．At the classroom

A：Hi, Emily. Are you doing (6) special this weekend?

B：Actually, I'm going to France with my family. I'm so (7)!

A：Oh, you are? Are you going only for the weekend?

B：We are staying there for about a week. We are (8) Friday afternoon, and coming back the next Saturday.

A：They say it's a very wonderful place. What are you going to do in Paris?

B：We don't have any plans (9), but we'd like to enjoy visiting museums in Paris. We are also (10) forward to their local food.

A：That sounds so good! Hope you and your family will enjoy the stay.

ア．look　　イ．leaving　　ウ．excited

エ．looking　　オ．yet　　カ．anything

F　日本語の意味に合うように英語を並べ替え，（　　）内で2番目と4番目に来る語(句)を記号で答えなさい。ただし，文頭に来る語も小文字になっている。

1．この二週間，ひどい風邪をひいている。
I (ア．had　イ．severe　ウ．weeks　エ．for　オ．a　カ．have　キ．the　ク．two　ケ．cold　コ．past).

2．ステージの上で話しているのは私の祖父です。
The (ア．grandfather　イ．is　ウ．speaking　エ．on　オ．stage　カ．my　キ．man　ク．the).

3．シートベルトをしめることはあなたの安全にとって大切です。
(ア．for　イ．your　ウ．seat belt　エ．fastening　オ．important　カ．is) your safety.

4．ノアは後輩から見下されて腹を立てた。
Noah was angry (ア．looked　イ．on　ウ．because　エ．was　オ．he　カ．down) by his junior colleague.

5．前橋は私が生まれた市です。
(ア．I　イ．the　ウ．Maebashi　エ．was　オ．city　カ．that　キ．is) born in.

G　次の表現が表すものを，それぞれ与えられた文字で始まる英語1語で答えなさい。

1．a covering for part or all of the face, worn to hide or protect it
(m　　　)

2．a soft yellow food made from cream, used in cooking and for spreading on bread
(b　　　)

3．a medical condition in which a person has a temperature that is higher than normal
(f　　　)

4．a teacher who is in charge of a school
(p　　　)

5．a person who performs on the stage, on television or in films/movies, especially as a profession
(a　　　)

【英　語】（50分）〈満点：100点〉〈英語科用〉

〈リスニング問題〉

A　これから放送される1～5の対話を聞いて，それに対する応答として最も適切なものをA～Dの選択肢から1つ選び，記号で答えなさい。英文と質問は1度だけ放送されます。対話も選択肢も問題用紙には記載されていません。

1．解答欄に答えを記入しなさい。

2．解答欄に答えを記入しなさい。

3．解答欄に答えを記入しなさい。

4．解答欄に答えを記入しなさい。

5．解答欄に答えを記入しなさい。

B　これから放送される長めの英文の内容に関する質問が5つあります。それに対する応答として最も適切なものをA～Dの選択肢から1つ選び，記号で答えなさい。英文と質問は1度だけ放送されます。

1．Where did Ichiro give his one English speech?

2．What month did Ichiro give his English speech?

3．What was the first thing Ichiro said when he began his speech?

4．Why did Ichiro say thank you to the fans?

5．After talking to the fans, who did Ichiro speak to next?

※リスニングテストの放送台本は非公表です。

C　次の英文を読み，各問いに答えなさい。

Queen Elizabeth the Second was born in London on April 21, 1926. At the time of her birth, most people did not think that Elizabeth ①(will) someday become the queen of Great Britain. Elizabeth, nicknamed Lilibet, enjoyed the first ten years of her life (　ア　) all the special advantages of being a member of the royal family. Elizabeth and her younger sister Margaret were educated at home by several teachers.

As a child, Queen Elizabeth seemed the perfect little princess. She really was a very good girl, and ②(～のうちの1つ[2語]) the few bad things she ever did was to throw her teddy bear down the stairs. People gathered to see her every time she stood ③(～の前に[3語]) them and they were interested in everything she did. Lists of her birthday presents were even printed in the newspaper.

Elizabeth was ten when her father, George, became king. Because she was next in line to be queen, she had to be at formal lunches and dinners to meet a lot of people, sit through uninteresting speeches and be kind to everyone she met. She also had to learn foreign languages and lots of history. (　イ　), her advisors didn't want her to feel too important, so she was taught how to cook, clean and polish as well. In 1952, she became the queen of Great Britain.

For much of her life, Elizabeth had dogs. She is especially known for her love of corgis, raising more than 30 descendants of the first corgi she received as a teenager, until the death of the final one, Willow, in 2018. Other than dogs, she loves horses and riding, and has been to horse racing events for many years. Elizabeth also likes quiet time. She enjoys reading mysteries, working on crossword puzzles and even watching wrestling on television.

For many years, Queen Elizabeth has done everything just as she was taught when she was a little girl. Since becoming the queen, she has visited many countries. She was the first monarch in British history to visit China in 1986 and Russia in 1994.

［注］

advisor：側近　polish：磨く　corgi：コーギー犬　descendant：子孫　monarch：君主（王・女王）

1．下線部①の語を適切な形にしなさい。

2．（　ア　）に入る適切な語を1つ選び，番号で答えなさい。

1．in　　2．with　　3．for

3．下線部②，③をそれぞれ（　　）内の日本語の意味になるように，［　　］内に指定された語数の英語で答えなさい。

4．文脈から考えて，（　イ　）に入る最も適切な語を1つ選び，番号で答えなさい。

1．Lastly　　2．And　　3．However　　4．Again

5．本文の内容に合っているものにはT，違うものにはFを書きなさい。

ア．Elizabeth has been the queen of Great Britain for about seventy years.

イ．George, Elizabeth's father, became king at the age of ten.

ウ．Willow was the name of the first corgi Elizabeth had.

エ．Elizabeth goes to horse racing events, though she doesn't like horses.

オ．Elizabeth never visited Russia as queen.

D　次の英文の（　　）内に入る最も適切な語（句）をア～エから選び，記号で答えなさい。

1．A：（　　　）you help me, please?

B：Sorry, I can't. I am very busy right now.

ア．Shall　　イ．Do　　ウ．Could　　エ．Are

2．A：What time did you go to bed last night?

B：（　　　）11 p.m.

ア．At　　イ．On　　ウ．In　　エ．For

3．Please call me when you（　　　）at the hotel.

ア．arriving　　イ．arrives　　ウ．will arrive　　エ．arrive

4．We are very happy（　　　）Susan to our home.

ア．welcome　　イ．to welcome　　ウ．welcomed　　エ．to welcoming

5．This is the book he（　　　）about.

ア．have told me　　イ．tell me　　ウ．telling me　　エ．told me

6．Tom can dance（　　　）of the three.

ア．more better　　イ．well　　ウ．better　　エ．the best

7．My father cooked（　　　）eggs for breakfast.

ア．boiling　　イ．boiled　　ウ．boil　　エ．boils

8．This desk (　　　) by children. It is too heavy.

ア．cannot move　　イ．may move

ウ．can be moved　　エ．cannot be moved

9．How many times (　　　) do you practice tennis?

ア．weeks　　イ．a week　　ウ．the week　　エ．week

10．You are late. I (　　　) for an hour.

ア．am waiting　　イ．wait

ウ．waiting　　エ．have been waiting

E　次の対話文1と2を読み，(1)～(10)に入る最も適切なものをア～カから選び，記号で答えなさい。なお，文頭に来る語も小文字になっている。

1．On the phone

A：Hello. May I speak to Satoshi, please?

B：Yes, Satoshi (1).

A：Hi, Satoshi. This is Ken. Are you going to Ema's birthday party tomorrow?

B：Yes, I am. But I don't know (2) to give her.

A：Actually, I'm going shopping for a (3) after lunch today. Do you want to come with me?

B：Thanks, Satoshi. But I'm working on my homework now. Do you mind going shopping (4) five?

A：Not at all. Then, let's meet at the bookshop (5) to the station.

B：All right. I'll see you then.

ア．present　　イ．next　　ウ．speaking

エ．how　　オ．around　　カ．what

2．At the classroom

A：Hi, Emily. Are you doing (6) special this weekend?

B：Actually, I'm going to France with my family. I'm so (7)!

A：Oh, you are? Are you going only for the weekend?

B：We are staying there for about a week. We are (8) Friday afternoon, and coming back the next Saturday.

A：They say it's a very wonderful place. What are you going to do in Paris?

B：We don't have any plans (9), but we'd like to enjoy visiting museums in Paris. We are also (10) forward to their local food.

A：That sounds so good! Hope you and your family will enjoy the stay.

ア．look　　イ．leaving　　ウ．excited

エ．looking　　オ．yet　　カ．anything

F　各文の下線部とほぼ同じ意味の語を答えなさい。与えられた文字で始めること。

1．She traveled around the world by herself as a backpacker.　(a　　)

2．Some people say that a lot of ghosts come out in that old house.　(a　　)

3．A passport will be necessary if you want to go overseas.　(a　　)

4．An American movie, NOMADLAND, was given an Academy Award last year.　(r　　)

5．The dove is a sign of peace.　(s　　)

G　次の英文の(　　)内に入る最も適切な語(句)をア～エより選び，記号で答えなさい。

1．Actors Gen Hoshino and Yui Aragaki, who played lovers in the hit Japanese TV show, 'Contract Marriage', announced that they were really (　　　).

ア．marry　　イ．marriage　　ウ．getting married　　エ．wedding

2．On July 13, the Los Angeles Angels (　　　) star Shohei Ohtani became the first player in the 88-year history of the All-Star Game to start as both a hitter and pitcher.

ア．both-way　　イ．two-way　　ウ．second-way　　エ．double-way

3．The COVID-19 pandemic has driven many companies to shift to working (　　　).

ア．home　　イ．portably　　ウ．remotely　　エ．inside

4．Children's book author Eric Carle, best known for his classic story, "The Very Hungry (　　　)," has died at the age of 91.

ア．Caterpillar　　イ．Bug　　ウ．Insect　　エ．Butterfly

5．Her Majesty The Queen has announced the death of her beloved husband, His Royal Highness (　　　) Philip, Duke of Edinburgh, on April 9, 2021.

ア．King　　イ．Prince　　ウ．President　　エ．Prime Minister

【理　科】（45分）〈満点：100点〉

1.　次の各問いに答えなさい。

問1　100 mLのメスシリンダーに適当な量の水を入れ，金属製のおもりをゆっくり沈めました。この操作では，おもりのどのような量が測定できますか。

問2　秋に発生する台風の多くは，日本付近に近づくと進行方向が東向きに変わります。このとき台風の向きを変えるはたらきをする，常に上空で吹いている西風の名称を漢字で答えなさい。

問3　図のある器官にあるうすい膜の袋は何をするところですか。次の**ア**～**オ**からひとつ選び，記号で答えなさい。

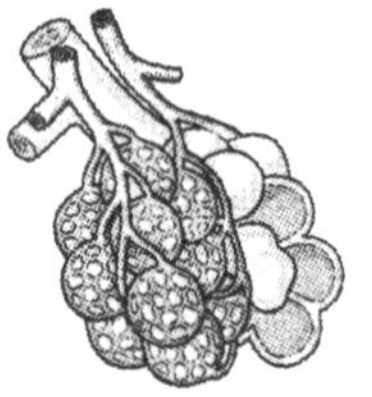

ア　血液の老廃物をろ過する。
イ　血液中の栄養分を吸収する。
ウ　消化した栄養分を血液に供給する。
エ　血液の量を調節する。
オ　酸素と二酸化炭素の交換を行う。

問4　原子には，それぞれ性質が異なる複数の種類があります。そうした原子の種類を元素と呼びます。2019年までに，何種類の元素が知られていますか。次の**ア**～**エ**からひとつ選び，記号で答えなさい。

ア　92種類　　**イ**　112種類　　**ウ**　118種類　　**エ**　151種類

問5　脳とせきずいをまとめて何神経といいますか。

問6　TOKYO2020オリンピックで，陸上の100 m走の優勝タイムは9.8秒でした。平均の速さは何km/hですか。小数第1位まで答えなさい。

問7　右のグラフは，硝酸カリウム（KNO_3）の溶解度曲線です。60℃の水50 gに，硝酸カリウムを100 g入れたとき，何g溶け残りますか。整数で答えなさい。

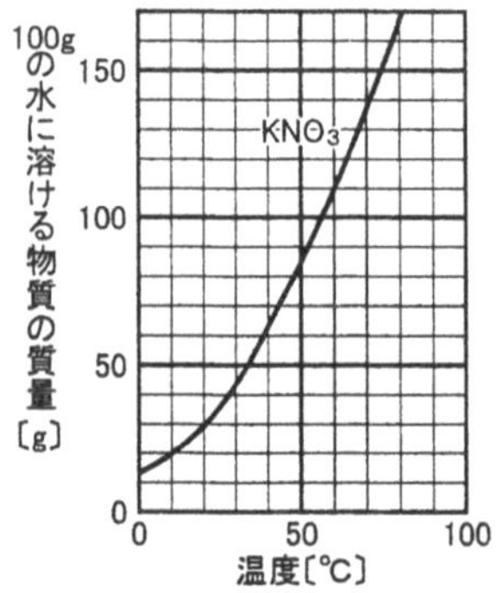

問8　日本付近の冬の気候に大きく関わる高気圧を，次の**ア**～**エ**からひとつ選び，記号で答えなさい。

ア　オホーツク海高気圧　　**イ**　移動性高気圧
ウ　シベリア高気圧　　**エ**　太平洋高気圧

2.　下の写真は，榛名山（左）と妙義山（右）の山頂付近で撮影したものです。

これらの山の構造や地質について調べたところ，次のことがわかりました。

・榛名山の山頂には$_A$だ円形のくぼ地があり，その中に湖がある。
・左の写真の山はくぼ地のほぼまん中にあり，主にデイサイト(注)でできている。
・妙義山は主にデイサイト(注)溶岩，凝灰岩などでできていて，$_B$岩石はもろくてこわれやすいものが多い。
・妙義山は$_C$硬い岩が柱のような形になっていて，なだらかな斜面は少ない。

（注）「デイサイト」：火山岩の一種で，安山岩と流紋岩の中間の性質をもつ岩石。

これらのことについて，以下の問いに答えなさい。

問1　下線部Aについて，このくぼ地を示す名称を次の**ア**～**エ**からひとつ選び，記号で答えなさい。

ア　火口　　**イ**　クレーター　　**ウ**　カルデラ　　**エ**　地溝帯

問2　デイサイトの溶岩はねばりけが強くて流れにくいため，特有の地形になります。左の写真の山もその一例です。このような火山の名称を次の**ア**～**エ**からひとつ選び，記号で答えなさい。

ア　成層火山　　**イ**　盾状火山　　**ウ**　溶岩台地　　**エ**　溶岩ドーム

問3　下線部Bについて，このように岩石が「もろくてこわれやすい」状態になる現象の名称を，**漢字2文字**で答えなさい。

問4　問3について，岩石の「もろくてこわれやすい」状態に変えるはたらきをもつ**要素ではないもの**を次の**ア**～**エ**からひとつ選び，記号で答えなさい。

ア　日射　　**イ**　水，氷　　**ウ**　地震　　**エ**　植物

問5　下線部Cについて，妙義山の地形がこのような形になった要素を，次の**ア**～**エ**からひとつ選び，記号で答えなさい。

ア　日射　　**イ**　水，氷　　**ウ**　地震　　**エ**　植物

問6　榛名山と妙義山はどちらも火山に関わる岩石でできています。地形や岩石の状態などから，山としてできあがったのがより古いのはどちらですか。以下の文の空欄に適する語句を答え，文を完成させなさい。なお，（1）は**どちらかの山の名称**を答え，（2）は**ある現象の名称を漢字2文字で**答えなさい。

（　1　）は硬い溶岩の部分だけが残っていて，軟らかい地層はあまり残っていない。これは（　2　）がより進んでいるためなので，（　1　）の方が古い。

3.

図のような装置で，塩化銅水溶液に炭素電極を用いて電圧を加えて電気分解を行いました。この実験では，$_A$陽極から刺激臭のある気体が発生し，$_B$陰極には赤色の物質が付着しました。これについて，次の各問いに答えなさい。

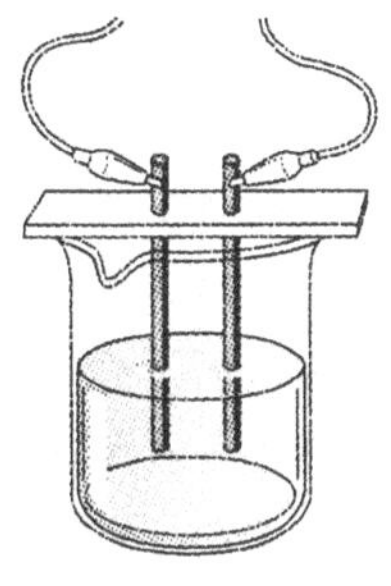

問1　塩化銅水溶液は，何色をしていますか。

問2　下線部Aについて，陽極から発生した刺激臭のある気体の色は何色ですか。

問3　下線部Aの気体は水に溶けることが知られています。この気体の性質を調べるため，陽極付近の水溶液を，ピペットを用いて採取しました。このときの，ピペットの持ち方として，正しいものはどれですか。次の**ア**～**エ**からひとつ選び，記号で答えなさい。

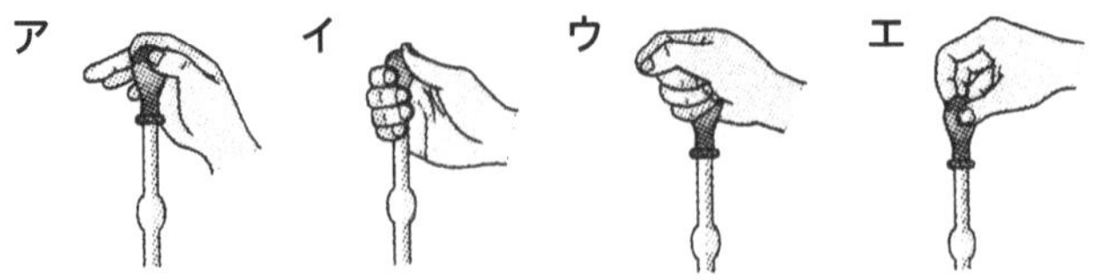

問４　問３で採取した溶液を，赤色のインクで着色した水溶液に加えると，赤色が消えました。このような作用を何と言いますか。**漢字２文字で**答えなさい。

問５　下線部Ｂについて，陰極で析出していた赤色の物質は，金属であることが分かりました。この金属は何ですか。**化学式で**答えなさい。

問６　以上のことから，この電気分解で起こった化学反応を，化学反応式で表しなさい。

問７　この塩化銅水溶液が電気分解できたということは，塩化銅のどのような性質によるものですか。**漢字３文字で**答えなさい。

４．　親がもつ特徴の子への伝わり方を，エンドウの種子の形について調べたものが，下の図です。これについて，あとの各問いに答えなさい。

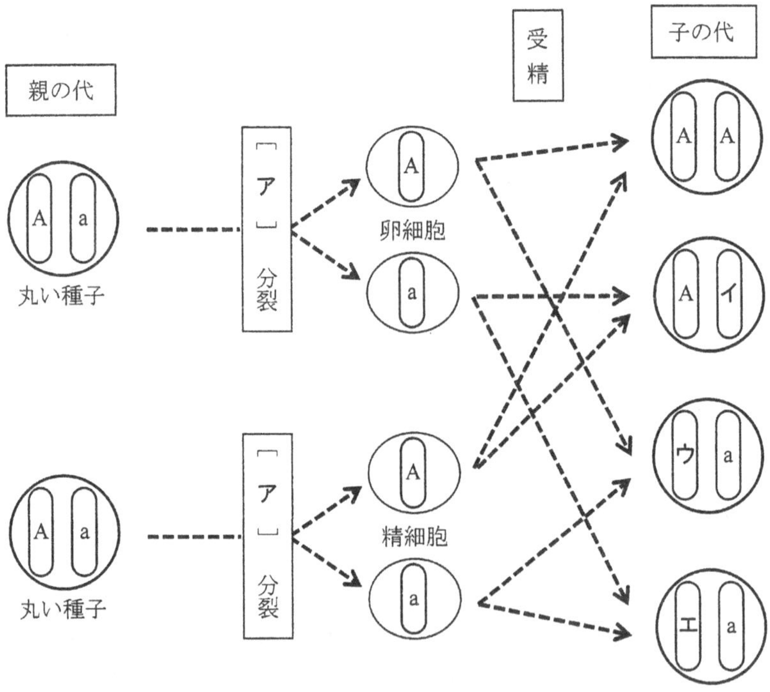

問１　このような実験を数学的に考察し，遺伝の規則性について初めて提唱した人物を答えなさい。

問２　図中の［　ア　］に入る分裂の名称を**漢字で**答えなさい。

問３　図中のＡは種子を丸くする遺伝子，ａは種子をしわにする遺伝子の記号です。Ａａの遺伝子を持っている個体は丸い種子をつけることから，顕性の遺伝子はＡとａのどちらか，記号で答えなさい。

問４　図の**イ**，**ウ**，**エ**に入る遺伝子の記号を答えなさい。

問５　子の代では，丸い種子の個体の数としわのある種子の個体の数は，どのような数の比で現れますか。解答欄にあてはまるようにもっとも簡単な整数比で答えなさい。

5． 電熱線を使って水をあたためる実験を１～４班で行いました。

100 gの水を発泡ポリスチレン製のコップに入れ，電熱線と温度計とかき混ぜ棒を入れ，軽くフタをしました。電流を流し始めて５分後の結果を次の表にまとめました。なお電流を流している間，電圧と電流は常に一定であり，２班では，実験前に水の温度を測定したところ20.6℃でした。

表　５分後の電圧・電流・電力・水の温度上昇

	電圧〔V〕	電流〔A〕	電力〔W〕	水の温度上昇〔℃〕
１班	1.5	0.36	0.54	0.3
２班	3.0	**ア**	**イ**	**ウ**
３班	4.5	1.05	4.7	3.2
４班	6.0	1.42	8.5	5.1

２班では，電流を流し始めてから５分後，温度計と電流計は下図のように示していました。なお，電流計の－端子は５Ａの端子に接続されていました。

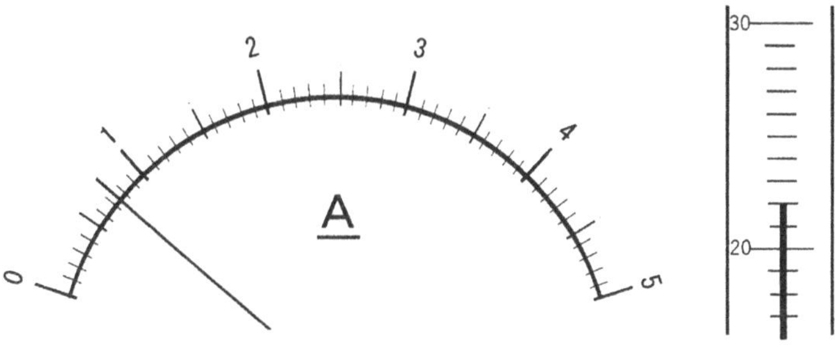

図　電流計（左）と温度計の拡大図（右）

問１　図から値を読み取り，表の空欄**ア**と**ウ**に当てはまる値を答えなさい。

問２　問１のとき，表の空欄**イ**に当てはまる値を**小数第１位まで**答えなさい。

問３　「水100 gが１℃上昇するとき，420 Jの熱量を水が受け取っている」と考える場合，**１班の実験結果**で，水が受け取った熱量は何Jですか。**整数で**答えなさい。

問４　表の結果から電力の大きさと水の温度上昇を表すグラフを完成させなさい。ただし，電力が生じていない時の水の温度上昇は０℃とします。

問５　実験に用いた電熱線を，同じ材質および太さのまま，２倍の長さに変えて同様の実験を行いました。１班の「電流」「電力」「水の温度上昇」の値は，表の値と比べて，それぞれどのように変化すると考えられますか。次の**ア**～**ウ**からひとつずつ選び，記号で答えなさい。

ア　上がる　　**イ**　変化しない　　**ウ**　下がる

問６　電流を流すことで，熱を得ることを目的としている製品を次の**ア**～**エ**からひとつ選び，記号で答えなさい。

ア　こたつ　　**イ**　テレビ　　**ウ**　扇風機　　**エ**　掃除機

問７　今回の実験では，電熱線で生じた熱のうち一部しか水の温度上昇に使えていません。**１班の結果をもとに**，何％の熱を使うことができたか，**整数で**答えなさい。ただし，「水100 gが１℃上昇するとき，420 Jの熱量を水が受け取っている」とします。

【社　会】（45分）〈満点：100点〉

Ⅰ　アジア州に関する以下の各問いに答えなさい。

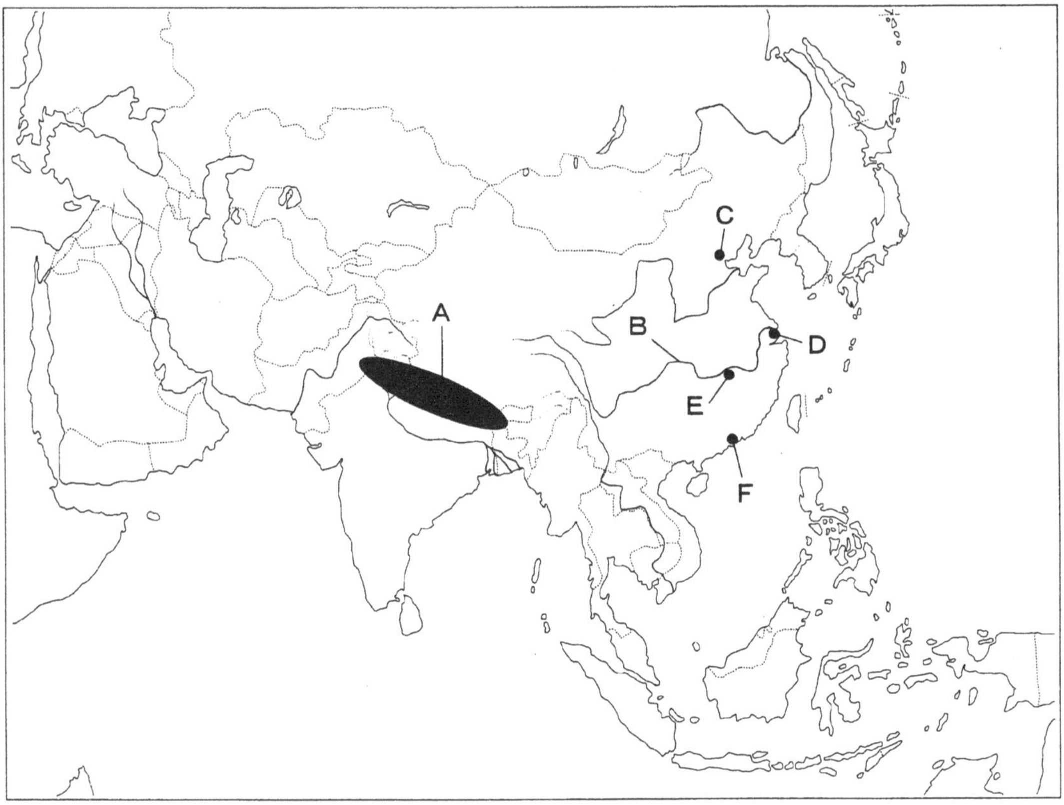

問１　山脈**A**にある世界で最も高い山を答えなさい。

問２　アジア州で最も長い河川**B**を漢字２文字で答えなさい。

問３　中国の首都である北京の位置として正しいものを，地図中の**C**～**F**から１つ選び，記号で答えなさい。

問４　インドのIT産業は，急速に発展しているが，その中心都市としてあてはまる都市名を，以下の**（ア）**～**（エ）**から１つ選び，記号で答えなさい。

（ア）　ジャムシェドプル

（イ）　ムンバイ

（ウ）　アーメダバード

（エ）　バンガロール

問５　西アジアのペルシャ湾岸を中心に多く産出され，日本をはじめとした世界各国が輸入している鉱産資源は何か，答えなさい。

問６　東南アジアの暮らしと関わる以下の写真１～３に関して説明している文（ア）～（ウ）を読み，内容としてあてはまらないものを１つ選び，記号で答えなさい。

写真１

写真２

写真３

（ア）　写真１は，インドネシアに関するもので，マングローブが広がる海岸で，日本などの海外へ輸出するためのえびの養殖場が造られている。

（イ）　写真２は，マレーシアに関するもので，アブラやしの農園を造る開発のために，熱帯雨林が減少している。

（ウ）　写真３は，フィリピンに関するもので，貧しい人々が住む，生活環境が悪い工業団地が広がっている。

問７　中央アジアで多く産出されるリチウムやクロムなどのような希少価値の高い鉱産資源のことを何というか，カタカナ５文字で答えなさい。

Ⅱ　九州地方に関する以下の各問いに答えなさい。

問１　1993年に世界自然遺産に登録された鹿児島県の島を答えなさい。

問２　火口に見られる，火山の噴火などによって形成されるくぼんだ地形を何というか，カタカナで答えなさい。

問３　温暖な宮崎平野では，きゅうりやピーマンなどをビニールハウスで生産し，出荷時期を早めている。このような暖かい気候を利用した作物の栽培方法を何というか，答えなさい。

問４　次ページの雨温図**Ａ～Ｃ**は，福岡市，宮崎市，那覇市のいずれかを表している。那覇市に当てはまるものを１つ選び，記号で答えなさい。

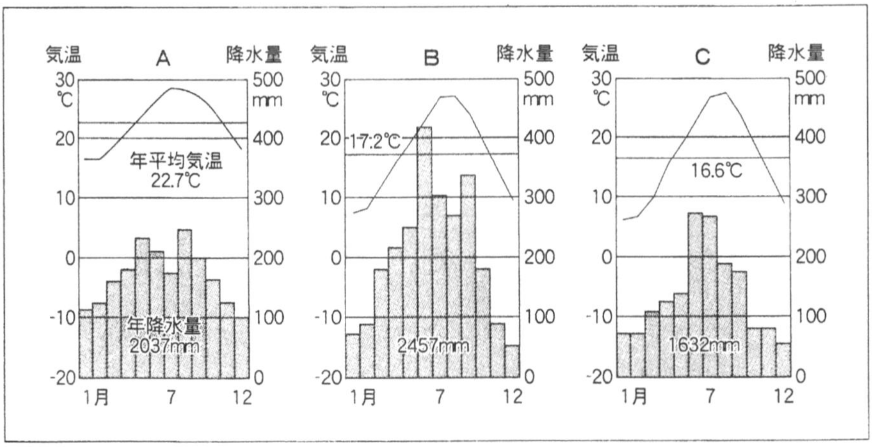

問５　沖縄県に関する以下の文（ア）～（エ）を読み，内容として正しいものを１つ選び，記号で答えなさい。

（ア）　沖縄県は，第二次世界大戦後，イギリスを中心に統治された。

（イ）　沖縄県は，1964 年に連合国軍による統治から日本に復帰した。

（ウ）　沖縄県は，独自の文化と自然を生かした観光産業が成長した。

（エ）　沖縄県は，日本国内の約 70％の自衛隊の施設が集まっている。

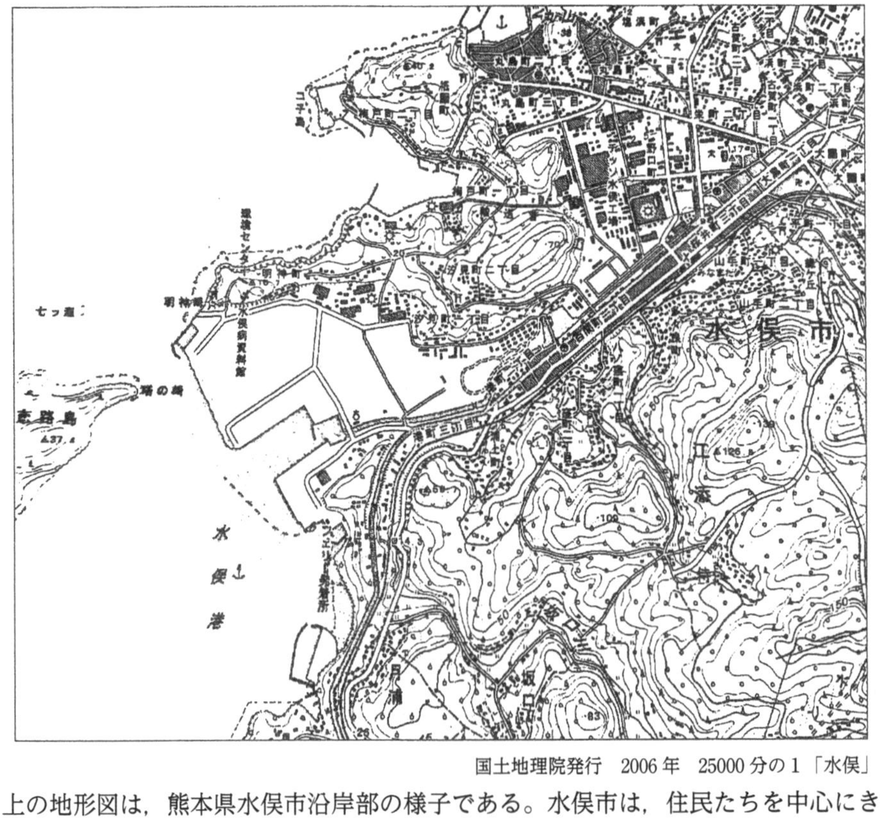

国土地理院発行　2006 年　25000 分の１「水俣」

問６　上の地形図は，熊本県水俣市沿岸部の様子である。水俣市は，住民たちを中心にきめ細かいごみの分別やリサイクルに積極的に取り組んできたことから，2008 年に国からある都市に選定されている。当てはまる言葉を解答欄にあう形で答えなさい。

問７　前ページの地形図において，フェリー発着所から水俣病資料館までの直線距離は４cm である。この二地点間の実際の直線距離を答えなさい。

問８　前ページの地形図に記されていない地図記号を以下の（ア）～（オ）から１つ選び，記号で答えなさい。

（ア）　工場　　（イ）　市役所　　（ウ）　針葉樹林　　（エ）　神社　　（オ）　畑

Ⅲ　次の年表を見て，各問いに答えなさい。

世紀	出来事		
16世紀	（　①　）人が鉄砲を伝える		……（a）
	↕A		
	織田信長が（　②　）幕府を滅ぼす	↕	……（b）
	↕B	1	
	羽柴秀吉が朝廷から（　③　）に任命され、豊臣の姓を与えられる		……（c）
	↕C		
17世紀	徳川家康が江戸幕府を開く		……（d）
	↕D		
	参勤交代が定められる		……（e）
	↕E		
	島原・天草一揆が起こる		……（f）
	↕F		

<資料１>

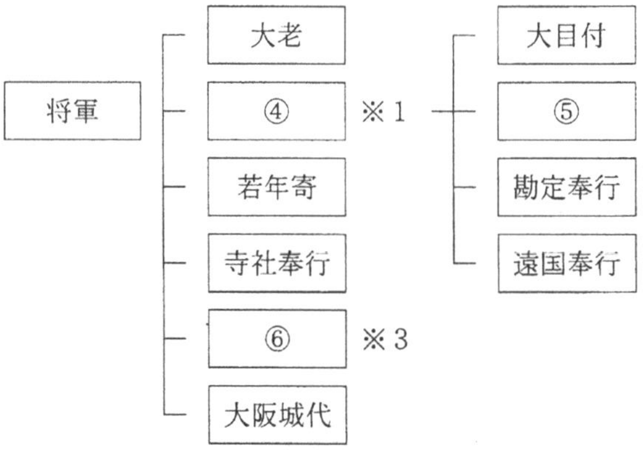

※１　幕府の最高職，ただし非常時は④より１人大老が選ばれる
※２　江戸の町政などを担当
※３　朝廷・西日本の大名を監視

<資料２>

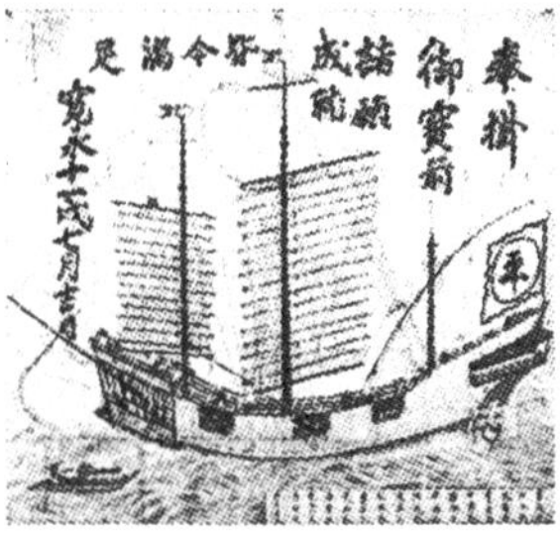

<資料３>

問１　年表中の（　①　），（　②　）に当てはまる語句を答えなさい。

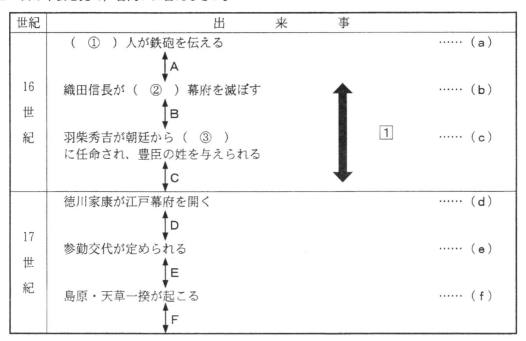

問２　年表中の（　③　）に当てはまる役職名を，下記より１つ選びなさい。

摂政	関白	太政大臣	征夷大将軍

問３　**（ａ）**について，このとき，（　①　）人が漂着した島を答えなさい。

問４　**（ｂ）**について，織田信長が，安土城下で実施した経済活動の自由化を何というか，漢字四文字で答えなさい。

問５　**（ｃ）**について，豊臣秀吉はキリスト教への警戒から，イエズス会の宣教師追放の命令を出した。これを何というか。

問６　**（ｄ）**について，以下の各問いに答えなさい。

（１）　幕府を開く前，徳川家康は石田三成らを破って全国支配権を握ったが，この戦いを何というか。

（２）　**＜資料１＞**は江戸幕府の仕組みである。④～⑥に当てはまる役職名をそれぞれ答えなさい。

（３）　**＜資料２＞**は，徳川家康が積極的に進めた貿易の船である。この船を用いた貿易を何というか。

問７　**（ｅ）**について。「参勤交代」について述べた以下の文章の（　あ　），（　い　）に当てはまる語句を答えなさい。

> **大名は（　あ　）年おきに領地と（　い　）とを往復することになり，その費用や（　い　）での生活のため，多くの出費を強いられた。**

問８　**（ｆ）**について，この一揆の指導者とされる少年を答えなさい。

問９　年表中の[1]の時期にみられた文化について，各問いに答えなさい。

①　＜資料３＞の人物について述べた文章として正しいものを以下の**（ア）**～**（ウ）**から１つ選び，記号で答えなさい。

（ア）　狩野派の画家として活躍し，城の天守閣内部にその絵が描かれた。

（イ）　織田信長，豊臣秀吉に仕えた茶人で，茶の湯を大成した人物である。

（ウ）　水墨画を大成した人物である。

②　この時期の文化を何というか。

問10　次の**（ア）**～**（エ）**の各文は年表中の**Ａ～Ｆ**の，いずれの時期に当てはまるか，それぞれ答えなさい。

（ア）　平戸のオランダ商館が長崎の出島に移された。

（イ）　イエズス会のザビエルが，日本にキリスト教を伝える。

（ウ）　二度にわたる朝鮮への侵略は失敗した。

（エ）　大友宗麟などのキリシタン大名が，伊東マンショら少年たちをローマ教皇のもとへ派遣した。

Ⅳ　2022年は，1922年に全国水平社が結成されて100年である。これについて，「平等権」に関する資料を集めた。あとの問いに答えなさい。

資料Ⅰ
第（　A　）条　すべて国民は，法の下に平等であつて，人種，（　B　），性別，社会的身分又は（　C　）により，政治的，経済的又は社会的関係において，（　D　）されない。

資料Ⅱ
［　E　］（1989年国連採択）
前文（略）国際連合が，世界人権宣言において，児童は特別な保護および援助についての権利を共有することを宣明したことを想起し，（中略）あらゆる国特に開発途上国における児童の生活条件を改善するために国際協力が重要であることを認めて，次の通り協定した。
第1条　この条約の適用上，児童とは，18歳未満のすべての者をいう。（略）
第12条　第1項　締約国は，自己の意見を形成する能力のある児童がその児童に影響を及ぼすすべての事項について自由に自己の意見を表明する権利を確保する。

資料Ⅲ
「部落差別」とは，江戸時代に，（　F　）身分・ひにん身分とよばれる人々が住んでいた集落を「部落」と呼んでいたことから，そのように言われる。部落差別に関する問題は人々が和合することを意味する「同胞融和」から，「（　G　）問題」とも言われる。1871年に施行された（　H　）によって身分制度は廃止されたが，その後も就職や教育，結婚などの面で差別が続いた。これに対し，差別を打ち破ろうとする部落解放運動がおこり，1922年には全国水平社が（　I　）で結成された。1965年に政府に設立された同和対策審議会が出した答申は，部落差別は国の責務であり，（　J　）であると宣言した。これに基づき法律が整備され，対象地域の人々の生活を改善する事業や，差別をなくす啓発活動が推進されてきた。しかし，今もなお差別は解消されておらず，2016年には，部落差別解消推進法が制定された。

資料Ⅳ
「（　K　）」は，「包含・包摂」という意味の言葉で，「多様性」を意味する「ダイバーシティ」と切り離せない。障がいの有無や程度，または性別や国籍，ルーツなどの多様性を，単に「違い」とするだけでなく，それぞれの特徴を認め合い，一体となって社会で共生していくことを実践するための考え方である。

問1　**資料Ⅰ**は平等権に関する憲法の条文である。空欄A～Dにあてはまる数字および語句を書きなさい。

問2　以下の事例（ア）～（ウ）のうち，日本国憲法で保障されている法の下の平等に当てはまらない事例を1つ選び，記号で答えなさい。

（ア）　教師との面談では，外国語を母語とする生徒は，希望すればその外国語を母語とする教員に同席してもらうことが可能となった。

（イ）　公衆浴場で，「1歳未満のお子様の入浴はご遠慮ください」と貼り紙があった。

（ウ）　県庁の職員の採用で，県内出身者のみ合格となった。

問３　資料Ⅱの空欄Ｅに当てはまる，この資料の名称を書きなさい。

問４　日本は資料Ⅱを 1994 年に批准した。これを受けて 2016 年に改正された子どもの福祉に関する法律を書きなさい。

問５　部落差別の撤廃について書かれた資料Ⅲの文章の空欄Ｆ～Ｊに当てはまる言葉を，それぞれ（ア）～（エ）から１つずつ選び，記号で答えなさい。

Ｆ …	（ア）貴族	（イ）武士	（ウ）えた	（エ）商人
Ｇ …	（ア）同和	（イ）同胞	（ウ）胞融	（エ）同融
Ｈ …	（ア）治安維持法	（イ）解放令	（ウ）大日本帝国憲法	（エ）出版法
Ｉ …	（ア）東京	（イ）福岡	（ウ）大阪	（エ）京都
Ｊ …	（ア）国民の課題	（イ）国民の責務	（ウ）国民の義務	（エ）国民の権利

問６　資料Ⅳの空欄Ｋに当てはまる語句をカタカナ８文字で書きなさい。

問７　資料Ⅳに関連して，アイヌ民族を先住民族として法的に位置づけた，2019 年施行の法律の名称を書きなさい。

問８　ある企業の空欄Ｋの取り組みについて，その企業に勤める従業員に話を聞いた。Ｋの実践として不十分な事例を以下の（ア）～（エ）から１つ選び，記号で答えなさい。

（ア）　今年入社しましたが，採用面接の時，結婚や出産の予定があるか聞かれました。

（イ）　新入社員研修の時，全員に，育児休暇や介護休暇などを取得するための手続きについて説明がありました。

（ウ）　身体的な障がいがありますが，社内は段差が少なく通路も広いので，車いすで移動し，仕事をしています。

（エ）　イスラム教の信者ですが，普段の礼拝で使えるように会議室が解放されています。

ア　『新古今和歌集』―『古今和歌集』―『徒然草』
イ　『枕草子』―『万葉集』―『徒然草』
ウ　『奥の細道』―『徒然草』―『方丈記』
エ　『竹取物語』―『源氏物語』―『徒然草』

② 『奥の細道』のジャンルとして正しいものを次の中から選び、記号で答えなさい。

ア　日記　　イ　軍記物語
ウ　紀行文　　エ　随筆

感したから。

問七　傍線部⑦「父はこの姿で戦ってきたのだ」とあるが、それはどのような姿か。本文から漢字二字で抜き出し答えなさい。

問八　傍線部⑧「親のお辞儀を見るのは複雑なものである」とあるが、その理由としてふさわしいものを次の中から選び、記号で答えなさい。

ア　母は子供たちにお辞儀を見せてくれたが、父はお辞儀を見せることなく六十四歳で急死したから。

イ　親は子供に対して頭を下げないものだと思っていたが、母は常に子供に頭を下げていたから。

ウ　父は社長に対しては頭を下げていたが、子供たちには叱りどなり頭を下げさせたまま死んだから。

エ　親が老いて自分が育て上げたものに頭を下げる姿は、おかしくもあり切ないものでもあるから。

問九　本文の特徴として、ふさわしいものを次の中から選び、記号で答えなさい。

ア　病院での場面を描くことで、死期が近づいている「母」の様子を、その家族とのやり取りの中で暗に表現している。

イ　登場人物の会話文を地の文よりも多く用いることで、読者はリズミカルで小気味よい文の特徴を感じることができる。

ウ　「お天気雨のように涙が止まらなかった」と直喩を用いることで、登場人物の心の機微を鮮やかに描き出している。

エ　子を思う「母」の姿と暴君な「父」の姿を対照的に描くことで、「私」の心の中の★葛藤を印象的に描き出している。

三、次の問いにそれぞれ答えなさい。

問一　次のことわざについて、空欄にあてはまる漢字一字を答えなさい。

①　□の目にも涙　（無慈悲な者にも時には情けがあること。）

②　青菜に□　（力なくしおれているさま。）

③　焼け□に水　（労力をかけても効果がないさま。）

④　住めば□　（自分の住むところが一番よいこと。）

⑤　枯れ木も□のにぎわい　（つまらないものでもないよりましであること。）

問二　次の漢詩について後の問いに答えなさい。

『望廬山瀑布』　李白　　書き下し文

日照香炉生紫煙　（日は香炉を照らして紫煙生ず）
遥看瀑布挂長川　（遥かに看る瀑布の長川を挂くるを）
飛流直下三千尺　（飛流直下三千尺）
疑是銀河落九天　（疑ふらくは是れ銀河の九天より落つるかと）

①　この漢詩の詩形を漢字四字で答えなさい。

②　押韻している（韻を踏んでいる）字を全て抜き出し答えなさい。

③　書き下し文を参考にして次の句に返り点と送り仮名を付けなさい。

日　照　香　炉　生　紫　煙

問三　次の問いにそれぞれ答えなさい。

①　作品の成立年代順が古いものから正しく並べられたものを次の中から選び、記号で答えなさい。

d面映《おもば》ゆいというか、当惑するというか、おかしく、かなしく、そして少しばかり腹立たしい。

　自分が育て上げたものに頭を下げるということは、つまり人が老いるということは避けがたいことだと判っていても、子供としてはなんとも切ないものがあるのだ。

（向田邦子『お辞儀』より）

＊1　挽茶色……抹茶《まっちゃ》色。

＊2　フィンガー……飛行場の送迎デッキ。

問一　傍線部a～dの語句の、ここでの意味を次の中から選び、それぞれ記号で答えなさい。

a　ぞんざいな

ア　いそがしそうな　　イ　かんたんな

ウ　いいかげんな　　エ　きちょうめんな

b　冥利が悪い

ア　時機に合わない　　イ　ばちが当たる

ウ　本意でない　　エ　気分がすぐれない

c　思うにまかせなかった

ア　割に合わなかった　　イ　気にくわなかった

ウ　親しめなかった　　エ　自由でなかった

d　面映ゆい

ア　てれくさい　　イ　うっとうしい

ウ　うれしい　　エ　たのしい

問二　空欄①、④にふさわしい言葉を次の中から選び、それぞれ記号で答えなさい。

①　ア　引っ越し　　イ　お祭り

　　ウ　どんちゃん　　エ　ぼや

④　ア　けんか　　イ　および

　　ウ　やなぎ　　エ　まる

問三　傍線部②「ほんとうにもう来ないでおくれよ」とあるが、「お母さん」がそのように言った理由を次の文の空欄に合うように本文から六字で抜き出し答えなさい。

　結婚している妹もまじえて姉弟四人で「母」を見舞ったが、「母」はかえってそれが（　　　）と感じたから。

問四　傍線部③「こうやって頭を下げる」について、具体的に説明した箇所を本文から二十字以上二十五字以内で抜き出し答えなさい。

問五　空欄⑤にふさわしい言葉を次から選び、記号で答えなさい。

ア　げっそり　　イ　にんまり

ウ　しょんぼり　　エ　すっきり

問六　傍線部⑥「急に胸がしめつけられるような気持になった」のはなぜか。次の中から選び、記号で答えなさい。

ア　文句ばかりの母が、搭乗間際私に、深々と感謝のお辞儀をしてくれたから。

イ　けんか別れのまま口も利かずに母を送りだしてしまい、後味が悪かったから。

ウ　このまま母を乗せた飛行機が落ちてしまったらと、急に不安になったから。

エ　冬の青空を見ていたら、これでやっと母に親孝行できたと実

右手をあげた。母は深々とお辞儀をした。私も釣られて、片手を振りかけたまま頭を下げたので天皇陛下のようになってしまった。

私は入場券を買ってフィンガー*2に出た。冬にしてはあたたかいみごとに晴れた日であった。まっ青な空の一点が雲母《うんも》のように光って、飛行機が飛び立ち下りてくる。

母の乗っている飛行機がゆっくりと滑走路で向きを変え始めた。⑥急に胸がしめつけられるような気持になった。

「どうか落ちないで下さい。どうしても落ちるのだったら帰りにして下さい」

と祈りたい気持になった。

飛行機は上昇を終り、高みで旋回《せんかい》をはじめた。もう大丈夫だ。どういうわけか不意に涙が溢《あふ》れた。たかが香港旅行ぐらいでと自分を笑いながら、さっきの裁ちばさみや蘭の花束のことを思い合せて口許《くちもと》は声を立てて笑っているのに、お天気雨のように涙がとまらなかった。

祖母が亡くなったのは、戦争が激しくなるすぐ前のことだから、三十五年前だろうか。私が女学校二年の時だった。

通夜の晩、突然玄関の方にざわめきが起った。

「社長がお見えになった」

という声がした。

祖母の棺のそばに座っていた父が、客を蹴散らすように玄関へ飛んでいった。式台に手をつき入ってきた初老の人にお辞儀をした。

それはお辞儀というより平伏といった方がよかった。当時すでにガソリンは統制されており、民間人は車の使用もc思うにまかせなかった。財閥系のかなり大きな会社で、当時父は一介の課長に過ぎなかったから、社長自ら通夜にみえることは予想していなかったのだろう。

それにしても、初めて見る父の姿であった。

物心ついた時から父は威張っていた。家族をどなり自分の母親にも高声を立てる人であった。地方支店長という肩書もあり、床柱を背にして上座に座る父しか見たことがなかった。それが卑屈とも思えるお辞儀をしているのである。

私は、父の暴君ぶりを嫌だなと思っていた。

母には指環《ゆびわ》ひとつ買うことをしないのに、なぜ自分だけパリッと糊《のり》の利《き》いた白麻の背広で会社へゆくのか。部下が訪ねてくると、分不相応と思えるほどもてなすのか。私達姉弟がはしかになろうと百日咳《ひゃくにちぜき》になろうとおかまいなしで、一日の遅刻欠勤もなしに出かけていくのか。

高等小学校卒業の学力で給仕から入って誰の引き立てもなしに会社始まって以来といわれる昇進をした理由を見たように思った。私は亡くなった祖母とは同じ部屋に起き伏しした時期もあったのだが、肝心の葬式の悲しみはどこかにけし飛んで、父のお辞儀の姿だけが目に残った。私達に見せないところで、⑦父はこの姿で戦ってきたのだ。父だけ夜のおかずが一品多いことも、保険契約の成績が思うにまかせない締切の時期に、八つ当りの感じで飛んできた拳骨《げんこつ》をも許そうと思った。私は今でもこの夜の父の姿を思うと、胸の中でうずくものがある。

母は子供たちにお辞儀をみせてくれたが、父は現役のまま六十四歳で、しかも一瞬の心不全で急死したので、遂に子供には頭を下げずじまいであった。晩年は多少折れたようなものの、やはり叱りどなり私達に頭を下げさせたまま死んだ。

⑧親のお辞儀を見るのは複雑なものである。

しまる。寝巻の上に妹の手編の＊1挽茶《ひきちゃ》色の肩掛けをかけて、白くなった頭を下げる母の姿は、更にもうひと回り小さくみえた。私は、「開」のボタンを押してもう一度声をかけたいという衝動を辛《かろ》うじて押えた。

　四人の姉弟は黙って七階から一階までおりていった。弟がぐもった声で、ポツンと言った。

「たまンねえな」

　末の妹が、

「いつもこうなのよ」

　という。妹は毎日世話に通い、弟は三日に一度ずつのぞいているが、母は必ずエレベーターまで送ってきて、③こうやって頭を下げる。しかも弟にいわせると、「人数によって角度が違う」というのである。

「今日は全員揃ってたから一番丁寧だったよ」

　お母さんらしいやと私達は大笑いしながら、涙ぐんでいるお互いの顔を見ないようにして駐車場へ歩いていった。

　母の改まったお辞儀はこれが二度目である。

　二年前、私は妹をお供につけて母に五泊六日の香港旅行に行ってもらった。

「死んだお父さんに怒られる」とか「b冥利《みょうり》が悪い」と抵抗したが、もともとおいしいもの好きで、年にしては好奇心も旺盛《おうせい》な人だから、追い出してさえしまえばあとは喜ぶと判っていたので、④腰の出発だった。

　空港で機内持ち込みの荷物の改めがある。私は、母と妹が係官の前でバッグの口をあけているのをプラスチックの境越しに見ていた。

「ナイフとか危険なものは入っていませんね」

係官が型の如《ごと》くたずねている。私は当然「ハイ」という答を予期したのだが、母は、ごく当り前の声で、

「いいえ持っております」

　私も妹もハッとなった。

　母は、大型の裁《た》ちばさみを出した。

　私は大声でどなってしまった。

「お母さん、なんでそんなものを持ってきたの」

　母は私へとも係官へともつかず、

「一週間ですから爪が伸びるといけないと思いまして」

　係官は笑いながら「どうぞ」といって下すったが、私は、中の待合室でなぜ爪切りを持ってこなかったのと叱言《こごと》をいった。

「出掛けに気がついたんだけど、爪切り探すのも気ぜわしいと思って」

　言いわけをしながら「お父さん生きてたら、叱られてたねえ」とさすがに母も⑤している。

　少し可哀《かわい》そうになったので、私はそっと立って花屋へゆき、蘭のコサージを作ってもらった。三千円を二千五百円に値切り、母に手渡すと今度はえらい見幕で怒るのである。

「何様じゃあるまいし、お前はどうしてこんな勿体《もったい》ないお金の使い方をするの」

　あげくの果ては返しておいでよ、と母子げんかになってしまった。一生に一度のことなんだからいいじゃないのと妹がとりなして、やっときげんが直り、胸につけたところで、搭乗を知らせるアナウンスがあった。列を作って改札口へ入りながら、母は急に立ちどまると、立っている私の方を振り向いた。てっきり手を振ると思ったので私は

ウ　若者は、実社会では言葉遣いを変えることになり、マニュアル通りの言葉を話すことになるが、そうした過程で一企業の担い手としての主体性を身に着けていく。

エ　仲間内でしか通用しない言葉は安心感をもたらすが、青春期には、誰しもいずれは外の世界の存在と触れ合い、その言葉に違和感を持つものである。

二、次の文章を読んで、後の問いに答えなさい。（問題文には一部変更がある）

半年ほど前、母の心臓の調子のよくないことがあった。発作性頻脈《ひんみゃく》といって、一時的に脈拍《みゃくはく》が二百を越すのである。直接生命に別状はないというものの、本人もまわりも不安になり検査入院ということになった。この大晦日《おおみそか》で満七十歳になる母は息災な人で、お産以外は寝込んだことがない。入院は生れて初めての体験である。一カ月ほどで退院出来るから心配ないといってきかせたのだが、死出の旅路にでかける覚悟で出かけたらしかった。

入院して二、三日は、まるで［①］騒ぎであった。夜になると十円玉のありったけを握って廊下の公衆電話から今日一日の報告をするのである。

三度三度の食事の心配をしないで暮すのがいかに極楽であるか。献立がいかに老人の好みと栄養を考えて作られているか。看護婦さんがいかに行き届いてやさしいか。テレビのリポーターも顔まけの生き生きとした報告であった。無理をして自分を励ましているところがあった。

三日目あたりから、報告は急激に威勢が悪く、時間も短くなってきた。四日目からはその電話もなくなった。

追い込みにかかっていた仕事に区切りをつけ、私が一週間目に見舞った時、母はひとまわりも小さくなった顔で、ベッドに座っていた。この日は、よそにかたづいている妹もまじえて姉弟四人の顔が揃ったのだが、辛《つら》いのは帰りぎわであった。

私が弟の腕時計に目を走らせ、

「ではそろそろ」

といおうかなとためらっていると、一瞬早く母が先手を打つのである。

「さあ、お母さんも横にならなくちゃ」

晴れやかな声でいうと思い切りよく立ち上り、見舞いにもらった花や果物の分配を始める。押し問答の末、結局私達は持ってきた見舞いの包みより大きい戦利品を持たされて追っ払われるのである。

「見舞いの来ない患者もいるのに、こうやってぞろぞろ来られたんじゃお母さんきまりが悪いから当分はこないでおくれ」

と演説をしながら、一番小さな母が四人の先頭に立って廊下を歩いてゆく。

②「本当にもうこないでおくれよ」

くどいほど念を押しエレベーターに私達を押しこむと、ドアのしまりぎわに、

「有難うございました」

今までの[a]ぞんざいな口調とは別人のように改まって、デパートの一階にいるエレベーターガールさながらの深々としたお辞儀をするのである。

ストレッチャーをのせる病院の大型エレベーターは両方からドアが

＊2　アララギ派……雑誌「アララギ」を中心とする、歌人の一派。
＊3　甲にも通じ乙にも通じます……誰にでも分かるということ。

問一　傍線部a～eの語句のカタカナの部分と同じ漢字を使用する熟語を、次の中から選び、それぞれ番号で答えなさい。

a　セン人
1　率セン　2　感セン　3　セン別　4　セン門

b　コウ率
1　コウ撃　2　コウ換　3　コウ実　4　コウ果

c　理ネン
1　天ネン　2　ネン仏　3　ネン焼　4　ネン輪

d　シュウ職
1　シュウ日　2　シュウ着
3　シュウ寝　4　シュウ合

e　驚タン
1　タン純　2　タン息　3　加タン　4　タン検

問二　空欄 A ・ B ・ C に入る適当な語句を次の中から選び、それぞれ記号で答えなさい。
ア　ところが　イ　かえって　ウ　たとえば
エ　つまり　オ　できるだけ

問三　傍線部①「それとは違った違和感と危惧を抱いている」のはなぜか。解答欄に合うように本文から五十字以内で抜き出し答えなさい。

問四　傍線部②「なぜ写生が必要なのか」とあるが、その理由として適切ではないものを次の中から選び、記号で答えなさい。
ア　作者の「特殊な」感情を何の不自然さもなく表現することができるから。
イ　歌をつくり始めたばかりの人の歌と差別化でき優越感を得られるから。
ウ　出来合いの表現で言い表される以上の深い感情を伝えることができるから。
エ　作者の最も伝えたい内容を読者に感じ取らせることにつながるから。

問五　傍線部③「かはづ」④「ゐて」の読みを現代仮名遣い、ひらがなで書きなさい。

問六　空欄 ⑤ に入る言葉を本文から五字で抜き出し答えなさい。

問七　傍線部⑥「コミュニケーション」の末に、私たちが得られるものは何か。本文から十二字で抜き出し答えなさい。

問八　傍線部⑦「異分子が混入してくることを極端に怖れる」とあるが、このような態度をなんと表現しているか。本文から三字で抜き出し答えなさい。

問九　本文の内容に合致するものを次の中から選び、記号で答えなさい。
ア　言葉は時代とともに変わっていくものなので、作者は「ら抜き言葉」や、多くのニュアンスを含む「ヤバイ」といった言葉の在り方も受け入れている。
イ　齋藤茂吉の短歌から、心情を表す言葉を用いないことで、かえって母の死への悲しみを読者に感じ取ってもらうという短歌の表現方法を提示している。

これもマニュアルなのだろうが、もし私が会社側の面接官だったら、「オンシャ」などという出来あいのマニュアル通りの言葉を使うような若者は、イの一番に刎《は》ねてしまうだろうと思うのだが、どうだろう。すでにできてしまっている言葉の世界で、みんなが使う言葉でしか自分を表現できない若者に、いったい独創性とか個性とかを期待できるものなのだろうか。一企業を主体的に担うに足る人材とは、そんなものではないはずである。

もう一つ驚くのは、若者たちのメールを打つ早さ。打てば響くようにケータイでメールを返しているさまは e驚タンに値する。

実際は、彼らといえども返事をすべて打っているわけではないらしい。「あ」と打てば「ありがとう」と、「ま」と打てば「また今度」と変換されるらしい。これを予測変換機能と言う。

この機能はすこぶる便利で早いが、これだけでメールをやり取りしていたのでは、用を足すだけで、会話にはならない。いわば鸚鵡《おうむ》返しの対話が、ケータイのショートメールを介したコミュニケーションの大部分を占めているらしい。

⑥コミュニケーションという言葉は、本来違う価値観を持っていた人間同士が、価値観の違いをまず認識し、それを共有するというところに語源がある。最初から同じ価値観と言葉で用が足りている仲間うちでは、そもそもコミュニケーションという言葉は意味をなさない。

本来自分という存在は、人と違うから自分なのであって、人とまったく同じであれば、自己という存在は意味がなくなる。その違うということをお互いに大切にするには、相槌《あいづち》や共感や符牒だけで済ましているわけには行かなくなるだろう。人と違うことに違和感を抱き、できるだけ同じになろうとするのではなく、人と違うところにこそ、自分という存在の意味があることをもう一度思い出しておきたい。

［C］、誰でも小さな世界で、常に他人と接触せざるを得ない状況では、いつもいつも他人とのざらざらした違和感のなかにいることにはなかなか耐えられないものだ。できれば心やすらかに、あなたと私は同じであるということに、安心をしていたい。だから言葉の違和感を嫌うのである。ヤバイの意味が本来のマズイ、危険だ、であってもらっては困るし、それが理解できない人間にはできれば自分たちの輪のなかにはいて欲しくない。排他的にならざるを得ない。

仲間うちでしか通用しない言葉に依存していると、そのなかにいる間は心地よく安心していられるが、外の世界へ出ることに恐怖を覚えて消極的になる。気心の知れた、同じ価値観を持つ仲間うちから、外の世界へ出ていくことをためらう。逆に、固定した仲間とだけは心愉《たの》しく過ごすことができるが、その安心の輪のなかに、⑦異分子が混入してくることを極端に怖れるようにもなっていく。ここに大きな問題が潜んでいよう。いじめの構造の典型的なパターンである。

青春と呼ばれる若い時期には、何も言わなくても心が通じ合えるような友人を得ることは大切だが、自分とは考え方も感性もまったく違う友人にめぐりあうことは、それに劣らず大切なことである。自分では気づいていなかった自分の別の面を教えてくれるということにおいて大切な存在なのである。友人を通して、自分を相対化して見る視線を獲得する。それが若い時代の友人の意味である。

（永田和宏『知の体力』より）

＊1　符牒《ふちょう》……仲間内にだけ通じる言葉。

ギ派の歌人であり、アララギは「写生」をその作歌ᶜ理ネンに掲げていた。②なぜ写生が必要なのか。赤彦は『歌道小見《かどうしょうけん》』という入門書の中で、「悲しいと言えば甲*3にも通じ乙にも通じます。しかし、決して甲の特殊な悲しみをも、乙の特殊な悲しみをも現しません。歌に写生の必要なのは、ここから生じて来ます」と述べる。

短歌は、自分がどのように感じたのかを表現する詩形式である。歌を作りはじめたばかりの人の歌には、悲しい、嬉しいと形容詞で、自分の気持ちを表わそうとするものが圧倒的に多い。作者は「悲しい」と言うことで、自分の感情を表現できたように思うのであるが、これでは作者が「どのように」悲しい、うれしいと思ったのかが一向に伝わってこない。赤彦の言う作者の「特殊な」悲しみが伝わることがない。形容詞も一種の出来合いの符牒なのである。

斎藤茂吉《さいとうもきち》は島木赤彦と同時期に「アララギ」を率いた近代短歌の巨匠であるが、彼に、母の死を詠んだ一連がある。歌集『赤光《しゃっこう》』中の「死にたまふ母」一連である。

　死に近き母に添寝《そひね》のしんしんと遠田《とほだ》の③かはづ天に聞《きこ》ゆる

　のど赤き玄鳥《つばくらめ》ふたつ屋梁《はり》に④ゐて足乳根《たらちね》の母は死にたまふなり

誰もが知っている歌であろう。一首目は「死に近き母」をはるばる陸奥《みちのく》の実家に見舞い、添い寝をしている場面である。普段は気にもならない蛙の声が天にも届くかと思われるほどに聞こえてくる。決して騒がしい声ではなく、しんしんと天にも地にも沁《し》みいるような声である。一首が言っているのはそれだけのこと、まことに単純な事実だけを詠《うた》っている。二首目も、母がもう死のうとしている枕元、ふと見上げると喉《のど》の赤い燕《つばめ》が二羽、梁《はり》に留まっていた。ただそれだけである。

ここには「悲しい」とか「寂しい」とか、そのような茂吉の心情を表わす言葉は何一つ使われていないことに注意して欲しい。にもかかわらず、私たちはそのような形容詞で表わされる以上の、茂吉の深い内面の悲しみを感受することができる。考えてみれば不思議な精神作用である。文章の上では何も言われていない作者の感情を、読者はほとんど何の無理もなく感受することができているのである。

もしこれらの歌のなかに、茂吉の感情として「悲し」「寂し」などの形容詞が入っていたとするならば、一般的な感情としては理解できるが、それだけではけっしてその時の茂吉の悲しさ、寂しさを表現したものにはならないだろう。悲しい、寂しいという［⑤］的な感情の表現でしかないからである。「決して甲の特殊な悲しみをも、乙の特殊な悲しみをも現しません」と赤彦の言う通りである。

短歌では、作者のもっとも言いたいことは敢《あ》えて言わないで、その言いたいことをこそ読者に感じ取ってもらう。単純化して言えば、短詩型文学の本質がここにあると私は思っている。

これはかなり高度な感情の伝達に関する例であるが、私たちは自分の思い、感じたこと、思想などを表現するのに、［B］〈出来あいの言葉〉を使わずに、自分の言葉によって、自分の思いを、人に伝える。この大切さをもう一度確認しておきたいものだと思う。

ヤバイ、カワイイだけで通用していた社会は、すぐに卒業ということになり、いよいよ実社会へ出ることになる。ᵈシュウ職という課題が目の前にちらつきだすと、途端に言葉遣いが変わってくる。「オンシャは」などと言い慣れない言葉が飛び出すようになるのを見ているのは痛々しいことだ。

【国　語】〈四五分〉〈満点：一〇〇点〉

一、次の文章を読んで、後の問いに答えなさい。（問題文には一部変更がある）

　何を今ごろと言われそうだが、いわゆる若者言葉で、ヤバイという言葉の意味を聞いたときは正直驚いた。私たちが使ってきたニュアンスとはまったく逆。「あの試験どうもヤバイなあ」と言えば、落っこちそうだということだったはず。いつの間にか「このコーヒー、めっちゃヤバイ」が、すごく旨いというニュアンスになっていた。

　言葉が時代とともに変わっていくのはやむをえないことであり、とどめようもないところがある。いまとなっては「ら抜き言葉」の是非を云々《うんぬん》すること自体、どこか間が抜けていると感じるほどに、わずか20年ほどのあいだに「ら抜き言葉」が一般化してしまった。

　私自身はいまもはかない抵抗を続けていて、どうしても「見れる」とか「食べれる」などの「ら抜き言葉」は使えないし、使うつもりもないが、若者たちの「ヤバイ」には①それとは違った違和感と危惧《きぐ》を抱いている。「ヤバイ」が「旨い」「おもしろい」「かっこいい」「素敵だ」「気持ちいい」など、ほんらいかなりニュアンスの違った感覚、感情をすべてひっくるめて一語で代弁してしまうというところにまず引っかかる。

　ある感動を表現するとき、［ A ］「good!」一語で済ませてしまうのではなく、そこにニュアンスの異なったさまざまな表現があること自体が、文化なのである。「旨い」にしても、「おいしい」「まろやかだ」「コクがある」「とろけるようだ」などなど、どのように「旨い」かを表わすために、私たちのaセン人はさまざまに表現を工夫してきた。それが文化であり、民族の豊かさである。

　いつも、もってまわった高級な表現を使えというのではまったくないが、必要に応じて、自分自身が持ったはずの〈感じ〉を自分自身の言葉で表現する、そんな機会は、人生において必ず訪れるはずである。そんなときのために、私たちは普段は使わなくともさまざまな語《ご》彙《い》を用意しているのである。語彙は自然に増えるものではなく、読書をはじめとするさまざまな経験のなかで培われていくものである。すでに大野晋《おおのすすむ》氏の言葉を紹介したように、ひょっとしたら一生に一度しか使わないかもしれないけれど、それを覚悟で一つの語彙を自分のなかに溜め込んでおくことが、生活の豊かさでもあるはずなのだ。

　すべてが「ヤバイ」という*1符牒《ふちょう》で済んでしまう世界は、便利でbコウ率がいいかもしれないが、その便利さに慣れていってしまうことは、実はきわめて薄い文化的土壌のうえに種々の種を蒔《ま》くことに等しいのであるかもしれない。

　「ヤバイ」は多くの形容詞の凝縮体であると考えることができる。「ヤバイ」一語で済ませるのではなく、それを自分の側からもっと細かいニュアンスを含めた表現によって深めたいという話をしてきた。

　しかし、先にあげたさまざまの状態や感情を表わす言葉は、それでも一般的な、最大公約数的な意味を担った形容詞なのである。必ずしも、その人独自の表現というわけではなく、誰にも通用する表現法であることからは、「ヤバイ」とそんなに違ったものではないという反論も可能である。

　話が飛躍するようだが、近代の歌人に島木《しまき》赤彦《あかひこ》がいる。彼は*2アララ

一般

2022年度

解答と解説

《2022年度の配点は解答欄に掲載してあります。》

＜数学解答＞《学校からの正答の発表はありません。》

1 (1) ① -18 ② $\frac{a-12}{10}$ ③ $-20ab$ ④ $4-3\sqrt{2}$ (2) ① $\frac{1}{3}(x-3)^2$

② $(2x-1)(x-y)$ (3) ① $x=1$ ② $x=\pm\frac{2}{5}$ ③ $x=\frac{1\pm\sqrt{13}}{2}$

(4) $x=4$, $y=1$

2 12 **3** 500円 **4** 36° **5** 81° **6** プランAの方が700円安い

7 $\frac{1}{4}$ **8** 900g **9** 4 **10** (1, 5) **11** 4 **12** 31：4 **13** ア

○推定配点○

1 各4点×10((4)完答) **2**～**13** 各5点×12 計100点

＜数学解説＞

1 (小問群－数・式の計算，平方根，因数分解，一次方程式，二次方程式，連立方程式)

基本 (1) ① $4^2\div\frac{8}{3}\times(-3)=16\times\frac{3}{8}\times(-3)=2\times3\times(-3)=-18$

② $\frac{a-2}{2}-\frac{2a+1}{5}=\frac{5(a-2)-2(2a+1)}{10}=\frac{5a-10-4a-2}{10}=\frac{a-12}{10}$

③ $(5a-b)^2-(5a+b)^2=(25a^2-10ab+b^2)-(25a^2+10ab+b^2)=25a^2-10ab+b^2-25a^2-10ab-b^2=-20ab$

④ $\sqrt{8}(\sqrt{2}-3)+\sqrt{18}=\sqrt{16}-3\times2\sqrt{2}+3\sqrt{2}=4-6\sqrt{2}+3\sqrt{2}=4-3\sqrt{2}$

(2) ① $\frac{1}{3}x^2-2x+3=\frac{1}{3}x^2-\frac{6}{3}x+\frac{9}{3}=\frac{1}{3}(x^2-6x+9)=\frac{1}{3}(x-3)^2$

重要 ② $x(2x-1)-y(2x-1)$ $2x-1=\mathrm{A}$とおくと，$x\mathrm{A}-y\mathrm{A}=\mathrm{A}(x-y)$ Aを元に戻して，$(2x-1)(x-y)$

(3) ① $2x-0.3=0.5x+1.2$ 両辺を10倍して，$20x-3=5x+12$ $15x=15$ $x=1$

② $25x^2=4$ $x^2=\frac{4}{25}$ $x=\pm\sqrt{\frac{4}{25}}=\pm\frac{2}{5}$

③ $x^2-x-3=0$を2次方程式の解の公式を用いて解くと，

$x=\frac{-(-1)\pm\sqrt{(-1)^2-4\times1\times(-3)}}{2}=\frac{1\pm\sqrt{13}}{2}$

(4) $4x=7y+9$…①，$x+5y=9$…② ②の両辺を4倍すると，$4x+20y=36$…③ ①を③に代入すると，$(7y+9)+20y=36$ $27y=27$ $y=1$ ②に代入して，$x+5\times1=9$ $x=4$

重要 **2** (比例関数－反比例)

yがxに反比例するとき，対応するxとyの積は一定である。比例定数をaとすると，$x=6$のとき$y=-4$だから，$a=6\times(-4)=-24$ よって，$x=-2$のとき，$(-2)\times y=-24$ $y=12$

基本 **3** (方程式の応用－入館料と人数)

大人1人の入館料をx円，子ども1人の入館料をy円とすると，$3x+4y=4940$…① $x+2y=1980$…② ②の両辺を3倍すると，$3x+6y=5940$…③ ③－①から，$2y=1000$ $y=500$ 子ども1人の入館料は500円である。

4 (平面図形－正五角形，平行線)

正五角形の1つの内角の大きさは，$180^\circ\times(5-2)\div5=108^\circ$　△EADは頂角が108°の二等辺三角形だから，$\angle\mathrm{EAD}=(180^\circ-108^\circ)\div2=36^\circ$　AE//CFで錯角が等しいから，$\angle\mathrm{AFC}=\angle\mathrm{EAD}=36^\circ$(図1参照)

図1

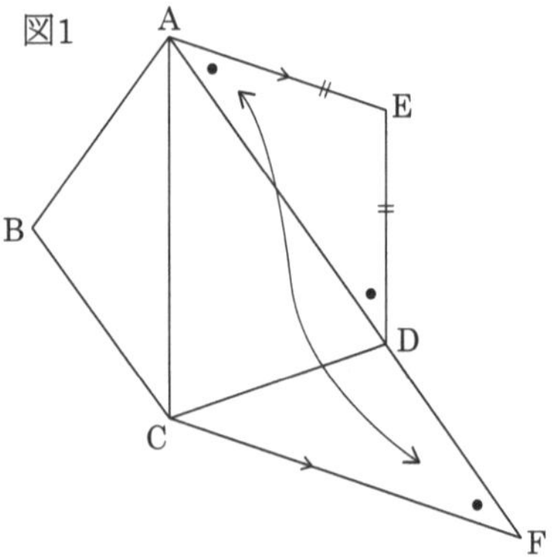

重要 5 (平面図形－平行線，三角形の外角)

図2より，直線CDと直線AB，直線EFとの交点をG，Hとすると，∠BCDは△ACBの外角で，三角形の外角はそのとなりにない2つの内角の和に等しいから，$\angle\mathrm{BCD}=\angle\mathrm{CGB}+\angle\mathrm{CBG}$　$\angle\mathrm{CGB}=80^\circ-20^\circ=60^\circ$　AB//EHだから錯角が等しく，$\angle\mathrm{DHE}=\angle\mathrm{CGB}=60^\circ$　また，$\angle\mathrm{DEH}=180^\circ-159^\circ=21^\circ$　∠CDEは△EDHの外角だから，$\angle x=\angle\mathrm{DHE}+\angle\mathrm{DEH}=81^\circ$

図2

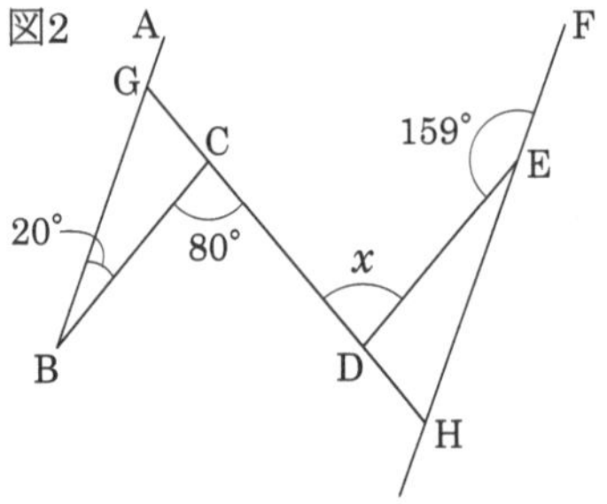

基本 6 (数量関係－通話時間と料金)

プランAの料金は，$4000+10\times120=5200$(円)　プランAの料金は60分を超えた分に通話料金がかかるから，$3500+40\times(120-60)=3500+2400=5900$(円)　よって，プランAの方が$5900-5200=700$(円)安い。

7 (確率－球の取り出し)

1回目の取り出し方が4通りあって，そのそれぞれに対して2回目の取り出し方が4通りずつあるから，取り出し方の総数は，$4^2=16$(通り)　2回の球の番号の合計が5となる取り出し方は，(1回目，2回目)＝(0，5)，(2，3)，(3，2)，(5，0)の4通りあるから，その確率は，$\frac{4}{16}=\frac{1}{4}$

8 (数量関係－比，ゴミの重さ)

Bが拾ったゴミの重さをbgとすると，$800:b=2:3$　$2b=2400$　$b=1200$　Cが拾ったゴミの重さをcgとすると，$\mathrm{B}:\mathrm{C}=1200:c=4:5$　$4c=6000$　$c=1500$　Dが拾ったゴミの重さをdgとすると，$1500:d=5:3$　$5d=4500$　$d=900$　Dは900g拾った。

重要 9 (一次関数のグラフ－傾きと切片)

x軸上の点のy座標は0である。よって点Aのx座標は，$0=2x+c$から，$2x=-c$　$x=-\frac{c}{2}$

点Aのx座標は，$0=-\frac{1}{2}x+c$から，$\frac{1}{2}x=c$　$x=2c$　線分ABの長さが10であることから，

$2c-\left(-\frac{c}{2}\right)=10$　$4c+c=20$　$5c=20$　$c=4$

重要 10 (関数・グラフと図形－交点の座標，線分の中点)

関数$y=\frac{1}{2}x^2$と$y=x+4$の交点のx座標は，方程式$\frac{1}{2}x^2=x+4$の解である。両辺を2倍して整理すると，$x^2-2x-8=0$　$(x+2)(x-4)=0$　$x=-2$，$x=4$　$x=-2$のとき$y=-2+4=2$　$x=4$のとき$y=4+4=8$　よって，2つの交点の座標は$(-2,\ 2)$，$(4,\ 8)$　2点を結ぶ線分の中点の座標は，2点のx座標の平均，y座標の平均として求められるから，$\left(\frac{-2+4}{2},\ \frac{2+8}{2}\right)=(1,\ 5)$

やや難 11 (式の値－2次方程式の解)

a，bは方程式$x^2-2x-2=0$の解なので，方程式のxに代入して式が成り立つ。よって，$a^2-2a-2=0$…①　$b^2-2b-2=0$…②　①と②を加えると，$a^2+b^2-2a-2b-4=0$　したがって，$a^2+b^2-2a-2b=4$

やや難 12 **(平面図形－平行線と線分の比，図形の面積の比)**

AB＝CDだから，AB：ED＝5：2　AB//EDなので，AF：EF＝BF：DF＝AB：ED＝5：2　△DEFと△BEFはDF，BFをそれぞれの底辺とみたときの高さが等しいから，△DEF：△BEF＝DF：BF＝2：5　△DEFの面積を2Sとすると，△BEF＝5S　△BDE＝7S　△BDEと△BCEはDE，CEをそれぞれの底辺とみたときの高さが等しいから，△BDE：△BCE＝DE：CE＝2：3　7S：△BCE＝2：3から，△BCE＝10.5S　よって，四角形BCEFと△DEFの面積の比は，(5S＋10.5S)：2S＝15.5：2＝31：4

13 **(その他の問題－論理的思考)**

花子さんが自分のカードをみて×であれば，太郎さんのカードが○であることがわかる。ところが花子さんは太郎君のカードがわからなかったのだから，花子さんのカードは×ではなかった。よって，花子さんのカードには○が書かれていた。太郎君は自分のカードに×が書かれていたなら，花子さんのカードが○だとわかるはずである。ところが太郎さんも「花子さんのカードはわからない」と言ったのだから，太郎さんのカードには○が書かれていた。よって，アが正しい。

★ワンポイントアドバイス★

4は，まずは正五角形の1つの内角の大きさを求める。8は比を利用してB，C，Dの順に重さを求める。9はx軸上の点のy座標が0であることを使う。11は解を方程式に代入して考える。12は平行線と線分の比の関係を利用するところから始める。

＜英語解答＞《学校からの正答の発表はありません。》

A・B　リスニング問題解答省略

C　1　(ア)　heard　(オ)　spoken　2　2番目　5　5番目　2　3　1　4　2
5　①　ウ　②　イ　③　ア　6　エ，オ

D　1　イ　2　エ　3　イ　4　イ　5　ウ　6　イ　7　ア　8　ア　9　イ
10　ウ

E　(1)　ク　(2)　イ　(3)　コ　(4)　ア　(5)　キ　(6)　エ　(7)　ウ　(8)　オ
(9)　カ　(10)　ケ

F　1　(g)randfather　2　(l)emon　3　(p)iano　4　(t)omorrow　5　(f)ish

G　1　2番目　オ　4番目　ア　2　2番目　オ　4番目　カ　3　2番目　オ　4番目　ウ
4　2番目　イ　4番目　キ　5　2番目　エ　4番目　ウ

○推定配点○

各2点×50(Cオ，G各完答)　計100点

＜英語解説＞(普通科)

A・B　リスニング問題解説省略。

C　**(読解問題・説明文：語形変化，語句整序，指示語，内容吟味)**

(大意)「ビッグ・アップル」とは合衆国で最も人口が多いニューヨーク市のあだ名で，ニューヨーク市はニューヨーク州にあるので，しばしば「ニューヨークのニューヨーク」と呼ばれ，速いペ

ースと終わりのない活動のために「眠らない街」とも呼ばれる。ニューヨーク市は文化，金融，メディアの世界の中心地で，そこを訪れたことがない人でも，その高層ビルやランドマークであるとわかる。毎年，6千万人を超える人がニューヨーク市とその名所を訪れる。自由の女神はフランスからの贈り物で，アメリカへの移民にとって自由の象徴である。世界貿易センターはニューヨーク市で最も高い建物だったが，2001年9月11日にテロリストたちが2機の飛行機を激突させて崩れた。3,000人近い人が亡くなり，世界中の航空の安全が変わった。ニューヨーク市の地域に最初に住んだのはアメリカ先住民で，16世紀初期にオランダの入植者が支配して，そこをニューアムステルダムと呼んだ。1664年，イギリス人が市を引き継ぎ，ニューヨークと名前を変えた。アメリカ独立戦争後，1776年にアメリカ人の市となり，急速に貿易の中心地となり，1790年までには合衆国最大の街になった。合衆国はさまざまな文化の国で，さまざまな文化の人々が住んでいるため，ニューヨーク市はその最もよい例である。エリス島は1892年から1954の間，最大の移民局だった。およそ25パーセントのニューヨーク市民が海外生まれで，800を超える言語が町中で話されている！

1　(ア)　Have you ~? の形なので現在完了＜have[has]＋過去分詞＞の文。過去分詞 heard にする。　(オ)　直前に are があること，主語が over 80 different languages「800を超える言語」で,「話されている」と受動態＜be動詞＋過去分詞＞にすると文意が成り立つことから，過去分詞 spoken にする。

2　(so) people who have never visited the city　　people「人々」の後に主格の関係代名詞 who を置き，have never visited the city「その街を訪れたことがない」を続ける。

3　下線部を含む文は,「1644年，イギリス人がその街を引き継ぎ，ヨーク公にちなんでそれをニューヨークと改名した」という意味。it が指すものはイギリス人が引き継ぎ，名前を変えたもので，took over の直後の the city(＝オランダ人が統治していたニューアムステルダム)を指すと考えると文意が成り立つ。

4　下線部は,「それは最も大きな街だった」という意味。＜比較級＋ than any other ＋名詞の単数形＞で「他のどの～よりも…」という意味を表すので，2が適切。1と3は文法的に不適切。

5　①　第1段落第8文「『自由の女神』は，フランスの人々から合衆国の人々への贈り物だった」から，ウを入れて「『自由の女神』は，フランスからの贈り物だった」とする。　②　第2段落第1文「ニューヨーク市の地域に最初に住んだ人々は，およそ5,000年前に来たアメリカ先住民だった」から，イを入れて「ニューヨーク市の地域に最初に住んだ人々は，アメリカ先住民だった」とする。　③　第2段落最終文の前半「ニューヨーク市民のおよそ25パーセントは海外で生まれた」から，アを入れて「ニューヨーク市民のおよそ25パーセントは外国で生まれた」とする。

6　ア　「『自由の女神』は安全の象徴だ」(×)　第1段落第9文の前半に,「『自由の女神』はアメリカへの新しい移民たちにとって自由の象徴だ」とあるので合わない。　イ　「エンパイアステートビルは2001年9月11日にテロリストたちによって破壊された」(×)　第1段落第10，11文「ツインタワー，すなわち世界貿易センターはニューヨーク市で最も高いビルだ。しかし，2001年9月11日にテロリストたちが2機の飛行機を激突させてそのタワーは崩れた」とある。テロリストの攻撃で破壊されたのはエンパイアステートビルではないので合わない。　ウ　「英語はニューヨーク市民によって使われているただ1つの言語だ」(×)　第2段落最終文の後半に,「800を超える言語が(ニューヨークの)町中で話されている」とあるので，合わない。　エ　「ニューヨーク市ではたくさんの映画が撮影される」(○)　第1段落第6文の前半,「たくさんの人気映画がそこ(＝ニューヨーク市)で撮影される」に合う。　オ　「ニューヨーク市にはたくさんの高層ビルと歴史的なランドマークがある」(○)　第1段落第6文の後半に，its many tall buildings and historical landmarks「その(=ニューヨーク市の)たくさんの高層ビルと歴史的なランドマーク」という記述に合う。 カ 「ニューヨーク市は世界で最もきれいな街だ」(×) ニューヨーク市がきれいな街であるという記述は本文にない。 キ 「およそ25パーセントのニューヨーク市民がエリス島に住んでいる」(×) エリス島については，第2段落最後から2文目に，「エリス島は1892年から1954年まで国の中で最大の移民局だった」とあり，また，第2段落最終文の前半に，「ニューヨーク市民のおよそ25パーセントは海外で生まれた」とある。「ニューヨーク市民のおよそ25パーセントがエリス島に住んでいる」ということではないので合わない。

基本 **D (語句選択補充問題：助動詞，不定詞，接続詞，関係代名詞，受動態)**

1 「私が子供だったとき，私は5年間大阪に住んでいた」 「子供だったとき」と過去のことを述べているので，過去形 lived が適切。

2 「今日が晴れていたら，私は買い物に行くことができるのに」 If の後のbe動詞が were なので仮定法の文。仮定法では動詞，助動詞を過去形にするので could go が適切。

3 「私の母はいつも私に部屋を掃除するように言った」 <tell +人+ to +動詞の原形>で「(人)に～するように言う」という意味を表す。

4 「あなたの学校では，だれがあなたに英語を教えていますか。／スミス先生です」 答える側が does と現在形で答えているので，問いの文も動詞は現在形。主語 Who は3人称単数扱いするので，teach に es が必要。

5 「この町には病院がない」 否定文中なので any を用いる。否定文中で any を用いると，「まったく～ない」という意味になる。

6 「彼女は電車に乗り遅れたので，学校に遅刻した」 「電車に乗り遅れた」ことが遅刻の理由になるので，so「だから」でつなぐ。

7 「このTシャツは私が着るには小さすぎる」 <too ～ to +動詞の原形>「…するにはあまりに～だ，あまりに～なので…できない」の構文。<to +動詞の原形>の主語を示す場合は，to の前に<for +人>を置いて表す。

8 「あなたの姉妹たちはイタリア料理が好きですか」 主語が複数なので，一般動詞の疑問文は<Do +主語+動詞の原形 ～?>の語順。

9 「前橋はその水，緑，詩で有名な町だ」 a city を先行詞として，後に関係代名詞を続けた文。be famous for ～ で「～で有名だ」という意味を表す。先行詞 a city が is famous の主語になり，「人」ではないので，関係代名詞は which を使う。

10 「そのベンチに座らないでください。ちょうどペンキを塗りました」 後半の文の主語 It は「ベンチ」のこと。paint は「～にペンキを塗る」という意味で，「ベンチ」は「ペンキを塗られる」のだから，受動態<be動詞+過去分詞>の文にする。

やや難 **E (会話文問題：語句選択補充)**

(大意) AがBに出身地を尋ね，Bはロサンゼルスの出身だが，今はサンフランシスコに住んでいると答える。次にAが実家に帰る頻度を尋ねると，Bは毎年3回帰るようにしていると答え，飛行機を利用するのは大変だが，帰省は大切だと言う。Aは車で帰省してはどうかと提案するが，Bは6時間も運転したくないと答える。

(1) Bが出身地を答えているので，Where を入れて「あなたはどこの出身ですか」という疑問文にする。

(2) Bが「毎年3回飛行機で家に帰るようにしている」と実家に帰る頻度を答えているので，How を入れて，「では，あなたは何回家に帰るのですか」という疑問文にする。how often は「何回，どれくらいの頻度で」と尋ねるときに用いる。

(3)・(4)　「飛行機で行くこと(Flying)は～で，空港はいつも…だが，それ(＝帰省すること)は私にとって大切なことだ」という文。but でつながれていることから，前半は飛行機や空港のマイナス面を述べていることがわかる。(3)に expensive「高価だ」，(4)にcrowded「混雑している」を入れると文意が成り立つ。

(5)・(6)・(7)　Why don't you ～? で「～してはどうですか」と相手に勧める表現になる。ここではBに車で帰省することを勧め，その利点を続けて述べている。(6)には it が主語で six hours「6時間」とあることから，「車で6時間しかかからない」という文意と考えられる。「～するのに(時間が)…かかる」は<It takes ＋時間＋ to ＋動詞の原形>で表すので，(6)には takes が入る。(7)の後に the two cities「その2つの町」とあるので，「(2つ)の間」の意味の between を入れると，「その2つの町の間を車で行くのに6時間しかかからない」という文になる。

(8)・(9)・(10)　Aの提案を聞いたBは，Six hours!「6時間だって！」と驚いている様子なので，この後には車でロサンゼルスへ帰省することに対して否定的な発言が続くと考えられる。(8)には may not に続く動詞が入るが，主語が You なので，mind「～を気にする，嫌がる」を入れると，「あなたは6時間運転することが嫌ではないかもしれない」という文になる。文の後半の主語は I なので，6時間運転することについては否定的な考えであることを表す文になる。feel like ～ing で「～したい気がする」という意味を表すので，feel を入れて，「私はそんなに長く運転したい気にはならない」という文にする。(10)を含む文の主語 It は「6時間運転すること」と考え，tiring「疲れる」を入れると文意が成り立つ。

F　**（語彙問題：英語の説明に合う語を書く問題）**

1　「あなたの父親か母親の父親」＝ grandfather「祖父」

2　「とても酸っぱい果汁の明るい黄色い果物」＝ lemon「レモン」

3　「黒と白のキーが並んでいる大きな楽器」＝ piano「ピアノ」

4　「今日の次の日」＝ tomorrow「明日」

5　「水中に住み，尾とひれがある生き物」＝ fish「魚」

重要 G　**（語句整序問題：助動詞，受動態，前置詞，不定詞，動名詞）**

1　My mother must be angry because my father came home (late last night.)
「～に違いない」は助動詞 must で表す。助動詞の後には動詞の原形がくるので，must be angry で「機嫌が悪いに違いない」となる。「父が昨夜遅く帰宅したものだから」は理由を表すので，because の後に「父が昨夜遅く帰宅した」という文を続ける。

2　All of the boys in the stadium are interested in (soccer.)　主語の「少年たちはみんな」は「少年たちのすべて」と考えて，all of the boys と表し，文頭に置く。その後に in the stadium を続けて，後ろから All of the boys を修飾する。「～に興味がある」は be interested in ～ で表す。

3　Our coffee maker is out of order.　「壊れている」は be out of order と表す。

4　I can't wait to meet my host family.　「早く会いたい」を「会うのを待つことができない」と言いかえて考える。can't wait の後に名詞的用法の不定詞 to meet を続けて表す。

5　(I) stay healthy by running every day.　stay には「(ある状態を)保つ」という意味があり，stay healthy で「健康を維持している」という意味になる。「～することによって」は，by の後に動名詞 running を続けて表す。

★ワンポイントアドバイス★

Eの対話文を完成させる問題は，読み進めながら空所に入る語を決めていこう。すぐに答えが見つからないものについては，対話の流れを考えながら最後にじっくり取り組んだ方が効率的である。

＜英語解答＞《学校からの正答の発表はありません。》

A・B　リスニング問題解答省略

C　1　(ア)　heard　(オ)　spoken　2　2番目　5　5番目　2　3　1　4　2
　5　①　ウ　②　イ　③　ア　6　エ，オ

D　1　イ　2　エ　3　イ　4　イ　5　ウ　6　イ　7　ア　8　ア　9　イ
　10　ウ

E　(1)　ク　(2)　イ　(3)　コ　(4)　ア　(5)　キ　(6)　エ　(7)　ウ　(8)　オ
　(9)　カ　(10)　ケ

F　1　ア　2　エ　3　エ　4　ウ　5　イ

G　1　(h)eadache　2　(v)egetable　3　(m)emory　4　(c)loud　5　(p)illow

○推定配点○

各2点×50(C6完答)　計100点

＜英語解説＞(英語科)

A・B　リスニング問題解説省略。

C　(読解問題・説明文：語形変化，語句整序，指示語，内容吟味)

(大意)「ビッグ・アップル」とは合衆国で最も人口が多いニューヨーク市のあだ名で，ニューヨーク市はニューヨーク州にあるので，しばしば「ニューヨークのニューヨーク」と呼ばれ，速いペースと終わりのない活動のために「眠らない街」とも呼ばれる。ニューヨーク市は文化，金融，メディアの世界の中心地で，そこを訪れたことがない人でも，その高層ビルやランドマークであるとわかる。毎年，6千万人を超える人がニューヨーク市とその名所を訪れる。自由の女神はフランスからの贈り物で，アメリカへの移民にとって自由の象徴である。世界貿易センターはニューヨーク市で最も高い建物だったが，2001年9月11日にテロリストたちが2機の飛行機を激突させて崩れた。3,000人近い人が亡くなり，世界中の航空の安全が変わった。ニューヨーク市の地域に最初に住んだのはアメリカ先住民で，16世紀初期にオランダの入植者が支配して，そこをニューアムステルダムと呼んだ。1664年，イギリス人が市を引き継ぎ，ニューヨークと名前を変えた。アメリカ独立戦争後，1776年にアメリカ人の市となり，急速に貿易の中心地となり，1790年までには合衆国最大の街になった。合衆国はさまざまな文化の国で，さまざまな文化の人々が住んでいるため，ニューヨーク市はその最もよい例である。エリス島は1892年から1954の間，最大の移民局だった。およそ25パーセントのニューヨーク市民が海外生まれで，800を超える言語が町中で話されている！

1　(ア)　Have you ~? の形なので現在完了＜have[has]＋過去分詞＞の文。過去分詞 heard にする。　(オ)　直前に are があること，主語が over 80 different languages「800を超

える言語」で,「話されている」と受動態<be動詞＋過去分詞>にすると文意が成り立つことから,過去分詞 spoken にする。

2 (so) people who have never visited the city　people「人々」の後に主格の関係代名詞 who を置き, have never visited the city「その街を訪れたことがない」を続ける。

3 下線部を含む文は,「1644年, イギリス人がその街を引き継ぎ, ヨーク公にちなんでそれをニューヨークと改名した」という意味。it が指すものはイギリス人が引き継ぎ, 名前を変えたもので, took over の直後の the city(＝オランダ人が統治していたニューアムステルダム)を指すと考えると文意が成り立つ。

4 下線部は,「それは最も大きな街だった」という意味。<比較級＋ than any other ＋名詞の単数形>で「他のどの～よりも…」という意味を表すので, 2が適切。1と3は文法的に不適切。

5 ① 第1段落第8文「『自由の女神』は, フランスの人々から合衆国の人々への贈り物だった」から, ウを入れて「『自由の女神』は, フランスからの贈り物だった」とする。　② 第2段落第1文「ニューヨーク市の地域に最初に住んだ人々は, およそ5,000年前に来たアメリカ先住民だった」から, イを入れて「ニューヨーク市の地域に最初に住んだ人々は, アメリカ先住民だった」とする。　③ 第2段落最終文の前半「ニューヨーク市民のおよそ25パーセントは海外で生まれた」から, アを入れて「ニューヨーク市民のおよそ25パーセントは外国で生まれた」とする。

6 ア 「『自由の女神』は安全の象徴だ」(×)　第1段落第9文の前半に,「『自由の女神』はアメリカへの新しい移民たちにとって自由の象徴だ」とあるので合わない。　イ 「エンパイアステートビルは2001年9月11日にテロリストたちによって破壊された」(×)　第1段落第10, 11文「ツインタワー, すなわち世界貿易センターはニューヨーク市で最も高いビルだ。しかし, 2001年9月11日にテロリストたちが2機の飛行機を激突させてそのタワーは崩れた」とある。テロリストの攻撃で破壊されたのはエンパイアステートビルではないので合わない。　ウ 「英語はニューヨーク市民によって使われているただ1つの言語だ」(×)　第2段落最終文の後半に,「800を超える言語が(ニューヨークの)町中で話されている」とあるので, 合わない。　エ 「ニューヨーク市ではたくさんの映画が撮影される」(○)　第1段落第6文の前半,「たくさんの人気映画がそこ(＝ニューヨーク市)で撮影される」に合う。　オ 「ニューヨーク市にはたくさんの高層ビルと歴史的なランドマークがある」(○)　第1段落第6文の後半に, its many tall buildings and historical landmarks「その(＝ニューヨーク市の)たくさんの高層ビルと歴史的なランドマーク」という記述に合う。　カ 「ニューヨーク市は世界で最もきれいな街だ」(×)　ニューヨーク市がきれいな街であるという記述は本文にない。　キ 「およそ25パーセントのニューヨーク市民がエリス島に住んでいる」(×)　エリス島については, 第2段落最後から2文目に,「エリス島は1892年から1954年まで国の中で最大の移民局だった」とあり, また, 第2段落最終文の前半に,「ニューヨーク市民のおよそ25パーセントは海外で生まれた」とある。「ニューヨーク市民のおよそ25パーセントがエリス島に住んでいる」ということではないので合わない。

基本 **D** **(語句選択補充問題：助動詞, 不定詞, 接続詞, 関係代名詞, 受動態)**

1 「私が子供だったとき, 私は5年間大阪に住んでいた」「子供だったとき」と過去のことを述べているので, 過去形 lived が適切。

2 「今日が晴れていたら, 私は買い物に行くことができるのに」 If の後のbe動詞が were なので仮定法の文。仮定法では動詞, 助動詞を過去形にするので could go が適切。

3 「私の母はいつも私に部屋を掃除するように言った」　<tell ＋人＋ to ＋動詞の原形>で「(人)に～するように言う」という意味を表す。

4 「あなたの学校では, だれがあなたに英語を教えていますか。／スミス先生です」　答える側が does と現在形で答えているので，問いの文も動詞は現在形。主語 Who は3人称単数扱いするので，teach に es が必要。

5 「この町には病院がない」　否定文中なので any を用いる。否定文中で any を用いると，「まったく～ない」という意味になる。

6 「彼女は電車に乗り遅れたので，学校に遅刻した」　「電車に乗り遅れた」ことが遅刻の理由になるので，so「だから」でつなぐ。

7 「このTシャツは私が着るには小さすぎる」　<too ～ to ＋動詞の原形>「…するにはあまりに～だ，あまりに～なので…できない」の構文。<to ＋動詞の原形>の主語を示す場合は，to の前に<for ＋人>を置いて表す。

8 「あなたの姉妹たちはイタリア料理が好きですか」　主語が複数なので，一般動詞の疑問文は<Do ＋主語＋動詞の原形 ～?>の語順。

9 「前橋はその水，緑，詩で有名な町だ」　a city を先行詞として，後に関係代名詞を続けた文。be famous for ～ で「～で有名だ」という意味を表す。先行詞 a city が is famous の主語になり，「人」ではないので，関係代名詞は which を使う。

10 「そのベンチに座らないでください。ちょうどペンキを塗りました」　後半の文の主語 It は「ベンチ」のこと。paint は「～にペンキを塗る」という意味で，「ベンチ」は「ペンキを塗られる」のだから，受動態<be動詞＋過去分詞>の文にする。

やや難 **E (会話文問題：語句選択補充)**

(大意) AがBに出身地を尋ね，Bはロサンゼルスの出身だが，今はサンフランシスコに住んでいると答える。次にAが実家に帰る頻度を尋ねると，Bは毎年3回帰るようにしていると答え，飛行機を利用するのは大変だが，帰省は大切だと言う。Aは車で帰省してはどうかと提案するが，Bは6時間も運転したくないと答える。

(1) Bが出身地を答えているので，Where を入れて「あなたはどこの出身ですか」という疑問文にする。

(2) Bが「毎年3回飛行機で家に帰るようにしている」と実家に帰る頻度を答えているので，How を入れて，「では，あなたは何回家に帰るのですか」という疑問文にする。how often は「何回，どれくらいの頻度で」と尋ねるときに用いる。

(3)・(4) 「飛行機で行くこと(Flying)は～で，空港はいつも…だが，それ(＝帰省すること)は私にとって大切なことだ」という文。but でつながれていることから，前半は飛行機や空港のマイナス面を述べていることがわかる。(3)に expensive「高価だ」，(4)にcrowded「混雑している」を入れると文意が成り立つ。

(5)・(6)・(7) Why don't you ～? で「～してはどうですか」と相手に勧める表現になる。ここではBに車で帰省することを勧め，その利点を続けて述べている。(6)には it が主語で six hours「6時間」とあることから，「車で6時間しかかからない」という文意と考えられる。「～するのに(時間が)…かかる」は<It takes ＋時間＋ to ＋動詞の原形>で表すので，(6)には takes が入る。(7)の後に the two cities「その2つの町」とあるので，「(2つ)の間」の意味の between を入れると，「その2つの町の間を車で行くのに6時間しかかからない」という文になる。

(8)・(9)・(10) Aの提案を聞いたBは，Six hours!「6時間だって！」と驚いている様子なので，この後には車でロサンゼルスへ帰省することに対して否定的な発言が続くと考えられる。(8)には may not に続く動詞が入るが，主語が You なので，mind「～を気にする，嫌がる」を入れると，「あなたは6時間運転することが嫌ではないかもしれない」という文になる。文の後半の主語は I なので，6時間運転することについては否定的な考えであることを表す文になる。feel like ~ing で「～したい気がする」という意味を表すので，feel を入れて，「私はそんなに長く運転したい気にはならない」という文にする。(10)を含む文の主語 It は「6時間運転すること」と考え，tiring「疲れる」を入れると文意が成り立つ。

F （語句選択補充問題：語い）

1 「2021年9月18日，4人の宇宙旅行者は無事に軌道への旅を終えた。彼らは専門的な宇宙飛行士を乗船させずに地球を回った最初の乗員である」　＜序数＋名詞＋ to ＋動詞の原形＞で「～番目に…した―」という意味を表す。専門的な宇宙飛行士なしの初めての宇宙旅行について述べた文なので，first を入れる。

2 「2021年11月13日，藤井聡太は4つ目の主要な将棋のタイトルを勝ち取った。19歳3か月で，彼は伝統的なボード・ゲームの8つの主要タイトルのうちの4つを持つ最年少の棋士となった」　史上最年少で将棋の4つの主要タイトルを取った藤井聡太について述べているので，youngest を入れる。

3 「Kポップのグループ，BTSは国連総会のSDGモーメントの開会式で特別なスピーチをした。これは，そのバンドが国連でスピーチを行った3度目である。」　韓国のバンドBTSが国連で行った3度目のスピーチについて述べた文。「国連」は United Nations と表す。nation は「国」，unite は「団結させる」という意味。

4 「『鬼滅の刃』はマンガに基づいたアニメ映画で，日本で興行成績が最も速く100億円に達した映画となった」　日本のアニメ映画について述べた文。「アニメ映画」は，animated movie と表す。

5 「IOC会長のトーマス・バッハは東京オリンピックの閉会を宣言した。次の夏の大会は2024年にパリで行われる」　2024年に開かれる夏のオリンピックについて述べた文。2024年の大会は Paris「パリ」で行われる。

重要 G （語彙問題：英語の説明に合う語を書く問題）

1 「頭の中に感じる痛み」＝ headache「頭痛」
2 「食料として食べられる植物またはその一部」＝ vegetable「野菜」
3 「物事，場所，経験などを覚える人の能力」＝ memory「記憶(力)」
4 「空にある，とても小さな水滴から形成される白や灰色の固まり」＝ cloud「雲」
5 「床に就いているときに頭を休めるクッション」＝ pillow「まくら」

★ワンポイントアドバイス★

Fの語句選択補充問題は，時事的な内容の英文を読んで空所に適する語を選ぶ問題で，話題になっていることについての知識は不要。英文の細かいところが理解できなくても，部分的な意味をつかみ，空所に入る語の意味を考えよう。

＜理科解答＞《学校からの正答の発表はありません。》

1 問1 (1) 揺れ　(2) 遠い　問2 同位体　問3 焦点　問4 ア 壁　イ 足
問5 電池　問6 接眼レンズ　問7 イ，オ

2 問1 15時[14時]　問2 気温が急に下がっているから。　問3 イ　問4 (1) ア
(2) オ　(3) イ　(4) カ

3　問1　胎生　　問2　外骨格　　問3　A　ホ乳類
　C　両生類　　G　軟体動物　　問4　D
　問5　ア，オ，カ
4　問1　75J　　問2　75J　　問3　0.25W　　問4　2倍
　問5　75J　　問6　右図　　問7　向き

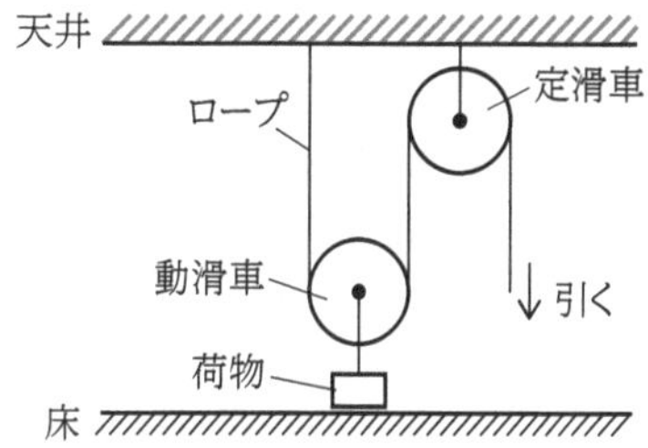

5　問1　赤褐色→黒色　　問2　イ
　問3　$2Cu+O_2 \rightarrow 2CuO$　　問4　CO_2　　問5　(1)　ウ
　(2)　空気　　問6　$Fe_2O_3+2Al \rightarrow Al_2O_3+2Fe$

○推定配点○

1　各2点×8(問4完答)　　2～5　各3点×28(3問5完答)　　計100点

＜理科解説＞

1　(小問集合－各分野の要点)

問1　それぞれの観測地点での揺れの大きさは，10階級の震度で表される。多くの場合，震源からの距離が遠い(長い)方が，震度が小さい。

問2　原子核は陽子と中性子でできている。同じ種類の元素ならば，陽子の数は必ず同じだが，中性子の数はちがう場合もある。このような原子を同位体という。

問3　太陽光のような平行な光は，凸レンズを通ると一つの点に集まる。この点を焦点という。

重要　問4　水泳のターンで，足が壁を押す力の向きは，初めに泳いでいた向きである。また，壁が足を押す力の向きは，ターン後に向かう向きである。

問5　化学変化によって電気を取り出す装置を，電池という。電解質の水溶液と，性質の異なる2種類の金属を使って組み立てる。

問6　下にある対物レンズを早くつけると，その後に鏡筒の中にほこりが入ってしまう可能性がある。上にある接眼レンズを早くつけ，最後に下の対物レンズをつけた方が，鏡筒にほこりが入る可能性が少ない。

問7　双子葉類の根は，太い主根のまわりを，細い側根がとりまいている。一方，単子葉類の根は，同じくらいの太さのひげ根が多数ある。仮根は，コケ植物やソウ類にあり，根のはたらきをしていないつくりである。毛根は植物の根ではなく，動物の体毛の一部である。

2　(気象・天気－気温と湿度の変化)

問1・問2　図を見ると，14時から15時にかけて，気温が約31℃から約26℃へ急激に下がっており，湿度が約58％から約88％へ急激に上がっている。この時間帯に雨が降ったと考えられる。気温または湿度のどちらかについて書けばよい。なお，実際の当日の前橋のアメダスの記録によれば，14時22分から15時24分まで雨が降っている。

問3　この日は，前橋での最高気温が約32℃だから，真夏の天気図を選べばよく，太平洋高気圧が張り出しているイが正しい。アは関東地方の近くに台風があり，ウは低気圧と前線があるので，前橋では，雨が短時間ではなく，ずっと降っているはずである。

重要　問4　日本列島の夏は，太平洋高気圧からの暖かく湿った南風が吹くため，蒸し暑い天気が続く。強い日射によって地面が温められ，上昇気流が生じると，積乱雲が発達して，雷をともなう強い雨が降ることが多い。県内でも特に山沿いは積乱雲が発達しやすい。

3　(動物の種類－動物の分類と特徴)

問1　Aは，体表が毛でおおわれており，ホ乳類である。よって，①は卵ではなく子を産むふえ方，つまり胎生である。

問2　②のからだをおおう硬い殻は，外骨格である。無セキツイ動物のうち，外骨格を持ち，からだやあしが節に分かれているFは節足動物であり，昆虫類や甲殻類などが含まれる。

問3　Aは問1の通り，ホ乳類である。Cは，子と親で呼吸の方法が違うので，両生類である。Gは，外とう膜でおおわれている軟体動物であり，イカやタコ，二枚貝や巻貝などが含まれる。

重要　問4　A～Eのセキツイ動物のうち，産卵数が最も多いのは魚類である。魚類は一生の間ずっと，えら呼吸をするので，Dがあてはまる。なお，Bはハ虫類，Eは鳥類である。

問5　Fは，問2の通り節足動物であり，甲殻類のア，オと，昆虫類のカがあてはまる。イ，ウは軟体動物，エはハ虫類である。

4　(エネルギー－荷物を持ち上げる仕事)

重要　問1　100g＝0.1kgの物体にはたらく重力が1Nだから，5.0kgの物体にはたらく重力は50Nである。これを引き上げる力も50Nなので，1.5m引き上げる仕事は，50N×1.5m＝75(J)となる。

問2　仕事の原理より，斜面を使って引き上げても，真上に持ち上げるのと仕事は変わらない。よって，問1と同じく75Jとなる。

問3　仕事率は，1秒あたりの仕事である。5分＝300秒だから，仕事率は75J÷300秒＝0.25(W)となる。

問4　問1で荷物に加えた力は50Nである。問2で荷物に加えた力をx〔N〕とする。仕事は問1と問2で同じ75Jだが，問2は引いた長さが3.0mだから，x〔N〕×3.0m＝75(J)より，x＝25Nとなる。よって，求める値は，50÷25＝2(倍)となる。あるいは，問1は問2と比べ，仕事が同じなのに，3.0mの半分の1.5mの長さだけ動かしたので，力は2倍と考えてもよい。

問5　傾斜が緩やかになると，必要な力は減るが，距離は長くなるので，結局，仕事の原理から仕事は問1，問2と変わらない。よって，75Jである。

問6　動滑車を使えば，力の大きさを半分にできる。よって，荷物を動滑車に取り付け，ロープの一端を天井に固定し，もう一端は動滑車を通し，定滑車で向きを変えるような図を描けばよい。

問7　定滑車を使うと，力の大きさは変わらないが，引っ張りやすい向きに変えることができる。人力の場合は，下向きに引っ張る方が，体重を掛ければよいので引っ張りやすい。

5　(酸化・還元－銅の酸化と還元)

問1　純粋な銅Cuの色は赤褐色であり，10円硬貨の色に近い。これを実験1のように急速に加熱すると，黒色の酸化銅CuOとなる。

問2　銅の質量に酸素の質量が加わるので，およそ1.25倍に増加する。

重要　問3　銅はCu，気体の酸素はO_2，酸化銅はCuOなので，化学式を並べると，$Cu+O_2 \rightarrow CuO$となる。しかし，これでは酸素原子Oの数が合わない。そこで，CuとCuOの数を2個ずつに増やすと，$2Cu+O_2 \rightarrow 2CuO$となって，CuもOも数が合うので完成である。

問4　石灰水を白く濁らせたのは二酸化炭素CO_2である。酸化銅に含まれていた酸素が，混合した炭素Cと結びついて，二酸化炭素ができる。

問5　(1)　ピンチコックは，ゴム管を挟んで，気体や液体が通れないようにする器具であり，選択肢のウの写真があてはある。アは試験管ばさみ，イはピンセット，ウはスタンドに付けるクランプである。　(2)　実験2では，酸化銅と炭素が反応し，酸化銅のうちの酸素が外れて銅ができた。しかし，そのままにしておくと試験管に外から空気が入ってきて，まだ温度が高い銅が再び酸素と結びついてしまう。そこで，空気が入らないように，ピンチコックでゴム管を止める必要がある。

やや難　問6　問題文に沿って化学式を並べると，$Fe_2O_3+Al \rightarrow Al_2O_3+Fe$となる。しかし，これでは酸素原子Oの数は合うが，FeとAlの数が合わない。そこで，AlとFeの数を2個ずつに増やすと，Fe_2O_3＋2Al→Al_2O_3＋2Feとなって，すべて数が合うので完成である。このテルミットの反応は，多くの熱が発生するので，溶接などに使われる。

★ワンポイントアドバイス★

各分野の基本事項は，ことばを覚え込むだけでなく，しくみや原理をよく理解しながら学習しておこう。

＜社会解答＞《学校からの正答の発表はありません。》

Ⅰ　問1　サハラ　問2　(国名)　南アフリカ共和国　(政策)　アパルトヘイト　問3　④
問4　ナイル　問5　(国名)　コートジボアール　(経済)　モノカルチャー経済
問6　ア

Ⅱ　問1　奥羽　問2　エ　問3　ウ　問4　(記号)　C　(県名)　山形県
問5　(1)　東日本大震災　(2)　1　(3)　ウ

Ⅲ　問1　(1)　エ　(2)　ユーロ　問2　人物名　リンカン　記号　イ　問3　C
問4　カラーテレビ　問5　ア　問6　(1)　廃藩置県　(2)　征韓　(3)　自由民権運動　(4)　イ　(5)　大日本帝国　(6)　E　15　F　25　(7)　津田梅子
(8)　小村寿太郎　(9)　イギリス　(10)　文明開化　(11)　b　神戸　c　横浜
(12)　イ，ウ，オ　(13)　(人物名)　福沢諭吉　(著書)　学問のすゝめ
(14)　八幡製鉄所

Ⅳ　問1　財　問2　300　問3　希少　問4　ケネディ　問5　製造物責任法　問6　8
問7　①

Ⅴ　問1　4→1→2→3　問2　商業　問3　C　問4　(1)　直接　(2)　一括
(3)　POS　(4)　バーコード　(5)　管理

○推定配点○

各2点×50(Ⅱ問4，Ⅲ問2・問6(6)・(11)・(13)各完答)　計100点

＜社会解説＞

Ⅰ　(地理—世界の地形・気候，産業，諸地域の特色：アフリカ)

問1　アフリカ大陸では，赤道から離れるにつれて乾燥帯の草原，やがては砂漠へと移り変わる。北回帰線付近には，世界最大のサハラ砂漠が広がっている。

重要　問2　南アフリカ共和国は，アフリカの一番南に位置し，気候が温暖で，BRICSの1つに数えられるほど経済的に豊かな国である。しかし，この国では長い間アパルトヘイト(人種隔離政策)がおこなわれ，少数の白人が多数の黒人を支配してきた。

問3　B(ボツワナ)は，乾燥帯のうちやや雨が降るステップ気候でイにあたる。なお，ボツワナは南半球にあるので，夏と冬が逆になっている。C(コートジボアール)は，熱帯のうち雨季と乾季があるサバナ気候でウにあたる。D(エジプト)は，乾燥帯のうちほとんど雨が降らず砂や岩の砂

漠が広がる砂漠気候でアにあたる。

問4　アフリカ北東部を流れるナイル川は世界最長で，古くから内陸と海岸を結ぶ重要な交通路となっている。

問5　カカオの生産世界第1位はコートジボアール，2位インドネシア，3位ガーナである。このような限られた農産物や鉱産資源の生産や輸出にかたよった経済をモノカルチャー経済という。

問6　アは人為的国境の説明であり，誤りとなる。

Ⅱ　(日本の地理—地形，気候，産業，諸地域の特色：東北地方，地形図)

基本　問1　東北地方の中央には奥羽山脈が南北にはしり，これを境に日本海と太平洋へ向かって川が流れ，盆地や平野を形づくっている。

問2　加賀友禅は石川県金沢市を中心に生産されている手書き友禅染であり，東北地方の伝統工芸品ではない。

問3　ウは西岸海洋性気候の説明である。

問4　さくらんぼの生産全国第一位は山形県である。

問5　(1)　東日本大震災は，2011年3月11日14時46分頃に発生した。三陸沖の宮城県牡鹿半島の東南東130km付近で，深さ約24kmを震源とする大地震で，陸前高田市も壊滅的な被害を受けた。　(2)　縮尺が25000分の1の地形図であるから，この地形図上の4cmの実際の距離は，4×25000＝100000cm＝1000m＝1kmとなる。　(3)　老人ホーム，郵便局，発電所の地図記号は，いずれも三陸自動車道の南側に確認できるが，博物館の地図記号は，この地形図には見当たらない。

Ⅲ　(日本と世界の歴史－政治・外交史，社会・経済史，各時代の特色，文化史，日本史と世界史の関連)

問1　石油危機(1973年)，国際連合発足(1945年)，第2次世界大戦勃発(1939年)，ソ連解体(1991年)である。

問2　アメリカ大統領リンカンは南北戦争中，ゲティスバーグにおける演説で「人民の，人民による，人民のための政治」をうったえた。

問3　Aは上海，Bは台湾，Cは香港である。地図帳で確認しておこう。

問4　白黒テレビと正反対に伸びてきたカラーテレビは急激な普及率を示している。

問5　資料5を分析すると，エネルギー消費量において，輸送分野の割合は，工業・産業，家庭・商業の割合よりも低いので，アが誤りとなる。

問6　(1)　明治政府は，1871年に地方制度を改め，藩を廃止して県を置く廃藩置県を断行し，各県には県令(後の県知事)を，東京，大阪，京都の3府には府知事を中央から派遣して治めさせた。　(2)　当時，明治政府内には，武力で朝鮮に開国を迫る征韓論が高まり，1873年，いったん使節の派遣が決定されたが，欧米から帰国し，国力の充実が先であると考えた岩倉具視や大久保利通は派遣を中止させた。　(3)　明治六年の政変で政府を去った板垣退助などは，藩閥政府を
重要　批判し，国民が政治に参加する権利の確立をめざす自由民権運動を広めていった。　(4)　1890年北里柴三郎は破傷風の血清療法を発見した。1918年野口英世はエクアドルで黄熱病の病原体を研究した。樋口一葉は文学者で『たけくらべ』を書いた。黒田清輝は印象派の画家で「湖畔」などの作品を描いている。　(5)　大日本帝国憲法は，天皇が定めるという形の欽定憲法であった。
基本　(6)　帝国議会が開設された当時，衆議院議員の選挙権があたえられたのは，直接国税を15円以上おさめる満25歳以上の男子だけであったため，総人口の1.1％(約45万人)にすぎなかった。　(7)　津田梅子は，岩倉使節団の最年少で，わずか7歳であった。　(8)　関税自主権の一部は1894年に回復されていたが，完全回復は，1911年に小村寿太郎外相がアメリカとの条約に調印して実現した。　(9)　日本は日露戦争の直前である1902年にイギリスと日英同盟を結んだ。

(10) 明治初期，近代化をめざす政策によって，欧米の文化がさかんに取り入れられ，都市を中心に伝統的な生活が変化し始めた。これを文明開化とよんだ。 (11) 文明開化の窓口になったのは，海外との交通の接点であった横浜や神戸などの開港地であった。 (12) 文明開化では，役所や学校をはじめ，れんがづくりなどの欧米風の建物が増え，道路には人力車や馬車が走り，ランプやガス灯がつけられた。洋服やコート，帽子が流行し，牛肉を食べることが広がるなど，衣服や食生活も変化した。また，欧米と同じ太陽暦も採用された。選択肢の中の地球儀，カステラは南蛮貿易によって入ってきたものなので誤りとなる。 (13) 文明開化の中で，欧米の近代思想も紹介され，人間の平等と民主主義をわかりやすく説いた福沢諭吉の『学問のすゝめ』や中江兆民が紹介したルソーの思想は，人々に大きな影響をあたえ，やがて，自由民権運動につながっていった。 (14) 八幡製鉄所は，日清戦争で得た賠償金をもとに建設され，1901年に操業を開始した。国内での鉄鋼生産の大部分をしめ，日本の重化学工業発展の基礎となった。

Ⅳ (公民―経済生活，その他)

問1 財とは，衣服，食べ物，住居，家電製品，車などの，目にみえる有形の商品のことである。一方，サービスとは，人が手助けしてくれる行為で，目に見えない無形の商品のことでである。

問2 この文章の中では，運賃がサービスとなる。

問3 希少とは，少なくて珍しいこと，きわめてまれなこと，という意味があり，経済用語としては需要に対して，財やサービスが不足した状態をいう。

問4 消費者が消費者としての権利を持つことをはじめて明確にしたのはアメリカのケネディ大統領で，1962年に彼がかかげた設問にある消費者の四つの権利は，諸外国の消費者行政に大きな影響を与えた。

問5 製造物責任法(PL法)は，欠陥商品によって消費者が被害を受けた際の企業の責任について定めた法律である。

やや難 問6 例えば，訪問販売や電話勧誘などで商品を購入した場合，8日以内であれば，売買が成立した後でも，買い手側から無条件に契約を取り消すことができるクーリング・オフ制度がある。

問7 無料商法とは，商品やサービスなどを無料で提供して客を集めるが，無料であるのは初回や一定期間のみであり，集まった客に対して商品を有料で販売し，料金を徴収する商法である。設問の文章は，この無料商法の事例である。

Ⅴ (公民―経済生活，憲法，政治のしくみ)

問1 野菜の流通経路は，生産農家→集荷団体→卸売業者→せり→仲卸売業者→小売業者→消費者となる。このうち，卸売業者から仲卸売業者までは卸売市場の中での取引となる。

問2 商品の流通を専門的に行うのが，卸売業や小売業などの商業の活動である。

やや難 問3 近年，コンビニエンスストアの販売額は，小売業としては1番の伸びを示している。

問4 流通の合理化を図るために，業者は様々な工夫を行う。資金力のあるデパートやスーパーマーケットなどの大規模小売業者は，商品を生産者から直接仕入れ，流通費用の節約をはかろうとしている。フランチャイズ店やチェーン店では商品の一括仕入れによって費用の削減を図っている。

★ワンポイントアドバイス★

Ⅰ問5 「モノ」は1つ，「カルチャー」は「耕作」という意味で，「単一耕作：モノカルチャー」という言葉がつくられた。 Ⅴ問4 バーコードを読み取るPOSシステムが蓄積したデータをもとに商品の販売動向分析ができる。

＜国語解答＞《学校からの正答の発表はありません。》

一　問一　a　不愛想　　b　しろもの　　c　みそ　　d　かたよ　　問二　A　ア　　B　オ　C　エ　　問三　(例)　美術館で絵を見る際にプレートを見る人と見ない人がいること。　問四　イ　　問五　タイトルを無　　問六　ウ　　問七　作品を観賞～に解釈する　問八　ア　　問九　エ

二　問一　a　生涯　　b　いちよう　　c　ろうどく　　d　嘆願　　e　賢　　問二　Ⅰ　エ　Ⅱ　ウ　　Ⅲ　ア　　問三　擬態語　　問四　ウ　　問五　勉強のできる子をかわいがるとか，美しい子をひいきにする(こと。)　　問六　ウ　　問七　女王に仕える侍女のような態度　　問八　人間を差別してはいけないということ　　問九　(例)　自分の席ではなく，教室の隅にすわらせた。　　問十　イ

三　問一　①　イ　　②　ウ　　③　エ　　④　ア　　問二　①　いみじゅう　　②　おうむ　③　いなか　　④　えし　　問三　但だ人語の響きを聞く。　　問四　ア

○推定配点○

一　問一・問二　各2点×7　　問四・問六・問八・問九　各3点×4　　他　各4点×3

二　問一～問三　各2点×9　　問四・問六・問七・問十　各3点×4　　他　各4点×3

三　各2点×10　　　計100点

＜国語解説＞

一　(論説文－漢字の読み書き，脱文・脱語補充，接続語，指示語，文脈把握，内容吟味，要旨)

問一　a 「不愛想」は，親しみや好意が感じられない態度のこと。「不」を「ブ」と読む熟語はほかに「不器用」「不用心」「不気味」「不細工」など。音読みはほかに「フ」。　b 「代物(しろもの)」は，もの，品物，という意味。訓読みは「しろ」のほかに「か(える)」「か(わる)」「よ」。音読みは「ダイ」「タイ」。熟語は「代表」「交代」など。　c 「見初める」は，一目見て好きになること。「見」の訓読みは「み(える)」「み(せる)」「み(る)」。「見覚え」「見違える」「見栄え」などと使われる。音読みは「ケン」。熟語は「見解」「見識」など。　d 「偏」の音読みは「ヘン」。熟語は「偏狭」「偏向」など。

問二　A　直前に「その名を知りたいという欲求は切実であろう」とあり，直後で「その名を知ったとき，……ますます輝いてくるのではないか」と付け加えているので，累加を表す「そして」が入る。　B　直前に「結晶作用はないだろう」と打ち消しているのに対し，直後では「ある魔力をもっていることは，間違いない」としているので，逆接を表す「しかし」が入る。　C　直前の「逆の不安」について，直後で「……そのとき言葉に従って音楽を聴いているのではないか，という不安がよぎる」と説明されているので，言い合え・説明を表す「すなわち」が入る。

問三　直後に「美術館に行って絵を見ていると……」と具体的な経験が示されており，「このプレートに対する態度で，観衆たちは二群に分かれるように見える」としている。プレートを見る人と見ない人の二群に分かれることを「タイトルに関する」「身近な経験」としているので，具体的には，美術館で絵を見る時にプレートを見る人と見ない人がいることを示せばよい。

問四　直後に「こだわりが垣間見える」とあることに着目する。前に示されている「プレートには目もくれない。静かに絵だけを見つめ続ける。……かれ／彼女の禁欲的な態度」を「こだわり」とする文脈なので，イが適切。

問五　「審美派(タイトル拒絶派)」については，「しかし……」で始まる段落に「決然として審美派

を宣言するひともいる」とあり，「タイトルを無視して，《自由な空間》を展開することこそ，真の，そして純粋な作品観賞だ，というのである。」と説明されている。

問六　直前の「タイトルを知らないと不安になる」と並立する内容が入る。後に「その作者との一致を『確認したい』というのは，自分の観賞体験が『間違っていない』という安心を得たいからに相違ない」と説明されているので，ウの「作者との一致を確認したい」が適切。

問七　直後で「近年の美学上の常識的な教え」と言い換えられており，直後に「作品を観賞するときに作者の制作意図は考えなくてよろしい，作品だけが問題である，それを感ずるままに味わい，細心にしかし虚心に解釈する(66字)」と説明されている。

やや難　問八　直前の段落の「タイトルを知って音楽を聴く方が作品の理解が深まると認めつつ，しかし，そのとき言葉に従って音楽を聴いているのではないか，という不安がよぎる。不安なのは，それが音楽の聴き方として《不純》なものと思えるからである。一方，そう思いつつ，それでもタイトルは絶対必要だと言うひともいる。しかし，他方には，決然として審美派を宣言するひともいる」という「結果」を指すので，アが適切。

問九　エは，「片方の立場の正しさを強調」という部分が合致しない。本文は，「タイトル」について，「教養派(タイトル肯定派)」と「審美派(タイトル拒絶派)」二つに分けて論を進めており，「かれらの意見は，知識ではなく経験を背景として提起されたものだろう。……言い換えればわれわれの社会生活の中にその美学が浸透していた，ということにほかならない」としており，筆者は，どちらかを正しいとするような考えは示していない。

二　**(随筆－漢字の読み書き，語句の意味，表現技法，情景・心情，文脈把握，内容吟味，大意)**

問一　a 「涯」を使った熟語はほかに「天涯」「境涯」など。訓読みは「はて」。　b 「一様」は，全部同じ様子であること。「様」を使った熟語はほかに「様子」「様相」など。訓読みは「さま」。　c 「朗」を使った熟語はほかに「朗報」「明朗」など。訓読みは「ほが(らか)」。　d 「嘆」を使った熟語はほかに「嘆息」「感嘆」など。訓読みは「なげ(かわしい)」「なげ(く)」。　e 「賢」の音読みは「ケン」。熟語は「賢人」「賢明」など。

問二　Ⅰ 「無性に」は，むやみに，やたらに，という意味。　Ⅱ 「甚だ」は，非常に。たいそう，という意味。　Ⅲ 「そっけない」は，相手に対する思いやりや愛想がない様子なので，アの「冷たく」が適切。「『知らんもん』」と，冷たく突き放す言い方である。

問三　「ピョコピョコ」は，小さな子どもたちが頭を下げて挨拶する様子を言語化したものなので，「擬態語」が適切。「擬態語」は，物事の様子や状態を，それにふさわしい音で表した語。「擬声語(擬音語)」は，動物の鳴き声や物音などを真似て表した語。

やや難　問四　前に「わたしには異性よりも，生徒の方がより魅力的であった」とあり，後には「子供たちは無性にかわいかった」とあるのでウが適切。ピョコピョコ頭を下げる健気な姿や走って帰って行く後姿を見るだけで涙ぐんでしまうほど，その親たちを羨ましいと思ってしまうほど，生徒たちがかわいかったのである。

問五　「目をかける」と同様のことは，「ひいきにする」と言い換えられていることに着目する。直前の段落に「よく勉強できる子をかわいがるとか，美しい子をひいきするとか言って，受持ちの教師の悪口をいう母親たちが今もいる」とあるので，解答欄に合わせて「勉強できる子をかわいがるとか，美しい子をひいきする(こと)」とする。

問六　直前に「国語の時間に，突然立ち上がって，気をつけ！　と号令をかけた人志君」とあり，直後には「さっきから運動場で古川先生が四年生に号令をかけていられた。その号令に気をとられた人志君，たまらなくなって，自分も号令をかけてみたくなったのだろう」とある。「頭をかく」は，恥ずかしいときや照れたときなどに頭に手をやって軽くかくことなので，「恥ずかしく思っている」とするウが適切。

問七　芳子が「『知らんもん』」と冷たく言う場面に「他の子供たちは，いわば女王に仕える侍女のような態度で，何の口出しもしない」とあるので，「女王に仕える侍女のような態度(14字)」を抜き出す。

問八　「今身に染みて覚えなければならないこと」と同様のことは，「わたしは……」で始まる段落に「少女のうちにしっかりと胸に刻みこんで欲しかった」と表現されていることに着目する。直前に「貧しいとか，成績が悪いとかいうことで，人間を差別してはいけないということを」とあるので，「人間を差別してはいけないということ(17字)」を抜き出す。

問九　「罰」については，前に「とうとうその日は，芳子を教室の隅にすわらせたまま自分の席には戻さなかった」と表現されている。

やや難　問十　「考えてみると……」で始まる段落に「利口なだけにすぐに芳子はわたしの気持ちをわかってくれたはずであった。……期待する余り，三日間もその席にすわらせなかったのは，行き過ぎであった」とある。芳子の賢さを考えれば，行き過ぎた指導などすることはなかったのだと顧みる様子が描かれているので，「もっと生徒のことを信用する教師であれば良かった」とするイが適切。

三　(慣用句，仮名遣い，返り点，書き下し分，故事成語)

問一　①「腹を割る」は，隠し事をせずに本心を残さず打ち明けること。　②「腹をくくる」は，どのような結果になろうとうろたえまいと，覚悟を決めること。　③「腹が黒い」は，心の中に悪だくみを持つ性格である，という意味。　④「腹をさぐる」は，人が心の中で何を考えているのかを，それとなくうかがうこと。

問二　①「いう(iu)」は，「ゆー(yu)」と発音するので，「じう(ziu)」は「じゅー(zyu)」と発音し，現代仮名遣いでは「じゅう」となるので，「いみじう」は「いみじゅう」となる。
②「あう(au)」は「おー(o)」と発音し，現代仮名遣いでは「おう」となるので，「あうむ」は「おうむ」となる。　③「ゐ」は，現代仮名遣いでは「い」となるので，「ゐ」を「い」に直して，「いなか」とする。　④「ゑ」は，現代仮名遣いでは「え」となるので，「ゑ」を「え」に直して「えし」とする。

問三　「一・二点」は，一を読んだ後に二を読むので，「但・人・語・響・聞」の順になり，送り仮名をつけて「但だ人語の響きを聞く。(ただじんごのひびきをきく。)」となる。

問四　レ点の付いている字は一字返って読むので，「覆・水・盆・返・不」の順になり，送り仮名をつけて「覆水盆に返らず」と読む。

★ワンポイントアドバイス★

現代文の読解は，言い換え表現や指示内容を抽出するだけでなく，要約する練習もしておこう！　国語知識は，漢字・語句・文法のほか，仮名遣いや返り点なども含め，幅広い出題に備えよう！

学業特別奨学生

2022年度

解　答　と　解　説

《2022年度の配点は解答欄に掲載してあります。》

＜数学解答＞《学校からの正答の発表はありません。》

1　(1)　①　-16　②　$\dfrac{6}{a}$　③　$8\sqrt{3}$　④　11　(2)　①　$2ab(3a^2-b+7)$

②　$(x+4)(x-12)$　(3)　①　$x=5$　②　$x=3,\ 5$　③　$x=\dfrac{5\pm\sqrt{41}}{8}$

(4)　$x=-2,\ y=2$

2　22　3　6g　4　$4\sqrt{2}$　5　$a=4$　6　6　7　16日　8　12個

9　10通り　10　60　11　18°　12　$y=7x-26$　13　$D\left(2,\ \dfrac{4}{3}\right)$

○推定配点○

1　各4点×10((4)完答)　2～13　各5点×12　計100点

＜数学解説＞

1　(小問群－数・式の計算，平方根，式の展開，因数分解，一次方程式，二次方程式，連立方程式)

基本　(1)　①　$-4\times3-2^2=-12-4=-16$

②　$12a^2b\div(2ab)^3\times(-2b)^2=12a^2b\div8a^3b^3\times4b^2=\dfrac{12a^2b\times4b^2}{8a^3b^3}=\dfrac{6}{a}$

③　$\sqrt{48}-\dfrac{9}{\sqrt{3}}+7\sqrt{3}=4\sqrt{3}-\dfrac{9\sqrt{3}}{3}+7\sqrt{3}=4\sqrt{3}-3\sqrt{3}+7\sqrt{3}=8\sqrt{3}$

④　$(2\sqrt{5}-3)(3+2\sqrt{5})=(2\sqrt{5}-3)(2\sqrt{5}+3)=(2\sqrt{5})^2-3^2=20-9=11$

基本　(2)　①　$6a^3b-2ab^2+14ab=2ab(3a^2-b+7)$

②　和が-8，積が-48の2数は4と-12だから，$x^2-8x-48=(x+4)(x-12)$

(3)　①　$x-\dfrac{5-x}{2}=5$　両辺を2倍すると，$2x-(5-x)=10$　$2x-5+x=10$　$3x=15$　$x=5$

②　$3x^2-24x+45=0$　両辺を3で割って，$x^2-8x+15=0$　$(x-3)(x-5)=0$　$x=3,\ 5$

③　$4x^2-5x-1=0$を2次方程式の解の公式を用いて解くと，

$$x=\frac{-(-5)\pm\sqrt{(-5)^2-4\times4\times(-1)}}{2\times4}=\frac{5\pm\sqrt{25+16}}{8}=\frac{5\pm\sqrt{41}}{8}$$

(4)　$4x-3y=-14$…①，$3x+7y=8$…②とする。①×7から，$28x-21y=-98$…③　②×3から，$9x+21y=24$…④　③＋④から，$37x=-74$　$x=-2$　②に代入して，$-6+7y=8$　$7y=14$　$y=2$

重要　2　(方程式の応用－人数と個数)

あめの個数をxとする。$(x-2)$個のあめが4個ずつ配れる生徒がいたことになるから，生徒の人数は$\dfrac{x-2}{4}$(人)　$(x+8)$個あれば6個ずつ配れるから，生徒の人数は，$\dfrac{x+8}{6}$(人)　よって，$\dfrac{x-2}{4}=\dfrac{x+8}{6}$　両辺を12倍すると，$3(x-2)=2(x+8)$　$3x-6=2x+16$　$x=22$　あめは22個あった。

3 (方程式の応用－おもりの個数と重さ)

おもりAの1個の重さをxg，おもりBの1個の重さをygとすると，$5x+5y=70$…①　$6x+13y=70\times2=140$…②　①の両辺を5で割って13をかけると，$13x+13y=14\times13$…③　③－②から，$13x-6x=14\times13-14\times10$　$7x=14\times3$　$x=6$　おもりAの1個の重さは6g

4 (式の値－平方根，因数分解)

$x^2-y^2=(x+y)(x-y)$　$x+y=(\sqrt{2}+1)+(\sqrt{2}-1)=2\sqrt{2}$　$x-y=(\sqrt{2}+1)-(\sqrt{2}-1)=2$　よって，$x^2-y^2=2\sqrt{2}\times2=4\sqrt{2}$

5 (関数－yはxの2乗に比例する関数，変域)

$y=-3x^2$のxの変域が$-2\leqq x\leqq a$であり，$x=2$のとき$y=-3\times(-2)^2=-12$だから，$x=a$のときに$y=-48$となる。$-48=-3x^2$　$x^2=16$　$x=\pm4$　yの最大値が0であることからaの値は正である。よって，$a=4$

重要 **6 (平面図形－台形，平行線と線分の比)**

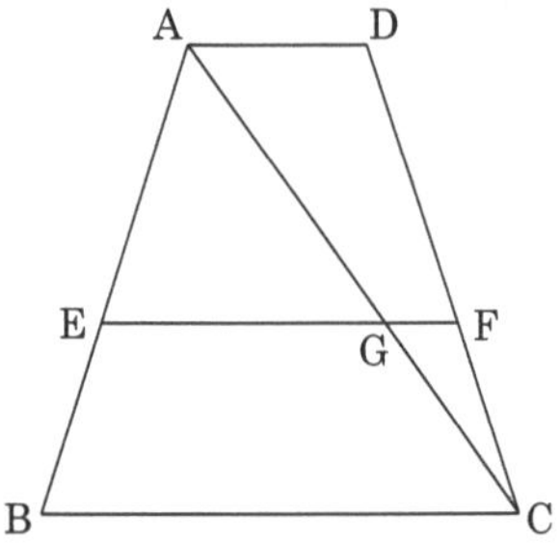

対角線ACを引き，AC上にAG：GC＝3：2となる点Gをとると，AE：AB＝AG：GC，∠Aは共通なので，2組の辺の比とその間の角が等しいから，△AEG∽△ABC　よって，∠AEG＝∠ABCなので，EG//BC//AD　△CFGと△CADについても同様なので，FG//AD//BC　よって，EG，FGは直線EF上にあり，EF//AD//BC

EG：BC＝AE：AB＝3：5だから，EG：8＝3：5　$\mathrm{EG}=\frac{24}{5}$

GF：AD＝CF：CD＝2：5だから，GF：3＝2：5　$\mathrm{GF}=\frac{6}{5}$

よって，$\mathrm{EF}=\frac{24}{5}+\frac{6}{5}=6$

7 (方程式の応用－曜日と日付)

木曜日の日付の数字をxで表すと，日曜日から順に，$x-4$，$x-3$，$x-2$，$x-1$，x，$x+1$，$x+2$となる。その和が105になるとき，$(x-4)+(x-3)+(x-2)+(x-1)+x+(x+1)+(x+2)=105$　$7x-7=105$　$7x=112$　$x=16$　よって，16日である。

8 (比例関数－反比例，自然数)

yがxに反比例するとき，対応するxとyの値の積は一定である。$x=-8$のときに$y=-9$となる関係では，比例定数をaとすると，$a=(-8)\times(-9)=72$　よって2数の自然数の積が72となる値を求めればよい。$72=1\times72=2\times36=3\times24=4\times18=6\times12=8\times9$　したがって，(1，72)，(2，36)，(3，24)，(4，18)，(6，12)，(8，9)，(9，8)，(12，6)，(18，4)，(24，3)，(36，2)，(72，1)の12個ある。

やや難 **9 (場合の数－個数の分け方)**

りんごを1個買ったときは(なし，もも)＝(1，4)，(2，3)，(3，2)，(4，1)　りんごを2個買ったときは(なし，もも)＝(1，3)，(2，2)，(3，1)　りんごを3個買ったときは(なし，もも)＝(1，2)，(2，1)　りんごを4個買ったときは(なし，もも)＝(1，1)　よって，4＋3＋2＋1＝10(通り)

重要 **10 (平面図形－平行線と線分の比，面積の比，面積)**

MD//BCなので，BN：DN＝CN：MN＝BC：DM＝2：1　△BCNと△DCNはBN，DNをそれぞれの底辺とみたときの高さが共通だから，△BCN：△DCN＝BN：DN＝2：1　48：△DCN＝2：1　△DCN＝24　△DCNと△DMNはCN，MNをそれぞれの底辺とみたときの高さが共通だから，△DCN：△DMN＝CN：MN＝2：1　24：△DMN＝2：1　△DMN＝12　したがって，四角形ABNMの面積は，△ABD－△DMN＝△CDB－△DMN＝(△BCN＋△DCN)－△DMN＝(48＋24)－12＝60

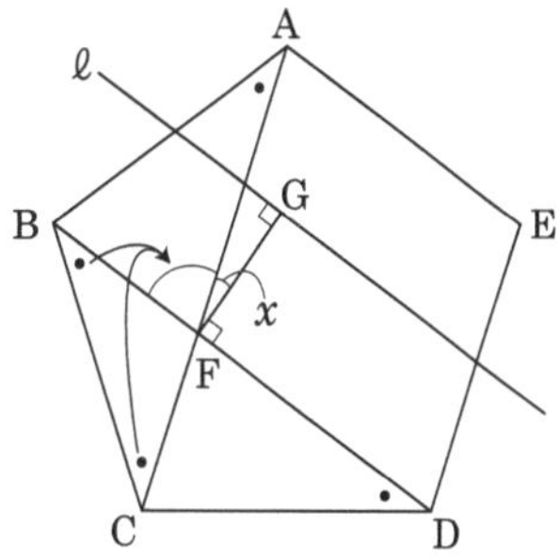

11 (平面図形－正五角形，平行線，三角形の外角，角度)

対角線ACとBDの交点をFとし，Fから直線ℓに引いた垂線をFGとする。正五角形の1つの内角の大きさは$180^\circ\times(5-2)\div5=108^\circ$であり，△ABC，△BCDは頂角が108°の二等辺三角形何なので，$\angle BCA=\angle CBD=(180^\circ-108^\circ)\div2=36^\circ$　∠AFBは△BFCの外角だから∠FCBと∠FBCの和に等しく，$36^\circ+36^\circ=72^\circ$　よって，$\angle x=90^\circ-72^\circ=18^\circ$

12 (関数・グラフと図形－中点の座標，三角形の面積の等分)

BCの中点をMとすると，線分の中点のx座標，y座標は線分の両端のx座標の平均，y座標の平均として求められるから，点Mの座標は，$\left(\frac{1+7}{2},\ \frac{1+3}{2}\right)=(4,\ 2)$　A(5，9)なので，直線AMの傾きは，$\frac{9-2}{5-4}=7$　$y=7x+b$とおいて(4，2)を代入すると，$2=28+b$　$b=-26$　よって，△ABCの面積を2等分する直線の式は，$y=7x-26$

重要 13 (関数・グラフと図形－正方形，座標)

放物線のグラフはy軸について対称なので，点Dのx座標をdとすると，点Cのx座標は$-d$である。また，点Aと点D，点Bと点Cはそれぞれx座標が等しい。よって，$A\left(d,\ \frac{4}{3}d^2\right)$，$B\left(-d,\ \frac{4}{3}d^2\right)$，$C\left(-d,\ \frac{1}{3}d^2\right)$，$D\left(d,\ \frac{1}{3}d^2\right)$　よって，$AB=d-(-d)=2d$，$AD=\frac{4}{3}d^2-\frac{1}{3}d^2=d^2$　四角形ABCDは正方形なのでAB=AD　よって，$2d=d^2$　$d^2-2d=0$　$d(d-2)=0$　dは0ではないから，$d=2$点Dのy座標は，$y=\frac{1}{3}\times2^2=\frac{4}{3}$　$D\left(2,\ \frac{4}{3}\right)$

★ワンポイントアドバイス★

2は生徒数またはあめの個数を文字で表す。5はグラフの概形を書いて考えるとよい。8はxとyの積が一定。11は等しい角に印をつけてみよう。13は点Dのx座標を文字で表す。

＜英語解答＞《学校からの正答の発表はありません。》

A・B　リスニング問題解答省略

C　1 would　2 3　3 ② one of　③ in front of　4 3　5 ア T　イ F　ウ F　エ F　オ F

D　1 ウ　2 ア　3 エ　4 イ　5 エ　6 エ　7 イ　8 エ　9 イ　10 エ

E　1 (1) ウ　(2) カ　(3) ア　(4) オ　(5) イ　2 (6) カ　(7) ウ　(8) イ　(9) オ　(10) エ

F　1 2番目 ア　4番目 イ　2 2番目 ウ　4番目 ク　3 2番目 イ　4番目 カ　4 2番目 オ　4番目 ア　5 2番目 キ　4番目 オ

G　1 (m)ask　2 (b)utter　3 (f)ever　4 (p)rincipal　5 (a)ctor

○推定配点○

各2点×50(F各完答)　計100点

＜英語解説＞(普通科)

A・B リスニング問題解説省略。

C **(読解問題・説明文：語形変化，語句補充，内容吟味，語い)**

(大意) エリザベス女王2世は，1926年4月21日にロンドンで生まれたが，ほとんどの人はエリザベスがイギリスの女王になるだろうとは思わなかった。エリザベスはリリベットというあだ名で，王室の特別な利点のために，人生の最初の10年を楽しんだ。エリザベスと妹のマーガレットは家庭で教育を受けた。子供のとき，エリザベス女王はよい女の子で，彼女がした悪事の1つはテディーベアを階段に投げ落としたことだった。人々は彼女を見に集まり，彼らは彼女がするすべてのことに関心を持った。彼女の誕生日のプレゼントの一覧は新聞にも載った。エリザベスが10歳のときに父親のジョージが王になった。彼女は次に女王になる立場だったので，公式の昼食会や夕食会に出席して，スピーチの間中座り，だれにでも親切にしなくてはならなかった。彼女はまた，外国語と歴史を学ばなくてはならなかったが，彼女の助言者たちの考えにより，彼女は料理の仕方，掃除の仕方，そして磨き方も教わった。1952年，彼女はイギリスの女王になった。彼女はコーギー犬の愛好家で，彼女が10代のときに受け取った最初のコーギー犬の30匹を超える子孫を2018年まで育てた。彼女は馬と乗馬も大好きで，競馬に行っていた。エリザベスはまた，推理小説を読んだり，クロスワードパズルに取り組んだり，テレビでレスリングまで見たりして楽しんだ。女王になって以来，彼女は多くの国を訪れた。彼女は中国とロシアを訪れた，イギリス史上最初の君主だった。

1 下線部を含む文は most people が主語，did not think が動詞，think の後に<that ＋主語＋動詞>「～ということ」が続いた形。文全体の動詞(did not think)が過去形のとき，その後の that 以下も過去形にするという決まりがあるので，will を過去形 would にする。

2 「王室の一員であるというすべての特別な利点」と「人生の最初の10年を楽しんだ」をつなぐ語として，「原因・理由」を表す for「～のために」が適切。

3 ② 「(複数のもの・人)のうちの1つ[人]」は，<one of ＋名詞の複数形>で表す。 ③ 「(位置関係を表して)～の前に」は in front of で表す。

4 空所を含む文の直前では，「彼女はまた，外国語とたくさんの歴史を学ばなくてはならなかった」と王室の子女にふさわしい学習の状況が述べられ，空所の直後では，「彼女の助言者たちは彼女があまり自分が重要人物であると感じることを望まなかったので，彼女は料理の仕方，掃除の仕方，そして磨き方も教わった」と，一般家庭で学ぶことまで学んだことが述べられている。空所の前後が対照的な内容なので，However「しかし」でつなぐのが適切。

5 ア 「エリザベスはおよそ70年間，イギリスの女王である」(T) 第3段落最終文から，エリザベスが女王になったのは1952年であることがわかる。現時点(2022年)から約70年前のことなので，合っている。 イ 「エリザベスの父親，ジョージは10歳のときに王になった」(F) 第3段落第1文から，ジョージが国王になったときにエリザベスが10歳だったことがわかるので，合わない。 ウ 「ウィローはエリザベスが飼った最初のコーギー犬の名前だ」(F) 第4段落第2文から，ウィローはエリザベスが最初に飼ったコーギー犬の子孫であることがわかるので，合わない。 エ 「エリザベスは，馬が好きではないが競馬に行く」(F) 第4段落第3文から，エリザベスは犬の他に馬も好きだったことが述べられているので，合わない。 オ 「エリザベスは女王として一度もロシアに行かなかった」(F) 最終段落最終文から，エリザベスは女王としてロシアを訪問したことがわかるので，合わない。

基本 **D** **(語句選択補充問題：助動詞，前置詞，接続詞，不定詞，関係代名詞，比較，分詞，受動態，現在完了)**

1 「A：手伝っていただけますか。／B：すみませんが，できません。私は今，とても忙しいのです」 Aの発言に対して，Bが「できません」と言っていることから，Aは手伝ってくれるように頼んだと考えられる。Could you ～? でていねいに依頼する表現になる。

2 「A：あなたは昨夜，何時に寝ましたか。／B：午後11時です」 Aが「何時に」と尋ねているので，Bは「午後11時(に寝ました)」と答える。「(時刻)に」は at で表す。

3 「あなたがホテルに着いたときに私に電話をしてください」 when は「～するときに」の意味の接続詞で，後に<主語＋動詞>が続く。また，「時」を表す接続詞の後は未来のことでも動詞は現在形で表すので，arrive が適切。

4 「私たちは私たちの家にスーザンを迎えてとてもうれしい」 We are very happy という文に文法的に続けることができるのは，不定詞の to welcome のみ。感情の原因・理由を表す副詞的用法。

5 「これは彼が私に話した本だ」 he 以下が直線の the book を後ろから修飾する形。he told me about the book「彼はその本について私に話した」という文の the book が前に出たと考え，told me を入れる。

6 「トムは3人の中でいちばん上手に踊ることができる」 空所の後に「3人の中で」とあるので，最上級の文にする。アとウは比較級，イは原級。

7 「私の父は朝食にゆで卵を料理した」 文の動詞は cooked なので，空所に eggs を修飾する語句を入れて，cooked の目的語にする。boil は「ゆでる」という意味の動詞で，「卵」は「ゆでられる」のだから，過去分詞 boiled にする。boiled eggs「ゆでられた卵」＝「ゆで卵」ということ。

8 「この机は子供たちには動かせない。それは重過ぎる」 主語が This desk で by children とあるので受動態の文と考える。「動かされる」は be moved で，これに「可能」の意味の助動詞 can が入る。受動態に助動詞を入れるときはbe動詞の前に助動詞を置いてbe動詞は原形 be になる。後の文の内容から，否定文 cannot be moved が適切。

9 「あなたは1週間に何回テニスの練習をしますか」「～につき」は冠詞 a[an] で表す。how many times a week で「1週間に(つき)何回」という意味になる。

10 「あなたは遅いです。私は1時間待っています」 ある過去の時点から動作が続いていることを表すときは，現在完了進行形<have[has] been ＋動詞の～ing形>で表す。

重要 E （会話文問題：語句選択補充）

1 （大意） 電話でAがBはいるか尋ねると，B本人が出る。Aが明日，エマの誕生パーティーに行くか尋ねると，Bはエマに何をあげたらよいかわからないと言う。Aが昼食後に一緒に買い物に行くか尋ねると，Bは宿題をしているところなので，5時ごろでどうかと尋ねる。Aはそれで問題ないので，駅の隣の書店で会おうと提案する。 (1) 電話に出ているのが自分自身であることを伝えるときは，～ speaking. と言う。 (2) 直後に to give her とあることから，what を入れて「彼女に何をあげればよいか」とすると文意が成り立つ。 (3) for を「～のために」と目的を表す意味と考え，present を入れると go shopping for a present で「プレゼントを買いに行く」となり，文意が成り立つ。 (4) 会話の流れから，直後の five は「5時」と考える。時刻の前に入れる語として適切なので around「～ころ」。 (5) 空所を含む文は，「～で会おう」と会う場所を伝えていると考えられる。直後に to があることから，next to ～「～の隣の[で]」とすると文意が成り立つ。

2 （大意） 放課後，AがBに週末の予定を尋ねると，Bは家族とフランスへ行くのでわくわくしていると答える。Aが週末の間だけ行くのか尋ねると，Bは金曜日の午後に出発して翌週の土曜日に帰ると言う。Aがパリで何をするのか尋ねると，Bはまだ予定はないが美術館を訪れると答え，地元の食べ物も楽しみだと言う。Aは楽しい滞在を，と伝える。 (6) doing の目的語が入る。空所に anything を入れると，直後の special「特別な」と合わせて「何か特別なこと」という意味になり，文意が成り立つ。 (7) Bは週末に家族とフランスへ行くと言った後で，今の気持ちを述べていると考えられる。フランスへ行くことについての気持ちとして，excited「わくわくしている」を入れると会話の流れに合う。 (8) 空所を含む文の直前で，Bは「1週間くらいそこに滞在する」と言っているので，空所に leaving を入れて，「私たちは金曜日の午後に出発して，翌週の土曜日に帰ってくる」と具体的な日程を述べる文にする。 (9) 空所に語を入れなくても「私たちには予定がない」と文が成立するので，「予定がない」に合う修飾語を考える。yet「まだ」を入れると自然な文になる。 (10) look forward to ～ で「～を楽しみにする」という意味になる。are があるので looking を入れて，are looking forward to ～「～を楽しみにしている」という現在進行形の文にする。

やや難 **F (語句整序問題：現在完了，分詞，動名詞，受動態，関係代名詞)**

1 (I) have had a severe cold for the past two weeks. have a cold「風邪をひいている」を継続用法の現在完了にした文。severe は「(病状などが)ひどい」と言う意味で，名詞 cold の前に置く。past は「過去の」という意味の形容詞。the past two weeks で「過去の二週間」，つまり「この二週間」という意味になる。

2 (The) man speaking on the stage is my grandfather. 「ステージの上で話しているの」は「ステージの上で話している男性」と考えて，the man を後ろから「ステージの上で話している」が修飾するように，現在分詞 speaking を使って speaking on the stage を man の後に続ける。この後に文の動詞 is を置く。

3 Fastening your seat belt is important for (your safety.) 「シートベルトをしめること」が主語。fastening を fasten「(ベルトなどを)しめる」の動名詞として使い，Fastening your seat belt で始める。

4 (Noah was angry) because he was looked down on (by his junior colleague.) 「彼(＝ノア)は後輩から見下されたので」と考えて，because で後半を始める。look down on ～ で「～を見下す」という意味を表し，これを受動態で表して he was looked down on を because の後に続ける。

5 Maebashi is the city that I was (born in.) that を関係代名詞として使い，the city の後に I was born in と続ける。be born で「生まれる」の意味。I was born in the city という文の the city が先行詞として前に出た形で，in が最後に残る。

G (語彙問題：英語の説明に合う語を書く問題)

1 「顔の一部またはすべてを覆うもので，そこを隠したり守るために着けられる」＝ mask「マスク」

2 「クリームから作られるやわらかくて黄色い食品で，調理やパンに広げて塗るために使われる」＝ butter「バター」

3 「通常よりも高い体温の人の医学上の状態」＝ fever「熱」

4 「学校の責任を負っている教師」＝ principal「校長先生」 in charge of ～「～に責任がある」

5 「特に職業として，舞台やテレビや映画で演じる人」＝ actor「俳優」

★ワンポイントアドバイス★

Gの語彙問題では，英語の説明を日本語に直して考える必要はない。1の「顔を覆うもの」，2の「やわらかくて黄色い食品」のように，部分部分の意味がつかめれば，解答可能なものもある。

＜英語解答＞《学校からの正答の発表はありません。》

A・B　リスニング問題解答省略

C　1　would　2　3　3　②　one of　③　in front of　4　3　5　ア　T
イ　F　ウ　F　エ　F　オ　F

D　1　ウ　2　ア　3　エ　4　イ　5　エ　6　エ　7　イ　8　エ　9　イ
10　エ

E　1　(1)　ウ　(2)　カ　(3)　ア　(4)　オ　(5)　イ　2　(6)　カ　(7)　ウ
(8)　イ　(9)　オ　(10)　エ

F　1　(a)lone　2　(a)ppear　3　(a)broad　4　(r)eceived　5　(s)ymbol

G　1　ウ　2　イ　3　ウ　4　ア　5　イ

○推定配点○

各2点×50　計100点

＜英語解説＞(英語科)

A・B　リスニング問題解説省略。

C　**(読解問題・説明文：語形変化，語句補充，内容吟味，語彙)**

(大意)　エリザベス女王2世は，1926年4月21日にロンドンで生まれたが，ほとんどの人はエリザベスがイギリスの女王になるだろうとは思わなかった。エリザベスはリリベットというあだ名で，王室の特別な利点のために，人生の最初の10年を楽しんだ。エリザベスと妹のマーガレットは家庭で教育を受けた。子供のとき，エリザベス女王はよい女の子で，彼女がした悪事の1つはテディーベアを階段に投げ落としたことだった。人々は彼女を見に集まり，彼らは彼女がするすべてのことに関心を持った。彼女の誕生日のプレゼントの一覧は新聞にも載った。エリザベスが10歳のときに父親のジョージが王になった。彼女は次に女王になる立場だったので，公式の昼食会や夕食会に出席して，スピーチの間中座り，だれにでも親切にしなくてはならなかった。彼女はまた，外国語と歴史を学ばなくてはならなかったが，彼女の助言者たちの考えにより，彼女は料理の仕方，掃除の仕方，そして磨き方も教わった。1952年，彼女はイギリスの女王になった。彼女はコーギー犬の愛好家で，彼女が10代のときに受け取った最初のコーギー犬の30匹を超える子孫を2018年まで育てた。彼女は馬と乗馬も大好きで，競馬に行っていた。エリザベスはまた，推理小説を読んだり，クロスワードパズルに取り組んだり，テレビでレスリングまで見たりして楽しんだ。女王になって以来，彼女は多くの国を訪れた。彼女は中国とロシアを訪れた，イギリス史上最初の君主だった。

1　下線部を含む文は most people が主語，did not think が動詞，think の後に<that ＋ 主語＋動詞>「～ということ」が続いた形。文全体の動詞(did not think)が過去形のとき，その後の that 以下も過去形にするという決まりがあるので，will を過去形 would にする。

2 「王室の一員であるというすべての特別な利点」と「人生の最初の10年を楽しんだ」をつなぐ語として，「原因・理由」を表す for「～のために」が適切。

3 ② 「(複数のもの・人)のうちの1つ[人]」は，<one of ＋名詞の複数形>で表す。 ③ 「(位置関係を表して)～の前に」は in front of で表す。

4 空所を含む文の直前では，「彼女はまた，外国語とたくさんの歴史を学ばなくてはならなかった」と王室の子女にふさわしい学習の状況が述べられ，空所の直後では，「彼女の助言者たちは彼女があまり自分が重要人物であると感じることを望まなかったので，彼女は料理の仕方，掃除の仕方，そして磨き方も教わった」と，一般家庭で学ぶことまで学んだことが述べられている。空所の前後が対照的な内容なので，However「しかし」でつなぐのが適切。

5 ア 「エリザベスはおよそ70年間，イギリスの女王である」(T) 第3段落最終文から，エリザベスが女王になったのは1952年であることがわかる。現時点(2022年)から約70年前のことなので，合っている。 イ 「エリザベスの父親，ジョージは10歳のときに王になった」(F) 第3段落第1文から，ジョージが国王になったときにエリザベスが10歳だったことがわかるので，合わない。 ウ 「ウィローはエリザベスが飼った最初のコーギー犬の名前だ」(F) 第4段落第2文から，ウィローはエリザベスが最初に飼ったコーギー犬の子孫であることがわかるので，合わない。 エ 「エリザベスは，馬が好きではないが競馬に行く」(F) 第4段落第3文から，エリザベスは犬の他に馬も好きだったことが述べられているので，合わない。 オ 「エリザベスは女王として一度もロシアに行かなかった」(F) 最終段落最終文から，エリザベスは女王としてロシアを訪問したことがわかるので，合わない。

基本 D (語句選択補充問題：助動詞，前置詞，接続詞，不定詞，関係代名詞，比較，分詞，受動態，現在完了)

1 「A：手伝っていただけますか。／B：すみませんが，できません。私は今，とても忙しいのです」 Aの発言に対して，Bが「できません」と言っていることから，Aは手伝ってくれるように頼んだと考えられる。Could you ～? でていねいに依頼する表現になる。

2 「A：あなたは昨夜，何時に寝ましたか。／B：午後11時です」 Aが「何時に」と尋ねているので，Bは「午後11時(に寝ました)」と答える。「(時刻)に」は at で表す。

3 「あなたがホテルに着いたときに私に電話をしてください」 when は「～するときに」の意味の接続詞で，後に<主語＋動詞>が続く。また，「時」を表す接続詞の後は未来のことでも動詞は現在形で表すので，arrive が適切。

4 「私たちは私たちの家にスーザンを迎えてとてもうれしい」 We are very happy という文に文法的に続けることができるのは，不定詞の to welcome のみ。感情の原因・理由を表す副詞的用法。

5 「これは彼が私に話した本だ」 he 以下が直線の the book を後ろから修飾する形。he told me about the book「彼はその本について私に話した」という文の the book が前に出たと考え，told me を入れる。

6 「トムは3人の中でいちばん上手に踊ることができる」 空所の後に「3人の中で」とあるので，最上級の文にする。アとウは比較級，イは原級。

7 「私の父は朝食にゆで卵を料理した」 文の動詞は cooked なので，空所に eggs を修飾する語句を入れて，cooked の目的語にする。boil は「ゆでる」という意味の動詞で，「卵」は「ゆでられる」のだから，過去分詞 boiled にする。boiled eggs「ゆでられた卵」＝「ゆで卵」ということ。

8 「この机は子供たちには動かせない。それは重過ぎる」 主語が This desk で by children

とあるので受動態の文と考える。「動かされる」は be moved で，これに「可能」の意味の助動詞 can が入る。受動態に助動詞を入れるときはbe動詞の前に助動詞を置いてbe動詞は原形 be になる。後の文の内容から，否定文 cannot be moved が適切。

9 「あなたは1週間に何回テニスの練習をしますか」「～につき」は冠詞 a[an] で表す。how many times a week で「1週間に(つき)何回」という意味になる。

10 「あなたは遅いです。私は1時間待っています」 ある過去の時点から動作が続いていることを表すときは，現在完了進行形< have[has] been ＋動詞の～ing形>で表す。

重要 E (会話文問題：語句選択補充)

1 (大意) 電話でAがBはいるか尋ねると，B本人が出る。Aが明日，エマの誕生パーティーに行くか尋ねると，Bはエマに何をあげたらよいかわからないと言う。Aが昼食後に一緒に買い物に行くか尋ねると，Bは宿題をしているところなので，5時ごろでどうかと尋ねる。Aはそれで問題ないので，駅の隣の書店で会おうと提案する。 (1) 電話に出ているのが自分自身であることを伝えるときは，～ speaking. と言う。 (2) 直後に to give her とあることから，what を入れて「彼女に何をあげればよいか」とすると文意が成り立つ。 (3) for を「～のために」と目的を表す意味と考え，present を入れると go shopping for a present で「プレゼントを買いに行く」となり，文意が成り立つ。 (4) 会話の流れから，直後の five は「5時」と考える。時刻の前に入れる語として適切なので around「～ころ」。 (5) 空所を含む文は，「～で会おう」と会う場所を伝えていると考えられる。直後に to があることから，next to ～「～の隣の[で]」とすると文意が成り立つ。

2 (大意) 放課後，AがBに週末の予定を尋ねると，Bは家族とフランスへ行くのでわくわくしていると答える。Aが週末の間だけ行くのか尋ねると，Bは金曜日の午後に出発して翌週の土曜日に帰ると言う。Aがパリで何をするのか尋ねると，B はまだ予定はないが美術館を訪れると答え，地元の食べ物も楽しみだと言う。A は楽しい滞在を，と伝える。 (6) doing の目的語が入る。空所に anything を入れると，直後の special「特別な」と合わせて「何か特別なこと」という意味になり，文意が成り立つ。 (7) Bは週末に家族とフランスへ行くと言った後で，今の気持ちを述べていると考えられる。フランスへ行くことについての気持ちとして，excited「わくわくしている」を入れると会話の流れに合う。 (8) 空所を含む文の直前で，Bは「1週間くらいそこに滞在する」と言っているので，空所に leaving を入れて，「私たちは金曜日の午後に出発して，翌週の土曜日に帰ってくる」と具体的な日程を述べる文にする。 (9) 空所に語を入れなくても「私たちには予定がない」と文が成立するので，「予定がない」に合う修飾語を考える。yet「まだ」を入れると自然な文になる。 (10) look forward to ～ で「～を楽しみにする」という意味になる。are があるので looking を入れて，are looking forward to ～「～を楽しみにしている」という現在進行形の文にする。

F (語彙問題：同意語)

1 「彼女はバックパッカーとして1人で世界中を旅した」 by oneself で「1人で」という意味。1語で同じ意味を表す語は alone。

2 「何人かの人々は，その古い家にはたくさんの幽霊が現れると言う」 come out は「現れる，出てくる」という意味。「現れる，姿を現す」という意味の1語の動詞は appear。

3 「あなたが海外へ行きたいのならば，パスポートが必要だ」 overseas は「海外へ，外国へ」という意味の副詞。1語で同じ意味を表す副詞は abroad。

4 「アメリカ映画『ノマドランド』は，去年アカデミー賞を与えられた」「賞を与えられた」ということなので，「賞を受けた」と考え，receive「受ける」の過去形でほぼ同じ意味で表せる。

5 「ハトは平和の印だ」 この場合の「印」は，平和を表す形のことなので，symbol「象徴」とほぼ同じ意味になる。

やや難 **G (語句選択補充問題：進行形，語彙)**

1 「俳優の星野源と新垣結衣は，日本の人気テレビドラマ『逃げるは恥だが役に立つ』で恋人役を演じたが，本当に結婚すると発表した」「結婚する」は get married で表す。ここでは空所の前に were があるので，決まった未来の予定を表す進行形にする。文の動詞が announced と過去形なので，それに続く that 以下も過去形になっている。

2 「7月13日，ロサンゼルス・エンゼルスの二刀流スター選手，大谷翔平は，オールスター・ゲームの88年の歴史の中でバッターとピッチャーの両方で先発した最初の選手となった」 2つの異なる分野を両方とも行う意味での「二刀流」は two-way で表す。

3 「新型コロナウイルス感染症の世界的流行は，多くの企業に遠く離れて働くように転換させた」 人々が1つのオフィスなどに集まってそれぞれの仕事をするのではなく，家庭など，一人ひとりが他の場所で働く形態は，work remotely「遠く離れて[リモートで]働く」と表す。<drive ~ to +動詞の原形>で「～に(余儀なく)…させる」という意味を表す。

4 「児童書作家のエリック・カールは，その古典的な物語『はらぺこあおむし』で最もよく知られているが，91歳で亡くなった」 “The Very Hungry Caterpillar” は絵本作家，エリック・カールの代表作。caterpillar は「いも虫」という意味。bugは「(一般にばく然と)虫」，insect は「昆虫」，butterfly は「(虫の)チョウ」という意味。

5 「女王陛下は彼女が愛する夫，エディンバラ公爵フィリップ王配殿下が2021年4月9日に死んだと発表した」 Prince Philip, Duke of Edinburgh「エディンバラ公爵フィリップ王配」は，イギリスのエリザベス女王の夫，フィリップ殿下の正式名称。his Royal Highness は「殿下」という意味。

★ワンポイントアドバイス★

Eの対話文中の空所補充問題は，全文を読んでから考えるのではなく，読み進めながら空所をうめていこう。選択肢に紛らわしいものがほとんどないので，流れをつかみながら適切な語を考えた方が効率的である。

＜理科解答＞《学校からの正答の発表はありません。》

1 問1 体積　問2 偏西風　問3 オ　問4 ウ
問5 中枢(神経)　問6 36.7(km/h)　問7 45g
問8 ウ

2 問1 ウ　問2 エ　問3 風化　問4 ウ
問5 イ　問6 (1) 妙義山　(2) 侵食

3 問1 青(色)　問2 黄緑(色)　問3 イ　問4 漂白
問5 Cu　問6 $CuCl_2 \rightarrow Cu + Cl_2$　問7 電解質

4 問1 メンデル　問2 減数　問3 A
問4 イ a　ウ A　エ a　問5 3：1

5 問1 ア 0.74　ウ 1.4　問2 2.2　問3 126J

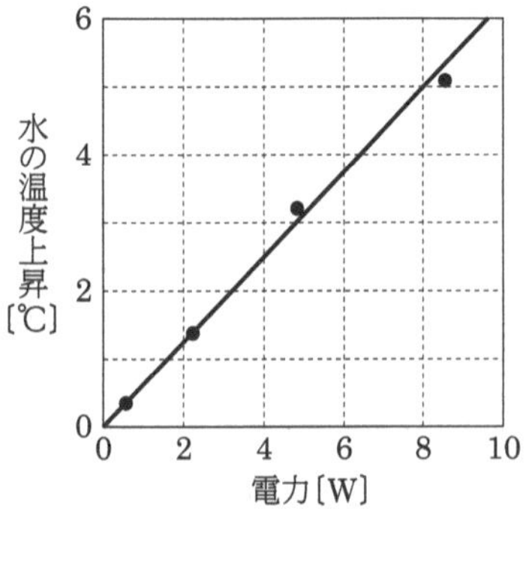

問4　前ページの図　　問5　(電流)　ウ　　(電力)　ウ　　(水の温度上昇)　ウ　　問6　ア
問7　78%

○推定配点○

1　各2点×8　　2～5　各3点×28(5問1・問5各完答)　　計100点

＜理科解説＞

1　(小問集合－各分野の要点)

問1　水に溶けない金属を，メスシリンダーに入った水中に沈めると，入れる前後の水面の差から，金属の体積が求められる。

問2　日本が位置する中緯度の上空には，つねに西から東へ偏西風が吹いている。

重要　問3　図は肺の一部を示したものであり，うすい膜でできた多数の小さな袋は肺胞である。これにより肺の表面積が広くなり，酸素と二酸化炭素が効率よく交換できる。

問4　元素は，現在118種類までが確定している。その他に，未確定のものがいくつもある。

問5　脳とせきずいは，神経のうちでも，感覚を取りまとめたり命令を出したりする役割をするので，中枢神経とよばれる。それに対し，全身に張りめぐらされているのは末梢神経である。

問6　2021年に開かれた東京2020大会では，陸上男子100mの優勝者，イタリアのヤコブス選手のタイムは9.80秒であった。100mを9.8秒で割ると平均の秒速が求められる。これに60×60を掛けると平均の時速になる。$\frac{100}{9.8}\times60\times60=36734.\cdots$となるが，この単位はm/hだから，km/hに直して小数第2位を四捨五入すると，36.7km/hとなる。

問7　グラフを読むと，60℃の水100gには，硝酸カリウムが110gまで溶ける。よって，水50gならば，溶ける量も半分の55gまでである。この水に硝酸カリウムを100g入れると，溶け残る量は，100－55＝45(g)である。

問8　日本の冬は，大陸にあるシベリア高気圧から吹き出す北西の季節風が特徴的である。この季節風は，県内では山を越えたからっ風として吹く。

2　(火山と火成岩－榛名山と妙義山)

問1　火山が大量の噴出物を放出したあと，陥没したくぼ地をカルデラという。榛名山の山頂にある榛名湖はカルデラに水がたまったカルデラ湖であり，周囲は外輪山で取り囲まれている。

問2　選択肢のうち，粘り気が最も強いマグマが作る火山地形は，溶岩ドームである。問題の写真のように，榛名山のカルデラの中にある「榛名富士」は，溶岩ドームである。なお，榛名山全体は，成層火山である。

問3　岩石がぼろぼろになって崩れることを風化という。

問4　風化の原因はいくつかある。1つは，日射や凍結など，温度変化による膨張と収縮の繰り返しである。もう一つは雨水や地下水に成分が溶け出すことである。さらに，植物の根が岩石の隙間を拡げることで風化が進むこともある。このように，風化は長い年月をかけて進む現象であり，地震は直接の原因ではない。

問5・問6　妙義山で，マグマが冷え固まった溶岩が，柱のような形になったのは，年月を経る間に雨水によって侵食されたためである。つまり，妙義山は榛名山よりも古いといえる。妙義山は数百万年前に噴火をし，現在は活動していないが，榛名山は古墳時代に活動しており，将来に活動する可能性もある活火山である。

3　(電気分解－塩化銅水溶液の電気分解)

問1　塩化銅水溶液に溶けている塩化銅$CuCl_2$は，1個の銅イオンCu^{2+}と，2個の塩化物イオンCl^-

に電離している。そのうち，銅イオンCu^{2+}の色が青く見える。

基本　問2・問4・問5　塩化銅水溶液に電流を流すと，陽極からは気体の塩素Cl_2が発生し，陰極には銅Cuが付着する。塩素Cl_2は，ツンとする刺激臭のある黄緑色の気体であり，インクなどの色を漂白する作用がある。銅Cuは赤褐色の金属である。

問3　ア，ウ，エのようにゴム球の部分だけを持つと，ガラス部分が振れて液が飛んだり，ガラス部分が外れて落下したりするおそれがある。イのように横から持つのが正しい。

問6　塩化銅$CuCl_2$が，電流によって，銅Cuと塩素Cl_2に分解する。

問7　水溶液が電流を通すには，水溶液に溶けている溶質が，イオンに分かれていなければならない。このように，水に溶けると，電離してイオンになる物質を電解質という。

4　(遺伝－エンドウの種子の形の遺伝)

問1　オーストリア(当時)のメンデルは，修道院の庭でエンドウを育てて遺伝の法則を発見した。

問2　精細胞や卵細胞のような生殖細胞は，細胞内の染色体の数が体細胞に比べて半分である。このように，生殖細胞をつくる細胞分裂を減数分裂という。

問3　問題の図の「親の代」の体細胞はAaの遺伝子を持っていて，種子が丸いという形質を持っている。このように両方の遺伝子を持っているとき，形質に現れる方を顕性(優性)といい，現れない方を潜性(劣性)という。

重要　問4　問題の図のイは，卵細胞のaと精細胞のAが組み合わさったAaのうちのaである。ウは，卵細胞のAと精細胞のaが組み合わさったAaのうちのAである。エは，卵細胞のaと精細胞のaが組み合わさったaaのうちのaである。

問5　問題の図の「子の代」の遺伝子は，AA，Aa，Aa，aaの4つである。このうち，AA，Aa，Aaの形質は丸い種子であり，aaの形質はしわのある種子である。よって，数の比は3：1である。

5　(電流回路－電流による発熱)

問1　ア…電流計の－端子が5A端子に接続されているので，図の最も右の目盛りが5Aを示す。そして，最も小さい目盛りが0.1Aを示す。針は0.7Aと0.8Aの間を指しているが，最も小さい目盛りの10分の1まで目分量で読み取るので，0.74A，あるいは0.75Aとなる。　ウ…最も小さい目盛りが1℃を示す。最も小さい目盛りの10分の1まで読み取ると，液面は22.0℃を指している。実験前の温度が20.6℃だから，温度上昇は22.0－20.6＝1.4(℃)である。

問2　イ…電力は，電圧と電流を掛け算して求められる。アを0.74Aと読んだ場合，イは3.0V×0.74A＝2.22(W)となり，四捨五入で2.2Wとなる。アを0.75Aと読んだ場合，イは3.0V×0.75A＝2.25(W)となり，四捨五入で2.3Wとなる。

重要　問3　水100gが1℃上昇するときの熱量が420Jである。1班の実験結果は，温度上昇が0.3℃だから，熱量は420×0.3＝126(J)となる。

問4　表の4つのデータについて，グラフ用紙にしっかりと点を書き込む。そして，4つの点のできるだけ近くを通るように，原点を通る直線を描く。点なしで直線だけ引いてはいけない。また，実験の値には誤差が含まれることにも注意する。

重要　問5　電熱線の長さが2倍になると，抵抗が2倍になる。電圧は変わらないので，電流は半分になり，電力も半分になる。よって，水の温度上昇も，およそ半分になる。

問6　電気エネルギーを熱エネルギーに変換して利用しているのはアである。イは光エネルギーや音エネルギーに変換している。ウとエはモーターを用いて，回転運動をしており，運動エネルギーに変換している。

やや難　問7　電流による発熱量のうち，一部は水に与えられずに外へ逃げてしまう。表で1班の電力は0.54Wである。5分間＝300秒間での発熱量は，0.54W×300秒＝162(J)となる。水が受け取った熱量は，問3で求めた126Jだから，その割合は，126÷162×100＝77.7…で，四捨五入により78％となる。

★ワンポイントアドバイス★

図をよく見て考えるとともに，記号，漢字，化学式，数値の桁など，答え方にもよく注意をしておこう。

＜社会解答＞《学校からの正答の発表はありません。》

Ⅰ　問1　エベレスト山　問2　長江[揚子江]　問3　C　問4　エ　問5　石油[原油]
問6　イ　問7　レアメタル

Ⅱ　問1　屋久　問2　カルデラ　問3　促成　問4　B　問5　ウ　問6　環境モデル
問7　1　問8　イ

Ⅲ　問1　①　ポルトガル　②　室町　問2　関白　問3　種子　問4　楽市楽座
問5　バテレン追放　問6　(1)　関ケ原　(2)　④　老中　⑤　町奉行
⑥　京都所司代　(3)　朱印船　問7　(あ)　1　(い)　江戸
問8　天草四郎[益田時貞]　問9　①　イ　②　桃山
問10　(ア)　F　(イ)　A　(ウ)　C　(エ)　B

Ⅳ　問1　A　14　B　信条　C　門地　D　差別　問2　ウ　問3　子どもの権利条約
問4　児童福祉法　問5　F　ウ　G　ア　H　イ　I　エ　J　ア
問6　インクルージョン　問7　アイヌ民族支援法[アイヌ新法]　問8　ア

○推定配点○

各2点×50　計100点

＜社会解説＞

Ⅰ　**(地理―世界の地形，産業，諸地域の特色：アジア州)**

問1　標高は8848mを誇る，言わずと知れた世界一の高峰・エベレスト山はヒマラヤ山脈にあり，チベットとネパールにまたがって位置している。

問2　長江は全長6300kmで，アジアで最長，世界でも第3位の大河である。

問3　北京は黄河の北に位置する。設問の略図ではCにあたる。

重要　問4　バンガロールはインドの南西部カルナターカ州の州都で標高920mに位置し，都市圏人口が1,000万人を超えているインドでも第4位の大都市圏である。アジアの中でも，バンガロールのIT技術の革新などで，インドは群を抜いていると言われている。

問5　西アジアのペルシア湾沿岸は，重要なエネルギー源である石油の産出地である。各国がこの地域の石油にたよっている。

問6　写真1は，マングローブが広がる海岸の画像ではない。

問7　レアメタルとは，埋蔵量が少ないか，技術やコストの面から抽出が難しい金属の総称である。経済産業省の定義では，リチウム，ニッケル，コバルト，インジウム，クロムなど31種がある。

Ⅱ　(日本の地理―地形・気候，産業，諸地域の特色：九州地方，地形図)

問1　屋久島は，自然が豊かで，屋久島国立公園の中核をなし，世界自然遺産の一つに登録されている。

問2　カルデラは，火山の大規模な噴火などによって落ち込んでできた巨大なくぼ地のこと。スペイン語で「大鍋」という意味である。

問3　促成栽培とは，普通の栽培時期よりも早く栽培を開始し，早く収穫して出荷することを目的とする栽培方法である。旬(しゅん)より早いので有利に取引され収入が多く得られる。

問4　那覇市は，沿岸を流れる黒潮などの影響を受けて冬でも温暖で，1年を通して降水量の多い南西諸島の気候で，Bにあたる。

問5　沖縄県は観光産業がさかんである。アはイギリスがアメリカの誤り。イは連合国軍がアメリカの誤り。エは自衛隊がアメリカ軍の誤りである。

やや難　問6　水俣市は，1992年に日本で初めての「環境モデル都市づくり宣言」を行い，ごみの高度分別や水俣独自の環境ISO制度など，市民と協働で様々な環境政策に取り組んできた。2008年7月，これまでの実績と今後の取り組みの提案が評価され，国の環境モデル都市に認定された。

問7　25000分の1の地図上の直線距離4cmは，実際には，25000×4＝100000cm＝1000m＝1kmとなる。

問8　市役所の地図記号である◎はこの地形図には見られない。

Ⅲ　(日本の歴史－日政治・外交史，社会・経済史，各時代の特色，文化史，日本史と世界史の関連)

問1　1543年，ポルトガル人を乗せた中国船が種子島(鹿児島県)に流れ着いた。この船は，中国人の倭寇のものだったが，この時日本に鉄砲が伝わった。1573年，信長は敵対するようになった足利義昭を京都から追放して，室町幕府を滅ぼした。

問2　明智光秀をたおした信長の家臣羽柴秀吉は，信長の後継者争いに勝利して，大阪城を築いて本拠地とした。秀吉は，朝廷から関白に任命され，豊臣と名乗った。

問3　鉄砲は，種子島に流れ着いたポルトガル人が伝えた。

基本　問4　信長は安土城下に，楽市・楽座の政策によって，商人を招き，座や各地の関所を廃止して，商工業の発展をはかった。

問5　秀吉は，九州を従えた後，長崎がイエズス会に寄進されていることを知り，日本は「神国」であるとして宣教師の国外追放を命じたバテレン追放令をだした。

問6　(1)　1600年，秀吉の子豊臣秀頼の政権を守ろうとした石田三成などの大名は，家康をたおそうとして兵をあげた。こうして全国の大名は，三成を中心とする西軍と家康を中心とする東軍とに分かれて，関ケ原の戦いが勃発した。　(2)　江戸幕府では，政治は，将軍が任命した老中が行い，若年寄は補佐した。他に三奉行(寺社奉行・町奉行・勘定奉行)や朝廷と西日本の大名の監視役である京都所司代などを置いた。　(3)　家康は，海外との貿易の発展に努め，日本船の渡航を許す朱印状を発行し，ルソン，ベトナム，カンボジア，タイなどに朱印船の保護を依頼した。京都や堺，長崎などの商人や西日本の大名の中には朱印船貿易を行うものがでた。

基本　問7　大名の参勤(江戸に来ること)は主従関係の確認という意味があり，第3代将軍徳川家光は，参勤交代を制度として定めた。

問8　キリスト教への迫害や重い年貢の取り立てに苦しんだ島原や天草の人々は，1637年，神の使いとされる天草四郎(益田時貞)という少年を大将にして島原・天草一揆を起こした。

問9　①　千利休は，堺の商人出身で，茶道にひいで，信長・秀吉に仕えたが，秀吉から自害を命じられた。　②　この時代に下剋上で成り上がった大名や大商人たちは，その権力や富を背景に豪華な生活を送った。この頃栄えた文化を桃山文化という。

問10 (ア) オランダ商館を長崎の出島に移す(1641年)でFにあたる。 (イ) キリスト教伝来(1549年)でAにあたる。 (ウ) 文禄の役(1592年),慶長の役(1597年)でCにあたる。
(エ) 少年遣欧使節(1582年～1590年)でBにあたる。

Ⅳ (公民―憲法,政治のしくみ,国際政治)

問1 憲法第14条第1項は法の下の平等を規定している。これは,第13条の「個人の尊重」の原理と深く結びついている。

問2 県庁職員採用を県内出身者のみが合格するというのは,法の下の平等に反している。

問3 この資料は,1989年に国連で採択された「子ども(児童)の権利条約」であり,日本は1994年に批准した。

問4 児童福祉法とは,児童が良好な環境において生まれ,且つ,心身ともに健やかに育成されるよう,保育,母子保護,児童虐待防止対策を含むすべての児童の福祉を支援する法律である。関連相談機関の1つである児童相談所(第12条)や被害者を居住させ保護する施設の1つとして考えられている母子生活支援施設(第38条)について,規定されている。

重要 問5 部落差別に苦しんできた被差別部落の人々は,政府にたよらず,自らの手で人間としての平等を勝ち取り,差別からの解放をめざす部落解放運動を進め,1922年に京都で全国水平社が結成され,運動は全国に広がっていった。

問6 インクルージョン(inclusion)とは日本語で「包括」と訳される言葉で,組織内にいる誰もが「その組織に受け入れられ,認められていると実感できる状態」を指す。

問7 「アイヌ民族支援法」(アイヌ新法)は,アイヌ民族を初めて先住民族と明記し,従来の文化振興や福祉政策に加えて,地域や産業の振興などを含めたさまざまな課題を解決することを目的とした法律である。正式名称は「アイヌの人々の誇りが尊重される社会を実現するための施策の推進に関する法律」。2019年4月19日に国会で成立し,同年5月24日に施行された。

やや難 問8 インクルージョンの「組織内にいる誰もが,その組織に受け入れられ,認められていると実感できる状態」から考察すると,採用面接時に結婚や出産等のプライベートに関するものを聞かれることは,インクルージョンの意図に関すると考えられる。

★ワンポイントアドバイス★

Ⅰ問1 エベレスト山の別名チョモランマは,チベット語で「大地の母神」という意味である。 Ⅳ問6 インクルージョンはもともと社会福祉の分野で提唱され,やがてビジネスにおいてダイバーシティ(多様性)を支える考え方として広がった。

＜国語解答＞《学校からの正答の発表はありません。》

一 問一 a 1 b 4 c 2 d 3 e 2 問二 A ウ B オ C ア
問三 (ヤバイという言葉の)便利さに慣れていってしまうことは,実はきわめて薄い文化的土壌のうえに種々の種を蒔くことに等しい(と言えるから。) 問四 イ
問五 ③ かわず ④ いて 問六 マニュアル
問七 自分を相対化して見る視線 問八 排他的 問九 イ

二 問一 a ウ b イ c エ d ア 問二 ① イ ④ ア 問三 きまり

が悪い　問四　エレベーターガールさながらの深々としたお辞儀　問五　ウ
問六　ウ　問七　平伏　問八　エ　問九　エ

三　問一　①　鬼　②　塩　③　石　④　都　⑤　山　問二　①　七言絶句
②　煙・天　③　日ハ照ラシテ㆓香炉ヲ㆒生ズ㆓紫煙㆒　問三　①　エ　②　ウ

○推定配点○

一　問一・問二・問五・　各2点×10　問六　3点　他　各4点×5
二　問一・問二・問五　各2点×7　問三　3点　他　各4点×5
三　各2点×10　計100点

＜国語解説＞

一　（論説文・短歌－漢字の読み書き，脱語補充，接続語，文脈把握，内容吟味，仮名遣い，要旨）

問一　a　先人　1　率先　2　感染　3　選別　4　専門
b　効率　1　攻撃　2　交換　3　口実　4　効果
c　理念　1　天然　2　念仏　3　燃焼　4　年輪
d　就職　1　終日　2　執着　3　就寝　4　集合
e　驚嘆　1　単純　2　嘆息　3　加担　4　探検

問二　A　直前に「感動を表現する」とあり，直後で「『good！』」と具体例を示しているので，例示を表す「たとえば」が入る。　B　後の「使わずに」に呼応する語として，「できるだけ」が入る。　C　直前に「人と違うところにこそ，自分という存在の意味がある」とあり，直後には「……他人とのざらざらした違和感のなかにいることはなかなか耐えられないものだ」とあるので，逆接を表す「ところが」が入る。

問三　「若者たちの『ヤバイ』」という言葉について筆者は，「すべてが……」で始まる段落で「すべてが『ヤバイ』という符牒で済んでしまう世界は，便利でコウ率がいいかもしれないが，その便利さに慣れてしまうことは，実はきわめて薄い文化的土壌のうえに種々の種を蒔くことに等しいのであるかもしれない」と述べているので，解答欄に合わせて，「便利さに慣れてしまうことは，実はきわめて薄い文化的土壌のうちに種々の種を蒔くことに等しい(44字)」を抜き出す。

問四　直後に，島木赤彦による説明を引用し「『悲しいと言えば甲にも通じ乙にも通じます。しかし，決して甲の特殊な悲しみも，乙の特殊な悲しみも現しません。歌に写生の必要なのは，ここから生じて来ます』」とあるので，「特殊な感情」とあるア，「深い感情」とあるウ，作者の最も伝えたい内容」とあるエはあてはまる。イの「差別化」「優越感」はあてはまらない。

問五　③　語頭以外の「はひふへほ」は，現代仮名遣いでは「わいうえお」となり，「づ」は通常「ず」となるので，「は」は「わ」，「づ」は「ず」に直して「かわず」となる。　④「ゐ」は，現代仮名遣いでは「い」と表記するので，「ゐて」は「いて」となる。

問六　後に「特殊な悲しみ」とあり，「特殊」とは対照的な表現が入ると考えられる。「特殊」の対義語は「一般」だが，五字という条件にあてはまらない。似た表現を探すと，「これは……」で始まる段落の「〈出来あいの言葉〉」に着目できる。「出来あいの言葉」については，「これも……」で始まる段落に「出来あいのマニュアル通りの言葉」とあるので，「マニュアル(五字)」を補うのが適切。

やや難　問七　「コミュニケーション」については，直後に「本来違う価値観を持っていた人間同士が，価値観の違いをまず認識し，それを共有するというところに語源がある。最初から同じ価値観と言葉で用が足りている仲間うちでは，そもそもコミュニケーションという言葉は意味をなさない」

と説明されており，「違う価値観を持っていた人間同士が，……それを共有する」ことについては，最終段落に「自分とは考え方も感性もまったく違う友人にめぐりあうことは，それに劣らず大切なことである」とあり，その結果，「友人を通して，自分を相対化してみる視線を獲得する」と述べられているので，「自分を相対化して見る視線(12字)」を抜き出す。

問八　同様のことは，「C……」で始まる段落に「……それが理解できない人間にはできれば自分たちの輪のなかにはいて欲しくない。排他的にならざるを得ない」と説明されているので，「排他的」が適切。

問九　アは，「私自身は……」で始まる段落に「どうしても『見れる』とか『食べれる』などの『ら抜き言葉』は使えないし，使うつもりもない」とあることと合致しない。イは，「ここには……」で始まる段落に「ここには『悲しい』とか『寂しい』とか，そのような茂吉の心情を表す言葉は何一つ使われていないことに注意して欲しい。にもかかわらず，私たちは，そのような形容詞で表される以上の，茂吉の深い内面の悲しみを感受することができる」とあることと合致する。ウの「マニュアル通りの言葉」については，「これも……」で始まる段落に「みんなが使う言葉でしか自分を表現できない若者に，いったい独創性とか個性とかは期待できるものなのだろうか。一企業を主体的に担うに足る人材とは，そんなものではないはずである」とあることと合致しない。エの「仲間うちでしか通用しない言葉」については，「仲間うちでは……」で始まる段落に「そのなかにいる間は心地よく安心していられるが，外の世界へ出ることに恐怖を覚えて消極的になる」とあることと合致しない。

二　(随筆－語句の意味，脱語補充，情景・心情，文脈把握，内容吟味，表現技法，大意)

問一　a「ぞんざい」は，物事のやり方や扱いがいいかげんで乱暴な様子をいうので，ウが適切。b　直前の「『死んだお父さんに怒られる』」と同様の意味なので，イが適切。「冥利」には，ある立場にあるために感じる幸福，という意味があるので，「冥利が悪い」は，不相応で幸福を感じられない，という意味になる。　c「思うにまかせない」は，物事が考えていた通りにならない，という意味なのでエが適切。　d「面映ゆい」は，うれしくて恥ずかしい，てれくさい，という意味。

問二　①　直後の「夜になると十円玉のありったけを握って廊下の公衆電話から今日一日の報告をする」様子である。「三度三度の食事の心配をしないで暮らすのがいかに極楽であるか……生き生きとした報告であった」とあるので，必要以上に騒ぎ立てる様子を意味する「お祭り(騒ぎ)」とするのが適切。　④「『死んだお父さんに怒られる』とか『冥利が悪い』と抵抗」する母を無理やり香港旅行に行かせる様子なので，今にもけんかしそうな様子を意味する「けんか(腰)」とするのが適切。

問三「母」の心情は，直前に「『見舞客の来ない患者もいるのに，こうやってぞろぞろ来られたんじゃお母さんきまりが悪いから当分はこないでおくれ』」とあるので，「きまりが悪い(6字)」が適切。

問四「母」がお辞儀をする様子は，「今までの……」で始まる段落に「デパートの一階にいるエレベーターガールさながらの深々としたお辞儀をする」と表現されているので，「エレベーターガールさながらの深々としたお辞儀(22字)」を抜き出す。

問五　直前の「『お父さんが生きてたら，叱られてたねえ』」と言う様子なので，元気のない様子を表す「しょんぼり」が適切。

問六　直後に「『どうか落ちないで下さい。どうしても落ちるのだったら帰りにして下さい』と祈りたい気持ちになった」とあるので，ウが適切。

やや難　問七「この姿」とは，これより前の「式台に手をつき入ってきた初老の人にお辞儀をした」「それはお辞儀というより平伏といった方がよかった」という姿を指すので，「平伏」が適切。

問八　直後に「面映ゆいというか，当惑するというか，おかしく，かなしく，そして少しばかり腹立たしい」「自分が育て上げたものに頭を下げるということは，つまり人が老いるということは避けがたいことだと判っていても，子供としてはなんとも切ないものがあるのだ」とあるのでエが適切。

やや難　問九　アは，「死期が近づいている『母』の様子」が適切でない。本文の主題は，「母」のお辞儀をめぐる筆者の感慨である。イの「会話文を地の文より多く用いる」は，本文の内容にあてはまらない。ウの「直喩」は，筆者の心情の表現で，「登場人物の心の機微」にはあてはまらない。エは，本文最後近くに「母は子供たちにお辞儀を見せてくれたが，父は現役のまま六十四歳で，しかも一瞬の心不全で急死したので，遂に子供には頭を下げずじまいであった。……やはり叱りどなり私達に頭を下げないまま死んだ」と，本文のテーマである「お辞儀」について，筆者の感慨が述べられていることと合致する。

三　(ことわざ，漢詩，詩形，押韻，返り点，文学史)

問一　①「鬼の目にも涙」は，無慈悲な人にも，時には情に打たれ，涙を流すこともあるというたとえ。　②「青菜に塩」は，青い菜に塩をふるとしおれてしまうように，うちひしがれてうなだれている様子のたとえ。　③「焼け石に水」は，あまりにもわずかで，何の足しにもならず，まるで役に立たないことのたとえ。　④「住めば都」は，どんな所でも住み慣れてしまえば，住み心地がよくなるというたとえ。　⑤「枯れ木も山のにぎわい」は，たいして役に立たないものでも，ないよりはあったほうがましだということ。

やや難　問二　①　一句が七字のものを「七言」，四行で構成されているものを「絶句」というので，「七言絶句」。　②　押韻しているのは，第一句末の「煙(エン)」と第四句末の「天(テン)」。　③　書き下し文「日は香炉を照らして紫煙生ず」の読み順に従うと，「日・香・炉・照・紫・煙・生」となるので，「照」に二点，「炉」に一点，「生」に二点，「煙」に一点を付す。送り仮名をつけて「日ハ照ラシテ二香炉ヲ一生ズ二紫煙一」とする。

問三　①『竹取物語』は平安時代前期，『源氏物語』は平安時代中期，『徒然草』は鎌倉時代末期の成立なのでエは正しい。アは『古今和歌集』『新古今和歌集』『徒然草』，イは『万葉集』『枕草子』，『徒然草』，ウは『方丈記』『徒然草』『奥の細道』の順になる。　②『奥の細道』は，江戸時代初期に成立した松尾芭蕉による紀行文。松尾芭蕉の紀行文はほかに『野ざらし紀行』『鹿島紀行』『笈の小文』『更科紀行』など。

★ワンポイントアドバイス★

現代文の読解は，言い換え表現や指示内容をすばやく的確にとらえる練習をしよう！　続けて出題されている漢詩については，詩形や返り点など，基礎知識をしっかり固めておこう！

2021年度

★★★★★★★★★★★★★★★★★★★★★★★

入　試　問　題

2021年度

共愛学園高等学校入試問題（一般）

【数　学】（45分）〈満点：100点〉

1　次の問いに答えなさい。

（1）　次の式を計算しなさい。

①　$15-(-4)^2\div 2$

②　$(-3a^2b)\div(-2ab)^2\times 4b^3$

③　$(\sqrt{3}-2)(\sqrt{3}+2)-4$

④　$\sqrt{2}(5\sqrt{2}-\sqrt{3})-\sqrt{24}$

（2）　次の式を因数分解しなさい。

①　$2x(y+2)-(y+2)$

②　$2x^2-16x+32$

（3）　次の方程式を解きなさい。

①　$\dfrac{3}{2}x-5=\dfrac{5x+1}{3}$

②　$x^2+6x-27=0$

③　$2x^2-7x+1=0$

（4）　次の連立方程式を解きなさい。

$$\begin{cases} 2x-3y=27 \\ 3x+5y=-7 \end{cases}$$

2　yはxの1次関数であり，変化の割合が2で，そのグラフが点(3，13)を通るとき，yをxの式で表しなさい。

3　家から駅まで3400 mの道のりを始めは分速70 mで歩き，途中から分速200 mで走ったところ30分で到着しました。歩いた時間は何分か求めなさい。

4　一問3点の問題，一問4点の問題を組み合わせて100点満点のテストを作成します。問題数を合計27問にしたいとき，一問3点の問題は何問にすればよいか求めなさい。

5　72 Lの水そうがあり，次のような実験をしました。

実験①…毎分同じ量ずつ水を入れていき，水そうを満杯にした。

実験②…①のときの2倍の量ずつ水を入れていき，水そうを満杯にした。

実験①よりも，実験②の方が9分早く満杯になったとき，実験①で毎分入れていた水の量を求めなさい。

6 次の図で$\angle x$の大きさを求めなさい。

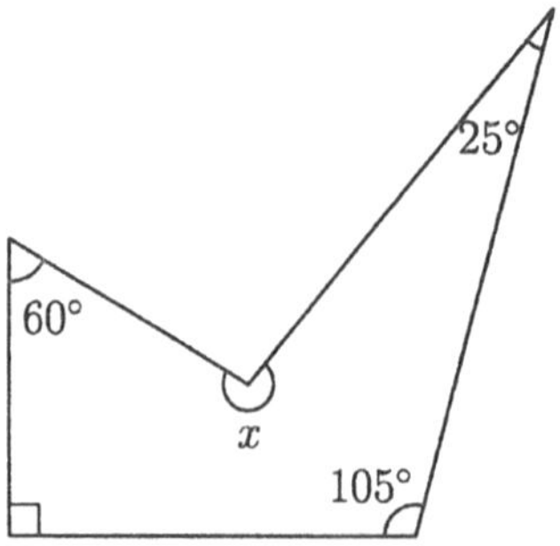

7 図のような長方形があります。斜線部分の面積を求めなさい。

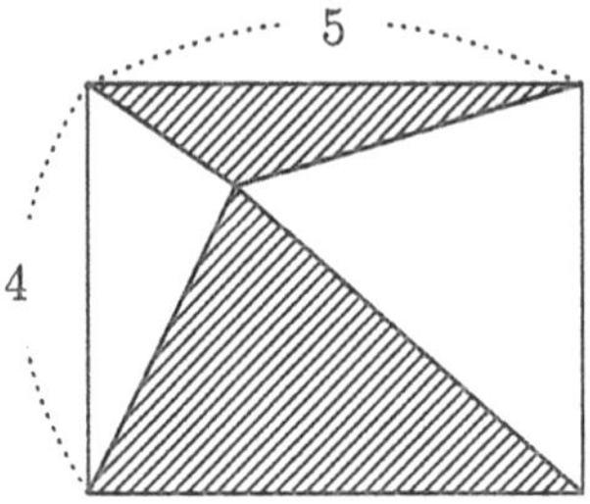

8 $(4a-5b):(-3a+7b)=5:6$であるとき，$a:b$の比を最も簡単な整数の比で表しなさい。

9 A，B，C，Dの4人で2台のタクシー1号車と2号車に分かれて乗るとき，何通りの方法があるか求めなさい。ただし，タクシーには必ず1人以上乗ることとします。

10 関数$y=ax+b$において，$a+b<0$，$ab>0$が成り立っています。このグラフは下の図の①～④のどれか答えなさい。

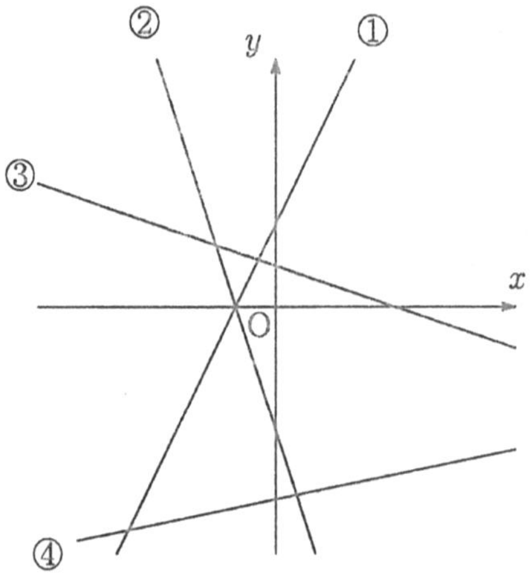

11　60の正の約数すべての和を求めなさい。

12　1，2，3，4から異なる3つを選び3桁の整数をつくります。それらの整数を小さい順に並べたとき，412は何番目か答えなさい。

13　図のように直線$y=ax+12$，放物線$y=x^2$があります。図のように点A，点Bをとり，また，点Aからx軸に垂線をひきx軸との交点をCとします。△OBCと△ABCの面積比が1：3であるとき定数aの値を求めなさい。

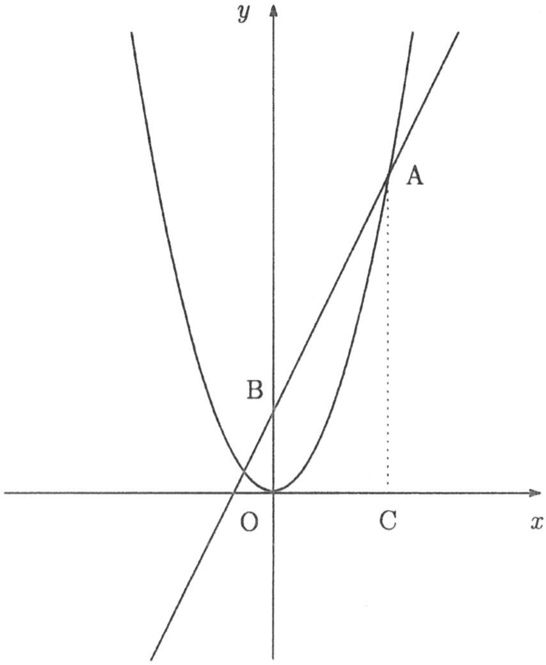

【英　語】（50分）〈満点：100点〉〈普通科用〉

〈リスニング問題〉

A　これから放送される１～５の対話を聞いて，それに対する応答として最も適切なものをＡ～Ｄの選択肢から１つ選び，記号で答えなさい。英文と質問は１度だけ放送されます。対話も選択肢も問題用紙には記載されていません。

１．解答欄に答えを記入しなさい。

２．解答欄に答えを記入しなさい。

３．解答欄に答えを記入しなさい。

４．解答欄に答えを記入しなさい。

５．解答欄に答えを記入しなさい。

B　これから放送される長めの英文の内容に関する質問が５つあります。それに対する応答として最も適切なものをＡ～Ｄの選択肢から１つ選び，記号で答えなさい。英文と質問は１度だけ放送されます。

１．What is the cooking teacher teaching today?

２．What is NOT in the recipe?

３．What do you make in the small sized bowl?

４．How will the popcorn balls taste?

５．What will the popcorn balls look like?

※リスニングテストの放送台本は非公表です。

C　次の英文を読み，各問いに答えなさい。

Hello, everyone. My name is Ryoko. I want to talk about some experiences that I had this summer.

This summer, an American girl stayed (　あ　) my family in Maebashi, Gunma (　い　) about a month and a half. Her name was Monica, and she was (　う　) Anchorage, the capital of Alaska, U.S.A. While in Japan, Monica learned many surprising things about Japan. I also learned a lot about lifestyles in America from our conversations. (え)There (countries / differences / two / so / between / are / these / many). Today, I'll just talk about some of them.

First, driving is very different. Let me explain. It was Monica's first time to come to Japan, so everything she saw was new and exciting. For the last two weeks of 1st semester, we went together to my high school in Takasaki. Each day, we (お)ride our bicycles and took the train there. She told me that, in America, students can drive themselves to school by car once they get their driver's license. I was (か)shock to know that, in America, teenagers are allowed to drive! I think it is a big responsibility to drive a car, so the students who drive seem very mature to me.

The first morning, Monica (き)wake up and came downstairs to eat breakfast. She asked, "What was the noise at night?" I answered, "What noise?" She said, "Something outside, I don't know what that was, but (く)I couldn't sleep!" Then my mother said, "Oh, the frogs, maybe? *Kaerunogasshou*?"

Around my house, there were rice fields filled with water where frogs usually croak all night. I told Monica that *Kaerunogasshou* is our usual Japanese summer custom. I never imagined that a frog chorus could be so annoying to her.

One time, Monica said, “In Alaska, in the winter, children go to school holding flashlights.” I said, “What? What do you mean, ‘holding flashlights’?” She said, “In Alaska, there is a polar night in winter. It's very dark in the morning. On the other hand, in the summer, there is a white night. It's bright until 10 o'clock at night, and we sometimes eat dinner outside at a park, just like a picnic.” I said, “Really? I've never heard of white night! I really want to see it someday.” She said, “Then, you have to come to Alaska, Ryoko! (　　け　　)”

During summer vacation, we went to Tokyo Disneyland, Asakusa, the swimming pool, camping, cycling and more. We had a great time together. I will never forget this summer for the rest of my life!

［注］

allow　許す　　responsibility　責任　　seem　～のように見える　　mature　大人のような

croak　ゲロゲロ鳴く　　summer custom　夏の風物詩　　annoy　悩ませる

flashlight　懐中電灯　　polar night　極夜(きょくや)　　white night　白夜(びゃくや)

1．(　あ　)～(　う　)に適切な前置詞を入れなさい。

2．下線部(え)が「これら2つの国にはとてもたくさんの違いがあります」という意味になるように並べかえなさい。

3．下線部(お)(か)(き)を適切な形に変えなさい。

4．下線部(く)のようになった理由として最も適切なものを1つ選び，記号で答えなさい。

　ア．昼，カエルが家の中に入ってきたから。

　イ．昼，水田で手伝いをして足が痛かったから。

　ウ．夜，カエルが水田で鳴いていてうるさかったから。

　エ．夜，白夜で，水田が明るかったから。

5．アラスカの夏の白夜について最も適切なものを1つ選び，記号で答えなさい。

　ア．夜，明るいので，夕食後，夜10時頃にドライブに行くこともある。

　イ．夜，明るいので，夕食は外の公園で食べることもある。

　ウ．夜，暗いので，夕食後，早く寝ることもある。

6．文脈から考えて，(　け　)に入る最も適切なものを1つ選び，記号で答えなさい。

　ア．It's bright in Alaska, so please come to see me!

　イ．Welcome to my house and Tokyo!

　ウ．You are sometimes welcome at my school!

　エ．You are always welcome at my house!

D　次の英文の(　　)内に入る最も適切な語(句)をア～エから選び，記号で答えなさい。

1．Mr. Brown will (　　　) Osaka tomorrow.
　ア．reach　　イ．come　　ウ．arrive　　エ．get

2．Would you (　　　) me your eraser?
　ア．keep　　イ．lend　　ウ．use　　エ．borrow

3．“(　　　) I wash your car?” “No, thank you.”
　ア．Will　　イ．Shall　　ウ．Do　　エ．Have

4．I feel cold. Will you give me (　　　) drink?
　ア．hot something to　　イ．something to hot
　ウ．something hot to　　エ．something hot

5．My father was good (　　　) when he was young.
　ア．a cook　　イ．at cooking　　ウ．to cook　　エ．cooked

6．The (　　　) guests were very old.
　ア．invited　　イ．inviting　　ウ．invite　　エ．invites

7．Mary is (　　　) than Jane.
　ア．more famous　　イ．so famous　　ウ．famous　　エ．the most famous

8．I have not seen Mason (　　　).
　ア．a week ago　　イ．next week　　ウ．last week　　エ．since last week

9．We will start the party when (　　　).
　ア．he will get back　　イ．will he get back
　ウ．he gets back　　エ．does he get back

10．“Can I have another (　　　) of coffee, please?” “Sure.”
　ア．pair　　イ．cup　　ウ．dish　　エ．piece

E　次の対話文を読み，(1)～(10)に入る最も適切な語(句)を選択肢ア～コから1つ選び，記号で答えなさい。ただし，文頭に来る語(句)も小文字になっている。

A：Hi, Ken. I was thinking about (1) a surprise birthday party for Karen. What do you think?

B：That (2) great! I think she will be happy.
(3) people do you want to invite?

A：I was thinking 5 to 6 people.

B：Who can we invite?

A：I can (4) her mother and her big sister. I think they can come.

B：Great! And I think she does (5) with Wendy and Pam – I'm sure they will want to come, too. I can call them.

A：Good idea! I'll email Joe and Mary, Karen's next door (6). Maybe they can come over.

B：Great! What is a good (7) to start?

A：How about Sunday afternoon at 3 pm?

B：Do you know (8) she is going to be?

A：I think she will be 37.

B：Okay, I can order the cake and buy（9）.
I also want to cook her favorite（10）. Do you know what she likes?
A：I think she likes fried chicken and pasta.

選択肢：

ア. dish　イ. having　ウ. ask　エ. candles
オ. sounds　カ. Yoga　キ. how old　ク. time
ケ. how many　コ. neighbors

F　次の英文の(　　)内に入る最も適切な語(句)をA～Dから選び，記号で答えなさい。

1. Because it's getting dark outside, you (　　　) better go home now.
A. are　B. should　C. know　D. had

2. Japan has started to require convenience stores, supermarkets, drugstores and other stores to charge for (　　　) shopping bags.
A. vinyl　B. free　C. plastic　D. register

3. "Liam, stop (　　　) your computer game and do your homework right now."
A. plays　B. to play　C. played　D. playing

4. When you fill out the mark sheet, please use a regular pencil or (　　　) pencil.
A. ball　B. mechanical　C. sharp　D. brush

5. *Charlotte*："Noah, the bus is leaving soon. Hurry up!"
Noah　：“Wait a minute, Charlotte. I'm (　　　)."
A. going　B. coming　C. taking　D. bringing

G　次の英語が表すものを，それぞれ与えられた文字で始まる英語1語で答えなさい。

1. the red liquid sent around the body by the heart, necessary for life
(b　　)

2. the sound or sounds produced through the mouth by a person speaking or singing
(v　　)

3. needing to drink
(t　　)

4. a building, room, or organization having a collection, mainly of books, for people to read or borrow, usually without payment
(l　　)

5. a person caring for ill or injured people in a hospital
(n　　)

【英　語】（50分）〈満点：100点〉〈英語科用〉

〈リスニング問題〉

A　これから放送される1～5の対話を聞いて，それに対する応答として最も適切なものをA～Dの選択肢から1つ選び，記号で答えなさい。英文と質問は1度だけ放送されます。対話も選択肢も問題用紙には記載されていません。

1．解答欄に答えを記入しなさい。
2．解答欄に答えを記入しなさい。
3．解答欄に答えを記入しなさい。
4．解答欄に答えを記入しなさい。
5．解答欄に答えを記入しなさい。

B　これから放送される長めの英文の内容に関する質問が5つあります。それに対する応答として最も適切なものをA～Dの選択肢から1つ選び，記号で答えなさい。英文と質問は1度だけ放送されます。

1．What is the cooking teacher teaching today?
2．What is NOT in the recipe?
3．What do you make in the small sized bowl?
4．How will the popcorn balls taste?
5．What will the popcorn balls look like?

※リスニングテストの放送台本は非公表です。

C　次の英文を読み，各問いに答えなさい。

Hello, everyone. My name is Ryoko. I want to talk about some experiences that I had this summer.

This summer, an American girl stayed (　あ　) my family in Maebashi, Gunma (　い　) about a month and a half. Her name was Monica, and she was (　う　) Anchorage, the capital of Alaska, U.S.A. While in Japan, Monica learned many surprising things about Japan. I also learned a lot about lifestyles in America from our conversations. (え)There (countries / differences / two / so / between / are / these / many). Today, I'll just talk about some of them.

First, driving is very different. Let me explain. It was Monica's first time to come to Japan, so everything she saw was new and exciting. For the last two weeks of 1st semester, we went together to my high school in Takasaki. Each day, we (お)ride our bicycles and took the train there. She told me that, in America, students can drive themselves to school by car once they get their driver's license. I was (か)shock to know that, in America, teenagers are allowed to drive! I think it is a big responsibility to drive a car, so the students who drive seem very mature to me.

The first morning, Monica (き)wake up and came downstairs to eat breakfast. She asked, "What was the noise at night?" I answered, "What noise?" She said, "Something outside, I don't know what that was, but (く)I couldn't sleep!" Then my mother said, "Oh, the frogs, maybe? *Kaerunogasshou*?"

Around my house, there were rice fields filled with water where frogs usually croak all night. I told Monica that *Kaerunogasshou* is our usual Japanese summer custom. I never imagined that a frog chorus could be so annoying to her.

One time, Monica said, “In Alaska, in the winter, children go to school holding flashlights.” I said, “What? What do you mean, ‘holding flashlights’?” She said, “In Alaska, there is a polar night in winter. It’s very dark in the morning. On the other hand, in the summer, there is a white night. It’s bright until 10 o’clock at night, and we sometimes eat dinner outside at a park, just like a picnic.” I said, “Really? I’ve never heard of white night! I really want to see it someday.” She said, “Then, you have to come to Alaska, Ryoko! (　　け　　)”

During summer vacation, we went to Tokyo Disneyland, Asakusa, the swimming pool, camping, cycling and more. We had a great time together. I will never forget this summer for the rest of my life!

［注］

allow　許す　　responsibility　責任　　seem　～のように見える　　mature　大人のような

croak　ゲロゲロ鳴く　　summer custom　夏の風物詩　　annoy　悩ませる

flashlight　懐中電灯　　polar night　極夜(きょくや)　　white night　白夜(びゃくや)

1．(　あ　)～(　う　)に適切な前置詞を入れなさい。

2．下線部(え)が「これら2つの国にはとてもたくさんの違いがあります」という意味になるように並べかえなさい。

3．下線部(お)(か)(き)を適切な形に変えなさい。

4．下線部(く)のようになった理由として最も適切なものを1つ選び，記号で答えなさい。

　ア．昼，カエルが家の中に入ってきたから。

　イ．昼，水田で手伝いをして足が痛かったから。

　ウ．夜，カエルが水田で鳴いていてうるさかったから。

　エ．夜，白夜で，水田が明るかったから。

5．アラスカの夏の白夜について最も適切なものを1つ選び，記号で答えなさい。

　ア．夜，明るいので，夕食後，夜10時頃にドライブに行くこともある。

　イ．夜，明るいので，夕食は外の公園で食べることもある。

　ウ．夜，暗いので，夕食後，早く寝ることもある。

6．文脈から考えて，(　け　)に入る最も適切なものを1つ選び，記号で答えなさい。

　ア．It’s bright in Alaska, so please come to see me!

　イ．Welcome to my house and Tokyo!

　ウ．You are sometimes welcome at my school!

　エ．You are always welcome at my house!

D　次の英文の(　　)内に入る最も適切な語(句)をア～エから選び，記号で答えなさい。

1．Mr. Brown will (　　　) Osaka tomorrow.
　ア．reach　　イ．come　　ウ．arrive　　エ．get

2．Would you (　　　) me your eraser?
　ア．keep　　イ．lend　　ウ．use　　エ．borrow

3．"(　　　) I wash your car?" "No, thank you."
　ア．Will　　イ．Shall　　ウ．Do　　エ．Have

4．I feel cold. Will you give me (　　　) drink?
　ア．hot something to　　イ．something to hot
　ウ．something hot to　　エ．something hot

5．My father was good (　　　) when he was young.
　ア．a cook　　イ．at cooking　　ウ．to cook　　エ．cooked

6．The (　　　) guests were very old.
　ア．invited　　イ．inviting　　ウ．invite　　エ．invites

7．Mary is (　　　) than Jane.
　ア．more famous　　イ．so famous　　ウ．famous　　エ．the most famous

8．I have not seen Mason (　　　).
　ア．a week ago　　イ．next week　　ウ．last week　　エ．since last week

9．We will start the party when (　　　).
　ア．he will get back　　イ．will he get back
　ウ．he gets back　　エ．does he get back

10．"Can I have another (　　　) of coffee, please?" "Sure."
　ア．pair　　イ．cup　　ウ．dish　　エ．piece

E　次の対話文を読み，(1)～(10)に入る最も適切な語(句)を選択肢ア～コから1つ選び，記号で答えなさい。ただし，文頭に来る語(句)も小文字になっている。

A：Hi, Ken. I was thinking about (1) a surprise birthday party for Karen. What do you think?

B：That (2) great! I think she will be happy.
　(3) people do you want to invite?

A：I was thinking 5 to 6 people.

B：Who can we invite?

A：I can (4) her mother and her big sister. I think they can come.

B：Great! And I think she does (5) with Wendy and Pam – I'm sure they will want to come, too.
　I can call them.

A：Good idea! I'll email Joe and Mary, Karen's next door (6). Maybe they can come over.

B：Great! What is a good (7) to start?

A：How about Sunday afternoon at 3 pm?

B：Do you know (8) she is going to be?

A：I think she will be 37.

B：Okay, I can order the cake and buy（9）.
I also want to cook her favorite（10）. Do you know what she likes?
A：I think she likes fried chicken and pasta.

選択肢：

ア．dish　　イ．having　　ウ．ask　　エ．candles
オ．sounds　　カ．Yoga　　キ．how old　　ク．time
ケ．how many　　コ．neighbors

F　次の単語の説明として適切なものを選択肢ア～オから1つ選び，記号で答えなさい。

1．volunteer
2．experience
3．succeed
4．recycle
5．supporter

選択肢：

ア．to use a thing or an idea again
イ．knowledge or skill that you gain from doing a job or activity, or the process of doing it
ウ．someone who likes a particular sports team, and often goes to watch them play
エ．someone who does a job willingly without being paid
オ．to do well in something after working hard

G　各文の意味が通るように，（　　）内に入る適切な語を選択肢から選び，文に合わせて形を変えて答えなさい。

1．Prime Minister Suga made a difficult（　　）to choose some members from his party to form a cabinet a few months ago.
2．We watched such an（　　）soccer game at the end of last month.
3．You will find special meaning in the poems（　　）by Shakespeare.
4．December is the（　　）month of the year.
5．Akiko and I went to Kyoto to see the autumn（　　）turn yellow and red.

選択肢：excite / leaf / decide / write / twelve

【理　科】（45 分）〈満点：100 点〉

1.　次の各問いに答えなさい。

問１　一生のうちで，呼吸の方法を変えるセキツイ動物のなかまの名称を答えなさい。

問２　真夏の暑い日に，自動販売機で買った冷えた缶飲料を机の上にしばらく放置したら，缶の表面にたくさん水滴がつきました。このときの缶のまわりの空気の温度を，その空気の何といいますか。**漢字２文字**で答えなさい。

問３　酸素を多く含み，二酸化炭素の少ない血液で，鮮やかな赤色をしている血液を何といいますか。**漢字で**答えなさい。

問４　図中の矢印**ア～エ**は水中の物体にはたらく水圧の向きを表しています。この矢印のうち，最も大きい水圧を表しているのはどれですか。**ア～エ**から１つ選びなさい。ただし，図は水中の物体を横から見ています。

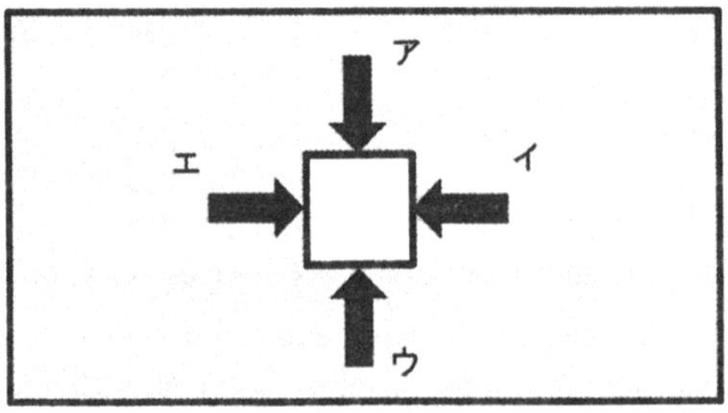

問５　方位磁針のＮ極が北を向くことから，北極には何極があるとみなすことができますか。

問６　酸性の水溶液とアルカリ性の水溶液を混ぜ合わせると，お互いの性質を打ち消しあう現象が起こります。これを何といいますか。また，このときに生成する水ではない方の物質を何といいますか。どちらも**漢字で**答えなさい。

問７　夏になると日本付近に張り出して，「蒸し暑い」気候をもたらす気団を次から１つ選び，記号で答えなさい。

ア　シベリア気団　　**イ**　オホーツク海気団　　**ウ**　小笠原気団

2.　虫めがねとそのレンズに関する，次の各問いに答えなさい。

問１　虫めがねを使って物体を観察したところ，物体と同じ向きの大きな物体が観察されました。この像を何といいますか。

虫めがねのレンズを取り外して観察すると，レンズは**図１**のような形であった。また，どの横の方向から見ても**図１**右のように見えた。

図１　左：レンズを正面から見た形　　右：レンズを横から見た形

このレンズを使って**図2**のような装置で実験を行った。

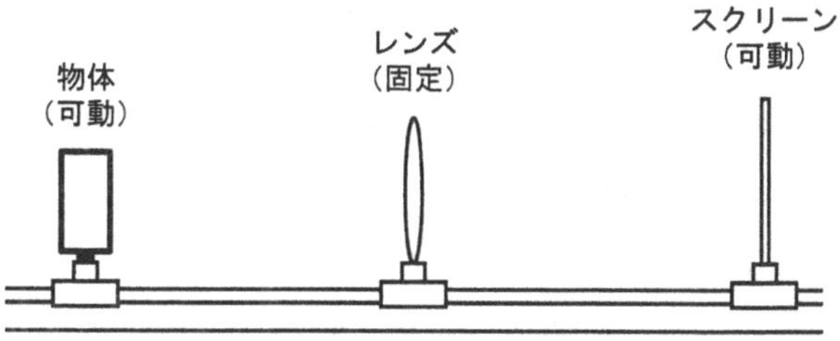

図2　レンズの性質を調べる実験装置（装置を横から見ている）

問2　このレンズの焦点距離を求めるためにはどのような動作をすれば良いですか。正しいものを，次の**ア**～**エ**から**すべて**選びなさい。

ア　物体より小さい像がスクリーンにできるように調整する。

イ　物体と同じ大きさの像がスクリーンにできるように調整する。

ウ　物体より大きい像がスクリーンにできるように調整する。

エ　あらゆる像ができないように調整する。

問3　問2においてそれぞれの動作でのレンズと物体の距離は次のようになりました。このレンズの焦点距離は何cmか答えなさい。

動　作	ア	イ	ウ	エ
レンズと物体の距離	46 cm	36 cm	23 cm	18 cm

問4　装置を横から見た状態について点Aから出た光の経路を解答欄に作図しなさい。光軸上の「・」は焦点を表しています。

問5　装置を上から見た状態について，点B，および点Cから光軸に対して平行に出た光の経路を解答欄に作図しなさい（矢印の続きを示すこと）。光軸上の「・」は焦点を表しています。

問6　問4および問5の結果だけをそれぞれ考察すると，スクリーンに映る像についてどのような特徴が考えられますか。問4および問5のそれぞれについて，**ア**～**エ**からそれぞれ1つずつ選びなさい。

ア　上下が同じ向き　　**イ**　上下が逆向き

ウ　左右が同じ向き　　**エ**　左右が逆向き

3.　共子さん，愛子さん，学君，園子さんの4人の会話文を読んで，以下の各問いに答えなさい。

愛子：この黄色の花は「菜の花」っていうんだよね？

共子：本当の名前は「アブラナ」なんだよ。

学：こっちにも黄色の花が咲いてるけど，これは何かな？

共子：この花は「タンポポ」の花だよ。

園子：どちらも黄色い花だけど，花のつくりがずいぶん違うね。①花を1つ取って，調べてみようよ。

学：お父さんからもらった②ルーペがあるから，みんなで拡大してみてみる？

共子：私の家には③顕微鏡があるから，アブラナの④花粉の観察ができるよ。

愛子：みんないろいろな観察できるものを持っていて，うらやましいな。私は⑤タンポポの綿毛が好きだから，飛ばして遊びたいな。

園子：せっかくだからタンポポの綿毛もルーペで拡大してみてみよう。学くん，ルーペ，貸してくれる？

問１　下線部①より，４人はアブラナとタンポポの花のつくりの違いについて調べました。ア～カから正しいものをすべて選び，記号で答えなさい。

ア　アブラナの花びらは，合弁花でくっついている。
イ　タンポポの花びらは，合弁花でくっついている。
ウ　アブラナの花びらは，５枚である。
エ　タンポポの花びらは，４枚である。
オ　アブラナもタンポポも，胚珠が子房に包まれている。
カ　おしべの数は，アブラナとタンポポで同数である。

問２　アブラナの花の各部位（おしべ・めしべ・がく・花びら）を外側から順にア～エの記号で並べなさい。

ア　おしべ　　イ　めしべ　　ウ　がく　　エ　花びら

問３　下線部②より，ルーペの使い方について，正しいものをア～エから１つ選び，記号で答えなさい。

ア　　イ　　ウ　　エ

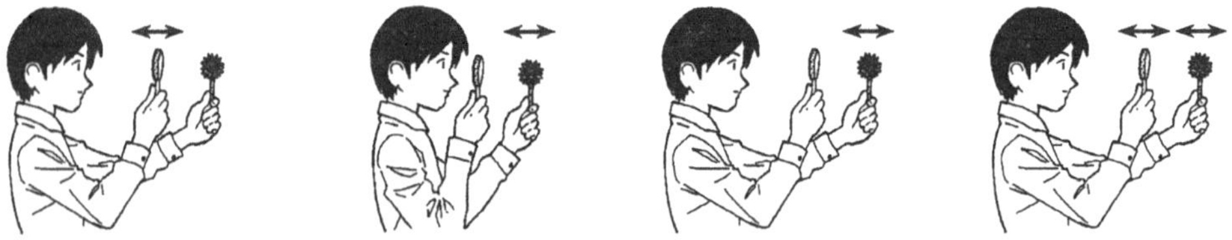

問４　下線部③より，顕微鏡について，倍率を変えずに視野を明るくするために調節する部分を，a～gから２つ選び，記号と名称をそれぞれ答えなさい。

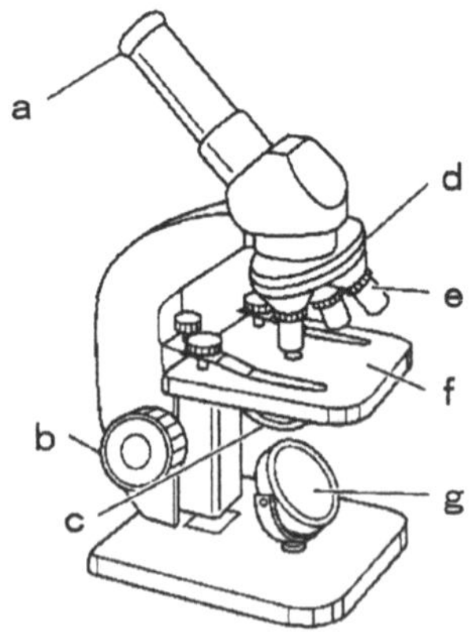

問５　下線部④の観察において，スライドガラス上の花粉に，ある溶液を１～２滴落とし顕微鏡で観察したところ，花粉管が長く伸びてきました。ある溶液を次のア～エから１つ選び，記号で答えなさい。

ア　食塩水　　イ　酢酸オルセイン溶液　　ウ　うすい塩酸　　エ　砂糖水

問６　下線部⑤は，花のどの部分が変化したものですか。次のア～エの記号で答えなさい。

ア　おしべ　　イ　めしべ　　ウ　がく　　エ　花びら

4．　次のような実験操作を行いました。これについて，あとの各問いに答えなさい。

実験操作と観察されたこと

①　鉄粉と硫黄の粉末をそれぞれ用意し，試験管Aには鉄粉７g，Bには硫黄４g，C，Dには鉄粉７gと硫黄４gの両方をそれぞれ入れた。

②　試験管Dのみ，右図のように加熱し，試験管内の鉄粉と硫黄の混合物が赤熱したところで加熱をやめた。この赤熱した部分は混合物全体に広がり，鉄粉と硫黄はすべて反応し，黒っぽい固体ができた。その後，常温まで冷ました。

③　②の後，試験管A～Dにそれぞれ磁石を近づけたところ，試験管AとCは，磁石に引きつけられたが，BとDは反応しなかった。

④　③の後，試験管A～Dにそれぞれうすい塩酸を加えたところ，試験管A，C，Dから気体が発生し，Bは変化がなかった。また，発生した気体をそれぞれ捕集したところ，試験管AとCから発生した気体に火を近づけると「ポン」と音を立てて燃え，水滴ができた。また，試験管Dから発生した気体からは，卵が腐ったようなにおいがした。

問１　実験操作と確認されたこと②の下線部のように，『赤熱したところで加熱をやめた』が『赤熱した部分は混合物全体に広がり，鉄粉と硫黄はすべて反応』したのは「鉄粉と硫黄が反応するときに熱が発生し，その熱により，さらなる反応が進んだため。」と考えられます。この実験と同じように，反応するときに熱が発生するものの例をあげなさい。

問２　実験操作と観察されたこと②で確認された『黒っぽい固体』は。鉄の原子と硫黄の原子が１：１の割合で結びついてできた物質と考えられます。この化学変化を，化学反応式で表しなさい。

問３　④の試験管A，Cで発生した気体は，どのように捕集されますか。捕集方法の名称を答えなさい。また，捕集された気体の化学式を答えなさい。

問４　④の試験管Dで発生した気体は，自然界でも発生する気体です。この気体の名称を答えなさい。また，発生する場所の例を答えなさい。

問５　試験管Dの変化のような化学変化を特に何といいますか。名称を**漢字２文字**で答えなさい。

5．　下のグラフは，震源からの距離と地震発生からの時間について示したものです。これについて，あとの各問いに答えなさい。

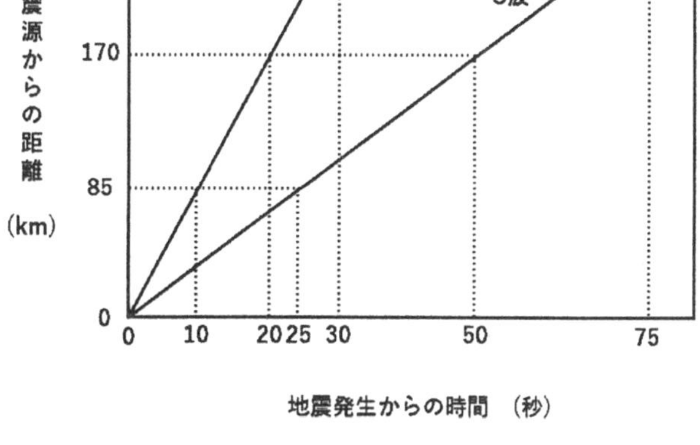

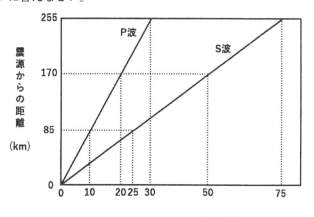

問１　グラフからＰ波・Ｓ波の速さ〔km/ 秒〕をそれぞれ求めなさい。

問２　震源から 85 km の地点での初期微動継続時間を求めなさい。

問３　問２の値を用いて，震源から 34 km の地点での初期微動継続時間を求めなさい。

6.　次の文は，地震が発生するしくみについて述べたものです。文中の下線部について，あとの各問いに答えなさい。

地球をおおう巨大な岩盤を，プレートという。このプレートの動きが，地震をおこす原因のひとつになっている。

日本付近では，太平洋側のプレートが大陸側のプレートの下に沈み込んでいるため，その境界付近では大きな力がかかり，地震がおこりやすくなっている。また，プレートの境界だけでなくプレート内部の地震を引きおこす力もプレートの動きによるものである。ａ海洋プレートが大陸プレートの下に沈み込んで，大陸プレートを引きずり込み，たまったひずみが限界になると大陸プレートがもとに戻ろうとして急激に隆起して大きな地震がおこる。このようにおこる地震を「ｂプレート境界型地震」という。

一方，プレートの内部でおこる地震を「ｃプレート内地震」という。

問１　下線部ａで，このような現象によってできる海底の地形の名称を答えなさい。

問２　(1)，(2)の地震は，下線部ｂと下線部ｃのどちらのしくみでおこったものですか。それぞれｂまたはｃで答えなさい。

(1)　熊本地震（2016（平成 28）年）

(2)　東北地方太平洋沖地震（2011（平成 23）年）

【社　会】（45分）〈満点：100点〉

Ⅰ　次の図を見て各問いに答えなさい。

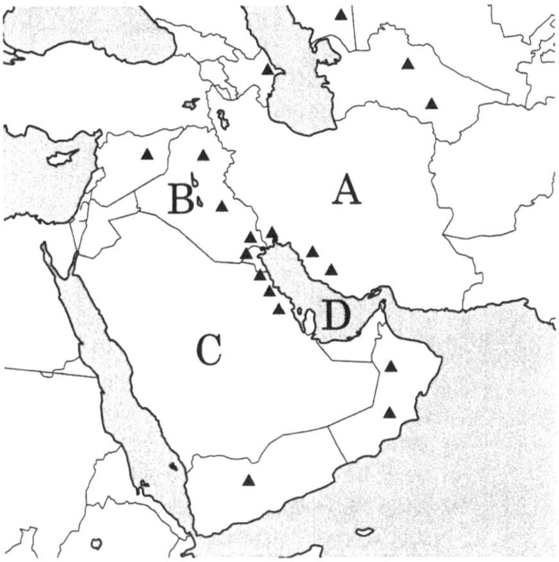

問1　A～Cの国名を答えなさい。

問2　Dの湾名を答えなさい。

問3　▲の資源名を答えなさい。

問4　▲の資源の輸出国によって結成された，産出国の利益を守るための組織を何というか，アルファベットで答えなさい。

問5　西アジアで広く信仰されている宗教を答えなさい。

Ⅱ　次の図を見て各問いに答えなさい。

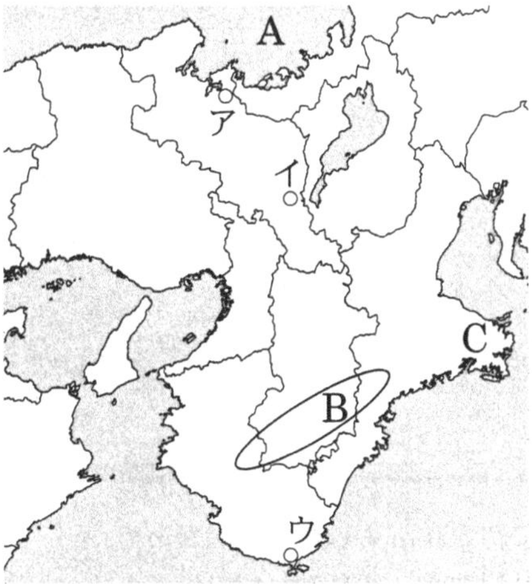

問1　A～Cの名称を答えなさい。

問2　C半島は海岸線が複雑に入り組んでいる。この海岸地形を何というか，答えなさい。

問３　次の雨温図は，前のページの図のア～ウのいずれのものか。

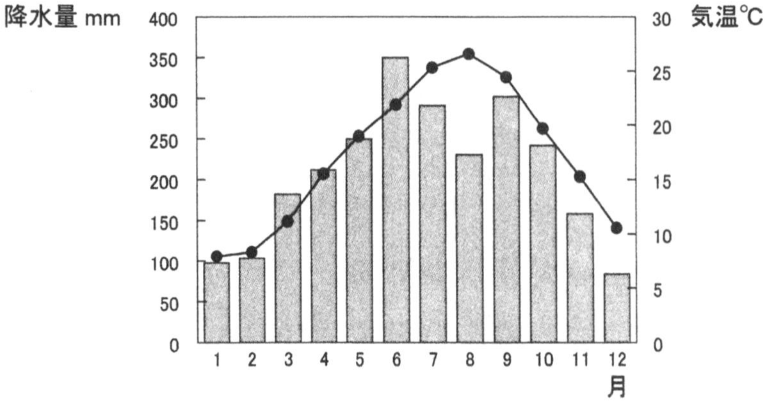

問４　次の図は「福知山」の 1/50,000 の地形図を拡大したものである。

この地形図を見て，(1)～(3)の文章を読み，それぞれ正しいものに○を，間違っているものに×をつけなさい。

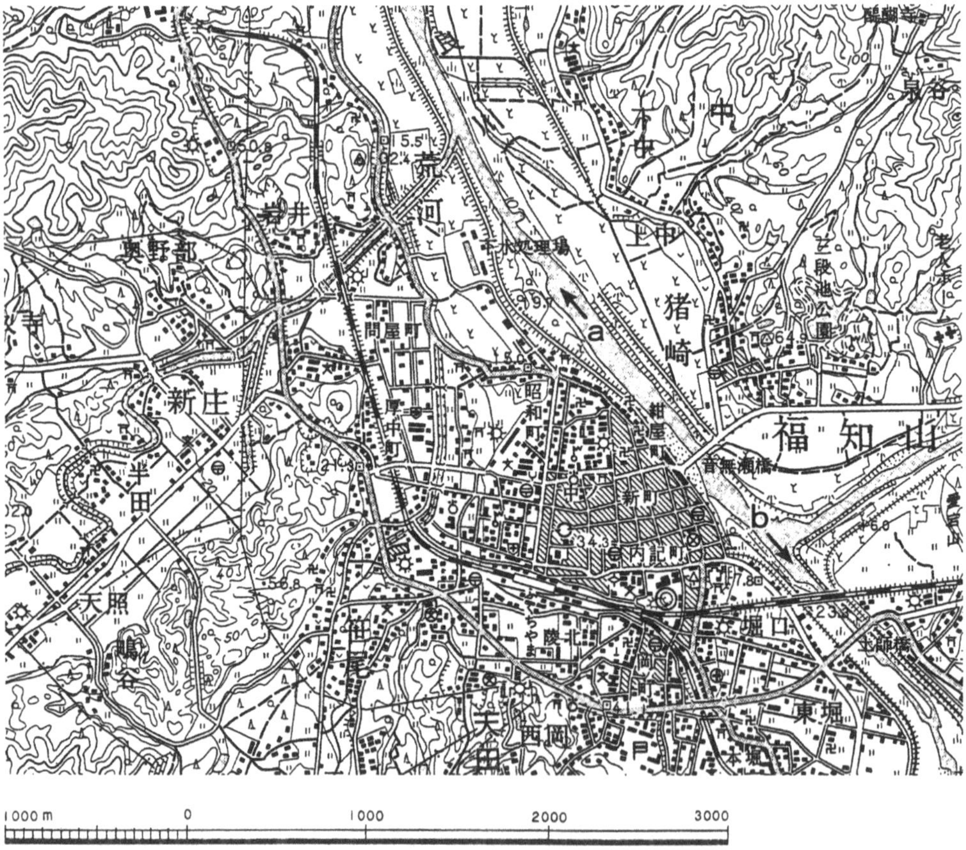

(1)　ふくちやま駅からほぼ南に約 500 m の位置に工場がある。

(2)　ふくちやま駅からほぼ東に約 700 m の位置に村役場がある。

(3)　音無瀬橋がかかっている川は，由良川という。この川の流れる方向は a である。a，b の流れる方向は，由良川の中に書いてある。

Ⅲ　以下の史料を見て次の問いに答えなさい。

A

一に曰く，和をもって貴しとなし，さからうことなきを宗とせよ。
二に曰く，あつく三宝を敬え。・・・
三に曰く，詔をうけたまわりては必ずつつしめ。

B

一　学問と武道にひたすら精を出すようにしなさい。
一　諸国の城は，修理する場合であっても，必ず幕府に申し出ること。・・・
一　幕府の許可なしに，婚姻を結んではならない。

C

一　広ク会議ヲ興シ万機公論ニ決スベシ
一　上下心ヲ一ニシテ盛ニ経綸ヲ行ウベシ
（中略）
一　旧来ノ陋習ヲ破リ，天地ノ公道ニ基クベシ
一　智識ヲ世界ニ求メ，大ニ皇基ヲ振起スベシ

D

第1条　（b）連合国は，日本国とその領海に対する日本国民の完全な主権を承認する。
第2条　（a）日本国は，朝鮮の独立を承認し，全ての権利を放棄する。
（b）日本国は，（　E　）と澎湖諸島に対する全ての権利を放棄する。

問１　史料Aは聖徳太子（厩戸皇子）が仏教や儒学の考え方を取り入れ，役人の心構えを示した法令である。この法令を何というか，答えなさい。

問２　史料Aの二重線部の三宝とは「仏・法」とあと一つは何を示すか。次の **（ア）**～**（エ）** から1つ選び，記号で答えなさい。

（ア） 律　　**（イ）** 租　　**（ウ）** 僧　　**（エ）** 令

問３　7世紀の中頃，中大兄皇子や中臣鎌足らを中心として行われた政治改革を何というか，答えなさい。

問４　史料Ｂは江戸幕府が諸大名に対して1615年に制定した法律である。
この法令に当てはまるものを（ア）～（エ）から１つ選び，記号で答えなさい。

（ア）武家諸法度　（イ）御成敗式目

（ウ）バテレン追放令　（エ）禁中並公家諸法度

問５　史料Ｂが出された頃に，日本と朝鮮との国交が回復した。そして，将軍の代替わりを祝うための使節がおくられるようになった。この使節のことを何というか，答えなさい。

問６　江戸幕府８代将軍の徳川吉宗は幕府を財政難から救うために，上げ米や新田の開発を進めた。この一連の改革を何というか，答えなさい。

問７　史料Ｃは1868年に発布された新政府の基本方針である。この史料に当てはまるものを（ア）～（エ）から１つ選び，記号で答えなさい。

（ア）民撰議院設立の建白書　（イ）王政復古の大号令

（ウ）大日本帝国憲法　（エ）五箇条の御誓文

問８　史料Ｃの頃，新政府は財政安定のため税制改革を行った。この改革として正しいものを（ア）～（エ）から１つ選び，記号で答えなさい。

（ア）学制　（イ）地租改正　（ウ）徴兵令　（エ）廃藩置県

問９　明治の殖産興業政策の一環で造られた，群馬県富岡市にある下の写真の官営模範工場を何というか，答えなさい。

問10　史料Ｄは1951年に結ばれた条約である。この条約の名前を何というか答えなさい。また，史料中の（Ｅ）に当てはまる地域を下の地図から選び，記号で答えなさい。

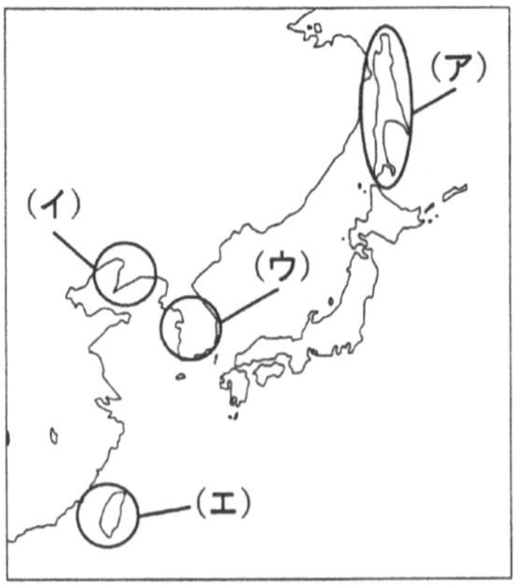

問11　1955年冷戦下の中，植民地支配から独立した国々が会議を開いて平和共存を訴えた。この会議を何というか，答えなさい。

Ⅳ　**次の写真を見て問いに答えなさい。**

A

B

C

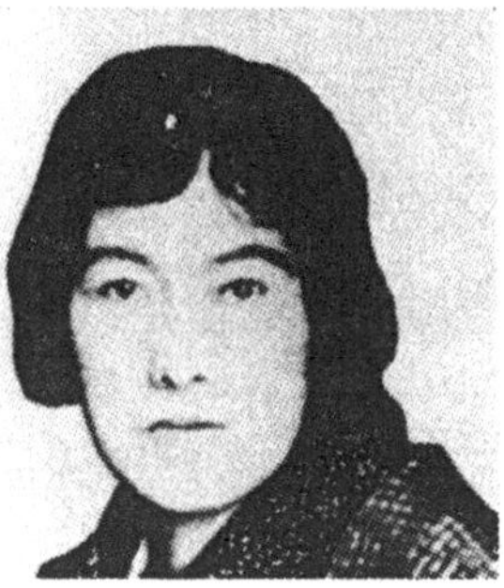

D

問１　写真Ａはビゴーの「魚つりの会」の絵である。釣りあげられようとしている魚はどこを指しているか。**(ア)**～**(エ)**から１つ選び，記号で答えなさい。

　(ア) 朝鮮　**(イ)** 清　**(ウ)** ロシア　**(エ)** 日本

問２　写真Ａに関して，1894年に日本と清の軍事衝突により日清戦争が勃発した。この戦争で結ばれた講和条約名を答えなさい。また，条約の内容として正しくないものを**(ア)**～**(エ)**から１つ選び，記号で答えなさい。

　(ア) 朝鮮の独立を認める　**(イ)** 遼東半島や澎湖諸島などを日本に譲り渡す

　(ウ) 賠償金２億両を支払う　**(エ)** 北緯50度以南の樺太を日本に譲り渡す

問３　写真Ｂに関して，ロシアとの戦争に備えるために日本がイギリスと結んだ同盟を何というか，答えなさい。

問４　写真Ｃに関して，日本とロシアの開戦に反対し，出兵した弟を思って詩を発表した人物は誰であるか。**(ア)**～**(エ)**から１つ選び，記号で答えなさい。

　(ア) 平塚らいてう　**(イ)** 津田梅子　**(ウ)** 与謝野晶子　**(エ)** 樋口一葉

問５　写真Ｄに関して，20世紀初めから第一次世界大戦までのバルカン半島は「ヨーロッパの（　　）」と呼ばれていた。（　）に当てはまる語句を漢字３文字で，答えなさい。

問6　1919年に結ばれたベルサイユ条約によって巨額の賠償金を課せられた国はどこか。下の地図の**（ア）**～**（エ）**から１つ選び，記号で答えなさい。

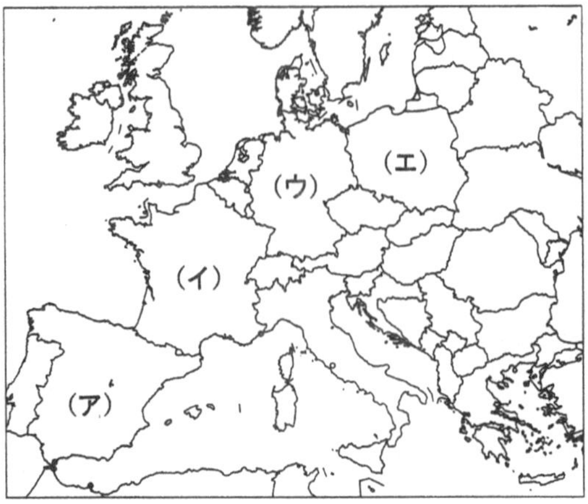

問7　1945年に世界の平和と安全を維持する国際連合がつくられた。設立当時の常任理事国として正しくない国を**（ア）**～**（エ）**から１つ選び，記号で答えなさい。

（ア）日本　　**（イ）**イギリス　　**（ウ）**フランス　　**（エ）**ソ連

Ⅴ　下の文章Ａ～Ｃを読み，日本の政治機構に関して各問いに答えなさい。

Ａ　国会は主権者である国民が直接選んだ国会議員によって構成されるため，a憲法第41条の通り，国会以外のどの機関も法律を制定することはできない。国会には衆議院と参議院があり，それぞれb選出方法が異なる。国会ではc国民の生活に関する様々な事項が議論・決定されているが，議決の基本は多数決である。いくつかの重要な点においては，d衆議院の優越が認められている。

Ｂ　国会で決められた法律や予算に基づいて政策を実施することを行政という。e行政機関の各部門を指揮・監督するのが内閣である。内閣は国会から指名された内閣総理大臣と国務大臣から成る。f内閣は国会の信任に基づいて成立し，国会に対して連帯して責任を負う。

Ｃ　社会の中でたくさんの人が共同で生活していくためにはルールが必要である。g法は，そのようなルールの一つであり，その法に基づいて争いを解決することを司法（裁判）という。裁判を行うh裁判所は最高裁判所と下級裁判所とがある。また裁判は正しい手続きによって公平中立におこなわれなければならない。そのための原則がi司法権の独立である。

問1　下線部aについて，以下は憲法第41条の条文である。空欄にあてはまる語句を書きなさい。

第41条　国会は，国権の（　①　）であつて，国の唯一の（　②　）である。

問2　下線部bについて，小選挙区制の特徴として正しいものを以下の**（ア）**～**（オ）**から２つ選び，記号で答えなさい。

（ア）大政党の候補者が当選することが多い。　　**（イ）**議会が小政党によって構成される。

（ウ）少数意見が代表されやすい。　　**（エ）**死票が多い。

（オ）投票する際，政党名か候補者名のどちらかを書く。

問３　下線部ｂについて，定数５の衆議院比例代表選挙において，以下のような開票結果となった場合，各政党に配分される議席数をそれぞれ書きなさい。

A党……3300票　　B党……2100票　　C党……1200票

問４　下線部ｃについて，以下の（ア）～（エ）のうち，国会の働きでないものを１つ選び，記号で答えなさい。

（ア）法律の制定　（イ）条約の締結　（ウ）予算の議決　（エ）弾劾裁判

問５　下線部ｄについて，衆議院の優越が認められている理由を簡単に書きなさい。

問６　下線部ｅに関して，組み合わせとして正しいものを（ア）～（エ）から１つ選び，記号で答えなさい。

（ア）総務省－文化庁　（イ）経済産業省－消防庁
（ウ）国土交通省－観光庁　（エ）財務省－金融庁

問７　下線部ｆについて，このような立法と行政の関係の仕組みを何というか，書きなさい。

問８　下線部ｇに関して，組み合わせとして正しいものを（ア）～（エ）から１つ選び，記号で答えなさい。

（ア）義務教育が始まる－学校教育法　（イ）選挙権を得る－民法
（ウ）出生届を提出する－刑法　（エ）結婚が可能になる－公職選挙法

問９　下線部ｈについて，以下の表の空欄に当てはまる語句や数字を書きなさい。

種類	行う裁判	所在地
最高裁判所	高等裁判所から（　①　）された事件を扱い，三審制で最後の審理を行う。	東京に１か所
高等裁判所	地方裁判所や家庭裁判所などから（　②　）された事件などを扱い，主に第二審の裁判を行う。	全国に（　③　）か所
地方裁判所	一部の事件を除く第一審と，簡易裁判所から（　②　）された民事裁判の第二審の裁判を行う。	全国に（　④　）か所（各都道府県に１か所，北海道は４か所）
家庭裁判所	家事事件の第一審となり，また少年事件などを扱う。審理は基本的に非公開。	
簡易裁判所	請求額が140万円以下の民事裁判と，罰金以下の刑罰に当たる刑事事件の第一審の裁判を行う。	全国に438か所

問10　下線部ｉに関して，以下は憲法第76条の条文である。空欄に当てはまる語句を書きなさい。

第76条　第３項　すべて（　　）は，その良心に従ひ独立してその職権を行ひ，この憲法及び法律にのみ拘束される。

ぬ時あり。[a]つれなうて、「しばしこころみるほどに。」など、気色あり。

　これより、夕さりつかた、

「内裏にのがるまじかりけり。」

とて出づるに、心得で、人をつけて見すれば、

「町の小路なるそこそこになむ、とまり[b]たまひぬる。」

とて来たり。

（『蜻蛉日記』より）

① 二重傍線部「九月」の旧暦の名称として正しいものを次の中から選び、記号で答えなさい。

ア　きさらぎ　　イ　ながつき

ウ　むつき　　エ　うづき

② 傍線部ａ、ｂの読み方を現代仮名遣い、ひらがなで答えなさい。

問三　次の二重傍線部の言葉が修飾する箇所を、記号で答えなさい。

① **美しい**　[ア]声が　[イ]山あいの　[ウ]村々に　[エ]大きく　[オ]響いた。

② [ア]今年も　[イ]桜の　[ウ]花が　[エ]咲いたと　[オ]母が　**大変**　[カ]喜んでいる。

ア　最初は小がらで、痩せていて、憎らしい存在であったが、大きく成長しもう「おまけ」ではないから。
イ　おまけでもらった金魚であったが今では家族から愛される存在になっており「おまけ」ではないから。
ウ　「おまけ」というネーミングはだんだんと違和感を覚え、「おまけ」をばかにした気がするから。
エ　もともとはおまけでもらった金魚をまさか家族で心配することになるとは思っていなかったから。

問七　傍線部⑤「同時に魚のまわりの水はぴたりと板になった」について以下の問いに答えなさい。

（1）　この表現は「おまけ」がどうなったということか。十五字以上二十字以内で説明しなさい（句読点も含む）。

（2）　ここで使われている表現技法を次の中から選び、記号で答えなさい。

ア　直喩　　イ　隠喩　　ウ　体言止め　　エ　擬人法

問八　傍線部⑥「やあ、おまえ生きちゃったのか」とあるが、この台詞の意図として適当なものを次の中から選び、記号で答えなさい。

ア　たくましさにあきれながらも、復活を喜ぶ気持ち。
イ　生命力の強さにあきれながらも、興ざめする気持ち。
ウ　ついに死んだと思っていたのに生きていて、残念な気持ち。
エ　復活に対して感動し、とてもうれしく思う気持ち。

問九　傍線部⑦「秋の気落ちを感じている」とあるが、私の気持ちとして適当なものを次の中から選び、記号で答えなさい。

ア　急に命を奪われた「おまけ」に対して同情しつつも、どちらにせよ秋までは生きられなかっただろうと諦めている。
イ　雨の後に急に訪れた秋を我が家に急にやって来た「おまけ」に重ねながら、楽しかった夏を思い出している。
ウ　嵐が過ぎ去り、秋の予感に気付きながら、夏を越えられなかった「おまけ」という存在にもの寂しさを感じている。
エ　もうすぐ来る秋に心を寄せながらも、洗面器の中の金魚を夏の形見として愛おしく思っている。

三、次の問いにそれぞれ答えなさい。

問一　次の①～④の慣用句とほぼ同じ意味の言葉を語群の中から選び、記号で答えなさい。

①　弓を引く　　②　あごが落ちる　　③　うでをあげる
④　骨が折れる

【語群】

ア　苦労　　イ　軽視　　ウ　感謝　　エ　上達
オ　予感　　カ　反抗　　キ　早急　　ク　残念
ケ　開始　　コ　美味

問二　次の文を読んで、後の問いに答えなさい。

さて、九月ばかりになりて、出でにたるほどに、箱のあるを手まさぐりに開けて見れば、人のもとに遣らむとしける文あり。あさましさに、「見てけりとだに知られむ。」と思ひて、書きつく。

疑はしきほかに渡せる文見ればここやとだえにならむとすらむ

など思ふほどに、むべなう、十月つごもりがたに、三夜しきりて見え

＊1　廉い……安い。
＊2　駄金魚……粗末な、つまらない金魚。
＊3　こせつく……気持ちにゆとりがなく、こせこせする。
＊4　交驩……ともに打ち解けて楽しむこと。
＊5　桂馬筋……ひねくれていること。
＊6　敏い……感覚が鋭い。敏感である。
＊7　恢復……回復。
＊8　ごたくを並べる……もったいぶってくどくど言う。

問一　傍線部a～eのカタカナを漢字に直し、漢字の読みをひらがなで記しなさい。

問二　傍線部Ⅰ～Ⅲの言葉の意味として適当なものを次の中から選び、それぞれ記号で答えなさい。

Ⅰ　相場がきまって
ア　世間での評価が決まって。
イ　物の価格が決まって。
ウ　他人がつけた値段が決まって。
エ　個人の価値が決まって。

Ⅱ　わがもの顔
ア　自分のことを守ろうとするさま。
イ　周りを威圧し、警戒しているさま。
ウ　自信があり、生き生きとしているさま。
エ　周囲を気にせずいばっているさま。

Ⅲ　右往左往
ア　慌ただしく忙しいこと。
イ　秩序がなく混乱すること。
ウ　楽しく騒がしくすること。
エ　時間がなく、うろたえること。

問三　傍線部①「私はちょいとまごついた気がした」とあるが、その理由として適当なものを次の中から選び、記号で答えなさい。
ア　私はマイクの魔力によって金魚がお買い得だと刷り込まれていることに気付いたから。
イ　私の判断はマイクの力によって決まったものでなく、自分の意志によるものであると確信したから。
ウ　私はマイクという器械の力によって自らの考えを捻じ曲げられたことに気付かされたから。
エ　私はマイクの力によって、金魚屋にだまされているのかもしれないという疑念を抱いたから。

問四　傍線部②「これを取ってはいけない」の「これ」が指すものを本文から抜き出し答えなさい。

問五　傍線部③「滑稽で、猫もかわゆく金魚もかわいかった」とあるが、私が猫と金魚を「かわいかった」と感じているのはどのような様子からか。その部分を百字以内で抜き出し最初の五字を答えなさい。

問六　傍線部④「誰もおまけのいのちを案じているが、いまはおまけという名がよけいで、すなおに『おまけどうした？』と訊けない心もちがある」のはなぜか。適当なものを次の中から選び、記号で答えなさい。

④誰もおまけのいのちを案じているが、いまはおまけという名がよけいで、すなおに「おまけどうした?」と訊《き》けない心もちがある。別の鉢《はち》へ移したが、その日はことに暑くて、その暑さも頂上の一時過ぎ、おまけは突然狂《とつぜんくる》ったように横転《おうてん》逆転して、故意《こい》かとおもわれるばかりに方々へ頭をうちつけて悶《もだ》えた。そしてそれがとまったら、平たく浮いてしまった。⑤同時に魚のまわりの水はぴたりと板になった。どうせだめなら試してみようというので、仁丹《じんたん》を二十粒《つぶ》ほど落した。薬が溶《と》けはじめ、香気《こうき》が水をつらぬくらしかった。見ていてもおまけの腹《はら》はぴたりと動かない。あきらめて、——けれども、すぐには棄てられもしず、そのままに置かれた。しばらくしてひょいと見れば、おまけは底へ降りて、溶けた薬を一心にたべている。けろんと元気になった。薬で赤く染《そま》った水は、おまけといっしょにさらさらと軽く動いている。

⑥「やあ、おまえ生きちゃったのか」といわれた。助かったから、おまけはやっぱりおまけで通すよりほかなかった。

ことしは早い台風《たいふう》だと警報《けいほう》が出た。まだ遠い台風ではあるけれど、天候に魚は敏《さと》*6いものだ。洗面器のなかに飼われても、金魚がいかに小魚でも、魚の本能は失っていない。*7恢復《かいふく》したおまけを入れて十一ぴきの全員は、暴風《ぼうふう》まえの食いだめを促《うなが》されて、足音のたび、声のたびにしきりに器《うつわ》の縁《へり》へ寄りたかって餌《えさ》をせびった。子どものだだっ児《こ》というようすだといいあって、人は人の食事をはじめたけれど、暑さ負けの人には金魚の食欲《しょくよく》はなかった。たべていて、ふと縁に猫の影《かげ》、——それもうちのではないという直感で、影を見たようにおもったときは、もう遅《おそ》かった。荒《あ》らされた。赤い小魚は顛倒《てんとう》してⅢ右往左往《うおうさおう》に走り、呼び声にも餌箱《えさばこ》の音にも信用を置かなかった。

一ぴきは影ものこさず足りなくて、もう一ぴきはおまけが胸鰭《むなびれ》とえらをやられて、片泳《かたおよ》ぎになっていた。剥《は》がれた赤い鱗《うろこ》がきらりきらりと沈《しず》んだり煽《あお》られたりしている。傷《いた》められたおまけは金魚の名にd背かず、器のなかにただ一ぴきの美しさをひろげて片息《かたいき》でいた。こんどこそおまけは死んだ。傲《おご》りもなく、しかも美しさをとどめて死んでしまった。

私たちはおまけもかわいそうだと思ったが、もっとしんみりつらかったのは、いなくなったそれをどうしてもはっきり思いだすことができなかったことである。あんなに一ツ一ツ丹念《たんねん》に見つめ、そして一ツ一ツに平等な餌のやりかたをしようなどと、心づかいのたけを見せようとしあっていたにもかかわらず、こうなってみると、さてどれがいなくなったのか思いだす手がかりは誰《だれ》にもなかった。かわいがりぶって、*8ごたくを並《なら》べていたって、なんにも知っちゃあいないんじゃないか？　おまけだけが死んだのじゃない、形《かた》もなく持って行かれたというのに、おまけだけが金魚の名に背かない美しい死の代表のように思うとは。

その晩からかけて翌日《よくじつ》は、予想のとおりざっざという降りだった。魚は餌にもつかず、えらさえあまり動かさず沈んでいた。そうした嵐の雨があがると、木の葉は青く洗われ、土は黒くよみがえり、九ひきにへった洗面器のなかもやはり花やかに赤かった。実際の季節よりeコヨミは一足《ひとあし》早い。それよりまた一足早く金魚のさやかな鰭に、私は⑦秋の気落ちを感じている。

（幸田文『台所のおと』より）

ているうちにひとりでに前肢《まえあし》のブレーキがはずれて、ちょっかいが出てしまうようである。そのたびにきびしく叱《しか》られた。それでも猫はしつこくそこへすわりこんでいて、しまいにはそのまま潰《つぶ》れて寝入《ねい》ってしまうこともある。十日ほどもしたあとは、②これは取ってはいけないとすっかり覚えこんだらしい。

　金魚のほうも人の声や足音を覚えて、餌《えさ》をほしがって器の縁《へり》へ寄りかさなって来ては、口をぱくぱく、水をぴしゃぴしゃさせ、なかには水の外へぐんと頭を突《つ》きあげるのもいた。黒い眼《め》が二ツずつ、まあるい口が一ツずつ、赤い鰭《ひれ》としっぽをくねくねさせれば、器のなかの水はいのちに溢《あふ》れて軽くさざめく。駄金魚もいっそ気取りがなくてまた愉《たの》しいのである。

　二十日を過ぎた。「あきれた金魚だ、まだ死なない」などと、半分は真実へーえといった感心、半分は彼等《かれら》の頑健《がんけん》をbシュクフクしてそんなふうにいわれた。金魚は丸く太くて、ことにおまけがめざましく大きくなった。私は彼等を呼ぶのに何と呼んでいいか困《こま》った。金魚さんやと呼ぶのもうまくないし、金公《きんこう》もへんである。呼び名がないことはなにか片便《かたよ》りのようなじれったさがある。しかし猫どもと金魚との*4交《こう》驩《かん》は、なんとなく成立していた。猫は自分たちの小さいコップから水を飲まず、金魚の大きい器からばかり飲む。猫が水を飲みはじめると、金魚はこぞって浮きあがり、ほとんど脊鰭《せびれ》で舌をこするほど近くを通る。猫に舐《な》められてよろけたようになるのもいるし、猫のほうが顔負けして水飲みを一時中止するときもある。③滑稽《こっけい》で、猫もかわゆく金魚もかわいかった。

　「おまけだなんていうの、よさない？　かわいそうな気がするもの」という娘《むすめ》の発言にみんなが賛成した。ただ賛成すればいいのに大笑いに笑って賛成した。しかし、笑ったあとがちょいと変だった。めいめい自分たちもどこかおまけ的なものをもっているような気がした し、それは「おまけおまけってばかにするけれど何だい。ちいっと小がらだという以外には眼《め》も鼻もちがったところはないやい」といった、*5桂馬筋《けいますじ》の力《りき》みかたへつながっているように感じる。いってみれば、思いがけないおまけの筋をぴんと引っぱられて、指のさきだか口のはただかがぴくぴく引っつったようなものである。おまけとはいったい何だろう。

　毎年、お盆《ぼん》の前後が暑さはいちばん烈《はげ》しい。夏もまっさかりという感じである。さすがに金魚も暑いかして、日ちゅうはものうく動いた。夕がたのすず風が立つころになってやっと浮《う》いて来るような日が、二日三日と続いた。そしてその夕がた、気がつくとみんな元気になったなかに、おまけだけがぼんやりしていた。それでも餌をやる声をかけると、ぼんやり気がついたふうに寄って来たものの、食欲旺盛《しょくよくおうせい》のほかのにc阻まれると、へたへたとうしろへ押《お》しやられたなりそこにじっと浮いている。水はおまけのいまわりのところだけとろりと濃《こ》く、まるで重みを含《ふく》んでいる異質《いしつ》のもののように見えた。翌朝《よくあさ》はもっとずっと悪くなっていた。いのちがあるというばかりの状態で浮いている。

　「おまけおまけっていわれながらこれで死んじゃうんでしょうか。私は身につまされます。とうに五十を過ぎて、ときどきは息子たちにもおまけの人生だなんていわれいわれしてるんですから、これで死なれちゃいやな気もちです」とお手伝いさんがいう。

り立っている。なぜ三つの文字を必要としているのかと明治時代以降問題視されていた。したがって、昭和時代、日本は日本語の使用をやめ、公用語を英語にしようと考えていた。

イ　日本語は、新奇な言葉の存在によって消えてしまう言葉があると問題視されている。そのため、日本語には、外来語や若者言葉のような新しい言葉と歴史的な漢語や和語のような古い言葉の両方で構成されることが求められている。

ウ　政治や思想などを語る言語は、漢字はもちろんひらがなやカタカナも含めた三つの文字を身につけてこそ使えるものである。一方で、源氏物語や伊勢物語などの和歌はひらがな文の作品と言われ、ひらがな書きで表現され、親しみが感じられる。

エ　日本では、漢字などを使っているから近代的な国になることができないという考え方が明治時代以降から存在していた。そのため、ひらがな語やカタカナ語を導入した結果、いまや日本は世界有数の経済大国となった。

二、次の文章を読んで、後の問いに答えなさい。（問題文には一部変更がある）

Ⅰことしは金魚屋がマイクをつかっていた。「金魚というと死ぬものと相場《そうば》がきまっております。それが死にません。*1廉《やす》くて丈夫《じょうぶ》で死なない金魚」と呼ぶ。

せいぜい二、三日という経験をもつ人が多いのである。でも、たとえ二、三日しかもたないと知っていても、新しく金魚と聞けばちょっと心を釣《つ》られる。それで、お金と洗面器《せんめんき》を持たせ、口上《こうじょう》どおりの廉くて丈夫で死なないのを買って来て頂戴《ちょうだい》と頼《たの》んだ。

「器械ってほんとにへんなものですねえ。マイクでしゃべられると、ほんとに死なない金魚みたいな気がしますものねえ」と、お手伝いさんは出て行った。

①私はちょいとまごついた気がした。お手伝いさんの感じによれば、マイクは嘘《うそ》をほんとに聞かせる魔力《まりょく》をもっているかのような口ぶりに聞える。これをひっくりかえすと、マイクという器械が信頼《しんらい》をかち得ているということになる。

白い洗面器のなかは夕やけのように赤く映《うつ》っていた。十一ぴきいて一ぴきはおまけだそうだ。四十年もの昔、私が子どもだった時分から*2駄金魚《だきんぎょ》だと十分よく知っている昔がたのものだった。昔なつかしい気もするが、また思えば金魚だけは昔のままにいて、自分ひとりが年を取って損をしたというような、おかしな気もちが動かないでもない。家人《かじん》はすぐにもう品定《しなさだ》めをして、それぞれの贔屓《ひいき》がきまったらしい。私にはおまけがいいという。おまけは一段《いちだん》とⅡ小がらで、痩《や》せていて、小づらにくいほど敏捷《びんしょう》で、器《うつわ》のなかじゅうをわがもの顔に、襷《たすき》にかけてつんつん泳いでいる。いかにもおまけおまけして、餌《えさ》をたべるときなど厚皮《あつかわ》に*3こせついた。

そのまま三日ほどたった。「ほんとによく生きてるよ。死なない金魚だわ」といわれる。死ぬのを待っているみたいな、死なないのが期待はずれのような、しかし生きているのを喜んでいるようにもうけとれるaフクザツな聞えかたがした。

金魚に猫《ねこ》はつきものだ。うちには二匹の猫がいるが、二ツとも洗面器のまえにすわっては、耳を伏《ふ》せ、飽《あ》きずにじっと見つめている。見

問三　傍線部①「面倒な漢字をやめ、ひらがなを使用すればいいじゃないか」とあるが、なぜこのような考え方になるのか。本文から二十字で抜き出し答えなさい。

問四　傍線部②「この考え方」とあるが、これが指しているものを本文から十三字で抜き出し答えなさい。

問五　傍線部③「中国でも同じようなことがありました」とはどういうことか。適当なものを次の中から選び、記号で答えなさい。

ア　中国でも日本でも一つの文字を使用することにこだわりを持ち、言語の修得に費やしているボウダイなエネルギーに対して疲労感を抱いており、その問題はいまだ解決されていないということ。

イ　歴史のなかで中国でも日本でも公用語は英語にするべきだという動きが見られたが、その論争は現代においても文化の中心的な問題として存在し続けているということ。

ウ　中国でも日本でも西洋文明に影響を受け、それぞれの国の言語が問題視されたが、社会情勢と言語は無関係であることが分かったため、自国の言語を文化として捉えるようになったということ。

エ　中国でも日本でも漢字を廃止しようとする動きが見られたが、それぞれの国の言語を成立させるのに漢字が不可欠だったため、最終的には廃止に至らなかったということ。

問六　傍線部④「国語には現代文と古文と漢文という三つの科目があります」とあるが、この理由を筆者はどのように考えているか。本文から二十字以内で抜き出し答えなさい。

問七　空欄A～Cに当てはまる語句を本文から五字以内でそれぞれ抜き出し答えなさい。

問八　傍線部⑤「これらをうまく整理した日本語文法はまだありません」とあるが、これはどのようなことか。適当なものを次の中から選び、記号で答えなさい。

ア　日本語はひらがな語、漢字語、カタカナ語の三つの言語から成り立っているにも関わらず、現時点の日本語文法は、そのうちのひらがな語だけを対象としており、本当の意味での「国文法」はまだ存在していないということ。

イ　日本語はひらがな語、漢字語、カタカナ語の三つの言語から成り立っているため、それぞれの言語が独立した文法を必要とするはずが、現存するのはひらがな語文法の「国文法」のみであり、「日本語文法」はまだ存在しないということ。

ウ　日本語はひらがな語、漢字語、カタカナ語の三つの言語から成り立っているが、日本の歴史では漢字を排除する動きが見られ、この出来事は現在の日本語文法にも影響を与えているため、「日本語文法」はまだ存在しないということ。

エ　日本語はひらがな語、漢字語、カタカナ語の三つの言語から成り立っていることにより、本来であれば三つの言語を組み合わせた文法が必要であるが、ひらがな語文法だけで満足しているため、「日本語文法」はまだ存在しないということ。

問九　本文の内容に一致するものとして適当なものを次の中から選び、記号で答えなさい。

ア　日本語は漢字語、ひらがな語、カタカナ語の三つの文字で成

は、なんとなく親しみを感じますが、それは身近な世界から生まれた表現だからです。源氏物語や伊勢物語はこのようなひらがな文の作品です。漢詩や漢文では言えないことを、私たちのお腹の底から線のように続けて出してゆく。そのような表現は縦のひらがな書きが自然です。

　そして日本語では、漢文の傍らにカタカナを挟みながら翻訳が行われてゆきます。

　これが日本語の姿です。日本語を使いこなすには、三つの言葉すべてを使いこなさなければなりません。

　外来語や若者言葉の流行が問題視されることもありますが、言葉は家庭や学校など、いつも身のまわりから出てきます。新奇な言葉の流行り廃りはいつの時代にもあることです。問題は、歴史的な漢語や和語は、社会的に存在し続けないと消えてしまうことです。言葉が使われなくなり、消えてしまうとどうなるか。表現がだんだん貧しくなり、物事を考える力が乏しくなります。そして言葉にする手だてがなくなり、＊2鬱積《うっせき》するものが溜まったとき、肉体的な直接行動で表さざるを得なくなります。

　日本語は伝統的に新しいものを取り込むのが好きな言葉です。一貫して新しいことはいいことだという思想が貫かれている。けれども古くからあるものも大事にしなければなりません。＊3不易《ふえき》と流行、その両方で日本語は構成されているべきでしょう。

　日本語の本質は、漢字語とひらがな語とカタカナ語が入り交じっていることです。ところが、この日本語に対して、江戸末、明治時代以来一貫して、漢字を排除し、ひらがなを音にあわせた西洋のような文字として整理したいという力が働いてきました。可能ならばすべてアルファベットかひらがな書きにしてしまいたいと。その望みは実現されないまま、中途半端にいまの日本語に影響を与えています。

　漢字はたんなる文字ではありません。漢字語です。ひらがなもまた文字にとどまらずひとつの言語、ひらがな語です。⑤これらをうまく整理した日本語文法はまだありません。ひらがな語だけでなく、漢字語もカタカナ語も視野に収め複合的な「日本語文法」を作らなければなりません。ひらがな語文法にすぎない「国文法」でこと足れりとしているうちは、日本語文法を構想することさえできていないというべきでしょう。

　新しい日本語文法を解き明かし、日本語の姿をはっきりと解き明かすことはみなさんの仕事かもしれません。ごく身近な日本語の中にもこれだけ未知の世界が広がっているのです。

（石川九楊『日本語とは何だろう？』より）

＊1　厳然……いかめしくおごそかなようす。
＊2　鬱積……心の中に不満や怒りなどが積もりたまること。
＊3　不易……長い年月がたっても変わらないこと。

問一　傍線部a～eの語句のカタカナを漢字に直し、漢字の読みをひらがなで記しなさい。

問二　空欄Ⅰ・Ⅱに入る適当な語句を次の中から選び、それぞれ記号で答えなさい。

ア　すなわち　　イ　しかし　　ウ　もちろん
エ　むしろ　　オ　だから

沢東《たくとう》は漢字を廃止してローマ字にしようと考えました。漢字など使っているから近代的な国になれないのだ、ローマ字にしてアルファベットを導入し、西洋文明を大いに取り入れようと考えたのです。しかし中国もまた、漢字を廃止することはできませんでした。中国語は漢字そのもので成り立っているので、アルファベットに置き換えられはしないのです。アルファベットを導入できなかったからといって、中国が遅れた国というわけではありません。いまや世界有数の経済ｃキボの国力を誇っているのはご存知のとおりです。

　英語はアルファベットで表記する。日本語はその代わりに三つの文字で表記します。複雑だからまとめてしまおう、と考えるのは日本語の本当の姿を捉えそこなっているからです。漢字語とひらがな語とその中間に位置するカタカナ語、それぞれに文字を持つ三つの言語が混じり合ったものを日本語と読んでいると理解するべきなのです。

　三つの言語があると考えるとよくわかることがたくさんあります。たとえば辞書。日本語には漢和辞典、国語辞典、そして現代用語辞典の三系統の辞書があります。難しい漢語を調べるには漢和辞典を、普段の生活で言葉を調べるには国語辞典、そして近年のカタカナ語を調べる辞典と私たちは使い分けています。これも三つの言語がある証拠です。

　また、④国語には現代文と古文と漢文という三つの科目があります。日本語を学ぶ一つの教科の中に、それらがまとめられているのは、日本語は三つの語から成り立っているからです。源氏物語や更級日記《さらしなにっき》、徒然草、方丈記などの和歌や和文、【　Ⅱ　】ひらがな語を学ぶのが古文。そして漢文は、中国語を学ぶのではありません。日本語の中に*1厳然《げんぜん》たる位置づけを持った漢字語を学ぶのです。さらにカタカナ語も入り込んできた段階の日本語を扱うのが現代文です。

　まだまだ例を挙げることができます。日本には三種類の詩があります。外国では知識人の詩と民衆の歌謡《かよう》とを異なったものとして二分類することはありますが、漢詩、和歌（短歌・俳句）、近代詩と三つの異なる詩が存在する国は日本しかありません。フランス語にもいろいろな詩型はありますが、三種類の詩があるわけではありません。

　歴史のうえでは、古今和歌集以前の時代を代表する万葉集に収められた歌は［A］歌です。すべて［A］で書かれています。時代が下って九〇〇年頃に成立した古今和歌集が、すべて［B］で書かれているのとは対照的です。和歌はその後、連歌《れんが》や短歌、俳句へと分かれてゆきます。そして西欧詩を参考に、近代の［C］語を支えた詩が近代詩・現代詩です。

　日本語に三つの文字があることがわかっていただけたでしょうか。

　漢字という自立し、独立した単語でもって世界を表現する文字が、上下に連なってゆく漢字文があります。漢詩や漢文ですね。とても格調高く、儒学や仏教、道教などの思想とともにある言語です。これらは、漢字を覚え、漢字の世界を知り、漢文の世界を学んではじめて使えるものです。政治や宗教、思想を語る言葉は、学ばなければ身に付きません。ひらがなでは政治は語れないのです。

　他方、普段の話し言葉や暮らしの延長から生まれてくる歌を表すひらがな歌、すなわち和歌の世界があります。ひらがなが表現するのは自然の四季の世界。そして春夏秋冬を人間に置き換えると恋愛の問題になります。和の料理とか和の趣味というときの「和」という語に

【国　語】〈四五分〉〈満点：一〇〇点〉

一、次の文章を読んで、後の問いに答えなさい。（問題文には一部変更がある）

私たちは当たり前のように使っていますが、日本語は非常に特殊な言語です。その最も大きな特徴は、漢字・ひらがな・カタカナの三つの文字を必要とすることです。世界でも三つの文字を使う言葉は日本にしかありません。英語はアルファベットひとつで書けますし、中国語は漢字があれば書ける。韓国語には漢字とハングルがありますが、今日ではほぼハングル文字しか使われません。

一体なぜ日本語には三つの文字があるのでしょうか。漢字という画数も多く書くのも面倒な文字があり、加えてひらがなとカタカナがある。このことに何か意味はあるのでしょうか。

文字がたくさんあれば表現が豊かになるという意見があるかもしれません。しかしそれでは英語に、たとえばキリル文字みたいな新たな文字が加わったら、より複雑なことが表現できるようになるでしょうか。それは少々疑問です。それに、ひらがなとカタカナは同じ五十音を表していますから、わざわざ二種類の文字がなくても、どちらかひとつあれば良さそうです。そう考える人は昔からいました。明治時代から今日に至るまで、日本語には問題がある、改革が必要だと言われるとき、問題だとされるのはいつも文字でした。

たとえば江戸末期、郵便制度をつくったことで知られる前島密《まえじまひそか》は徳川幕府の最後の将軍慶喜《よしのぶ》に漢字の廃止を提言しています。①面倒な漢字をやめ、ひらがなを使用すればいいじゃないかと。アメリカやヨーロッパではひとつの文字しか使っていない、漢字の修得に使っているaボウダイなエネルギーをもっと大事なことの学習に使うべきではないかという提言です。

その後、【　Ⅰ　】漢字を全面的に廃止することはできませんでした。しかし常用漢字を定めるという漢字制限にかたちをかえて、②この考え方はいまでも私たちに影響を及ぼしています。

漢字の存在を問題視する見方は、ここ十五年くらいの間に急に消えてしまったように思えます。漢字があってもいいじゃないか、と風向きは大きく変わりました。しかしそれは、ワープロが発明され、パソコンがbフキュウして漢字が変換ボタンを押せば瞬時に出てくるものになったからに過ぎません。根本的にはなにも変わっていません。なぜ三つの文字を使うのか、なるべく漢字を少なくすべきではないかということは、西欧文明に衝撃を受けた江戸時代末から一貫して日本文化の中心的な問題でありつづけてきました。

文部大臣だった森有礼《もりありのり》も、明治初頭、日本語の使用をやめ、公用語を英語にしようと提案しています。作家の志賀直哉《しがなおや》は、第二次世界大戦後、フランス語を使おう、いつまでも日本語を使っているからダメなのだ、フランス語を使っていれば、戦争も起きなかったはずだとまで発言しています。

しかし結局、日本語は英語にもフランス語にもなりませんでした。誰が何と言おうと、日本語は漢字とひらがなとカタカナで成り立つ言葉であり、そうでしかあり得ないからです。

③中国でも同じようなことがありました。共産主義革命の主導者・毛《もう》

MEMO

大切なことはメモしておこうネ！

2021年度

共愛学園高等学校入試問題（学業特別奨学生）

【数　学】（45分）〈満点：100点〉

1　（1）　次の計算をしなさい。

①　$-2^2+4\times\left(-\dfrac{3}{2}\right)^2$

②　$a+2b-4(3a-b)$

③　$(x-3y)(4y-x)$

④　$3\sqrt{3}-\sqrt{75}\div 2$

（2）　次の式を因数分解しなさい。

①　$x^2+7x-18$

②　$(x-1)^2+3(x-1)$

（3）　次の方程式を解きなさい。

①　$0.2x+4=x-0.8$

②　$x^2-7x+10=0$

③　$x^2+3x=2$

（4）　次の連立方程式を解きなさい。

$$\begin{cases} 3x-5y=19 \\ y=2x-8 \end{cases}$$

2　$x=3.7$，$y=6.3$のとき，x^2+y^2+2xyの値を求めなさい。

3　1次関数$y=ax+b$のグラフが，2点$(4,\ 2)$，$(-8,\ -2)$を通るとき，a，bの値を求めなさい。

4　濃度のわからない食塩水800 gを300 g蒸発させたところ，濃度8％の食塩水となりました。食塩水の濃度は始め何％であったか求めなさい。

5　40人の生徒のクラスに数学のテストを実施したところ，男子の平均点は56点，女子の平均点は64点，全員の平均点は60.4点でした。男子の人数を求めなさい。

6 $l /\!/ m$とするとき，$\angle x$の大きさを求めなさい。

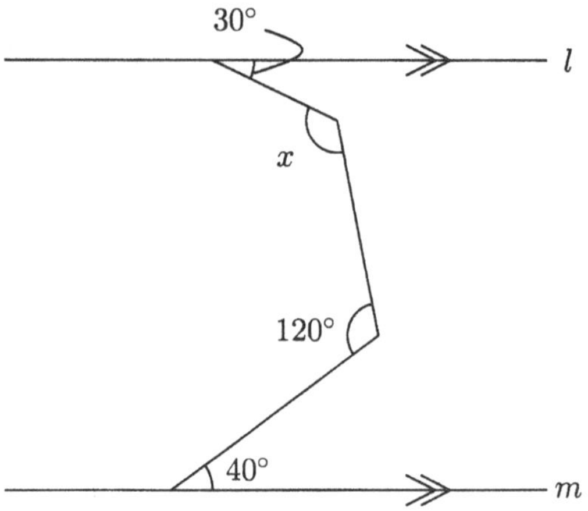

7 2枚のタイルA，Bに色をつけます。赤，青，黄，白，黒の中から異なる2色を選んで色をつける方法は何通りあるか答えなさい。

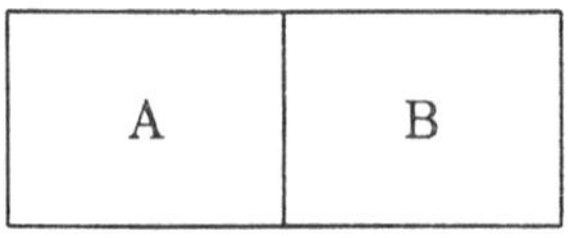

8 2つの関数$y=x^2$と$y=4x-\frac{5}{2}$について，xの値がaから，$a+2$まで増加するときの変化の割合が等しいとき，aの値を求めなさい。

9 図のような三角形ABCにおいて，点Aを通り，三角形ABCの面積を2等分する直線の式を求めなさい。

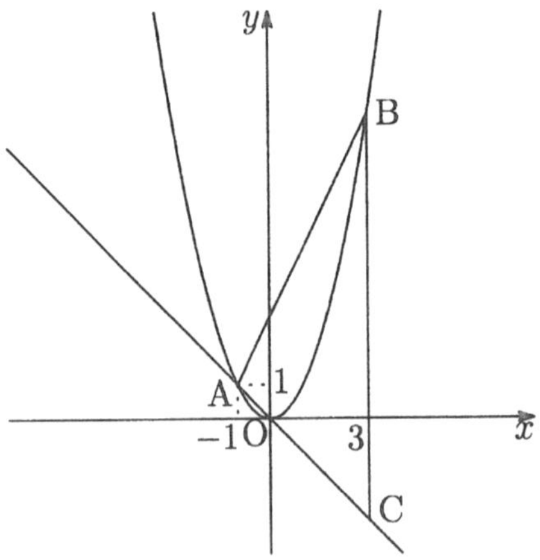

10 底面の半径が3の円すいの容器と，半径が3の球の容器がそれぞれあります。この円すいの容器に水を満杯に入れ，球の容器に水を全部移す作業を2回行うと，球の容器の水がちょうど満杯になります。このとき，円すいの容器の高さを求めなさい。

11 図のような正六角形があります。Aをスタート地点とし，硬貨を投げて表が出たら右回りに1つ進み，裏が出たら左回りに1つ進みます。硬貨を4回投げてEに止まる場合の数を求めなさい。

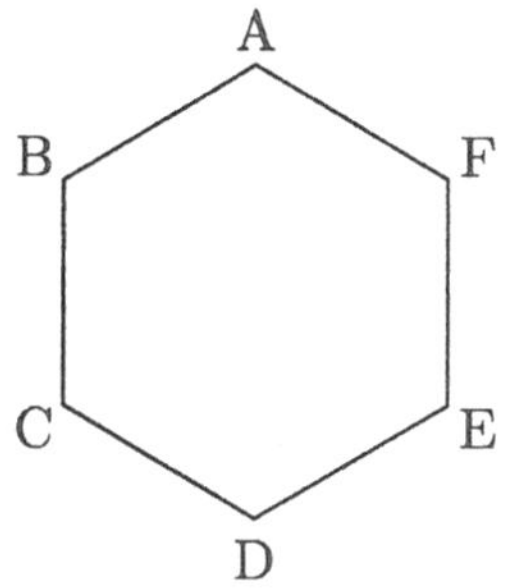

12 直線$y=\frac{1}{2}x+n$が図の三角形ABCを通るような定数nの値の範囲を求めなさい。

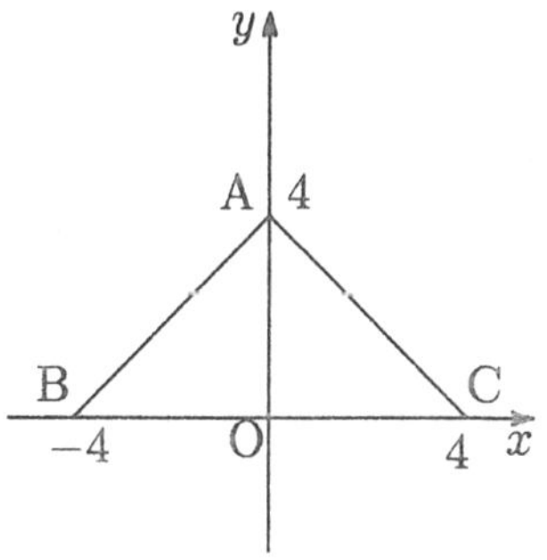

13 A ～ Eの5人がバドミントンのリーグ戦(総当たり戦)を行いました。勝ち数が多い順に順位をつけることにし，勝ち数が同じ場合は直接対戦での勝者を上位にしたところ，1 ～ 5位の順位が確定しました。以下のことがわかっているとき，正しいものをア～エから選びなさい。ただし，引き分けはないものとします。

- Aは全勝した
- BはCに勝ち，Dに負けた
- CはEに負けた
- DはEに勝った
- 全敗はいなかった

ア　BはEより順位が上
イ　最下位はE
ウ　Dは2位
エ　Eは1勝3敗

【英　語】（50分）〈満点：100点〉〈普通科用〉

〈リスニング問題〉

A　これから放送される1～5の対話を聞いて，それに対する応答として最も適切なものをA～Dの選択肢から1つ選び，記号で答えなさい。英文と質問は1度だけ放送されます。対話も選択肢も問題用紙には記載されていません。

1．解答欄に答えを記入しなさい。
2．解答欄に答えを記入しなさい。
3．解答欄に答えを記入しなさい。
4．解答欄に答えを記入しなさい。
5．解答欄に答えを記入しなさい。

B　これから放送される長めの英文の内容に関する質問が5つあります。それに対する応答として最も適切なものをA～Dの選択肢から1つ選び，記号で答えなさい。英文と質問は1度だけ放送されます。

1．With whom did the writer travel?
2．When did they take the bus to visit the small town?
3．Why did they go hiking in the countryside?
4．What did they see when they went hiking?
5．Where did they eat the holiday meal with the family?

※リスニングテストの放送台本は非公表です。

C　次の英文を読み，各問いに答えなさい。

There are twenty-three World Heritage sites in Japan and ＿①＿ of them are World Natural Heritage sites. These are Yakushima, Shirakami-Sanchi, Shiretoko and the Ogasawara Islands.

In 1993, Yakushima Island was the first place in Japan chosen to be a World Heritage site. Although it is a small island in the south of Kagoshima, it has many mountains more than 1,000 meters high. It also has rainfall of 4,000 to 10,000 millimeters every year. The famous Jomon Cedar, nurtured by this abundant rainfall, is about 4,000 years old.

Shirakami-Sanchi is home to the untouched beech forest in the Shirakami mountain range, situated between Akita and Aomori. The forest is called the "Green Dam," because the forest soil has the power to hold water naturally. Shirakami-Sanchi is also the home of many wild animals, ②（例えば（2語））, Asiatic black bears, Japanese monkeys and golden eagles.

Shiretoko is in Hokkaido. The Ainu, the aboriginal Japanese, lived and engaged in fishing for salmon there. The name, Shiretoko, comes from the Ainu word, "siretok," which means, "the end of the land."

The Ogasawara Islands, also known in English as the Bonin Islands, are a chain of islands about 1,000 kilometers south of Tokyo. ③The only way to reach the islands is by a weekly twenty-four-hour ferry ride from Tokyo. People live only on the two largest islands, Chichijima (Father Island)

and Hahajima (Mother Island). The islands offer a subtropical climate with warm temperatures year-round. Visitors come for the relaxed hospitality, beautiful beaches, coral reef and jungle-covered hills. The islands also offer ④(たくさんの(3語)) outdoor activities ⑤(〜のような(2語)) whale watching, swimming with dolphins, snorkeling and diving.

The Ogasawara Islands were discovered in 1593 by Ogasawara Sadayori. The islands officially became Japanese territory in 1875, and they later served as military bases during the Second World War. After the war, they were occupied by the United States until 1968.

［注］ cedar 杉　nurture 育つ　abundant 豊富な　untouched 手の付けられていない
beech ブナ　situate 置く　aboriginal 先住民の　subtropical 亜熱帯　climate 気候
coral reef サンゴ礁　officially 正式に　territory 領域　occupy 占領する

1．下線部①に入る数字を英語で書きなさい。

2．白神山地のブナ林が“Green Dam”と呼ばれる理由として以下の文を完成させるとき，正しい組み合わせをア～カから選び，記号で答えなさい。

ブナ林は（　A　）を（　B　）力があるから

ア．A：森／B：保つ　イ．A：自然／B：守る　ウ．A：水／B：保つ
エ．A：森／B：育てる　オ．A：自然／B：保つ　カ．A：水／B：育てる

3．本文中に書かれている「知床」について，正しいものをア～ウから選び，記号で答えなさい。
ア．アイヌは日本中に住んでいる先住民である。
イ．知床という地名はアイヌの言語が由来である。
ウ．知床の意味は「この世の終わり」である。

4．下線部③の小笠原諸島への行き方を表す文として，最も適切なものをア～エから選び，記号で答えなさい。
ア．週末24便出ているフェリーに乗る。
イ．平日のみ24時に出ているフェリーに乗る。
ウ．毎週出ているフェリーに24分間乗る。
エ．週1回出ているフェリーに24時間乗る。

5．下線部②，④，⑤をそれぞれ（　　）内の日本語の意味になるように，英語で答えなさい。

6．以下のア～ウの英文が本文の内容に合っていればT，間違っていればFを書きなさい。
ア．Yakushima has rainfall over 10,000 millimeters every year.
イ．We can enjoy watching sea creatures in Ogasawara.
ウ．The Ogasawara Islands became Japanese territory before World War Ⅱ.

D　次の英文の（　　）内に入る最も適切な語(句)をア～エから選び，記号で答えなさい。

1．It is very important (　　　) us to protect our environment.
ア．of　イ．in　ウ．on　エ．for

2．You (　　　) hurry. Take your time. I'll wait.
ア．must　イ．should　ウ．don't have to　エ．can

3．My father (　　) his car once a month.
ア．wash　イ．washing　ウ．washes　エ．washs

4．Who's that boy (　　) a book in the corner?
ア．is reading　イ．have read　ウ．reading　エ．read

5．We (　　) each other since we were five.
ア．have knew　イ．have known　ウ．know　エ．knowing

6．Many languages (　　) all over the world.
ア．are spoken　イ．is spoken　ウ．are speaking　エ．speak

7．Hanako and I didn't go to Naomi's birthday party because she didn't invite (　　).
ア．we　イ．our　ウ．us　エ．ours

8．She was very glad (　　) the news.
ア．to hear　イ．hear　ウ．heard　エ．to heard

9．I want to finish the work (　　) tomorrow.
ア．till　イ．by　ウ．from　エ．to

10. My grandmother is (　　) gardening.
ア．interesting at　イ．interested at
ウ．interesting in　エ．interested in

E　次の会話文1と2を読み，（1）～(10)に入る最も適切な語(句)をア～カから選び，記号で答えなさい。ただし，文頭に来る語も小文字になっている。

1．After school

A：Would you do me a favor? I want to (1) some CDs or records. Where should I go?
B：What are you looking for?
A：Latin music.
B：(2) Cosmos Records? It's a really good shop if you're looking for (3) special.
A：Thank you. By the way, (4) you come with me?
B：Yes, I think I can. Let me (5) this report and I will be ready.

ア．something　イ．everything　ウ．buy
エ．finish　オ．could　カ．how about

2．At the passport control

A：May I see your passport?
B：(6).
A：Mr. Kudo, I see you are from Japan. And the purpose of your visit to Britain?
B：(7)?
A：(8) are you coming to Britain?
B：Oh, I see. For sightseeing.
A：(9) are you planning to stay?
B：For a week.
A：Where will you be staying?

B：I'll be staying at The Chesterfield Mayfair Hotel in London.

A：（ 10 ）. Enjoy your stay in the United Kingdom.

B：Thank you.

ア. do you think so　イ. why　ウ. how long

エ. excuse me　オ. very well　カ. yes, here it is

F　日本語の意味に合うように英語を並べ替え，（　　）内で2番目と4番目に来る語(句)を記号で答えなさい。ただし，文頭に来る語も小文字になっている。

1．私たちの学校生活はまだ終わっていません。

Our（ア. not　イ. finished　ウ. has　エ. life　オ. school）yet.

2．野反湖は群馬でとても有名な湖の1つです。

Lake Nozori is（ア. most　イ. of　ウ. famous　エ. one　オ. the）lakes in Gunma.

3．あなたは何の映画が好きですか。

（ア. do　イ. what　ウ. like　エ. movie　オ. you）?

4．彼らはテレビでラグビーの試合を見て楽しみました。

They（ア. the rugby　イ. watching　ウ. on　エ. enjoyed　オ. game）TV.

5．彼が私に電話した時，私は寝ていました。

（ア. sleeping　イ. was　ウ. when　エ. he　オ. I）called me.

G　次の表現が表すものを，それぞれ与えられた文字で始まる英語1語で答えなさい。

1．the brother of your mother or father; the husband of your aunt

（u　　　　）

2．a movement that you make with your hands to show a particular meaning

（g　　　　）

3．two slices of bread, often spread with butter, with a layer of meat, cheese, etc. between them

（s　　　　）

4．a period of 100 years

（c　　　　）

5．the opposite meaning of "cheap"

（e　　　　）

【英　語】（50分）〈満点：100点〉〈英語科用〉

〈リスニング問題〉

A　これから放送される１～５の対話を聞いて，それに対する応答として最も適切なものをＡ～Ｄの選択肢から１つ選び，記号で答えなさい。英文と質問は１度だけ放送されます。対話も選択肢も問題用紙には記載されていません。

1．解答欄に答えを記入しなさい。
2．解答欄に答えを記入しなさい。
3．解答欄に答えを記入しなさい。
4．解答欄に答えを記入しなさい。
5．解答欄に答えを記入しなさい。

B　これから放送される長めの英文の内容に関する質問が５つあります。それに対する応答として最も適切なものをＡ～Ｄの選択肢から１つ選び，記号で答えなさい。英文と質問は１度だけ放送されます。

1．With whom did the writer travel?
2．When did they take the bus to visit the small town?
3．Why did they go hiking in the countryside?
4．What did they see when they went hiking?
5．Where did they eat the holiday meal with the family?

※リスニングテストの放送台本は非公表です。

C　次の英文を読み，各問いに答えなさい。

There are twenty-three World Heritage sites in Japan and ＿①＿ of them are World Natural Heritage sites. These are Yakushima, Shirakami-Sanchi, Shiretoko and the Ogasawara Islands.

In 1993, Yakushima Island was the first place in Japan chosen to be a World Heritage site. Although it is a small island in the south of Kagoshima, it has many mountains more than 1,000 meters high. It also has rainfall of 4,000 to 10,000 millimeters every year. The famous Jomon Cedar, nurtured by this abundant rainfall, is about 4,000 years old.

Shirakami-Sanchi is home to the untouched beech forest in the Shirakami mountain range, situated between Akita and Aomori. The forest is called the "Green Dam," because the forest soil has the power to hold water naturally. Shirakami-Sanchi is also the home of many wild animals, ②(例えば(2語)), Asiatic black bears, Japanese monkeys and golden eagles.

Shiretoko is in Hokkaido. The Ainu, the aboriginal Japanese, lived and engaged in fishing for salmon there. The name, Shiretoko, comes from the Ainu word, "siretok," which means, "the end of the land."

The Ogasawara Islands, also known in English as the Bonin Islands, are a chain of islands about 1,000 kilometers south of Tokyo. ③The only way to reach the islands is by a weekly twenty-four-hour ferry ride from Tokyo. People live only on the two largest islands, Chichijima (Father Island)

and Hahajima (Mother Island). The islands offer a subtropical climate with warm temperatures year-round. Visitors come for the relaxed hospitality, beautiful beaches, coral reef and jungle-covered hills. The islands also offer ④(たくさんの(3語)) outdoor activities ⑤(～のような(2語)) whale watching, swimming with dolphins, snorkeling and diving.

The Ogasawara Islands were discovered in 1593 by Ogasawara Sadayori. The islands officially became Japanese territory in 1875, and they later served as military bases during the Second World War. After the war, they were occupied by the United States until 1968.

［注］ cedar 杉　nurture 育つ　abundant 豊富な　untouched 手の付けられていない
beech ブナ　situate 置く　aboriginal 先住民の　subtropical 亜熱帯　climate 気候
coral reef サンゴ礁　officially 正式に　territory 領域　occupy 占領する

1．下線部①に入る数字を英語で書きなさい。

2．白神山地のブナ林が“Green Dam”と呼ばれる理由として以下の文を完成させるとき，正しい組み合わせをア～カから選び，記号で答えなさい。

ブナ林は（　A　）を（　B　）力があるから

ア．A：森／B：保つ　イ．A：自然／B：守る　ウ．A：水／B：保つ
エ．A：森／B：育てる　オ．A：自然／B：保つ　カ．A：水／B：育てる

3．本文中に書かれている「知床」について，正しいものをア～ウから選び，記号で答えなさい。
ア．アイヌは日本中に住んでいる先住民である。
イ．知床という地名はアイヌの言語が由来である。
ウ．知床の意味は「この世の終わり」である。

4．下線部③の小笠原諸島への行き方を表す文として，最も適切なものをア～エから選び，記号で答えなさい。
ア．週末24便出ているフェリーに乗る。
イ．平日のみ24時に出ているフェリーに乗る。
ウ．毎週出ているフェリーに24分間乗る。
エ．週1回出ているフェリーに24時間乗る。

5．下線部②，④，⑤をそれぞれ（　）内の日本語の意味になるように，英語で答えなさい。

6．以下のア～ウの英文が本文の内容に合っていればT，間違っていればFを書きなさい。
ア．Yakushima has rainfall over 10,000 millimeters every year.
イ．We can enjoy watching sea creatures in Ogasawara.
ウ．The Ogasawara Islands became Japanese territory before World War Ⅱ.

D　次の英文の（　）内に入る最も適切な語(句)をア～エから選び，記号で答えなさい。

1．It is very important (　　) us to protect our environment.
ア．of　イ．in　ウ．on　エ．for

2．You (　　) hurry. Take your time. I'll wait.
ア．must　イ．should　ウ．don't have to　エ．can

3．My father (　　　) his car once a month.

ア．wash　　イ．washing　　ウ．washes　　エ．washs

4．Who's that boy (　　　) a book in the corner?

ア．is reading　　イ．have read　　ウ．reading　　エ．read

5．We (　　　) each other since we were five.

ア．have knew　　イ．have known　　ウ．know　　エ．knowing

6．Many languages (　　　) all over the world.

ア．are spoken　　イ．is spoken　　ウ．are speaking　　エ．speak

7．Hanako and I didn't go to Naomi's birthday party because she didn't invite (　　　).

ア．we　　イ．our　　ウ．us　　エ．ours

8．She was very glad (　　　) the news.

ア．to hear　　イ．hear　　ウ．heard　　エ．to heard

9．I want to finish the work (　　　) tomorrow.

ア．till　　イ．by　　ウ．from　　エ．to

10. My grandmother is (　　　) gardening.

ア．interesting at　　イ．interested at

ウ．interesting in　　エ．interested in

E　次の会話文1と2を読み，（１）～(10)に入る最も適切な語(句)をア～カから選び，記号で答えなさい。ただし，文頭に来る語も小文字になっている。

1．After school

A：Would you do me a favor? I want to (　1　) some CDs or records. Where should I go?

B：What are you looking for?

A：Latin music.

B：(　2　) Cosmos Records? It's a really good shop if you're looking for (　3　) special.

A：Thank you. By the way, (　4　) you come with me?

B：Yes, I think I can. Let me (　5　) this report and I will be ready.

ア．something　　イ．everything　　ウ．buy

エ．finish　　オ．could　　カ．how about

2．At the passport control

A：May I see your passport?

B：(　6　).

A：Mr. Kudo, I see you are from Japan. And the purpose of your visit to Britain?

B：(　7　)?

A：(　8　) are you coming to Britain?

B：Oh, I see. For sightseeing.

A：(　9　) are you planning to stay?

B：For a week.

A：Where will you be staying?

B：I'll be staying at The Chesterfield Mayfair Hotel in London.

A：(　10　). Enjoy your stay in the United Kingdom.

B：Thank you.

ア. do you think so　　イ. why　　ウ. how long

エ. excuse me　　オ. very well　　カ. yes, here it is

F　次の英文の(　　)内に入る最も適切な語(句)をア～エから選び，記号で答えなさい。

1. The disease at the center of the global pandemic is called COVID-19.
The word "COVID-19" stands for Corona (　　) Disease 2019.

ア. Virus　　イ. Vitamin　　ウ. Victim　　エ. View

2. George Floyd, 46, died after being arrested by police outside a shop in Minneapolis, Minnesota. This incident led to the protests using the slogan "(　　)".

ア. Pray for George Floyd　　イ. Black Lives Matter

ウ. All Lives Matter　　エ. I Have a Dream

3. Thanks to the custom of wearing face masks, Japan has had a (　　) number of deaths from COVID-19 compared with the United States.

ア. few　　イ. little　　ウ. lower　　エ. higher

4. This summer, many groups throughout Japan set off (　　) at the same time without informing people beforehand. The groups hoped that the event would help bring people's smiles again.

ア. rockets　　イ. planes　　ウ. satellites　　エ. fireworks

5. Japan made an easy-to-understand slogan and told people to avoid three C's：closed spaces with poor ventilation, (　　) with many people nearby, and close-contact settings like close-range conversations.

*ventilation 「換気」

ア. crowded places　　イ. clouded places

ウ. clear places　　エ. cafeteria-style places

G　次の表現が表すものを，それぞれ与えられた文字で始まる英語1語で答えなさい。

1. My father will come home before long.
(s　　　)

2. I'm planning to go back to Japan next year.
(r　　　)

3. Pizza is my best-loved food!
(f　　　)

4. This is a really soundless place.
(s　　　)

5. *Narrow Road to the Deep North* is a journal by Matsuo Basho, a 17th-century poet.
(d　　　)

【理　科】（45分）〈満点：100点〉

1.　次の各問いに答えなさい。

問1　電熱線にかかる電圧が5.0 V，流れる電流が3.0 Aでした。5分間電流を流したとき，この電熱線の発熱量は何Jですか。

問2　地表の岩石が，長い間に気温の変化や水のはたらきなどによって，表面からぼろぼろにくずれる現象を何といいますか。**漢字2文字**で答えなさい。

問3　減数分裂の時に，対になっている遺伝子が別々の生殖細胞内に分かれて入ることを何の法則といいますか。**漢字で**答えなさい。

問4　混合物の液体を沸とうさせて気体にし，それを再び液体にして純粋な物質を集める方法の名称を**漢字で**答えなさい。

問5　無色の酸性の水溶液にBTB液を加えると何色になりますか。

問6　－（マイナス）の電気をもつ小さな粒を何といいますか。**漢字で**答えなさい。

問7　気孔を囲んでいる2つの三日月形をした細胞の名称を**漢字で**答えなさい。

問8　次の化石の中で，中生代の示準化石でないものを次から1つ選び，記号で答えなさい。

ア　アンモナイト　　**イ**　三葉虫　　**ウ**　ティラノサウルス　　**エ**　始祖鳥

2.　3種類の**容器A，B，C**が机上に**図1**のように置かれている。**容器A，B，C**は全て円柱を組み合わせてできている。内部は中空になっていて，中には液体を入れて密閉できるようになっている。それぞれの容器について，各円柱の中心を通るように切った断面図が**図2**である。これについて，あとの各問いに答えなさい。

これらの容器が机に加える圧力を考えていくことにしましょう。ただし，100 gにはたらく重力を1Nとします。

図1　3種類の容器の概形

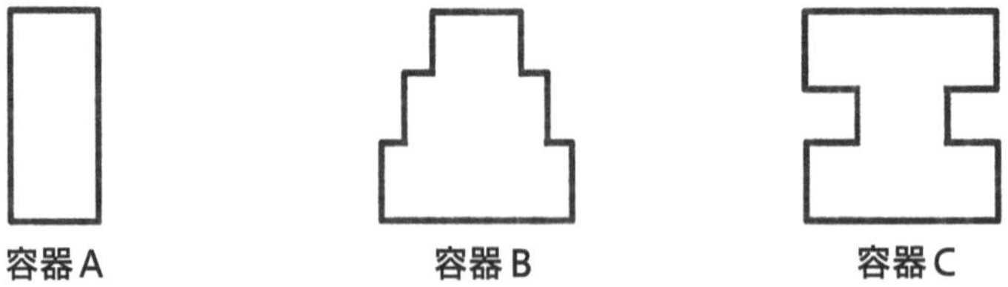

図2　3種類の容器の断面図

それぞれの容器について，各部分の底面積と高さ，および容器の質量は以下のようになっています。ただし，質量は中空状態で測りました。また，容器の中空部分の体積と容器の体積は同じ値とします。

	底面積〔cm^2〕	高さ〔cm〕	質量〔g〕
容器A	10	30	300
容器B（上部）	10	10	
容器B（中部）	15	10	500
容器B（下部）	25	10	
容器C（上部）	25	10	
容器C（中部）	10	10	600
容器C（下部）	25	10	

まず，中空の状態について考えます。

問１　**図１**の状態での**容器A**および**B**が机に加える圧力はそれぞれ何 N/cm^2 ですか。

問２　**図１**の状態から上下逆さまにしても，元の状態と同じ圧力を示す容器はどれですか。すべて選び，**A**～**C**の記号で答えなさい。

ここで，**図１**の状態のまま，容器全体の半分の高さまで水を入れました。また，これ以降の問題では水の密度を 1.0 g/cm^3 とします。

問３　**容器B**および**C**が机に加える圧力はそれぞれ何 N/cm^2 ですか。

問４　問３の状態の**容器B**を上下逆さまに置くと，机に加える圧力は何 N/cm^2 ですか。

一度すべての容器を空にし，**図１**の状態で**容器B**に 200 cm^3 の水を注ぎました。

問５　この状態で**容器B**が机に加える圧力は何Paですか。ただし，1 Pa＝1 N/m^2 として答えなさい。

3．　デンプンに対するヒトのだ液のはたらきを調べるため，次のような実験をしました。これについて，あとの各問いに答えなさい。

［実験］

図のように，４本の試験管**A**～**D**に同量のデンプン溶液を入れ，試験管**A**と**C**には水でうすめただ液 1 cm^3 を，試験管**B**と**D**には水 1 cm^3 をそれぞれ入れ，①約 36℃での水につけた。10 分後，試験管**A**～**D**を水から取り出し，試験管**A**と**B**にはヨウ素液を２滴ずつ加えた。また，試験管**C**と**D**にはベネジクト液を少量加え，②ある操作を行った。表は，そのときの色の変化をまとめたものである。

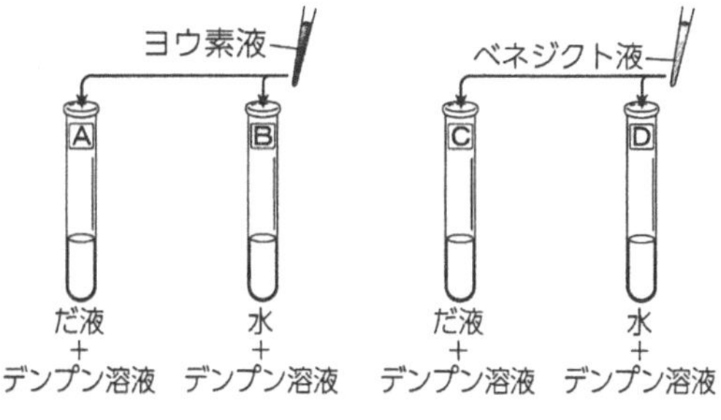

試験管	A	B	C	D
加えた液	ヨウ素液	ヨウ素液	ベネジクト液	ベネジクト液
色の変化	変化なし	青紫色になった	赤褐色になった	変化なし

問1　下線部①で，水の温度を約36℃にしたのはなぜですか。

問2　下線部②のある操作とはどのような操作ですか。簡単に答えなさい。

問3　次の文は，この実験結果をまとめたものです。文中の空欄に当てはまる記号の組み合わせとして最も適当なものを，**ア**～**カ**からそれぞれ1つずつ選び，記号で答えなさい。

この実験において，試験管（　1　）で見られた液の色の変化を比べることによって，だ液のはたらきにより，デンプンがなくなったことがわかる。また，試験管（　2　）で見られた液の色の変化を比べることによって，だ液のはたらきにより，ブドウ糖がいくつか結びついたものができたことがわかる。このことから，だ液のはたらきによって，デンプンが分解されたことがわかる。

ア　AとB　　**イ**　AとC　　**ウ**　AとD

エ　BとC　　**オ**　BとD　　**カ**　CとD

問4　だ液に含まれ，デンプンを分解する消化酵素の名称を答えなさい。

問5　問4の消化酵素のはたらきについて述べたものとして，最も適当なものを次の**ア**～**エ**から1つ選び，記号で答えなさい。

ア　この消化酵素は，デンプン，タンパク質，脂肪のいずれも分解する。

イ　この消化酵素は，デンプンとタンパク質は分解するが，脂肪は分解しない。

ウ　この消化酵素は，デンプンと脂肪は分解するが，タンパク質は分解しない。

エ　この消化酵素は，デンプンは分解するが，タンパク質と脂肪は分解しない。

問6　消化酵素によって分解された栄養分は，小腸の壁のひだの表面に多数ある柔毛から吸収されます。柔毛から吸収され，毛細血管に入る栄養分を2つ答えなさい。

4.　キッチンには，食塩（塩化ナトリウム），砂糖（グラニュー糖），片栗粉（デンプン）といった，調味料がありますが，どれも白色の粉末のため，違いがわからなくなってしまいました。キッチンにあるものなので，口にしても問題ないので，食べてみて区別することもできるのですが，夏の自由研究も兼ねて，次の実験を行い，3つの調味料を区別することにしました。

［実験と結果］

①　3つの物質A，B，Cを右図のように加熱し，変化を観察した。Aには変化がなかったが，BとCは黒く焦げた。

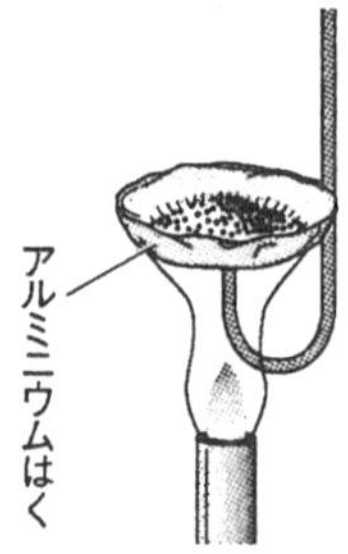

②　3つの物質A，B，Cを同じ質量だけはかりとり，100 gの水に溶かしたところ，AとBはよく溶けたが，Cはほとんど溶けなかった。

③　②のあと，それぞれに電極をひたし，電流が流れるか調べたところ，Aは豆電球が光り電流が流れたことが確認できたが，BとCは豆電球が光らなかった。

④　3つの物質A，B，Cにヨウ素液を数滴加えた。AとBは，ヨウ素液の色のまま変化がなかったが，Cでは，色の変化が確認された。

以上の実験と観察の結果より，次の各問いに答えなさい。

問1　①のBとCのように，加熱すると黒く焦げる物質をまとめて何といいますか。

問2　②の実験でよく溶けたAについて，どのくらいまでなら溶けるのか，さらに実験をしたところ，全部で35 g溶かしたあたりで，それ以上溶けなくなりました。このときの溶液の濃度は，質量パーセント濃度で何％ですか。小数第１位を四捨五入し，整数値で答えなさい。

問３　③のように，水溶液にすると電流が流れるようになる物質をまとめて何といいますか。

問４　A，B，Cの物質は，それぞれ何であったと考えられますか。それぞれ答えなさい。

問５　A，B，Cの３つの物質をルーペなどで観察したとき，結晶として観察されるものをすべて選び，A～Cの記号で答えなさい。

5．　次の文は，2019（令和元）年９月９日に関東地方を襲った台風15号に関する新聞記事の一部です。この文を読んで，あとの各問いに答えなさい。

> 台風15号は９日午前５時前，千葉市付近に上陸し，行方市付近を通過して三陸沖に進んだ。茨城県内は未明から記録的な暴風雨に見舞われ，少なくとも12人がけがをした。建物の損壊や停電などの被害が相次ぎ，交通機関は始発から混乱した。
>
> 水戸地方気象台によると，最大瞬間風速は龍ケ崎市で36.9メートル，鹿嶋市で36.6メートル，鉾田市で29.7メートルを観測し，それぞれの地点の記録を更新。鹿嶋市では１時間に50ミリの雨が降った。（以下略）
>
> （茨城新聞　2019年９月10日付より）

問１　次の文は，台風について説明したものです。文中の空欄に適する語句を１つずつ選び，それぞれ記号で答えなさい。

台風とは，北西太平洋または南シナ海に存在する（　１　）で，かつ低気圧域内の最大風速が毎秒（　２　）m以上に発達したものを指す。強風域や暴風域を伴って強い雨や風をもたらすことが多く，ほとんどの場合気象災害を引き起こす。上空から見ると（　３　）回りの積乱雲の渦からなる。

日本の南海上で発生した場合，日本付近では（　４　）の影響で東寄りに進路を変えるものが多いが，季節によってはそのまま北上するものや，複雑な動きをするものもある。

ア　熱帯低気圧	イ　17.2	ウ　貿易風	エ　反時計
オ　温帯低気圧	カ　18.2	キ　偏西風	ク　時計

問２　右の天気図は，台風15号が上陸した日（９月９日３時）のものです。台風は群馬県の東を北に進んでいます。このときに群馬県で観測される風の向きとして適するものを次から１つ選び，記号で答えなさい。

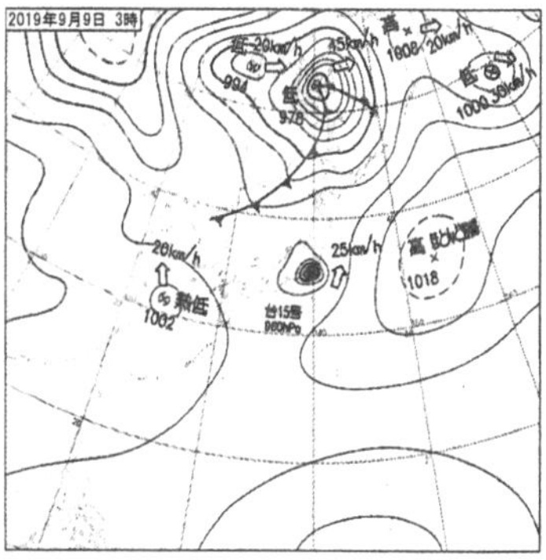

ア　北寄りの風

イ　東寄りの風

ウ　南寄りの風

問３　この天気図では，北海道の北にも低気圧があって発達しています。この低気圧と台風の違いについて，以下の文の（1）に適する語句を答えなさい。また（2）は適する語句を選びなさい。

北海道の北にある低気圧は（　１　）をともなっているが，台風には（　１　）がない。また，台風は低気圧より等圧線の間隔が（２　混み合って　　広がって　）いる。

【社　会】（45分）〈満点：100点〉

Ⅰ　オセアニア州に関する以下の各問いに答えなさい。

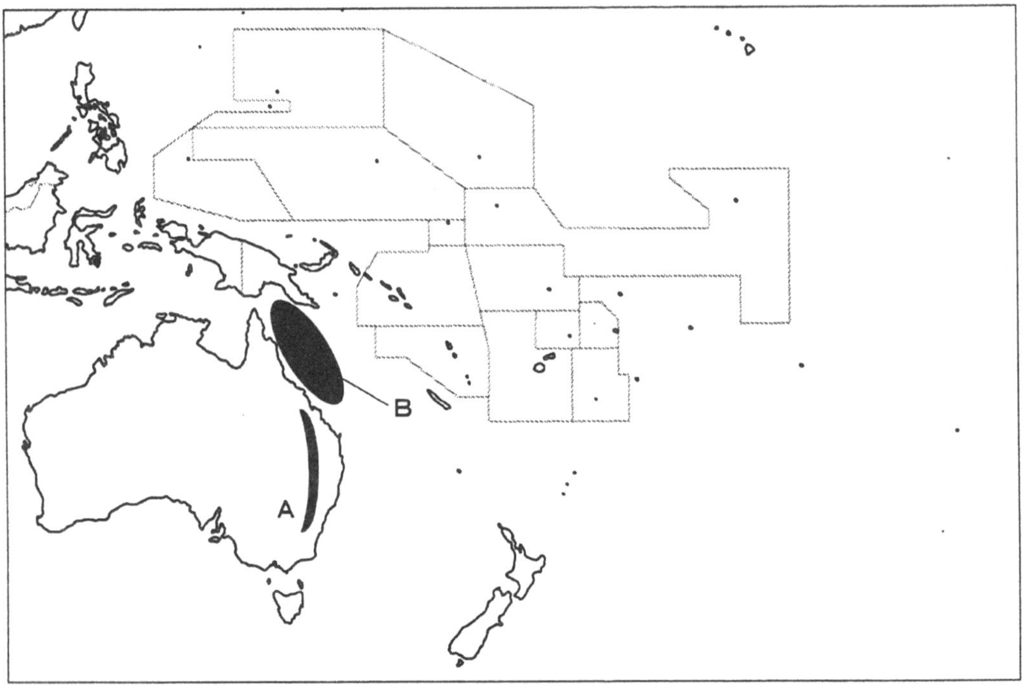

問１　A山脈を答えなさい。

問２　世界最大のさんご礁であるBを答えなさい。

問３　ニュージーランドの先住民を答えなさい。

問４　オーストラリアでは，下の写真のような大規模な資源の採掘が行なわれている。このような採掘方法を何というか，答えなさい。

問５　オセアニア州の国旗の特徴について書かれた以下の文（ア）～（エ）を読み，内容としてあてはまらないものを１つ選び，記号で答えなさい。

（ア）ユニオンジャックが描かれている。　**（イ）**南十字星が描かれている。

（ウ）青色を利用している。　**（エ）**ひし形を利用している。

問６　2016年のオーストラリアの貿易相手国の割合に関する以下の円グラフ中のA～Dのうち，中国があてはまるものを選び，記号で答えなさい。

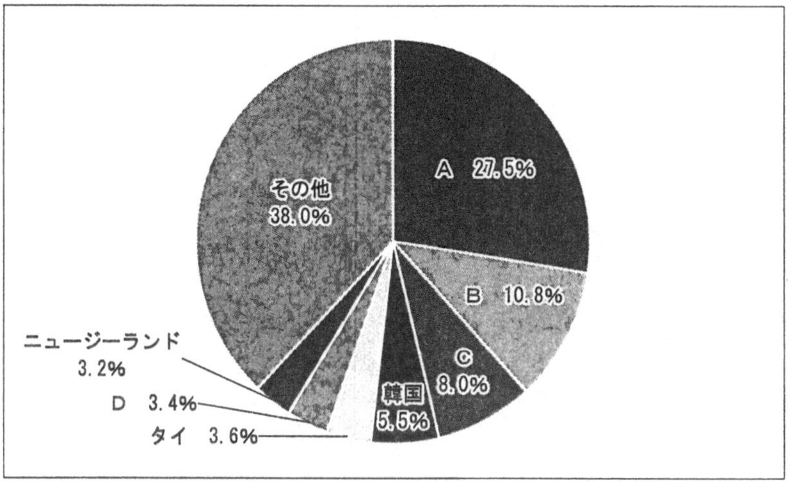

問７　オーストラリアで1960年頃に最も輸出されていたものとしてあてはまるものを以下の（ア）～（エ）から１つ選び，記号で答えなさい。

（ア）羊毛　　（イ）天然ガス　　（ウ）小麦　　（エ）鉄鉱石

問８　日本企業によるリゾート開発が進められたオーストラリア東部の都市を何というか，答えなさい。

Ⅱ　近畿地方に関する以下の各問いに答えなさい。

問１　滋賀県にある日本最大の湖を答えなさい。

問２　1995年に近畿地方でおきた大震災を答えなさい。

問３　大阪府から兵庫県にかけての地域に関して説明した文（ア）～（ウ）のうち，内容として正しいものを１つ選び，記号で答えなさい。

（ア）私鉄は，甲子園や兼六園，偕楽園などの地域を開発した。

（イ）私鉄は，道後を保養地として開発し，宝塚には水族館を造った。

（ウ）私鉄は，ターミナル駅に自社が経営する百貨店を建設した。

問４　以下の表は，阪神工業地帯における2015年の工業生産の割合を示すものである。表中のA～Dにあてはまる組み合わせとして正しいものを以下の（ア）～（エ）から１つ選び，記号で答えなさい。

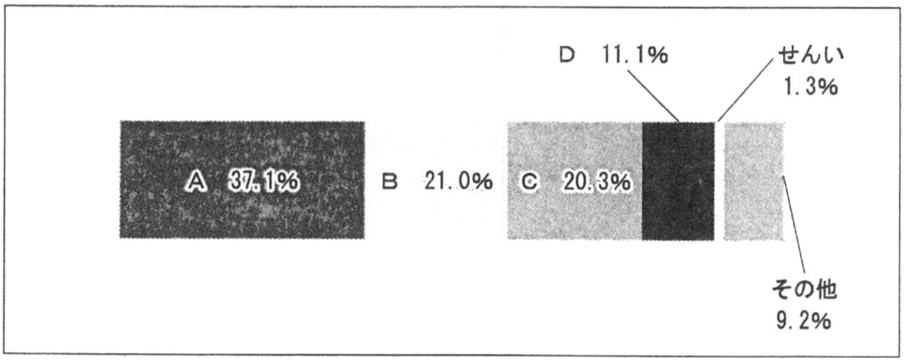

（ア）Ａ：機械　　Ｂ：化学　　Ｃ：金属　　Ｄ：食料品
（イ）Ａ：化学　　Ｂ：機械　　Ｃ：食料品　Ｄ：金属
（ウ）Ａ：機械　　Ｂ：金属　　Ｃ：食料品　Ｄ：化学
（エ）Ａ：化学　　Ｂ：金属　　Ｃ：機械　　Ｄ：食料品

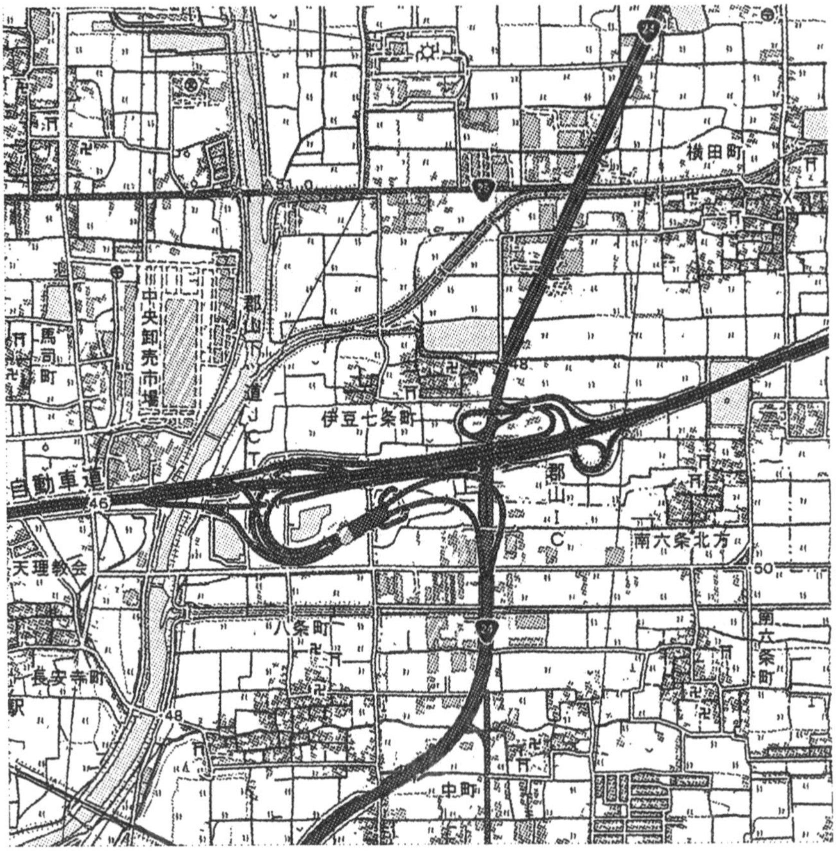

国土地理院発行　2015年調製　25000分の１「大和郡山」（拡大）

問５　上の地形図を読み取ると，奈良県のものだと予想される。碁盤の目のような土地区画は，かつて政治の中心地として整備されていた頃の名残である。奈良県に存在していた都としてあてはまるものを以下の（ア）～（エ）から１つ選び，記号で答えなさい。

（ア）平安京　　（イ）平城京　　（ウ）長岡京　　（エ）藤原京

問６　地図中の中央卸売市場から南東の南六条町の寺院までは地図上の直線距離で６cm離れている。実際の距離に直すとどのくらい離れているか，答えなさい。

問７　地図中にない地図記号を以下の（ア）～（エ）から１つ選び，記号で答えなさい。

（ア）発電所　　（イ）高等学校　　（ウ）郵便局　　（エ）工場

Ⅲ　次の地図を見て，各問いに答えなさい。

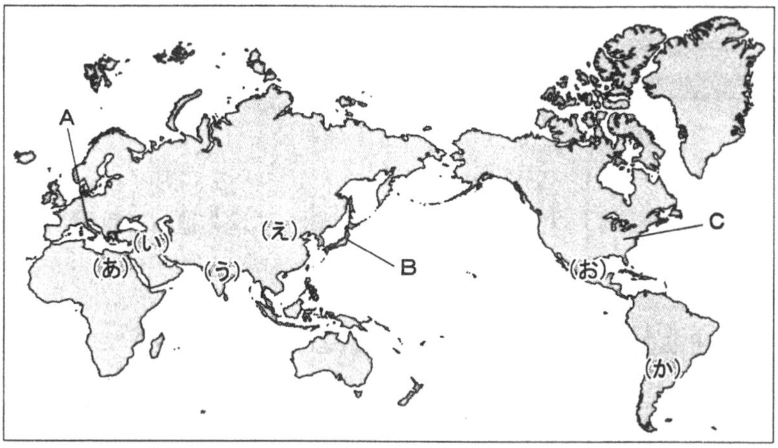

問１　次の①～④の写真は，地図上**（あ）**～**（か）**のどの地域で栄えた文明か，最も当てはまる記号をそれぞれ答えなさい。

①

②

③

④

問２　文明と文字の組み合わせとして正しいものを，次の**（ア）**～**（エ）**から選び，記号で答えなさい。

（ア）インダス文明―甲骨文字　　**（イ）**中国文明―楔形文字

（ウ）エジプト文明―甲骨文字　　**（エ）**メソポタミア文明―楔形文字

問３　地図中**A**で栄えたローマ帝国では，キリスト教を国の宗教としたこともあった。以下の問い（１）と（２）に答えなさい。

（１）以下の文章の空欄に当てはまる語句を答えなさい。

パレスチナ地方ではヤハウェを唯一神とする（①）教が信仰されていたが，この地方に生まれたイエスの教えが広まることでキリスト教が誕生した。彼の教えは弟子たちによって（②）にまとめられ，各地で広く信仰されるようになる。また，イスラム教は唯一神アラーのお告げを受けたとして，（③）が開祖となり始められた。

（２）キリスト教と日本について，以下の年表の空欄に当てはまる語句を答えなさい。

年	出来事
1549	イエズス会の宣教師（①）がキリスト教を伝えるために日本に来る
1582	伊東マンショなど４人の少年が（②）少年使節として教皇のもとへ送られる
1587	豊臣秀吉により（③）令が発布され，宣教師の国外追放が命じられる
1637	神の使いとされた天草四郎（益田時貞）を大将として，（④）一揆が起こる

問４　地図中Bの文化に関する問い（１）～（４）に答えなさい。

（１）仏教と唐の影響を受け，聖武天皇の頃に盛んになった文化は当時の年号にちなんで何と呼ばれるか，名称を答えなさい。

（２）「徒然草」の著者を，次の（ア）～（エ）から選び，記号で答えなさい。

（ア）兼好法師　　（イ）後鳥羽上皇　　（ウ）清少納言　　（エ）大伴家持

（３）次の写真①と②の建造物が所在する都道府県名をそれぞれ答えなさい。

①東大寺正倉院

②平等院鳳凰堂

（４）鎌倉時代には新しい仏教の広まりが見られた。親鸞が開いた宗派の名称として当てはまるものを，次の（ア）～（エ）から選び，記号で答えなさい。

（ア）浄土宗　　（イ）浄土真宗　　（ウ）時宗　　（エ）日蓮宗

問５　地図中Cについて，次の（１）～（３）に答えなさい。

（１）独立後に初代アメリカ合衆国大統領となった人物を答えなさい。

（２）次の出来事①～④を年代が古い順に並び変えたものとして正しいものを，（ア）～（エ）から選び，記号で答えなさい。

①アメリカ独立宣言を発表する
②日本にペリーを派遣する
③南北戦争がはじまる
④合衆国憲法を制定する

（ア）①－③－②－④
（イ）①－④－②－③
（ウ）③－④－①－②
（エ）②－①－④－③

（３）1854年に日本と締結し，日本の開国を求めた条約の名称を答えなさい。

Ⅳ　以下の文章を読み，各問いに答えなさい。

国の政治のしくみの根本を定める法が憲法です。憲法は，a 政府の権力を制限して国民の人権を保障するという思想にもとづいて，政治権力の乱用を防いで，国民の（①）や権利を守ります。

憲法は，人権の（②）と国の政治のしくみの二つから構成されています。そこでは，人権の（②）こそが目的で，国の政治のしくみはその手段です。憲法は，b 国の基礎となる法であるとともに，憲法に反する法律や命令は効力を持ちません。

問１　文章の空欄（①）と（②）に入る語句を（ア）～（エ）から選び，記号で答えなさい。

（ア）保障　　（イ）保護　　（ウ）自由　　（エ）行動

問２　下線部 a の思想として，正しいものを（ア）～（エ）から選び，記号で答えなさい。

（ア）立憲主義　　（イ）憲法主義　　（ウ）民主主義　　（エ）社会主義

問３　下線部 b のことを漢字４字で答えなさい。

問４　日本国憲法の三つの基本原理を全て答えなさい。

問５　日本国憲法では，天皇はどのような存在であるか，漢字２字で答えなさい。

問６　以下の図は法の構成である。空欄に入る語句を答えなさい。

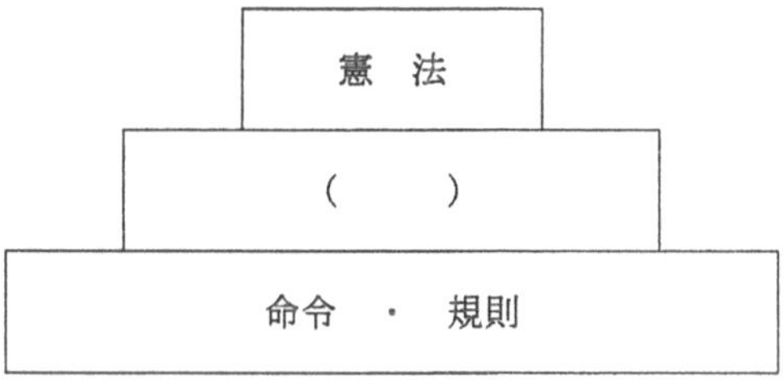

Ⅴ　以下の文章を読み，各問いに答えなさい。

人権とは，人が生まれながらにして持っている人間としての権利のことです。人間は個人として（①）され，自由に生き，安らかな生活を送ることができなければなりません。それを権利として保障したのが人権です。

近代の人権宣言で保障されたのは，（②）でした。20 世紀に入ると人々の生活を経済的に保障しようとする（③）が人権規定の中に取り入れられるようになりました。

問１　文章の空欄（①）～（③）に入る語句を（ア）～（オ）から選び，記号で答えなさい。

（ア）尊重　　（イ）尊厳　　（ウ）自由権　　（エ）社会権　　（オ）平等権

問２　下線部を初めて憲法に取り入れた国はどこか。また，その憲法の名前も答えなさい。

問３　資料の名称を答えなさい。

我らは以下の諸事実を自明なものと見なす。すべての人間は平等につくられている。創造主によって，生存，自由そして幸福の追求を含むある侵すべからざる権利を与えられている。これらの権利を確実なものとするために，人は政府という機関をもつ，その正当な権力は被統治者の同意に基づいている。

三、次の問いにそれぞれ答えなさい。

問一　①～⑤の慣用句の意味として正しいものを、次の中から選び、それぞれ記号で答えなさい。

①　猫をかぶる
②　つるの一声
③　すずめの涙
④　馬の背を分ける
⑤　袋のねずみ

ア　権力者の一声で多くの人が直ちに従うこと。
イ　逃げ場のない状態。
ウ　夕立などがごく一部の地域で降ること。
エ　ほんのわずかしかないこと。
オ　本性を隠しておとなしく見せかけること。

問二　次の漢詩について、後の問いに答えなさい。

九月十日　菅原道真　　書き下し文

去 年 今 夜 侍 清 涼　　去年の今夜清涼に侍し
秋 思 詩 篇 独 断 腸　　秋思の詩篇独り断腸
恩 賜 御 衣 今 在 此　　恩賜の御衣は今此に在り
捧 持 毎 日 拝 余 香　　捧持して毎日余香を拝す

①　この漢詩の詩形を漢字四字で答えなさい。
②　押韻している（韻を踏んでいる）字を全て抜き出して答えなさい。
③　書き下し文を参考にして次の句に返り点と送り仮名を付けなさい。

捧 持 毎 日 拝 余 香

問三　次の文を読んで、後の問いに答えなさい。

二月つごもりごろに、風いたう吹きて、空いみじう黒きに、雪少しうち散りたるほど、黒戸に主殿司来て、「かうてさぶらふ。」と言へば、寄りたるに、「これ、公任の宰相殿の。」とてあるを見れば、懐紙に、

すこし春ある心地こそすれ

とあるは、げに、今日のけしきに、いとようあひたる、これが本はいかでかつくべからむと思ひわづらひぬ。

（『枕草子』より）

①　傍線部a・bの読みを、現代仮名遣いのひらがなで答えなさい。
②　「二月」の旧暦の読み方として適当なものを次の中から選び、記号で答えなさい。

ア　むつき　　イ　かんなづき
ウ　やよい　　エ　きさらぎ

問二　傍線部①「一歩先を読んで」とあるが、「牛木」は何を読んだのか、次の中から選び、記号で答えなさい。

ア　今日の疲れはとれたのか。
イ　膝は曲げられるのか。
ウ　明日の試合は勝てるのか。
エ　明日マウンドに上がれるか。

問三　傍線部②「今夜は困る」とあるが、なぜか。解答欄に合うように本文から九字で抜き出し答えなさい。

問四　傍線部③「そういうこと」とは何をさすか。解答欄の「こと」に続くように本文から二十字以内で抜き出し答えなさい。

問五　傍線部④「かえって決断できなくなってしまった」のはなぜか。次の中から選び、記号で答えなさい。

ア　チャンネルを次々と変えたのでわからなくなってしまったから。
イ　明日、雨が降るか降らないかわからなくなってしまったから。
ウ　明日、牛木の体調がよいかどうかわからなくなってしまったから。
エ　番組によって降水確率が違うためわからなくなってしまったから。

問六　空欄⑤、⑥にふさわしいことばをそれぞれ漢字一字で答えなさい。

問七　傍線部⑦「勝ち負けよりも大事なことがあるんだぜ」とあるが、「勝ち負けより大事なこと」とは何か。次の中から選び、記号で答えなさい。

ア　団結力の強いチームを作り上げること。
イ　意見を出し合って後悔のないようにすること。
ウ　将来のためにも怪我をしないようにすること。
エ　一人ひとりが頭で考える癖をつけること。

問八　空欄⑧、⑨にふさわしい語の組み合わせを次の中から選び、記号で答えなさい。

ア　⑧　勝て　⑨　勝ち
イ　⑧　勝て　⑨　負け
ウ　⑧　負け　⑨　勝ち
エ　⑧　負け　⑨　負け

問九　登場人物の設定として正しいものを次の中から選び、記号で答えなさい。

ア　羽場は牛木こそ洗練された投球術を心得たエースであると思っている。
イ　牛木は羽場に言えないが心の中ではもう投げたくないと思っている。
ウ　春名は二年生になる直前に腕を怪我して手術とリハビリを行った。
エ　土佐は新潟海浜高校野球部を率いて甲子園に何度も出場していた。

「投げるな」

羽場の一言が狭い部屋の空気を凍りつかせた。反応がないので続ける。喋《しゃべ》っていないとプレッシャーに押し潰されそうだった。

「お前には将来がある。プロでだってやれるだろうし、そうじゃなくても、大学や社会人で野球を続けてもいい。でもそれは、怪我がないっていう前提での話だぜ。俺だって、明日は勝ちたいよ。決勝戦の延長引き分け再試合なんて、負けたら何の意味もないからな。だけど、⑦勝ち負けよりも大事なことがあるんだぜ。俺は、お前らを親御さんから預かってるんだから。無理はさせられない」

「そうですか……分かりました。監督が決めることですから」牛木が冷静に言ったが、握り締めた拳《こぶし》は怒りで白くなっていた。「失礼します」

春名が慌てて立ち上がり、牛木の跡を追う。かすかに足を引きずるエースに、手首を包帯で固めた主砲。羽場はソファに深く身を埋め、溜息をついた。こんな傷だらけのチームが、よくここまで勝ち上がったものだ。そもそも新潟県のチームは、甲子園で勝てないことで有名だったのに。海浜は県大会ベストエイトの常連だが、甲子園はこれが初出場である。怖いものなしの勢いで決勝まで進出した——いや、違う。これは d ひとえに牛木の力なのだ。今日までの五試合、五十一イニングを投げて失点はわずかに2。主砲の春名を欠いた打線が点を取れない分、あいつが一人で踏ん張って、決勝まで駒を進めることができた。その事実は否定できない。

結局、海浜は牛木のチームなのだ。そのエースを一番大事な試合に先発させない。俺はそう決めた。

明日は［⑧］るな、たぶん。

覚悟したはずなのに、まだ心は揺れ動いていた。［⑨］たくない監督など、どこにもいない。

（堂場瞬一『大延長』より）

※1 精悍　鋭く力強いさま

※2 煩悶　苦しみ悩むさま

問一　傍線部a～dの語句の、ここでの意味を次の中から選び、それぞれ記号で答えなさい。

a　平然と
- ア　何の遠慮もないように
- イ　平気であると強がって
- ウ　ふてぶてしい態度で
- エ　全く動じていない様子で

b　頑なになって
- ア　反射的に
- イ　意地をはって
- ウ　半ばあきらめて
- エ　ひねくれて

c　波及する
- ア　問題を引き起こす
- イ　影響して広がる
- ウ　雰囲気を悪くする
- エ　隠すことができない

d　ひとえに
- ア　他でもなく
- イ　やはり
- ウ　結局は
- エ　悔しいが

情を浮かべる。
「今無理して決める必要もないかもしれませんよ」
　見ると、細い雨がガラスに糸のような跡をつけている。
「雨か」羽場はぼんやりとつぶやいた。今日の午後、決勝戦の後半からずっとナインを悩ませた雨。それが今度は、恵みの雨になるかもしれない。リモコンを手に取り、テレビのスイッチを入れた。天気予報を探してチャンネルを次々と変える。ようやく見つけた時には、④かえって決断できなくなってしまった。
　大阪、明日は曇り一時雨。降水確率、午前中六十パーセント、午後三十パーセント。思わず腕組みをして唸る。
「これは駄目だよ。降るか降らないか分からない。そんなものには賭《か》けられないな」
　春名が口を開きかける。が、すぐに遠慮するようにうつむき、押し黙ってしまった。何を言いたいかは分かる。「監督はあなたでしょう」だ。
　それはそうだ。だいたい、延長十五回引き分けに終わった決勝戦の再試合を前に、「明日の先発はどうする」と選手に相談する監督がどこにいる？　そもそも監督の最大の仕事は、先発メンバーを決めることなのだから――普通のチームなら。
　分かってるよ、と羽場は胸の中でつぶやいた。確かに、最終的に決めるのは俺だ。だけど、お前たちに相談したという事実は覚えておいてくれ。自分に自信がないわけじゃないけど、お前たちに、自分の頭で考える癖をつけて欲しいんだ。だいたい新潟海浜《かいひん》高校野球部は、選手が自分の手で民主的に運営するのが伝統じゃないか。キャプテンを決めるのは選挙。夏の県予選のベンチ入りメンバーを決めるのも、選手の投票によるものだ。もちろん、練習や試合を通じてレギュラーは自然に決まってくるから、それで揉《も》めることはほとんどないのだが。
「とにかく、投げさせて下さい。投げますからね」わざとらしく膝を叩いて、牛木が立ち上がる。押しても引いても動かない決意が、黒く焼けた顔に浮き出ていた。
「なあ、それでいいのかよ」テレビを消して羽場は訊ねた。「お前にはこの先もあるんだぜ。ここで無理して、怪我が悪化したらどうする」
「甲子園の決勝は一回しかないんですよ」議論を打ち切るように、牛木が硬い口調で宣言した。
「試合はたかだか二時間か三時間だ。お前の人生は、これから先何十年もあるんだぞ」
「明日投げなくても、もう駄目になってるかもしれないじゃないですか」
　羽場は顔から［⑤］の気が引くのを感じた。
「そんなに悪いのか」
「さあ」表情を変えずに牛木が［⑥］をひねる。クソ、こいつは俺を相手に神経戦をやるつもりなのか？　まったく、舐《な》められたもんだ。それだけ土佐の存在が大きかったということかもしれない。実際、三十年近く監督を務めてきた土佐に比べれば、俺なんか頼りなく見えるだろう。しかし、こういう時こそ威厳を示しておかないと。牛木たち三年生は、今年で終わりだ。だけど俺は、来年も新しいチームを率いなければならない。監督の弱気は、チーム全体に必ずc波及する。

は、一九〇四年に四十八完投で四十一勝を挙げた。しかし、チェスブロと比べるのは牛木に対して失礼というものだろう。チェスブロの武器は反則投球――当時は反則ではなかったが――のスピットボールだった。一四〇キロ台後半の速球とえげつなく曲がるスライダーを決め球にし、コーナーの四隅とねんごろになる術も心得ている牛木は、百年前のエースよりはるかに洗練されている。あの時代に牛木がいたら、年間何勝していたことか。

「とにかく、平気ですから」牛木の声が次第に強張《こわば》り始めた。

「ちょっと待てよ。俺は今、春名の意見を聴いてるんだぜ」牛木に向けて手を上げ、言葉を遮る。牛木は少しだけ不満そうな表情を浮かべたが、すぐに唇をきつく結んだ。それを見てからもう一度春名に訊《たず》ねる。

「で、どうなんだ」

「そんなこと、俺に押しつけられても困ります。監督が決めて下さい」

「俺はお前の意見が聴きたいんだ」

「俺の意見は、監督が決めて下さい、です」

春名があまり自己主張しないことは、羽場も承知している。男は余計なことを言わず、背中で仲間を引っ張るものだ――普段はそれでいいが、②今夜は困る。俺だって、信頼できる人間の意見が必要なのだ。だが羽場の気持ちを知ってか知らずか、春名は包帯にくるまれた左の手首をぼんやりと撫《な》でるだけである。地方予選の二回戦の後に骨折した左手首は、まだ完治してはいない。その春名を甲子園のベンチ入りメンバーに入れるかどうか決める時にも、羽場は煩悶《はんもん》※2した。春名のポジションであるサードを任せられる選手はいる。だったら外すべきではないか。使えない選手をベンチに入れておくと、その分戦力が削《そ》がれてしまう。

しかし選手たちは、羽場が春名抜きのベンチ入りメンバーを発表した瞬間に猛反発した。キャプテンをベンチに入れてくれ、それで負けても仕方ないと。下級生の中には涙を流して抗議する選手すらいた。結局、羽場は折れざるを得なかった。俺はまだ、このチームを掴《つか》みきれていないということなのだろう、と諦めの溜息《ためいき》をつきながら。監督就任前、コーチだった頃は、技術的なことだけを考え、選手たちの精神状態にまで気を遣う必要はなかった。だが、前監督の土佐《とさ》が夏の地方予選の直前に急死したのを受けてチームを引き継いだ後は、③そういうことから逃げるわけにはいかなくなった。しかし、積極的に声をかけてもどこかぎこちなさが残る。選手の方にも戸惑いと遠慮が窺《うかが》えた。考えてみれば、こんな状態でよく甲子園に出られたものだ――しかも決勝まで勝ち上がるとは。

「春名、最後の夏なんだぞ」最後の夏、か。ちょっと臭い台詞だなと意識しながら羽場は続けた。「最後は悔いなく終わりたいじゃないか。今までだってずっと、大事なことはお前たちの意見を聴いてきた。最後も同じようにしよう」

「監督が決めて下さい。それが俺の結論です」春名はいつも以上にb頑《かたく》なになって繰り返すだけだった。膝に両手を置き、真っ直ぐ背筋を伸ばして、強い視線をぶつけてくる。この睨《にら》み合いは永遠に続きそうだな――羽場が思った途端、春名がふいに立ち上がり、窓に歩み寄って分厚いカーテンを開けた。振り返ると、少しだけほっとしたような表

二、次の文章を読んで、後の問いに答えなさい。（問題文には一部変更がある）

疲れた。心底疲れた。喉の奥には鈍い痛みが居座っている。一度たりとも大声を張り上げたわけではないのに、ずっと唸《うな》り続けていたので喉が嗄《か》れてしまったのだ。

目の前にいる牛木晃《うしきあきら》の方がよほど元気そうだ。甲子園の決勝で延長十五回を一人で投げ抜いてから数時間しか経っていないのに、表面的には何でもないように見える。たっぷりの食事とマッサージ、針治療。できる限りのケアはしたが、[a]平然としているのが羽場祐一郎《はばゆういちろう》には信じられない。随分長いこと高校生とつき合ってきたが、これほどタフな人間にはお目にかかったことがない。

「本当に大丈夫なのか」

「大丈夫です」羽場の真剣な問いかけに、牛木があっさりと答える。甲子園での二週間で日焼けは深まり、端正な顔立ちに精悍《せいかん》[※1]な雰囲気が混じるようになっていた。

「膝《ひざ》はどうだ」

「何でもないです」口調は平然としていたが、牛木は一人がけのソファに脚を伸ばしてゆったりと座っている。これでは本当のところは分からない。

「正座できるか」

「投げられますって」牛木が[①]一歩先を読んで答えた。この頭の良さが最大の武器なのだが、時々読みが先走りし過ぎて、むっとさせられることがある。

「春名《はるな》はどう思う?」隣のソファに浅く腰かけたキャプテンの春名雅彦《まさひこ》に顔を向ける。こちらは無表情に首を横に振るだけだった。はっきりしろ。質問を重ねた。「どう思うよ」

「それは監督が決めて下さい。先発メンバーを決めるのは俺たちの仕事じゃないですよ」他人事のように春名が答える。牛木が割りこんで、一段強い声で宣言した。

「俺は大丈夫です。明日も投げます」

何とまた、強情な男なのだろう。監督を監督とも思っていない。考えているのは、とにかく投げること。そして相手を捻《ね》じ伏せること——その闘争心の源にあるのは、ほぼ一年間の空白だ。一年生の夏からマウンドに上がった牛木は、二年生になる直前に右膝の半月板を損傷した。練習試合でスライディングに失敗したのが原因で、再びマウンドに登るためには、手術と一年近いリハビリが必要だった。高校生にとっての一年は長い。普通ならそこで気持ちが折れてしまってもおかしくないのに、牛木はこの春、何事もなかったようにチームに戻ってきた。球速が五キロアップし、しかも無類のコントロールにはさらに磨きをかけて。徹底したウェイトトレーニングで、ピッチングに必要な筋肉を鍛え上げたのだ。

しかし、この男の本当の特徴は肉体にはない。牛木を牛木たらしめているのは、激し過ぎる闘志だ。練習試合で百球を目処《めど》にマウンドから下ろそうとしたこともあったのだが、それを受け入れたことは一度たりともない。どうやら牛木の頭の中には、先発ピッチャーは途中降板したら万死《ばんし》に値する、というような古臭い考えが詰まっているらしい。お前はジャック・チェスブロか、と心の中で突っこんでみたこともある。ヤンキースの前身、ハイランダースで投げていたチェスブロ

d　ネン料
ア　ネン仏　　イ　天ネン
ウ　ネン末　　エ　ネン費

e　波チョウ
ア　首チョウ　　イ　チョウ理
ウ　視チョウ　　エ　チョウ戦

問二　空欄［A］・［B］・［C］に入る適当な語句を次の中から選び、それぞれ記号で答えなさい。

ア　それとも　　イ　だが　　ウ　つまり
エ　なぜなら　　オ　さて

問三　傍線部①「西洋人は香る花を大変珍重する」とあるが、作者はその原因をどのようなことであると考えているか。本文から三十二字で抜き出し答えなさい。

問四　傍線部②「文化構築協力隊」とあるが、その説明としてふさわしいものを次の中から選び、記号で答えなさい。

ア　花の香りを気にしなくなった日本人に対し、大きな屋敷に香り高い樹木を植え、注意喚起をしているということ。
イ　日本には全国区の四季を象徴するような花の香りもあるが、沖縄や北海道にも独自の文化があるということ。
ウ　日本の各地域の家庭は、各々が四季を象徴する花を植え、地域を香りで満たし、四季感を定着させてきたということ。
エ　牧野氏は、四季の香りを守ってきた日本の文化・歴史をよく分かっており、それらを尊重しているということ。

問五　傍線部③「春めいてくる」というのは、どのようなときか。本文から二十字以内で抜き出し答えなさい。

問六　傍線部④「これ」が指すものは何か。本文から三十二字で抜き出し、はじめと終わりの五字を答えなさい。

問七　傍線部⑤「与謝蕪村」の作品として適当なものを次の中から選び、記号で答えなさい。

ア　菜の花や月は東に日は西に
イ　夏草や兵どもが夢の跡
ウ　万緑の中や吾子の歯生え初むる
エ　やせがえる負けるな一茶これにあり

問八　傍線部⑥「上げ潮と引き潮のとき」の香りの違いを言い換えている比喩表現を、解答欄に合うように本文から四字で抜き出し答えなさい。

問九　次の文は、傍線部⑦「その真の感覚が私のなかに入ってくるという段階へと進むことができたのだった」について、筆者の主張を説明したものである。空欄（　A　二字　）、（　B　十五字　）に当てはまる語句を、解答欄に合うように本文から抜き出し、説明を完成させなさい。

日本の四季の中では春が一番香りの数が多い季節であるが、時間の経過とともにそこにふと（　A　二字　）の時間ができる。また、伊豆下田の港での実体験を通し、この時間を海にも見出す。蕪村も春の海の中に（　B　十五字　）をとらえて、「春の真空」を「のたり〳〵」と切り取ったのであろうと実感する。

が、いままさに出港していく船の息遣いが香ってくる心地で、私自身も航海に旅立つようなワクワクした気持ちが込み上げてくる。

しばらくすると、今度は海の町の匂いがやってくる。店で魚貝を焼く匂い、市場におろすために荷揚げされる鮮魚の匂い、浜に打ち上げられて乾いていく海藻《かいそう》の匂い。港はどこにあるのだろう。姿の見えない港町の匂いがかわるがわる、風に乗ってやってきては潮の香と混ざり合う。

こうして香りの移ろいに揺られながら潮と干満とともに時を過ごしていると、梅から桜へと陸の匂いが移ろうなかで感じた「春の真空」が海にもあったのだと、突然実感した。「のたり〳〵」は、この海にある「春の真空」を切り取ったものなのではあるまいか。

春の海はたしかにのどかだけれど、けっして「終日」同じ[e]波チョウで寄せては返しているわけではない。ときには波立ち、ときには崩れ、そのたびに潮の香が濃くなったり薄らいだりしている。しかし蕪村は、そうした変化のなかでも特に穏やかな時間をとらえて「終日のたり〳〵哉」と言いきった。どこまでが「事実」かはさておき、蕪村の心のなかでは、春の海はやはり「終日のたり」であったのだ。それはある種のトランス状態※7だった。そうなるまでに、「潮の香に包まれる」という過程があったのではあるまいか。これがあったからこそ、蕪村はこの秀逸《しゅういつ》な表現を授かったのではないか。

下田の海で「海の春の真空」に出会ったことで、私はあの「のたり〳〵」と共感するという段階から、⑦その真の感覚が私のなかに入ってくるという段階へと進むことができたのだった。

（三宮麻由子『四季を詠む　365日の体感』より）

※1　蝋梅　ロウバイ科の落葉低木。一、二月、葉に先立ち枝の節に香のよい花をつける。
※2　菊枕　菊の花びらを入れて作った枕。
※3　菖蒲湯　五月五日の節句、菖蒲の葉や根を入れてわかす風呂。
※4　吟行　和歌・俳句などを作るために、景色のよい所や名所・旧跡に出かけて行くこと。
※5　上げ潮　満ちてくる潮。満ち潮。
※6　引き潮　潮が引いて海面が低くなっていくこと、また、その時の海水の動き。
※7　トランス状態　催眠やヒステリーなどの場合にみられる、常態とは異なった精神状態。

問一　傍線部a〜eのカタカナの部分と同じ漢字を使用する熟語を選び、それぞれ記号で答えなさい。

a　破カイ
　ア　転カイ　イ　損カイ
　ウ　紹カイ　エ　限カイ

b　風シュウ
　ア　慣シュウ　イ　収シュウ
　ウ　外シュウ　エ　観シュウ

c　カン単
　ア　カン敗　イ　カン了
　ウ　カン素　エ　カン冷

終わりに次の季節の予感がするという意味ではなく、その季節が本当に進んできた感じを表す際に使う。「春めく」なら、三月ごろ、春がいよいよ加速度的に進んできた時期の言葉である。

　風の香りはどことなく花の匂いが折り込まれたような甘さを帯び、心を揺さぶる力を秘めたほこりっぽさをもっている。その匂いのなかに、桃の花、続いて沈丁花の香りが含まれてくると、春はいよいよ深まる。そして、ついに桜が開花する。風には早くも新緑の一端を思わせる青い香りが含まれはじめている。私は、このころの風の香りの移ろいから、全山に花が咲き誇る様子や、町の家々が美しい花で彩られる様子を思い描くことができるのである。このころ地上は、夏への飛躍を控えて一層霞の底に沈んでしまうような、茫洋《ぼうよう》とした感触に覆われる。

　それは、まるで時間が止まったようにさえ思える感触である。私は④これを「春の真空」と呼んでいる。本来、春は激しい季節で、あらゆる命と大地がともに夏の活動期に向けて準備を進めている。ところがそこに、ふと真空の時間ができるのだ。激しい音楽にも間があり、大混乱のなかにもふと息をつける一瞬があるように、春は激しい季節であるからこそ、その時々に移ろう花や風の香りに包まれた真空の時間、[B]「霞」をもっているのかもしれない。

　こんなふうに、春の香りの豊かさに気づいた後、私は一つの不思議な体験をした。ある俳句が、一つの世界として私の心の風景にドーンと飛び込んできたのである。

　春の海終日《ひねもす》のたり〳〵哉《かな》　⑤与謝蕪村《よさぶそん》

　このあまりに有名な句に出会ってからもうずいぶん長い。当時小学生だった私にも、句の意味はすぐに理解できたし、その感じにもcカン単に共感できた。だがこの句の意味する深い感覚が「実感」として体に入ってきたのは、さまざまな春の香りを意識した後、吟行※4で静岡県伊豆下田《いずしもだ》の海を訪れたときであった。ここで私は、文字通り終日「春の海」と過ごしたのである。

　「のたり〳〵」という言葉は、誰が見ても春の穏やかな浜で波がゆったりと寄せては返すのどかな風景を詠み、眠りを誘う優しい波音を表現したものであろう。[C]、それを感じるほどの心理状態を呼び出したものがもうひとつあると、私は下田の海で感じた。

　その日、夜明けの海は上げ潮※5だった。波の音は忙《せわ》しなく、まるで川の上流に向かって橋上に佇《たたず》んだときの水音のように、波の立てる水面の音がこちらに向かってくる。ところが太陽が昇ったとたん、いままで向かってきていた水音がさっさと向こうへと返りはじめた。

　漁業や海洋学など海に携わる方にいつか確認してみたいのだが、⑥上げ潮と引き潮※6のとき、潮の香りが変わるように私には思える。上げ潮のときには、潮の香は瑞々しく、出し汁のような甘味をもっている。それが引き潮に変わると、一気に塩気が濃くなり、いわゆる「磯臭《いそくさ》い」香りになるような気がする。浜近くに残る海水密度が濃くなるためなのか、あるいは風向きのせいか、私の気のせいなのか。分からないけれど、潮の香の違いは、間違いなく海の表情といえるだろう。夜が明けて陸風が海風と交代すると、潮の香はひときわかぐわしくなり、ときには狂おしいほど濃くなってくる。干満《かんまん》の差が激しい春は、特に潮の香りが際立つのである。

　太陽がすっかり空に姿を現すと、潮の香に混じって船から出るディーゼルdネン料の排気ガスも匂ってくる。よい香りとはいえない

【国　語】（四五分）〈満点：一〇〇点〉

一、次の文章を読んで、後の問いに答えなさい。（問題文には一部変更がある）

植物学者牧野富太郎《まきのとみたろう》は、著書『植物知識』のなかで、日本人はさほど花の香りに注意を払わないが、①西洋人は香る花を大変珍重すると書いている。けれど、私は本当にそうかしらと首をかしげてしまった。

［Ａ］日本の四季にはそれぞれに象徴的な花の香りがあり、自然ａ破カイに苦しむ現代の文明下にあっても、ほぼ全国的に愛されている花の香りが存在するからだ。たとえば、春なら梅や沈丁花《じんちょうげ》、夏なら梔《くち》子《なし》、秋には金木犀《きんもくせい》、冬には蠟梅《ろうばい》※1や水仙。沖縄や北海道のように特殊な気候の地域はともかく、こうした花々は時代や地域を超えて愛《め》でられ、特にその香りが魅力とされてきた。しかも、日本では家の庭にこのような「全国区」の香り高い花を植えて、一帯の空気を香りでいっぱいにするという暗黙の②「文化構築協力隊」ができている。少し大きな屋敷には、必ずといってよいほど金木犀や沈丁花など、季節を象徴する香り花を付ける樹木が植えられている。

偉大な学者である牧野氏は、もとよりそうした日本の文化を感じておられないはずはないので、ここで指摘したかったのは、西洋の人々にとって、香りがある場合は花そのものの美しさよりも香りが優先するということだったのではないだろうか。たしかに、西洋では薔薇《ばら》やラベンダーなど香りの強い花を選び出し、その香りによって治療効果を得ようとするアロマテラピーが発達した。日本にも菊枕《きくまくら》※2や菖蒲湯《しょうぶゆ》※3などのｂ風シュウはあるが、それを体系的な治療法にしてはいない。この辺の違いが牧野氏の目に留まったのかもしれない。

そんなことを考えながらこの本を閉じたとき、ちょうど立春がやってきた。

春は四季を通じて一番香りの数が多く、またその種類も多彩な季節のように思う。「梅二月」は私が最も愛する季語の一つだが、その梅の前には、すでに蠟梅という別種の花が気品と爽快さに満ちた香りを放っている。蠟梅の終わりと重なるように梅が蕾《つぼみ》をつけ、開花すると、淡いが底抜けに明るい香りが溢れてくる。

開花後の香りは、紅梅と白梅でまったく違う。紅梅は蠟梅に近い甘さをたっぷり含んでいて、吸い込むと鼻腔《びこう》と喉で梅のキャンディーを楽しむかのような美味しい匂いである。一方白梅の香りには、やや粉っぽさがあり、紅梅のような甘さは感じられない。だがとても花らしい高貴な香りで、淡さ故の気品があるのだ。面白いことに、ピンクの梅の香りには、紅梅の甘さと白梅の粉っぽさが絶妙なバランスで混在している。ピンクが赤と白のミックスであることが、香りで実感できるのである。

あるとき、蕾が開きかけた紅梅を試しに嗅いでみた。すると、フワフワの花びらの先が少しだけ顔をのぞかせている蕾の先っぽから、かぐわしい甘い香りが早くもほろほろと立ち出《い》ではじめていた。その香りは頼りなげな一片の空気にすぎなかったが、開花を待ちきれない花が、みなぎる息吹を蕾のなかから思わず吹き出してしまったかのようだった。

こうして梅の香りがたけなわになってくると、地上の風の匂いが③いよいよ春めいてくる。「春めく」「夏めく」などの言葉は、前の季節の

MEMO

大切なことはメモしておこうネ！

$\boxed{一般}$

2021年度

解　答　と　解　説

《2021年度の配点は解答欄に掲載してあります。》

＜数学解答＞《学校からの正答の発表はありません。》

$\boxed{1}$　(1)　①　7　②　$-3b^2$　③　-5　④　$10-3\sqrt{6}$　(2)　①　$(2x-1)(y+2)$

②　$2(x-4)^2$　(3)　①　$x=-32$　②　$x=-9,\ 3$　③　$x=\dfrac{7\pm\sqrt{41}}{4}$

(4)　$(x=)6$, $(y=)-5$

$\boxed{2}$　$y=2x+7$　$\boxed{3}$　20分　$\boxed{4}$　8問　$\boxed{5}$　4L　$\boxed{6}$　260°　$\boxed{7}$　10　$\boxed{8}$　5：3

$\boxed{9}$　14通り　$\boxed{10}$　②　$\boxed{11}$　168　$\boxed{12}$　19番目　$\boxed{13}$　$a=4$

○推定配点○

$\boxed{1}$　各4点×10((4)完答)　$\boxed{2}$～$\boxed{13}$　各5点×12　計100点

＜数学解説＞

$\boxed{1}$　(小問群－数・式の計算，平方根，因数分解，一次方程式，二次方程式，連立方程式)

基本　(1)　①　$15-(-4)^2\div2=15-16\div2=15-8=7$

②　$(-3a^2b)\div(-2ab)^2\times4b^3=(-3a^2b)\div4a^2b^2\times4b^3=\dfrac{(-3a^2b)\times4b^3}{4a^2b^2}=-3b^2$

③　$(\sqrt{3}-2)(\sqrt{3}+2)-4=(\sqrt{3})^2-2^2-4=3-4-4=-5$

④　$\sqrt{2}(5\sqrt{2}-\sqrt{3})-\sqrt{24}=\sqrt{2}\times5\sqrt{2}-\sqrt{2}\times\sqrt{3}-\sqrt{2}\times\sqrt{2}\times\sqrt{2}\times\sqrt{3}=10-\sqrt{6}-2\sqrt{6}$
$=10-3\sqrt{6}$

重要　(2)　①　$y+2=\mathrm{A}$とおくと，$2x(y+2)-(y+2)=2x\mathrm{A}-\mathrm{A}=\mathrm{A}(2x-1)$　Aを元に戻して，$(2x-1)(y+2)$

②　$2x^2-16x+32=2(x^2-8x+16)=2(x^2-2\times4x+4^2)=2(x-4)^2$

(3)　①　$\dfrac{3}{2}x-5=\dfrac{5x+1}{3}$　両辺を6倍すると，$9x-30=10x+2$　$9x-10x=2+30$　$-x=32$　$x=-32$

②　$x^2+6x-27=0$　$(x+9)(x-3)=0$　$x+9=0$から，$x=-9$　$x-3=0$から，$x=3$

③　$2x^2-7x+1=0$を2次方程式の解の公式を用いて解くと，$x=\dfrac{-(-7)\pm\sqrt{(-7)^2-4\times2\times1}}{2\times2}=\dfrac{7\pm\sqrt{41}}{4}$

(4)　$2x-3y=27$…①，$3x+5y=-7$…②とする。①×5から，$10x-15y=135$…③　②×3から，$9x+15y=-21$…④　③+④から，$19x=114$　$x=6$　これを②に代入して，$18+5y=-7$　$5y=-25$　$y=-5$

重要　$\boxed{2}$　(一次関数－グラフの式)

変化の割合が2なので，グラフの切片をbとすると，グラフの式は$y=2x+b$と表される。このグラフが点(3，13)を通ることから，$x=3$，$y=13$を代入して，$13=6+b$　$b=7$　よって，グラフの式は$y=2x+7$

$\boxed{3}$　(方程式の応用－速さと時間)

歩いた時間をx分とすると，走った時間は$(30-x)$分と表される。分速70mでx分歩いて進む道のりは$70x$m，分速200mで$(30-x)$分走って進む道のりは$200(30-x)$m　その合計が3400mだから，$70x+200(30-x)=3400$　$70x+6000-200x=3400$　$-130x=-2600$　$x=20$　よって，歩いた時間は20分である。

4 (方程式の応用－得点と問題数)

一問3点の問題数をxとすると，一問4点の問題数は$(27-x)$と表せる。100点満点の問題を作るのだから，$3x+4(27-x)=100$　$3x+108-4x=100$　$-x=-8$　$x=8$　よって，一問3点の問題を8問にすればよい。

5 (方程式の応用－容積と時間)

実験①で毎分xLずつ水を入れるとすると，実験②では毎分$2x$Lずつ水を入れることになる。満杯になるまでにかかる時間は，実験①では$\frac{72}{x}$分，実験②では$\frac{72}{2x}$分$=\frac{36}{x}$分　その違いが9分だから，$\frac{72}{x}-\frac{36}{x}=9$　両辺をx倍すると，$72-36=9x$　$9x=36$　$x=4$　よって，実験①では，毎分4Lずつ入れていたことになる。

6 (多角形－内角の和，内角の大きさ)

n角形の内角の和は$180°\times(n-2)$で求められる。問題の図形は五角形なので，内角の和は$180°\times(5-2)=540°$　よって，$x=540°-(60°+90°+105°+25°)=260°$

重要 **7** (平面図形－面積)

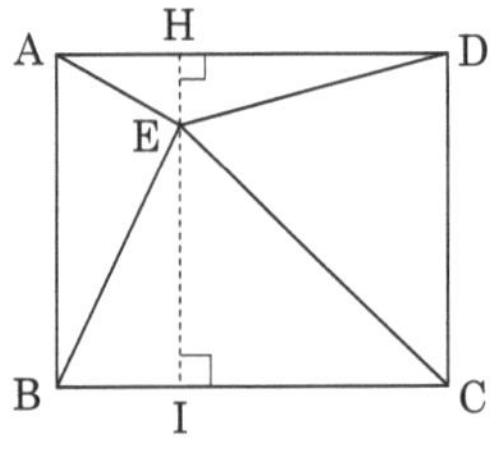

右図のように長方形ABCD内の2つの三角形に共通な頂点をEとする。点EからAD，BCに垂線EH，EIを引き，EH$=x$とすると，EI$=4-x$

$\triangle EAD+\triangle EBC=\frac{1}{2}\times5\times x+\frac{1}{2}\times5\times(4-x)=\frac{5x}{2}+10-\frac{5x}{2}=10$

8 (数量関係－比の計算)

A：B＝C：Dのとき，$\frac{A}{B}=\frac{C}{D}$　両辺をBD倍すると，AD＝BC　この関係を利用すると，$6(4a-5b)=5(-3a+7b)$　$24a-30b=-15a+35b$　$24a+15a=35b+30b$　$39a=65b$　両辺を13で割って，$3a=5b$　$a=\frac{5}{3}b$　よって，$a:b=\frac{5}{3}b:b=5b:3b=5:3$

重要 **9** (場合の数－車への乗車)

Aの乗り方は1号車に乗るか2号車に乗るかの2通りある。そのそれぞれに対してBの乗り方も2通りずつあるので，AとBの乗り方は2×2＝4(通り)ある。そのそれぞれに対してCの乗り方が2通りずつあり，さらにそれらに対してDの乗り方が2通りずつあるので，4人の乗り方の総総数は2×2×2×2＝16(通り)　この中から，4人とも1号車に乗る場合と4人とも2号車に乗る場合を除いて14通り。

重要 **10** (一次関数のグラフ－傾きと切片)

$ab>0$なので，aとbはどちらも正の数か，または，どちらも負の数である。$a+b<0$なので，どちらも正の数ということはない。よって，$a<0$，$b<0$　傾きaが負の数である場合，xの値が増加するときにyの値が減少するから，グラフは右下がりの直線となる。切片bが負の数の場合，グラフとy軸との交点のy座標は負の数である。よって，このグラフは②である。

11 (自然数の性質－約数の和)

60を素因数分解すると，$60=2^2\times3\times5$　60を割って割り切れる数は，1，2，$2^2=4$，3，$2\times3=6$，$2^2\times3=12$，5，$5\times2=10$，$5\times2^2=20$，$3\times5=15$，$2\times3\times5=30$，$2^2\times3\times5=60$　よって，正の約数を小さいものから順に加えると，$1+2+3+4+5+6+10+12+15+20+30+60=168$

12 (整数の性質－数の並び)

1，2，3，4から異なる3つを選び3桁の数を作るとき，百の位の数が1のものは，十の位が2，3，

4の3通りあり，百の位が1，十の位が2のときには一の位には3，4の2通りがある。よって，百の位の数が1のときには，123，124，132，134，142，143の6個ある。百の位の数が2のもの，百の位の数が3のものもそれぞれ6個ずつある。412は百の位の数が4のものの中で最も小さい数だから，小さい方から数えて6×3+1=19　19番目である。

やや難 13 **(関数・グラフと図形－三角形の面積の比，交点)**

△OBCと△ABCはそれぞれの底辺をBO，ACとみたときの高さがOCであり，共通である。よって，面積の比は底辺の比に等しいから，BO：AC=△OBC：△ABC=1：3　直線ABの切片が12だから，BO=12，AC=36　点Aのy座標が36だから，$y=x^2$に代入して，$36=x^2$　$x=\pm 6$　点Aのx座標は正だから，A(6，36)　$y=ax+12$に代入して，$36=6a+12$　$6a=24$　$a=4$

★ワンポイントアドバイス★

1の(2)①は，$y+2=A$と置き換えるとよい。9は，4人のそれぞれがどちらに乗るかを順に考える。13は，高さが共通な三角形の面積の比は底辺の比に等しいことを利用する。

＜英語解答＞《学校からの正答の発表はありません。》

A・B　リスニング問題解答省略

C　1 (あ) with　(い) for　(う) from　2 (There) are so many differences between these two countries.　3 (お) rode　(か) shocked　(き) woke　4 ウ　5 イ　6 エ

D　1 ア　2 イ　3 イ　4 ウ　5 イ　6 ア　7 ア　8 エ　9 ウ　10 イ

E　(1) イ　(2) オ　(3) ケ　(4) ウ　(5) カ　(6) コ　(7) ク　(8) キ　(9) エ　(10) ア

F　1 D　2 C　3 D　4 B　5 B

G　1 blood　2 voice　3 thirsty　4 library　5 nurse

○推定配点○

各2点×50　計100点

＜英語解説＞ (普通科)

A・B　リスニング問題解説省略。

C　**(読解問題・発表文：語句補充，語句整序，語形変化，内容吟味，文選択補充)**

(大意)　リョウコのこの夏に経験したことについての発表。

今年の夏にアメリカ合衆国アラスカのアンカレジ出身のモニカという女の子が群馬県前橋市のリョウコの家に滞在した。滞在中，モニカは日本についてたくさんの驚くべきことを学び，リョウコもアメリカの生活様式について多くのことを学んだ。リョウコは今日，そのいくつかについて話す。まず，車の運転がとても違う。リョウコたちは1学期の最後の2週間は自転車と電車で高崎の学校まで通ったが，アメリカでは免許を取れば車で通学できる。リョウコはアメリカでは10代で車の運転が認められると知って衝撃を受け，車を運転するのはとても責任のあることなので，運転する生徒は大人のように見えた。初日の朝，モニカが朝食を食べに降りてきて，夜中のうるさい音が何であったのか尋ねた。リョウコの母はそれがカエルの鳴き声で，家の周りには田んぼが多いので一晩中ゲロゲロ鳴くのだと言った。リョウコはモニカに「カエルの合唱」は日本の夏の風物詩だと言ったが，カエルの合唱が彼女を悩ませるとは想像しなかった。あるとき，モニカがアラスカでは冬は懐中電灯を持って通学すると言った。リョウコがどういうことかと尋ねると，モニカはアラスカでは冬は極夜で午前中も暗く，夏は白夜で夜10時まで明るくて公園で夕食を食べることもあると言った。リョウコがいつか白夜を見たいと言うと，モニカはぜひアラスカに来るようにと言った。リョウコは，夏休みの間にいろいろなところへ行ってとても楽しく過ごし，生涯今年の夏を忘れないだろうと言った。

1 (あ) stay with ～ で「～の家に滞在する[泊まる]という意味。 (い) 直後の about a month and a half「およそ1か月半」に合うのは「期間」を表す for「～の間」。 (う) 直後の Anchorage, the capital of Alaska「アラスカの州都，アンカレジ」はモニカの出身地と考えられるので，「～出身の」の意味の from が適切。

2 (There) are so many differences between these two countries. 「～がある」という文なので，There is[are] ～. の文で表す。「～」には主語「とてもたくさんの違い」が来て，その後に「これら2つの国には」が続く。「とてもたくさんの」は so many で表す。与えられている語に between「(2つ[人])の間に」があるので，「これら2つの国には」は「これら2つの国の間には」と考えて，between these two countries と表す。

3 (お) 今年の夏という過去にしたことなので，過去形にする。ride の過去形は rode。
(か) shock は「(人)に衝撃を与える」という意味。ここでは主語が I で「私は衝撃を受けた」という内容が合うので受動態<be動詞＋過去分詞>にする。過去分詞は shocked。
(き) モニカの滞在の初日という過去のことなので，過去形にする。wake「目覚める」の過去形は woke。

4 I couldn't sleep は「私は眠ることができなかった」という意味なので，モニカが夜眠れなかった理由となることを考える。この直前で，モニカが夜中の騒音について言っていること，リョウコの母親がその騒音について，それがカエルの鳴き声であると説明していることから，ウが適切。

5 第5段落の2つ目のモニカの発言を参照。モニカは白夜について，「夜は10時まで明るい」「ときどき夕食を公園で食べる」と言っているので，イが適切。

6 いつか白夜を見たいと言うリョウコに対して，モニカは you have to come to Alaska「ぜひアラスカに来てね」と言っていることから，リョウコを歓迎する内容のエ「私の家でいつでもあなたを歓迎するわ！」が適切。モニカの発言にある have to は，ここでは「～しなくてはならない」の意味ではなく，「ぜひ～してください」と強く勧誘する意味。 ア「アラスカは明るいので，私に会いにきてね！」 アラスカが明るいという話は白夜の夜についてのことで，また，「明るい」ことは「モニカに会いにいく」ことの理由としては不自然。 イ「私の家と東京へようこそ！」 モニカの家はアラスカのアンカレジで，東京ではない。 ウ「私の学校であなたをときどき歓迎するわ！」 自分の学校に招待したいというモニカの気持ちは本文中で述べられていない。

基本 D (語句選択補充問題：助動詞，不定詞，動名詞，分詞，比較，現在完了，接続詞)

1 「ブラウンさんは明日大阪に着くだろう」 reach は後に前置詞を置かずに「～に着く」という意味で用いる。他の動詞は，come to ～「～に来る」，arrive at ～「～に着く」，get to ～「～

に着く」のように，前置詞とともに用いる。

2 「私にあなたの消しゴムを貸してくれますか」 文意から「貸す」の意味の lend が適切。Would you ~? は「~してくれますか」とていねいに依頼する表現。keep「保つ」，use「使う」，borrow「借りる」。

3 「あなたの車を洗いましょうか。／いいえ，結構です」 No, thank you. は相手の申し出をていねいに断るときなどに使うので，最初の文は「(自分が)~しましょうか」と申し出る表現である Shall I ~? が適切。

4 「私は寒いです。温かい飲み物をくれませんか」「寒い」と言っていること，空所の直後に drink とあることから，「暖かい飲み物」という意味にする。「~するもの」は something の後に形容詞的用法の不定詞を続けて表すが，「温かいもの」のようにsomething に形容詞をつけるときは something hot のように後ろにつける。形容詞と不定詞の両方をつける場合は< something ＋形容詞＋不定詞>の語順になるので，ウが適切。

5 「私の父は若い頃料理することが得意だった」 be good at ~ で「~が得意だ」という意味。前置詞の後に「~すること」の意味を続けるときは動詞の~ing形(動名詞)を使うので，イが適切。

6 「招待された客たちはとても高齢だった」 文の主語は guest「客」なので，invite「招待する」が guest を修飾する形を考える。「招待された」という受け身の意味だと文意が通るので，過去分詞のアが適切。

7 「メアリーはジェーンよりも有名だ」 空所の後に than があるので比較級が入る。famous の比較級は more famous。

8 「私は先週からメイソンに会っていない」 現在完了< have ＋過去分詞>の文。「ずっと会っていない」という継続の意味を考え，「(過去のある時点)から」の意味を表す since を含むエを入れる。ア「1週間前に」，ウ「先週」は過去のことしか表さないので不適切。イ「来週」は未来のことなので不適切。

9 「私たちは彼が戻ったときにパーティーを始めます」 when「~するとき」のように「時」を表す接続詞の後は未来のことでも動詞は現在形を使うので，ウが適切。

10 「コーヒーをもう1杯いただけますか。／もちろんです」「コーヒー」は普通カップに入れて飲むので，「コーヒー1杯」は a cup of coffee と表す。another は「もう1つ別の」という意味なので，ここでは「もう1杯」ということを表している。

重要 **E** **(会話文問題：語句選択補充)**

(大意) Aがカレンのために考えている誕生日のサプライズパーティーについてBに意見を求める。Bは同意して，何人招待したいのか尋ねる。Aが5，6人を考えていると答えると，Bはだれを招待できるか尋ねる。Aがカレンの母親と姉，ジョーとメアリーを，Bはウェンディーとパムを招待しようと提案し2人は合意する。パーティーの開始時間について，Aが日曜日の午後3時を提案すると，Bはカレンが何歳になるのか尋ね，Aは37になると思うと答える。Bはケーキを注文してろうそくを買おうと申し出て，さらにカレンが大好きな食べ物を料理したいと言う。Aはカレンの好物はフライドチキンとパスタであると言う。

(1) I was thinking about ~「私は~について考えていた」の後に何も入れなくても文意は成り立つが，a surprise party「サプライズパーティーを~すること」という意味を考えると，having を入れて「サプライズパーティーを開くこと」とすると文意が成り立つ。

(2) That に対する動詞が入る。That は直前の「カレンのためにサプライズパーティーを開く」ことを指していると考え，Bはそれを聞いた感想を述べていると考える。「(聞いた感じとして)~のように思われる」の意味の動詞 sounds が適する。

(3) 空所を含むBの問いにAは「5，6人の人を考えていた」と答えているので，数を尋ねるときに用いる how many が適切。

(4) Bの「だれを招待できますか」という問いに対するAの返答を考える。can に続くので動詞の原形が入り，空所の直後の her mother and her big sister「彼女の母親と彼女の姉」を目的語とすることから，ask「(人に)頼む」を入れると会話が成り立つ。

(5) does「する」の目的語が入る。「～をする」の意味でつながるのは Yoga「ヨガ」だけである。Bはカレンと一緒にヨガをしているウェンディーとパムを招待しようと提案している。

(6) 直前の next door「隣の」に続けて意味が成り立つのは neighbors「近所の人たち」。next door neighbors で「隣人」となる。

(7) Bの問いに対してAは日時を答えているので，time を入れて「始めるのによい時間はいつですか」という疑問文にすると会話が成り立つ。

(8) Bの問いに対するAの返答にある37は年齢と考えられるので，how old を入れて「あなたは彼女が何歳になるか知っていますか」という疑問文にすると会話が成り立つ。

(9) order the cake「ケーキを注文する」と buy (　　) が and でつながれているので，ケーキを注文することと同様に誕生日のパーティーに関係するものを「買う」とするのが適切。したがって，candles「ろうそく」を入れる。

(10) her favorite (　　)「彼女の大好きな～」を cook「料理する」というつながりなので，dish「料理」が適切。

F (語句選択補充問題：助動詞，動名詞，進行形)

1 「外は暗くなってきているから，あなたはもう家に帰った方がいいですよ」 < had better +動詞の原形>で「～した方がよい」という意味を表す。

2 「日本はコンビニエンスストアやスーパーマーケットやドラッグストアやその他の店に，ビニル袋を有料にするように求め始めた」 文意から，「(コンビニエンスストアやスーパーマーケットで出す買い物用のビニール袋」という意味にする。英語ではこのような買い物袋を plastic bag と言う。

3 「リアム，コンピューターゲームをするのをやめて今すぐに宿題をしなさい」 stop の後に動名詞(動詞の~ing形)を続けると「～することをやめる」，不定詞< to +動詞の原形>を続けると「～するために立ち止まる」という意味になる。ここでは動名詞を続けると文意が成り立つ。

4 「マークシートを塗りつぶすときには普通の鉛筆かシャープペンシルを使ってください」 マークシートを塗りつぶすときの注意事項。シャープペンシルは，英語では mechanical pencil と言う。

5 「シャーロット：ノア，バスがもうすぐ出るわ。急いで！／ノア：ちょっと待って，シャーロット。今行くから」「(相手の方へ)今すぐに行く」と伝えるときは I'm coming. と言う。「(相手の方へ)行く」というときは go ではなく come を使う。

やや難 G (語彙問題：英語の説明に合う単語を答える問題)

1 「心臓によって体じゅうに送られる赤い液体で，命に必要」 blood「血液」

2 「話したり歌ったりする人によって口から出される音」 voice「声」

3 「飲む必要がある」 thirsty「のどが渇いている」

4 「普通は無料で人が読んだり借りたりするための，主に本を集めた建物，部屋，あるいは組織」 library「図書館」

5 「病院で病人やけが人の世話をする人」 nurse「看護師」

★ワンポイントアドバイス★

Gの語彙問題は，英語の説明が難しいものもあり，また，説明がわかっても，当てはまる単語を正しく書けないと正解にならない。単語の読みがわかるのであれば，つづりは推測でよいので単語を書くことが重要だ。

＜英語解答＞《学校からの正答の発表はありません。》

A・B　リスニング問題解答省略

C　1 (あ) with　(い) for　(う) from　2 (There) are so many differences between these two countries.　3 (お) rode　(か) shocked　(き) woke
4 ウ　5 イ　6 エ

D　1 ア　2 イ　3 イ　4 ウ　5 イ　6 ア　7 ア　8 エ　9 ウ
10 イ

E　(1) イ　(2) オ　(3) ケ　(4) ウ　(5) カ　(6) コ　(7) ク
(8) キ　(9) エ　(10) ア

F　1 エ　2 イ　3 オ　4 ア　5 ウ

G　1 decision　2 exciting　3 written　4 twelfth　5 leaves

○推定配点○

各2点×50　　計100点

＜英語解説＞ (英語科)

A・B　リスニング問題解説省略。

C　(読解問題・発表文：語句補充，語句整序，語形変化，内容吟味，文選択補充)

リョウコのこの夏に経験したことについての発表。

今年の夏にアメリカ合衆国アラスカのアンカレジ出身のモニカという女の子が群馬県前橋市のリョウコの家に滞在した。滞在中，モニカは日本についてたくさんの驚くべきことを学び，リョウコもアメリカの生活様式について多くのことを学んだ。リョウコは今日，そのいくつかについて話す。まず，車の運転がとても違う。リョウコたちは1学期の最後の2週間は自転車と電車で高崎の学校まで通ったが，アメリカでは免許を取れば車で通学できる。リョウコはアメリカでは10代で車の運転が認められると知って衝撃を受け，車を運転するのはとても責任のあることなので，運転する生徒は大人のように見えた。初日の朝，モニカが朝食を食べに降りてきて，夜中のうるさい音が何であったのか尋ねた。リョウコの母はそれがカエルの鳴き声で，家の周りには田んぼが多いので一晩中ゲロゲロ鳴くのだと言った。リョウコはモニカに「カエルの合唱」は日本の夏の風物詩だと言ったが，カエルの合唱が彼女を悩ませるとは想像しなかった。あるとき，モニカがアラスカでは冬は懐中電灯を持って通学すると言った。リョウコがどういうことかと尋ねると，モニカはアラスカでは冬は極夜で午前中も暗く，夏は白夜で夜10時まで明るくて公園で夕食を食べることもあると言った。リョウコがいつか白夜を見たいと言うと，モニカはぜひアラスカに来るようにと言った。リョウコは，夏休みの間にいろいろなところへ行ってとても楽しく過ごし，生涯今年の夏を忘れないだろうと言った。

1 (あ) stay with ~ で「~の家に滞在する[泊まる]という意味。 (い) 直後の about a month and a half「およそ1か月半」に合うのは「期間」を表す for「~の間」。 (う) 直後の Anchorage, the capital of Alaska「アラスカの州都, アンカレジ」はモニカの出身地と考えられるので,「~出身の」の意味の from が適切。

2 (There) are so many differences between these two countries. 「~がある」という文なので, There is[are] ~. の文で表す。「~」には主語「とてもたくさんの違い」が来て, その後に「これら2つの国には」が続く。「とてもたくさんの」は so many で表す。与えられている語に between「(2つ[人])の間に」があるので,「これら2つの国には」は「これら2つの国の間には」と考えて, between these two countries と表す。

3 (お) 今年の夏という過去にしたことなので, 過去形にする。ride の過去形は rode。
(か) shock は「(人)に衝撃を与える」という意味。ここでは主語が I で「私は衝撃を受けた」という内容が合うので受動態<be動詞+過去分詞>にする。過去分詞は shocked。
(き) モニカの滞在の初日という過去のことなので, 過去形にする。wake「目覚める」の過去形は woke。

4 I couldn't sleep は「私は眠ることができなかった」という意味なので, モニカが夜眠れなかった理由となることを考える。この直前で, モニカが夜中の騒音について言っていること, リョウコの母親がその騒音について, それがカエルの鳴き声であると説明していることから, ウが適切。

5 第5段落の2つ目のモニカの発言を参照。モニカは白夜について,「夜は10時まで明るい」「ときどき夕食を公園で食べる」と言っているので, イが適切。

6 いつか白夜を見たいと言うリョウコに対して, モニカは you have to come to Alaska「ぜひアラスカに来てね」と言っていることから, リョウコを歓迎する内容のエ「私の家でいつでもあなたを歓迎するわ!」が適切。モニカの発言にある have to は, ここでは「~しなくてはならない」の意味ではなく,「ぜひ~してください」と強く勧誘する意味。 ア「アラスカは明るいので, 私に会いにきてね!」 アラスカが明るいという話は白夜の夜についてのことで, また,「明るい」ことは「モニカに会いにいく」ことの理由としては不自然。 イ「私の家と東京へようこそ!」 モニカの家はアラスカのアンカレジで, 東京ではない。 ウ「私の学校であなたをときどき歓迎するわ!」 自分の学校に招待したいというモニカの気持ちは本文中で述べられていない。

基本 D (語句選択補充問題:助動詞, 不定詞, 動名詞, 分詞, 比較, 現在完了, 接続詞)

1 「ブラウンさんは明日大阪に着くだろう」 reach は後に前置詞を置かずに「~に着く」という意味で用いる。他の動詞は, come to ~「~に来る」, arrive at ~「~に着く」, get to ~「~に着く」のように, 前置詞とともに用いる。

2 「私にあなたの消しゴムを貸してくれますか」 文意から「貸す」の意味の lend が適切。Would you ~? は「~してくれますか」とていねいに依頼する表現。keep「保つ」, use「使う」, borrow「借りる」。

3 「あなたの車を洗いましょうか。/いいえ, 結構です」 No, thank you. は相手の申し出をていねいに断るときなどに使うので, 最初の文は「(自分が)~しましょうか」と申し出る表現である Shall I ~? が適切。

4 「私は寒いです。温かい飲み物をくれませんか」「寒い」と言っていること, 空所の直後に drink とあることから,「暖かい飲み物」という意味にする。「~するもの」は something の後に形容詞的用法の不定詞を続けて表すが,「温かいもの」のようにsomething に形容詞をつけるときは something hot のように後ろにつける。形容詞と不定詞の両方をつける場合は＜something ＋形容詞＋不定詞＞の語順になるので，ウが適切。

5 「私の父は若い頃料理することが得意だった」 be good at ～ で「～が得意だ」という意味。前置詞の後に「～すること」の意味を続けるときは動詞の～ing形(動名詞)を使うので，イが適切。

6 「招待された客たちはとても高齢だった」 文の主語は guest「客」なので，invite「招待する」が guest を修飾する形を考える。「招待された」という受け身の意味だと文意が通るので，過去分詞のアが適切。

7 「メアリーはジェーンよりも有名だ」 空所の後に than があるので比較級が入る。famous の比較級は more famous。

8 「私は先週からメイソンに会っていない」 現在完了＜ have ＋過去分詞＞の文。「ずっと会っていない」という継続の意味を考え，「(過去のある時点)から」の意味を表す since を含むエを入れる。ア「1週間前に」，ウ「先週」は過去のことしか表さないので不適切。イ「来週」は未来のことなので不適切。

9 「私たちは彼が戻ったときにパーティーを始めます」 when「～するとき」のように「時」を表す接続詞の後は未来のことでも動詞は現在形を使うので，ウが適切。

10 「コーヒーをもう1杯いただけますか。／もちろんです」「コーヒー」は普通カップに入れて飲むので，「コーヒー1杯」は a cup of coffee と表す。another は「もう1つ別の」という意味なので，ここでは「もう1杯」ということを表している。

重要 E (会話文問題：語句選択補充)

(大意) Aがカレンのために考えている誕生日のサプライズパーティーについてBに意見を求める。Bは同意して，何人招待したいのか尋ねる。Aが5，6人を考えていると答えると，Bはだれを招待できるか尋ねる。Aがカレンの母親と姉，ジョーとメアリーを，Bはウェンディーとパムを招待しようと提案し2人は合意する。パーティーの開始時間について，Aが日曜日の午後3時を提案すると，Bはカレンが何歳になるのか尋ね，Aは37になると思うと答える。Bはケーキを注文してろうそくを買おうと申し出て，さらにカレンが大好きな食べ物を料理したいと言う。Aはカレンの好物はフライドチキンとパスタであると言う。

(1) I was thinking about ～「私は～について考えていた」の後に何も入れなくても文意は成り立つが，a surprise party「サプライズパーティーを～すること」という意味を考えると，having を入れて「サプライズパーティーを開くこと」とすると文意が成り立つ。

(2) That に対する動詞が入る。That は直前の「カレンのためにサプライズパーティーを開く」ことを指していると考え，Bはそれを聞いた感想を述べていると考える。「(聞いた感じとして)～のように思われる」の意味の動詞 sounds が適する。

(3) 空所を含むBの問いにAは「5，6人の人を考えていた」と答えているので，数を尋ねるときに用いる how many が適切。

(4) Bの「だれを招待できますか」という問いに対するAの返答を考える。can に続くので動詞の原形が入り，空所の直後の her mother and her big sister「彼女の母親と彼女の姉」を目的語とすることから，ask「(人に)頼む」を入れると会話が成り立つ。

(5) does「する」の目的語が入る。「～をする」の意味でつながるのは Yoga「ヨガ」だけである。Bはカレンと一緒にヨガをしているウェンディーとパムを招待しようと提案している。

(6) 直前の next door「隣の」に続けて意味が成り立つのは neighbors「近所の人たち」。next door neighbors で「隣人」となる。

(7) Bの問いに対してAは日時を答えているので，time を入れて「始めるのによい時間はいつですか」という疑問文にすると会話が成り立つ。

(8) Bの問いに対するAの返答にある37は年齢と考えられるので，how old を入れて「あなたは彼女が何歳になるか知っていますか」という疑問文にすると会話が成り立つ。

(9) order the cake「ケーキを注文する」と buy (　　) が and でつながれているので，ケーキを注文することと同様に誕生日のパーティーに関係するものを「買う」とするのが適切。したがって，candles「ろうそく」を入れる。

(10) her favorite (　　)「彼女の大好きな～」を cook「料理する」というつながりなので，dish「料理」が適切。

F (語彙問題：単語の意味を説明する英語を選ぶ問題)

1 volunteer「ボランティア」：エ「支払いがなくても進んで仕事をする人」

2 experience「経験」：イ「仕事や活動をしたり，それをする過程から得る知識や技能」

3 succeed「成功する」：オ「一生懸命に作業をしてあることでうまくいくこと」

4 recycle「再生利用する」：ア「ものや考えを再び使うこと」

5 supporter「サポーター，支持者」：ウ「特定のスポーツチームが好きで，しばしばそれらがプレイするのを見にいく人」

やや難 **G (語形変化問題：熟語，分詞)**

1 「菅総理は数か月前，内閣を組織するために自分の政党から何人かのメンバーを選ぶために難しい決断をした」 decision は decide「決断する」の名詞形。make a decision で「決断を下す，決心する」という意味を表す。この場合の party は「政党」という意味。

2 「私たちは先月末にとてもわくわくするサッカーの試合を見た」 excite は「(人を)わくわくさせる」という意味の動詞。exciting で「(物事が人を)わくわくさせるような，興奮させるような」という意味の形容詞になる。

3 「あなたはシェークスピアによって書かれた詩に特別な意味を見つけるだろう」 空所以下が the poems を修飾するように，write「書く」を過去分詞 written にして入れると written by Shakespeare「シェークスピアによって書かれた詩」となり文意が成り立つ。

4 「12月は1年の12番目の月だ」 直後の month「月」を修飾するように，twelve「12(の)」序数 twelfth「12番目の」を入れると文意が成り立つ。

5 「アキコと私は秋の葉が黄色や赤に変わるのを見るために京都へ行った」 autumn (　　) でまとまった意味にする。後に続く turn yellow and red「黄色や赤に変わる」から「秋の葉」と考え，複数形 leaves にして入れる。< see ＋目的語＋動詞の原形>で「～が…するのを見る」という意味を表す。

★ワンポイントアドバイス★

Eの会話文問題は，大人同士の会話。必ずしも中高生の会話とは限らないので，先入観を持たない方がよい。応答に対して何を答えているかに着目すること，空所の前後の語句をヒントにすることがポイントになる。

<理科解答>《学校からの正答の発表はありません。》

1　問1　両生類　　問2　露点　　問3　動脈血　　問4　ウ　　問5　S極　　問6　中和，塩
　問7　ウ

2　問1　正立の虚像
　問2　ア，イ，ウ，エ
　問3　18cm　　問4　図1
　問5　図2
　問6　4　イ　　5　エ

図1

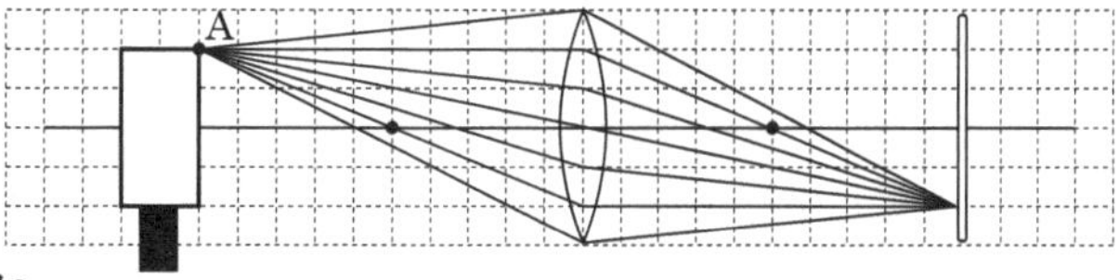

図2

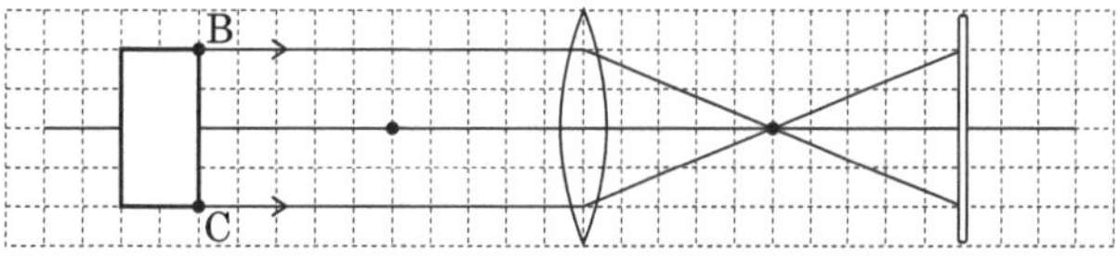

3　問1　イ，オ
　問2　ウ→エ→ア→イ
　問3　イ　　問4　c，しぼり
　g，反射鏡　　問5　エ　　問6　ウ

4　問1　(例)　中和　　問2　Fe＋S→FeS　　問3　水上置換，H_2
　問4　硫化水素，(例)　火山　　問5　化合

5　問1　P波　8.5km/秒　　S波　3.4km/秒　　問2　15秒　　問3　6秒

6　問1　海溝　　問2　(1)　c　　(2)　b

○推定配点○

1　各2点×8　　2～6　各3点×28(3問4完答)　　計100点

<理科解説>

1　(小問集合－各分野の要点)

問1　子どもはえら呼吸，親は肺呼吸をする両生類が当てはまる。魚類は一生えら呼吸，ハ虫類と鳥類とホ乳類は一生肺呼吸である。

問2　缶飲料のまわりの空気の温度が下がると，飽和水蒸気量が減るため，空気中の水蒸気が水滴に変わる。水滴ができ始める温度を露点という。

問3　酸素を多く含む血液は動脈血であり，肺から心臓を通って全身に送られる。全身から戻ってくる血液は，二酸化炭素を多く含み，暗い赤色をしている静脈血である。

基本　問4　水圧は，水中のすべての向きにはたらき，深いところほど大きくはたらく。図の水圧の大きさを比べると，ウ＞イ＝エ＞アである。

問5　地球上のほとんどの場所で，磁針のN極はほぼ北を向く。これは，地球が大きな磁石で，北極側にS極があるからである。

問6　酸性の水溶液とアルカリ性の水溶液を混ぜると，中性の水溶液ができる。この反応を中和という。中和では，水のほかに塩(えん)ができる。食塩は塩の一種である。

問7　夏に日本をおおうのは，高温で多湿の小笠原気団(太平洋高気圧)である。

2　(光の性質－凸レンズと像)

問1　凸レンズでできた虫めがねをのぞいたとき，物体がそのままの向きで大きく見えるのは，正立の虚像が見えているためである。

問2　エの場合は物体がちょうど焦点にあるので，レンズと物体の距離を測るだけで焦点距離が分かる。ア～ウの場合は，レンズと物体の距離，レンズとスクリーンの距離をそれぞれ測り，作図をすることで，焦点距離が求まる。特にイの場合は，レンズと物体の距離と，レンズとスクリーン

の距離の両方とも，焦点距離の2倍になっているので，測った距離を2で割れば焦点距離が分かる。

問3　エの場合は，物体がちょうど焦点にあるので，焦点距離は18cmである。あるいは，イの場合について，レンズと物体の距離36cmが焦点距離の2倍になっているので，焦点距離は36÷2＝18(cm)と求めてもよい。

問4　点Aから出る光は無数あるので，全部を描ききることは不可能だが，重要なものをいくつか描けばよいだろう。まず，像の作図をする。　①　レンズの中心を通る光は直進すること。
②　光軸に平行な光は，レンズを通ったあと焦点を通ること。この2つの要点から，像の位置を決める。すると，レンズを通る光はすべて像の位置に集まるので，あと何本か像の位置に向かう光を描き足せばよい。

問5　点B，点Cから出る光のうち，光軸に平行な光の経路を描けばよいので，レンズを通ったあと焦点を通るように描けばよい。

重要　問6　問4は横から見た図なので，像の上下方向が逆さまになっていることが分かる。また，問5は上から見た図なので，像の上下方向が逆さまになっていることが分かる。

3　**(植物の体のしくみ－花のつくりの観察)**

問1　アブラナとタンポポは，どちらも種子植物のうちの被子植物であり，胚珠が脂肪に包まれている。アブラナは花びらが4枚で，1枚ずつ離れる離弁花類である。おしべが6本ある。タンポポは，多数の花が集まっている。そこから1つの花を抜き出すと，花びらが5枚合わさってまるで1枚に見える合弁花である。おしべは5本で，めしべの周りを取り巻いている。

基本　問2　最も外側はがくであり，花びらを支えている。また，最も内側は1本のめしべであり，そのまわりに6本のおしべがある。

問3　ルーペは目に近づけて持ち，目とルーペの間隔は変えない。見るものを前後させてピントを合わせる。もし樹木のように見るものを動かせないときは，目とルーペの間隔を変えないようにして顔ごと前後させる。

問4　aは接眼レンズ，bは調節ねじ，cはしぼり，dはレボルバー，eは対物レンズ，fはステージ(載せ台)，gは反射鏡である。視野を明るくするには，gの反射鏡の角度を変えたり，裏返して凹面の鏡を使ったりする。また，cのしぼりを開いて，通過する光の量を増やす。

問5　花粉が花粉管を伸ばすには，めしべの柱頭と似た環境にする必要がある。柱頭は有機物でできていて粘っこい。実験では，砂糖水を使うのが最も成功しやすいことが知られている。また、花粉管が伸びるときの栄養分になるのも，選択肢では砂糖水だけである。

問6　タンポポの1つの花についているがくは，多数の毛からできた冠毛の形をしている。これが，種子ができたときの綿毛となって，風に飛ばされやすくなる。

4　**(化合－鉄と硫黄の化合)**

問1　熱が発生する化学変化は多数ある。酸とアルカリを混ぜたときに起こる中和，物質を酸素と結びつける酸化や燃焼、化学電池の放電などのうちから1つ答えればよい。

問2　鉄原子Feと硫黄原子Sが，1：1の数の割合で結びつくと，硫化鉄FeSができる。

問3　試験管Aには鉄粉が入っている。試験管Cに入っている鉄粉は硫黄と混ざっただけで反応していないので、鉄のままである。これらに塩酸を入れると，鉄が溶けて気体の水素H_2が発生する。水素は水に溶けにくく，空気よりも軽いので，水上置換で集める。

重要　問4　試験管Dは，加熱したために鉄Feと硫黄Sが結びついて硫化鉄FeSができている。これに塩酸を加えると，硫化水素H_2Sが発生する。硫化水素は，有毒で卵が腐ったようなにおいがする。自然界では火山ガスの中に含まれていることがあり，温泉などでわずかに感じる硫黄のにおいの原因も硫化水素である。人工的には，下水やゴミ，化学工場などがある。

問5　2種類の物質が結びついて，もとの物質とは異なる1種類の物質ができる化学変化を，化合という。

5　(大地の動き－地震波の伝わり方)

問1　グラフから，P波の速さは255km÷30秒＝8.5km/秒，S波の速さは255km÷75秒＝3.4km/秒である。

問2　グラフで，85km地点にP波が到着したのが地震発生から10秒後で，ここから初期微動が始まった。そして，S波が到着したのが地震発生から25秒後で，ここから主要動が始まった。よって，初期微動継続時間は，25－10＝15(秒)間である。

重要　問3　震源からの距離と初期微動継続時間は比例する。問2から，85km地点の初期微動継続時間は15秒間なので，34km地点では，85：15＝34：xより，x＝6秒間と求まる。

6　(大地の動き－プレートと地震)

問1　海洋プレートが沈み込むときに生じる深い海を海溝という。

問2　(1)　2016年の熊本地震は，地面の直下の活断層が動くことによって起こった地震であり，下線部cのしくみで起こった。震源が近かったので被害が大きかった。　(2)　2011年の東北地方太平洋沖地震は，太平洋プレートが沈み込む海溝で起こった巨大地震であり，津波も発生して，東日本大震災と呼ばれる大きな災害を引き起こした。

★ワンポイントアドバイス★

実験観察の方法や作図の方法などは，実際に手を動かし，一つ一つの操作を納得しながら頭に入れていこう。

＜社会解答＞《学校からの正答の発表はありません。》

Ⅰ　問1　A　イラン　B　イラク　C　サウジアラビア　問2　D　ペルシア
問3　石油　問4　OPEC　問5　イスラーム

Ⅱ　問1　A　若狭　B　紀伊　C　志摩　問2　リアス　問3　ウ　問4　(1)　×
(2)　×　(3)　○

Ⅲ　問1　十七条の憲法　問2　ウ　問3　大化の改新　問4　ア　問5　朝鮮通信使
問6　享保の改革　問7　エ　問8　イ　問9　富岡製糸場　問10　(条約名)　サンフランシスコ平和　(地域)　エ　問11　アジア・アフリカ

Ⅳ　問1　ア　問2　下関　(記号)　エ　問3　日英　問4　ウ　問5　火薬庫
問6　ウ　問7　ア

Ⅴ　問1　①　最高機関　②　立法機関　問2　ア，エ　問3　(A党)　3　(B党)　1
(C党)　1　問4　イ　問5　任期も短く，解散もあり，国民とより強く結びついているから
問6　ウ　問7　議院内閣制　問8　ア　問9　①　上告　②　控訴　③　8
④　50　問10　裁判官

○推定配点○

Ⅰ　各2点×7　Ⅱ　各2点×6(問4完答)　Ⅲ　各2点×12　Ⅳ　各2点×8
Ⅴ　問5　4点　他　各2点×15(問2完答)　計100点

＜社会解説＞

Ⅰ　(地理―世界の産業，諸地域の特色：西アジア)

[基本] 問1　これは，西アジアの略地図である。Aはイラン，Bはイラク，Cはサウジアラビアで，いずれも石油産出国として名高い。

問2　Dは沿岸に油田が多く分布しているペルシア湾である。

問3　これは石油(原油)の分布である。

問4　OPEC(石油輸出国機構)は，1960年に設立された団体で，名前の通り石油を輸出する国が集まってできており，これらの国々の利益を守ることを主な目的としている。

問5　西アジアを中心に広まっている宗教はイスラーム教で，アラビア半島の大部分を占めるサウジアラビアには，イスラーム教の聖地メッカがある。

Ⅱ　(日本の地理―地形，気候，産業，諸地域の特色：近畿地方，地形図)

問1　北部の若狭湾や南部の熊野灘から志摩半島にかけての沿岸にはリアス海岸がみられる。紀伊半島の南部にはけわしい紀伊山地が広がっている。

問2　山地が海に沈んで，谷の部分に海水が入り込んでできた海岸をリアス海岸という。志摩半島付近はリアス海岸で有名である。

問3　この雨温図は，温暖で夏に降水量が多く，冬は乾燥した晴れの日が続く太平洋岸気候のものである。したがって，ウの地域が正解である。

[やや難] 問4　由良川は，福知山市内で支川土師川と合流し，そこから北へ方向を変えて流下し，日本海へと注ぐ一級河川である。地形図上の標高点からもaの方向に流れているのがわかる。(1)は工場が発電所の間違い。(2)は村役場が市役所の間違いである。

Ⅲ　(日本の歴史－政治・外交史，社会・経済史，各時代の特色，日本史と世界史の関連)

問1　聖徳太子がつくった十七条の憲法では，儒教や仏教の考え方を取り入れ，天皇の命令に従うべきことなど，役人の心構えが示されている。

問2　三宝とは仏・法(仏教の教え)・僧，と明記されている。

問3　645年，中大兄皇子と中臣鎌足(後の藤原鎌足)は蘇我氏をたおして政権をにぎり，すべての土地と人々を国有とし，天皇がそれを支配するという，公地公民の方針を打ち出した。この一連の政治改革を大化の改新という。

問4　江戸幕府は，武家諸法度を定めて，築城，結婚，参勤交代のきまりを整えたりするなど，大名の統制を厳しくした。

問5　500人におよぶ，朝鮮通信使の中には，学者がおり，江戸やその途中の各地で，日本の学者と交流を重ねた。

問6　8代将軍，徳川吉宗は，武士に倹約と武芸をすすめ，才能ある武士を上級の役人に取り立てた。また，新田開発や上げ米などで財政の立て直しを図り，目安箱を設けて民衆の意見を参考にした。このような吉宗の政治を享保の改革という。

[基本] 問7　1868年，新政府は，明治天皇が公家・大名を率いて神に誓うという形で，五箇条の御誓文を出した。

問8　新政府は，1873年，地租改正に着手し，全国の土地を測量して土地の値段である地価を定め，土地の所有者に地券を発行した。

問9　「富岡製糸場と絹産業遺産群」は。2014年世界文化遺産に登録されたことも覚えておこう。

問10　1951年，日本は，48か国とのあいだで，サンフランシスコ平和条約を結んだ。この中で，日本は，朝鮮の独立を承認し，朝鮮や台湾などに対するすべての権利と請求権を放棄した。

問11　1955年のアジア・アフリカ会議(バンドン会議)に集まった29か国は，東西両陣営に対して中立の立場から，冷戦下の緊張緩和や平和共存を訴えるとともに，植民地支配に反対した。

Ⅳ (日本と世界の歴史─資料活用，世界史の政治・社会・経済史)

問1 ビゴーの「魚つりの会」は，日本と清が，魚である朝鮮をつりあげようとしているところを，ロシアが見ているという構図である。

問2 日清戦争後に結ばれた条約は下関条約である。この講和条約で，清は①朝鮮の独立を認め，②遼東半島，台湾，澎湖諸島を日本にゆずりわたし，③賠償金2億両(テール)を支払うことなどが決められた。

問3 ロシアの勢力拡大を見て，韓国での優位を確保したい日本と，清での利権の確保に日本の軍事力を利用したいイギリスとは，1902年に日英同盟を結び，ロシアに対抗した。

問4 与謝野晶子は，歌人の立場で主戦論に疑問を投げかけ，日露戦争に出兵した弟を思って「君死にしたまふ(う)ことなかれ」という詩を発表した。

問5 多くの民族，多くの宗教が共存するバルカン半島は，ロシア，イギリスをはじめとする列強が介入して，国際紛争の火種となっていた。

問6 ベルサイユ条約で，ドイツ(地図中ウ)は植民地を失い，領土を縮小され，巨額の賠償金や軍備縮小を課された。

問7 日本は敗戦国であったため，当初からの国際連合への参加は認められていなかった。

Ⅴ (公民─憲法，政治のしくみ)

問1 国会は国権の最高機関である。そして，唯一の立法機関である。

やや難 問2 小選挙区制は，死票(落選者の得票数)が多く，大政党の得票数が議席に過大に反映され，小さな政党が不利になる問題があるが，二大政党制を維持するのに適している。

問3 比例代表制の議席の計算方法をドント式という。ドント式の計算方法は，① 各政党の得票数を1，2，3の整数で割る(3300÷1，2100÷1，1200÷1，3300÷2……)。② ①で得られた商を大きな順に，定数(ここでは3人)まで各政党に分配する。

問4 条約の締結は，内閣の仕事である。

重要 問5 衆議院は，任期も参議院より短く，解散制度もあり，国民とより強く結びついているとされ，衆議院の意思を優先させて，国会の意思形成をしやすくするため，「衆議院の優越」が認められている。

問6 国土交通省に観光庁がある。文化庁は文部科学省に属している。消防庁は総務省に属している。金融庁は内閣府が統括している。したがって，ア，イ，エは誤りとなる。

問7 日本国憲法は議院内閣制を採用している。内閣は国権の最高機関である国会の信任にもとづいて成立し，国会に対して連帯して責任を負う。

問8 義務教育は学校教育法に規定されている。選挙を得るのは公職選挙法による。出生届を提出するのは戸籍法による。結婚が可能になるのは民法による。したがって，イ，ウ，エ，は誤りとなる。

問9 第一審の裁判所の判決に納得できない場合，第二審の裁判所に控訴し，さらに，不服があれば上告することができる。高等裁判所は，全国8か所にある。地方裁判所と家庭裁判所は，全国50か所(各都道府県に1か所，北海道は4か所)ある。

問10 裁判官は公正中立でなければならず，その原則が司法権の独立である。それは，裁判を担当する裁判官に対して国会や内閣など外部の力が影響を及ぼすことがないように，裁判官は自らの良心に従い，憲法および法律のみに拘束されるという原則である。

★ワンポイントアドバイス★

Ⅲ問3　彼らは，現在の大阪市に難波宮を建設し，天皇を中心とする新しい役所の組織をつくった。Ⅴ問10　裁判官は，心身の故障，最高裁判所の裁判官に対する国民審査による罷免などの場合を除いて，在任中の身分が保証されている。

<国語解答>《学校からの正答の発表はありません。》

一　問一　a　膨大　b　普及　c　規模　d　かたわ　e　翻訳　問二　Ⅰ　ウ
Ⅱ　ア　問三　日本語の使用をやめ，公用語を英語にしよう　問四　漢字を全面的に廃止すること　問五　エ　問六　日本語は三つの語から成り立っているから
問七　A　漢字　B　ひらがな　C　日本　問八　ウ　問九　イ

二　問一　a　複雑　b　祝福　c　はば　d　そむ　e　暦　問二　Ⅰ　ア　Ⅱ　エ
Ⅲ　ア　問三　ウ　問四　金魚　問五　猫が水を飲　問六　ウ
問七　(1)　(例)　死んで，上を向いて動かなくなった。　(2)　イ　問八　エ
問九　ウ

三　問一　①　カ　②　コ　③　エ　④　ア　問二　①　イ　②　a　つれのう
b　たまい　問三　①　ア　②　カ

○推定配点○

一　問一・問二・問七　各2点×10　問五　3点　他　各4点×5
二　問一・問二・問七(2)　各2点×9　他　各3点×7　三　各2点×9　計100点

<国語解説>

一　(論説文－漢字の読み書き，脱語補充，接続語，文脈把握，内容吟味，要旨)

問一　a 「膨」を使った熟語はほかに「膨張」など。訓読みは「ふく(らむ)」「ふく(れる)」。b 「普」を使った熟語はほかに「普遍」「普通」など。　c 「規」を使った熟語はほかに「規則」「規律」など。　d 「傍」の訓読みは「かたわ(ら)」「そば」。音読みは「ボウ」。熟語は「傍観」「傍線」など。　e 「翻」を使った熟語はほかに「翻案」「翻意」など。訓読みは「ひるがえ(す)」「ひるがえ(る)」。

問二　Ⅰ　直後の「漢字を全面的に廃止することはできませんでした」を修飾する語としては，直後の内容を強調する意味の「もちろん」が適切。　Ⅱ　直前の「源氏物語や……方丈記などの和歌や和文」を直後で「ひらがな語」と言い換えているので，言い換えを表す「すなわち」が適切。

やや難　問三　直後に「アメリカやヨーロッパではひとつの文字しか使っていない，漢字の修得に使っているボウダイなエネルギーをもっと大事なことの学習に使うべきではないかという提言です」とあり，当時の同様の「提言」は，「文部大臣だった……」で始まる段落に「文部大臣だった森有礼も，明治初頭，日本語の使用をやめ，公用語を英語にしようと提案しています」とあるので，「日本語の使用をやめ，公用語を英語にしよう(20字)」を抜き出す。

問四　直前の「常用漢字を定めるという漢字制限にかたちをかえて」につながる内容を指すので，指示内容としては，その前の「漢字を全面的に廃止すること(13字)」が適切。

問五　直前に「誰がなんと言おうと，日本語は漢字とひらがなとカタカナで成り立つ言葉であり，そうでしかあり得ないからです」とあり，これと「同じようなこと」とする文脈である。直後に「共産主義革命の主導者・毛沢東は漢字を廃止してローマ字にしようと考えました。……しかし中国もまた，漢字を廃止することはできませんでした。中国語は漢字そのもので成り立っているので，アルファベットに置き換えられはしないのです」と説明されているので，エが適切。

問六　直後に「日本語を学ぶ一つの教科の中に，それらがまとめられているのは，日本語は三つの語から成り立っているからです」と，筆者の考えが述べられているので，「日本語は三つの語から成り立っているから(19字)」が適切。

問七　Bの直前に「古今和歌集」とあり，後に「ひらがな歌，すなわち和歌の世界です」とあるので，Bには「ひらがな」が入る。Aは，「ひらがなで書かれているのとは対照的です」とあるので「漢字」が入る。Cは，直後に「近代詩・現代詩」とあり，前に「カタカナ語も入り込んできた段階の日本語を扱うのが現代文です」とあるので，Cには「日本」が入る。

やや難　問八　直前に「日本語の本質は，漢字語とひらがな語とカタカナ語が入り混じっていることです。ところが，この日本語に対して，江戸末，明治時代以来一貫して，漢字を排除し，ひらがな語を音にあわせた西洋のような文字として整理したいという力が働いてきました。可能ならばすべてアルファベットかひらがな書きにしてしまいたいと。その望みは実現されないまま，中途半端に今の日本語に影響を与えています」と説明されているので，これらの内容と合致するウが適切。

やや難　問九　アは，「昭和時代」が適切でない。本文には「明治初頭，日本語の使用をやめ，公用語を英語にしようと提案していました」とある。イは，「外来語や……」で始まる段落に「新奇な言葉の流行りや廃りはいつの時代にもあることです。問題は，歴史的な漢語や和語は，社会的に存在し続けないと消えてしまうことです」とあり，続いて「日本語は伝統的に新しいものを取り込むのが好きな言葉です。……けれども古くからあるものも大事にしなければなりません。不易と流行，その両方で日本語は構成されるべきでしょう」とあることと合致する。ウは，「漢字という……」で始まる段落に「これらは漢字を覚え，漢字の世界を知り，漢文を学んではじめて使えるものです。政治や宗教，思想を語る言葉は，学ばなければ身に付きません」とあることと合致しない。エは，「ひらがな語やカタカナ語を導入した結果」という部分が適切でない。

二　(小説－漢字の読み書き，語句の意味，文脈把握，内容吟味，心情，指示語，表現技法)

問一　a 「複」を使った熟語はほかに「複数」「複写」など。　b 「祝」を使った熟語はほかに「祝日」「祝杯」など。音読みはほかに「シュウ」。熟語は「祝言」「祝儀」など。訓読みは「いわ(う)」。「祝詞(のりと)」という読み方もある。　c 「阻む」の音読みは「ソ」。熟語は「阻害」「阻止」など。　d 「背」の訓読みは「せ」「せい」「そむ(く)」「そむ(ける)」。音読みは「ハイ」。熟語は「背景」「背後」など。　e 「暦」の音読みは「レキ」。熟語は「陰暦」「旧暦」など。

問二　Ⅰ 「相場」には，世間一般の評判，という意味があるので，アが適切。ここでは，金魚はすぐに死んでしまうもの，という一般的な思いのことである。　Ⅱ 「わがもの顔」は，勝手気ままにふるまうこと，という意味があるので，エが適切。ここでは，小柄で痩せた小さな金魚が，洗面器の中を堂々と泳ぎまわる様子である。　Ⅲ 「右往左往」は，右へ行ったり左へ行ったりする意から，うろたえたりまごついたりして，行方が定まらない，忙しく動き回る，という意味なので，アが適切。

問三　冒頭に「ことしは金魚屋がマイクをつかっていた。『金魚というと死ぬものと相場がきまっております。それが死にません。廉くて丈夫で死なない金魚』と叫ぶ」とあり，「たとえ二，三日しかもたないと知っていても，新しく金魚と聞けばちょっと心が釣られる」とある。直後には「お手伝いさんの感じによれば，マイクは嘘を本当に聞かせる魔力を持っているかのような口ぶりに聞える」とあることから，マイクの「魔力」に気づかされて「まごついた気がした」となるので，ウが適切。マイクで「死なない金魚」と言われて心が動いたことを「まごついた気がした」としているので，アの「お買い得」，イの「自分の意志によるものであると確信」，エの「疑念を抱いた」は適切でない。

問四　同段落冒頭に「金魚に猫はつきものだ」とあり，「見ているうちにひとりでに前肢のブレーキがはずれて，ちょっかいを出してしまうようである。そのたびにきびしく叱られた」とある。「金魚」を取ってはいけないと覚えこんだ，となる文脈である。

問五　猫と金魚の様子は，直前に「猫が水を飲みはじめると，金魚はこぞって浮きあがり，ほとんど背鰭で舌をこするほど近くを通る。猫に舐められてよろけたようになるのもいるし，猫のほうが顔負けして水飲みを一時中止するときもある。(93字)」とある。本来ならば警戒すべき猫の舌の近くをわざと通る金魚も，その金魚に遠慮して水飲みを止める猫も可愛らしい，というのである。

やや難　問六 「おまけ」については，前に「『おまけだなんていうの，よさない？　かわいそうな気がするもの』という娘の発言にみんなが賛成した」とあり，直前には「『おまけおまけっていわれながらこれで死んじゃうんでしょうか。私は身につまされます。……これで死なれちゃいやな気持ちです』とお手伝いさんがいう」とあるので，ウが適切。「おまけ」は，親しみを込めた呼び名ではあったが，「かわいそう」「身につまされる」と言われ，心配する気持ちに「おまけという名」は似合わないと感じているのである。

問七　(1)　直前に「平たく浮いてしまった」とあることから，「おまけ」は死んでしまったとわかる。死んで，上を向いたまま動かなくなったのである。　(2)　金魚が水に浮き動かなくなった様子の表現である。周りの水も動かなくなったことを「板」にたとえているが，比喩であることを表す語を用いていないので「隠喩」が適切。「直喩」は，比喩であることを表す語を用いた表現技法。「体言止め」は，文末を名詞にすることで，強調を表す表現技法。「擬人法」は，人間ではないものを人間にたとえる表現技法。

やや難　問八　直前の「あきらめて，――けれども，すぐには棄てられもしず，そのまま置かれた。しばらくしてひょいと見れば，おまけは底へ降りて，溶けた薬を一心にたべている。けろんと元気になった」，直後の「助かったから，おまけはやっぱりおまけで通すよりほかなかった」からは，「おまけ」が再び元気になったことを心から喜ぶ様子がうかがえるので，「とてもうれしく思う気持ち」とするエが適切。「やあ，おまえ……」とおどけた表現をすることで，うれしさを表しているのである。

やや難　問九 「気落ち」は，がっかりして力を落とすこと，という意味なので，「もの寂しさを感じている」とするウが適切。直前に「九ひきにへった洗面器のなか」とある。今はもう洗面器の中にいない「おまけ」を思い，秋の気配の中で寂しさを感じているのである。

三 (慣用句，旧暦　仮名遣い，修飾語)

問一　①「弓を引く」は，背く，反抗する，という意味なので，カが適切。　②「あごが落ちる」は，非常においしいことのたとえなので，コが適切。　③「うでをあげる(腕を上げる)」は，技術や能力が進歩する。という意味なので，エが適切。　④「骨が折れる」は，困難である。という意味なので，アが適切。

問二　①　月の異称は，一月は「睦月(むつき)」，二月は「如月(きさらぎ)」，三月は「弥生(やよい)」，四月は「卯月(うづき)」，五月は「皐月(さつき)」，六月は「水無月(みなづき)」，七月は「文月(ふづき・ふみづき)，八月は「葉月(はづき)」，九月は「長月(ながつき)」，十月は「神無月(かんなづき)」，十一月は「霜月(しもつき)」，十二月は「師走(しわす)」。

② a 「なう(nau)」の「au(あう)」は,「o(おー)」と発音するので,「なう(nau)」は「のー(no)」となり,現代仮名遣いでは「のう」となるので,「つれなう」は「つれのう」となる。 b 語頭以外の「はひふへほ」は,現代仮名遣いでは「わいうえお」となるので,「ひ」は「い」に直して,「たまひ」は「たまい」となる。

問三 ① 「美しい」は,直後のア「声が」を修飾し,アは,オの「響いた」を修飾する。

② 「大変」は,直後のカ「喜んでいる」を修飾し,「大変喜んでいる」とつながる。

★ワンポイントアドバイス★

現代文の読解は,様々な作品にあたり,やや難しい内容の文章にも慣れておこう!
知識事項は,幅広い出題に備えて,感じ・語句・文法などまんべんなく学習しておこう!

学業特別奨学生

2021年度

解　答　と　解　説

《2021年度の配点は解答欄に掲載してあります。》

＜数学解答＞《学校からの正答の発表はありません。》

[1]　(1)　①　5　②　$-11a+6b$　③　$-x^2+7xy-12y^2$　④　$\frac{\sqrt{3}}{2}$
(2)　①　$(x+9)(x-2)$　②　$(x-1)(x+2)$　(3)　①　$x=6$　②　$x=2,\ x=5$
③　$x=\frac{-3\pm\sqrt{17}}{2}$　(4)　$(x=)3,\ (y=)-2$

[2]　100　[3]　$a=\frac{1}{3},\ b=\frac{2}{3}$　[4]　5%　[5]　18人　[6]　130°　[7]　20通り

[8]　$a=1$　[9]　$y=\frac{1}{2}x+\frac{3}{2}$　[10]　6　[11]　5通り　[12]　$-2\leqq n\leqq 4$　[13]　ウ

○推定配点○

[1]　各4点×10（(4)完答）　[2]～[13]　各5点×12　　計100点

＜数学解説＞

[1]　（小問群－数・式の計算，平方根，因数分解，一次方程式，二次方程式，連立方程式）

(1)　①　$-2^2+4\times\left(-\frac{3}{2}\right)^2=-4+4\times\frac{9}{4}=-4+9=5$

②　$a+2b-4(3a-b)=a+2b-12a+4b=-11a+6b$

③　$(x-3y)(4y-x)=4xy-x^2-12y^2+3xy=-x^2+7xy-12y^2$

④　$3\sqrt{3}-\sqrt{75}\div 2=3\sqrt{3}-5\sqrt{3}\div 2=3\sqrt{3}-\frac{5}{2}\sqrt{3}=\frac{\sqrt{3}}{2}$

(2)　①　和が7，積が－18となる2数は9と－2だから，$x^2+7x-18=(x+9)(x-2)$

②　$x-1=A$とおくと，$(x-1)^2+3(x-1)=A^2+3A=A(A+3)$　Aを元に戻して，$(x-1)(x-1+3)=(x-1)(x+2)$

(3)　①　$0.2x+4=x-0.8$　両辺を10倍すると，$2x+40=10x-8$　$-8x=-48$　$x=6$

②　$x^2-7x+10=0$　$(x-2)(x-5)=0$　$x=2,\ x=5$

③　$x^2+3x=2$　$x^2+3x-2=0$　$x=\frac{-3\pm\sqrt{3^2-4\times1\times(-2)}}{2\times1}=\frac{-3\pm\sqrt{17}}{2}$

(4)　$3x-5y=19$…①，$y=2x-8$…②とする。②を①に代入して，$3x-5(2x-8)=19$　$3x-10x+40=19$　$-7x=-21$　$x=3$　これを②に代入して，$y=2\times3-8=-2$

重要 [2]　（式の値－因数分解）

$x^2+y^2+2xy=x^2+2xy+y^2=(x+y)^2$　ここに，$x=3.7,\ y=6.3$を代入すると，$(x+y)^2=(3.7+6.3)^2=10^2=100$

重要 [3]　（一次関数－直線の式）

a（変化の割合）$=\frac{y\text{の値の増加量}}{x\text{の値の増加量}}=\frac{-2-2}{-8-4}=\frac{1}{3}$　$y=\frac{1}{3}x+b$とおいて$(4,\ 2)$を代入すると，$2=\frac{4}{3}+b$　$b=\frac{2}{3}$

[4]　（方程式の応用－食塩水，濃度）

食塩水の濃度が始めx%であるとすると，x%の食塩水800gに含まれる食塩の量は$800\times0.01x=$

$8x$(g)　300g蒸発させて残った8%の食塩水500gに含まれる食塩の量は$500\times0.08=40$(g)　よって，$8x=40$から，$x=5$　食塩水の濃度は始め5%であった。

5 （方程式の応用－平均点と人数）

男子の人数をx人とすると，女子の人数は$(40-x)$人　男子の合計点と女子の合計点の和が全体の合計点となるから，$56x+64(40-x)=60.4\times40$　$56x+2560-64x=2416$　$-8x=-144$　$x=18$　男子の人数は18人である。

重要 **6 （平面図形－三角形の外角，平行線，錯角）**

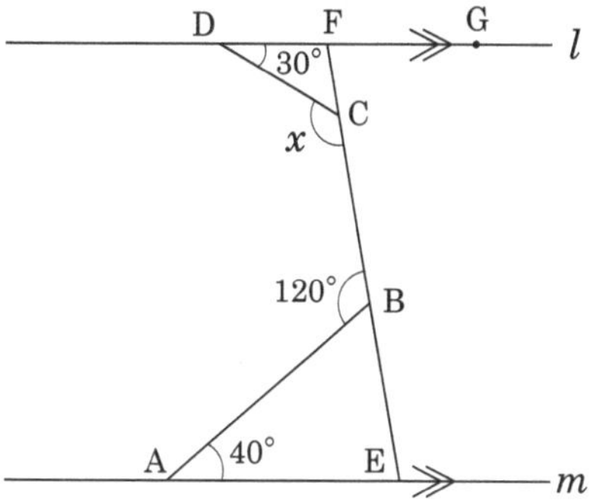

右図のように点A～Gを置くと，∠ABCは△ABEの外角なので，∠BAE＋∠BEA＝∠ABC　∠BEA＝120°－40°＝80°　$l/\!/m$なので錯角が等しく，∠CFG＝∠BEA＝80°　よって，∠CFD＝100°　∠DCBは△DCFの外角なので，∠BCD＝∠x＝30°＋100°＝130°

7 （場合の数－色の塗分け）

Aには，赤，青，黄，白，黒の中の1色をつけるから5通りの塗り方がある。Aに赤を塗ったときには，Bには他の4色のどれかをつければよく，Aに他の色をつけたときにも同様だから，$5\times4=20$(通り)ある。

重要 **8 （関数－変化の割合）**

関数$y=x^2$において，xの値をaから$a+2$まで増やすときのyの値の増加量は$(a+2)^2-a^2=a^2+4a+4-a^2=4a+4$　よって，変化の割合は，$\frac{y\text{の値の増加量}}{x\text{の値の増加量}}=\frac{4a+4}{2}=2a+2$　また，関数$y=4x-\frac{5}{2}$の変化の割合は4なので，2つの関数の変化の割合が等しいとき，$2a+2=4$　$2a=2$　$a=1$

9 （関数・グラフと図形－座標，面積を等分する直線）

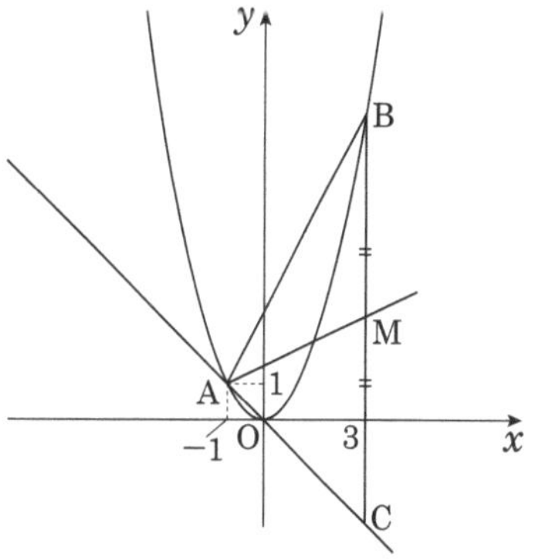

放物線の式を$y=ax^2$とおくと，A$(-1,\ 1)$を通ることから，$1=a\times(-1)^2$　$a=1$　よって，$y=x^2$　点Bのx座標は3だから，y座標は$y=3^2=9$　直線AOの傾きは-1だから，$y=-x$　点Cのy座標は，$y=-3$　線分BCの中点をMとすると，点Mのy座標は，$(-3+9)\div2=3$　よって，M$(3,\ 3)$　線分AMを引くと，△ABMと△ACMはBM，CMをそれぞれの底辺とすると，底辺が等しく，高さが共通なので面積が等しい。よって，直線AMが三角形ABCの面積を2等分する直線である。直線AMの傾きは，$\frac{3-1}{3-(-1)}=\frac{1}{2}$　$y=\frac{1}{2}x+b$とおいて$(-1,\ 1)$を代入すると，$1=-\frac{1}{2}+b$　$b=\frac{3}{2}$　よって，三角形ABCの面積を2等分する直線の式は，$y=\frac{1}{2}x+\frac{3}{2}$

10 （方程式の応用－球，円すい，容積）

円すいの容器の高さをhとすると，水を満杯に入れたときの水の量は，$\frac{1}{3}\times\pi\times3^2\times h=3\pi h$　半径3の球の容積は，$\frac{4\times\pi\times3^3}{3}=36\pi$　円すいに満杯に入れた水の2倍が球の容積に等しいので，$3\pi h\times2=36\pi$　$h=36\pi\div6\pi=6$　円すいの高さは6である。

重要 **11 （場合の数－面積の比）**

硬貨を4回投げてAからEに進む進み方は大きく分けて2通りある。Aから右回りに3つ進み，左回りに1つ進む場合は，何回目に裏が出て左回りになるかで4通りある。Aから左回りに4つ進む場合は，4回とも裏が出る場合で1通りだけある。よって，全部で5通りある。

12 **(直線のグラフー切片の範囲)**

nは直線の切片，つまり，直線とy軸との交点のy座標を表す。直線$y=\frac{1}{2}x+n$が点C(4, 0)を通るときがnの値が最も小さく，$0=\frac{1}{2}\times4+b$　$b=-2$　点Aを通るときが最も大きく，A(0, 4)だから，$n=4$　よって，$-2\leqq n\leqq4$

やや難 13 **(その他の問題ーリーグ戦)**

わかっていることを右の表に整理した。全敗はいなかったのだから，CがDに勝ったことはわかる。BとEがそれぞれ1勝していることはわかっているが，BとEの対戦の勝者はわかっていない。よって，BとEの対戦の勝者がわからないとア，イ，エはいえない。ウについては，BとEの対戦でどちらが勝っても2勝となり勝ち数はDと同じになるが，BとEはどちらも直接対戦でDに負けている。よって，ウの「Dは2位」が正しい。

	A	B	C	D	E
A		○	○	○	○
B	×		○	×	
C	×	×		○	×
D	×	○	×		○
E	×		○	×	

★ワンポイントアドバイス★

2は，式を因数分解してから代入する。4は，含まれる食塩水の量で考える。6は，平行線l，mと交わる直線を引くとよい。9は，高さが共通な三角形は面積の比が底辺の比に等しいことを使う。13は，表を作ってみると全体が見えてくる。

＜英語解答＞《学校からの正答の発表はありません。》

A・B　リスニング問題解答省略

C　1　four　2　ウ　3　イ　4　エ　5　②　for example[instance]
　④　a lot of　⑤　such as　6　ア　F　イ　T　ウ　T

D　1　エ　2　ウ　3　ウ　4　ウ　5　イ　6　ア　7　ウ　8　ア　9　イ
　10　エ

E　1　(1)　ウ　(2)　カ　(3)　ア　(4)　オ　(5)　エ　2　(6)　カ　(7)　エ
　(8)　イ　(9)　ウ　(10)　オ

F　1　2番目　エ　4番目　ア　2　2番目　イ　4番目　ア　3　2番目　エ
　4番目　オ　4　2番目　イ　4番目　オ　5　2番目　イ　4番目　ウ

G　1　(u)ncle　2　(g)esture　3　(s)andwich　4　(c)entury
　5　(e)xpensive

○推定配点○

各2点×50　計100点

＜英語解説＞　(普通科)

A・B　リスニング問題解説省略。

C　**(読解問題・説明文：語句補充，内容吟味，語い)**

日本の23の世界遺産のうち，屋久島，白神山地，知床，小笠原諸島の4つが世界自然遺産である。屋久島は1993年に，日本で初めて選ばれた世界遺産だ。それは小さな島だが，1,000メートルを超える高い山が多く，毎年4,000～10,000ミリの雨が降る。有名な縄文杉は樹齢4,000年を超える。白神山地には，手の付けられていないブナの森がある。そこは森の土壌に水を保つ力があるので「緑のダム」と呼ばれる。白神山地は，ツキノワグマ，ニホンザル，イヌワシなどの多くの野生動物の生息地である。北海道の知床には日本の先住民であるアイヌ族がサケ漁をして暮らしていた。「知床」という名はアイヌ語のsiretok「大地の突端」に由来する。小笠原諸島は英語ではボニン諸島として知られ，東京から1,000キロほどのところにある。その島へは，東京から週に1便のフェリーで24時間かけて行くしかない。2つの大きな島である父島と母島にしか人が住んでいない。その島々は一年を通して暖かく，人々はくつろいだおもてなし，美しい砂浜，サンゴ礁，密林の丘を求めてやって来る。島々にはホエールウォッチング，イルカとの遊泳，シュノーケリングやダイビングなどのアウトドアの活動ができる。小笠原諸島は1593年に小笠原貞頼に発見され，1875年に正式に日本の領域となった。第二次世界大戦中は軍の基地が置かれ，戦後は1968年まで合衆国に占領された。

1　下線部の後のthemは同じ文の前半にあるtwenty-three World Heritage sites「23の世界遺産」を指す。ofは「(複数の)うちの」の意味と考え，「それら23の世界遺産のうちのいくつが世界自然遺産」であるかを考える。直後の文に，屋久島，白神山地，知床，小笠原諸島と具体的に4つの地域が挙げられているので，空所にはfourを入れる。

2　第3段落第2文を参照。前半に「その森は『緑のダム』と呼ばれる」とあり，後半のbecause以下にその理由が述べられている。because以下の「その森の土壌には自然に水を保つ力がある」から，ウが正解。

3　ア　第4段落第1，2文から，アイヌ族は北海道の住んでいる先住民族であることがわかるので，不適切。　イ　第4段落第3文に，「知床という名前はアイヌ語のsiretokに由来する」とあるので，これが正解。　ウ　第4段落第3文の後半から，知床の元となったsiretokというアイヌ語が「大地の(of the land)突端(the end)」という意味であることがわかるので，不適切。

4　下線部③の主語はThe only way ～ the islandsで，to reach the islands「諸島へ到着するための」がThe only way「ただ1つの方法」を修飾している。isの後のby以下が具体的な諸島への行き方の説明になる。byは「～によって」の意味で「手段」を表す。weeklyは「週の，週単位の」という意味で，ここでは「週に1便の」ということを表している，twenty-four-hourは「24時間の」という意味でferry ride「フェリーへの乗船」を修飾している。これらのことから，正解はエ。

5　②「例えば」はfor exampleで表す。for instanceという表現もある。　④　3語で「たくさんの」を表す表現はa lot of。　⑤　2語で「～のような」を表す表現はsuch as。

6　ア「屋久島では毎年10,000ミリメートルを超える雨が降る」(F)　屋久島の降雨量について，第2段落第3文に「毎年4,000～10,000ミリの雨が降る」とあるので本文の内容に合わない。
イ「私たちは小笠原で海の生き物を見て楽しむことができる」(T)　小笠原諸島で楽しめることとして，第5段落最終文に「ホエールウォッチング(＝クジラを見ること)」が挙げられているので，本文の内容に合っている。　ウ「小笠原諸島は第二次世界大戦の前に日本の領域になった」(T)　最終段落第2文に，小笠原諸島が1875年に正式に日本の領域になったことが述べられている。同じ文の後半から，第二次世界大戦が始まったんはその後のことであることがわかるので，本文の内容に合っている。

基本 **D**　**(語句選択補充問題：前置詞，助動詞，分詞，現在完了，受動態，不定詞)**

1「私たちの環境を守ることは，私たちにとってとても重要だ」< It is ～ for +人+ to +動詞の原形>で「…することは(人)にとって～だ」という意味を表す。この< for +人>はto以下の動作に対する主語を表す。

2 「あなたは急ぐ必要はありません。ゆっくりやってください。私は待っています」 後の2文の内容から，「~する必要はない」の意味を表す don't have to が適切。must「~しなければならない」，should「~すべきだ」，can「~することができる」。

3 「私の父は月に1回車を洗う」 主語 My father は3人称単数。現在形ならば s または es が必要だが，wash のように sh で終わる語には es をつける。進行形ならば<be動詞＋動詞の~ing形>になるのでイは不適切。a month の a は「~につき」の意味なので，文意からも進行形は合わない。

4 「隅で本を読んでいる少年はだれですか」「~はだれですか」という英文で，主語は that boy，動詞は Who's の is。主語 that boy を修飾する語を考えると，「本を読んでいる」という意味が合うので，「~している」の意味で名詞を修飾する~ing形(現在分詞)の reading が適切。

5 「私たちは5歳のときからお互いを知っています」 since we were five「私たちが5歳のときから」とあるので，「ずっと知っている」と継続を表す内容が合う。過去の時点から現在まで続いている状態は現在完了< have[has] ＋過去分詞>で表す。

6 「世界中でたくさんの言語が話されている」 Many languages「たくさんの言語」が主語なので，「話される」という受け身の意味にするのが適切。受け身は<be動詞＋過去分詞>で表すが，主語が複数形なので，be動詞は are を用いる。

7 「ハナコと私は，ナオミが私たちを招待しなかったので，彼女の誕生パーティーに行かなかった」 invite「招待する」の目的語になるので，目的格の us が適切。

8 「彼女はその知らせを聞いてとても喜んだ」 was very glad「とても喜んだ」と hear the news「その知らせを聞く」のつながりから，「その知らせを聞いてとても喜んだ」という意味にすると文意が成り立つ。「~して」の意味で感情の原因を表すのは副詞的用法の不定詞< to ＋動詞の原形>。

9 「私は明日までにその仕事を終わらせたい」 finish the work「その仕事を終わらせる」と tomorrow「明日」とのつながりから，「期限」を表す by を入れる。till は「期間」を表して「(あり時)まで(ずっと)」という意味なので，不適切。

10 「私の祖母はガーデニングに興味がある」 be interested in ~ で「~に興味がある」という意味を表す。

重要 E （会話文問題：語句選択補充）

1 （大意） 放課後，AがBにCDかレコードを買うにはどこへ行けばよいか尋ねる。Bが探しているものを尋ねると，Aはラテン音楽と答える。Bは特殊なものを探しているならばコスモス・レコードを勧める。Aはお礼を言って，一緒に来てくれないかとBに頼み，Bはレポートを終えたら一緒に行けると答える。 (1) want to につながる形は動詞の原形。some CDs or records「CDかレコード」が目的語なので，buy「買う」が適切。 (2) Aはほしいかレコードを買うのにどこへ行けばよいかを尋ねている。2番目のBの発言にある Cosmos Records はレコード店の名前と考えられるので，その店を勧める内容として How about ~「~はどうですか」を入れると会話が成り立つ。 (3) 空所の直後の special「特殊な」とのつながりから，something「(ある)もの，何か」を入れると，「特殊な音楽を探しているならコスモス・レコードはよい店だ」という文になり，会話がつながる。something のように ~thing の形の代名詞には後ろに形容詞をつける。 (4) come with me「私と一緒に来る」は，BがAと一緒にレコード店に行くことを表していると考えられる。Could you ~? で「~してくれませんか」とていねいに依頼する表現になり，会話が成り立つ。　(5)　BはAと一緒にレコード店に行けると思うと言っているが，空所を含む文の後半で，「準備ができる(＝一緒に行けるようになる)」と言っていることから，前半では「このレポートを終えれば」といった条件を述べていると考えられる。this report を目的語とする動詞として適切なのは finish。＜ let ＋人＋動詞の原形＞で「(人)に～させる，(人)が～するのを許す」という意味。ここでは＜命令文, and ～＞「…しなさい，そうすれば～」の文になっている。

2　(大意)　入国審査で，AがBにパスポートの提示を求めている。パスポートを見たAはBの国籍を確認し，イギリスへの訪問の目的を尋ねるが，BはAが言ったことが理解できない。Aが別の表現でもう一度尋ねると，Bは理解して観光目的であると答える。続いてAは滞在期間を尋ね，Bは1週間と答える。次にAは滞在場所を尋ね，Bは滞在先のホテル名を答える。最後にAがイギリスでの滞在を楽しむよう言い，Bはお礼を言う。　(6)　直前でBはパスポートの提示を求められ，Bの発言の直後でAがBの氏名，国を確認しているので，Bはパスポートを差し出したと考えられる。したがって，相手にものを差し出しながら言う Yes, here it is.「はい，さあどうぞ」が適切。　(7)　空所の直前でAはAnd the purpose of your visit to Britain?「そして，イギリスへの訪問の目的は？」と尋ねている。これに対してBは何かを質問し，Aは質問のし方を変えたところ，Bは For sightseeing.「観光のためです」と訪問の目的を答えている。このことから，Bは最初のAの質問の内容がわからなかったと考えられるので，もう一度言ってくれるように頼むときに使う Excuse me?「すみませんが，もう一度言ってもらえますか」が適切。　(8)　空所(7)の直前のAの質問を別の表現で言いかえていると考えられる。訪問の目的を尋ねているので，Why を入れると「あなたはなぜイギリスに来ようとしているのですか」となり，訪問の目的を尋ねる文になる。　(9)　直後でBが「1週間」と期間を答えているので，How long を入れて「あなたはどれくらいの間滞在する予定ですか」という文にする。　(10)　Bが滞在先を答えてを受けての発言。この後，Aは「イギリスでの滞在を楽しんでください」と言っていることから，Bの入国審査が無事終わったと考えられる。したがって，Bの最後の返答に満足していることを表す Very well.「結構です」が適切。

やや難 **F　(語句整序問題：現在完了，比較，動名詞，接続詞)**

1　(Our) school life has not finished (yet.)「まだ～していない」と，まだ完了していないことを述べているので現在完了の否定文＜ have[has] not ＋過去分詞＞で表す。

2　(Lake Noziri is) one of the most famous (lakes in Gunma.)「(複数の中)の1つ」は＜ one of ＋名詞の複数形＞で表す。ここでは lakes「湖」の前に最上級 most famous がついている。

3　What movie do you like?「どんな～」は＜ what ＋名詞＞で表す。その後に疑問文の語順＜do ＋主語＋動詞の原形＞を続ける。

4　(They) enjoyed watching the rugby game on (TV.)「～して楽しむ」は「～することを楽しむ」と考えて＜ enjoy ＋ ～ing(動名詞)＞で表す。「テレビで」は on TV。

5　I was sleeping when he (called me.)「～する時」は接続詞 when の後に＜主語＋動詞＞を続けて表す。「彼が私に電話した時」なので，when の後に he called me「彼が私に電話した」が続く。

G　(語彙の問題：英文の説明に合う語を答える問題)

1「あなたの母親か父親の兄弟。あなたのおばの夫」 uncle「おじ」

2「ある意味を示すために両手を使ってする動き」 gesture「手ぶり，身ぶり」

3「しばしばバターが広く塗られ，肉やチーズなどがはさまっている2切れのパン」 sandwich

「サンドイッチ」

4 「100年の期間」 century「世紀」

5 「cheap(安い)の反対の意味」 expensive「高価な」

★ワンポイントアドバイス★

Gの語彙の問題は，英語の説明を細かいところまで理解できなくても，例えば1のように「あなたのおばの夫」のように一部がわかれば正解できるものもあるので，部分的な意味のまとまりをつかむこともポイントになる。

＜英語解答＞《学校からの正答の発表はありません。》

A・B リスニング問題解答省略

C 1 four 2 ウ 3 イ 4 エ 5 ② for example[instance] ④ a lot of ⑤ such as 6 ア F イ T ウ T

D 1 エ 2 ウ 3 ウ 4 ウ 5 イ 6 ア 7 ウ 8 ア 9 イ 10 エ

E 1 (1) ウ (2) カ (3) ア (4) オ (5) エ 2 (6) カ (7) エ (8) イ (9) ウ (10) オ

F 1 ア 2 イ 3 ウ 4 エ 5 ア

G 1 (s)oon 2 (r)eturn 3 (f)avorite 4 (s)ilent 5 (d)iary

○推定配点○

各2点×50 計100点

＜英語解説＞ (英語科)

A・B リスニング問題解説省略。

C (読解問題・説明文：語句補充，内容吟味，語い)

日本の23の世界遺産のうち，屋久島，白神山地，知床，小笠原諸島の4つが世界自然遺産である。屋久島は1993年に，日本で初めて選ばれた世界遺産だ。それは小さな島だが，1,000メートルを超える高い山が多く，毎年4,000～10,000ミリの雨が降る。有名な縄文杉は樹齢4,000年を超える。白神山地には，手の付けられていないブナの森がある。そこは森の土壌に水を保つ力があるので「緑のダム」と呼ばれる。白神山地は，ツキノワグマ，ニホンザル，イヌワシなどの多くの野生動物の生息地である。北海道の知床には日本の先住民であるアイヌ族がサケ漁をして暮らしていた。「知床」という名はアイヌ語の siretok「大地の突端」に由来する。小笠原諸島は英語ではボニン諸島として知られ，東京から1,000キロほどのところにある。その島へは，東京から週に1便のフェリーで24時間かけて行くしかない。2つの大きな島である父島と母島にしか人が住んでいない。その島々は一年を通して暖かく，人々はくつろいだおもてなし，美しい砂浜，サンゴ礁，密林の丘を求めてやって来る。島々にはホエールウォッチング，イルカとの遊泳，シュノーケリングやダイビングなどのアウトドアの活動ができる。小笠原諸島は1593年に小笠原貞頼に発見され，1875年に正式に日本の領域となった。第二次世界大戦中は軍の基地が置かれ，戦後は1968年まで合衆国に占領された。

1　下線部の後の them は同じ文の前半にある twenty-three World Heritage sites「23の世界遺産」を指す。of は「(複数の)うちの」の意味と考え,「それら23の世界遺産のうちのいくつが世界自然遺産」であるかを考える。直後の文に,屋久島,白神山地,知床,小笠原諸島と具体的に4つの地域が挙げられているので,空所には four を入れる。

2　第3段落第2文を参照。前半に「その森は『緑のダム』と呼ばれる」とあり,後半の because 以下にその理由が述べられている。because 以下の「その森の土壌には自然に水を保つ力がある」から,ウが正解。

3　ア　第4段落第1,2文から,アイヌ族は北海道の住んでいる先住民族であることがわかるので,不適切。　イ　第4段落第3文に,「知床という名前はアイヌ語の siretok に由来する」とあるので,これが正解。　ウ　第4段落第3文の後半から,知床の元となった siretok というアイヌ語が「大地の(of the land)突端(the end)」という意味であることがわかるので,不適切。

4　下線部③の主語は The only way ~ the islands で,to reach the islands「諸島へ到着するための」が The only way「ただ1つの方法」を修飾している。is の後の by 以下が具体的な諸島への行き方の説明になる。by は「~によって」の意味で「手段」を表す。weekly は「週の,週単位の」という意味で,ここでは「週に1便の」ということを表している,twenty-four-hour は「24時間の」という意味で ferry ride「フェリーへの乗船」を修飾している。これらのことから,正解はエ。

5　②「例えば」は for example で表す。for instance という表現もある。　④　3語で「たくさんの」を表す表現は a lot of。　⑤　2語で「~のような」を表す表現は such as。

6　ア「屋久島では毎年10,000ミリメートルを超える雨が降る」(F)　屋久島の降雨量について,第2段落第3文に「毎年4,000~10,000ミリの雨が降る」とあるので本文の内容に合わない。
イ「私たちは小笠原で海の生き物を見て楽しむことができる」(T)　小笠原諸島で楽しめることとして,第5段落最終文に「ホエールウォッチング(=クジラを見ること)」が挙げられているので,本文の内容に合っている。　ウ「小笠原諸島は第二次世界大戦の前に日本の領域になった」(T)　最終段落第2文に,小笠原諸島が1875年に正式に日本の領域になったことが述べられている。同じ文の後半から,第二次世界大戦が始まったんはその後のことであることがわかるので,本文の内容に合っている。

基本 D　(語句選択補充問題：前置詞,助動詞,分詞,現在完了,受動態,不定詞)

1「私たちの環境を守ることは,私たちにとってとても重要だ」　< It is ~ for +人+ to +動詞の原形>で「…することは(人)にとって~だ」という意味を表す。この< for +人>は to 以下の動作に対する主語を表す。

2「あなたは急ぐ必要はありません。ゆっくりやってください。私は待っています」　後の2文の内容から,「~する必要はない」の意味を表す don' t have to が適切。must「~しなければならない」,should「~すべきだ」,can「~することができる」。

3「私の父は月に1回車を洗う」　主語 My father は3人称単数。現在形ならば s または es が必要だが,wash のように sh で終わる語には es をつける。進行形ならば<be動詞＋動詞の~ing形>になるのでイは不適切。a month の a は「~につき」の意味なので,文意からも進行形は合わない。

4「隅で本を読んでいる少年はだれですか」「~はだれですか」という英文で,主語は that boy,動詞は Who' s の is。主語 that boy を修飾する語を考えると,「本を読んでいる」という意味が合うので,「~している」の意味で名詞を修飾する~ing形(現在分詞)の reading

が適切。

5 「私たちは5歳のときからお互いを知っています」 since we were five「私たちが5歳のときから」とあるので,「ずっと知っている」と継続を表す内容が合う。過去の時点から現在まで続いている状態は現在完了< have[has] +過去分詞>で表す。

6 「世界中でたくさんの言語が話されている」 Many languages「たくさんの言語」が主語なので,「話される」という受け身の意味にするのが適切。受け身は<be動詞+過去分詞>で表すが,主語が複数形なので,be動詞は are を用いる。

7 「ハナコと私は,ナオミが私たちを招待しなかったので,彼女の誕生パーティーに行かなかった」 invite「招待する」の目的語になるので,目的格の us が適切。

8 「彼女はその知らせを聞いてとても喜んだ」 was very glad「とても喜んだ」と hear the news「その知らせを聞く」のつながりから,「その知らせを聞いてとても喜んだ」という意味にすると文意が成り立つ。「〜して」の意味で感情の原因を表すのは副詞的用法の不定詞< to +動詞の原形>。

9 「私は明日までにその仕事を終わらせたい」 finish the work「その仕事を終わらせる」と tomorrow「明日」とのつながりから,「期限」を表す by を入れる。till は「期間」を表して「(あり時)まで(ずっと)」という意味なので,不適切。

10 「私の祖母はガーデニングに興味がある」 be interested in 〜 で「〜に興味がある」という意味を表す。

重要 E (会話文問題：語句選択補充)

1 (大意) 放課後,AがBにCDかレコードを買うにはどこへ行けばよいか尋ねる。Bが探しているものを尋ねると,Aはラテン音楽と答える。Bは特殊なものを探しているならばコスモス・レコードを勧める。Aはお礼を言って,一緒に来てくれないかとBに頼み,Bはレポートを終えたら一緒に行けると答える。 (1) want to につながる形は動詞の原形。some CDs or records「CDかレコード」が目的語なので,buy「買う」が適切。 (2) Aはほしい CD かレコードを買うのにどこへ行けばよいかを尋ねている。2番目のBの発言にある Cosmos Records はレコード店の名前と考えられるので,その店を勧める内容として How about 〜「〜はどうですか」を入れると会話が成り立つ。 (3) 空所の直後の special「特殊な」とのつながりから,something「(ある)もの,何か」を入れると,「特殊な音楽を探しているならコスモス・レコードはよい店だ」という文になり,会話がつながる。something のように 〜thing の形の代名詞には後ろに形容詞をつける。 (4) come with me「私と一緒に来る」は,BがAと一緒にレコード店に行くことを表していると考えられる。Could you 〜? で「〜してくれませんか」とていねいに依頼する表現になり,会話が成り立つ。 (5) BはAと一緒にレコード店に行けると思うと言っているが,空所を含む文の後半で,「準備ができる(=一緒に行けるようになる)」と言っていることから,前半では「このレポートを終えれば」といった条件を述べていると考えられる。this report を目的語とする動詞として適切なのは finish。< let +人+動詞の原形>で「(人)に〜させる,(人)が〜するのを許す」という意味。ここでは<命令文, and 〜>「…しなさい,そうすれば〜」の文になっている。

2 (大意) 入国審査で,AがBにパスポートの提示を求めている。パスポートを見たAはBの国籍を確認し,イギリスへの訪問の目的を尋ねるが,BはAが言ったことが理解できない。Aが別の表現でもう一度尋ねると,Bは理解して観光目的であると答える。続いてAは滞在期間を尋ね,Bは1週間と答える。次にAは滞在場所を尋ね,Bは滞在先のホテル名を答える。最後にAがイギリスでの滞在を楽しむよう言い,Bはお礼を言う。 (6) 直前でBはパスポートの提示を求められ，Bの発言の直後でAがBの氏名，国を確認しているので，Bはパスポートを差し出したと考えられる。したがって，相手にものを差し出しながら言う Yes, here it is.「はい，さあどうぞ」が適切。 (7) 空所の直前でAはAnd the purpose of your visit to Britain?「そして，イギリスへの訪問の目的は？」と尋ねている。これに対してBは何かを質問し，Aは質問のし方を変えたところ，Bは For sightseeing.「観光のためです」と訪問の目的を答えている。このことから，Bは最初のAの質問の内容がわからなかったと考えられるので，もう一度言ってくれるように頼むときに使う Excuse me?「すみませんが，もう一度言ってもらえますか」が適切。 (8) 空所(7)の直前のAの質問を別の表現で言いかえていると考えられる。訪問の目的を尋ねているので，Why を入れると「あなたはなぜイギリスに来ようとしているのですか」となり，訪問の目的を尋ねる文になる。 (9) 直後でBが「1週間」と期間を答えているので，How long を入れて「あなたはどれくらいの間滞在する予定ですか」という文にする。 (10) Bが滞在先を答えてを受けての発言。この後，Aは「イギリスでの滞在を楽しんでください」と言っていることから，Bの入国審査が無事終わったと考えられる。したがって，Bの最後の返答に満足していることを表す Very well.「結構です」が適切。

やや難 F (語句選択補充問題)

1 「世界的な感染病の大流行の中心にある病気は COVID-19 と呼ばれている。COVID-19 という語は Corona Virus Disease 2019 を表している」 stand for は「(略語などが)～を表す」という意味。Corona Virus Disease 2019 は「新型コロナウイルス感染症」の正式な英語名。イ「ビタミン」，ウ「犠牲者」，エ「眺め」。

2 「ジョージ・フロイドは，46歳でミネソタ州ミネアポリスの店の外で警察に逮捕された後に死んだ。この事件は『黒人の命は大切だ』というスローガン[標語]を使う抗議行動へとつながった」 黒人男性が警察に暴力的な扱いを受けて亡くなったことに抗議する運動について述べた文。この運動ではイのスローガンが使われている。英文中の led は leadの過去形。lead to ～ で「(～という結果に)つながる，～を引き起こす」という意味。イの matter は「大切である」という意味の動詞。ア「ジョージ・フロイドのために祈ろう」，ウ「すべての人の命は大切だ」，エ「私には夢がある」。

3 「マスクを着用する習慣のおかげで，日本は合衆国と比べると COVID-19 による死者の数が少なかった」 thanks to ～ は「～のおかげで」という意味。前半の内容から，コロナウイルスによる死者の数は合衆国に比べて少なかったと考えられる。number「数」には high, low をつけて「多い」「少ない」を表す。ここでは合衆国と比較されているので，比較級 lower が入る。アの few とイの little は「少ない，少しの」という意味。few は数えられる名詞に，little は数えられない名詞に使う。

4 「今年の夏は，日本中の多くの団体が，あらかじめ人々に知らせることなく同時に花火を打ち上げた。それらの団体は，その行事が人々が再び笑顔を取り戻すのに役立つことを望んでいた」 set off は「(花火やロケット)を打ち上げる」という意味。文の内容から，ここでは fireworks「花火」を目的語にするのが適切。ア「ロケット」，イ「飛行機」，ウ「人工衛星」。

5 「日本はわかりやすいスローガンを作って，人々に3つのCを避けるように伝えた。換気が不十分な密閉された場所，多くの人々が近くにいる密集した場所，そして近い距離での会話のような密接した状態である」 コロナ対策を表すスローガン「3密を避ける」を英語で表した文。with many people nearby「近くに多くの人がいる」から，混雑した状態を表すアが適切。イ「曇った場所」，ウ「開けた場所」，エ「カフェテリア形式の場所」。

G （語彙の問題：同意語）

1 「私の父は間もなく帰宅するでしょう」 before long は「間もなく」という意味。ほぼ同じ意味を表す語は soon。

2 「私は来年日本に戻る計画を立てています」 go back は「戻る，帰る」という意味。ほぼ同じ意味を表す語は return。

3 「ピザは私がいちばん好きな食べ物です」 best-loved は「いちばん好きな」という意味。ほぼ同じ意味を表す語は favorite。

4 「ここは本当に静かな場所だ」 soundless は「音がしない，静かな」という意味。ほぼ同じ意味を表す語は silent。

5 「『奥の細道』は17世紀の俳人，松尾芭蕉による日記だ」 journal は「日記，日誌」という意味。ほぼ同じ意味を表す語は diary。

★ワンポイントアドバイス★

Fの空所補充問題は，時事問題や社会問題の知識が問われているが，そうした知識がなくても，話題になっていることと文脈を手がかりに正解できる問題もある。英文中で使われている語句に着目することがコツである。

＜理科解答＞《学校からの正答の発表はありません。》

1 問1 4500J 問2 風化 問3 分離の法則 問4 蒸留 問5 黄色 問6 電子 問7 孔辺細胞 問8 イ

2 問1 A 0.3N/cm^2 B 0.2N/cm^2 問2 A，C 問3 B 0.33N/cm^2 C：0.36N/cm^2 問4 0.825N/cm^2 問5 2800Pa

3 問1 ヒトの体温程度の温度にするため。 問2 加熱し沸騰させる。 問3 1 ア 2 カ 問4 アミラーゼ 問5 エ 問6 ブドウ糖，アミノ酸

4 問1 有機物 問2 26% 問3 電解質 問4 A 食塩[塩化ナトリウム] B 砂糖[グラニュー糖] C 片栗粉[デンプン] 問5 A，B，C

5 問1 1 ア 2 イ 3 エ 4 キ 問2 ア 問3 1 前線 2 混みあって

○推定配点○

1 各2点×8 2～5 各3点×28 計100点

＜理科解説＞

1 （小問集合－各分野の要点）

問1 発熱量は，電力量と等しく，5.0V×3.0A×300秒＝4500Jとなる。

問2 地表の岩石は，温度の変化や水のはたらきなどで，徐々に風化していく。

問3 体の細胞では，染色体が2本ずつ組になっているが，卵や精子のような生殖細胞では染色体が1本ずつである。このように，減数分裂のとき染色体にある遺伝子は，別々の生殖細胞に入る。これを分離の法則という。

基本 問4 液体を加熱していったん気体にして，その気体を冷やして再び液体に戻すと，純度が上が

る。この方法を蒸留という。

問5　BTB液は，酸性で黄色，中性で緑色，アルカリ性で青色を示す。

問6　この問題文では，いろいろなものが想定されるが，中学までで学ぶ範囲で，漢字で書けそうなものだと，電子が考えられる。

問7　気孔は，葉の表皮にある2個の孔辺細胞ではさまれた穴であり，孔辺細胞の動きによって開いたり閉じたりする。

問8　三葉虫は，古生代の海に生息していた節足動物である。他は中生代の示準化石である。

2　(力・圧力－容器が机におよぼす圧力)

重要　問1　容器の中に何も入れない中空の状態のとき，質量300gの容器Aが床に加える力は3Nだから，圧力は$\frac{3\mathrm{N}}{10\mathrm{cm}^2}=0.3\mathrm{N/cm}^2$である。また，質量500gの容器Bが床に加える力は5Nだから，圧力は$\frac{5\mathrm{N}}{25\mathrm{cm}^2}=0.2\mathrm{N/cm}^2$である。

問2　上下逆さまにしても，質量やはたらく力は変わらない。しかし，机に置く面積が変われば，圧力も変わる。容器Aと容器Cは，上下逆さまにしても，机に置く底面積は変わらないので，圧力は変わらない。容器Bは，底面積が小さくなるので，圧力は大きくなる。

問3　容器Bの半分の高さまで水を入れると，下部の10cmと，中部の高さ5cmぶんまで水が入る。よって，入る水の体積は，$25\times10+15\times5=325(\mathrm{cm}^3)$である。水の密度は$1\mathrm{g/cm}^3$だから，水の質量は325gである。これと，容器の質量500gを合わせて，全質量は$325+500=825(\mathrm{g})$であり，床に加える力は8.25Nである。よって，圧力は$\frac{8.25\mathrm{N}}{25\mathrm{cm}^2}=0.33\mathrm{N/cm}^2$である。同様に，容器Cの半分の高さまで水を入れると，下部の10cmと，中部の高さ5cmぶんまで水が入る。よって，入る水の体積は，$25\times10+10\times5=300(\mathrm{cm}^3)$である。水の密度は$1\mathrm{g/cm}^3$だから，水の質量は300gである。これと，容器の質量600gを合わせて，全質量は$300+600=900(\mathrm{g})$であり，床に加える力は9Nである。よって，圧力は$\frac{9\mathrm{N}}{25\mathrm{cm}^2}=0.36\mathrm{N/cm}^2$である。

問4　問3の状態のBを上下逆さまにすると，水面の高さは半分を超えるが，中身が変わるわけではないので，Bの全質量は問3と変わらず825gである。よって，床に加える力は8.25Nである。よって，圧力は$\frac{8.25\mathrm{N}}{10\mathrm{cm}^2}=0.825\mathrm{N/cm}^2$である。

問5　水の密度は$1\mathrm{g/cm}^3$だから，$200\mathrm{cm}^3$の水の質量は200gである。これと，容器の質量500gを合わせて，全質量は$200+500=700(\mathrm{g})$である。よって，床に加える力は7Nである。また，底面積は$25\mathrm{cm}^2=0.0025\mathrm{m}^2$である。よって，圧力は$\frac{7\mathrm{N}}{0.0025\mathrm{m}^2}=2800\mathrm{N/m}^2=2800\mathrm{Pa}$である。

3　(ヒトのからだのしくみ－だ液のはたらき)

問1　だ液はヒトの体温程度で最もよくはたらくと考えられる。

問2　ベネジクト液は，糖があることを確認する薬品である。ベネジクト液は，加えただけでは反応しない。加えて加熱し煮沸すると，糖がある場合は赤褐色の沈殿ができる。

問3　だ液を加えたAではデンプンがなくなっており，だ液を加えていないBではデンプンが残っていることから，だ液の働きによってデンプンが分解されたことがわかる。また，だ液を加えたCでは糖ができているが，だ液を加えていないDでは糖ができていないので，だ液のはたらきで糖ができたことが分かる。

問4　だ液に含まれていて，デンプンを分解する酵素は，アミラーゼである。

基本　問5　酵素ははたらく相手が決まっている。アミラーゼは，デンプンを分解するが，タンパク質や脂肪など他の物質にははたらかない。

問6　消化が進むと，デンプンはブドウ糖に，タンパク質はアミノ酸に分解される。これらは，小腸の壁の柔毛から吸収され，毛細血管に入る。脂肪は脂肪酸とモノグリセリドに分解されるが，これらは柔毛から吸収され，脂肪に戻ってリンパ管に入る。

4 (物質の性質－3種類の粉末の区別)

問1 ①で黒くこげたBとCは，もともと炭素が含まれていた有機物である。有機物は炭素を中心に水素なども含まれた物質であり，本問では砂糖と片栗粉があてはまる。

問2 100gの水にAが36g溶けたのだから，質量パーセント濃度は$\frac{36}{136}\times 100=26.4\cdots$で、四捨五入により26%である。

問3 ③で電流を通したAの水溶液は，もとの物質がイオンに分かれている。このような物質を電解質という。Bは水に溶けてもイオンには分かれず，Cは②の通り水にほとんど溶けない。つまり，BとCは非電解質である。

重要 問4 問1や問3のことから，Aは食塩である。また，BとCのうち，②で水にほとんど溶けず，④でヨウ素液の色の変化があったCが片栗粉(デンプン)である。

問5 固体の物質は，原則として結晶である。例外的に，ガラスなどは非結晶だが，本問の3つの物質は，分子が規則正しく並んだ結晶である。

5 (天気の変化－台風)

問1 台風は，熱帯低気圧のうち，中心付近の最大風速が17.2m/秒以上のものをいう。北半球の低気圧だから，空気は外側から中心に向かって反時計回りに吹き込む。南方の温度の高い海で発生した台風は，本州あたりまでくると偏西風の影響を受けて，真北よりもやや東向きに進むことが多い。

重要 問2 天気図の台風15号は，千葉市付近に上陸している。群馬県はその北西側に位置している。台風のまわりの空気の動きは反時計回りなので，群馬県ではおよそ北から風が吹いてきている。実際，当日の午前3時の前橋のアメダスでは，北の風4.2m/秒，降水量14.5mmが記録されている。

問3 北海道の北にある低気圧は温帯低気圧であり，寒気と暖気の境界に前線がある。一方，台風は熱帯低気圧であり，寒気がないので，前線もない。また，台風では等圧線が混み合っており，風がたいへん強い。

★ワンポイントアドバイス★

理科の計算問題では，条件をよく読んで把握し，つねに単位に気を配りながら，解き進めよう。

＜社会解答＞《学校からの正答の発表はありません。》

Ⅰ 問1 グレートディバイディング山脈　問2 グレートバリアリーフ　問3 マオリ
問4 露天掘り　問5 エ　問6 A　問7 ア　問8 シドニー

Ⅱ 問1 琵琶湖　問2 阪神・淡路　問3 ウ　問4 ウ　問5 イ
問6 1.5km　問7 エ

Ⅲ 問1 ① あ　② う　③ え　④ お　問2 エ　問3 (1) ① ユダヤ
② 新約聖書　③ ムハンマド　(2) ① フランシスコ・ザビエル　② 天正遣欧
③ バテレン追放令　④ 島原・天草　問4 (1) 天平文化　(2) ア

(3) ① 奈良県　② 京都府　(4) イ　問5 (1) ワシントン　(2) イ
(3) 日米和親

Ⅳ 問1 ① ウ　② ア　問2 ア　問3 違憲立法　問4 国民主権，基本的人権の尊重，平和主義　問5 象徴　問6 法律

Ⅴ 問1 ① ア　② ウ　③ エ　問2 (国) ドイツ　(憲法) ワイマール憲法
問3 独立宣言

○推定配点○

各2点×50　計100点

＜社会解説＞

Ⅰ (地理―世界の地形，貿易，諸地域の特色：オセアニア州)

問1　オーストラリア大陸東部に位置する大きな山脈はグレートディバイデング山脈である。

問2　オーストラリア大陸東北部沿岸には，世界最大のさんご礁であるグレートバリアリーフがある。これは別名大堡礁(だいほしょう)ともいう。

重要　問3　マオリ族はイギリス入植前からニュージーランドに住んでいた先住民で，現在でもニュージーランドの人口のうち約15%を占めている。

問4　オーストラリアは鉱産資源が豊富で，北西部の鉄鉱石，東部の石炭，北部・西部のボーキサイトなどが露天掘りで採掘されている。

問5　オーストラリアの国旗の特徴は，ユニオンジャック，南十字星，青色を基調とするなどがある。

問6　最近のオーストラリアの最大の貿易相手国は中国である。

問7　オーストラリアで，1960年頃の最大の輸出品は羊毛であった。

問8　オーストラリア東部に位置するシドニーは，オセアニア州最大の都市でもあり，日本企業が多く進出しており，それによるリゾート開発がさかんである。

Ⅱ (日本の地理―産業，諸地域の特色：近畿地方，地形図)

基本　問1　近畿地方の滋賀県には，日本最大の湖の琵琶湖が近江盆地に広がっている。

問2　1995年1月17日，阪神・淡路大震災が発生した。これは，戦後初の大都市直下型地震で，関連死を含め6434人の命を奪い，住まいや仕事など暮らしの土台を崩壊させた。

問3　私鉄は，ターミナル駅に百貨店をつくり，その地域発展に貢献している。

問4　最近の阪神工業地帯の工業生産の割合では，機械工業が最大，続いて金属，食料品，化学となっている。

問5　710年，都は藤原京から奈良の平城京に移された。このの ち長岡京に都が移るまでの時代を，奈良時代という。

問6　25000分の1の地図上の直線距離6㎝は，実際には，25000×6＝150000cm＝1500m＝1.5kmとなる。

問7　北部にあるのは地図記号は発電所であり，工場ではない。工場の記号はこの地図上のどこにもない。

Ⅲ (日本と世界の歴史－政治・外交史，社会・経済史，各時代の特色，文化史，日本史と世界史の関連)

問1　①はピラミッドであり，(あ)のエジプト文明に属する。②はモヘンジョ＝ダロの遺跡で(う)のインダス文明に属する。③は兵馬俑抗で(え)の中国文明に属する。④はアステカ王国のピラミッドで(お)の地域に属する。

問2　メソポタミア文明では楔形文字が使われていた。インダス文明―インダス文字，中国文明―甲骨文字，エジプト文明―象形文字となり，ア，イ，ウは誤りである。

問3　(1)　紀元前1世紀の初めに，イエスは，ユダヤ人だけが救われるのではなく，神の前では人はみな平等であり，だれもが神の愛によって救われるというキリスト教を説いた。後にイエスの弟子が，キリスト教の神の教えをまとめた聖書には，ユダヤ教の戒律や歴史を記した旧約聖書と，救い主としてのイエスの言動を物語る新約聖書がある。アラビア半島のメッカに生まれたムハンマドは，紀元後7世紀の初めに，唯一神であるアッラーから特別な教えを授かって，イスラーム教をおこした。　(2)　1549年には，イエズス会の宣教師フランシスコ＝ザビエルが鹿児島にきてキリスト教を伝えた。キリシタン大名が送った4人の天正遣欧少年使節はヨーロッパで大歓迎を受けた。しかし，8年後に帰国したときには，秀吉によるバテレン追放令が出されていた。1637年，九州の島原・天草のキリスト教徒の百姓など約3万7000人が，領主による無理な年貢の取り立てと，キリスト教徒に対するきびしいとりしまりに反対して一揆をおこし島原半島南部の原城に立てこもった。これを島原・天草一揆という。

問4　(1)　この時代の文化を聖武天皇のころの年号をとって天平文化という。奈良時代には遣唐使が6度も派遣され，次々に唐の文化をもたらしていた。　(2)　鎌倉時代には，時代の変化を見つめた兼好法師の『徒然草』などの随筆集が書かれた。　(3)　東大寺は奈良県奈良市にある。重要 平等院鳳凰堂は京都府宇治市にある。　(4)　法然の弟子の親鸞は，阿弥陀仏を信じ自分の罪を自覚した悪人こそが救われる，と説いて浄土真宗(一向宗)を広めた。

問5　(1)　アメリカ初代大統領になったワシントンは，独立戦争では，植民地軍の総司令官になり，憲法づくりにも活躍した。　(2)　アメリカ独立宣言発表(1776年)→合衆国憲法制定(1787年)→日本にペリー派遣(1854年)→南北戦争始まる(1861年)。　(3)　1854年，幕府は，神奈川(横浜市)で交渉にのぞみ日米和親条約を調印し，開国した。

Ⅳ　(公民―憲法，政治のしくみ)

やや難 問1　憲法は，国の成立に係る統治の根本規範(法)となる基本的な原理原則に関して定めた法規範をいい，国民の自由や権利を守り，また，それは，人権の保障と国の政治のしくみの二つから構成されている。

問2　立憲主義とは，憲法により，国家権力を制限して国民の権利・自由を守ることを目的とする考え方をいう。

問3　憲法は国の最高法規であり，法律や命令などは憲法に違反してはならない違憲立法が成立している。憲法は，すべての法律，命令，規則，または処分が憲法に違反していないかどうかを判断する違憲審査権を裁判所に与えている。

基本 問4　日本国憲法の前文には，この憲法が制定された理由や目的が書かれている。それによると，日本国憲法は，国民主権，基本的人権の尊重，平和主義の三つの基本原則から成立しているのが分かる。

問5　日本国憲法では，天皇は日本国と日本国民統合の象徴であり，この地位は，主権者である国民の総意に基づくと定めている。

問6　法の構成の中では，法律は憲法の下に置かれ，命令や規則の上に位置する。

Ⅴ　(公民―憲法，その他)

問1　基本的人権(人権)とは，人はみな生まれながらに等しく自由で，他人にゆずりわたしたり，侵されたりすることのない生まれながらの権利を持っているという考え方である。この考え方は，個人の尊重の原理に基づいている。

問2　社会権をはじめて取り入れた憲法はワイマール憲法(1919年)である。この憲法は，ドイツでつくられた。

問3　この資料は，アメリカ独立宣言を示している。この宣言で，自由権と平等権が確立したといえる。

★ワンポイントアドバイス★

Ⅲ問4(2)　鎌倉時代の他の随筆集では鴨長明の『方丈記』が有名である。
Ⅴ問1　個人の尊重の原理は，アメリカ独立宣言(1776年)や，フランス人権宣言(1789年)に取り入れられ，その後各国の憲法の柱になっていった。

＜国語解答＞

一　問一　a イ　b ア　c ウ　d エ　e ア　問二　A エ　B ウ　C イ　問三　香りがある場合は花そのものの美しさよりも香りが優先するということ　問四　ウ　問五　春がいよいよ加速度的に進んできた時期　問六　夏への飛躍～とした感触　問七　ア　問八　海の表情(の違い)　問九　A 真空　B 変化のなかでも特に穏やかな時間

二　問一　a エ　b イ　c イ　d ア　問二　エ　問三　(意見を聞いて) 先発メンバーを決め(なければならないから)　問四　選手たちの精神状態にまで気を遣う(こと)　問五　イ　問六　⑤ 血　⑥ 首　問七　ウ　問八　ウ　問九　ア

三　問一　① オ　② ア　③ エ　④ ウ　⑤ イ　問二　① 七言絶句　② 涼・腸・香　③ 捧 持シテ 毎 日 拝ス二 余 香ヲ一　問三　① a いみじゅう　b こうて　② エ

○推定配点○

一　問一・問二　各2点×8　問七・問九　各3点×3　他　各4点×5
二　問一・問六　各2点×6　他　各3点×7　三　各2点×11　計100点

＜国語解説＞

一　(論説文－漢字，脱語補充，接続語，文脈把握，内容吟味，指示語，文学史，表現技法，要旨)

問一　a 破壊　ア 転回　イ 損壊　ウ 紹介　エ 限界
b 風習　ア 慣習　イ 収集　ウ 外周　エ 観衆
c 簡単　ア 完敗　イ 完了　ウ 簡素　エ 寒冷
d 燃料　ア 念仏　イ 天然　ウ 年末　エ 燃費
e 波長　ア 首長　イ 調理　ウ 視聴　エ 挑戦

問二　A　文末の「～からだ」に呼応する語として，「なぜなら」が入る。直前の「本当にそうかしら」という問いについて，「なぜなら～からだ」と説明する形になる。　B　直前の「真空の時間」を直後で「霞」と言い換えているので，言い換えを表す「つまり」が入る。　C　直後に「もうひとつあると，……感じた」と別の視点が示されているので，逆接を表す「だが」が入る。

問三　前に「植物学者の牧野富太郎は，著書『植物知識』のなかで」とある。「私は，本当にそうかしらと首をかしげてしまった」とし，「偉大な学者である牧野氏は……ここで指摘したかったのは，西洋の人々にとって，香りがある場合は花そのものの美しさよりも香りが優先するということだったのではないだろうか」と考察しているので，「香りがある場合は花そのものの美しさよりも香りが優先するということ(32字)」が適切。

問四　「文化構築協力隊」については，直前に「日本では，家の庭にこのような『全国区』の香り高い花を植えて，一帯の空気を香りでいっぱいにする」と説明されているのでウが適切。

問五　直後に「『春めく』『夏めく』などの言葉は，前の季節の終わりに次の季節の予感がするという意味ではなく，その季節が本当に進んできた感じを表す際に使う」と説明されており，具体的には「『春めく』なら，三月ごろ，春がいよいよ加速度的に進んできた時期の言葉である」と説明されているので，「春めいてくる」の説明としては「春がいよいよ加速度的に進んできた時期(18字)」が適切。

問六　指示内容は，直前に「まるで時間が止まったようにさえ思える感触」とあり，同様のことは，その前に「夏への飛躍を控えて一層霞の底に沈んでしまうような，茫洋とした感触(32字)」と言い換えられている。

問七　アは与謝蕪村，イは松尾芭蕉，ウは中村草田男，エは小林一茶の作品。

やや難　問八　直後に「潮の香りが変わるように私には思える」とあり，後で「潮の香りの違いは，間違いなく海の表情の違いといえるだろう」と説明されている。比喩として，「潮の香り」は「海の表情」と表現されている。

やや難　問九　直前に「海の春の真空に出会ったことで」とあるので，Aには「真空(2字)」が入る。「のたりのたり」という表現については，「春の海はたしかにのどかだけれど，けっして『終日』同じ波チョウで寄せては返しているわけではない。……しかし蕪村は，そうした変化のなかでも特に穏やかな時間をとらえて『終日のたりのたり哉』と言いきった」とあるので，Bには「変化のなかでも特に穏やかな時間(15字)」が入る。

二　(小説－語句の意味，文脈把握，内容吟味，情景・心情，指示語，脱語補充，慣用句，大意)

問一　a 「平然」は，平気で落ち着いている様子，という意味なので，エが適切。　b 「頑な」は，誰が何と言おうと自分だけの考えを強く持ち続ける様子，という意味なので，イが適切。
c 「波及」は，波が広がるように，物事の影響がしだいに広がって行くこと，という意味なのでイが適切。　d 「ひとえに」は，ただそのことだけ，ひたすら，という意味なので，アが適切。

問二　直前に「『投げられますって』」とある。「『膝はどうだ』」「『正座できるか』」と聞いているだけなのに，投げられます，と答えているので，エが適切。明日の登板を心配する監督の心中を先に読んで答えているのである。

やや難　問三　キャプテンの春名に意見を求めている場面である。前に「『春名はどう思う？』」とあり，春名は「『それは監督が決めて下さい。先発メンバーを決めるのは俺たちの仕事じゃないですよ』」と答えている。延長十五回を一人で投げ抜いた牛木に明日も登板させてよいものかどうか，監督の羽場は判断しかねているのである。直後には「俺だって，信頼できる人間の意見が必要なのだ」とあり，後には「そもそも監督の最大の仕事は，先発メンバーを決めることなのだから」とあるので，「先発メンバーを決め(なければならないから)」とするのが適切。

問四　直後に「逃げるわけにはいかなくなった」とあり，前に「コーチだった頃は，技術的なことだけを考え，選手たちの精神状態にまで気を遣う必要はなかった」とある。「逃げるわけにはいかなくなった」ことを「そういうこと」と言い換えているので，指示内容は，今までは気にしなくてよかった「選手たちの精神状態にまで気を遣う(こと)」が適切。

問五　直後に「大阪，明日は曇り一時雨。降水確率，午前中六十パーセント，午後三十パーセント」とあり，「『これはダメだよ。降るか降らないか分からない。そんなものには賭けられないな』」とあるのでイが適切。

問六　⑤「血の気が引く」は，恐怖や驚きなどにより，顔が青ざめる，という意味。「もう駄目になってるかもしれないじゃないですか」という牛木の言葉に驚いたのである。　⑥「首をひねる」は，納得できなかったり，どうすればよいのか分からない様子。羽場の問いかけに「『さあ』」とあいまいな態度を取る牛木の様子である。

やや難　問七　前に「『お前にはこの先もあるんだぜ。ここで無理して，怪我が悪化したらどうする』」「『試合はたかだか二時間か三時間だ。お前の人生は，これから先何十年もあるんだぞ』」とあり，直後に「俺は，お前らを親御さんから預かってるんだから，無理はさせられない」とあるので，ウが適切。親御さんから預かっている大事な体なのだから，将来のことも考えて怪我をさせないことが監督の役目だと言っているのである。

問八　⑧の直前に「そのエースを一番大事な試合に先発させない。俺はそう決めた」とあるので，⑧には「負け」が入る。続いて，監督の思いとしては，「勝ちたくない監督など，どこにもいない」とするのが妥当なので，⑨には「勝ち」が入る。

問九　アは，「しかし……」で始まる段落に「一四〇キロ台後半の速球とえげつなく曲がるスライダーを決め球にし，……も心得ている牛木は，百年前のエースよりはるかに洗練されている」とあることと合致する。イは，牛木の態度は一貫して「『投げられますって』」「『俺は大丈夫です。明日の投げます』」というものなので合致しない。ウは，「春名」については，「地方予選の二回戦の後に骨折した左手首は，まだ完治してはいない」とあるだけなので，合致しない。エは，「春名が……」で始まる段落に「海浜は県大会ベストエイトの常連だが，甲子園はこれが初出場である」とあることと合致しない。

三　(慣用句，漢詩の詩形，押韻，返り点，仮名遣い，月の異称)

問一　①「猫をかぶる」は，本性を隠して，おとなしいように見せかける，という意味なので，オが適切。　②「つるの一声」は，権力者や有識者の発する，周囲を圧倒するような一言，という意味なので，アが適切。　③「すずめの涙」は，きわめて少ないことのたとえなので，エが適切。　④「馬の背を分ける」は，馬の背の片方には雨が降り，片方には降らぬ意で，夕立などが，ごく近い区域で，降る所と降らない所があることのたとえなので，ウが適切。

⑤「袋のねずみ」は，逃げるところがないこと，追いつめられたことのたとえなので，イが適切。

やや難　問二　①　一行が七語から成っているものを「七言」，四行で成っているものを「律詩」というので，「七言律詩」。　②　各行の末尾の音をそろえることを脚韻といい，七言律詩では，1・2・4行目の末尾の音をそろえるという決まりがある。ここでは，「涼(リョウ)」「腸(チョウ)」「香(キョウ)」の3字が押韻している。　③　書き下し文を参照すると「棒持毎日余香拝」の順になるので，「拝余香」の，「拝」に二点，「香」に一点を付けて，「余香拝」の順にする。送り仮名は，「棒持シテ」「拝ス」「余香ヲ」とする。

問三　①　a「じう」は「じゅー」と発音し，現代仮名遣いでは「じゅう」となるので，「いみじう」は「いみじゅう」となる。　b「かう」は，「こー」と発音し，現代仮名遣いでは「こう」となるので，「かうて」は「こうて」となる。　②　旧暦の読み方はそれぞれ，一月は「むつき(睦月)」，二月は「きさらぎ(如月)」，四月は「うづき(卯月)」，五月は「さつき(皐月)」，六月は「みなづき(水無月)」，七月は「ふづき・ふみづき(文月)」，八月は「はづき(葉月)」，九月は「ながつき(長月)」，十月は「かんなづき(神無月)」，十一月は「しもつき(霜月)」，十二月は「しわす(師走)」となる。

★ワンポイントアドバイス★

現代文の読解は，言い換え表現や指示内容を的確にとらえる練習をしよう！　国語知識は，漢字・語句・文法のほか，古文・漢文・韻文の知識も含めて対策を講じておこう！

解答用紙集

○月×日　△曜日　天気（合格日和）

◆ご利用のみなさまへ

＊解答用紙の公表を行っていない学校につきましては，弊社の責任において，解答用紙を制作いたしました。

＊編集上の理由により一部縮小掲載した解答用紙がございます。

＊編集上の理由により一部実物と異なる形式の解答用紙がございます。

人間の最も偉大な力とは，その一番の弱点を克服したところから生まれてくるものである。――カール・ヒルティ――

東京学参株式会社

共愛学園高等学校（一般）　2024年度

◇数学◇

※解答欄は実物大になります。

1		
	(1)	①
		②
		③
		④
	(2)	①
		②
	(3)	①
		②
		③
	(4)	$x =$ 　　　　, $y =$

2		ア　　　　イ　　　　ウ
3		
4		
5		
6		
7		
8		
9		
10		
11		
12	(1)	
	(2)	

共愛学園高等学校（一般）　2024年度

◇英語・普通科用◇

※解答欄は実物大になります。

A

1	2	3	4	5

B

1	2	3	4	5

C

1	2	3		
4　2番目	4番目	5		
6 ア	イ	ウ	エ	オ

D

1	2	3	4	5
6	7	8	9	10

E

1	2	3	4	5
6	7	8	9	10

F

1 l	2 s	3 e
4 s	5 s	

G

1	2	3
4	5	

共愛学園高等学校(一般)　2024年度

◇英語・英語科用◇

※解答欄は実物大になります。

A

1	2	3	4	5

B

1	2	3	4	5

C

1	2	3		
4　2番目	4番目	5		
6 ア	イ	ウ	エ	オ

D

1	2	3	4	5
6	7	8	9	10

E

1	2	3	4	5
6	7	8	9	10

F

1 f	2 h	3 d
4 n	5 m	

G

1	2	3	4	5

共愛学園高等学校(一般)　2024年度

◇理科◇

※　解答欄は実物大になります。

1

問1	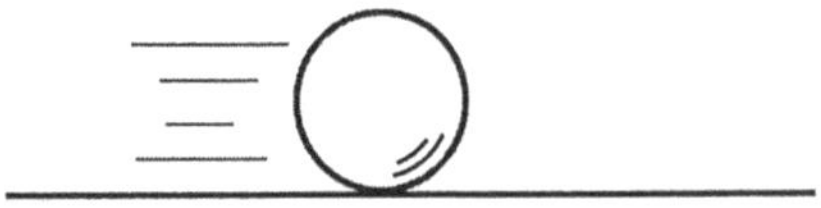			問2	
				問3	
				問4	
問5		問6		問7	
問8	記号		名称		

2

問1	グループ		属する植物		問2	
問3		問4		問5		
問6	タンポポの葉					
						から
問7						

3

問1					
問2	名称		色		問3
問4				問5	
問6		問7			

4

問1		問2		問3	m
問4					
問5	弦を強くはじくと弦の（　　　　）が大きくなり，大きな音となる。				
問6		問7	と		

5

問1								
問2	1		2		3		4	
問3								
問4								

共愛学園高等学校（一般）　2024年度

◇社会◇

※　解答欄は実物大になります。

Ⅰ

問1	A		B		C
問2		問3		問4	①
②		③		④	

Ⅱ

問1	(1) 記号	県名	(2) 記号	県名
	(3) 記号	県名	(4) 記号	県名
	(5) 記号	県名	問2	

Ⅲ

問1	①		②		③		
問2	(1)		(2)		問3		
問4			問5	A	権		
B	自主権	問6		問7	(1)	%	
(2)	歳	問8	A	B	問9	(1)	
(2)		問10	(1)	文化	(2)		(3)

Ⅳ

問1	A		B		問2	
問3		問4				
問4	C	D	E	F		
問5	(1)		(2)		(3)	人以上
問6	(1)	地方交付税交付金	国庫支出金			
	(2)					

※ 112％に拡大していただくと，解答欄は実物大になります。

一

- 問一　a　b　c　d　e
- 問二　A　B　C
- 問三
- 問四　1　最初　最後　ということ　2
- 問五
- 問六
- 問七
- 問八
- 問九
- 問十　ア　イ　ウ　エ

二

- 問一　a　b
- 問二　A　B　C　D　E
- 問三　Ⅰ　Ⅱ
- 問四　から。
- 問五
- 問六
- 問七
- 問八
- 問九　1　2
- 問十
- 問十一
- 問十二
- 問十三

共愛学園高等学校(学業特別奨学生)　2024年度

◇数学◇

※　解答欄は実物大になります。

1	(1)	①
		②
		③
		④
	(2)	①
		②
	(3)	①
		②
		③
	(4)	$x =$ 　　　　, $y =$

2		
3		
4		
5		
6		男子　　　　女子
7		
8		
9		
10		
11	(1)	
	(2)	
12		

共愛学園高等学校（学業特別奨学生）　2024年度　◇英語・普通科用◇

※　解答欄は実物大になります。

A

1	2	3	4	5

B

1	2	3	4	5

C

1	2	3

4	③	2番目	4番目	④	2番目	4番目

5	ア	イ	ウ	エ	オ

D

1	2	3	4	5
6	7	8	9	10

E

1	2	3	4	5
6	7	8	9	10

F

1	2	3
4	5	

G

1	3番目	6番目	2	3番目	6番目	3	3番目	6番目
4	3番目	6番目	5	3番目	6番目			

共愛学園高等学校（学業特別奨学生）　2024年度　◇英語・英語科用◇

※　解答欄は実物大になります。

A

1	2	3	4	5

B

1	2	3	4	5

C

1	2			3		
4	③	2番目	4番目	④	2番目	4番目
5	ア	イ	ウ	エ	オ	

D

1	2	3	4	5
6	7	8	9	10

E

1	2	3	4	5
6	7	8	9	10

F

1	2	3	4	5

G

1 p	2 c	3 N
4 n	5 f	

共愛学園高等学校（学業特別奨学生）　2024年度

◇理科◇

※　解答欄は実物大になります。

1

問1		問2		問3	
		問4		問5	
		問6		問7	
		問8	本		

2

問1		問2	類	問3	
問4		問5			
問6	は虫類		鳥　類		

3

問1	1		2	
問2			問7	
問3	Ω			
問4				
問5	Ω			
問6				

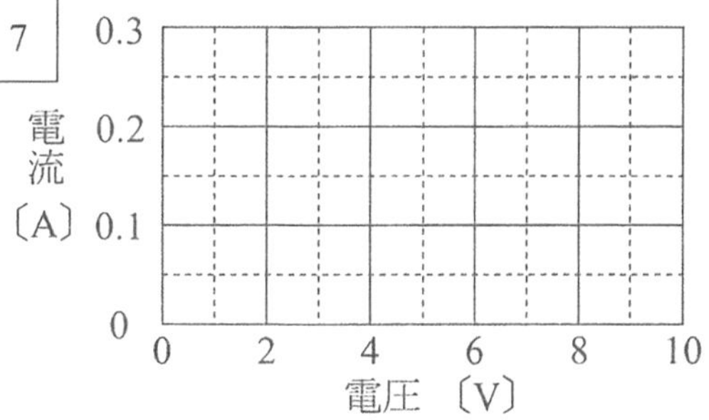

4

問1		問2		問3	
問4					
問5	色　→　色			問6	
問7					

5

問1	A		B	
問2				
問3	が違う			
	が違う			
問4		問5		

共愛学園高等学校（学業特別奨学生）　2024年度

◇社会◇

※　解答欄は実物大になります。

Ⅰ

問1	川	問2	山脈	問3		問4	
問5		問6		問7			

Ⅱ

問1	川	問2		問3		問4	① / ②
問5		問6	km	問7			

Ⅲ

問1		問2	A	B	C	Cの女王
問3		問4		問5		
問6	D 人物	D 宗派　宗				
	E 人物	E 宗派　宗				

Ⅳ

問1		問2		問3		問4	
問5		問6		問7		問8	

Ⅴ

問1	(1)	(2) 第　条	(3)	
	(4) 　条約	(5)		
問2	(1)	(2)		
	(3)			
問3	(1)	(2)	(3) 県	
	(4)	(5)		
問4	(1)	(2)		

※ 106％に拡大していただくと，解答欄は実物大になります。

一

問一 a b c d e

問二

問三 A B

問四 Ⅰ Ⅱ Ⅲ

問五

問六

問七 1 2 3

問八

問九 1 2

問十

二

問一 a b c

問二 A B C

問三 Ⅰ Ⅱ Ⅲ Ⅳ

問四

問五

問六

問七

問八

問九

問十

問十一

問十二

※解答欄は実物大になります。

1

(1)
①

②

③

④

(2)
①

②

(3)
①

②

③

(4) $x =$ 　　　　, $y =$

2	
3	
4	
5	$a =$, $b =$
6	
7	
8	
9	
10	
11	
12	
13	

◇英語・普通科用◇

※解答欄は実物大になります。

A

1	2	3	4	5

B

1	2	3	4	5

C

1	2	3		
4	5 → → → →			
6	7	8		

D

1	2	3	4	5
6	7	8	9	10

E

1	2	3	4	5
6	7	8	9	10

F

1 s	2 c	3 d
4 w	5 f	

G

1	2	3
4	5	

共愛学園高等学校（一般）　2023年度

◇英語・英語科用◇

※解答欄は実物大になります。

A

1	2	3	4	5

B

1	2	3	4	5

C

1	2	3		
4	5 → → → →			
6	7	8		

D

1	2	3	4	5
6	7	8	9	10

E

1	2	3	4	5
6	7	8	9	10

F

1	2	3	4	5

G

1 l	2 k	3 n
4 m	5 w	

※　解答欄は実物大になります。

1

問 1		問 2		問 3	
問 4		問 5	約　個		
問 6	m/秒	問 7			
問 8	A		B		

2

問 1		問 2		問 3	
問 4	A		B		C	
問 5					

3

		名　称	はたらき		名　称	はたらき
問 1	B			C		
	E			F		
問 2			問 3		問 4	

4

問 1					
問 2	色	問 3		問 4	g
問 5				問 6	g
問 7					

5

問 1	A		問 3	
	B			
問 2				
問 4				
問 5				
問 6	cm			

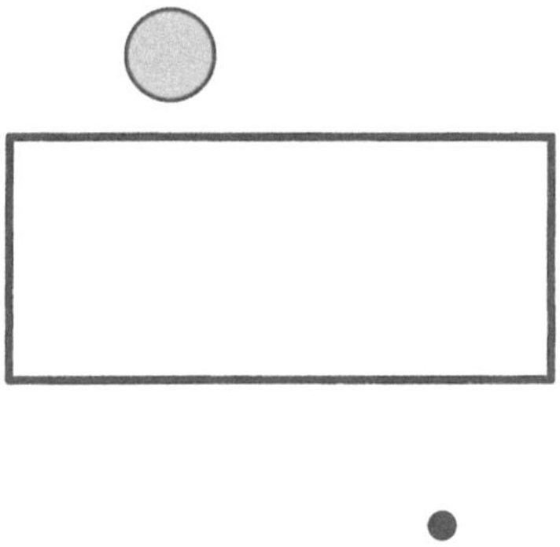

共愛学園高等学校（一般）　2023年度

◇社会◇

※　解答欄は実物大になります。

Ⅰ

問1		問2		問3	
問4		問5	①	②	
問6					

Ⅱ

問1	(A)	(B)	(C)	(D)	(E)	(F)	(G)
問2							

Ⅲ

問1	①	②		問2			
問3	半島	問4		問5	・不服従運動		
問5	(指導者)	問6					
問7	政策	問8					
問9	①	②	③	④			
問10		問11	湾				
問12	宣言	問13		問14		問15	

Ⅳ

問1	(1)		(2)					
問2	(1)							
	(2)				世	帯		
問3	(1)		(2)					
問4		問5						
問6	(1)	(a)		(b)		(c)		(2)
	(3)	(d)		(e)				
	(4)							

※ 114％に拡大していただくと，解答欄は実物大になります。

一

問一　a　b　c　d　e　さ

問二　Ⅰ　Ⅱ　Ⅲ

問三　A　B

問四

問五

問六

問七

問八

問九

二

問一　a　b　c　d　e

問二　Ⅰ　Ⅱ

問三

問四

問五　1　2　3

問六

問七

三

問一　①　②　1　2　3　4

問二　①　②　③　④　⑤

共愛学園高等学校（学業特別奨学生）　2023年度

◇数学◇

※　解答欄は実物大になります。

1

(1)
①
②
③
④

(2)
①
②

(3)
①
②
③

(4)
$x =$ 　　　　, $y =$

2	
3	
4	
5	
6	
7	
8	
9	
10	
11	
12	
13	

共愛学園高等学校（学業特別奨学生）　2023年度　◇英語・普通科用◇

※　解答欄は実物大になります。

A

1	2	3	4	5

B

1	2	3	4	5

C

1		2	3	4	5
3番目	6番目				

6 ①	②	③	④	⑤

D

1	2	3	4	5
6	7	8	9	10

E

1	2	3	4	5
6	7	8	9	10

F

1		2		3	
3番目	6番目	3番目	6番目	3番目	6番目
4		5			
3番目	6番目	3番目	6番目		

G

1	2	3	4	5

共愛学園高等学校（学業特別奨学生）　2023年度　◇英語・英語科用◇

※　解答欄は実物大になります。

A

1	2	3	4	5

B

1	2	3	4	5

C

1	3番目	6番目	2	3	4	5

6 ①	②	③	④	⑤

D

1	2	3	4	5
6	7	8	9	10

E

1	2	3	4	5
6	7	8	9	10

F

1	2	3	4	5

G

1 s	2 u	3 a
4 l	5 m	

共愛学園高等学校（学業特別奨学生）　2023年度　◇理科◇

※　解答欄は実物大になります。

1

問1		問2	Ω	問3			
問4		問5		問6			
問7	g/m^3	問8	①		②		

2

問1	①	秒	②	cm
	③	m/秒	④	番目

問2

A点

C点

問3

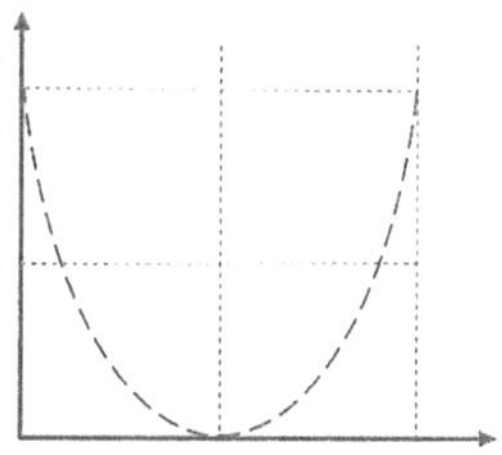

3

問1		問2	火山活動の回数	回	もっとも古い火山活動		
問3		問4		問5			
問6							

4

問1		問2		問3	①	
問3	②		問4		問5	
問6						

5

問1		問2				
問3			問4			
問5		問6	記号		名称	

※　解答欄は実物大になります。

Ⅰ

問1	川	問2	山脈	問3		問4	
問5		問6		問7			

Ⅱ

問1	川	問2		問3	
問4		問5			
問6	自動車道	問7	km	問8	

Ⅲ

問1	A	B	C					
	D	E	F					
問2	①	②	③	④	⑤	⑥	⑦	⑧
	⑨	⑩	⑪	⑫	⑬	⑭	⑮	
問3	A	B	C	D	E	F		
問4	（　　　）．（　　　）．							

Ⅳ

①	②	③	④	⑤

Ⅴ

問1	A	B	問2	
問3	（あ）	（い）	（う）	（え）
問4				
問5	（お）	（か）	（き）	
問6		問7	①	②

問8							権	利

※ 112％に拡大していただくと，解答欄は実物大になります。

一

- 問一　a　b　c　d　e
- 問二　I　II
- 問三
- 問四
- 問五
- 問六
- 問七
- 問八　という考え方。
- 問九
- 問十

二

- 問一　a　b　c
- 問二　A　B　C
- 問三　〜　つもりだから。
- 問四
- 問五
- 問六
- 問七
- 問八
- 問九
- 問十

三

- 問一　①　②　③　④　⑤
- 問二
  - ①　王好戦。
  - ②　見南山。
  - ③　読書万倍利。
  - ④　有備無患。
  - ⑤　低頭思故郷。
- 問三
  - ①　I　III
  - ②
  - ③
  - ④　時代

◇数学◇

※解答欄は実物大になります。

1	(1)	①
		②
		③
		④
	(2)	①
		②
	(3)	①
		②
		③
	(4)	$x =$　　　, $y =$

2	
3	
4	
5	
6	プラン　　の方が　　　円安い
7	
8	
9	
10	
11	
12	
13	

共愛学園高等学校（一般）　2022年度

◇英語・普通科用◇

※解答欄は実物大になります。

A

1	2	3	4	5

B

1	2	3	4	5

C

1 ア	オ		2 2番目	5番目
3	4	5 ①	②	③
6				

D

1	2	3	4	5
6	7	8	9	10

E

1	2	3	4	5
6	7	8	9	10

F

1 g	2 l	3 p
4 t	5 f	

G

2番目	4番目	2番目	4番目	2番目	4番目
1		2		3	
4		5			

共愛学園高等学校（一般）　2022年度　　◇英語・英語科用◇

※解答欄は実物大になります。

A

1	2	3	4	5

B

1	2	3	4	5

C

1 ア	オ	2 2番目	5番目
3	4	5 ①	②	③
6			

D

1	2	3	4	5
6	7	8	9	10

E

1	2	3	4	5
6	7	8	9	10

F

1	2	3	4	5

G

1 h	2 v	3 m
4 c	5 p	

共愛学園高等学校（一般）　2022年度

◇理科◇

※ 102％に拡大していただくと，解答欄は実物大になります。

1

問1	1	2	問2		
問3		問4	ア	イ	
問5		問6		問7	

2

問1	
問2	
問3	

問4	1	2	3	4

3

問1		問2			
問3	A　類	C　類	G　動物		
問4		問5			

4

問1	J
問2	J
問3	W
問4	倍
問5	J
問7	

問6

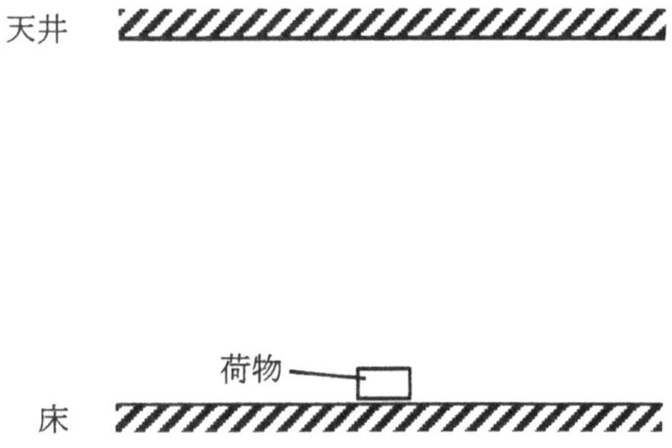

5

問1	色　→　色	問2		
問3				
問4		問5	(1)	(2)
問6				

共愛学園高等学校(一般)　2022年度　◇社会◇

※ 102%に拡大していただくと，解答欄は実物大になります。

Ⅰ

問 1	砂漠	問 2	国名：	政策：	
問 3		問 4	川		
問 5	国名：	経済：			
問 6					

Ⅱ

問 1	山脈	問 2		問 3	
問 4	記号：	県名：			
問 5	(1)	(2) km	(3)		

Ⅲ

問 1	(1)	(2)	問 2	人物名	記号	
問 3		問 4		問 5		
問 6	(1)	(2) 論	(3)			
	(4)	(5) 憲法	(6) E	F		
	(7)	(8)	(9)			
	(10)	(11) b	c	(12)		
	(13) 人物名	著書	(14)			

Ⅳ

問 1		問 2	円	問 3		問 4	大統領
問 5		問 6	日以内	問 7			

Ⅴ

問 1	→ → →	問 2		問 3	
問 4	(1)	(2)	(3)	(4)	(5)

共愛学園高等学校（一般）　2022年度　◇国語◇

※ 114％に拡大していただくと，解答欄は実物大になります。

一

- 問一 a b c d e
- 問二 A B C
- 問三
- 問四
- 問五
- 問六
- 問七 〜
- 問八
- 問九

二

- 問一 a b c d e
- 問二 Ⅰ Ⅱ Ⅲ
- 問三
- 問四
- 問五 こと。
- 問六
- 問七
- 問八
- 問九
- 問十

三

- 問一 ① ② ③ ④
- 問二 ① ② ③ ④
- 問三
- 問四

共愛学園高等学校（学業特別奨学生）　2022年度

◇数学◇

※解答欄は実物大になります。

1

(1)

①

②

③

④

(2)

①

②

(3)

①

②

③

(4)

$x =$　　　　, $y =$

2	
3	
4	
5	
6	
7	
8	
9	
10	
11	
12	
13	

共愛学園高等学校（学業特別奨学生）　2022年度

◇英語・普通科用◇

※解答欄は実物大になります。

A

1	2	3	4	5

B

1	2	3	4	5

C

<table>
<tr><td colspan="3">1</td><td colspan="3">2</td></tr>
<tr><td colspan="3">3 ②</td><td colspan="3">③</td></tr>
<tr><td>4</td><td>5 ア</td><td>イ</td><td>ウ</td><td>エ</td><td>オ</td></tr>
</table>

D

1	2	3	4	5
6	7	8	9	10

E

1	2	3	4	5
6	7	8	9	10

F

2番目	4番目	2番目	4番目	2番目	4番目
1		2		3	
4		5			

G

1 m	2 b	3 f
4 p	5 a	

共愛学園高等学校(学業特別奨学生)　2022年度　◇英語・英語科用◇

※解答欄は実物大になります。

A

1	2	3	4	5

B

1	2	3	4	5

C

<table>
<tr><td colspan="3">1</td><td colspan="3">2</td></tr>
<tr><td colspan="3">3 ②</td><td colspan="3">③</td></tr>
<tr><td>4</td><td>5 ア</td><td>イ</td><td>ウ</td><td>エ</td><td>オ</td></tr>
</table>

D

1	2	3	4	5
6	7	8	9	10

E

1	2	3	4	5
6	7	8	9	10

F

1 a	2 a	3 a
4 r	5 s	

G

1	2	3	4	5

共愛学園高等学校（学業特別奨学生）　2022年度

◇理科◇

※ 102％に拡大していただくと，解答欄は実物大になります。

1

問 1		問 2		問 3	
問 4		問 5	神経	問 6	km/h
問 7	g	問 8			

2

問 1		問 2		問 3		問 4	
問 5		問 6	1		2		

3

問 1	色	問 2	色	問 3	
問 4		問 5			
問 6		問 7			

4

問 1		問 2	分裂	問 3	
問 4	イ	ウ	エ		
問 5	丸い種子：しわのある種子　＝　　　　：				

5

問 1	ア	ウ
問 2		
問 3	J	
問 5	電　流	
	電　力	
	水の温度上昇	
問 6		
問 7	%	

問 4

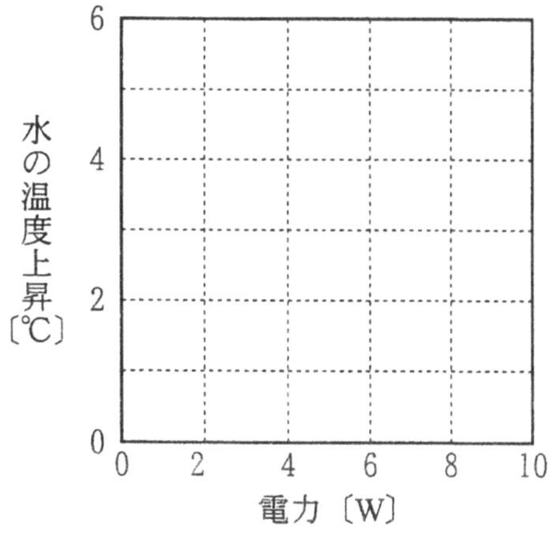

共愛学園高等学校(学業特別奨学生)　2022年度

◇社会◇

※ 102%に拡大していただくと，解答欄は実物大になります。

Ⅰ

問1		問2		問3	
問4		問5		問6	
問7					

Ⅱ

問1	島	問2		問3	栽培
問4		問5		問6	都市
問7	km	問8			

Ⅲ

問1	(①) 人	(②) 幕府		
問2		問3 島	問4	
問5	令	問6 (1) の戦い		
問6	(2) ④	⑤	⑥	
	(3) 貿易			
問7	(あ)	(い)		
問8				
問9	①	② 文化		
問10	(ア)	(イ)	(ウ)	(エ)

Ⅳ

問1	A	B	C	D	
問2		問3			
問4					
問5	F	G	H	I	J
問6					
問7		問8			

共愛学園高等学校（学業特別奨学生）　2022年度

◇国語◇

※ 112％に拡大していただくと，解答欄は実物大になります。

一

- 問一　a　b　c　d　e
- 問二　A　B　C
- 問三　「ヤバイ」という言葉の　　と言えるから。
- 問四
- 問五　③　④
- 問六
- 問七
- 問八
- 問九

二

- 問一　a　b　c　d
- 問二　①　④
- 問三
- 問四
- 問五
- 問六
- 問七
- 問八
- 問九

三

- 問一　①　②　③　④　⑤
- 問二　①　②
- 問二　③　日照香炉生紫煙
- 問三　①　②

共愛学園高等学校(一般)　2021年度

◇数学◇

※解答欄は実物大になります。

1

(1)

①

②

③

④

(2)

①

②

(3)

①

②

③

(4)

$x =$ 　　　　, $y =$

2	
3	
4	
5	
6	
7	
8	
9	
10	
11	
12	
13	

共愛学園高等学校（一般）　2021年度

◇英語・普通科用◇

※解答欄は実物大になります。

A

1	2	3	4	5

B

1	2	3	4	5

C

1(あ)	(い)	(う)
2 There		
3(お)	(か)	(き)
4	5	6

D

1	2	3	4	5
6	7	8	9	10

E

1	2	3	4	5
6	7	8	9	10

F

1	2	3	4	5

G

1 b	2 v	3 t
4 l	5 n	

※解答欄は実物大になります。

A

1	2	3	4	5

B

1	2	3	4	5

C

1(あ)	(い)	(う)
2 There		
3(お)	(か)	(き)
4	5	6

D

1	2	3	4	5
6	7	8	9	10

E

1	2	3	4	5
6	7	8	9	10

F

1	2	3	4	5

G

1	2	3
4	5	

共愛学園高等学校(一般)　2021年度

◇理科◇

※ 105%に拡大していただくと，解答欄は実物大になります。

1

問１		問２		問３		問４	
問５	極	問６ 現象		物質		問７	

2

問１		問２		問３	cm

問４

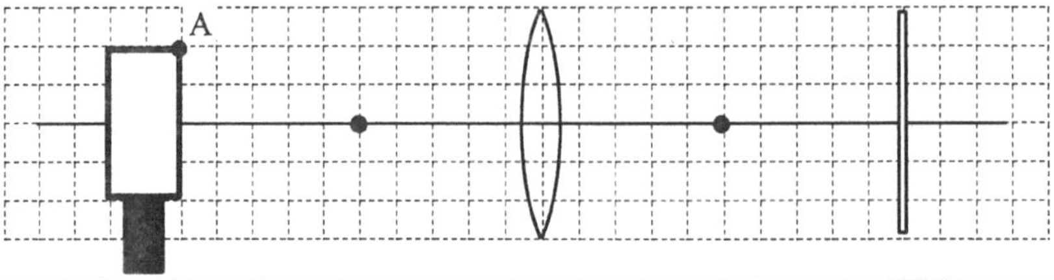

問５

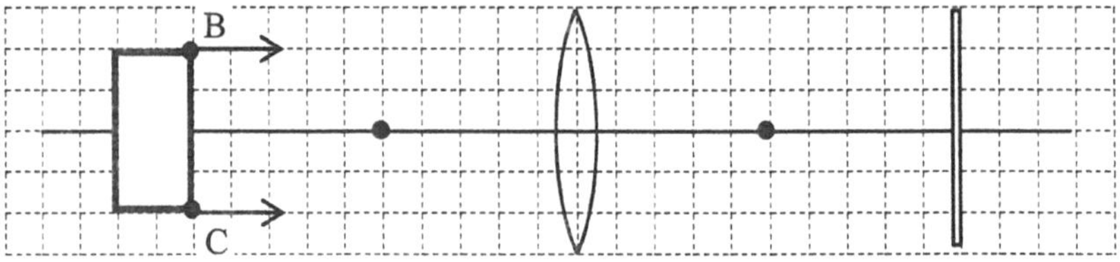

問６	4		5	

3

問１		問２	→ → →	問３			
問４	記号		名称		記号		名称
問５		問６					

4

問１		問２			
問３	捕集方法		気体の化学式		
問４	気体の名称		場所		問５

5

問１	Ｐ波	km／秒	Ｓ波	km／秒
問２	秒	問３	秒	

6

問１		問２	（1）		（2）

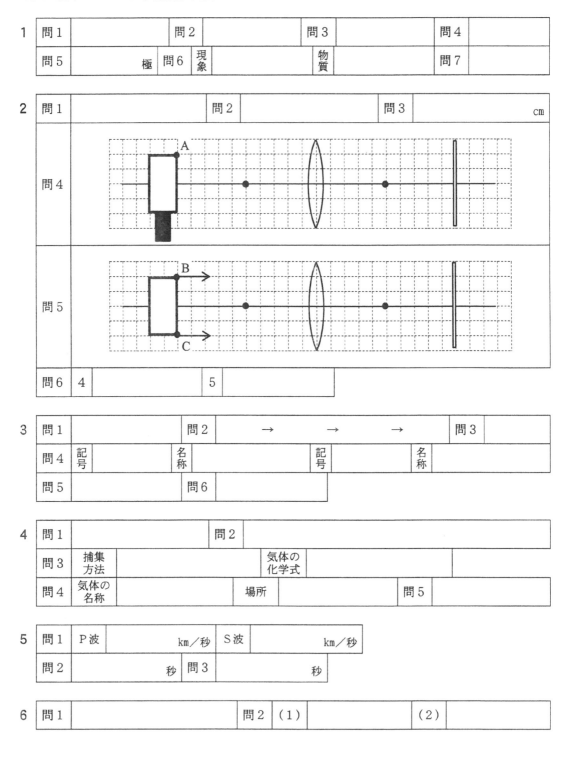

共愛学園高等学校(一般)　2021年度

◇社会◇

※ 102%に拡大していただくと，解答欄は実物大になります。

I

問1	A	B		C	
問2	D 湾	問3		問4	
問5					

II

問1	A 湾		B 山地		C 半島
問2	海岸	問3			
問4	(1)		(2)		(3)

III

問1		問2		問3	
問4		問5		問6	
問7		問8		問9	
問10	条約名 条約	地域		問11	会議

IV

問1		問2	条約	記号	
問3	同盟	問4		問5	「ヨーロッパの 」
問6		問7			

V

問1	①	②	問2				
問3	A党 議席	B党 議席	C党 議席	問4			
問5							
問6		問7		問8			
問9	①	②	③	④			
問10							

共愛学園高等学校(一般)　2021年度

◇国語◇

※ 115%に拡大していただくと，解答欄は実物大になります。

一

- 問一 a b c d e
- 問二 Ⅰ Ⅱ
- 問三
- 問四
- 問五
- 問六
- 問七 A B C
- 問八
- 問九

二

- 問一 a b c d e
- 問二 Ⅰ Ⅱ Ⅲ
- 問三
- 問四
- 問五
- 問六
- 問七 (1) (2)
- 問八
- 問九

三

- 問一 ① ② ③ ④
- 問二 ① ② a b
- 問三 ① ②

※解答欄は実物大になります。

1		
	(1)	①
		②
		③
		④
	(2)	①
		②
	(3)	①
		②
		③
	(4)	$x =$ 　　　, $y =$

2	
3	
4	
5	
6	
7	
8	
9	
10	
11	
12	$\leqq n \leqq$
13	

共愛学園高等学校（学業特別奨学生）　2021年度　◇英語・普通科用◇

※解答欄は実物大になります。

A

1	2	3	4	5

B

1	2	3	4	5

C

1	2		3	4	
5 ②		④			
⑤		6 ア	イ	ウ	

D

1	2	3	4	5
6	7	8	9	10

E

1	2	3	4	5
6	7	8	9	10

F

2番目	4番目	2番目	4番目	2番目	4番目
1		2		3	
4		5			

G

1 u	2 g	3 s
4 c	5 e	

共愛学園高等学校(学業特別奨学生)　2021年度　◇英語・英語科用◇

※解答欄は実物大になります。

A

1	2	3	4	5

B

1	2	3	4	5

C

1	2	3	4	
5 ②		④		
⑤		6 ア	イ	ウ

D

1	2	3	4	5
6	7	8	9	10

E

1	2	3	4	5
6	7	8	9	10

F

1	2	3	4	5

G

1 s	2 r	3 f
4 s	5 d	

共愛学園高等学校（学業特別奨学生）　2021年度　◇理科◇

※ 104％に拡大していただくと，解答欄は実物大になります。

1

問1	J	問2		問3	の法則
問4		問5		問6	
問7		問8			

2

問1	A	N/cm^2	B	N/cm^2	問2	
問3	B	N/cm^2	C	N/cm^2	問4	N/cm^2
問5	Pa					

3

問1						
問2						
問3	1		2		問4	
問5		問6				

4

問1		問2	%	問3	
問4	A		B		C
問5					

5

問1	1		2		3		4	
問2		問3	1		2			

共愛学園高等学校（学業特別奨学生）　2021年度

◇社会◇

※ 104％に拡大していただくと，解答欄は実物大になります。

I

問1	山脈			問2			
問3				問4			
問5		問6		問7		問8	

II

問1					問2	大震災			
問3		問4		問5		問6	km	問7	

III

問1	①	②	③	④	問2
問3	（1）①　教	②	③	（2）①	
問3	（2）②	③　令	④　一揆		
問4	（1）	（2）	（3）①	②	
問4	（4）	問5	（1）	（2）	（3）　条約

IV

問1	（①）	（②）	問2	
問3				
問4				
問5			問6	

V

問1	（①）	（②）	（③）	
問2	国	憲法	問3	

共愛学園高等学校（学業特別奨学生）　2021年度　◇国語◇

※ 114%に拡大していただくと，解答欄は実物大になります。

一

- 問一　a　b　c　d　e
- 問二　A　B　C
- 問三
- 問四
- 問五
- 問六　〜
- 問七
- 問八　の違い
- 問九　A　B

二

- 問一　a　b　c　d
- 問二
- 問三　意見を聞いて明日の　なければならないから
- 問四　こと
- 問五
- 問六　⑤　⑥
- 問七
- 問八
- 問九

三

- 問一　①　②　③　④　⑤
- 問二　①　②　③ 捧持毎日拝余香
- 問三　①　a　b　②

〈ダウンロードコンテンツについて〉

本問題集のダウンロードコンテンツ、弊社ホームページで配信しております。現在ご利用いただけるのは「2025年度受験用」に対応したもので、**2025年3月末日**までダウンロード可能です。弊社ホームページにアクセスの上、ご利用ください。
※配信期間が終了いたしますと、ご利用いただけませんのでご了承ください。

高校別入試過去問題シリーズ
共愛学園高等学校　2025年度
ISBN978-4-8141-3032-0

[発行所] 東京学参株式会社
〒153-0043　東京都目黒区東山2-6-4

書籍の内容についてのお問い合わせは右のQRコードから　⇒

※書籍の内容についてのお電話でのお問い合わせ、本書の内容を超えたご質問には対応できませんのでご了承ください。

2024年7月11日　初版